KB169036

R을 활용한 머신러닝 4/e

R을 활용한 머신러닝 4/e

데이터 준비부터 모델 조정, 평가, 빅데이터 작업까지

이병욱 옮김   브레트 란츠 지음

i!i
에이콘

 에이콘출판의 기틀을 마련하신 故 정완재 선생님 (1935-2004)

| 옮긴이 소개 |

이병욱(byunguk@gmail.com)

- 서울과학종합대학원 주임교수
- 한국과학기술원KAIST 겸직교수
- 한국금융연수원 겸임교수
- 인공지능연구원AIRI 부사장
- 금융위원회 금융규제혁신회의 위원
- 금융위원회 법령해석심의위원회 위원
- 금융위원회 적극행정위원회 위원
- 금융위원회 디지털자산 자문위원
- 한국핀테크지원센터 혁신금융 전문위원
- 한국과학기술원KAIST 전산학과
- 전) 한국산업기술진흥원KIAT '규제자유특구 분과위원회' 위원
- 전) 과기정통부 우정사업본부 정보센터 네트워크 & 블록체인 자문위원
- 전) BNP 파리바 카디프 전무
- 전) 삼성생명 마케팅 개발 수석
- 전) 보험넷 Founder & CEO
- 전) LG전자 연구원

서울과학종합대학원 AI전략경영 주임교수와 카이스트 겸직교수 그리고 한국금융연수원 겸임교수를 맡고 있으며, 인공지능연구원AIRI의 부사장으로도 재직 중이다. 한국과학기술원KAIST 전산학과 계산 이론 연구실에서 공부했으며 공학을 전공한 금융 전문가로, 세계 최초의 핸드헬드-PCHandheld-PC 개발에 참여해 한글 윈도우 CE 1.0과 2.0을 미국 마이크로소프트 본사에서 공동 개발했다. 1999년에

는 전 보험사 보험료 실시간 비교 서비스를 제공하는 핀테크 전문회사 ㈜보험 넷을 창업했고 이후 삼성생명을 비롯한 생명보험사 및 손해보험사에서 CMO(마케팅총괄 상무), CSMO(영업 및 마케팅 총괄 전무) 등을 역임하면서 혁신적인 상품과 서비스를 개발, 총괄했다.

세계 최초로 파생상품인 ELS를 기초 자산으로 한 변액 보험을 개발해 단일 보험 상품으로 5천억 원 이상 판매되는 돌풍을 일으켰고, 매일 분산 투자하는 일 분산 투자daily Averaging 변액 보험을 세계 최초로 개발해 상품 판매 독점권을 획득했다. 인공지능 연구원에서 머신러닝 기반의 금융 솔루션 개발에 관련된 다양한 활동을 하고 있으며 금융위원회, 금융정보분석원 등의 기관에 다양한 자문을 하고 있다.

저서로는 『비트코인과 블록체인, 탐욕이 삼켜버린 기술』(에이콘, 2018)과 대한민국 학술원이 2019 교육부 우수학술도서로 선정한 『블록체인 해설서』(에이콘, 2019)와 2022년 문체부의 세종도서로 선정된 『돈의 정체』(에이콘, 2019), 한국금융연수원의 핀테크 전문 교재인 『헬로, 핀테크!』(공저, 2020), 『헬로, 핀테크! - 인공지능 편』(2021)이 있다.

머신러닝에 대한 기초부터 최신의 트렌드까지 '꼼꼼하게' 소개한 책이다. 4판에서는 4개의 장을 새로 보강해 머신러닝에 있어 핵심인 데이터에서 발생하는 결측치 등의 여러 문제를 어떻게 다루는지에 대해 상세히 알려준다. 동시에 빅데이터를 다루는 방법을 설명한다.

머신러닝의 기본 기법을 설명하는 기존의 여러 장도 새로운 예제를 보강하거나 추가적인 설명을 통해 더 쉽고 편하게 머신러닝을 익힐 수 있게 배려하고 있다. 각 장에 있는 여러 예제를 따라 하다 보면 자연스럽게 머신러닝의 여러 개념을 익힐 수 있다. 머신러닝에 대한 여러 입문서가 있지만 이 책은 내용의 충실성과 함께 비유를 통한 쉬운 설명을 모두 겸비한 흔치 않은 책이다. 머신러닝을 처음으로 배우려 하거나 이미 머신러닝의 기초 개념을 알고 있지만 좀 더 깊은 원리와 예제를 직접 경험하고 싶다면 이 책이 좋은 가이드가 될 것이다.

| 지은이 소개 |

브레트 란츠^{Brett Lantz}(@DataSpelunking)

혁신적인 데이터 방법을 사용해 인간 행동을 이해하는 데 15년 이상을 보냈다. 사회학자 출신으로 처음에는 대학생들의 소셜 네트워크 프로필의 대규모 데이터베이스를 연구하면서 머신러닝에 매료됐다. DataCamp 강사로, 전 세계에서 머신러닝 워크숍에 참여했다. 스포츠, 비디오 게임, 자율주행차량, 외국어 학습 등 다양한 주제에 대한 데이터 과학 애플리케이션에 열중하며 이와 관련해 dataspelunking.com에서 블로그를 작성하기를 원하고 있다.

거의 10년 전에 이 책의 초판이 출판된 이후로 내 세계가 얼마나 많이 변화했는지를 표현하기 어렵다. 아들 윌과 캘은 각각 1판과 2판의 출판 과정에서 태어나 내 경력과 함께 성장했다. 4판은 2년의 주말에 걸쳐 완성됐으며, 아내 제시카의 지지 없이는 불가능했을 것이다. 이러한 예상치 못한 데이터 과학 여정을 따라 나아가게 된 문을 열어준 친구들, 멘토 그리고 지지자들에게도 많은 감사의 말씀을 드린다.

| 기술 감수자 소개 |

다니엘 구티에레즈^{Daniel D. Gutierrez}

AMULET Analytics라는 자체 컨설턴트 업체를 통해 데이터 과학 분야에서 독립적으로 활동하고 있다. 또한 기술 저널리스트로, insideBIGDATA.com의 편집장을 맡아 빠르게 변화하는 산업의 열기를 느끼고 있다. 또한 교육자로서 여러 해 동안 대학에서 데이터 과학, 머신러닝 및 R을 가르쳤다. 현재는 UCLA Extension에서 데이터 과학을 가르치고 있다. 데이터베이스와 데이터 과학 기술에 관한 컴퓨터 산업 서적 4권을 저술했으며, 그중 최근에 출간된 책은 『Machine Learning and Data Science: An Introduction to Statistical Learning Methods with R』(Technics Publications, 2015)이다. UCLA에서 수학과 전산학 학사 학위를 보유하고 있다.

| 차례 |

옮긴이 소개 5

옮긴이의 말 7

지은이 소개 8

기술 감수자 소개 9

들어가며 23

01장   머신러닝 소개   29

머신러닝의 기원 30

머신러닝의 사용과 남용 34

　　머신러닝 성공 사례 36

　　머신러닝의 한계 37

　　머신러닝의 윤리 39

기계의 학습 방법 45

　　데이터 저장소 47

　　추상화 48

　　일반화 51

　　평가 54

실전 머신러닝 56

　　입력 데이터 타입 57

　　머신러닝 알고리듬 형식 59

　　입력 데이터와 알고리듬 매칭 65

R을 이용한 머신러닝 67

　　R 패키지 설치 68

　　패키지 로딩과 언로딩 70

　　RStudio 설치 71

왜 R인가 왜 지금 R인가? 72

요약 75

02장   데이터의 관리와 이해   77

R 데이터 구조 78

벡터 79

팩터 82

리스트 85

데이터 프레임 89

행렬과 배열 93

R을 이용한 데이터 관리 96

데이터 구조 저장, 로드, 제거 96

CSV 파일에서 데이터 가져오기와 저장하기 99

Rstudio를 이용한 일반적 데이터 세트 형식 가져오기 101

데이터 탐색과 이해 104

데이터 구조 탐색 105

수치 변수 탐색 107

중심 경향 측정: 평균과 중앙값 108

퍼짐 측정: 사분위수와 다섯 숫자 요약 110

수치 변수 시각화: 상자그림 114

수치 변수 시각화: 히스토그램 116

수치 데이터의 이해: 균등 분포와 정규 분포 118

퍼짐 측정: 분산과 표준 편차 119

범주 특징 탐색 122

중심 경향 측정: 최빈값 124

특징 간의 관계 탐색 125

관계 시각화: 산포도 126

관계 관찰: 이원교차표 128

요약 133

03장 게으른 학습: 최근접 이웃을 사용한 분류   135

최근접 이웃 분류의 이해 136
k-NN 알고리듬 137
거리로 유사도 측정 141
적절한 k 선택 143
k-NN 사용을 위한 데이터 준비 144
k-NN 알고리듬이 게으른 이유 148

예제: k-NN 알고리듬으로 유방암 진단 149
단계 1: 데이터 수집 150
단계 2: 데이터 탐색과 준비 151
변환: 수치 데이터 정규화 153
데이터 준비: 훈련 및 테스트 데이터 세트 생성 155
단계 3: 데이터로 모델 훈련 157
단계 4: 모델 성능 평가 159
단계 5: 모델 성능 개선 161
변환: z-점수 표준화 161
k의 대체 값 테스트 163

요약 165

04장 확률적 학습: 나이브 베이즈 분류   167

나이브 베이즈 이해 168
베이지안 기법의 기본 개념 169
확률의 이해 170
결합 확률의 이해 171
베이즈 정리를 이용한 조건부 확률 계산 174
나이브 베이즈 알고리듬 177
나이브 베이즈를 이용한 분류 178
라플라스 추정량 181
나이브 베이즈에서 수치 특성 이용 183

예제: 나이브 베이즈 알고리듬을 이용한 휴대폰 스팸 필터링 185

단계 1: 데이터 수집 185

단계 2: 데이터 탐색과 준비 187

데이터 준비: 텍스트 데이터 정리와 표준화 189

데이터 준비: 텍스트 문서를 단어로 나누기 198

데이터 준비: 훈련 및 테스트 데이터 세트 생성 201

텍스트 데이터 시각화: 단어 구름 203

데이터 준비: 자주 사용하는 단어의 지시자 특징 생성 207

단계 3: 데이터에 대한 모델 훈련 210

단계 4: 모델 성능 평가 212

단계 5: 모델 성능 개선 214

요약 216

05장 분할 정복: 의사결정 트리와 규칙 기반의 분류   217

의사결정 트리의 이해 218

분할 정복 220

C5.0 의사결정 트리 알고리듬 224

최고의 분할 선택 226

의사결정 트리 가지치기 229

예제: C5.0 의사결정 트리를 이용한 위험 은행 대출 식별 230

단계 1: 데이터 수집 231

단계 2: 데이터 탐색과 준비 232

데이터 준비: 랜덤한 훈련 및 테스트 데이터 세트 생성 234

단계 3: 데이터에 대한 모델 훈련 237

단계 4: 모델 성능 평가 243

단계 5: 모델 성능 개선 244

의사결정 트리의 정확도 향상 245

더 비싼 실수 248

분류 규칙 이해 251

분리 정복 252

1R 알고리듬 256

리퍼 알고리듬 258

의사결정 트리에서 규칙 구성 260

무엇이 트리와 규칙을 탐욕스럽게 만드는가? 262

예제: 규칙 학습자를 이용한 독버섯 식별 264

단계 1: 데이터 수집 265

단계 2: 데이터 탐색과 준비 266

단계 3: 데이터에 대한 모델 훈련 267

단계 4: 모델 성능 평가 270

단계 5: 모델 성능 개선 270

요약 275

06장   수치 데이터 예측: 회귀 방법   277

회귀의 이해 278

단순 선형 회귀 281

일반 최소 제곱 추정 284

상관관계 287

다중 선형 회귀 289

일반화 선형 모델과 로지스틱 회귀 295

예제: 선형 회귀를 사용한 자동차 보험금 청구 예측 ... 302

단계 1: 데이터 수집 303

단계 2: 데이터 탐색과 준비 305

특징 간의 관계 탐색: 상관관계 행렬 308

특징 간 관계 시각화: 산포도 행렬 309

단계 3: 데이터에 대한 모델 훈련 312

단계 4: 모델 성능 평가 316

단계 5: 모델 성능 개선 319

모델 명시: 비선형 관계 추가 319

모델 명시: 상호작용 영향 추가 320

모두 합치기: 개선된 회귀 모델 321

회귀 모델로 예측하기 323

심화: 로지스틱 회귀를 사용해 보험 가입자 이탈 예측하기 326

회귀 트리와 모델 트리의 이해 335

트리에 회귀 추가 336

예제: 회귀 트리와 모델 트리로 와인 품질 평가 339

단계 1: 데이터 수집 340

단계 2: 데이터 탐색과 준비 342

단계 3: 데이터에 대한 모델 훈련 344

의사결정 트리 시각화 346

단계 4: 모델 성능 평가 348

평균 절대 오차로 성능 측정 350

단계 5: 모델 성능 개선 351

요약 356

07장   블랙박스 방법: 신경망과 서포트 벡터 머신   357

신경망의 이해 358

생물학적 뉴런에서 인공 뉴런으로 360

활성 함수 362

네트워크 토폴로지 366

계층 수 366

정보 이동 방향 369

계층별 노드 개수 371

역전파로 신경망 훈련 373

예제: ANN으로 콘크리트 강도 모델링 375

단계 1: 데이터 수집 376

단계 2: 데이터 탐색과 준비 376

단계 3: 데이터 대한 모델 훈련 379

단계 4: 모델 성능 평가 382

단계 5: 모델 성능 개선 383

서포트 벡터 머신의 이해 391

초평면을 이용한 분류 392

선형적으로 분리 가능한 데이터의 경우 394

비선형적으로 분리 가능한 데이터의 경우 396

비선형 공간을 위한 커널의 사용 398

예제: SVM으로 OCR 수행 401

단계 1: 데이터 수집 401

단계 2: 데이터 탐색과 준비 403

단계 3: 데이터에 대한 모델 훈련 404

단계 4: 모델 성능 평가 407

단계 5: 모델 성능 향상 410

SVM 커널 함수 변경 410

최적 SVM 비용 파라미터 알아내기 411

요약 413

08장 패턴 찾기: 연관 규칙을 이용한 장바구니 분석   415

연관 규칙의 이해 416

연관 규칙 학습을 위한 아프리오리 알고리듬 418

규칙 흥미 측정: 지지도와 신뢰도 420

아프리오리 원칙을 이용한 규칙 집합의 구축 422

예제: 연관 규칙으로 자주 구매되는 식료품 식별 424

단계 1: 데이터 수집 424

단계 2: 데이터 탐색과 준비 425

데이터 준비: 거래 데이터를 위한 희소 행렬 생성 427

아이템 지지도 시각화: 아이템 빈도 그래프 433

거래 데이터 시각화: 희소 행렬 도표화 434

단계 3: 데이터에 대한 모델 훈련 436

단계 4: 모델 성능 평가 441

단계 5: 모델 성능 개선 446

연관 규칙 집합 정렬 447

연관 규칙의 부분집합 구하기 448

연관 규칙을 파일이나 데이터 프레임에 저장하기 450

　　　　더 효율적인 실행을 위해 Eclat 알고리듬을 사용하기 451

　　요약 454

09장　데이터 그룹 찾기: k-평균 군집화 　　　　　457

　　군집화의 이해 458

　　　　머신러닝 작업으로서 군집화 459

　　　　군집화 알고리듬의 클러스터 461

　　　　k-평균 군집화 알고리듬 467

　　　　　거리 이용해 클러스터 할당 및 수정 469

　　　　　적절한 클러스터 개수 선택 474

　　k-평균 군집화를 이용한 10대 시장 세분화 발굴 477

　　　　단계 1: 데이터 수집 477

　　　　단계 2: 데이터 탐색과 준비 478

　　　　　데이터 준비: 결측치 더미 코딩 481

　　　　　데이터 준비: 결측치 대체 483

　　　　단계 3: 데이터에 대한 모델 훈련 485

　　　　단계 4: 모델 성능 평가 490

　　　　단계 5: 모델 성능 개선 494

　　요약 497

10장　모델 성능 평가 　　　　　　　　　　　　　499

　　분류 성능 측정 500

　　　　분류기의 예측 이해 501

　　　　혼동 행렬 자세히 보기 506

　　　　혼동 행렬을 사용한 성능 측정 508

　　　　정확도를 넘어: 다른 성능 측도 511

　　　　　카파 통계량 513

　　　　　매튜의 상관 계수 519

　　　　　민감도와 특이도 522

　　　　정밀도와 재현율 525

　　　　F-측도 527

　　ROC 곡선으로 성능 트레이드오프 시각화 528

　　　　ROC 곡선 비교 533

　　　　ROC 곡선하 영역 537

　　　　ROC 곡선의 생성과 R로 AUC 계산 539

　미래의 성능 예측 543

　　홀드아웃 방법 544

　　교차 검증 548

　　부트스트랩 샘플링 554

　요약 556

11장　　머신러닝으로 성공하기　　　　　　　　　　　　　　　　559

　성공적인 머신러닝 전문가를 만드는 것 560

　성공적인 머신러닝 모델을 만드는 요소 564

　　뻔한 예측 피하기 567

　　공정한 평가 수행 570

　　실세계 영향 고려 575

　　모델에 신뢰 구축 581

　데이터 과학에 과학을 담기 587

　　R 노트북과 R 마크다운의 사용 591

　　고급 데이터 탐색 수행 596

　　　　데이터 탐색 로드맵 구축 597

　　　　이상치 상대하기: 실세계 함정 601

　　　　예제: 시각적 데이터 탐색에 ggplot2 사용 604

　요약 619

12장   고급 데이터 준비 621

특징 공학 수행 622

사람과 기계의 역할 623

빅데이터와 딥러닝의 영향 629

특징 공학의 실제 적용 637

힌트 1: 새로운 특징 브레인스토밍 639

힌트 2: 문맥에 숨은 통찰력 찾기 641

힌트 3: 수치 범위 변환 643

힌트 4: 이웃의 행동 관찰 644

힌트 5: 연계된 행 활용 646

힌트 6: 시계열 분해 648

힌트 7: 외부 데이터 첨부 653

R의 tidyverse 탐색 656

tibble로 타이디 테이블 구조 만들기 657

readr와 readxl을 사용해 사각형 파일을 더 빠르게 읽기 659

dplyr로 데이터 준비하고 파이프하기 661

stringr로 문자 변환 668

lubridate를 사용한 데이터 정리 676

요약 682

13장   까다로운 데이터: 너무 적거나 많고 복잡한 데이터 685

고차원 데이터의 과제 686

특징 선택 적용 688

필터 기법 691

래퍼 기법과 임베디드 기법 693

예제: 특징 선택에 단계적 회귀 사용 694

예제: Boruta를 사용한 특징 선택 699

특징 추출 수행 704

주성분 분석 이해 704

예제: PCA를 사용해 고차원 소셜 미디어 데이터 축소 709

희소 데이터 사용 719

    희소 데이터 식별 720

    예제: 희소 범주형 데이터 재매핑 722

    예제: 희소 숫자 데이터 빈 만들기 727

누락된 데이터 처리 733

    누락된 데이터의 유형 이해 734

    결측값 대치 수행 737

        결측값 표시기가 있는 단순 대치 738

        결측값 패턴 740

불균형 데이터 문제 742

    데이터 균형 조정을 위한 간단한 전략 743

    SMOTE를 사용해 합성 균형 데이터 세트 생성 747

        예제: R에서 SMOTE 알고리듬 적용 749

    균형이 항상 더 나은지 고려 753

요약 755

14장   더 나은 학습자 구축   757

더 나은 성능을 위해 기본 모델 조정 758

    하이퍼파라미터 튜닝의 범위 결정 760

    예제: caret를 사용한 튜닝 자동화 764

        간단히 튜닝된 모델 만들기 768

        맞춤형 튜닝 프로세스 772

앙상블을 통한 모델 성능 개선 778

    앙상블 학습의 이해 779

    인기 있는 앙상블 기반 알고리듬 783

        배깅 784

        부스팅 786

        랜덤 포레스트 791

        그래디언트 부스팅 798

        XGBoost를 사용한 익스트림 그래디언트 부스팅 803

트리 기반 앙상블이 인기 있는 이유 813

메타학습을 위한 모델 쌓기 816

모델 쌓기와 혼합 이해 818

R에서의 블렌딩 및 스태킹을 위한 실용적인 방법 820

요약 824

15장   빅데이터 활용 827

딥러닝의 실제 적용 828

딥러닝으로 시작하기 829

딥러닝을 위한 적절한 과제 선택 831

텐서플로와 케라스 딥러닝 프레임워크 834

컨볼루션 신경망의 이해 838

전이 학습과 미세 튜닝 841

예제: R에서 사전 훈련된 CNN을 사용한 이미지 분류 841

비지도학습과 빅데이터 852

고차원적 개념을 임베딩으로 표현 853

단어 임베딩 이해 855

예제: R에서 텍스트를 이해하기 위한 word2vec 사용 859

고차원 데이터 시각화 870

빅데이터 시각화를 위한 PCA 사용의 한계 872

t-SNE 알고리듬 이해 874

예제: t-SNE로 데이터의 자연적 클러스터 시각화 877

대규모 데이터 세트 처리에 R 적용 884

SQL 데이터베이스에서 데이터 쿼리 885

데이터베이스 연결 관리를 위한 정돈된 접근 방식 885

dbplyr와 함께 dplyr용 데이터베이스 백엔드 사용 889

병렬 처리로 더 빠르게 작업 수행 893

R의 실행 시간 측정 894

R에서 병렬 처리 활성화 895

foreach와 doParallel을 통한 병렬 활용 899

caret을 사용해 병렬로 모델 훈련과 평가 902

특수 하드웨어와 알고리듬 활용 903

아파치 스파크를 통한 맵리듀스 개념의 병렬 컴퓨팅 904

H2O로 분산되고 확장 가능한 알고리듬으로 학습 907

GPU 컴퓨팅 910

요약 912

찾아보기 914

| 들어가며 |

머신러닝은 본질적으로 데이터를 실행 가능한 지능으로 변환하는 알고리듬을 기술한다. 이 사실은 머신러닝을 현대의 빅데이터 시대에 적합하게 만든다. 머신러닝이 없다면 우리 주변의 거대한 정보 스트림을 이해하는 것은 거의 불가능할 것이다.

R은 크로스 플랫폼이며 비용이 들지 않는 통계 프로그래밍 환경을 제공해서 머신러닝을 시작하는 이상적인 방법을 구축해준다. R은 강력하지만 배우기 쉬운 도구를 제공해 여러분의 데이터에서 통찰을 찾는 데 도움을 준다.

이 책은 이러한 알고리듬이 어떻게 작동하는지 이해하고자 필요한 필수 이론과 실전 사례 연구를 결합해 머신러닝을 시작하고 프로젝트에 이를 적용할 수 있는 모든 지식을 제공한다.

이 책의 대상 독자

데이터에 접근하고 그 데이터를 활용하고자 하는 사업 분석가, 사회 과학자 등의 응용 분야 종사자를 대상으로 하는 책이다. 이미 머신러닝에 대해 약간 알고 있지만 R을 사용한 경험이 없을 수도 있고, 반대로 R에 대해 약간 알고 있지만 머신러닝은 처음이거나 아예 둘 다 처음일 수도 있다. 어떤 경우에도 이 책은 여러분을 빠르게 시작하게 해줄 것이다. 기본 수학과 프로그래밍 개념에 약간 이라도 익숙하다면 도움이 되겠지만 사전 경험은 필요하지 않다. 필요한 것은 호기심뿐이다.

⠿ 이 책의 구성

1장, 머신러닝 소개에서는 머신 학습자^machine learner를 정의하고 구분해주는 용어와 개념을 살펴보고, 학습 작업을 적절한 알고리듬에 매칭하는 방법을 제시한다.

2장, 데이터의 관리와 이해에서는 R을 이용해서 데이터를 직접 다룰 수 있는 기회를 제공한다. 데이터를 로딩하고, 탐색하고, 이해하는 데 사용되는 필수 데이터 구조와 절차를 설명한다.

3장, 게으른 학습: 최근접 이웃을 사용한 분류에서는 단순하지만 강력한 머신러닝 알고리듬을 이해하고, 첫 번째 실제 작업인 암의 악성 샘플 식별에 적용하는 방법을 알려준다.

4장, 확률적 학습: 나이브 베이즈 분류에서는 최첨단 스팸 필터링 시스템에서 사용하고 있는 확률의 핵심적인 개념을 소개한다. 독자는 자신만의 스팸 필터를 개발하는 과정에서 텍스트 마이닝의 기초를 배울 수 있다.

5장, 분할 정복: 의사결정 트리와 규칙 기반의 분류에서는 예측을 정확하고 쉽게 설명하는 2가지 학습 알고리듬을 탐색한다. 이 방법은 투명성이 중요한 작업에 적용된다.

6장, 수치 데이터 예측: 회귀 방법에서는 수치 예측에 사용되는 머신러닝 알고리듬을 소개한다. 이 기법은 통계 분야에 아주 많이 포함돼 있으므로 수치 관계를 이해하는 데 필요한 필수 척도도 함께 알아본다.

7장, 블랙박스 방법: 신경망과 서포트 벡터 머신에서는 복잡하고 강력한 두 종류의 머신러닝 알고리듬을 다룬다. 수학이 위협적으로 보일 수 있겠지만 내부 작동을 보여주는 예제와 함께 간단한 용어로 진행한다.

8장, 패턴 찾기: 연관 규칙을 이용한 장바구니 분석에서는 많은 소매업체가 채택한 추천 시스템의 알고리듬을 접할 수 있다. 소매업체가 나의 구매 습관을 나보다 더 잘 아는 이유가 궁금한 적이 있었다면 8장에서 그 비밀을 밝혀준다.

9장, 데이터 그룹 찾기: k-평균 군집화에서는 관련 아이템을 군집화하는 절차를 알아본다. 이 알고리듬을 활용해 온라인 커뮤니티에서 프로필을 식별한다.

10장, 모델 성능 평가에서는 머신러닝 프로젝트의 성공 여부를 측정하고 미래 데이터에 대한 학습자의 신뢰할 만한 성능 추정치를 얻는 방법에 대해 정보를 제공한다.

11장, 머신러닝으로 성공하기에서는 교과서 데이터 세트에서 실세계 머신러닝 문제로 전환할 때 마주치는 흔한 함정과 이 문제를 극복하는 데 필요한 도구, 전략, 소프트 스킬을 알아본다.

12장, 고급 데이터 준비에서는 머신러닝 프로세스를 도와 의미 있는 정보를 추출하고자 대용량 데이터 세트를 다루는 데 도움이 되는 tidyverse 패키지를 소개한다.

13장, 까다로운 데이터: 너무 적거나 많고 복잡한 데이터에서는 유용한 정보가 거대한 데이터 세트 속에서 바늘을 찾는 것과 유사하게 유실돼 머신러닝 프로젝트를 방해할 수 있는 여러 일반적인 문제에 대한 해결책을 고려한다.

14장, 더 나은 학습자 구축에서는 머신러닝 대회 리더보드 상위 팀들이 사용하는 방법을 공개한다. 경쟁심을 갖고 있거나 데이터에서 최대한의 이점을 얻고자 하는 경우 이러한 기술을 여러분의 능력에 추가해야 할 것이다.

15장, 빅데이터 활용에서는 머신러닝의 최전선을 탐구한다. 매우 큰 데이터 세트를 다루는 것부터 R의 작업 속도를 높이는 것까지, 다루는 주제는 여러분이 R로 가능한 범위의 한계를 넓히는 데 도움이 될 것이며, 구글과 같은 대규모 기관에서 이미지 인식 및 텍스트 데이터 이해를 위해 개발한 정교한 도구를 활용할 수 있게 해줄 것이다.

⠿ 준비 사항

이 책의 예제는 마이크로소프트 윈도우, 맥OS X 및 리눅스에서 R 버전 4.2.2에서 테스트됐으나 최신 버전의 R에서도 작동할 가능성이 높다. R은 https://cran.r-project.org/에서 무료로 다운로드할 수 있다.

1장에서 자세히 설명하는 RStudio 인터페이스는 R을 대폭 향상시켜주는 강력히 권장하는 부가 기능이다. RStudio Open Source Edition은 Posit(https://www.posit.co/)에서 무료로 제공되며, 유료인 RStudio Pro Edition도 있으며 상업적 기관을 위한 우선 지원 및 추가 기능을 제공한다.

⠿ 예제 파일 다운로드

이 책의 코드 번들은 깃허브(https://github.com/PacktPublishing/Machine-Learning-with-R-Fourth-Edition)에서 제공한다.

에이콘출판사의 도서정보 페이지 http://www.acornpub.co.kr/book/machine-learning-r-4에서도 동일한 예제 코드를 다운로드할 수 있다.

⠿ 컬러 이미지 다운로드

이 책에 사용된 그림과 다이어그램의 컬러 이미지가 포함된 PDF 파일은 https://packt.link/TZ7os에서 다운로드할 수 있다.

⠿ 편집 규약

이 책에서는 몇 가지 유형의 텍스트를 사용한다.

텍스트 안의 코드: 텍스트 안에 코드가 포함된 유형으로, 데이터베이스 테이블 이름, 사용자 입력의 코드 단어 등이 이에 포함된다. 예를 들어 다음과 같다.

"class 패키지의 knn() 함수는 k-NN 알고리듬의 표준 및 클래식한 구현을 제공한다."

R 사용자의 입력과 출력은 다음과 같이 표시한다.

```
> reg(y = launch$distress_ct, x = launch[2:4])

                          estimate
Intercept              3.527093383
temperature           -0.051385940
field_check_pressure   0.001757009
flight_num             0.014292843
```

새로운 용어나 중요한 단어 또는 메뉴나 대화상자와 같이 화면에서 볼 수 있는 단어는 고딕체로 표시한다. 예를 들면 다음과 같다.

"RStudio에서 새 파일은 **파일** 메뉴를 사용해 생성할 수 있으며, 새 파일을 선택한 다음 **R 노트북** 옵션을 선택한다."

NOTE

> 경고와 중요한 노트는 이와 같이 나타낸다.

TIP

> 팁과 요령은 이와 같이 나타낸다.

⠿ 고객 지원

독자의 의견은 언제나 환영한다.

오탈자: 내용의 정확성을 위해 모든 노력을 기울였음에도 오류가 있을 수 있다. 이 책에서 잘못된 것을 발견하고 전달해준다면 매우 감사할 것이다. http://www.packtpub.com/submit-errata에서 해당 책을 선택하고 Errata Submission Form 링크를 클릭한 다음 발견한 오류 내용을 입력하면 된다. 한국어판의 정오표는 에이콘출판사의 도서정보 페이지 http://www.acornpub.co.kr/book/machine-learning-r-4에서 볼 수 있다.

저작권 침해: 어떤 형태로든 불법 복제물을 인터넷에서 발견한다면 적절한 조치를 취할 수 있도록 해당 주소나 사이트명을 알려주길 바란다. 의심되는 불법 복제물의 링크는 copyright@packtpub.com으로 보내주길 바란다.

⠿ 문의

이 책과 관련해 질문이 있다면 questions@packtpub.com으로 문의하길 바란다. 한국어판에 관한 질문은 에이콘출판사 편집 팀(editor@acornpub.co.kr)이나 옮긴이의 이메일로 문의하길 바란다.

01

머신러닝 소개

공상과학 소설에 나오는 얘기가 맞다면 인공지능의 발명은 필연적으로 세상의 종말을 맞이하는 기계와 그 기계를 제작한 사람 사이의 전쟁으로 이어질 것이다. 현실에서 이 얘기는 컴퓨터가 간단한 틱택토^{tic-tac-toe}와 게임을 교육받는 것에서 시작한다. 그 뒤 기계는 교통신호등과 통신에 이어 군사용 드론과 미사일을 통제하기에 이른다. 컴퓨터가 지각 능력을 갖게 되고 스스로 학습하는 방법을 터득하게 되면 기계의 진화는 불길한 방향으로 전환된다. 인간 프로그래머가 더 이상 필요 없어지면 인류는 '삭제'돼 버릴 것이다.

다행히 이 글을 쓰는 시점에 기계는 여전히 사용자의 입력이 필요하다.

머신러닝에 대한 인상은 대중매체의 묘사에 의해 영향을 받겠지만 요즘 알고리듬은 너무 응용에 특화돼 있어 자기 인식의 위험은 없다. 오늘날 머신러닝의 목표는 인공의 뇌를 창조하는 것이 아니라 사람들이 세상의 거대한 데이터 저장소를 이해할 수 있도록 돕는 것이다.

1장이 끝날 무렵 일반적인 오해는 사라지고 머신러닝을 좀 더 섬세하게 이해하게 될 것이다. 또한 가장 일반적으로 사용되는 머신러닝 방법을 정의하고 구별하는 기본 개념을 소개한다.

1장에서 다루는 내용은 다음과 같다.

- 머신러닝의 기원, 응용, 그 함정
- 컴퓨터가 데이터를 지식과 실행으로 변환하는 방법
- 머신러닝 알고리듬을 데이터에 매칭하는 단계

머신러닝 분야는 데이터를 실행 가능한actionable 지식으로 변환하는 알고리듬들을 제공한다. 실제 문제에 머신러닝을 적용할 때 R을 사용하는 것이 얼마나 쉬운지 확인하려면 이 책을 계속 읽기 바란다.

⁞⁞⁞ 머신러닝의 기원

인간은 태어나면서 방대한 데이터를 접하게 된다. 센서(눈, 귀, 코, 혀, 신경)는 다양한 데이터로부터 지속적인 공세를 받으며 뇌는 이들을 모습, 소리, 냄새, 맛, 질감으로 변환한다. 인간은 언어를 통해 이런 경험을 남들과 공유할 수 있다.

문자의 출현으로 인간의 관측이 기록되기 시작했다. 사냥꾼은 동물 무리의 움직임을 관찰했고, 초기 천문학자는 행성과 별이 일직선으로 정렬되는 것을 기록했으며, 도시는 납세액과 출생과 죽음을 기록했다. 오늘날에는 그런 관측을 포함한 더욱 많은 관측이 점점 더 자동화되고 계속 커지는 컴퓨터 데이터베이스에 체계적으로 기록된다.

또한 전자 센서의 발명 덕분에 데이터는 양적 질적 측면 모두 폭발적으로 기록되기 시작했다. 카메라, 마이크로폰, 화학 코, 전자 혀, 인간 능력을 흉내 내는 압력센서 등의 특화된 센서는 보고, 듣고, 냄새를 맡고, 맛을 보고, 느낀다. 이런 센서들은 인간의 처리 방식과는 아주 다르게 데이터를 처리한다. 인간의 주의력에는 한계가 있고 주관적인 반면 전자 센서는 절대 쉬지 않으며 판단과 인식에 있어 왜곡이 개입되지도 않는다.

데이터베이스와 센서 사이에서 우리 삶의 여러 측면이 기록된다. 정부, 비즈니스, 개인은 엄청난 것부터 평범한 것까지 정보를 기록하고 보고한다. 날씨 센서는 온도와 압력 데이터를 기록하고, 감시 카메라는 인도와 지하철 터널을 감시하며, 모든 종류의 전자적인 행위(거래, 통신, 교우 관계 등)가 모니터링된다.

이러한 데이터의 쇄도로 인해 빅데이터^{Big Data} 시대로 접어들고 있다고 말하지만 이 이름은 조금 부적절할지도 모른다. 인간은 늘 많은 양의 데이터에 둘러싸여 있다. 현시대가 특히 다른 점은 방대한 양의 데이터가 '기록'되고 있고 컴퓨터로 이들 대부분에 직접 접근할 수 있다는 점이다. 사람들은 손가락 끝으로 더 크고 흥미로운 데이터 세트^{dataset}에 점점 더 쉽게 접근할 수 있다. 단지 웹 검색만 하면 되기 때문이다. 데이터로부터 모든 것을 이해할 수 있는 체계적인 방법이 있다면 이 풍요로운 정보는 실행을 알리는 잠재력을 갖게 된다.

데이터를 지능적인 실행으로 변환하는 컴퓨터 알고리듬의 개발에 관심을 갖는 연구 분야를 머신러닝^{Machine Learning}이라고 한다. 이 분야는 가용 데이터, 통계적 방법, 연산 능력이 동시에 빠르게 진화하는 환경에서 시작됐다. 데이터의 증가로 추가적인 연산 능력이 필요하게 됐고, 이러한 대규모 데이터 세트를 분석할 수 있는 통계적 방법이 개발되는 원동력이 됐다. 이는 오늘날 거의 모든 분야에서 끊임없는 데이터가 수집돼 더 크고 흥미로운 데이터가 형성될 수 있게 해줬고, 이를 통해 발전의 선순환 고리가 형성됐다.

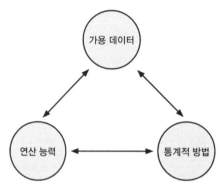

그림 1.1: 머신러닝을 가능케 해준 발전의 사이클

머신러닝과 밀접하게 관련된 주제인 데이터 마이닝^{data mining}은 커다란 데이터베이스에서 새로운 통찰력을 얻는 것과 연계돼 있다. 그 용어에서 의미하는 바와 같이 데이터 마이닝은 실행 가능한 지능 덩어리를 체계적으로 추적한다. 머신러닝과 데이터 마이닝이 얼마나 겹치는지에 대한 의견차는 조금 있겠지만 구별할 만한 점은 머신러닝이 문제를 해결하고자 컴퓨터에게 데이터의 사용법을 가르치는 데 집중하는 반면 데이터 마이닝은 문제를 해결하고자 컴퓨터에게 사람이 사용할 패턴을 찾도록 가르치는 데 집중한다는 점이다.

사실 모든 데이터 마이닝은 머신러닝을 사용하지만 모든 머신러닝이 데이터 마이닝을 포함하는 것은 아니다. 예를 들어 자동차 교통 데이터에서 사고율 관련 패턴을 마이닝하고자 머신러닝을 적용할 수 있지만 컴퓨터가 교통 신호를 학습한다면 그것은 데이터 마이닝을 포함하지 않는 순수한 머신러닝이다.

TIP

> 가끔 '데이터 마이닝'이란 말은 자신의 이론을 뒷받침하고자 선별적으로 데이터를 활용하는 기만적인 행동을 나타내는 경멸의 의미로 사용되기도 한다.

또한 머신러닝은 **인공지능**^{AI, Artificial Intelligence} 분야와 긴밀히 연결돼 있는데, 이는 모호한 학문이며 누구에게 물어보느냐에 따라 단순히 강력한 마케팅 요소가 있는 머신러닝이거나 혹은 완전히 독립된 분야인 AI일 수 있다. 비관론자는 AI

분야가 간단한 예측 모델까지도 'AI 봇'으로 과장하는 경향이 있다고 할 수 있지만 AI 지지자들은 이 분야가 가장 어려운 학습 과제에 도전하며 인간 수준의 성능을 목표로 한다고 지적할 수 있다. 진실은 그 사이 어딘가에 있다.

머신러닝 자체가 통계적 방법에 의존하는 것과 마찬가지로 인공지능도 많은 부분 머신러닝에 의존하지만 비즈니스 맥락과 응용 분야는 다소 다를 수 있다. 다음 표는 전통적인 통계학, 머신러닝 및 인공지능 간의 차이를 강조하고 있지만 이 세 학문 사이의 경계는 종종 생각보다 덜 엄격할 수 있음을 염두에 두자.

	전통적인 통계학	머신러닝	인공지능
응용 분야	가설 검정 및 통찰력	예측과 지식 생성	자동화
성공 기준	더 큰 이해	일이 일어나기 전에 개입하는 능력	효율성과 비용 절감
성공 지표	통계적 유의성	예측의 신뢰성	투자 수익률(ROI)
입력 데이터 크기	작은 데이터	중간 데이터	더 큰 데이터
구현 방법	지식 공유를 위한 보고서와 프레젠테이션	비즈니스 프로세스에 대한 데이터베이스 스코어링 또는 개입	맞춤형 애플리케이션 및 자동화된 프로세스

이 구성에 따르면 머신러닝은 확고하게 인간과 컴퓨터 파트너십의 교차점에 자리하고 있으며, 전통적인 통계학은 통찰력을 도출하고자 주로 인간에 의존하고 AI는 가능한 한 인간의 개입을 최소화하려고 한다. 인간-기계 파트너십을 극대화하고 학습 알고리듬을 실세계의 문제에 적용하는 방법을 배우는 것이 이 책의 초점이다. 머신러닝의 사용 사례와 제한 사항을 이해하는 것은 이 여정의 중요한 시작점이다.

⁑ 머신러닝의 사용과 남용

많은 사람이 체스를 두는 컴퓨터인 딥블루^{Deep Blue}(세계 챔피언과의 게임에서 승리한 첫 번째 컴퓨터)나 2011년 텔레비전 퀴즈 쇼 <제퍼디^{Jeopardy}>에서 2명의 인간 상대를 제패한 또 다른 유명한 컴퓨터인 왓슨^{Watson}에 대해 들어봤을 것이다. 이렇게 깜짝 놀랄 만한 성과로 인해 사람들은 많은 정보기술 직종에서 컴퓨터의 지능이 사람을 대체할 것이라고 짐작한다. 마치 현장에서 기계가 사람을 대체하고 생산 라인에서 로봇이 사람을 대체했던 것처럼 말이다.

최근에는 이러한 우려들이 더욱 강조되고 있다. OpenAI 연구 그룹에서 개발한 GPT-3와 DALL·E 2 같은 인공지능 기반의 알고리듬들이 인상적인 성과를 거두고 있으며, 컴퓨터가 인간이 작성한 것과 거의 구별할 수 없는 텍스트와 예술 작품을 만들어낼 수 있음을 입증하고 있다. 결과적으로 이는 마케팅, 고객 지원, 일러스트레이션 등과 같은 직업에서 큰 변화를 초래할 수 있다. 이전의 직원들보다 더 저렴하게 무한히 자료를 생산할 수 있는 기계들에게 창의력이 아웃소싱되는 셈이다.

이 경우에는 여전히 사람이 필요할 수 있다. 기계가 이러한 인상적인 성과를 달성하더라도 여전히 문제를 철저히 이해하는 능력이나 작업이 실세계 목표에 어떻게 적용될지를 이해하는 능력은 상대적으로 제한적이다. 학습 알고리듬은 방향 없는 순수한 지적 능력을 갖고 있다. 컴퓨터는 대형 데이터베이스에서 미묘한 패턴을 인식하는 능력이 인간보다 우수할 수 있지만 여전히 분석을 촉진하고 결과를 의미 있는 조치로 전환하는 데 있어서는 인간이 필요하다. 대부분의 경우 인간은 기계의 출력이 가치 있는지를 결정하고 기계가 허무한 결과를 생성하는 것을 방지하는 데 도움이 될 것이다.

NOTE

딥블루나 왓슨을 폄하하려는 것은 아니지만 그 둘의 지능은 다섯 살짜리 아이보다 못하다는 점을 알아야 한다. '똑똑하다는 것을 비교하는 것'에 대한 함정을 좀 더 자세히 알고 싶다면 윌 그룬월드(Will Grunewald)가 2012년에 작성한 유명한 과학 기사인 〈왓슨과 딥블루 중 누가 더 똑똑한 컴퓨터일까?〉를 참고하라(https://www.popsci.com/science/article/2012-12/fyi-which-computer-smarter-watson-or-deep-blue/).

기계는 질문을 잘 못할 뿐더러 심지어 어떤 질문을 할지도 잘 모른다. 컴퓨터가 이해할 수 있는 방식으로 질문이 써있다면 기계는 대답을 훨씬 더 잘한다. 블러드하운드^{bloodhound}가 훈련사와 파트너가 되는 것처럼 요즘 머신러닝 알고리듬은 사람과 파트너가 된다. 개의 후각이 주인보다 몇 배 더 강할 수 있지만 주의해서 지시하지 않으면 사냥개는 자기 꼬리만 쫓아 맴돌 것이다.

그림 1.2: 머신러닝 알고리듬은 강력한 도구지만 조심스럽게 사용해야 한다.

최악의 경우 머신러닝이 부주의하게 구현된다면 유명한 기술 억만장자 일론 머스크$^{Elon\ Musk}$가 도발적으로 말한 '악마를 소환하는 것'이라는 상황이 올 수도 있다. 이 관점은 우리가 필요할 때 머신러닝을 제어할 수 있다는 오만한 느낌에도 머신러닝은 우리가 통제할 수 없는 힘들을 발휘하게 될 수도 있다는 것을 시사한다. 인공지능의 능력은 인간보다 훨씬 빠르고 객관적으로 프로세스를 자동화하고 변화에 대응하는 것이기 때문에 인간이 통제하는 옛 방식의 삶으로 돌아갈 수 없는 지점이 올 수도 있다. 머스크는 다음과 같이 설명한다.

> 인공지능이 목표를 갖고 있고 그 목표에 우연히 인류가 방해물이 된다면 인공지능은 아무런 생각 없이 당연히 인류를 파괴할 것이다. 어떠한 감정도 없이... 우리가 길을 건설하고 있는데, 우연히 개미굴이 길에 있다면 우리는 개미를 미워하지 않는다. 우리는 단지 길을 건설하고 있을 뿐이니, 그저 개미굴을 없애버릴 것이다.

이것이 우울한 묘사처럼 들릴 수 있지만 현재 최첨단 머신러닝의 성공 수준에 대해 읽으면 아직 먼 미래의 과학 소설 영역이라는 것을 곧 알게 될 것이다. 그러나 머스크의 경고는 머신러닝과 인공지능이 양날의 검이 될 가능성을 이해하는 데 도움이 된다. 이 기술은 모든 이점을 갖고 있지만 아직 발전의 여지가 있는 것들도 있으며, 좋은 점보다 더 큰 해를 끼칠 수도 있는 상황들도 있다. 머신러닝 기술자를 윤리적으로 신뢰할 수 없다면 사회에 가장 큰 피해를 방지하고자 정부의 개입이 필요할 수도 있다.

NOTE

'악마를 불러내는 것'에 대한 머스크의 우려에 대해 더 알고 싶다면 CNBC의 2018년 기사 (https://www.cnbc.com/2018/04/06/elon-musk-warns-ai-could-create-immortal-dictator-in-documentary.html)를 참고하라.

머신러닝 성공 사례

머신러닝은 주제에 관련된 전문가의 전문적 지식을 대체하기보다 증가시킬 때 가장 성공적이다. 머신러닝은 암을 근절하기 위한 최전선에서 의사들과 함께 일하고, 엔지니어와 프로그래머가 스마트 홈과 자동차를 만들도록 도와주며, 사회학자가 사회가 어떻게 기능하는지에 대한 지식을 쌓도록 돕는다. 이런 목표를 위해 수많은 기업, 과학연구소, 병원, 정부기관에서 머신러닝을 사용한다. 데이터를 생성하거나 수집하는 기관은 데이터에 대한 이해를 돕고자 적어도 하나의 머신러닝 알고리듬을 사용할 것이다.

머신러닝의 모든 사용 사례를 열거하는 것은 불가능하지만 최근의 성공 사례를 살펴보면 대단한 사례 몇 가지를 찾을 수 있다.

- 이메일에서 원치 않는 스팸 메시지를 식별
- 타깃 광고를 위한 고객 행동 세분화
- 날씨의 변화와 장기 기후 변화 예측
- 고객 이탈(구매의 중단)이 미리 예상되는 경우에 사전 개입
- 사기성 신용카드 거래의 축소
- 폭풍과 자연재해로 인한 재정적 피해에 대한 보험 통계적 추정
- 선거 결과의 예측
- 자동 조종 드론과 자율주행 자동차를 위한 알고리듬 개발
- 가정과 사무실 건물의 에너지 효율 최적화
- 우범 지역 예상
- 질병 관련 유전자 서열의 발견

이 책을 끝낼 때쯤이면 컴퓨터에게 이런 작업들을 수행하게 가르칠 때 사용되는 기본적인 머신러닝 알고리듬을 이해하게 될 것이다. 지금은 어떤 상황에서든 머신러닝 과정은 동일하다고 말하는 것으로 충분하다. 알고리듬은 작업에 관계없이 데이터를 얻어 미래의 실행에 기초가 되는 패턴을 식별한다.

머신러닝의 한계

머신러닝이 널리 사용되고 엄청난 잠재력을 갖고 있기는 하지만 머신러닝의 한계를 아는 것도 중요하다. 현 상태의 머신러닝은 인간 뇌 기능 중에 상대적으로 제한된 영역만 흉내 낼 수 있다. 머신러닝은 학습한 엄격한 파라미터의 범위

밖에서는 추정의 유연성이 거의 없고 상식조차도 없다. 이점에 유의해서 알고리듬이 학습하는 내용을 정확하게 파악한 후 실제 환경에는 파라미터가 느슨히 설정되도록 매우 주의해야 한다.

또한 컴퓨터에게는 과거의 경험을 쌓을 수 있는 삶이라는 것이 없으므로 논리적인 다음 단계를 상식적으로 추론하는 능력에는 한계가 있다. 예를 들어 여러 웹 사이트에 노출되는 배너 광고를 생각해보자. 이러한 광고들은 몇 백만 사용자들의 방문 이력을 데이터 마이닝해 학습한 패턴을 기반으로 제공된 것들이다. 이 데이터에 따르면 구두 판매 웹 사이트를 방문했던 사용자들은 구두에 관심 있는 것이므로 구두 광고를 보여줘야 한다. 이 방법의 문제점은 고객이 구두를 구매하고 난 후에도 구두끈과 구두 광택제 등의 광고를 표시하는 대신 또다시 구두를 광고하는 순환을 끊임없이 반복한다는 것이다.

많은 사람이 언어를 이해하거나 번역하거나 음성과 필기체를 인식하는 머신러닝의 능력이 부족하다는 것은 잘 알고 있다. 이런 실패 유형의 가장 초기 예제가 TV쇼 <심슨^{The Simpsons}>의 <1994 에피소드>에 나오는데, 거기서 애플^{Apple} 뉴튼 태블릿^{Newton tablet}의 패러디를 보여준다. 당시 뉴튼은 애플의 최첨단 필기체 인식으로 알려져 있었다. 애플에게는 안타깝지만 뉴튼은 때때로 신통치가 않았다. 텔레비전 에피소드는 다음 스크린샷에서 보는 것처럼 어떤 양아치의 메모 'Beat up Martin^{마틴을 두들겨 패},'를 뉴튼이 'Eat up Martha^{마사를 잡아먹어},'로 잘못 이해하는 장면으로 이러한 상황을 묘사했다.

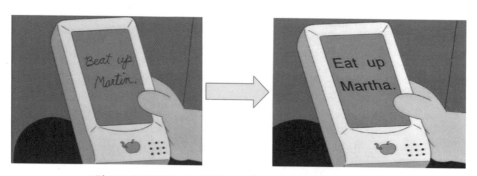

그림 1.3: 20세기 폭스 사의 <심슨(1994)>에서 <빙판 위의 리사> 스크린샷

언어를 이해하는 기계의 능력이 충분히 향상돼 구글, 애플, 마이크로소프트는 음성 인식으로 작동하는 가상 비서 서비스^{virtual concierge service}인 구글 어시스턴스, 시리^{Siri}, 코타나^{Cortana}를 자신 있게 제공하기에 이르렀다. 아직까지 이런 서비스조차 상대적으로 간단한 질문에 대답을 하고자 늘 애쓰고 있다. 게다가 온라인 번역 서비스는 가끔 걸음마를 배우는 아기도 쉽게 이해할 것 같은 문장을 잘못 해석하곤 한다. 또한 많은 기기에 탑재돼 있는 문장 예측 기능으로 인해 여러 해학적인 자동 보정 실패^{autocorrect fail} 사이트가 만들어졌다. 이들 사이트는 기본 언어는 이해하지만 문맥은 완전히 잘못 이해하는 컴퓨터의 '능력'을 보여준다.

이런 실수의 일부는 확실히 예측 가능하다. 언어는 여러 계층의 글과 숨은 의미로 복잡하며, 가끔은 인간조차 문맥을 부정확하게 이해하기도 한다. 이런 종류 기계의 실패는 머신러닝이 자신이 학습한 데이터 정도밖에는 우수하지 않다는 중요한 사실을 말해준다. 문맥이 입력 데이터에 직접 내재돼 있지 않으면 컴퓨터는 인간처럼 최선의 추측을 할 수밖에 없다.

머신러닝의 윤리

머신러닝의 핵심은 단순히 세상의 복잡한 데이터를 이해하게 도와주는 도구라는 점이다. 머신러닝은 여느 도구처럼 선과 악에 모두 사용될 수 있다. 머신러닝이 광범위하게 또는 몰인정하게 적용돼 인간이 실험실의 쥐나 기계적으로 행동하는 사람, 어리석은 소비자로 취급될 때 문제가 생길 수 있다. 악의가 없어 보이는 과정이 감정 없는 컴퓨터에 의해 자동화될 때 의도치 않은 결과를 초래할 수 있다. 이런 이유로 머신러닝이나 데이터 마이닝을 이용하는 사람들은 기술의 윤리적 의미를 고려하지 않고 태만해지곤 한다.

학문으로서 머신러닝은 상대적으로 초창기이기도 하고 머신러닝이 발전하는 속도 때문에 관련 법률 이슈와 사회 규범은 매우 불확실하고 끊임없이 유동적일 수밖에 없다. 법률 위반, 서비스 약관 및 데이터 사용 계약 위반, 신뢰의 남용, 고객이나 일반 대중의 개인정보 침해를 피하려면 데이터를 얻고 분석하는 동안 주의해야 한다. 구글의 비공식 기업 모토는 한때 "악을 행하지 말라"였다. 이 조직은 다른 어떤 조직보다도 개인에 대한 더 많은 데이터를 수집하고 있다. 하지만 이것만으로 충분하지 않을 수 있다. 더 나은 접근 방식은 의료 원칙인 히포크라테스의 서약을 따르는 것이다. 이 원칙은 "어떤 경우에도 해를 주지 말라"라고 주장한다. "해를 주지 말라"라는 원칙을 따르는 것은 페이스북 및 기타 기업들의 최근 사건들을 피하는 데 도움이 됐을 수 있다. 예를 들어 케임브리지 애널리티카^{Cambridge Analytica} 논란에서는 소셜 미디어 데이터가 선거 조작에 사용됐다고 주장했다.

소매업자들은 광고, 특정 프로모션, 재고 관리 또는 상점 내 제품 배치를 위해 머신러닝을 보편적으로 사용한다. 많은 업체가 고객의 구매 이력을 기반으로 프로모션용 쿠폰을 출력하는 장치를 계산 대기줄에 설치해두고 있다. 개인 데이터를 약간 제공함으로써 고객은 원하는 특정 제품에 대한 할인 혜택을 받게 된다. 처음에는 이것이 상대적으로 무해해 보일 수 있지만 이러한 습관이 좀 더 발전하면 어떤 일이 벌어질지 생각해보라.

쿠폰을 발송하고자 임산부를 식별하는 데 머신러닝을 이용했던 미국의 대형 소매업체에 관한 출처미상의 얘기가 있다. 그 소매업체는 예비 엄마들이 상당한 할인을 받게 되면 충성 고객이 돼서 나중에 기저귀, 유아용 식기, 장난감 같은 수익성이 좋은 제품을 구매할 것으로 희망했다. 머신러닝 방법을 적용한 결과, 이 소매업자는 고객의 구매 이력에서 여성의 임신 여부뿐만 아니라 아기의 예상 출산일을 높은 정확도로 예측할 수 있는 항목들을 식별했다.

이 소매업체가 이 데이터를 사용해 판촉 메일을 보내고 나자 화가 난 한 남성이 체인에 연락을 해서 자신의 10대 딸이 왜 임산부 용품 쿠폰을 받았는지 알려 달라고 요구했다. 그는 이 소매업체가 10대의 임신을 장려하는 것처럼 보였기 때문에 분개했다. 그러나 소문에 따르면 그 소매체인의 매니저가 사과하려고 전화했을 때 오히려 사과했던 사람은 매니저가 아닌 그녀의 아빠였다. 그는 딸이 실제로 임신했다는 사실을 알게 됐기 때문이다.

NOTE

> 임신을 판별하고자 소매점들이 머신러닝을 어떻게 사용하는지 좀 더 자세히 알아보고자 한다면 뉴욕 타임즈 찰스 두히그(Charles Duhigg)의 기사 〈회사들이 당신의 비밀을 알아내는 방법〉을 (https://www.nytimes.com/2012/02/19/magazine/shopping-habits.html) 참고하라.

진짜 사실인지는 몰라도 이 얘기에서 배울 수 있는 교훈은 머신러닝의 분석 결과를 무턱대고 적용하기 전에 상식을 반영해야 한다는 것이다. 건강 데이터 와 같이 민감한 정보가 관련된 경우에는 특히 그렇다. 이 소매업체가 좀 더 신경을 썼더라면 이 시나리오도 예측할 수 있었고 머신러닝 분석으로 발견한 패턴을 노출할 때 그 방법의 선택에 좀 더 신중했을 것이다.

머신러닝 알고리듬이 좀 더 보편화될수록 컴퓨터는 인간 사회의 부적절한 면을 학습하게 된다. 불행히도 여기에는 인종 차별, 성차별, 부정적 고정 관념들이 포함된다. 예를 들어 구글의 온라인 광고는 고소득 직업 광고를 여성보다 남성 에게 더 노출하고 범죄 경력증명에 관한 내용은 흑인들에게 더 노출한다는 연 구 결과가 있다. 기계는 남성들이 대부분의 여성들에게 제공되지 않았던 직업 을 맡았던 것을 정확하게 학습했을지 모르지만 알고리듬이 이러한 불공평성을 계속 유지시키는 것은 바람직하지 않다. 대신, 기계에게 현재의 사회가 아니라 어떻게 돼야 하는지를 반영하도록 가르쳐야 할 수도 있다.

NOTE

> 때로는 명확하게 '콘텐츠 중립적(content-neutral)'으로 의도된 알고리듬들이 결국 원하지 않는 신념이나 이데올로기를 반영하게 될 수 있다. 극단적인 사례로는 마이크로소프트가 개발한 트위터 챗봇이 운영된 지 얼마 지나지 않아 나치와 여성 혐오주의 발언을 퍼트렸고 곧 서비스가 중단되기 도 했다. 이러한 정보들은 인터넷 포럼과 채팅방에서 선동적인 콘텐츠를 게시하는 이른바 '트롤 (trolls)'들로부터 학습한 것으로 의심된다. 또 다른 사례로, 인간의 미적 감각을 객관적으로 반영하 고자 개발된 알고리듬이 거의 완전히 백인들만 선호한다는 사실로 인해 논란이 발생했다. 이것이 범죄 활동을 위한 얼굴 인식 소프트웨어에 적용됐다면 어떤 결과가 발생할지 상상해보라.

머신러닝과 차별화에 따른 현실 세계의 결과에 대해 더 많은 정보는 Michael Li의 2019년 「Harvard Business Review」의 기사인 〈Addressing the Biases Plaguing Algorithms〉(https://hbr.org/2019/05/addressing-the-biases-plaguing-algorithms)를 참고하라.

알고리듬의 불법적인 차별을 제한하고자 어떤 사법부는 사업적 목적으로 인종, 윤리, 종교나 다른 보호된 종류의 데이터를 사용하지 못하게 하고 있다. 그러나 이러한 데이터를 차단하는 것만으로 충분하지 않다. 머신러닝은 의도치 않게 차별을 학습할 수 있기 때문이다. 어느 집단의 사람이 특정 지역에서 특정 제품을 사고 특정 행동을 보인다면 머신러닝 알고리듬은 그 그룹의 보호된 정보를 추론해낼 수 있다. 그러한 경우 이미 파악한 상태는 물론 추가적으로 탐지 가능한 식별 자료를 완전히 제거할 필요가 있다.

최근 이러한 유형의 알고리듬적 편견으로 의심되는 사례 중 하나는 2019년에 선보인 애플 신용카드였다. 이 카드는 여성에 비해 남성에게 훨씬 더 높은 신용한도를 제공한 것으로 즉시 비난받았다. 때때로 남성의 경우 여성보다 10 ~ 20배 높은 한도를 제공하는 경우도 있었으며, 심지어 공동 자산과 유사한 신용이력을 가진 배우자들에게도 그랬다. 애플과 발행 은행인 골드만삭스는 성별편견이 작용하고 있지 않으며, 알고리듬에서 법적으로 보호되는 신청자 특성이 사용되지 않았다고 반박하면서도 이는 우연히 편향이 들어갔을 수 있다는 추측을 멈출 수 없었다. 애플과 골드만삭스가 경쟁상의 이유로 알고리듬의 세부사항을 비밀로 유지하기로 결정한 것은 상황을 더 악화시키기도 했다. 이로인해 사람들은 최악의 경우를 상정하기 시작했다. 체계적인 편향 주장이 사실이 아닐 경우 정확히 무엇이 발생하고 어떻게 결정이 이뤄졌는지 설명할 수 있다면 대중의 분노를 상당 부분 완화시킬 수 있었을 것이다. 가능성 있는 최악의 경우는 애플과 골드만삭스가 조사를 받았지만 알고리듬의 복잡성으로 인해 결과를 감독 기관에 설명하지 못한 경우에 발생할 수 있다.

NOTE

애플의 신용카드 얘기는 2019년 BBC 기사 ⟨Apple's 'sexist' credit card investigated by US regulator⟩(https://www.bbc.com/news/business-50365609)에 설명돼 있다.

법적인 결과와 별개로 고객들은 자신이 개인적으로 생각하는 부분들이 공개되면 불편하게 느낄 수 있거나 화를 낸다. 어려운 점은 개인정보 보호에 대한 기대가 사람과 상황에 따라 다르다는 것이다. 이 사실을 설명하고자 누군가의 집을 운전하다가 우연히 창문을 통해 바라보는 것을 상상해보라. 이는 대부분의 사람을 불쾌하게 하지 않을 것이다. 반면 거리 건너에서 카메라를 사용해 사진을 찍는 것은 대부분의 사람을 불편하게 만들 가능성이 높다. 또한 집에 다가가 유리에 얼굴을 대고 안을 엿보는 것은 거의 모두를 분노하게 만들 것이다. 이 3가지 시나리오는 모두 '공개된' 정보를 사용하고 있다고 주장할 수 있지만 그중 2가지는 대부분의 사람을 불쾌하게 만드는 한계를 넘어서고 있다. 마찬가지로 데이터 사용에서도 한계를 넘어 사람들이 최소한 무례하게 여길 수 있고 최악의 경우 기분 나쁘게 여길 수 있다.

컴퓨팅 하드웨어와 통계적 방법이 빅데이터 시대를 연 것처럼 이러한 방법들은 이전에는 비공개였던 우리의 여러 개인적인 삶의 측면을 지금은 공개되거나 일정 가격에 대중에게 이용 가능한 개인정보 이후 시대^{post-privacy era}를 열었다. 빅데이터 시대 이전에도 공공 정보를 관찰함으로써 누군가에 대해 많은 정보를 알아낼 수 있다. 그들의 도착과 출발을 관찰하면 직업이나 여가 활동에 대한 정보를 알 수 있고 쓰레기통과 재활용통에서 빠르게 눈을 돌리면 무엇을 먹고 마시고 읽는지 알아낼 수 있다. 사립 탐정은 몇 가지 집중적인 발굴과 관찰로 더 많은 정보를 알아낼 수 있었다. 머신러닝 방법을 대규모 데이터 세트에 적용하는 회사들은 사실상 대규모 사립 탐정으로 작용하고 있으며, 기업들이 익명화된 데이터 세트에서 작업하고 있다고 주장하더라도 많은 사람이 디지털 감시에서 너무 멀리 간 것이라고 주장하고 있다.

최근 몇 년 동안 일부 주목받는 웹 애플리케이션은 서비스 약관이 변경되거나 데이터가 원래 의도와는 다른 목적으로 사용된다고 의심될 때 사용자가 대거 이탈하는 것을 경험했다. 개인정보 보호 기대치가 맥락, 연령 그룹 그리고 지역에 따라 다르다는 사실은 개인 데이터의 적절한 사용을 결정하는 데 복잡성을 더한다. 프로젝트를 시작하기 전에 작업의 문화적 함의를 고려하는 것은 물론, 유럽 연합의 일반 개인 데이터 보호 규정^{GDPR, General Data Protection Regulation}과 이를 따르는 필연적인 정책들을 주의 깊게 숙지하는 것이 현명할 것이다.

TIP

> 특정 목적을 위해 데이터를 사용할 수 있다고 해서 반드시 그래야 하는 것은 아니다.

끝으로 일상생활에서 머신러닝 알고리듬이 점진적으로 스며들수록 이 점을 악용하려는 세력들이 발생할 가능성이 증가함에 주목해야 한다. 경우에 따라 공격자들은 구글 검색 순위를 높이려는 의도로 만든 '구글 폭탄' 등의 장난에 비슷한 단순한 공격을 하겠지만 어떤 때는 심각할 공격을 감행할 수도 있다. 최근의 가짜 뉴스나 선거 개입을 개인화된 타깃을 상대로 광고나 추천 알고리듬을 조작해 전파시키는 사례가 그중 하나다. 외부자의 그런 행위를 막으려면 머신러닝 시스템을 구축할 때 특정 개인이나 집단에 어떤 영향을 미칠 것인지 신중히 고려해야 한다.

NOTE

> 소셜 미디어 학자인 다나 보이드(danah boyd)는 뉴욕에서 개최한 스트라타(Strata) 데이터 콘퍼런스 2017에서 공격자로부터 머신러닝을 보호하는 것의 중요성에 대해 기조 연설을 했다. 연설 내용은 https://points.datasociety.net/your-datais-being-manipulated-a7e31a83577b에서 찾아볼 수 있다.

머신러닝 알고리듬에 대한 악의적인 공격의 결과는 치명적일 수 있다. 학자들은 '적대적 공격'을 생성해 거리 교통 표지판을 사전에 의도된 문양으로 교묘하게 왜곡시켜 자율주행차량의 오인식을 유도하고 치명적 사고를 유발할 수 있음을 보였다. 악의가 없더라도 소프트웨어의 버그와 사람의 실수로 인해 우버나 테슬라의 자율주행 자동차에서 치명적 사고가 발생하기도 했다. 이러한 사례를 명심하고 머신러닝 알고리듬을 만드는 사람들은 실생활에서 남용되는 일이 없도록 주의와 윤리 의식을 가져야 한다.

∷ 기계의 학습 방법

컴퓨터 과학자 톰 미첼Tom M. Mitchell이 제안한 머신러닝의 공식적인 정의는 "미래에 비슷한 경험에 대해 성능이 향상되는 것과 같이 기계는 자신의 경험을 활용할 수 있을 때마다 학습을 한다a machine learns whenever it is able to utilize its an experience such that its performance improves on similar experiences in the future"이다. 이 정의는 직관적이지만 경험이 미래의 실행으로 어떻게 변환될 수 있는지 그 과정은 완전히 무시하고 있다. 그리고 학습은 항상 말은 쉽지만 실제 실행하기란 훨씬 더 어렵다.

인간의 뇌는 태어날 때부터 자연적으로 학습 능력이 있지만 컴퓨터를 학습시키고자 필요한 조건은 명시적으로 만들어져야만 한다. 이런 이유로 학습의 이론적인 기반을 이해하는 것은 엄밀히 필요하지는 않지만 머신러닝 알고리듬을 이해하고 구별하고 구현하는 데 도움을 준다.

TIP

> 머신러닝과 인간의 학습을 비교할 때 자기 자신의 마음을 다른 시각에서 관찰하고 있는 자신을 발견할 것이다.

학습자learner가 인간이든 기계이든 상관없이 기본적인 학습 과정은 비슷하다. 학습 과정은 상호 연관된 다음과 같은 4개의 구성 요소로 나눠진다.

- **데이터 저장소**Data Storage: 관찰observation, 기억memory, 회상recall을 활용해 향후 추론을 위한 사실적 기반을 제공한다.

- **추상화**^{Abstraction}: 저장된 데이터를 넓은 표현과 개념으로 변환한다.
- **일반화**^{Generalization}: 추상화된 데이터를 이용해 지식과 추론을 생성함으로써 새로운 상황^{context}에서 실행을 하게 만든다.
- **평가**^{Evaluation}: 학습된 지식의 효율성을 측정하고 잠재적인 개선 사항을 알려주는 피드백 메커니즘을 제공한다.

다음 그림은 학습 과정의 단계를 보여준다.

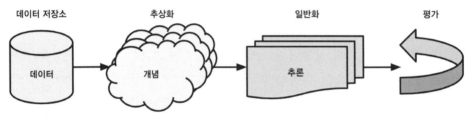

그림 1.4: 학습 과정의 4단계

학습 단계를 4개의 별도 구성 요소로 개념화했지만 단지 설명을 하고자 이런 방식으로 구성한 것이다. 실제 전체 학습 과정은 서로 뗄 수 없는 관계다. 인간에게 이 과정은 반무의식적으로 일어난다. 인간은 마음의 눈에 한정돼 기억하고 추론하고 유도하고 직관한다. 그리고 이런 과정은 감춰져 있기 때문에 사람마다 차이는 모호한 주관적 관념에서 기인한다. 그에 반해 컴퓨터의 경우 이런 과정은 명확하며 전체 과정이 투명하기 때문에 학습된 지식은 미래의 실행을 위해 관찰되고 전환되고 활용되고 데이터 '과학'으로 취급된다.

데이터 과학^{data science}이란 용어는 머신러닝 프로세스를 이끄는 데이터, 기계, 사람 사이의 관계를 암시한다. 이 용어가 점진적으로 직무 기술과 학위 프로그램에서 사용되기 시작하는 것은 학문 분야에서 통계나 계산 이론 그리고 머신러닝과 그 응용을 가능케 해주는 기계적 인프라에서의 조작화^{operationalization}를 반영한다. 데이터 과학의 전문가가 되려면 종종 뛰어난 작가가 되거나 데이터로부터 추론하고 예측할 수 있는 것의 한계에 대해 균형을 잡을 수 있어야 한다. 따라서 대단한 데이터 과학자란 11장에서 깊이 다루는 것처럼 비즈니스 응용의 맥락에서 학습 알고리듬이 어떻게 작동하는지를 완벽히 이해하고 있어야 한다.

데이터 저장소

모든 학습은 데이터로 시작한다. 사람과 컴퓨터는 모두 더 진보된 추론을 하고자 데이터 저장소를 기반으로 활용한다. 인간의 경우 데이터 저장소는 뇌로 구성된다. 뇌는 생물학적 세포 네트워크에서 전기화학 신호를 사용해 관측을 저장하고 처리하며, 이를 미래의 단기 기억과 장기 기억에 사용한다. 컴퓨터는 CPU와 결합한 하드 디스크 드라이브, 플래시 메모리, RAM을 이용해 비슷한 단기 기억과 장기 기억 능력을 갖는다.

이렇게 말하면 명확해 보이겠지만 데이터를 저장하고 검색하는 능력만으론 학습이 충분하다고 말할 수는 없다. 저장된 데이터는 단순히 디스크에 저장된 0이나 1 값에 불과하다. 높은 수준의 이해가 없다면 지식은 오직 기억에 한정된다. 즉, 이전에 본 것만을 의미하고 나머지는 아무것도 아니게 된다.

지식의 이러한 미묘한 차이를 더 잘 이해하려면 마지막으로 대학 기말고사나 자격증 시험처럼 어려운 시험을 대비해 공부하던 때를 생각하면 도움이 될 것이다. 직관적^(사진과 같은 정확한) 기억을 원했던가? 그렇다면 완벽한 기억이 그다지 도움이 되지 않는다는 것을 알면 실망할 수도 있다. 자료를 완벽하게 암기했다고 하더라도 이런 기계적 암기법은 시험에 나올 정확한 질문과 답을 미리 알지 못하면 아무 소용이 없다. 아니면 모든 예상 질문에 대한 무한한 답변을 외우려고 시도할 수도 있다. 분명히 이 방법은 지속할 수 없는 전략이다.

대신 지식들이 어떻게 관련이 있는지, 저장된 정보를 어떻게 사용할지에 대한 전략을 세우는 동안 대표적인 지식을 몇 개 암기하며 시간을 선택적으로 사용하는 것이 더 나은 접근 방법이다. 이런 식으로 아주 많은 지식을 각 세부 사항, 뉘앙스, 잠재적 응용을 모두 암기하지 않고도 중요한 폭넓은 패턴을 식별할 수 있다.

추상화

저장된 데이터에 폭넓은 의미를 부여하는 작업은 추상화 과정 중에 일어나며, 추상화를 통해 원시 데이터는 좀 더 광범위하고 추상적인 개념이나 아이디어를 갖게 된다. 물체와 표현 사이의 연결과 같은 이런 유형의 연결은 르네 마그리트^{René Magritte}의 유명한 그림인 '이미지의 배반^{The Treachery of Images}'이 전형적인 예가 될 수 있다.

그림 1.5: "이것은 담배 파이프가 아닙니다."(출처: http://collections.lacma.org/node/239578)

이 그림에는 담배 파이프가 묘사돼 있으며, "이것은 담배 파이프가 아닙니다.^(Ceci n'est pas une pipe)"라는 설명이 있다. 마그리트가 전달하려고 했던 점은 담배 파이프를 표현한 그림은 진짜 담배 파이프는 아니라는 점이다. 그렇지만 이 담배 파이프가 진짜가 아니라는 사실에도 그림을 보는 사람은 누구나 이것을 담배 파이프로 인식한다. 이것은 관측자의 마음이 담배 파이프 **그림**^{picture}을 담배 파이프에 대한 **생각**^{idea}으로, 손에 쥘 수 있는 실제 물리적인 담배 파이프에 대한 기억으로 연결할 수 있음을 보여준다. 이와 같은 추상화된 연결은 원시 센서 정보가 의미 있는 통찰로 변환되도록 도와주는 논리 구조가 형성된 상태인 **지식 표현**^{knowledge representation}의 기반이다.

이 개념을 완전히 구현하는 것은 지식 표현으로, 미드저니^{Midjourney}(https://www.midjourney.com)와 같은 인공지능 기반 도구가 르네 마그리트의 스타일로 그림을 가상으로 그릴 수 있게 해준다. 다음 이미지는 '로봇', '파이프', '흡연'과 같은 개념들에 대한 알고리듬의 이해를 바탕으로 순전히 인공지능에 의해 생성됐다.

마그리트가 오늘날 살아있었다면 자신의 초현실주의 작품이 현실 및 이미지와 아이디어 사이의 인간적 개념에 도전했다는 점에서 이제 컴퓨터들의 마음속에 통합되고 우회적인 방식으로 기계의 아이디어와 이미지를 현실과 연결하고 있다는 것을 불현듯 이상하게 여겼을 것이다. 기계는 르네 마그리트와 같은 예술 작품에서 파이프와 같은 사물의 이미지를 보면서 파이프가 무엇인지를 학습한 것이다.

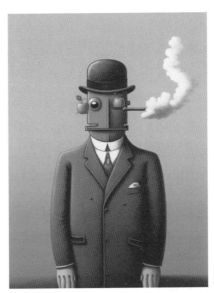

그림 1.6: "Am I a pipe?" 이미지는 미드저니 인공지능에 의해 생성된 것으로, "robot smoking a pipe in the style of a Rene Magritte painting"이라는 프롬프트를 사용해 만들었다.

기계의 지식 표현 과정에서 컴퓨터는 모델을 이용해서 저장된 원시 데이터를 요약한다. 모델은 데이터 안의 패턴을 명시적으로 표현한 것이다. 마그리타의 담배 파이프처럼 모델 표현은 원시 데이터를 초월한 생명력을 얻는다. 이는 부분의 합보다 더 큰 생각을 표현한다.

다양한 종류의 모델이 많다. 일부는 이미 익숙할지도 모른다. 예를 들어 다음과 같은 것들이 있다.

- 수학 방정식
- 트리와 그래프 같은 관계형 다이어그램
- 논리적 if/else 규칙
- 클러스터^{cluster}로 알려진 데이터 그룹

일반적으로 모델 선택을 기계에 맡기지는 않는다. 대신 학습할 작업과 보유한 데이터가 모델 선택에 영향을 미친다. 1장의 후반에서 모델의 종류를 선택하는 방법을 좀 더 자세히 알아본다.

모델을 데이터 세트에 맞추는 과정을 **훈련**^{training}이라고 한다. 모델이 훈련됐을 때 데이터는 원래의 정보를 요약한 추상화된 형태로 변환된다. 이 단계가 '학습 ^{learning}'보다는 '훈련'이라는 용어를 사용한다는 점에서 몇 가지 흥미로운 측면을 보여준다. 첫째, 데이터 추상화로 학습하는 과정이 끝나지 않는다는 사실을 알 수 있다. 학습자는 여전히 일반화하고 자신의 훈련을 평가해야 한다. 둘째, '훈련'이라는 단어는 인간 교사가 특정 목적을 위해 데이터를 사용하는 방법으로 기계 학생을 훈련시킨다는 사실을 더 잘 표현한다.

훈련과 학습의 차이는 미묘하지만 중요하다. 컴퓨터는 모델을 학습하는 것이 아니다. 이는 학습해야 할 단 하나의 정답 모델이 있는 것처럼 느껴지기 때문이다. 물론 컴퓨터는 훈련을 완료하고자 데이터에 대해 무언가를 학습해야 하지만 어떻게 또는 무엇을 정확히 학습할지에 대해서는 어느 정도 자유가 있다. 특정 데이터 세트를 사용해 학습자를 훈련시킬 때 각 학습자는 데이터를 모델링하고 주어진 작업에 유용한 패턴을 식별하고자 자신만의 방법을 찾는다.

학습된 모델 자체로 새로운 데이터를 제공하지는 않지만 새로운 지식을 산출한다는 점에 주목해야 한다. 어떻게 할 수 있는가? 대답은 이렇다. 기저 데이터 ^{underlying data}에 가정된 구조를 도입하는 것은 데이터 요소 간의 연관 관계에 대한 개념을 가정함으로써 낯선^{unseen} 것에 대한 통찰을 부여하는 것이다. 이는 데이터 요소들이 서로 연계된 방식에 대해 설명해 줄 수 있는 새로운 개념을 제시한다.

중력의 발견을 예로 들어보자. 아이작 뉴튼^{Isaac Newton}은 중력에 대한 개념을 관측 데이터에 방정식을 맞춤으로써 추론했지만 사실 우리가 중력이라고 알고 있는 힘은 언제나 존재하던 것이었다. 다만 뉴튼이 데이터를 무언가에 연관 짓는 추상적 개념으로 중력을 인식할 때까지(구체적으로는 떨어지는 물체에 대한 관측을 설명하는 모델에서 g 항이 됨으로써) 우리는 단순히 중력을 인식하지 못했을 뿐이다.

그림 1.7: 모델은 관측된 데이터를 설명하는 추상화다.

대부분의 모델은 수세기 동안 과학적 사고를 개편해 왔던 여러 이론적 발전에 미치지는 못할 것이다. 그럼에도 여러분의 추상화는 데이터 간의 이전에 보지 못한 어떤 관계를 발견한 것일 수도 있다. 게놈 데이터를 학습한 모델이 결합되면 당뇨의 발병 원인이 되는 유전자들을 발견할 수도 있으며, 은행은 사기 행위 전에 체계적으로 발생하는 '외견상의 정상 거래' 유형을 발견할 수도 있으며, 정신과 의사는 새로운 장애를 나타내는 인성적 특성의 조합을 식별할 수도 있다. 이러한 기저 패턴은 늘 존재하지만 단순히 정보를 다른 타입으로 표현함으로써 새로운 생각을 개념화한다.

일반화

학습 과정의 세 번째 단계는 추상화된 지식을 미래의 행동에 사용하는 것이다. 하지만 추상화 과정 중에 식별될 수 있는 수많은 기저 패턴과 이런 패턴을 모델링하는 수많은 방법 중 일부는 다른 것보다 좀 더 유용할 것이다. 추상화의 생성을 유용한 집합으로 국한시키지 않는다면 학습자는 더 이상 진행할 수 없을 것이다. 실행 가능한 통찰력 없이 정보량만 풍부한 학습자는 시작 지점에 멈춰 있게 된다.

공식적으로 일반화^{generalization}란 용어는 이전에 봤던 것과 비슷하지만 동일하지는 않은 직업에 대해 추상화된 지식을 미래의 행동에 활용할 수 있는 형태로 변환하는 과정으로 정의된다. 이는 훈련 도중 데이터로부터 구성될 수 있는 전체 모델 집합(즉, 이론이나 추론)을 탐색하는 것이다. 데이터가 추상화될 수 있는 가능한 모든 가설 집합$^{hypothetical\ set}$을 생각해보면 일반화란 이 가설 집합을 중요한 발견을 담고 있는 더 작고 관리 가능한 집합만으로 축소하는 과정이다.

일반화에서 학습자는 발견된 패턴을 미래의 작업에 가장 적합한 패턴들로 제한하는 작업을 수행한다. 일반적으로 패턴을 하나씩 일일이 관찰해가면서 미래의 유용성 순으로 순위를 매기면서 패턴 개수를 줄여 나가는 방법은 불가능하다. 대신 머신러닝 알고리듬은 더 빨리 검색 공간을 줄이는 지름길을 이용한다. 이런 목표를 달성하고자 알고리듬은 가장 유용한 추론을 어디서 찾을지 경험적으로 추측하는 휴리스틱^{heuristics}을 사용한다. 인간은 흔히 새로운 상황에 대한 경험을 빠르게 일반화하고자 휴리스틱을 사용한다. 여러분이 상황을 완전히 평가하기도 전에 순간적 결정을 내리고자 직관적으로 본능을 활용한 적이 있다면 그것은 마음의 휴리스틱을 직관적으로 활용한 것이다.

TIP

> 휴리스틱은 근사(approximation)와 경험 규칙(rules of thumb)을 활용하기 때문에 최고의 모델을 유일하게 찾는 것은 보장하지 못한다. 하지만 이런 지름길을 택하지 않고 대용량 데이터 세트에서 유용한 정보를 찾는 것은 실현되기 어렵다.

빠르게 의사결정을 하는 믿기 어려운 인간의 능력은 보통 컴퓨터 같은 논리보다 감정에 이끌린 휴리스틱에 다소 의존한다. 그렇기 때문에 가끔 비논리적인 결론을 내리기도 한다. 예를 들어 자동차가 통계적으로 좀 더 위험함에도 더 많은 사람이 자동차 여행보다 비행기 여행에 대한 두려움을 나타낸다. 이는 가용성 휴리스틱^{availability heuristic}으로 설명될 수 있다. 가용성 휴리스틱이란 사례를 얼마나 쉽게 떠올릴 수 있는지에 따라 사건의 가능성을 판단하는 경향을 말한다. 비행기 여행과 관련된 사고는 쉽게 퍼진다. 대단히 충격적인 사건이기 때문에 비행기 사고는 쉽게 기억을 떠올리지만 자동차 사고는 신문에 겨우 언급될 정도다.

잘못 적용된 휴리스틱의 어리석음은 인간에게 국한되지 않는다. 머신러닝 알고리듬이 이용하는 휴리스틱도 가끔 잘못된 결론을 낸다. 결론이 체계적으로 틀린다면 알고리듬은 편향^{bias}을 가졌다고 말하고, 이는 지속적이고 예측 가능한 방식으로 잘못됐음을 의미한다. 예를 들어 머신러닝 알고리듬이 입을 나타내는 직선 위에 눈을 나타내는 2개의 짙은 색 원을 찾는 방식으로 얼굴을 식별하게 학습됐다고 가정해보자. 이 알고리듬은 자신의 모델을 따르지 않는 얼굴을 인식하는 데 어려움을 겪거나 그 형태를 부정하게 편향되게 할 수 있다. 안경을 쓴 얼굴, 비스듬히 돌린 얼굴, 옆을 보는 얼굴, 다양한 피부 색조를 가진 얼굴은 이러한 알고리듬으로 탐지하기 어렵다. 비슷하게 그 세상의 이해에 부합하는 특정 피부 색조, 얼굴 모양 또는 다른 특성을 가진 얼굴로 알고리듬이 편향될 수도 있다.

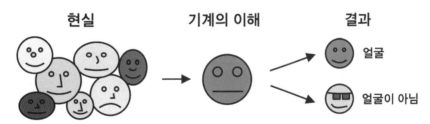

그림 1.8: 학습자의 경험을 편향되게 생성하는 프로세스

편향이란 단어의 최근 사용을 보면 매우 부정적인 의미가 함축돼 있다. 다양한 형태의 매체에서는 편향에서 자유로워야 하며 감정에 때 묻지 않게 객관적으로 사실을 보도해야 한다고 주장하곤 한다. 그럼에도 약간의 편향이 유용할 수도

있는 가능성을 잠시 고려해보자. 약간의 임의성도 없다면 각기 강점과 약점이 명확한 여러 경쟁적 선택 중에 결정하는 일은 조금 어려워지지 않을까? 실제 심리학 분야의 최신 연구에 따르면 감정을 담당하는 뇌 부분이 손상된 채로 태어난 사람은 의사결정이 효율적이지 못하고 어떤 색의 옷을 입을지, 어디서 점심을 먹을지 같은 간단한 결정을 고민하면서 여러 시간을 보내게 된다. 역설적으로 편향은 실행을 할 때 어떤 정보는 보지 못하게 하는 대신 다른 정보는 활용할 수 있게 한다. 이 방법이 머신러닝 알고리듬이 데이터를 이해하기 위한 수많은 방식 중에 선택하는 방법이다.

평가

편향이란 모든 학습 작업의 추상화와 일반화 과정에 근본적으로 내재돼 있는 필요악이다. 무한한 가능성에 맞서 행동하려면 모든 학습은 편향을 가져야만 한다. 결론적으로 각 학습 전략은 각자 약점을 갖고 있으며 모두를 아우르는 단일 학습 알고리듬이란 존재하지 않는다. 그러므로 일반화 과정의 최종 단계는 편향이 있음에도 학습자의 성공을 평가evaluate하거나 측정하고, 이 정보를 이용해 필요하다면 추가 훈련에 사용할 수 있다.

TIP

하나의 머신러닝 기법으로 성공했다면 이 기법을 모든 문제에 적용하고 싶은 유혹을 받을 수 있다. 모든 상황에서 최고의 머신러닝 방법은 없기 때문에 이런 유혹을 견디는 것이 중요하다. 이 사실은 1996년 데이비드 울퍼트(David Wolpert)에 의해 소개된 "공짜 점심은 없다(No Free Lunch)" 정리에 의해 설명된다. 자세한 정보는 http://www.no-free-lunch.org를 참고한다.

일반적으로 초기 훈련 데이터 세트에 대해 모델을 훈련한 다음 평가가 일어난다. 그때 처음 보는 데이터에 대해 훈련 데이터의 특성이 얼마나 잘 일반화됐는지 판단하고자 새로운 낯선 경우에 대해 별도의 테스트 데이터 세트를 사용해 모델을 평가한다. 모델이 모든 경우를 완벽히 일반화하는 것은 극히 드물다는 점을 알아둘 필요가 있다. 에러의 발생은 거의 항상 피할 수 없는 것이다.

일부는 노이즈^{noise} 문제로 인해 모델이 완벽히 일반화될 수 없다. 노이즈는 데이터에서 설명되지 않거나 설명할 수 없는 변형을 지칭하는 용어. 노이즈가 는 데이터는 외관상 다음과 같은 임의의 사건으로 인해 발생한다.

- 가끔 판독 값을 조금씩 가감하는 부정확한 센서로 인한 측정 에러
- 설문조사를 빨리 끝내고자 질문에 임의의 답변을 보고하는 조사 담당자 와 같은 인간 주체의 문제
- 결측치, 널^{null} 값, 절단된 값, 부정확하게 코드화된 값, 손상된 값을 비롯 한 데이터 품질 문제
- 무작위적인 방식으로 데이터에 영향을 미치는 복잡하거나 거의 이해되 지 않는 현상

노이즈를 모델링하려고 하면 **과적합**^{overfitting} 문제의 원인이 된다. 노이즈의 정의 상 대부분 노이즈 데이터는 설명할 수 없으므로 이를 설명하려고 시도하면 새 로운 경우에 대해 일반화가 잘되지 못하는 모델이 만들어진다. 또한 노이즈를 설명하려고 노력하면 대개 학습자가 식별하려는 진짜 패턴은 오히려 빠져 있는 더 복잡하기만 한 모델이 생성될 것이다.

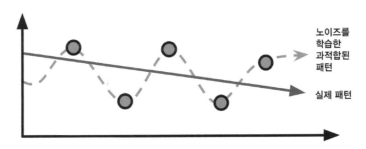

그림 1.9: 노이즈를 모델링하면 대개 기저 패턴을 놓쳐버린 더 복잡하기만 한 모델이 생성된다.

훈련 중에는 잘 작동하지만 평가 중에는 상대적으로 성능이 떨어지는 모델은 테스트 데이터 세트에 잘 일반화되지 않았으므로 훈련 데이터 세트에 과적합됐

다고 말한다. 실제에 있어 과적합이란 미래의 행동에 있어 쓸모없는 데이터의 패턴을 인식했다는 의미이므로 일반화 과정이 실패한 것이다. 과적합 문제의 해결책은 머신러닝 방법마다 달라진다. 우선 중요한 점은 문제를 인식하는 것이다. 모델이 노이즈가 있는 데이터를 얼마나 잘 처리하고 과적합을 피할 수 있는지는 모델을 구분하는 주요 근거다.

⁝⁝ 실전 머신러닝

지금까지 머신러닝의 이론적인 작동 방식에 초점을 맞췄다. 실제 작업에 학습 과정을 적용하려면 5단계 과정을 이용한다. 당면한 작업에 관계없이 모든 머신 러닝 알고리듬은 다음과 같은 단계에 따라 배포될 수 있다.

1. **데이터 수집:** 데이터 수집 단계에서는 알고리듬이 실행 가능한 지식을 생성하고자 사용할 학습 자료를 수집한다. 대부분의 경우 데이터는 텍스트 파일, 스프레드시트, 데이터베이스와 같은 단일 출처로 결합될 필요가 있다.

2. **데이터 탐색과 준비:** 머신러닝 프로젝트의 품질은 주로 입력 데이터의 품질에 좌우된다. 따라서 데이터 탐색이라고 하는 작업을 하면서 데이터와 데이터의 미묘한 차이를 좀 더 파악하는 것이 중요하다. 학습 과정을 위해 데이터를 준비하는 추가 작업이 필요하다. 소위 '엉망인^{messy}' 데이터를 교정하거나 정리하고, 필요 없는 데이터는 제거하고, 학습자가 기대하는 입력에 맞춰 데이터를 다시 코드화하는 것들이 포함된다.

3. **모델 훈련:** 분석용 데이터가 준비될 무렵에 데이터로 학습할 수 있을 것 같은 감이 올 것이다. 선택된 특정 머신러닝 작업은 적절한 알고리듬의 선택을 알려주고 이 알고리듬은 모델 형태로 데이터를 표현할 것이다.

4. **모델 평가:** 각 머신러닝 학습 모델은 학습 문제에 편향된 솔루션을 생성하므로 알고리듬이 자신의 경험으로부터 학습을 얼마나 잘했는지 평가

하는 것이 중요하다. 사용되는 모델의 종류에 따라 테스트 데이터 세트로 모델의 정확도^{accuracy}를 평가하거나 대상 응용에 특화된 성능 측도^{performance measures}를 개발할 필요가 있다.

5. **모델 개선:** 성능을 개선하려면 모델의 성능을 올리기 위한 고급 전략을 활용할 필요가 있다. 가끔 다른 종류의 모델로 완전히 전환해야 될 수도 있다. 추가 데이터로 데이터를 보충하거나 단계 2와 같은 추가 준비 작업을 수행할 필요도 있다.

이 과정이 완료된 후 모델이 잘 작동하는 것으로 보이면 모델은 계획된 작업을 위해 배포될 수 있다. 경우에 따라 예측용 점수 데이터를 (아마도 실시간으로) 제공하고자, 재무 데이터를 예측하고자, 마케팅이나 리서치에 유용한 통찰을 생성하고자, 우편배달이나 비행기 운항 같은 작업의 자동화를 위해 모델을 활용할 수 있다. 배포된 모델의 성공과 실패는 다음 세대의 학습자를 훈련하기 위한 추가 데이터로 제공될 수도 있다.

입력 데이터 타입

머신러닝에는 가용한 학습 알고리듬의 편향에 입력 데이터의 특성을 맞추는 작업이 포함된다. 따라서 머신러닝을 실제 문제에 적용하기 전에 입력 데이터 세트들을 구별하는 용어를 이해하는 것이 중요하다.

관측 단위^{unit of observation}란 말은 연구를 위해 관심 있는 측정 속성을 가진 가장 작은 개체^{entity}를 지칭한다. 일반적으로 관측 단위는 사람, 물체나 물건, 거래, 시점, 지리적 지역, 측량의 형태다. 가끔 관측 단위를 합쳐 사람-년도와 같은 단위를 구성하기도 한다. '사람-년도'는 여러 해 동안 동일한 사람을 추적하는 경우를 나타낸다(즉, 각 '사람-년'은 1년 동안 한 사람의 데이터로 구성된다).

관측 단위는 추론이 만들어지는 가장 작은 단위인 분석 단위(unit of analysis)와 동일하진 않지만 연관돼 있다. 관측 단위와 분석 단위가 같을 때도 종종 있지만 항상 같지는 않다. 예를 들어 사람들에게서 관측된 데이터(관측 단위)는 국가별 경향을 분석(분석 단위)하는 데 사용될 수 있다.

여러 관측 단위와 관측 단위의 속성^{properties}을 저장하고 있는 데이터 세트는 다음의 요소로 구성되는 데이터의 모음으로 생각해볼 수 있다.

- **예제**^{Examples}: 속성이 기록돼 있는 관측 단위의 인스턴스^{instance}
- **특징**^{Features}: 학습에 유용할 수 있는 예제의 기록된 특성 또는 속성

실제 사례를 통해 특징과 예제를 이해하는 것이 가장 쉽다. 스팸 이메일을 식별하는 학습 알고리듬을 만들려면 관측 단위는 이메일 메시지여야 하고 예제는 특정 메시지가 될 것이며, 특징은 메시지에 사용된 단어로 구성될 것이다. 암 진단 알고리듬의 경우 관측 단위는 환자가 되고 예제는 암 환자의 무작위 표본을 포함하며, 특징은 조직 검사 세포의 게놈 마커와 몸무게, 키, 혈압과 같은 환자의 특성이 될 것이다.

사람과 기계는 적절히 처리할 수 있는 입력 데이터의 복잡도가 다르다. 사람은 자유 형식의 텍스트, 그림, 소리와 같은 비구조화된 데이터도 편안히 처리할 수 있다. 또한 사람들은 방대한 특징을 가진 관측치나 특징이 거의 없는 관측치를 다루는 데도 매우 유연하다. 반면 컴퓨터는 일반적으로 구조화된 데이터만을 다룰 수 있으며, 이는 현상의 각 예제는 동일한 특징을 가져야 하고 이 특징들은 컴퓨터가 이해할 수 있는 형태로 구성돼 있어야 한다는 의미가 된다. 기계에서 무차별 대입 방법을 제대로 활용하려면 비구조화 데이터 세트는 대개 구조화된 형태로 그 입력 데이터를 변환해야 한다.

다음 스프레드시트는 수집된 데이터를 행렬 형태의 데이터 세트로 보여준다. 행렬 데이터에서 스프레드시트의 각 행^{row}이 예제이고, 각 열^{column}이 특징이다. 여기서 행은 자동차의 예제를 가리키는 반면 열은 가격^{price}, 마일리지^{mileage}, 색깔

color, 변속 유형^{transmission type}과 같은 다양한 자동차의 특징을 기록한다. 행렬 타입 데이터는 단연코 머신러닝에서 사용되는 가장 일반적인 형태다. 그렇지만 나중에 보겠지만 특별한 경우에는 궁극적으로 머신러닝 이전에 행렬로 변환하게 된다.

특징

year	model	price	mileage	color	transmission
2011	SEL	21992	7413	Yellow	AUTO
2011	SEL	20995	10926	Gray	AUTO
2011	SEL	19995	7351	Silver	AUTO
2011	SEL	17809	11613	Gray	AUTO
2012	SE	17500	8367	White	MANUAL
2010	SEL	17495	25125	Silver	AUTO
2011	SEL	17000	27393	Blue	AUTO
2010	SEL	16995	21026	Silver	AUTO
2011	SES	16995	32655	Silver	AUTO

예제

그림 1.10: 자동차 판매를 나타낸 행렬 타입의 단순한 데이터 세트

데이터 세트의 특징은 다양한 형태로 나타난다. 특징이 숫자로 측정된 특성을 나타낸다면 당연히 수치^{numeric}라고 한다. 그 대신 특징이 범주의 집합으로 이뤄졌다면 이 특징은 **범주**^{categorical} 또는 **명목**^{nominal}이라고 한다. 범주 변수의 특별한 경우를 **서열**^{ordinal}이라고 하는데, 서열 목록^{ordered list}에 속하는 범주를 갖는 명목 변수를 나타낸다. 서열 변수의 예에는 대, 중, 소 같은 옷의 크기, '전혀 만족하지 않음'에서 '매우 만족'까지 등급을 갖는 고객 만족도의 측정이 포함된다. 데이터 세트 특징의 종류와 개수는 작업에 적합한 머신러닝 알고리듬을 결정하는 데 도움이 되므로 특징을 어떻게 표현할지 고려해보는 것이 중요하다.

머신러닝 알고리듬 형식

머신러닝 알고리듬은 목적에 따라 여러 유형으로 나뉜다. 데이터를 이용해 원하는 실행을 이끌어내려면 가장 먼저 머신러닝 알고리듬의 유형을 이해하는

것이 필수적이다.

예측 모델predictive model은 이름에서 알 수 있듯이 데이터 세트의 값을 이용해서 새로운 값을 예측할 때 사용한다. 학습 알고리듬은 목표target 특징(예측되는 특징)과 다른 특징 간의 관계를 찾고 모델링한다. '예측prediction'이란 단어는 예견forecasting의 의미로 흔히 사용되지만 예측 모델이 반드시 미래의 사건을 예견할 필요는 없다. 예를 들어 예측 모델은 엄마의 오늘 호르몬 수치를 이용해 아기의 수정일과 같은 과거의 사건을 예측하는 데 사용할 수도 있다. 예측 모델은 교통 혼잡 시간의 신호등을 제어하고자 실시간으로 사용할 수도 있다.

이제 예측 모델은 학습 대상과 학습 방법에 대한 명확한 지침을 주기 때문에 예측 모델을 훈련하는 과정을 지도학습supervised learning이라고 한다. 지도supervision란 인간의 개입을 말하는 것이 아니라 오히려 목표 값이 학습자가 원하는 작업을 얼마나 잘 학습했는지 파악할 수 있는 방법을 제공한다는 사실을 말한다. 좀 더 형식적으로 말하면 지도학습 알고리듬은 데이터 세트가 주어지면 함수(모델)를 최적화해 목표 출력을 만드는 특징 값의 조합을 찾는다.

예제가 속하는 범주를 예측하는 지도 머신러닝 작업을 분류classification라고 한다. 분류기classifier의 잠재적인 활용은 쉽게 생각해볼 수 있다. 예를 들어 다음과 같은 것들의 여부를 예측할 수 있다.

- 이메일 메시지가 스팸이다.
- 사람이 암에 걸렸다.
- 축구팀이 이기거나 질 것이다.
- 신청자가 채무를 불이행할 것이다.

분류에서 예측해야 할 목표 특징은 클래스class라고 하는 범주형 특징이며 레벨level이라고 불리는 범주로 나뉜다. 클래스는 2개 이상의 레벨을 가질 수 있으며 레벨은 순위이거나 아닐 수 있다. 분류는 머신러닝에서 매우 광범위하게 사용되므로 여러 종류의 입력 데이터에 적합한 장점과 단점을 갖는 다양한 분류 알고리듬이 있다. 1장의 후반과 이 책 전반에 걸쳐 분류 알고리듬의 예제를 다룬다. 분류에 대한 첫 번째 실세계 응용은 3장에서 등장하는데, 바로 '게으른 학습$^{Lazy\ Learning}$ – 최근접 이웃을 사용한 분류'다. 추가적인 예제는 4장과 5장 등 여러 장에서 확인할 수 있다.

또한 지도학습자는 수입, 실험 값, 시험 점수, 항목 개수와 같은 수치 데이터를 예측하는 데 사용할 수 있다. 이러한 수치 값을 예측하기 위한 일반적인 수치 예측$^{numeric\ prediction}$의 형태는 선형 회귀$^{linear\ regression}$ 모델을 입력 데이터에 맞추는 것이다. 회귀 모델이 수치 모델의 유일한 유형은 아니지만 단연코 가장 광범위하게 사용되고 있다. 회귀 방법은 관계의 크기^{magnitude}와 불확실성^{uncertainty}을 모두 포함해 입력과 목표 간의 (정확한 용어로) 연관성^{association}을 정량화하기 때문에 예측에 광범위하게 사용된다. 많은 지도학습 알고리듬은 숫자 예측을 수행할 수 있지만 회귀와 숫자 예측에 대한 내용은 6장에서 자세히 다룬다.

TIP

> 숫자를 범주로 변환(예를 들어 나이 13에서 19까지가 10대)하거나 범주를 숫자로 변환(예를 들어 남자를 1로, 여자를 0으로 할당)하는 것은 쉽기 때문에 분류 모델과 수치 예측 모델 간의 경계는 견고하다고 볼 수는 없다.

서술 모델$^{descriptive\ model}$은 새롭고 흥미로운 방식으로 데이터를 요약해서 얻은 통찰로 이득을 얻는 작업에 사용된다. 관심 있는 목표를 예측하는 예측 모델과는 달리 서술 모델에서는 한 특징이 다른 특징들보다 더 중요하진 않다. 실제 학습해야 할 목표가 없기 때문에 서술 모델을 훈련하는 과정을 비지도학습^{unsupervised} ^{learning}이라고 한다. 서술 모델을 위한 응용을 생각하는 것이 더 어려울 수 있지만(결국 아무것도 배우지 않는 학습자가 특별히 무엇이 좋은가?) 서술 모델은 데이터 마이닝에 매우 자주 사용된다.

예를 들어 패턴 발견$^{pattern\ discovery}$이라고 하는 서술 모델링 작업은 데이터 내에서 유용한 연관을 찾아내는 데 사용된다. 패턴 발견은 소매업체 거래의 구매 데이터에서 장바구니 분석^{market basket analysis}의 목표며 판매점의 구매 데이터 분석에 사용된다. 여기서 판매자가 원하는 것은 빈번하게 동시에 구매되는 아이템을 식별하는 것으로, 학습된 정보가 마케팅 전술을 개선하는 데 사용될 수 있다. 예를 들어 소매업체가 보통 수영 팬츠가 선글라스를 같이 구매한다는 것을 알았다면 소매업체는 매장에서 해당 아이템들을 좀 더 가까이 재배치하거나 고객에게 업셀링^{up-sell}할 수 있는 관련 아이템을 홍보할 것이다. 이 유형의 분석을 수행하는 데 필요한 방법들은 8장에서 설명한다.

TIP

> 원래 소매업 환경에서만 사용됐던 패턴 발견은 이제 매우 혁신적인 방법으로 사용되기 시작하고 있다. 예를 들어 사기 행위 패턴을 탐지하고, 유전적 결함을 찾고, 범죄 활동 빈발 위험 지역을 찾는 데 사용할 수 있다.

데이터 세트를 동질 그룹^{homogeneous group}으로 분리하는 서술 모델링 작업을 군집화^{clustering}라고 한다. 군집화는 가끔 비슷한 행동이나 비슷한 인구학적 정보를 갖는 개인을 그룹으로 식별해 광고 캠페인을 특정 관중에게 특화시키기 위한 세분화 분석^{segmentation analysis}에 사용한다. 기계가 클러스터를 찾을 수 있더라도 클러스터를 해석하려면 사람이 개입해야 한다. 예를 들어 식료품 가게에 5개의 구매자 클러스터가 있을 때 마케팅 팀이 그룹별로 가장 잘 맞는 프로모션을 기획하려면 그룹 간의 차이를 이해해야 한다. 여전히 사람의 노력이 필요하지만 각 개인별로 맞춤형 광고를 만드는 것에 비하면 훨씬 수월한 방법이다. 9장에서는 실세계 데이터 세트를 갖고 세분화 분석의 유형을 시연해본다.

비지도학습은 레이블이 없거나 레이블을 얻기 어려운 지도학습 작업을 돕는 데에도 사용할 수 있다. 반지도학습^{Semi-supervised learning}이라는 방법은 적은 양의 레이블이 있는 데이터와 비지도학습 분석을 결합해 레이블이 없는 데이터들을 카테고리화하는 데 도움이 된다. 그 후 이러한 레이블이 없는 데이터들은 지도학습 모델에 직접 사용할 수 있다. 예를 들어 의사가 종양 샘플을 암인지 비암인지로 레이블을 지정하는 것이 비용이 많이 들 수 있기 때문에 환자 기록 중 일부에만 이러한 레이블이 있을 수 있다. 그러나 환자 데이터에 비지도 군집화를 수행한 후 확인된 암 및 비암 환자들이 대부분 분리된 그룹으로 나눠질 수 있으며, 따라서 레이블이 없는 데이터들은 군집의 레이블을 상속할 수 있다. 이렇게 하면 예측 모델을 수동으로 레이블이 지정된 작은 부분 데이터 대신 전체 데이터 세트를 기반으로 구축할 수 있다. 반지도학습의 응용 사례는 k-평균K-means을 사용한 데이터 그룹화를 다루는 9장에서 제공한다.

이 접근 방식의 더 극단적인 버전인 **자기 지도학습**Self-supervised learning은 수동으로 레이블된 데이터가 전혀 필요하지 않다. 대신 2단계로 이뤄지는데, 먼저 정교한 모델이 데이터들 사이의 의미 있는 그룹을 식별하려고 하고, 두 번째 모델은 그룹들 간의 주요한 차이점을 식별하려고 한다. 이는 비교적 최근에 개발된 혁신적인 기술로, 주로 오디오, 텍스트 및 이미지 데이터와 같은 대규모 비정형 데이터 소스에 사용된다. 자기 지도학습의 기본 요소들은 7장과 15장에 다루며 각각 신경망Neural Networks과 서포트 벡터 머신Support Vector Machines 그리고 빅데이터의 활용을 다룬다.

마지막으로 **메타학습**meta-learning이라고 알려진 머신러닝 알고리듬은 특정한 학습 작업에 결합되지 않고 대신 더 효과적으로 학습하는 방법에 초점을 맞춘다. 메타학습은 매우 어려운 문제 또는 예측 알고리듬의 성능을 가능한 한 정확하게 필요로 하는 경우에 유용할 수 있다. 모든 메타학습 알고리듬은 과거 학습 결과를 사용해 추가적인 학습에 영향을 미친다. 가장 일반적으로는 **앙상블**ensemble이라 불리는, 팀으로 함께 작동하는 알고리듬이 있다. 인간의 팀이 성공하는 데에는 보완적인 강점과 누적된 경험이 중요한 요소이듯 머신러닝에서도 마찬가지로 가치가 있으며, 앙상블은 현재 가장 강력한 자기 학습 알고리듬 중 하나다. 가장 인기 있는 앙상블 학습 알고리듬 몇 가지는 14장에서 다루며 더 나은 학습자를 구축하는 방법을 다룬다.

시간이 지남에 따라 진화하는 것처럼 보이는 알고리듬을 포함한 메타학습의 한 형태는 **강화학습**reinforcement learning이다. 이 기술은 학습자가 성공에 대해 보상받거나 실패에 대해 처벌받는 시뮬레이션을 통해 많은 반복을 거쳐 누적 보상을 최대화하도록 노력한다. 이 알고리듬은 보상과 처벌의 진화적인 압력에 의해 원하는 학습 작업에서 개선된다. 이는 학습자의 시뮬레이션된 '자손offspring'에 적용되며, 이 자손은 더 유익한 무작위적 적응을 누적하고 연속적인 세대에서 가장 도움이 되지 않는 변이를 버리게 한다.

레이블이 지정된 데이터 세트에 기반을 두고 훈련되는 지도학습 알고리듬과는 달리 강화학습은 주어진 데이터에 제한되지 않으므로 학습 작업에서 인간 교사보다 더 좋은 성능을 얻을 수 있다. 달리 말하면 기존의 지도학습자들은 기존 데이터를 모방하는 경향이 있지만 강화학습은 과제에 대해 새로운 예상치 못한 해결책을 식별할 수 있다(때로는 놀라운 또는 웃긴 결과를 낼 수도 있다). 예를 들어 비디오 게임을 플레이하고자 훈련된 강화학습자들은 <Sonic the Hedgehog>와 같은 게임을 인간보다 훨씬 빠르게 완료하고자 디자이너들이 의도하지 않은 게임의 '치트'나 '단축키'를 발견하기도 한다. 마찬가지로 달착륙선을 조종하고자 훈련된 학습 알고리듬이 부드러운 착륙보다는 추락 착륙이 더 빠르다는 것을 발견했는데, 이는 어찌 보면 이론적인 가상의 인간 승객들에게는 무슨 영향을 미칠지에 대해서는 깊이 고려하지 않은 듯하다.

강화학습 기술은 매우 강력하지만 계산 비용이 매우 많이 들며 이전에 설명한 전통적인 학습 방법과는 크게 다르다. 이는 학습자가 과제를 빠르고 반복적으로 수행해 성공 여부를 판단할 수 있는 실제 상황에 적용된다. 이러한 이유로 강화학습은 암 예측, 이탈 및 채무 불이행과 같은 비즈니스 결과를 예측하는 데에는 적합하지 않고 대신 자율주행차량 및 기타 형태의 자동화와 같은 표준적인 인공지능 애플리케이션에 더 유용하며, 성공 또는 실패를 쉽게 측정하고 통제된 환경에서 시뮬레이션할 수 있다. 이러한 이유로 강화학습은 이 책의 범위를 벗어나는 주제지만 향후 주목해야 할 매력적인 주제다.

분명히 오늘날 머신러닝 분야에서 가장 흥미로운 작업 중 상당수가 메타학습 영역에서 이뤄지고 있다. 앙상블과 강화학습 외에도 유망한 **공격적 학습** 분야는 모델의 약점을 학습해 향후 성능을 강화하거나 악성 공격으로부터 보호하는 것 등이 있다. 이는 알고리듬들을 서로 경쟁시키는 것을 포함할 수도 있으며, 예를 들어 얼굴 인식 알고리듬을 속일 수 있는 가짜 사진을 생성하는 강화학습 알고리듬을 구축하거나 사기 탐지를 우회할 수 있는 거래 패턴을 식별하는 것일 수도 있다. 이는 더 나은 학습 알고리듬을 구축하는 한 가지 방법일 뿐이며 고성능 컴퓨터나 클라우드 컴퓨팅 환경을 사용해 대용량 데이터 세트를 모델링하는 더 크고 빠른 앙상블을 구축하고자 연구 개발에도 많은 투자가 이뤄지고 있다. 기본 알고리듬을 기반으로 이후 장들에서 이러한 흥미로운 혁신들을 다룬다.

입력 데이터와 알고리듬 매칭

다음 표는 이 책에서 다루는 머신러닝 알고리듬의 일반적인 종류를 나열한 것이다. 이 책에서는 전체 머신러닝 알고리듬 집합에서 아주 일부만을 다루지만 이런 방법을 학습하면 앞으로 접할 다른 방법을 이해하기 위한 충분한 기반이 만들어질 것이다.

모델	학습 과제	장
지도학습 알고리듬		
K-최근접 이웃(K-Nearest Neighbor)	분류	3
나이브 베이즈(Naive Bayes)	분류	4
의사결정 트리(Decision Trees)	분류	5
분류 규칙 학습자(Classification Rule Learners)	분류	5
선형 회귀(Linear Regerssion)	수치 예측	6
회귀 트리(Regression Trees)	수치 예측	6
모델 트리(Model Trees)	수치 예측	6
로지스틱 회귀(Logistic regression)	분류	6
신경망(Neural Networks)	겸용	7
서포트 벡터 머신(Support Vector Machines)	겸용	7
비지도학습 알고리듬		
연관 규칙(Association Rules)	패턴 감지	8
k-평균 군집화(k-means Clustering)	군집화	9
메타학습 알고리듬		
배깅(Bagging)	겸용	14
부스팅(Boosting)	겸용	14
랜덤 포레스트(Random Forests)	겸용	14
그래디언트 부스팅(Gradient boosting)	겸용	14

머신러닝을 실제 프로젝트에 적용하려면 4가지 종류의 학습 작업인 분류classification, 수치 예측numeric prediction, 패턴 감지pattern detection, 군집화clustering 중에서 프로젝트에 해당하는 작업을 결정해야 한다. 이 작업으로 알고리듬 선정을 유도할 수 있다. 예를 들어 패턴 감지를 수행하고 있다면 연관 규칙association rules을 이용할 것이다.

비슷하게 군집화 문제는 k-평균 알고리듬을 활용하려고 할 것이며 수치 예측은 회귀 분석^{regression analysis}이나 회귀 트리^{regression trees}를 이용할 것이다.

분류를 위해 학습 문제와 적합한 분류기^{classifier}를 일치시키려면 좀 더 많은 생각이 필요하다. 이 경우 알고리듬의 다양한 차이(각 분류기를 깊이 있게 연구해야만 명백해지는 차이)를 고려해보는 것이 도움이 된다. 예를 들어 분류 문제 안에서 의사결정 트리^{decision tree}는 쉽게 이해되는 모델을 만들며 신경망^{neural network} 모델은 해석이 어려운 것으로 악명이 높다. 신용 평가 모델을 설계하는 중이었다면 보통 법적으로 대출 거절 사유를 신청자에게 공지해야 하기 때문에 모델을 쉽게 해석할 수 있는지 여부가 중요한 차이점이 될 수 있다, 신경망이 채무 불이행을 잘 예측하더라도 예측을 설명할 수 없다면 이 응용에는 소용이 없다.

알고리듬의 선택에 도움이 되도록 각 장에는 학습 알고리듬의 주요 장점과 단점이 열거돼 있다. 가끔 어떤 모델이 이런 특징 때문에 고려 대상에서 제외되는 것을 보겠지만 알고리듬의 선택은 대부분 임의적이다. 이 경우 가장 사용하기 편한 알고리듬을 자유롭게 사용하면 된다. 예측 정확도가 가장 중요한 목표라면 몇 개의 알고리듬을 테스트해 최적의 알고리듬을 선택하거나 다른 학습자를 여러 개 결합해 각자의 장점을 활용하는 메타학습 알고리듬을 사용해야 할 수도 있다.

⠿ R을 이용한 머신러닝

R을 이용해 머신러닝을 할 때 필요한 대다수의 알고리듬은 R 기본 설치 목록에 포함돼 있지 않다. 대신 머신러닝에 필요한 알고리듬은 전문가들이 자신의 작업을 자유롭게 공유하는 여러 전문가 커뮤니티에서 구할 수 있다. 이 알고리듬들은 기본 R 위에 수작업으로 설치돼야 한다. R은 무료 오픈소스 소프트웨어이기 때문에 머신러닝 기능에 대한 추가 비용은 없다.

사용자들끼리 공유할 수 있는 R 함수 모음을 패키지^{package}라고 한다. 이 책에서 다루는 머신러닝 알고리듬별로 무료 패키지가 있다. 실제 이 책은 R의 전체 머신러닝 패키지 중 아주 일부만 다룬다.

R 패키지가 얼마나 폭넓은지 관심이 있다면 R 소프트웨어와 패키지의 최신 버전을 제공하는 전 세계에 위치하고 있는 웹과 FTP 사이트의 모음인 CRAN Comprehensive R Archive Network에서 목록을 볼 수 있다. 다운로드해서 R 소프트웨어를 얻었다면 아마 CRAN이었을 것이다. CRAN 웹 사이트 주소는 http://cran. r-project.org/index.html이다.

TIP

> R이 설치돼 있지 않다면 CRAN 웹 사이트에서 설치 지침과 문제 발생 시 도움을 받을 곳에 대한 정보를 제공한다.

CRAN 페이지의 왼쪽 편에 있는 Packages 링크를 누르면 알파벳 순서 또는 공개 일로 정렬된 패키지가 나열된 페이지로 이동한다. 이 책을 쓰는 시점 기준으로 총 18,910개의 패키지가 제공된다. 이는 이 책의 3판이 작성된 때보다 35% 이상 증가한 수치며 2판 이후로는 거의 3배, 10년 전 1판 이후로는 약 4배 증가한 수치다. 분명히 R 커뮤니티는 번창하고 있으며 이러한 추세는 둔화될 기미가 보이지 않는다.

CRAN 페이지의 왼쪽 편에 있는 Task Views 링크는 각 주제 영역별로 잘 정리 된 패키지 목록을 제공한다. 이 책에서 다루는 패키지를 포함한 머신러닝 패 키지가 열거돼 있는 머신러닝의 Task View는 http://cran.r-project.org/view= MachineLearning에 있다.

R 패키지 설치

다양한 R 추가 기능이 제공되지만 패키지 형식을 사용하면 설치와 사용에 있어 노력이 거의 필요 없다. 패키지 사용을 보여주고자 그레고리 워너스[Gregory R. Warnes]가 관리하는 **gmodels** 패키지를 설치하고 로드해본다. 이 패키지에는 모델 적합 및 데이터 분석을 돕는 다양한 함수가 포함돼 있다. 이 책의 여러 장에서 이 패키지의 함수를 사용해 모델 예측과 실제 값과의 비교를 할 예정이다. 이 패키지에 대한 자세한 정보는 https://cran.r-project.org/package=gmodels에서 확인할 수 있다.

패키지를 설치하는 가장 직접적인 방법은 install.packages() 함수를 사용하는 것이다. **gmodels** 패키지를 설치하려면 R 명령 프롬프트에서 단순히 다음과 같이 입력하면 된다.

```
> install.packages("gmodels")
```

그러면 R은 CRAN에 연결해 해당 운영체제에 맞는 패키지를 올바른 형식으로 다운로드한다. 많은 패키지는 사용하기 전에 추가 패키지를 설치해야 한다. 이러한 추가 패키지를 **종속성**[dependencies]이라고 한다. 기본적으로 설치 프로그램은 자동으로 모든 종속성을 다운로드하고 설치한다.

TIP

> 처음으로 패키지를 설치할 때 R은 종종 CRAN 미러(mirror)를 선택하라고 요청할 수 있다. 이런 경우 근처에 있는 미러를 선택한다. 그렇게 하면 일반적으로 가장 빠른 다운로드 속도를 제공한다.

기본 설치 옵션은 대부분의 시스템에 적합하다. 그러나 경우에 따라 다른 위치에 패키지를 설치하고 싶을 수도 있다. 예를 들어 시스템에서 루트 또는 관리자 권한이 없는 경우 대체 설치 경로를 지정해야 할 수 있다.

이를 위해 다음과 같이 lib 옵션을 사용할 수 있다.

```
> install.packages("gmodels", lib = "/path/to/library")
```

설치 함수는 로컬 파일로부터 설치하거나 소스로부터 설치하거나 실험 버전을 사용하는 추가 옵션도 제공한다. 이러한 옵션은 다음 명령을 사용해 도움말 파일에서 자세히 읽어볼 수 있다.

```
> ?install.packages
```

좀 더 일반적으로 물음표 연산자는 R 함수에 대한 도움말을 얻는 데 사용할 수 있다. 함수 이름 앞에 물음표를 입력하면 된다.

패키지 로딩과 언로딩

기본적으로 R은 메모리를 절약하고자 설치된 패키지를 전부 로드하지는 않는다. 대신 패키지가 필요할 때마다 사용자가 library() 함수를 사용해 로드할 수 있다.

TIP

> 이 함수 이름은 사람들이 라이브러리와 패키지란 용어를 바꿔 부정확하게 사용하게 만든다. 정확하게 말하면 라이브러리는 패키지가 설치된 위치를 가리키며, 패키지 자체를 말하진 않는다.

이전에 설치된 gmodels 패키지를 로드하려면 다음과 같이 입력한다.

```
> library(gmodels)
```

gmodels 외에 뒤의 장들에서 사용할 몇 개의 다른 R 패키지가 있다. 추가 패키지가 사용될 때 설치 지침이 제공된다.

R 패키지를 언로드unload하려면 detach() 함수를 사용한다. 예를 들어 이전에 봤던 gmodels 패키지를 언로드하려면 다음 명령을 사용한다.

```
> detach("package: gmodels ", unload = TRUE)
```

이 명령은 패키지에 사용된 모든 리소스를 해제할 것이다.

RStudio 설치

CRAN 웹 사이트에서 R을 설치한 후에는 오픈소스인 RStudio 데스크톱 애플리케이션도 권장되는 대로 설치하는 것이 좋다. RStudio는 R과의 작업을 훨씬더 쉽고 편리하며 상호작용적으로 할 수 있게 도와주는 추가 인터페이스를제공한다.

RStudio의 오픈소스 에디션은 무료로 사용할 수 있으며, Posit(https://www.posit.co/)에서 제공한다. 또한 유료 RStudio Pro 에디션도 있으며 상업적 조직을 위해우선 지원과 추가 기능을 제공한다.

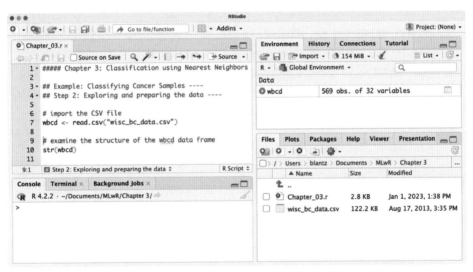

그림 1.11: RStudio 데스크톱 환경은 좀 더 쉽고 편리하게 R을 사용할 수 있게 해준다.

RStudio 인터페이스에는 **통합 개발 환경**IDE, Integrated Development Environment, 코드 편집기, R 명령 콘솔, 파일 탐색기, R 객체 탐색기 등이 포함돼 있다. R 코드 문맥은 자동으로 색깔별로 분류되고 코드 출력, 도식화 그래프는 환경 내에서 바로 표시되므로 길고 복잡한 프로그램 명령문을 손쉽게 다룰 수 있게 해준다. 좀 더 진보된 기능을 사용하면 R 프로젝트와 패키지 관리가 가능하다. 예를 들면 깃Git 이나 서브버전Subversion 등의 소스 관리와 버전 관리 도구의 통합, 데이터베이스 연결 관리, R 출력을 HTML, PDF, 마이크로소프트 워드 형식으로의 컴파일하는 기능 등이 있다.

RStudio는 오늘날 데이터 과학자들이 R을 가장 우선으로 선택하는 주요한 이유 이기도 하다. RStudio는 R 프로그래밍과 방대한 머신러닝 라이브러리, 통계 패키지의 힘을 아울러서 사용이 쉽고 설치가 간편한 개발 인터페이스를 제공한다. 이는 단지 R을 학습하기에 이상적일 뿐 아니라 R의 좀 더 진보된 기능을 학습해 나갈수록 더욱 적합한 도구가 될 것이다.

NOTE

> RStudio 데스크톱 소프트웨어는 이전에 RStudio라고 불렸던 회사인 Posit에서 개발했다. RStudio 의 팬들에게는 약간 놀라운데, 이 회사의 리브랜딩은 2022년 말에 일어났으며, 파이썬과 R을 포함한 더 넓은 영역에 초점을 맞추기 위한 것이다. 이 책을 쓰는 시점에서 데스크톱 IDE 소프트웨어의 이름은 여전히 RStudio로 유지된다. 자세한 정보는 https://posit.co/blog/rstudio-is-now-posit/ 에서 확인할 수 있다.

왜 R인가 왜 지금 R인가?

물어보는 사람에 따라 달라질 수 있겠지만 이 책의 1판이 2013년에 출판됐을 때 R은 아마도 머신러닝과 지금은 데이터 과학으로 알려진 분야에서 사용자 채택 측면에서 파이썬보다 약간 더 많거나 상당히 앞서 있었을 것으로 예상된다. 이후 파이썬 사용은 상당히 증가했으며 파이썬이 새로운 선두주자라는 사실에 반대하는 것은 어려울 것이다. 파이썬 팬들이 이 새롭고 빛나는 도구를 더 큰 흥미로 지원하고 있지만 경쟁은 예상보다 더 가까울 수도 있다.

물론 지난 10년 동안 파이썬은 사이킷런^{scikit-learn} 머신러닝 프레임워크, 판다스^{pandas} 데이터 구조 라이브러리, Matplotlib 플로팅^{plotting} 라이브러리, 주피터^{Jupyter} 노트북 인터페이스 등의 무료 애드온들의 신속한 성장으로 많은 혜택을 봤다. 이러한 오픈소스 라이브러리들은 파이썬으로 데이터 과학을 수행하기가 이전보다 더 쉬워지게 만들었다. 물론 이러한 라이브러리들은 R과 RStudio가 이미 할 수 있는 것과 기능적으로 동등하게 만들었다. 그러나 이러한 애드온들은 파이썬 코드가 상대적으로 빠르고 메모리 사용 효율적인 특성과 결합돼 파이썬이 지금은 의심할 여지없이 공식적인 데이터 과학 학위 프로그램에서 가장 자주 가르치는 언어며 비즈니스 분야에서 빠르게 채택되고 있다.

파이썬의 부상이 R의 점진적인 퇴장을 의미하는 것이 아니라 오히려 이 분야의 성장을 반영할 수 있다. 사실 R 사용도 빠르게 증가하고 있으며 R과 RStudio가 현재 더 인기가 있을 수도 있다. 학생들이 가끔 R 대신 바로 파이썬으로 시작하는 것이 가치가 있는지 묻는 경우가 있지만 여전히 R로 머신러닝을 배우는 것을 선택할 수 있는 좋은 이유가 많다. 이러한 이유들은 매우 주관적이며 모든 사람에게 단일한 옳은 대답이 없으므로 글로 적는 것에 주저할 정도다. 하지만 이 책을 거의 10년 동안 지원한 경험으로, 크고 국제적인 기업에서의 업무 일환으로 거의 매일 R을 사용하는 사람으로서 다음과 같은 몇 가지 관찰을 해봤다.

- R은 사회 과학이나 비즈니스(예를 들어 경제학, 마케팅 등) 배경을 가진 사람들에게 더 직관적이고 배우기 쉬울 수 있으며 파이썬은 컴퓨터 과학자나 다른 유형의 엔지니어들에게 더 이해하기 쉬울 수 있다.
- R은 '계산기'처럼 사용되는 경향이 있어 명령을 입력하면 무언가가 실행되는 것이다. 일반적으로 파이썬 코딩은 루프와 다른 프로그램 흐름 명령에 대해 더 많은 고려가 필요하다(이러한 차이는 인기 있는 파이썬 라이브러리에 추가 기능이 포함됨에 따라 점차 사라지고 있다).
- R은 상대적으로 적은 종류의 데이터 구조를 사용한다(데이터 분석에 맞춤형 구조를

_{사용)}. 그리고 스프레드시트와 유사한 데이터 타입은 내장 데이터 유형으로 제공된다. 파이썬은 상대적으로 특수화된 데이터 구조를 많이 갖고 있으며 넘파이^{NumPy}나 판다스와 같은 라이브러리를 사용해 행렬 데이터 타입을 사용하며 각각은 자체적인 구문을 갖고 있다.

- R과 그 패키지를 설치하고 갱신하는 것이 파이썬보다 더 쉽고 간단할 수 있다. 파이썬은 기본적으로 일부 운영체제에서 관리되며 종속성과 환경을 분리하는 것이 어렵다_(최신 파이썬 설치 도구와 패키지 관리자가 이 문제를 해결하고 있지만 동시에 일부 측면에서 문제를 더욱 심화시키고 있다).

- R은 일반적으로 데이터 조작 및 대규모 데이터 구조에서 파이썬보다 느리고 더 많은 메모리를 사용한다. 하지만 데이터가 메모리에 맞는 경우 이 차이는 어느 정도 무시할 수 있다. R은 이 분야에서 발전하고 있으며 _(자세한 내용은 12장 참고) 메모리에 맞지 않는 데이터에 대해서는 해결 방법이 있다_(15장 참고). 그러나 이는 파이썬의 주요한 장점 중 하나임을 인정해야 한다.

- R은 Posit_(이전 RStudio로 알려진 회사) 팀의 지원과 비전으로 이끌리며 통합된 RStudio 데스크톱 소프트웨어 환경 내에서 R을 더 쉽고 즐겁게 사용할 수 있다. 반면 파이썬의 혁신은 여러 분야에서 발생하고 있으며 같은 작업을 수행하는 '더 많은' 올바른 방법을 제공한다_(좋거나 나쁘거나).

다행히도 이런 이유들로 인해 여러분이 R을 시작하는 데 자신감을 갖게 될 것이다. 여기서 시작하는 것은 부끄러운 일이 아니며 장기적으로 R을 사용하더라도 파이썬과 같은 다른 언어와 함께 사용하거나 완전히 다른 도구로 이행하더라도 이 책에서 배우는 기본 원칙은 선택한 도구에 적용될 것이다. 이 책의 코드는 R로 작성됐지만 작업에 적합한 적절한 도구의 사용을 권장한다. 그리고 그것이 무엇이든 간에 여러분이 선택한 도구로 이 원칙들을 전이할 수 있을 것이다. 내 경험을 얘기하자면 R과 RStudio가 여러분이 실제 데이터 과학 및 머신러닝 프로젝트에서 선호하는 도구가 될 수 있을 것이다_(심지어 여전히 파이썬의 독특한 강점을 때때로 활용하더라도 말이다).

⠿ 요약

머신러닝은 통계, 데이터베이스 과학, 컴퓨터 과학의 교차점에서 시작했다. 머신러닝은 대량 데이터에서 실행 가능한 통찰을 찾을 수 있는 강력한 도구다. 1장에서 살펴본 것처럼 아직까지 현실 세계에서는 머신러닝의 일반적인 오남용을 피하고자 주의를 기울여야 한다.

개념적으로 학습 과정은 데이터를 구조화된 표현으로 추상화하고 유용성을 평가할 수 있는 실행으로 이 구조를 일반화하는 작업을 포함한다. 실질적으로 머신 학습자는 학습될 개념의 예제와 특징을 포함하는 데이터를 이용하고 이 데이터를 모델 형태로 요약한 후 예측이나 서술의 목적으로 사용한다. 이러한 목적은 분류, 수치 예측, 패턴 감지, 군집화를 포함하는 작업으로 나눌 수 있다. 여러 가능한 기법 중에서 머신러닝 알고리듬은 입력 데이터와 학습 작업을 토대로 선택된다.

R은 커뮤니티 저작community-authored 패키지 형태로 머신러닝을 지원한다. 이 강력한 도구들은 무료로 다운로드할 수 있으며 사용 전에 설치해야만 한다. 이 책에서는 각 장별로 필요한 패키지를 소개한다.

2장에는 머신러닝에 사용할 데이터를 다루고 준비하는 데 이용되는 기본적인 R 명령을 추가적으로 소개한다. 이 단계를 생략하거나 응용으로 바로 넘어가고 싶은 유혹을 느끼겠지만 일반적인 경험 규칙rule of thumb에 따르면 전형적인 머신러닝 프로젝트에 소요되는 시간의 80% 이상이 이 단계에 소요된다고 한다. 데이터를 준비하는 단계인 이 작업은 데이터 랭글링data wrangling이라고도 알려져 있다. 결론적으로 이 초기 작업에 투자한다면 나중에 큰 이득이 될 것이다.

02

데이터의 관리와 이해

머신러닝 프로젝트의 초기 주요 구성 요소에는 데이터를 관리하고 이해하는 것이 포함된다. 모델을 구축하고 배포하는 것(노력의 결실을 보기 시작하는 단계)만큼 즐거운 일은 아니지만 이 중요한 준비 작업을 소홀히 하는 것은 현명치 못하다.

학습 알고리듬은 입력 데이터의 수준에 따라 우수성이 결정되는데, 대부분의 입력 데이터는 복잡하고 지저분하며 여러 출처와 타입으로 분산돼 있다. 이런 데이터의 복잡성 때문에 머신러닝 프로젝트에 투자하는 노력 중 가장 많은 부분이 데이터의 준비와 탐색에 소요되곤 한다.

2장에서는 데이터의 준비에 관한 주제를 3가지 방식으로 접근한다. 첫 번째 절에서는 데이터 저장에 사용하는 R의 기본 데이터 구조를 살펴본다. 데이터 세트를 생성하고 다루면서 기본 데이터 구조에 매우 친숙해질 것이다. 두 번째 절은 실용적인 내용으로, R에서 데이터를 입출력하는 데 사용되는 여러 가지 함수를 다룬다. 세 번째 절에서는 실제 데이터 세트를 탐색하면서 데이터를 이해하는 방법을 살펴본다.

2장에서 다루는 내용은 다음과 같다.

- R 기본 데이터 구조를 사용해 데이터를 저장하고 조작하는 방법
- 일반적인 자료 형식에서 R로 데이터를 가져오는 간단한 함수
- 복잡한 데이터를 이해하고 시각화하는 전형적인 방법

R이 데이터를 다루는 방법에 따라 실제 데이터 작업 방식이 정해지기 때문에 R 데이터 구조를 알아보고 난 후에 데이터 준비로 넘어가는 것이 도움이 될 것이다. 하지만 R 프로그래밍에 익숙하다면 'R을 이용한 데이터 관리' 절로 건너뛰어도 된다.

NOTE

책에 있는 모든 코드는 https://github.com/PacktPublishing/Machine-Learning-with-R-Fourth-Edition에서 구할 수 있다.

⁝⁝► R 데이터 구조

프로그래밍 언어에는 다수의 데이터 타입이 있으며, 데이터 타입별로 특정한 작업에 적합한 장단점이 있다. R은 통계적 데이터 분석을 위해 광범위하게 사용되는 프로그래밍 언어이므로 R이 활용하는 데이터 구조는 이런 종류의 작업을 염두에 두고 설계됐다.

머신러닝에서 가장 빈번하게 사용되는 R 데이터 구조에는 벡터vector, 팩터factor, 배열array, 행렬matrix, 데이터 프레임data frame이 있다. 각 데이터 구조는 특정 데이터 관리 작업에 맞춰져 있기 때문에 R 프로젝트에서 데이터 구조가 어떻게 상호작용하는지 이해하는 것이 중요하다. 다음 몇 개의 절에서는 데이터 구조의 유사성과 차이점을 확인한다.

벡터

벡터는 기본적인 R 데이터 구조로 항목[element]이라고 하는 값의 순서 집합[ordered set]을 저장한다. 벡터 항목은 개수 제한이 없지만 모두 같은 타입[type]이어야 한다. 예를 들어 벡터는 숫자와 텍스트를 동시에 가질 수 없다. 벡터 v의 타입을 판단하려면 typeof(v) 명령을 사용하면 된다. R은 대소문자를 구분하는 언어라는 점에 유의한다. 따라서 소문자 v와 대문자 V가 2개의 다른 벡터를 나타낼 수 있다. R의 내장 함수와 키워드에도 마찬가지로 적용되므로 R 명령이나 표현을 입력할 때 올바른 대소문자를 항상 사용하는지 확인하기 바란다.

머신러닝에서 일반적으로 사용되는 여러 가지 벡터 유형이 있다. integer(소수점 없는 숫자), double(소수점이 있는 숫자), character(텍스트 데이터, 일반적으로 '문자열' 데이터로도 불린다) 그리고 logical(TRUE 또는 FALSE 값)이다. 일부 R 함수는 integer와 double 벡터를 numeric으로 보고 다른 함수에서는 두 유형을 구분한다. 일반적으로 이러한 구분은 중요하지 않다. 논리 값의 벡터는 R에서 자주 사용된다. 그러나 TRUE와 FALSE 값은 반드시 모두 대문자로 작성해야 한다. 이는 다른 일부 프로그래밍 언어와 약간 다르다.

모든 벡터 유형에 적용되는 2가지 특수한 값이 있다. 하나는 NA로서 결측값을 나타내고 다른 하나는 NULL로서 어떤 값도 없음을 나타낸다. 이 두 값은 동의어로 보일 수 있지만 실제로는 약간 다르다. NA 값은 다른 값의 자리 표시자이므로 길이가 하나며 NULL 값은 실제로 비어 있으므로 길이가 0이다.

대량의 데이터를 수작업으로 입력하는 것은 힘든 일이지만 작은 벡터는 c() 결합[combine] 함수로 만들 수 있다. 벡터의 이름은 <- 화살표 연산자를 이용해 부여할 수 있다. <- 연산자는 R에서 값을 대입[assignment]하는 방식으로 다른 여러 프로그래밍 언어에서 사용되는 = 대입 연산자와 매우 비슷하다.

TIP

R에서는 = 연산자를 할당에 사용할 수도 있지만 일반적으로 통용되는 스타일 가이드에 따르면 이는 좋지 않은 코딩 스타일로 간주된다. 대신 <- 연산자를 사용하는 것이 권장된다.

예를 들어 3명의 의료 환자 진단 데이터를 저장하는 벡터를 구성해보자. 3명의 환자 이름을 저장하고자 subject_name이라는 이름의 character 벡터를 만들고, 환자의 체온을 저장하고자 temperature라는 이름의 수치 벡터를 만들고, 환자의 진단을 저장하고자 flu_status라는 이름의 logical 벡터(인플루엔자를 가지면 TRUE, 아니면 FALSE)를 만든다. 이 3가지 종류의 벡터를 만드는 다음 코드를 살펴보자.

```
> subject_name <- c("John Doe", "Jane Doe", "Steve Graves")
> temperature <- c(98.1, 98.6, 101.4)
> flu_status <- c(FALSE, FALSE, TRUE)
```

R 벡터에 저장된 값은 순서를 간직하기 때문에 집합의 항목 번호를 1부터 계산하고 벡터 이름 뒤에 이 번호를 대괄호 []로 묶어 저장된 값에 접근할 수 있다. 예를 들어 두 번째 환자인 아무개의 체온 값을 얻으려면 다음과 같이 간단히 입력한다.

```
> temperature[2]

[1] 98.6
```

R은 벡터에서 데이터를 추출할 수 있는 편리한 방법을 다양하게 제공한다. 콜론colon(:) 연산자로 값의 구간을 지정할 수 있다. 예를 들어 두 번째와 세 번째 환자의 체온을 얻으려면 다음과 같이 입력한다.

```
> temperature[2:3]
```

```
[1] 98.6 101.4
```

항목 번호를 음수로 지정하면 해당 항목을 제외할 수도 있다. 두 번째 환자의
temperature 데이터를 제외하려면 다음과 같이 입력한다.

```
> temperature[-2]
```
```
[1] 98.1 101.4
```

각 항목의 포함 여부를 나타내는 논리 벡터를 명시하는 것도 가끔 유용하다.
예를 들어 처음 2개의 temperature 판독 값은 포함하고 3번째는 제외하려면
다음과 같이 입력한다.

```
> temperature[c(TRUE, TRUE, FALSE)]
```
```
[1] 98.1 98.6
```

이러한 종류의 연산 중요성은 temperature > 100과 같은 논리식의 결과가 논리
벡터인 것을 이해하면 더욱 명확해진다. 이 식은 온도가 100도 화씨 이상인지
여부에 따라 TRUE 또는 FALSE를 반환한다. 따라서 다음 명령은 발열 증상이 있
는 환자를 확인할 것이다.

```
> fever <- temperature > 100
> subject_name[fever]
```
```
[1] "Steve Graves"
```

대안으로 논리식을 괄호 안으로 이동시켜 한 번에 같은 결과를 얻을 수도 있다.

```
> subject_name[temperature > 100]
```

```
[1] "Steve Graves"
```

곧 알게 되겠지만 벡터는 다른 많은 R 데이터 구조의 기초를 제공하며 프로그래밍 식과 결합해 데이터 선택 및 새로운 기능을 구성하는 더 복잡한 작업을 완료하는 데 필수적이다. 따라서 R에서 데이터 작업을 수행하는 데 다양한 벡터 연산을 알아두는 것이 중요하다.

팩터

1장을 다시 기억해보면 명목 특징은 범주 값의 성질을 나타낸다. 명목 데이터를 저장하고자 문자 벡터를 사용해도 되지만 R은 이 목적에 특화된 데이터 구조를 제공한다.

팩터^{factor}는 오직 범주 변수나 서열 변수만을 나타내고자 사용되는 특별한 종류의 벡터다. 구축하고 있는 의료 데이터 세트에서 성별을 나타내는 팩터를 사용할 수 있는데, 이는 성별이 MALE과 FEMAIL 두 범주를 사용 하기 때문이다.

문자 벡터 대신 팩터를 사용하는 이유는 무엇인가? 팩터의 장점 중 하나는 범주 레이블이 한 번만 저장된다는 것이다. MALE, MALE, FEMALE로 저장하는 대신 1, 1, 2를 저장해 동일한 정보를 저장하는 데 필요한 메모리 크기를 줄여준다. 또한 여러 머신러닝 알고리듬은 명목 데이터와 수치 데이터를 다르게 취급한다. 범주 함수를 팩터로 코딩하면 R 함수가 범주 데이터를 적절하게 다룰 수 있도록 보장해준다.

TIP

> 실제 범주가 아닌 문자 벡터에 팩터를 사용해서는 안 된다. 벡터가 이름이나 아이디 문자열 같이 대부분 유일한 값을 저장하고 있다면 문자 벡터로 유지한다.

문자 벡터에서 팩터를 생성하려면 간단히 factor() 함수를 적용한다. 예를 들면 다음과 같다.

```
> gender <- factor(c("MALE", "FEMALE", "MALE"))
> gender
```

```
[1] MALE   FEMALE MALE
Levels: FEMALE MALE
```

gender 팩터가 화면에 보일 때 R은 레벨에 대한 추가 정보를 출력한다. levels 변수는 팩터가 가질 수 있는 가능한 범주의 집합을 구성한다. 예에서는 MALE과 FEMALE로 구성됐다.

팩터를 생성할 때 원시 데이터에는 아직 존재하지 않는 추가 레벨을 더할 수 있다. 다음 예제와 같이 혈액형을 위한 팩터를 생성한다고 해보자.

```
> blood <- factor(c("O", "AB", "A"),
          levels = c("A", "B", "AB", "O"))
> blood
```

```
[1] O   AB A
Levels: A B AB O
```

blood 팩터를 정의할 때 levels 파라미터를 사용해 가능한 4가지 종류의 혈액형을 지정했다. 결과적으로 데이터는 O, AB, A형만 포함하고 있지만 4가지의 모든 혈액형 종류가 blood 팩터에 저장돼 있다는 것을 출력에서 보여준다. 추가 레벨을 저장함으로써 앞으로 다른 혈액형을 갖는 환자 데이터를 추가할 수 있다. 또한 혈액형 표를 생성하면 초기 데이터에 해당 혈액형이 없어도 B형이라는 혈액형이 존재한다는 것을 알 수 있다.

팩터 데이터 구조는 명목 변수의 범주 순서 정보를 가질 수 있어 서열^{ordinal} 데이터를 저장하는 편리한 방법도 제공한다. 예를 들어 경증^{mild}, 중등증^{moderate}, 중증^{severe} 순으로 증가하는 심각도 수준으로 코드화된 환자 증상에 대한 심각도 데이터가 있다고 가정해보자. 순위 데이터가 있다는 것을 나타내려면 팩터의 `levels`를 원하는 순서로 작은 값에서 큰 값까지 오름차순으로 열거해 제공하고 `ordered` 파라미터를 TRUE로 설정한다.

```
> symptoms <- factor(c("SEVERE", "MILD", "MODERATE"),
            levels = c("MILD", "MODERATE", "SEVERE"),
            ordered = TRUE)
```

이제 생성된 symptoms 팩터는 요구했던 순서 정보를 포함한다. 이전 팩터와는 달리 이 팩터의 `levels` 값은 < 기호로 구분돼 경증에서 중증까지 일련의 순서가 있음을 나타낸다.

```
> symptoms
```
```
[1] SEVERE   MILD    MODERATE
Levels: MILD < MODERATE < SEVERE
```

순서 팩터의 유용한 기능 중 하나는 논리 테스트가 예상대로 작동한다는 것이다. 예를 들어 환자의 증상이 중등증보다 큰지 테스트할 수 있다.

```
> symptoms > "MODERATE"
```
```
[1]  TRUE FALSE FALSE
```

순위 데이터를 모델링하는 머신러닝 알고리듬은 순서 팩터를 기대하기 때문에 그에 맞춰 데이터를 코딩해야 한다.

리스트

리스트[list]는 항목의 순서 집합을 저장하는 데 사용된다는 점에서 벡터와 매우 유사한 데이터 구조다. 하지만 벡터는 모든 항목이 같은 타입이어야 하는 반면 리스트는 수집될 항목이 다른 R 데이터 타입이어도 된다. 이런 유연함 때문에 리스트는 다양한 타입의 입출력 데이터와 머신러닝 모델의 설정 파라미터 집합을 저장하는 데 자주 사용된다.

리스트를 설명하고자 6개의 벡터에 저장된 3명의 환자 데이터로 구축된 의료 환자 데이터 세트를 고려해보자. 첫 번째 환자의 전체 데이터를 보여주고 싶다면 다음과 같이 5개의 R 명령을 입력한다.

```
> subject_name[1]

[1] "John Doe"

> temperature[1]

[1] 98.1

> flu_status[1]

[1] FALSE

> gender[1]

[1] MALE
Levels: FEMALE MALE

> blood[1]

[1] O
Levels: A B AB O
```

```
> symptoms[1]
```

```
[1] SEVERE
Levels: MILD < MODERATE < SEVERE
```

미래에 환자의 데이터를 다시 조사하고자 한다면 이 명령을 다시 입력하는 대신 리스트를 사용하면 모든 값을 하나의 객체로 그룹화해 반복적으로 사용할 수 있게 해준다.

c() 함수로 벡터를 생성하는 것처럼 list() 함수로 리스트를 생성할 수 있으며 다음 예에서 볼 수 있다. 눈에 띄는 차이점 중 하나는 리스트를 구성할 때 열의 각 구성 요소에는 이름이 주어져야 한다는 점이다. 이름은 반드시 필요한 것은 아니지만 이를 통해 나중에 리스트 값에 접근할 때 숫자로 된 위치가 아닌 이름으로 접근할 수 있게 된다. 첫 환자의 데이터 전체에 대해 이름이 있는 구성 요소로 이뤄진 리스트를 생성하려면 다음과 같이 입력한다.

```
> subject1 <- list(fullname = subject_name[1],
                   temperature = temperature[1],
                   flu_status = flu_status[1],
                   gender = gender[1],
                   blood = blood[1],
                   symptoms = symptoms[1])
```

이제 이 환자의 데이터는 subject1 리스트에 수집됐다.

```
> subject1
```

```
$fullname
[1] "John Doe"
$temperature
```

```
[1] 98.1
$flu_status
[1] FALSE
$gender
[1] MALE
Levels: FEMALE MALE
$blood
[1] O
Levels: A B AB O
$symptoms
[1] SEVERE
Levels: MILD < MODERATE < SEVERE
```

이전 명령에서 지정된 이름으로 값이 레이블된 점에 주목하자. 리스트는 벡터
처럼 순서를 지키므로 그 구성 요소도 temperature 값에서 본 것처럼 수치로
된 위치 값으로 접근할 수 있다.

```
> subject1[2]
```

```
$temperature
[1] 98.1
```

리스트에 벡터 스타일 연산자를 적용한 결과는 새로운 리스트 객체로 원래 리
스트의 부분집합이다. 예를 들어 앞의 코드는 단일 temperature 구성 요소를
갖는 리스트를 반환한다. 기본 데이터 타입을 갖는 하나의 리스트 항목을 반환
하려면 리스트의 구성 요소를 선택할 때 이중 괄호 [[와]]를 사용한다. 예를
들어 다음은 길이가 1인 수치 벡터를 반환한다.

```
> subject1[[2]]
```

```
[1] 98.1
```

명확하게 하고자 리스트 구성 요소에 접근할 때 $와 리스트 구성 요소 이름을 다음에서 보는 것처럼 리스트 이름에 붙여 직접 접근하는 것이 더 낫다.

```
> subject1$temperature
```

```
[1] 98.1
```

이중 괄호 표기처럼 이 명령도 기본 데이터 타입으로 된 리스트 구성 요소를 반환한다(이 경우 길이가 1인 수치 벡터).

TIP

> 리스트 값에 이름으로 접근하면 나중에 리스트 항목의 순서가 바뀌어도 정확한 항목이 검색된다.

이름 벡터를 명시해 리스트의 여러 항목을 얻을 수도 있다. 다음은 temperature 와 flu_status 구성 요소로 된 subject1 리스트의 부분집합을 반환한다.

```
> subject1[c("temperature", "flu_status")]
```

```
$temperature
[1] 98.1
$flu_status
[1] FALSE
```

전체 데이터 세트를 리스트와 리스트의 리스트를 사용해 구축할 수도 있다. 예를 들어 subject2와 subject3 리스트를 생성한 후 이것들을 pt_data란 이름을 가진 하나의 리스트 객체로 묶는 것을 고려해볼 수도 있다. 하지만 매우 일반적으로 이런 방식으로 데이터 세트를 구축하기 때문에 R은 이런 작업에 특화된 데이터 구조를 제공한다.

데이터 프레임

머신러닝에 활용되는 단연코 가장 중요한 R 데이터 구조는 데이터 프레임^{data frame}으로, 데이터의 행과 열을 갖고 있기 때문에 스프레드시트나 데이터베이스와 유사한 구조다. R의 용어로 말하면 데이터 프레임은 정확히 동일한 개수의 값을 갖는 벡터나 팩터의 리스트다. 데이터 프레임은 말 그대로 벡터 타입 객체의 리스트이기 때문에 벡터와 리스트 측면이 모두 합쳐져 있다.

환자 데이터 세트를 위한 데이터 프레임을 생성해보자. 이전에 만든 환자 데이터 벡터를 이용하면 data.frame() 함수는 벡터를 하나의 데이터 프레임으로 합쳐준다.

```
> pt_data <- data.frame(subject_name, temperature,
                        flu_status, gender, blood, symptoms)
```

pt_data 데이터 프레임을 표시할 때 이전에 사용한 데이터 구조와는 매우 다른 구조를 확인할 수 있다.

```
> pt_data

  subject_name temperature flu_status gender blood symptoms
1     John Doe        98.1      FALSE   MALE     O   SEVERE
2     Jane Doe        98.6      FALSE FEMALE    AB     MILD
3 Steve Graves       101.4       TRUE   MALE     A MODERATE
```

1차원 벡터, 팩터, 리스트와 비교해 데이터 프레임은 2개의 차원을 가지며 표 형식으로 표시된다. 데이터 프레임은 각 환자에 대해 한 행과 각 환자 측정 벡터에 대한 1개의 열을 갖고 있다. 머신러닝 용어로 말하자면 데이터 프레임의 행은 예제이고, 열은 특징 또는 속성이다.

데이터 프레임의 전체 열(벡터)을 추출하려면 데이터 프레임은 단순히 벡터의 리스트라는 사실을 이용할 수 있다. 리스트와 마찬가지로 단일 요소를 추출하는 가장 직접적인 방법은 이름으로 참조하는 것이다. 예를 들어 subject_name 벡터를 얻으려면 다음과 같이 입력한다.

```
> pt_data$subject_name

[1] "John Doe"    "Jane Doe"      "Steve Graves"
```

리스트와 마찬가지로 이름의 벡터는 데이터 프레임에서 여러 열을 추출하는 데 사용할 수 있다.

```
> pt_data[c("temperature", "flu_status")]

  temperature flu_status
1        98.1      FALSE
2        98.6      FALSE
3       101.4       TRUE
```

열을 이름으로 지정해서 데이터 프레임에 접근하면 요청한 모든 열에 대해 데이터의 모든 행이 포함된 데이터 프레임을 얻게 된다. 또한 pt_data[2:3] 명령도 temperature와 flu_status 열을 추출한다. 하지만 이름으로 열을 요청하면 나중에 데이터 프레임이 재구성될 때 코드가 깨지지 않는 명확하고 유지 보수가 쉬운 R 코드가 만들어진다.

데이터 프레임에서 특정 값을 추출할 때 벡터의 값에 접근하는 것 같은 방법을 사용한다. 하지만 여기에 중요한 예외 사항이 있다. 데이터 프레임은 2차원이기 때문에 추출을 원하는 행과 열을 모두 명시해야 한다. [rows, columns] 같은 형식으로 행을 먼저 명시한 후 콤마와 열을 명시한다. 벡터처럼 행과 열은 1부터 계산한다.

예를 들어 환자 데이터 프레임의 첫 번째 행, 두 번째 열에서 값을 추출하려면 다음 명령을 사용한다.

```
> pt_data[1, 2]
```

```
[1] 98.1
```

데이터에서 하나 이상의 행과 열을 추출하려면 원하는 행과 열에 대한 벡터를 명시한다. 다음 명령은 1번째 및 3번째 행과 2번째와 4번째 열에서 데이터를 추출한다.

```
> pt_data[c(1, 3), c(2, 4)]
```

```
  temperature    gender
1        98.1      MALE
3       101.4      MALE
```

모든 행과 열을 추출하려면 단순히 행과 열 부분을 비워 놓으면 된다. 예를 들어 1번째 열의 모든 행을 추출하려면 다음과 같이 명령한다.

```
> pt_data[, 1]
```

```
[1] "John Doe"    "Jane Doe"    "Steve Graves"
```

1번째 행의 모든 열을 추출하려면 다음과 같이 명령한다.

```
> pt_data[1, ]
```

```
  subject_name temperature flu_status gender blood symptoms
1     John Doe        98.1      FALSE   MALE     O  SEVERE
```

전체를 추출하려면 다음과 같이 명령한다.

```
> pt_data[ , ]
```

```
  subject_name temperature flu_status gender blood symptoms
1     John Doe        98.1      FALSE   MALE     O  SEVERE
2     Jane Doe        98.6      FALSE FEMALE    AB    MILD
3 Steve Graves       101.4       TRUE   MALE     A MODERATE
```

당연히 숫자 대신 이름을 사용해 열에 접근하면 훨씬 더 유용하다. 그리고 음수 부호를 사용하면 데이터의 행과 열을 제외시킬 수도 있다. 따라서 다음 명령은

```
> pt_data[c(1, 3), c("temperature", "gender")]
```

```
  temperature  gender
1        98.1    MALE
3       101.4    MALE
```

다음 명령과 동일하다.

```
> pt_data[-2, c(-1, -3, -5, -6)]
```

```
  temperature  gender
1        98.1    MALE
3       101.4    MALE
```

때때로 기존 열의 함수로, 새로운 열을 데이터 프레임에 생성할 필요가 있다. 예를 들면 환자 데이터 프레임에 있는 화씨온도를 섭씨온도로 바꿔야 할 수도 있다. 이를 위해서는 단순히 변환 계산 결과를 새로운 열 이름에 할당하는 연산자를 다음과 같이 사용하기만 하면 된다.

```
> pt_data$temp_c <- (pt_data$temperature - 32) * (5 / 9)
```

계산 결과를 검증하고자 새로운 섭씨 기준의 **temp_c** 열을 이전의 화씨 기준인 **temperature** 열과 비교해보자.

```
> pt_data[c("temperature", "temp_c")]

  temperature    temp_c
1        98.1  36.72222
2        98.6  37.00000
3       101.4  38.55556
```

두 값을 나란히 살펴보면 계산이 제대로 된 것을 알 수 있다.

3장에서 할 작업의 많은 부분에 이러한 유형의 작업이 중요하므로 데이터 프레임에 매우 익숙해지는 것이 중요하다. 환자 데이터 세트를 사용해 비슷한 작업을 연습해볼 수 있으며 더 좋은 방법은 자신의 프로젝트 중 하나의 데이터를 사용하는 것이다. 이번 장의 뒷부분에서 자신의 데이터 파일을 R에 로드하는데 사용할 함수들을 설명한다.

행렬과 배열

R은 데이터 프레임 외에 표 형태로 값을 저장하는 다른 데이터 구조를 제공한다. 행렬^{matrix}은 데이터의 행과 열을 갖는 2차원 표를 나타내는 데이터 구조다.

R 행렬은 벡터처럼 동일한 타입의 데이터만 가질 수 있으며 대개 수학 연산에 가장 자주 사용되므로 일반적으로 수치 데이터만 저장한다.

행렬을 생성하려면 행의 개수(nrow) 또는 열의 개수(ncol)를 명시하는 파라미터와 함께 데이터 벡터를 간단히 matrix() 함수에 제공한다. 예를 들어 1에서 4까지의 숫자를 저장하는 2 × 2 행렬을 생성하려면 nrow 파라미터를 사용해 데이터가 2개의 행으로 분리되도록 요청할 수 있다.

```
> m <- matrix(c(1, 2, 3, 4), nrow = 2)
>m

     [,1] [,2]
[1,]    1    3
[2,]    2    4
```

이는 ncol= 2를 사용해 생성한 행렬과 동일하다.

```
> m <- matrix(c(1, 2, 3, 4), ncol = 2)
>m

     [,1] [,2]
[1,]    1    3
[2,]    2    4
```

R이 먼저 행렬의 첫 번째 열을 로드한 후 2번째 열을 로드한다는 것을 알 수 있다. 이는 R이 행렬을 로드하는 기본 방법으로 열 우선 순column-major order이라 한다.

TIP

이 기본 설정을 바꿔 행렬을 행 단위로 로드하려면 행렬 생성 시에 byrow = TRUE로 파라미터를 설정한다.

행렬 로드 방식을 좀 더 설명하고자 행렬에 값을 더 추가하면 무슨 일이 생기는
지 살펴보자. 6개의 값으로 2개의 행을 요청하면 3개의 열을 갖는 행렬이 생성
된다.

```
> m <- matrix(c(1, 2, 3, 4, 5, 6), nrow = 2)
>m
```

```
     [,1] [,2] [,3]
[1,]   1    3    5
[2,]   2    4    6
```

2개의 열을 요청하면 3개의 행을 갖는 행렬이 생성된다.

```
> m <- matrix(c(1, 2, 3, 4, 5, 6), ncol = 2)
>m
```

```
     [,1] [,2]
[1,]   1    4
[2,]   2    5
[3,]   3    6
```

데이터 프레임과 같이 행렬 값도 [row, column]처럼 표기해 추출한다. 예를 들
어 m[1, 1]은 값 1을 반환하지만 m[3, 2]는 행렬 m에서 6을 추출한다. 추가적으
로 전체 행이나 열도 요청할 수 있다.

```
> m[1,]
```

```
14
```

```
> m[, 1]
```

행렬 구조와 밀접하게 관계된 것이 데이터의 다차원 표인 배열^{array}이다. 행렬은 행과 열로 구성돼 있는 반면 배열은 행과 열, 임의의 개수의 추가 계층으로 구성된다. 2장 이후에 행렬은 자주 사용하지만 배열은 이 책에서는 사용할 필요가 없다.

R을 이용한 데이터 관리

대용량 데이터 세트로 작업하는 동안 직면하는 어려움 중 하나는 다양한 출처에서 데이터를 수집하고 준비하고 관리하는 것이다. 2장 이후에 머신러닝 작업을 실제 수행함으로써 데이터 준비, 데이터 정리, 데이터 관리를 깊이 있게 다루겠지만 이 절에서는 R로 데이터를 가져오고 R에서 데이터를 내보내는 기초적인 기능을 살펴본다.

데이터 구조 저장, 로드, 제거

데이터 프레임을 원하는 형태로 변환하는 데 많은 시간이 지났을 때 R 세션이 재시작될 때마다 하던 작업을 재생성할 필요는 없다.

데이터 구조를 파일로 저장해 나중에 다시 로드하거나 다른 시스템에 전송할 수 있게 하려면 save() 함수를 사용한다. save() 함수는 file 파라미터로 지정된 위치에 1개 이상의 데이터 구조를 저장한다. R 데이터 파일은 .RData 확장자를 갖는다.

영구 파일에 저장하려는 x, y, z라는 3개의 객체가 있다고 가정하자. 객체가 벡터, 팩터, 리스트, 데이터 프레임인지 여부에 관계없이 다음 명령으로 mydata.

RData 파일에 저장할 수 있다.

```
> save(x, y, z, file = "mydata.RData")
```

load() 명령은 .RData 파일에 저장된 데이터 구조를 재생성한다. 이전 코드에서 저장했던 mydata.RData 파일을 로드하려면 다음과 같이 간단히 입력한다.

```
> load("mydata.RData")
```

이 명령은 R 환경에서 x, y, z 데이터 구조를 재생성할 것이다.

TIP

로딩 중인 객체가 무엇인지 주의해야 한다. load() 명령으로 객체를 가져올 때 작업 중인 다른 객체를 덮어쓰더라도 파일에 저장돼 있던 모든 데이터 구조가 워크스페이스에 추가될 것이다.

또 다른 방법으로 saveRDS() 함수를 사용해 단일 R 객체를 파일에 저장할 수 있다. save() 함수와 매우 비슷하지만 주요 차이점은 해당하는 loadRDS() 함수를 사용해 원래 객체와 다른 이름으로 객체를 로드할 수 있다는 것이다. 이러한 이유로 saveRDS()는 R 객체를 프로젝트 간에 전송할 때 기존의 객체를 실수로 덮어쓰는 위험을 줄일 수 있기 때문에 더 안전하게 사용할 수 있다.

saveRDS() 함수는 특히 머신러닝 모델 객체를 저장하는 데 유용하다. 일부 머신러닝 알고리듬은 모델을 훈련하는 데 오랜 시간이 걸리기 때문에 모델을 .rds 파일에 저장하면 프로젝트를 재개할 때 장기간의 재훈련 과정을 피할 수 있다. 예를 들어 **my_model**이라는 모델 객체를 my_model.rds라는 파일에 저장하려면 다음과 같은 구문을 사용한다.

```
> saveRDS(my_model, file = "my_model.rds")
```

모델을 로드하려면 readRDS() 함수를 사용하고 다음과 같이 결과를 객체 이름에 할당하면 된다.

```
> my_model <- readRDS("my_model.rds")
```

한동안 R 세션에서 작업을 하고 나면 데이터 구조가 많이 쌓일 수 있다.

RStudio에서는 이러한 객체들을 인터페이스의 환경 탭에서 볼 수 있다. 그러나 ls() 함수를 사용해 이러한 객체들에 프로그래밍적으로 접근하는 것도 가능하다. ls() 함수는 현재 메모리에 있는 모든 데이터 구조의 벡터를 반환한다.

예를 들어 2장의 코드를 따라왔다면 ls() 함수는 다음과 같은 목록 벡터를 반환한다.

```
> ls()
```

```
[1] "blood"      "fever"      "flu_status"    "gender"
[5] "m"          "pt_data"    "subject_name"  "subject1"
[9] "symptoms"   "temperature"
```

세션이 끝나면 R은 메모리에서 모든 데이터 구조를 자동으로 제거하는데, 데이터 구조가 클 경우 메모리를 바로 해제하고 싶을 수도 있다. 제거 함수 rm()은 이런 용도로 사용한다. 예를 들어 m과 subject1 객체를 제거하려면 다음처럼 간단히 입력한다.

```
> rm(m, subject1)
```

또한 rm() 함수에 제거해야 할 객체의 이름 문자 벡터를 줄 수도 있다. R 세션의 전체 객체를 해제하려면 ls() 함수와 함께 실행시킨다.

```
> rm(list=ls())
```

CSV 파일에서 데이터 가져오기와 저장하기

공공 데이터 세트를 텍스트 파일에 저장하는 것은 매우 일반적이다. 실제 어떤
컴퓨터나 어떤 운영체제에서든 텍스트 파일을 읽을 수 있으므로 이 형식은 거
의 보편적이라고 할 수 있다. 텍스트 파일은 스프레드시트 데이터를 빠르고
쉽게 작업할 수 있는 방법을 제공하는 마이크로소프트 엑셀과 같은 프로그램에
서 내보내기와 가져오기를 할 수 있다.

텍스트의 각 라인은 하나의 예제를 반영하고 각 예제는 같은 개수의 특징을
갖는 것처럼 표 형식^{tabular}의 (표 같은) 데이터 파일은 행렬 형태로 구조화돼 있다.
각 라인의 특징 값은 구분자^{delimiter}로 알려진 미리 정의된 기호에 의해 분리된다.
표 형식의 데이터 파일에서 1번째 라인에는 주로 데이터의 열 이름이 나열된다.
이것을 헤더^{header} 라인이라 부른다.

가장 일반적인 표 형식의 텍스트 파일 형식은 CSV$^{Comma-Separated\ Values}$ 파일로, 이
름이 말해주듯이 쉼표를 구분자로 사용한다. 일반적인 많은 애플리케이션에서
는 CSV 파일에 대해 가져오기^{import}와 내보내기^{export} 기능을 제공한다. 앞에서 구
축된 의료 데이터 세트를 나타내는 CSV 파일은 다음 형식으로 저장된다.

```
subject_name,temperature,flu_status,gender,blood_type John
Doe,98.1,FALSE,MALE,O
Jane Doe,98.6,FALSE,FEMALE,AB
```

```
Steve Graves,101.4,TRUE,MALE,A
```

R 작업 디렉터리에 환자 데이터 파일 pt_data.csv가 있을 때 파일을 R로 로드하고자 read.csv() 함수를 다음과 같이 사용한다.

```
> pt_data <- read.csv("pt_data.csv")
```

이렇게 하면 CSV 파일이 pt_data라는 데이터 프레임으로 읽혀진다. 데이터 세트가 R의 작업 디렉터리 외부에 있는 경우 read.csv() 함수를 호출할 때 CSV 파일의 전체 경로(예를 들어 "/path/to/mydata.csv")를 사용할 수 있다.

디폴트로 R은 CSV 파일이 데이터 세트의 특징 이름이 나열된 헤더 라인을 포함한다고 가정한다. CSV 파일이 헤더를 갖고 있지 않으면 다음의 명령처럼 옵션 header = FALSE를 명시한다. 그러면 R은 V1과 V2 등의 형태로 디폴트 특징 이름을 부여할 것이다.

```
> pt_data <- read.csv("pt_data.csv", header = FALSE)
```

중요한 역사적인 사실로, R 4.0 이전의 버전에서는 stringsAsFactors 파라미터가 기본값으로 TRUE로 설정돼 read.csv() 함수가 모든 문자 타입 열을 자동으로 팩터로 변환했다. 이 기능은 예전의 R에서 사용되던 작고 간단한 데이터 세트에서 때때로 유용했다. 그러나 데이터 세트가 점점 더 크고 복잡해지면서 이 기능은 해결해야 할 문제보다 더 많은 문제를 일으키기 시작했다. 이제 R은 4.0 버전부터 stringsAsFactors = FALSE를 기본값으로 설정한다. CSV 파일의 모든 문자 열이 실제로 팩터인 것을 확신하는 경우 다음 구문을 사용해 이를 변환할 수 있다.

```
> pt_data <- read.csv("pt_data.csv", stringsAsFactors = TRUE)
```

이 책에서는 모든 문자열이 실제로 팩터인 데이터 세트와 함께 작업할 때 gegegeAsFactors = TRUE로 설정할 때가 있다.

R에서 결과 데이터를 가져오는 것은 데이터를 가져오는 것만큼 중요할 수 있다. 데이터 프레임을 CSV 파일로 저장하려면 write.csv() 함수를 사용한다. pt_data라는 데이터 프레임의 경우 다음과 같이 간단히 입력하면 된다.

```
> write.csv(pt_data, file = "pt_data.csv", row.names = FALSE)
```

이 명령은 이름이 pt_data.csv인 CSV 파일을 R 작업 폴더에 쓸 것이다. row.names 파라미터는 R의 디폴트 설정에 우선하며 CSV 파일에 행 이름을 출력한다. 일반적으로 이 출력은 필요 없으며 단순히 결과 파일의 크기만 키울 것이다.

TIP

파일을 읽는 데 더 정교한 제어가 필요한 경우 read.csv() 함수는 read.table() 함수의 특별한 경우임을 참고하라. read.table() 함수는 다른 여러 형식의 표 형태 데이터를 읽을 수 있다. 이는 탭으로 구분된 값(TSV)과 수직 막대(|)로 구분된 파일과 같은 다른 구분 기호 형식을 포함한다. read.table() 함수 계열에 대한 자세한 정보는 ?read.table 명령을 사용해 R 도움말 페이지를 참고한다.

Rstudio를 이용한 일반적 데이터 세트 형식 가져오기

더 복잡한 가져오기 시나리오의 경우 RStudio 데스크톱 소프트웨어는 간단한 인터페이스를 제공해 데이터를 프로젝트에 로드하는 데 사용할 수 있는 R 코드 작성 프로세스를 안내해준다. CSV와 같은 일반적인 텍스트 데이터 타입을 로드하는 것은 항상 상대적으로 쉬웠지만 마이크로소프트 엑셀(.xls 및 .xlsx), SAS

(.sas7bdat 및 .xpt), SPSS(.sav 및 .por), Stata(.dta)와 같은 다른 일반적인 분석용 데이터 타입을 가져오는 것은 예전에는 지루하고 시간이 많이 소요되는 프로세스였으며 여러 R 패키지에서 특정 기술와 도구에 대한 지식이 필요했다.

이제 RStudio 인터페이스의 오른쪽 상단 근처에 있는 Import Dataset 명령을 통해 이러한 기능을 사용할 수 있다. 그림 2.1에서는 그 예를 보여준다.

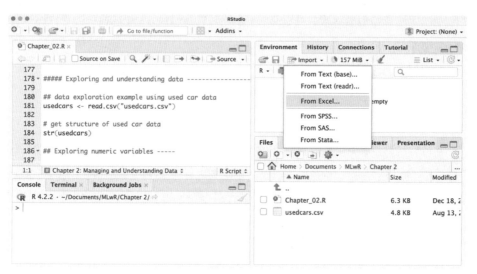

그림 2.1: RStudio의 Import Dataset 명령은 다양한 일반적인 타입의 데이터를 로드하는 옵션을 제공한다.

선택한 데이터 타입에 따라 해당 기능을 위해 필요한 R 패키지를 설치하라는 메시지가 나타날 수 있다. 이 패키지들은 데이터 타입을 R에서 사용할 수 있게 변환한다. 그런 다음 데이터 가져오기 프로세스의 옵션을 선택하고 이러한 변경이 이뤄질 때 R에서 데이터가 어떻게 보이는지 미리 볼 수 있는 대화상자가 표시된다.

다음 스크린샷은 **readxl** 패키지(https://readxl.tidyverse.org)를 사용해 자동차 데이터 세트의 마이크로소프트 엑셀 버전을 가져오는 과정을 보여준다. 그러나 이 과정은 다른 데이터 세트 형식에 대해서도 유사하다.

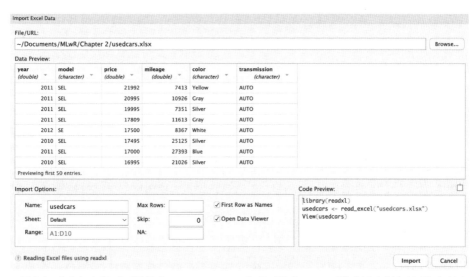

그림 2.2: 데이터 가져오기 대화상자는 Code Preview 기능을 제공해 R 코드 파일에 복사해 붙여 넣을 수 있다.

이 대화상자의 오른쪽 아래에 있는 Code Preview는 지정된 옵션으로 가져오기를 수행하는 R 코드를 제공한다. Import 버튼을 선택하면 코드가 즉시 실행되지만 더 좋은 방법은 코드를 복사해 R 소스코드 파일에 붙여 넣는 것이다. 이렇게하면 나중에 데이터 세트를 다시 불러올 수 있다.

TIP

RStudio가 엑셀 데이터를 로드하는 데 사용하는 read_excel() 함수는 데이터 프레임 대신 tibble이라는 R 객체를 생성한다. 차이점은 매우 미묘해 심지어 눈치 채기 힘들 수 있다. 그러나 tibble은 데이터 프레임과 함께 작업하는 새로운 방법을 가능하게 하는 중요한 R 혁신이다. tibble과 그 기능은 12장에서 다룬다.

RStudio 인터페이스는 다양한 형식의 데이터 작업을 지금까지보다 쉽게 만들어 줬지만 대용량 데이터 세트를 다루는 더 고급 기능이 있다. 특히 마이크로소프트 SQL, MySQL, PostgreSQL 등과 같은 데이터베이스 플랫폼에 데이터가 있는 경우 R을 이러한 데이터베이스에 연결해 데이터를 R로 불러오거나 결과를 R로 가져오기 전에 데이터베이스 하드웨어 자체를 사용해 대용량 데이터 연산을 수행할 수 있다. 15장에서는 이러한 기술을 소개하고 RStudio를 사용해 일반적인 데이터베이스에 연결하는 방법의 지침을 제공한다.

데이터 탐색과 이해

머신러닝에서 데이터를 수집하고 R 데이터 구조로 로딩한 이후 다음 단계는 데이터를 자세히 관찰하는 것이다. 이 단계에서는 데이터의 특징과 예제를 탐색하고 데이터를 고유하게 만들어줄 특성을 깨닫게 된다. 데이터를 잘 이해하게 될수록 학습 문제를 머신러닝 모델에 잘 매칭할 수 있다.

데이터 탐색 과정을 배우는 가장 좋은 방법은 예제를 활용하는 것이다. 이 절에서는 usedcars.csv 데이터 세트를 탐색할 예정으로, 이 데이터 세트에는 2012년에 미국의 유명 웹 사이트에서 최근에 판매하고자 광고했던 중고차의 실 데이터가 들어있다.

TIP

> usedcars.csv 데이터 세트는 팩트출판사의 지원 페이지에서 다운로드할 수 있다. 예제를 따라 진행하고 있다면 반드시 이 파일을 다운로드해 R 작업 디렉터리에 저장해야 한다.

데이터 세트가 CSV 형태로 저장돼 있기 때문에 **read.csv()** 함수를 이용해 데이터를 R 데이터 프레임에 로드한다.

```
> usedcars <- read.csv("usedcars.csv", stringsAsFactors = FALSE)
```

usedcars 데이터 프레임이 만들어졌으므로 이제 데이터 과학자의 역할에 중고차 데이터를 이해하는 작업이 있는 것으로 가정할 것이다. 데이터 탐색은 유동적인 단계지만 데이터에 대한 질문에 답을 하는 일종의 조사로 생각할 수 있다. 정확한 질문은 프로젝트에 따라 달라지지만 질문의 종류는 늘 비슷하다. 크든 작든 모든 데이터 세트에는 기본적인 조사 단계를 적용할 수 있어야 한다.

그림 2.3: "가격 책정 알고리듬들은 시승을 하나요?"(Midjourney AI가 '중고차를 사는 귀여운 만화 로봇 (cute cartoon robot buying a used car)'이라는 프롬프트로 만든 이미지)

데이터 구조 탐색

새로운 데이터 세트를 조사할 때 물어봐야 할 첫 번째 질문은 데이터 세트가 어떻게 구성돼 있는가다. 운이 좋다면 출처에서 데이터 사전^{data dictionary}을 제공한다. 데이터 사전은 데이터 세트의 특징을 설명하는 문서다. 2장에서의 중고차 데이터는 데이터 사전을 포함하지 않기 때문에 직접 작성해야 할 필요가 있다.

str() 함수는 데이터 프레임, 벡터, 리스트 같은 R 객체의 구조를 보여준다. 데이터 사전의 기초 윤곽을 생성할 때 이 함수를 활용할 수 있다.

```
> str(usedcars)

'data.frame':    150 obs. of 6 variables:
 $ year    : int 2011 2011 2011 2011 ...
 $ model   : chr "SEL" "SEL" "SEL" "SEL" ...
 $ price   : int 21992 20995 19995 17809 ...
 $ mileage : int 7413 10926 7351 11613 ...
```

```
$ color        : chr "Yellow" "Gray" "Silver" "Gray" ...
$ transmission : chr "AUTO" "AUTO" "AUTO" "AUTO" ...
```

이렇게 간단한 명령으로 데이터 세트에 대한 수많은 정보를 알게 된다. 문장 **150 obs**는 데이터가 150개의 관측observation을 포함하고 있다는 것, 다시 말해 데이터 세트가 150개의 레코드나 예제를 포함하고 있다는 것을 알려준다. 관측 개수는 주로 n으로 간단히 축약된다. 데이터가 중고차를 설명한다는 것을 알기 때문에 이제 n = 150개의 판매용 자동차 예제가 있다고 추정할 수 있다.

문장 **6 variables**는 데이터에 저장된 6개의 특징을 가리킨다. 이 특징들은 별도 라인에 특징 이름별로 나열된다. color 특징 라인을 보면 몇 가지 추가적인 상세 사항을 발견할 수 있다.

```
$ color        : chr "Yellow" "Gray" "Silver" "Gray" ...
```

변수 이름 뒤의 **chr** 레이블은 특징이 문자 타입이라는 것을 말해준다. 이 데이터 세트에서 변수 3개는 문자인 반면 다른 3개는 **int**로 표시돼 정수 타입을 나타낸다. usedcars 데이터 세트는 문자와 정수 변수만 포함하지만 정수가 아닌 데이터를 사용하면 **num** 또는 수치 타입도 접할 수 있다. 팩터는 **factor** 타입으로 나열된다. R은 변수 타입 다음에 처음 몇 개의 특징 값을 나열해서 보여준다. 값 "Yellow" "Gray" "Silver" "Gray"는 color 특징의 처음 4개 값이다.

주제 영역에 관한 약간의 지식을 특징 이름과 값에 적용하면 변수가 무엇을 나타내는지 가정할 수 있다. year 변수는 자동차 제조연도나 광고 개시연도를 나타낼 수 있다. 4개의 예제 값(2011 2011 2011 2011)은 두 가능성을 입증할 때 사용되므로 나중에 이 특징을 자세히 알아볼 것이다. **model**, **price**, **mileage**, **color**, **transmission** 변수는 판매를 하기 위한 차의 특성을 나타낼 가능성이 높다.

현재 중고차 데이터의 경우에는 의미 있는 변수 이름이 부여돼 있는 것처럼 보이지만 항상 그렇지는 않다. 가끔 데이터 세트는 V1처럼 무의미한 이름이나 코드로 된 특징을 갖는다. 이런 경우 특징이 실제 무엇을 나타내는지 판단하고자 추가 조사를 해야 할 수도 있다. 여전히 특징 이름이 유익하더라도 제공된 레이블에 대해 늘 회의적인 태도를 갖는 것이 현명하다. 데이터를 좀 더 조사해보자.

수치 변수 탐색

중고차 데이터에서 수치 변수를 살펴보고자 일반적인 측정치를 이용해 요약 통계^{summary statistics} 값을 기술하겠다. summary() 함수는 일반적인 요약 통계를 몇 가지 보여준다. 특징 중 하나인 year를 살펴보자.

```
> summary(usedcars$year)

  Min.  1st Qu.  Median   Mean  3rd Qu.   Max.
  2000    2008    2009    2009   2010     2012
```

이 값들의 의미는 무시하고 2000, 2008, 2009와 같은 숫자를 보게 되면 year 변수가 광고 개시일이 아니라 제조연도라고 생각할 수 있다. 자동차 목록을 2012년에 구했다는 것을 알기 때문이다.

열 이름의 벡터를 사용하면 여러 수치 변수의 요약 통계도 summary() 함수를 이용해 동시에 얻을 수 있다.

```
> summary(usedcars[c("price", "mileage")]) price mileage

  Min.    : 3800   Min.    : 4867
  1st Qu. : 10995  1st Qu. : 27200
```

```
Median  : 13592    Median  : 36385
Mean    : 12962    Mean    : 44261
3rd Qu. : 14904    3rd Qu. : 55125
Max.    : 21992    Max.    :151479
```

summary() 함수가 제공하는 6개의 요약 통계는 데이터를 조사하기 위한 간단하면서도 강력한 도구다. 이 값은 중심^{center} 측정과 퍼짐^{spread} 측정의 2가지 유형으로 나눌 수 있다.

중심 경향 측정: 평균과 중앙값

중심 경향^{central tendency}의 측정은 데이터 세트의 가운데에 있는 값을 식별하는 데 사용하는 통계 클래스다. 일반적인 중심 척도 중 하나에 이미 친숙할 텐데, 그것이 바로 평균^{average}이다. 일반적으로 어떤 것이 평균으로 간주될 때 범위의 양끝 사이 어딘가에 해당된다. 평균적인 학생은 반 친구들의 가운데에 해당하는 점수를 갖는 다. 평균 체중은 아주 가볍거나 아주 무겁지 않다. 평균 아이템은 대표적이고 그룹의 나머지 요소들과 많이 다르지 않다. 평균[1]은 다른 모든 것을 판단하는 표본으로 생각할 수 있다.

또한 통계에서 평균은 산술 평균이라고도 하며, 이 척도는 모든 값의 합을 개수로 나눈 값으로 정의된다.[2] 예를 들어 소득이 36,000달러, 44,000달러, 56,000달러인 3명으로 구성된 그룹의 평균 소득을 계산하려면 다음 명령을 사용한다.

```
> (36000 + 44000 + 56000) / 3
```

---

1. 평균은 일반적인 중심 경향을 나타내며 산술 평균(mean), 기하 평균(geometric mean), 조화 평균(harmonic mean), 중앙값(median), 최빈값(mode) 등이 포함된다. – 옮긴이
2. 이하 산술 평균은 평균이라고 부르겠다. – 옮긴이

```
[1] 45333.33
```

또한 R은 mean() 함수를 제공해 숫자 벡터에 대한 평균을 계산한다.

```
> mean(c(36000, 44000, 56000))
```

```
[1] 45333.33
```

이 그룹의 평균 소득은 약 45,333달러다. 개념적으로 소득 총액을 개인별로 똑같이 나눈다면 평균 수입은 개인별 소득으로 생각할 수 있다.

이전의 summary() 출력에 price와 mileage 변수의 평균값들이 나열됐다는 점을 기억해보자. 이 평균은 데이터 세트에서 대표적인 중고차 가격이 12,962달러이고 주행거리계 기록이 44,261이라는 것을 알려준다. 이 값이 데이터에 관해 무엇을 말해주고 있는가? 평균 가격이 상대적으로 낮으므로 데이터 세트에는 경차급 차량들이 포함된다는 사실을 알아채게 된다. 물론 데이터에 주행거리가 높은 최근 모델의 고급차도 포함될 수 있지만 상대적으로 낮은 평균 주행거리 통계는 이런 가정을 지지하는 증거를 제시하지는 못한다. 반대로 이런 가능성을 무시하는 증거도 제시하지 못한다. 데이터를 더욱 자세히 검토할 때는 이를 염두에 둘 필요가 있다.

평균이 데이터 세트의 중심을 측정하는 가장 많이 인용되는 통계이긴 하지만 어느 상황에서든 최적일 수는 없다. 일반적으로 사용되는 다른 중심 경향의 척도에는 중앙값^{median}이 있으며, 값의 순서 목록 중에서 중간에 있는 값을 말한다. R은 중앙값에 대해 median() 함수를 제공한다. 다음 예제에 보이는 것처럼 소득 데이터에 적용할 수 있다.

```
> median(c(36000, 44000, 56000))
```

```
[1] 44000
```

따라서 가운데 값이 44000이기 때문에 소득의 중앙값은 44,000달러다.

NOTE

> 데이터 세트에 값의 개수가 짝수라면 가운데 값이 없다. 이 경우 중앙값은 보통 순서 목록의 가운데 있는 두 값의 평균으로 계산한다. 예를 들어 1, 2, 3, 4의 중앙값은 2.5다.

처음에는 중앙값과 평균이 매우 비슷한 측도처럼 보일지 모른다. 확실히 평균 45,333달러와 중앙값 44,000달러는 많이 떨어져 있지 않다. 중심 경향에 대해 2개의 척도가 필요한 이유는 무엇인가? 평균과 중앙값이 범위 양끝에 있는 값에서 다르게 영향을 받기 때문이다. 특히 평균은 이상치^outliers(또는 대다수 데이터와 비교해 이례적으로 크거나 작은 값)에 매우 민감하다. 평균은 이상치에 민감하기 때문에 소수의 극값^extreme value으로 인해 대다수 데이터에 비해 더 높거나 더 낮게 이동할 가능성이 크다.

중고차 데이터 세트에 대한 **summary( )** 출력에서 보고된 중앙값을 다시 기억해보자. 가격의 평균이나 중앙값은 상당히 비슷하지만(약 5% 정도 차이) 주행거리의 평균과 중앙값은 훨씬 큰 차이가 있다. 주행거리의 경우 평균이 44,261이고 중앙값 36,385보다 약 20%가 더 크다. 평균은 중앙값보다 극값에 좀 더 민감하므로 평균이 중앙값보다 많이 크다는 사실은 데이터 세트에 주행거리 값이 극도로 높은 중고차가 일부 있음을 의심하게 만든다. 이를 좀 더 살펴보려면 분석에 다른 요약 통계를 추가할 필요가 있다.

퍼짐 측정: 사분위수와 다섯 숫자 요약

평균과 중앙값은 값을 빠르게 요약해주지만 이러한 중심 측도는 측정치의 다양성에 대해서는 거의 정보를 주지 못한다. 다양성을 측정하려면 데이터의 퍼짐

spread(즉, 값의 간격이 얼마나 촘촘하거나 느슨한지)과 관련된 다른 종류의 요약 통계를 이용해야 한다. 퍼짐에 대해 아는 것은 데이터의 최댓값과 최솟값 그리고 대부분의 값이 평균이나 중앙값과 같은지 또는 다른지에 대한 감각을 제공한다.

다섯 숫자 요약five-number summary은 특정 값의 퍼짐을 대략적으로 묘사하는 5개의 통계량이다. 5개의 통계량은 모두 summary() 함수의 결과에 포함된다. 순서 대로 쓰면 다음과 같다.

1. 최솟값Minimum(Min.)
2. 1사분위수First quartile 또는 Q1(1st Qu.)
3. 중앙값Median 또는 Q2(Median)
4. 4사분위수Third quartile 또는 Q3(3rd Qu.)
5. 최댓값Maximum(Max.)

예상과 같이 최솟값과 최댓값은 가장 멀리 떨어진 특징 값으로, 각각 가장 작은 값과 가장 큰 값을 나타낸다. R은 데이터 벡터에 대해 최솟값과 최댓값을 계산 하고자 min()과 max() 함수를 제공한다.

최솟값과 최댓값 사이의 폭을 범위range라고 한다. R에서 range() 함수는 최솟값 과 최댓값을 함께 반환한다.

```
> range(usedcars$price)

[1] 3800 21992
```

range()를 diff() 차이difference 함수와 합쳐 코드 한 줄로 데이터 범위 통계량을 계산할 수 있다.

```
> diff(range(usedcars$price))
```

```
[1] 18192
```

데이터 세트의 값 중 1/4은 1사분위수(Q1) 아래에 있으며, 또 다른 1/4는 3사분위수(Q3) 위에 있다. 데이터 값의 중간값과 함께 사분위수는 데이터 세트를 25%씩 4 부분으로 나눈다.

사분위수는 분위수quantiles라고 하는 통계량의 특별한 경우로, 분위수는 데이터를 같은 크기의 수량으로 나누는 숫자다. 사분위수 외에 일반적으로 사용되는 분위수에는 삼분위수tertiles(3 부분), 오분위수quintiles(5 부분), 십분위수deciles(10 부분), 백분위수percentiles(100 부분)가 포함된다. 백분위수는 값의 순위를 설명할 때 자주 사용한다. 예를 들어 시험 점수가 99번째 백분위수로 평가된 학생은 다른 시험 응시자의 99%와 동일하거나 그 이상으로 잘 수행한 것이다.

특히 1사분위수와 3사분위수 사이의 가운데 50% 데이터는 그 자체로 간단한 퍼짐 척도이기 때문에 관심의 대상이다. Q1과 Q3의 차이를 사분위수 범위IQR, InterQuartile Range라고 하며, IQR() 함수로 계산한다.

```
> IQR(usedcars$price)
```
```
[1] 3909.5
```

또한 usedcars$price 변수에 대한 summary() 결과에서 14904 - 10995 = 3909를 계산해서 값을 손으로 계산할 수 있다. 손으로 계산한 것과 IQR()의 결과가 약간 차이가 나는 것은 R이 summary() 결과를 자동으로 반올림하기 때문이다.

quantile() 함수는 일련의 값에 대해 분위수를 식별하는 강력한 도구를 제공한다. 디폴트로 quantile() 함수는 다섯 숫자 요약을 반환한다. usedcars$price 변수에 이 함수를 적용하면 이전과 동일한 통계치를 결과로 낸다.

```
> quantile(usedcars$price)
```

```
    0%       25%       50%       75%      100%
  3800.0   10995.0   13591.5   14904.5   21992.0
```

TIP

분위수를 계산할 때 데이터 세트에 단일 중간값이 없는 경우 이를 다루는 여러 방법이 있다. quantile() 함수는 type 파라미터를 지정해서 9개의 다른 알고리듬 중 하나를 지정할 수 있다. 프로젝트에 상세하게 정의된 사분위수가 필요하다면 ?quantile 명령을 이용해서 함수에 대한 문서를 읽어보는 것이 중요하다.

벡터를 이용해서 절단점^{cut point}을 나타내는 probs 파라미터를 명시하면 1번째와 99번째 백분위와 같은 임의의 분위수를 얻을 수 있다.

```
> quantile(usedcars$price, probs = c(0.01, 0.99))
```

```
    1%        99%
  5428.69   20505.00
```

seq() 함수는 균등한 간격을 갖는 값들의 벡터를 생성하는 데 사용할 수 있다. 이 함수는 오분위수처럼 데이터의 다른 부분들을 쉽게 얻게 해준다. 다음 명령에서 확인할 수 있다.

```
> quantile(usedcars$price, seq(from = 0, to = 1, by = 0.20))
```

```
    0%       20%       40%       60%       80%      100%
  3800.0   10759.4   12993.8   13992.0   14999.0   21992.0
```

다섯 숫자 요약이 이해된 상태라면 중고차 summary() 결과를 다시 관찰해보자.

price 변수에 대해 최솟값은 3,800달러이고 최댓값은 21,992달러다. 흥미롭게도 최솟값과 Q1의 차이는 7,000달러로, Q3과 최댓값의 차이와 같다. 하지만 Q1과 중앙값, 중앙값과 Q3의 차이는 대략 2,000달러다. 이는 값의 하위 25%와 상위 25%가 중간 50%보다 넓게 분산돼 있어 중심에 좀 더 밀집된 것처럼 보인다는 것을 말한다. mileage 변수에서도 비슷한 경향을 볼 수 있는데, 그다지 놀랄 일은 아니다. 2장의 후반에서도 다루겠지만 이런 퍼짐 패턴은 매우 일반적인 것으로 데이터의 '정규^{normal}' 분포로 불린다.

mileage 변수의 퍼짐은 또 다른 흥미로운 속성을 보여준다. Q3과 최댓값의 차이는 최솟값과 Q1의 차이보다 매우 크다. 다시 말해 큰 값은 작은 값보다 훨씬 더 많이 퍼져있다.

이 결과는 평균이 중앙값보다 훨씬 큰 이유를 설명해준다. 평균은 극값에 민감하기 때문에 더 높은 쪽으로 당겨진 반면 중앙값은 상대적으로 동일한 위치에 있다. 이것은 중요한 속성으로 데이터를 시각적으로 보여줄 때 좀 더 명확해진다.

수치 변수 시각화: 상자그림

수치 변수를 시각화하면 데이터 문제를 진단하는 데 도움이 된다. 다섯 숫자 요약을 일반적으로 시각화한 것이 **상자그림**^{boxplot}으로, **상자수염그림**^{box-and-whiskers plot}이라고도 알려져 있다. 상자그림은 변수의 중심과 퍼짐을 보여줄 때 변수의 **범위**^{range}와 **왜도**^{skew}를 빠르게 이해할 수 있고 다른 특징과 비교할 수 있는 형식으로 보여준다.

중고차 가격과 주행거리 데이터에 대한 상자그림을 자세히 살펴보자. 변수에 대한 상자그림을 얻으려면 boxplot() 함수를 사용한다. 추가 파라미터 main과 ylab을 명시해 그림 제목과 y축(세로축) 레이블을 각각 추가한다. price와 mileage 상자그림을 생성하기 위한 명령은 다음과 같다.

```
> boxplot(usedcars$price, main="Boxplot of Used Car Prices",
          ylab="Price ($)")
> boxplot(usedcars$mileage, main="Boxplot of Used Car Mileage",
          ylab="Odometer (mi.)")
```

R은 다음과 같은 그림을 생성할 것이다.

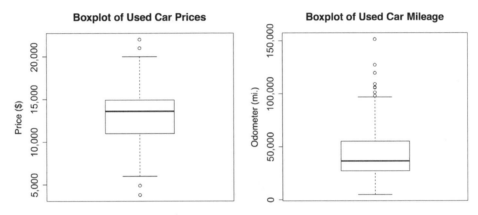

그림 2.4: 중고차 가격과 마일리지 데이터에 대한 상자그림

상자그림은 다섯 숫자 요약 값을 가로선과 점으로 보여준다. 각 그림의 가운데에 있는 상자를 구성하는 가로선은 맨 아래에서 맨 위로 그림을 읽을 때 Q1, Q2(중앙값), Q3을 나타낸다. 중앙값은 진한 선으로 표시되며, **price**의 경우 세로축의 13,592달러에 정렬돼 있고 **mileage**의 경우 세로축의 36,385mi에 정렬돼 있다.

TIP

이전 다이어그램과 같은 간단한 상자그림에서 상자의 폭은 임의적인 것으로, 어떤 데이터 특성도 보여주지 않는다. 좀 더 세련되게 분석하려면 상자의 모양과 크기를 이용해 몇 개의 그룹을 쉽게 비교할 수 있다. 그런 기능을 좀 더 배우려면 ?boxplot 명령을 입력해 R의 boxplot() 문서에 있는 notch와 varwidth 옵션의 검토를 시작한다.

최솟값과 최댓값은 상자의 아래와 위를 확장한 수염을 이용해 보여줄 수 있다.

하지만 널리 사용되는 관행은 Q1 아래로 IQR의 1.5배 최솟값까지 Q3 위로 IQR의 1.5배 최댓값까지만 수염을 확장하는 것이다. 이 임계치를 넘어선 값은 이상치로 간주되며 원이나 점으로 표시된다. 예를 들어 **price** 변수의 Q1이 10,995이고 Q3가 14,904일 때 IQR가 3,909였다는 것을 기억하자. 따라서 이상치는 10995 – 1.5 * 3909= 5131.5 이하이거나 14904 + 1.5 * 3909 = 20767.5 이상인 값이 된다.

price 상자그림은 상단과 하단 모두에 그런 2개의 이상치를 보여준다. **mileage** 상자그림에서 하단에는 이상치가 없으므로 아래 수염은 최솟값 4,867까지 확장된다. 상단에는 100,000마일 표시를 넘는 몇 개의 이상치가 보인다. 이런 이상치는 초반에 언급된 평균이 중앙값보다 훨씬 크다는 결론에 책임이 있다.

수치 변수 시각화: 히스토그램

히스토그램histogram은 수치 변수의 퍼짐을 그래프로 그리는 또 다른 방법이다. 히스토그램은 미리 개수가 정해진 부분portion 또는 빈bin으로 변수 값을 나눈다는 점에서 상자그림과 비슷하며 빈은 값에 대한 컨테이너 역할을 한다. 하지만 이 둘의 유사성은 여기서 끝난다. 상자그림은 동일한 개수의 값을 포함하지만 그 범위만 다른 4가지 부분을 생성하지만 히스토그램은 동일한 범위의 더 많은 부분이 생성되고 빈에 들어 있는 값의 개수도 다를 수 있다.

hist() 함수를 이용해 중고차 가격과 주행거리 데이터에 대한 히스토그램을 생성해보자. 상자그림에서 그렸던 것처럼 **main** 파라미터로 그림의 제목을 명시하고 **xlab** 파라미터로 x축의 레이블을 명시한다. 히스토그램을 생성하는 명령은 다음과 같다.

```
> hist(usedcars$price, main = "Histogram of Used Car Prices", xlab = "Price ($)")
> hist(usedcars$mileage, main = "Histogram of Used Car Mileage",
        xlab = "Odometer (mi.)")
```

이 명령은 다음의 다이어그램을 생성한다.

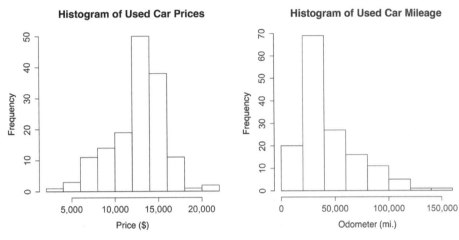

그림 2.5: 중고차 가격과 마일리지 데이터의 히스토그램

히스토그램은 값의 개수 또는 빈도^{frequency}를 나타내는 높이를 갖는 일련의 막대로 구성되며, 값이 소속돼 있는 균등한 폭의 빈^{bin}들이 전체 값을 분할한다. 수평축에 표시된 막대를 분리하는 수직선은 빈에 대한 값 범위의 시작과 끝 지점을 나타낸다.

TIP

> 이전 히스토그램에서 빈의 개수가 서로 다른 것을 봤을 것이다. hist() 함수가 값의 범위에 따라 최적 개수의 빈을 알아내기 때문이다. 이 기본 설정을 무시하고 싶으면 breaks 파라미터를 사용한다. breaks = 10처럼 정수를 제공하면 정확히 동일한 폭의 빈 10개가 만들어진다. 그리고 c(5000, 10000, 15000, 20000)과 같은 벡터를 제공하면 지정된 값에서 나뉘는 빈이 생성될 것이다.

price 히스토그램에는 2,000달러에서 22,000달러까지 2,000달러 간격으로 10개의 막대가 있다. 그림의 가운데에 있는 가장 높은 막대는 12,000달러에서 14,000달러까지의 범위로 빈도는 50이다. 데이터에는 150대 차량이 들어있기 때문에 전체 1/3의 차량 가격이 12,000달러에서 14,000달러 사이가 된다. 거의 90대 차량(절반 이상)의 가격이 12,000달러에서 16,000달러 사이이다.

mileage 히스토그램은 0에서 160,000까지 각각 20,000마일의 빈을 나타나는 8개의 막대를 포함한다. price 히스토그램과 달리 가장 높은 막대는 데이터의 가운데가 아닌 다이어그램의 왼쪽에 있다. 이 빈에 포함된 70대 차량은 주행거리계 기록이 20,000에서 40,000마일까지다. 또한 두 히스토그램의 모양이 약간 다르다는 것을 알았을 것이다. 중고차 가격이 중앙의 양측에 균등하게 나뉘는 경향이 있는 반면 차량 주행거리는 오른쪽으로 좀 더 늘어난 것으로 보인다. 이 특징을 왜도 또는 좀 더 구체적으로 오른쪽으로 꼬리가 길다고[right skew] 하는데, 상단(오른쪽) 값이 하단(왼쪽) 값보다 좀 더 많이 퍼져있기 때문이다. 다음 다이어그램에서 보이는 것처럼 치우친 데이터의 히스토그램은 양쪽 중 한쪽으로 늘어나 보인다.

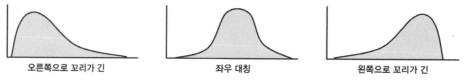

오른쪽으로 꼬리가 긴   좌우 대칭   왼쪽으로 꼬리가 긴

그림 2.6: 이상적인 히스토그램으로 시각화한 왜도 유형

데이터 탐색 도구로서 데이터의 왜도 패턴을 빠르게 진단하는 능력은 히스토그램의 장점 중 하나다. 수치 데이터의 퍼짐 패턴을 관찰하기 시작하면서 이런 진단 능력은 좀 더 중요해질 것이다.

수치 데이터의 이해: 균등 분포와 정규 분포

중심과 퍼짐을 설명하는 히스토그램, 상자그림, 통계는 변수 값의 분포를 관찰하기 위한 방법을 제공한다. 변수의 분포[distribution]는 값이 다양한 범위 내에 속할 확률을 나타낸다.

모든 값이 동일하게 발생하면(예를 들어 공평한 육면체 주사위를 굴려서 나온 값을 기록한 데이터 세트) 이 분포를 균등[uniform]하다고 말한다. 히스토그램에서 균등 분포는 막대가 거의 같은 높이이기 때문에 쉽게 감지된다. 히스토그램은 다음 다이어그램과 비슷할 것이다.

균등 분포

그림 2.7: 이상적 히스토그램으로 나타낸 균등 분포

무작위 이벤트가 모두 균등한 것은 아니라는 점을 유념하자. 예를 들어 가중치가 있는 육면체 트릭 주사위를 굴리면 일부 숫자가 다른 숫자보다 더 자주 나타나게 된다. 주사위를 굴릴 때마다 무작위로 선택된 숫자가 나오지만 균등한 확률을 갖지는 않는다.

중고차 price와 mileage 데이터를 예로 들어보자. 중고차 데이터는 겉으로는 일부 값이 다른 값보다 발생 확률이 더 높기 때문에 분명히 균등하지 않다. 실제 price 히스토그램에서는 가운데 막대의 양쪽에서 점점 멀어지면서 값의 발생 가능성이 낮아지는 종 모양^{bell-shaped}의 데이터 분포가 만들어진 것으로 보인다. 실제 데이터에서 이런 특성은 매우 일반적이며 소위 정규 분포^{normal distribution}의 특징이다. 이 정형화된 정규 분포의 종 모양 곡선은 다음 다이어그램에서 볼 수 있다.

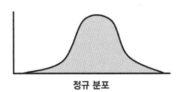

정규 분포

그림 2.8: 이상적 히스토그램으로 시각화한 정규 분포

다양한 유형의 비정규 분포가 있지만 실제 많은 현상이 정규 분포로 설명되는 데이터를 생성한다. 그 결과 정규 분포의 속성은 매우 세밀하게 연구돼 왔다.

퍼짐 측정: 분산과 표준 편차

분포는 소수의 파라미터로 다수의 값을 특성화한다. 다양한 유형의 실제 데이터를 설명하는 정규 분포는 중심과 퍼짐이라는 두 파라미터만으로 정의된다. 정규 분포의 중심은 앞서 사용했던 평균으로 정의된다. 퍼짐은 **표준 편차**^{standard deviation}라고 하는 통계로 측정된다.

표준 편차를 계산하려면 먼저 **분산**^{variance}을 구해야 한다. 분산은 각 값과 평균의 차에 대한 제곱의 평균으로 정의된다. 수학적 표기로 n개의 x 값에 대한 분산은 다음 식으로 정의된다.

$$\text{Var(X)} = \sigma^2 = \frac{1}{n}\sum_{i=1}^{n}(x_i - \mu)^2$$

그리스 문자 μ는 값의 평균을 나타내고 분산은 그리스 문자 σ의 제곱(σ^2)으로 표기된다.

표준 편차는 분산의 제곱근으로, σ로 표기하며 다음 수식과 같다.

$$\text{표준 편차(X)} = \sigma = \sqrt{\frac{1}{n}\sum_{i=1}^{n}(x_i - \mu)^2}$$

R에서 **var()**와 **sd()** 함수는 분산과 표준 편차를 얻을 때 사용한다. 예를 들어 **price**와 **mileage** 벡터에 대해 분산과 표준 편차를 계산하려면 다음과 같이 한다.

```
> var(usedcars$price)
```

```
[1] 9749892
```

```
> sd(usedcars$price)
```

```
[1] 3122.482
```

```
> var(usedcars$mileage)
```

```
[1] 728033954
```

```
> sd(usedcars$mileage)
```

```
[1] 26982.1
```

분산을 해석할 때 큰 숫자는 데이터가 평균 주변에 좀 더 넓게 퍼져있음을 의미한다. 표준 편차는 대략 각 값이 평균과 얼마나 다른지를 나타낸다.

NOTE

> 앞의 식을 이용해서 통계치를 손으로 계산하면 R 내장 함수의 결과와 조금 다를 수 있다. 앞의 식은 모집단 분산(n으로 나눔)을 사용한 반면 R은 표본 분산(n − 1로 나눔)을 사용한다. 아주 작은 데이터 세트를 제외하면 차이는 매우 작다.

표준 편차는 정규 분포를 따른다는 가정하에 주어진 값이 얼마나 멀리 떨어져 있는지를 빠르게 평가할 때 사용된다. 68-95-99.7 규칙은 정규 분포에서 값의 68%는 평균의 1 표준 편차 내에 포함되는 반면 95%와 99.7%는 2 표준 편차와 3 표준 편차 내에 각각 포함되는 것을 말한다. 이 규칙은 다음 다이어그램에서 볼 수 있다.

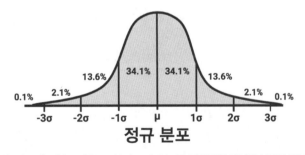

그림 2.9: 정규 분포 평균으로부터 1, 2, 3 표준 편차만큼 떨어진 부분의 백분율

가격이 정규 분포를 따른다고 가정하고 이 정보를 중고차에 적용하면 price의 평균과 표준 편차가 각각 12,962달러와 3,122달러이기 때문에 데이터의 약 68%

차량이 12,962달러 – 3,122달러 = 9,840달러와 12,962달러 + 3,122달러 = 16,084달러 사이의 가격으로 광고가 된다.

범주 특징 탐색

상기해보면 중고차 데이터 세트는 model, color, transmission이라는 3가지 범주 특징을 가졌다. 추가적으로 year 변수가 수치 int(vector)로 저장되지만 각 연도는 여러 대의 차에 할당된 범주로 생각할 수도 있다. 따라서 연도 변수를 범주형으로 다루는 방법도 생각해볼 수 있다.

수치 데이터와는 달리 범주형 데이터는 전형적으로 요약 통계가 아닌 표를 이용해 관찰한다. 단일 범주 변수를 나타내는 표는 일원배치표^{one-way table}라고 한다. table() 함수는 중고차 데이터에 대한 단방향 표를 생성할 때 사용된다.

```
> table(usedcars$year)

2000 2001 2002 2003 2004 2005 2006 2007 2008 2009 2010 2011 2012
   3    1    1    1    3    2    6   11   14   42   49   16    1

> table(usedcars$model)

  SE  SEL  SES
  78   23   49

> table(usedcars$color)
```

```
    Black  Blue  Gold Gray Green   Red Silver White  Yellow
       35    17     1   16     5    25     32    16       3
```

table() 출력은 명목 변수 각 범주와 범주에 속하는 값의 개수를 나열한다. 데이터 세트에는 150대의 중고차가 있기 때문에 전체 차량의 약 1/3은 2010년 (49/150 = 0.3270이므로)에 제작됐음을 판단할 수 있다.

또한 R은 table() 함수로 생성된 표에 대해 prop.table() 명령으로 직접 표 비율을 계산할 수 있다.

```
> model_table <- table(usedcars$model)
> prop.table(model_table)
```

```
        SE        SEL        SES
0.5200000 0.1533333 0.3266667
```

출력을 변환하고자 prop.table()의 결과를 다른 R 함수와 결합할 수 있다. 소수점 한 자리를 갖는 백분율 결과를 보여주려 한다고 가정하자. 다음 예제에서처럼 비율에 100을 곱하고 round() 함수를 호출할 때 digits = 1을 지정해 이 작업을 수행한다.

```
> color_table <- table(usedcars$color)
> color_pct <- prop.table(color_table) * 100
> round(color_pct, digits = 1)
```

```
 Black   Blue Gold Gray Green   Red Silver White  Yellow
  23.3   11.3  0.7 10.7   3.3  16.7   21.3  10.7     2.0
```

이 결과는 prop.table()의 결과와 동일한 정보를 갖지만 변화를 통해 읽기가 더 쉬워졌다. 광고된 전체 차량에서 약 1/4(23.3%)이 Black이기 때문에 검정이 가장 흔한 색이라는 것을 이 결과로 알 수 있다. Silver는 21.3%로 첫 번째와 근소한 차이로 두 번째고, Red는 16.7%로 세 번째다.

중심 경향 측정: 최빈값

통계 용어로 특징의 **최빈값**[mode]은 가장 빈번히 발생하는 값이다. 평균이나 중앙값과 같이 최빈값은 중심 경향의 다른 측도다. 평균과 중앙값이 명목 변수에는 정의되지 않기 때문에 최빈값은 범주 데이터에 자주 사용된다.

예를 들어 중고차 데이터에서 year 변수의 최빈값은 2010이고 model과 color 변수의 최빈값은 각각 SE와 Black이다. 변수는 하나 이상의 최빈값을 가질 수 있다. 최빈값을 1개 갖는 변수를 유니모달[unimodal]이라 하며, 최빈값이 2개인 변수를 바이모달[bimodal]이라 한다. 최빈값이 여러 개인 데이터는 좀 더 일반적으로 멀티모달[multimodal]이라 한다.

> **TIP**
>
> mode() 함수를 사용할 수 있다고 생각하겠지만, R은 이 함수를 통계에서의 최빈값이 아닌 (numeric, list 등과 같은) 해당 변수 타입을 얻고자 사용한다. 대신 통계적 최빈값을 구하려면 간단히 table() 함수의 출력에서 값의 개수가 가장 많은 범주를 살펴보라.

최빈값은 중요한 값을 이해하기 위한 질적인 의미로 사용된다. 하지만 가장 일반적인 값이 반드시 다수일 필요는 없기 때문에 최빈값을 너무 많이 강조하는 것은 위험할 수 있다. 예를 들어 Black은 color 변수에 대해 가장 일반적인 값이지만 검정색 차량은 전체 광고 차량의 약 1/4에 불과하다.

다른 범주와 비교해서 최빈값을 생각하는 것이 가장 좋다. 하나의 범주 또는 몇 개의 범주가 다른 모든 범주를 압도한다면 어떨까? 이런 식으로 최빈값을 생각하면 어떤 특정 값이 다른 값보다 더 흔한 이유가 무엇이지에 대한 의문을 검정 가능한 가설로 설정해볼 수 있다. 중고차 데이터 중 검정과 은색이 가장 흔한 색이었다면 이 데이터는 좀 더 보수적인 색이 많이 팔리는 경향이 있는 고급차의 데이터일수 있다는 가정을 할 수 있다. 또한 이런 색은 색깔 옵션이 다양하지 않은 경차를 나타낼 수도 있다. 데이터를 계속 조사하면서 이 질문을 살펴보자.

최빈값을 공통적인 값으로 생각한다면 통계적 최빈값 개념을 수치 데이터에도 적용할 수 있다. 엄밀히 말하면 연속 변수는 두 값이 반복되지 않을 가능성이 높기 때문에 최빈값을 갖지 않을 것 같다. 하지만 최빈값을 히스토그램의 가장 높은 막대처럼 생각한다면 price와 mileage 같은 변수의 최빈값을 논의할 수 있게 된다. 수치 데이터를 탐색하는 동안, 특히 데이터가 다봉multimodal인지 아닌지를 조사하고자 최빈값을 고려해보는 것이 도움이 될 수 있다.

그림 2.10: 단봉과 2개의 봉을 가진 수치 데이터의 가상 분포

특징 간의 관계 탐색

지금까지 특징을 한 번에 하나씩 조사하면서 일변량univariate 통계만 계산했다. 조사를 하는 동안 당시에는 답변할 수 없었던 질문을 제기했었다.

- price와 mileage 데이터를 볼 때 이 데이터는 경차만 포함한다고 봐야 하는가? 아니면 주행거리가 긴 고급차라고 봐야 하는가?
- model과 color 데이터 간의 관계는 조사 중인 차의 유형에 대해 어떤 통찰력을 제공해주는가?

이런 유형의 질문은 두 변수 간의 관계를 고려하는 이변량bivariate 관계를 조사함으로써 해결할 수 있다. 2개 이상의 변수 관계를 다변량multivariate 관계라고 한다. 이변량의 경우부터 시작하자.

관계 시각화: 산포도

산포도^{scatterplot}는 수치 특징 사이의 이변량 관계를 시각화하는 다이어그램이다. 이 다이어그램은 수평 x 좌표를 제공하는 특징 값과 수직 y 좌표를 제공하는 특징 값을 이용해 좌표 평면상에 점들을 그려놓은 2차원 그림이다. 점들이 배치된 패턴은 두 특징 간의 근본적인 연관성을 밝혀준다.

price와 mileage 간의 관계에 대한 질문에 답변하고자 산포도를 관찰할 것이다. 다이어그램을 레이블링하고자 이전에 사용했던 main, xlab, ylab 파라미터와 함께 plot() 함수를 사용한다.

plot()을 사용하려면 그림에서 점의 배치에 사용될 값이 들어있는 x와 y 벡터를 명시한다. x와 y 좌표를 제공하고자 사용되는 변수가 무엇이든 상관없이 결과는 같겠지만 관행에 따라 y 변수는 다른 변수에 종속된다고 가정한다(따라서 y를 종속 변수라고 한다). 판매자가 자동차 주행거리계 기록을 변경할 수는 없으므로 주행거리는 차량 가격에 종속되지 않을 것이다. 대신 가설은 "차량 가격은 주행거리계 기록에 종속된다."이다. 따라서 price를 종속 변수 y로 사용할 것이다.

산포도 생성을 위한 전체 명령은 다음과 같다.

```
> plot(x = usedcars$mileage, y = usedcars$price,
       main = "Scatterplot of Price vs. Mileage",
       xlab = "Used Car Odometer (mi.)",
       ylab = "Used Car Price ($)")
```

이 명령은 다음과 같은 산포도를 만든다.

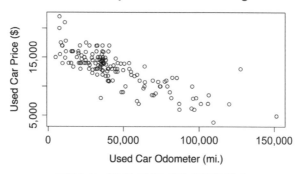

그림 2.11: 중고차 가격과 주행거리와의 관계

산포도를 이용해 중고차의 가격과 주행거리계 기록 간의 명확한 관계를 알수 있다. 그래프를 읽으려면 x축의 값이 증가함에 따라 y축 변수가 어떻게 변하는지 관찰한다. 이 경우 주행거리가 증가함에 따라 차량 가격이 낮아지는 경향이 있다. 중고차를 팔거나 사봤다면 이것이 심오한 통찰력은 아니다.

좀 더 흥미로운 결과는 약 125,000마일, 14,000달러 지점에 홀로 있는 이상치를 제외하고 높은 가격과 주행거리가 긴 차가 거의 없다는 사실이다. 이처럼 더 이상의 점이 없다는 것은 데이터 세트에 주행거리가 긴 고급차가 포함되지 않는다는 결론을 지지하는 증거를 제시한다. 데이터 세트에서 가장 비싼 차, 특히 17,500달러 이상인 차는 모두 비정상적으로 주행거리가 낮은데, 이는 신차 가격이 약 20,000달러인 단일 형식의 차량으로 볼 수 있음을 의미한다.

차량 가격과 주행거리 사이에서 관찰된 관계는 음의 관계[negative association]라 하며 점들의 패턴이 아래쪽으로 기울어진 선을 형성한다. 양의 관계[positive association]는 위쪽으로 기울어진 선을 형성하는 것으로 나타난다. 점들이 평평한 선을 이루거나 무작위로 흩어져있는 것으로 보이면 두 변수가 전혀 관계가 없다는 증거다. 두 변수 간에 선형 관계의 강도는 **상관관계**[correlation]로 알려진 통계로 측정된다. 상관관계는 선형 관계 모델링 방법을 다루는 6장에서 자세히 살펴본다.

모든 관계가 직선을 형성하지 않는다는 점을 유의하자. 가끔은 점들이 U 모양이나 V 모양을 형성한 다. 그리고 가끔은 패턴이 x나 y 변수의 증가 값이 좀 더 약해지거나 좀 더 강해지는 것처럼 보인다. 그런 패턴은 두 변수의 관계가 선형이 아니라는 것을 암시한다.

관계 관찰: 이원교차표

두 명목 변수 간의 관계를 관찰하고자 이원교차표two-way cross-tabulation를 사용한다(크 로스탭crosstab 또는 분할표contingency table라고도 함). 교차표는 하나의 변수 값이 다른 변수 값에 의해 어떻게 변하는지 관찰할 수 있다는 점에서 산포도와 비슷하다. 형식은 표로서 행은 한 변수의 레벨level로 이뤄지고 열은 다른 변수의 레벨로 이뤄진다. 표의 각 셀에 있는 수치는 특정 행과 열의 조합에 해당하는 값의 개수를 나타 낸다.

차의 model과 color 사이에 관계가 있는지에 대한 앞의 질문에 답하고자 교차 표를 관찰할 것이다. 일원표에 사용했던 table()을 포함해 R에서는 이원표를 생성하는 함수가 몇 개 있다. 그레고리 원스Gregory R. Warnes가 만든 gmodels 패키지 의 CrossTable() 함수는 가장 사용자 친화적일 것이며, 하나의 표로 행과 열, 주변 백분율margin percentage을 표현하므로 데이터를 직접 계산하는 번거로움을 덜 어준다. gmodels 패키지를 설치하려면 다음과 같이 입력한다.

```
> install.packages("gmodels")
```

패키지를 설치한 후 패키지를 로드하고자 library(gmodels)를 입력한다. CrossTable() 함수를 사용할 계획인 R 세션별로 이 작업을 해야 한다.

분석을 진행하기 전에 color 변수의 레벨 수를 줄여 프로젝트를 간소화하자. 이 변수는 9개의 레벨을 갖지만 너무 자세할 필요는 없다. 진짜 관심이 있는 것은 차의 색이 보수적인지 아닌지 여부다. 이런 목표를 위해 9가지 색을 2개의 그룹으로 나눌 것이다. 첫 번째 그룹에는 보수적인 색 Black, Gray, Silver, White가 포함되고, 두 번째 그룹에는 Blue, Gold, Green, Red, Yellow가 포함될 것이다. 이 정의에 의해 차의 색이 보수적인지 아닌지를 나타내는 (가끔 가변수^{dummy variable}라고 도 불리는) 이진 지시 변수^{binary indicator variable}를 생성할 것이다. 값이 참이면 TRUE이고, 거짓이면 FALSE다.

```
> usedcars$conservative <-
    usedcars$color %in% c("Black", "Gray", "Silver", "White")
```

여기서 새로운 명령에 주목했을 것이다. %in% 연산자는 연산자 좌변의 벡터 값이 오른쪽 벡터에 존재하는지 여부에 따라 TRUE나 FALSE를 반환한다. 간단히 이 줄을 "중고차 색이 Black, Gray, Silver, White 집합에 있는가?"로 해석할 수 있다.

새로 생성된 변수에 대해 table() 출력을 관찰해보면 차의 약 2/3가 보수적인 색을 갖고 있고 1/3이 보수적인 색을 갖고 있지 않다는 것을 알 수 있다.

```
> table(usedcars$conservative)

FALSE   TRUE
   51     99
```

이제 모델에 따라 보수적인 색의 차 비율이 어떻게 달라지는 교차표를 살펴보자. 차 모델이 색의 선택에 영향을 준다고 가정하기 때문에 보수적인 색 지시자를 종속 변수(y)로 간주한다. 그러므로 CrossTable() 명령은 다음과 같다.

```
> CrossTable(x = usedcars$model, y = usedcars$conservative)
```

이 명령으로 다음 표가 만들어진다.

```
Cell Contents
|-------------------------|
| N                       |
| Chi-square-contribution |
| N / Row Total           |
| N / Col Total           |
| N / Table Total         |
|-------------------------|

Total Observations in Table: 150
```

	usedcars$conservative		
usedcars$model	FALSE	TRUE	Row Total
SE	27	51	78
	0.009	0.004	
	0.346	0.654	0.520
	0.529	0.515	
	0.180	0.340	
SEL	7	16	23
	0.086	0.044	
	0.304	0.696	0.153
	0.137	0.612	
	0.047	0.107	
SES	17	32	49
	0.007	0.004	
	0.347	0.653	0.327
	0.333	0.323	
	0.113	0.213	
Column Total	51	99	150
	0.340	0.660	

CrossTable()의 출력에는 숫자가 아주 많다. (Cell Contents라고 레이블된) 상단의 범례는 값을 해석하는 방법을 보여준다. 표의 행은 중고차의 3가지 모델 SE, SEL, SES를 나타낸다(전체 모델의 합계 행이 추가됨). 열은 차의 색이 보수적인지 여부를 나타낸다(두 종류 색의 합계 열이 추가됨). 각 셀의 첫 번째 값은 모델과 색의 조합에 해당하는 차의 대수를 나타낸다. 비율은 각 셀이 카이제곱chi-square 통계량, 행 합계, 열 합계, 표의 총합의 값에 기여한 정도를 나타낸다.

가장 관심 있는 것은 각 모델별로 보수적인 차에 대한 행의 비율이다. 행의 비율은 SE 차의 0.654(65%)가 SEL 차의 0.696(70%)와 SES 차의 0.653(65%)과 비교했을 때 보수적으로 채색돼 있음을 말해준다. 이러한 차이는 상대적으로 작아서 차 모델별로 선택된 색의 종류에 큰 차이가 없음을 말해준다.

카이제곱 값은 두 변수 사이의 독립에 대한 피어슨 카이제곱 검정Pearson's Chi-squared test for independence에서 셀의 기여도를 나타낸다. 이 검정에 대한 통계에 대한 완전한 논의는 매우 기술적이지만 이 검정은 표의 셀 개수의 차이가 우연에 의한 것인지를 측정한다. 이를 통해 가설을 확인하는 데 도움을 주며 그룹별 차이가 상당하지 않음을 확인할 수 있다. 표의 6개의 셀에 대한 기여를 더하면 0.009 + 0.004 + 0.086 + 0.044 + 0.007 + 0.004 = 0.154가 나온다. 이것이 카이제곱 검정 통계량이다. 변수 간에 연관성이 없는 가설하에서 이 통계량이 관측될 확률을 계산하고자 pchisq() 함수에 테스트 통계량을 전달한다. 다음과 같이 하면 된다.

```
> pchisq(0.154, df = 2, lower.tail = FALSE)

[1] 0.9258899
```

df 파라미터는 통계 검정과 관련된 테이블의 행 및 열의 개수와 관련된 자유도degree of freedom를 나타낸다. 자유도는 (행 – 1) * (열 – 1)로 계산할 수 있으며 여기서는 2 × 2 표의 경우 1이고 3 × 2 표의 경우 2다. lower.tail = FALSE로 설정하면 약 0.926의 오른쪽 꼬리 확률을 얻게 된다. 이는 확률론적으로 0.154 이상의 검정 통계량을 얻을 확률로 직관적으로 이해할 수 있다.

카이제곱 검정의 확률이 매우 낮으면(예를 들어 10%, 5% 또는 1% 이하) 두 변수가 관련돼 있다는 강력한 증거를 제공한다. 표에서 관찰된 관련성이 우연에 의한 것일 확률이 낮기 때문이다. 여기서의 경우, 이 확률은 10%가 아니라 100%에 가까우므로 이 데이터 세트에서 차량의 모델과 색상 사이에 관련성을 관찰하고 있다고 볼 가능성은 낮다.

이를 직접 계산하는 대신 CrossTable() 함수를 호출할 때 chisq = TRUE라는 추가 파라미터를 지정해 카이제곱 검정 결과를 얻을 수도 있다. 예를 들면 다음과 같다.

```
> CrossTable(x = usedcars$model, y = usedcars$conservative, chisq = TRUE)


Pearson's Chi-squared test
------------------------------------------------------------
Chi^2 = 0.1539564      d.f. = 2       p = 0.92591
```

약간의 반올림으로 인한 차이를 제외하고 수기로 계산한 것과 동일한 카이제곱 검정 통계량과 확률을 얻게 된다.

TIP

여기서 수행한 카이제곱 검정은 전통적인 통계량을 사용해 수행할 수 있는 여러 유형의 형식적 가설 검정 중 하나다. "통계적으로 유의하다"라는 구문을 들어본 적이 있다면 이는 카이제곱 검정(또는 다른 여러 가지)과 같은 통계 검정이 수행됐으며 '유의 수준'에 도달했다는 것을 의미한다. 일반적으로 이 유의 수준은 5% 미만의 확률을 의미한다. 가설 검정은 이 책의 범위를 넘어서지만 6장에서 간단히 다시 다룬다.

⁂ 요약

2장에서는 R 데이터 관리의 기초를 학습했다. 다양한 종류의 데이터를 저장하고자 사용되는 데이터 구조를 깊이 있게 살펴보는 것으로 시작했다. 기본적인 R 데이터 구조는 벡터며 리스트나 데이터 프레임 같이 좀 더 복잡한 데이터 구조로 확장되고 결합된다. 데이터 프레임은 특징과 예제를 모두 갖는 데이터 세트의 개념에 해당하는 R 데이터 구조다. R은 스프레드시트와 같은 표 형식의 데이터 파일로 데이터 프레임을 읽고 쓰는 함수를 제공한다.

그런 다음에 중고차 가격 데이터를 포함하는 실제 데이터 세트를 탐색했다. 중심과 퍼짐의 일반적인 요약 통계를 사용해 수치 변수를 관찰하고 가격과 주행거리계 기록의 관계를 산포도로 시각화했다. 다음으로 표를 이용해 명목 변수를 관찰했다. 중고차 데이터를 관찰하면서 임의의 데이터 세트를 이해하고자 이용될 수 있는 탐색 과정을 따랐다. 이런 기술은 이 책 전반에 걸쳐 다른 프로젝트에도 필요할 것이다.

R을 사용한 데이터 관리의 기본을 이해하는 데 시간을 할애했으므로 이제 실세계의 문제를 해결할 때 머신러닝을 시작할 준비가 됐다. 3장에서는 최근접 이웃 방법을 사용해 첫 번째 분류 작업에 도전한다. 몇 줄의 R 코드만으로도 기계가 어려운 의료 진단 작업에서 사람과 유사한 성능을 달성할 수 있다는 사실에 놀랄 수도 있다.

03

게으른 학습: 최근접 이웃을 사용한 분류

세계 여러 도시에서 새롭고 흥미로운 식사를 경험할 수 있는 곳들이 생겨나고 있다. 완전히 어두운 식당에서 웨이터가 자신의 촉각과 청각만을 이용해 기억하는 경로를 따라 조심스럽게 이동하며 손님에게 음식을 제공하는 식당도 있다. 이 식당의 매력은 보이는 것을 제거하면 맛과 냄새를 잘 느끼게 되고 새로운 방식으로 음식을 경험하게 될 것이라는 믿음에서 온다. 한입 한입마다 요리사가 준비한 풍미를 발견하며 경이감을 느낀다.

식사하는 사람이 보이지 않는 음식을 어떻게 경험할지 상상이 되는가? 첫 입에서 경이로움에 압도된다. 어떤 풍미가 가장 강하게 느껴지는가? 음식이 향긋한 맛인가 달콤한 맛인가? 이전에 먹어본 것과 비슷한 맛인가? 개인적으로 이 발견의 과정을 약간 바꾼 속담으로 상상해본다. "오리와 같은 향과 맛이 난다면 당신은 오리를 먹고 있을 것이다."

가금류가 언급된 다른 속담인 "유유상종: 같은 날개를 가진 새들끼리 함께 모인다(birds of a feather flock together)" 같이 이 속담에는 머신러닝에 사용될 수 있는 아이디어가 묘사되고 있다. 다시 말하면 비슷한 것들은 비슷한 속성을 갖는다. 머신러닝은 데이터의 분류에 이 원리를 이용하는데, 데이터를 유사하거나 '가장 가까운nearest' 이웃과 동일한 범주에 배치하는 방법이다. 3장은 이런 방법을 사용하는 분류기classifier를 다룬다.

3장에서 다루는 내용은 다음과 같다.

- 최근접 이웃nearest neighbor 분류기를 정의하는 주요 개념과 '게으른lazy' 학습자로 간주되는 이유
- 거리를 이용한 두 예제의 유사도 측정 방법
- k-NN이라는 유명한 최근접 이웃 분류기 적용 방법

음식에 관한 얘기로 배가 고파졌다면 이제 요리 얘기는 그만하고 첫 번째 과제인 k-NN 방법을 사용해보면서 이해해보자.

⫶ 최근접 이웃 분류의 이해

한 문장으로 최근접 이웃 분류기를 설명하자면 레이블이 없는 예제를 레이블된 유사한 예제의 클래스로 할당해 분류하는 특징으로 정의할 수 있다. 이는 앞서 소개한 식사 경험의 예와 비슷하다. 사람들은 이전에 경험했던 일과의 비교를 통해 새로운 음식을 식별하게 된다. 최근접 이웃 분류에서는 컴퓨터가 현재 상황에 대한 결론을 얻고자 과거의 경험을 되살리는, 사람과 같은 회상 능력을 적용한다. 최근접 이웃 방법의 아이디어는 간단하지만 매우 강력하다. 이 방법은 다음과 같은 k-NN 알고리듬 응용 분야에서 성공적으로 사용돼 왔다.

- 정지 영상 및 동영상에서 광학 글자 인식과 얼굴 인식을 포함하는 컴퓨터 비전 응용
- 어떤 개인이 영화나 음악을 좋아할 것인지 예측하는 추천 시스템
- 특정 단백질 및 질병 발견에 사용 가능한 유전자 데이터의 패턴 인식

일반적으로 특징과 목표 클래스 간에 관계가 많고 복잡하거나 이해하기가 매우 어렵지만 유사한 클래스 유형의 아이템들이 상당히 동질적인 경향을 띤다면 분류 작업에 최근접 이웃 분류기가 제격이다. 다른 방식으로 표현하면 개념을 정의하기는 어렵지만 보면 뭔지 안다면 최근접 이웃이 적합하다고 말할 수 있다. 한편 데이터에 노이즈가 많고 그룹 간에 명확한 구분이 없다면 최근접 이웃 알고리듬은 클래스 경계를 식별하고자 어려움을 겪을 것이다.

k-NN 알고리듬

분류를 위한 최근접 이웃 방법에는 대표적으로 k-최근접 이웃^{k-NN, k-Nearest Neighbors} 알고리듬이 있다. 아 알고리듬은 가장 단순한 머신러닝 알고리듬 중 하나지만 여전히 광범위하게 사용된다.

이 알고리듬의 장점과 단점은 다음과 같다.

장점	단점
<ul><li>단순하고 효율적이다.</li><li>기저 데이터 분포에 대한 가정을 하지 않는다.</li><li>훈련 단계가 빠르다.</li></ul>	<ul><li>모델을 생성하지 않아 특징과 클래스 간의 관계를 이해하는 능력이 제약된다.</li><li>적절한 k의 선택이 필요하다.</li><li>분류 단계가 느리다.</li><li>명목 특징 및 누락 데이터를 위한 추가 처리가 필요하다.</li></ul>

k-NN 알고리듬의 이름은 예제의 k-최근접 이웃 정보를 이용해 레이블이 없는 예제를 분류한다는 사실에서 붙여졌다. 글자 k는 최근접 이웃의 개수를 임의로 사용해도 된다는 것을 의미하는 변수 항목이다. k가 선택된 이후 알고리듬은 여러 범주로 분류돼 명목 변수로 레이블된 예제들로 구성된 훈련 데이터 세트를 필요로 한다. 그런 다음 k-NN은 테스트 데이터 세트의 레이블이 없는 각 레코드에 대해 훈련 데이터에서 유사도 기준으로 '가장 가까운' k개의 레코드를

찾는다. 레이블이 없는 테스트 인스턴스는 k개 최근접 이웃의 대다수를 나타내는 클래스에 배정한다.

이 과정을 설명하고자 소개에서 언급했던 블라인드 테스팅^{blind tasting} 경험으로 다시 돌아가보자. 미스터리한 밥을 먹기 전에 이전에 맛봤던 여러 재료에 대한 느낌을 기록한 데이터 세트가 만들어져 있다고 가정하자. 일을 간단하게 하고자 재료별로 2가지 특징만 평가했다. 첫 번째 특징은 재료의 바삭한 정도를 1에서 10까지 측정한 값이고, 두 번째 특징은 재료 맛의 단 정도를 1에서 10까지 점수화한 것이다. 그런 다음 각 재료에 과일, 채소, 단백질이라는 3가지 음식 종류 중 하나로 레이블을 붙이고 곡물이나 지방 같은 다른 음식은 무시한다.

데이터 세트의 처음 몇 줄은 다음과 같이 구성됐을 것이다.

재료	단맛	바삭한 맛	음식 종류
사과	10	9	과일
베이컨	1	4	단백질
바나나	10	1	과일
당근	7	10	채소
샐러리	3	10	채소

k-NN 알고리듬은 이런 특징을 다차원 특징 공간의 좌표로 취급한다. 데이터 세트에는 2개의 특징만 있기 때문에 특징 공간은 2차원이다. x축은 재료의 단맛을 y축은 바삭한 맛을 나타내는 산포도에 따라 2차원 데이터를 그릴 수 있다. 맛의 데이터 세트에 몇 개의 추가 재료를 넣으면 산포도는 다음과 비슷하게 보인다.

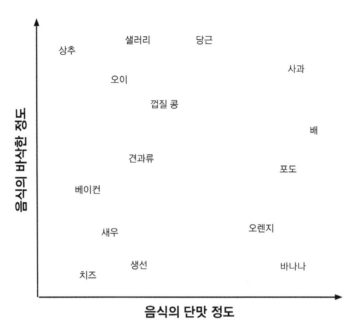

그림 3.1: 선택된 음식의 바삭함과 달콤한 정도를 나타낸 산포도

패턴이 보이는가? 비슷한 종류의 음식들은 가까이 함께 묶이는 경향이 있다. 다음 그림에서 보이는 것처럼 채소는 바삭하지만 달지 않고, 과일은 달면서 바삭하거나 달면서 바삭하지 않고, 반면 단백질은 바삭하지도 달지도 않은 경향이 있다.

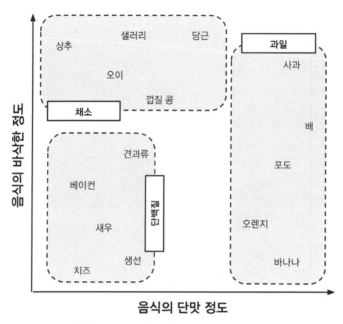

그림 3.2: 유사하게 분류된 음식은 비슷한 속성을 갖는 경향이 있다.

데이터 세트를 구축하고 난 후 해묵은 질문인 "토마토는 과일인가 채소인가?"를 풀고자 이 데이터 세트를 사용하기로 했다고 가정하자. 다음 다이어그램에 보이는 것처럼 어떤 클래스가 적합한지 판단하고자 최근접 이웃 방법을 사용할 수 있다.

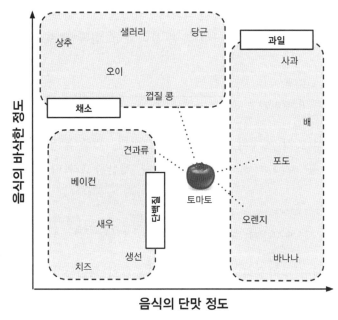

그림 3.3: 토마토의 최근접 이웃은 토마토가 과일인지 채소인지에 대한 통찰을 제공해준다.

거리로 유사도 측정

토마토의 최근접 이웃을 찾으려면 거리 함수^{distance function}나 두 인스턴스 간의 유사도를 측정하는 공식이 필요하다.

거리를 계산하는 데 여러 가지 방법이 있다. 전통적으로 k-NN 알고리듬은 유클리드 거리^{Euclidean distance}를 사용하는데, 이전 그림에서 토마토와 이웃을 연결하는 점선으로 표시된 것처럼 유클리드 거리는 두 점을 연결하기 위해 자를 사용할 수 있는 경우에 측정한 거리다.

TIP

> 다른 일반적인 거리 척도에는 **맨해튼 거리**(Manhattan distance)가 있는데, 보행자가 도시 구역을 걸을 때의 경로를 기반으로 한다. 다른 거리 척도에 대해 좀 더 알고 싶다면 ?dist 명령을 이용해 R의 거리 함수에 대한 문서를 읽어보자.

유클리드 거리는 다음 공식으로 정의되며 p와 q는 비교될 예제고 n개의 특징을 갖는다. p^1 항은 예제 p의 첫 번째 특징 값이고 q^1 항은 예제 q의 첫 번째 특징 값이다.

$$\text{dist}(p, q) = \sqrt{(p_1 - q_1)^2 + (p_2 - q_2)^2 + \ldots + (p_n - q_n)^2}$$

거리 공식에서는 각 예제의 특징 값을 비교한다. 예를 들어 토마토(단맛 = 6, 바삭한 맛 = 4)와 껍질 콩(단맛 = 3, 바삭한 맛 = 7) 간의 거리를 계산하고자 다음 식을 사용할 수 있다.

$$\text{dist}(토마토, 껍질 콩) = \sqrt{(6 - 3)^2 + (4 - 7)^2} = 4.2$$

비슷한 맥락에서 토마토와 일부 가까운 이웃과의 거리를 다음과 같이 계산할 수 있다.

재료	단맛	바삭한 맛	음식 종류	토마토와의 거리
포도	8	5	과일	sqrt((6 - 8)^2 + (4 - 5)^2) = 2.2
껍질 콩	3	7	채소	sqrt((6 - 3)^2 + (4 - 7)^2) = 4.2
견과류	3	6	단백질	sqrt((6 - 3)^2 + (4 - 6)^2) = 3.6
오렌지	7	3	과일	sqrt((6 - 7)^2 + (4 - 3)^2) = 1.4

토마토를 채소, 단백질 또는 과일로 분류하고자 토마토를 단일 최근접 이웃의 음식 종류에 배정해보겠다. 이 경우 $k = 1$이기 때문에 1-NN 분류라고 부른다. 오렌지는 토마토의 단일 최근접 이웃으로 그 거리는 1.4다. 오렌지는 과일이므로 1-NN 알고리듬은 토마토를 과일로 분류하게 된다.

대신 $k = 3$인 k-NN 알고리듬을 사용하면 3개의 최근접 이웃인 오렌지, 포도, 견과류가 투표를 한다. 이제 이웃 중 다수의 클래스는 과일이기 때문에(3표 중 2표) 토마토는 다시 과일로 분류된다.

적절한 k 선택

k-NN에 사용할 이웃의 개수는 모델이 미래 데이터에 대해 일반화되는 능력을 결정한다. 훈련 데이터에 대한 과적합^{overfitting}과 과소적합^{underfitting} 사이의 균형은 편향 분산 트레이드오프$^{bias-variance\ tradeoff}$로 알려진 문제다. k를 큰 값으로 선택하면 노이즈가 많은 데이터로 인한 영향이나 분산은 감소하지만 작더라도 중요한 패턴을 무시하는 위험을 감수하는 학습자로 편향될 수 있다.

훈련 데이터의 전체 관측 개수만큼 매우 큰 k를 설정하는 극단적인 입장을 취했다고 해보자. 모든 훈련 인스턴스가 최종 투표에 나타나기 때문에 가장 일반적인 클래스는 항상 이 투표자들의 대다수다. 결과적으로 모델은 최근접 이웃과 상관없이 항상 대다수 클래스를 예측한다.

정반대로 1개의 최근접 이웃을 사용할 경우에는 노이즈가 있는 데이터나 이상치가 예제의 분류에 과도한 영향을 미친다. 예를 들어 일부 훈련 예제가 우연히 잘못 레이블됐다고 가정하자. 9개의 다른 최근접 이웃이 다르게 투표했더라도 부정확하게 레이블된 이웃과 가장 가까이 있는 레이블이 없는 예제는 부정확한 클래스를 갖는 것으로 예측될 것이다.

분명히 최적의 k 값은 두 극단 사이의 어딘가에 있다.

그림 3.4는 일반적으로 점선으로 된 결정 경계가 큰 k 값과 작은 k 값에 의해 어떻게 영향을 받는지 보여준다. 값이 작을수록 더 복잡한 결정 경계가 만들어져 훈련 데이터에 세밀하게 맞춰진다. 문제는 직선 또는 곡선 경계가 학습돼야할 진정한 본질의 개념을 잘 나타내는지 모른다는 것이다.

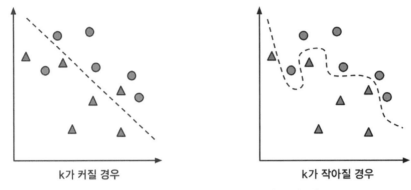

<figcaption align="center">**k가 커질 경우**   **k가 작아질 경우**</figcaption>

그림 3.4: k가 커지면 편향은 커지고 분산은 줄어든다.

실제 k의 선택은 학습될 개념의 난이도와 훈련 데이터의 레코드 개수에 의존한다. 보통 관례적으로 k를 훈련 예제 개수의 제곱근으로 두고 시작한다. 이전에 개발했던 음식 분류기에 훈련 데이터에 15개 예제 재료가 있고 15의 제곱근은 3.87이므로 k = 4로 설정한다.

하지만 그런 규칙으로는 최적의 k를 항상 정의할 수는 없다. 다른 방식으로 다양한 테스트 데이터 세트에 대해 몇 개의 k 값을 테스트해 분류 성능이 가장 좋은 것을 선택하는 방식이 있다. 그렇지만 데이터에 노이즈가 많지 않고 훈련 데이터 세트가 클 경우 k의 선택이 덜 중요해진다. 개념이 애매하더라도 최근접 이웃으로서 투표할 수 있는 충분히 큰 예제 풀을 가질 것이기 때문이다.

TIP

> 이 문제에 대해 그다지 보편적이지는 않지만 흥미로운 해결책은 k를 좀 더 크게 선택하고 먼 이웃보다 가까운 이웃의 투표를 좀 더 권위 있는 것으로 간주하는 가중 투표(weighted voting) 과정을 적용하는 것이다. 일부 k-NN 구현이 이 옵션을 제공한다.

k-NN 사용을 위한 데이터 준비

일반적으로 특징은 k-NN 알고리듬에 적용하기 전에 표준 범위로 변환된다. 이 단계가 필요한 이유는 거리 공식이 특정한 측정 방법에 매우 의존적이기 때문이다. 특히 특정한 특징 값의 범위가 다른 특징에 비해 매우 크다면 거리 측정치는 큰 범위를 갖는 특징에 따라 크게 좌우된다. 음식 맛보기 예제에서는 단맛과 바삭한 맛이 모두 1에서 10까지 범위에서 측정됐기 때문에 문제가 되지 않았다.

그러나 스코빌 척도^{Scoville scale}로 측정되는 음식의 매운맛을 데이터 세트에 추가 특징으로 더한다고 가정해보자. 스코빌 척도가 익숙하지 않다면 이 척도는 양념의 매운맛에 대한 표준 척도로 범위가 0에서 백만 이상이다(0은 전혀 맵지 않음이며, 백만 이상은 가장 매운 고추의 경우에 해당한다). 단 음식과 달지 않은 음식의 차이 또는 바삭한 음식과 바삭하지 않은 음식의 차이는 최대 10인 반면 매운 음식과 맵지 않은 음식 사이의 차이는 백만 이상이 될 수 있기 때문에 이 범위의 차이는 다른 두 요소보다 양념의 매운맛 수준이 거리 함수에 훨씬 더 영향을 미친다. 데이터를 조정하지 않으면 거리 척도는 매운맛으로만 음식을 구분한다. 즉, 매운맛의 기여로 바삭한 맛과 단맛의 영향이 작아진다.

해결책은 특징을 재조정해 각 특징이 거리 공식에 상대적으로 동일하게 기여하도록 범위를 줄이거나 늘리는 것이다. 예를 들어 단맛과 바삭한 맛이 모두 1에서 10까지 범위로 측정된다면 매운맛도 1에서 10까지 범위로 측정되게 해야 한다. 그렇게 크기 조정을 하기 위한 몇 가지 일반적인 방법이 있다.

k-NN을 위해 특징을 재조정하는 전통적인 방법은 **최소-최대 정규화**^{min-max normalization}다. 이 과정은 모든 값이 0에서 1 사이 범위에 있도록 특징을 변환한다. 특징을 정규화하는 공식은 다음과 같다.

$$X_{new} = \frac{X - min(X)}{max(X) - min(X)}$$

각 X 특징의 값을 변환하고자 이 공식은 X의 최솟값을 뺀 후 X의 범위로 나눈다. 그 결과인 정규화된 특징 값은 원래 최솟값과 최댓값 사이의 범위를 따라서 원래 값이 얼마나 멀리 위치하는지를 0%에서 100%까지로 나타내는 것으로 해석할 수 있다.

다른 일반적인 변환을 z-점수 표준화$^{z-score\ standardization}$라고 한다. 다음 공식은 특징 X에서 평균값을 빼고 그 결과를 X의 표준 편차로 나눈다.

$$X_{new} = \frac{X - \mu}{\sigma} = \frac{X - Mean(X)}{StdDev(X)}$$

2장에서 다뤘던 정규 분포의 속성을 바탕으로 하는 이 공식은 각 특징 값이 평균의 위 또는 아래로 몇 표준 편차만큼 떨어져 있는지의 관점으로 각 특징 값을 확대 축소한다. 결괏값은 z-점수$^{z-score}$라고 한다. z-점수는 음수와 양수의 한정되지 않은 범위에 놓여 있다. 정규화 값과 달리 z-점수는 미리 정의된 최솟값과 최댓값이 없다.

유클리드 거리 공식은 명목 데이터에는 정의되지 않는다. 따라서 명목 특징 간에 거리를 계산하고자 특징을 수치 형식으로 변환할 필요가 있다. 대표적인 해결책은 더미 코딩$^{dummy\ coding}$을 활용하는 것으로, 더미 코딩에서 값 1은 해당 범주를 나타내고, 0은 다른 범주를 나타낸다. 예를 들어 성별 변수의 더미 코딩은 다음과 같이 구성될 수 있다.

$$male = \begin{cases} 1 & if\ x = male \\ 0 & 그외 \end{cases}$$

2-범주(이진) 성별 변수의 더미 코딩이 남성^{male}이란 이름의 새로운 특징을 어떻게 만드는지 주목하라. 여성을 위한 별도의 특징을 구성할 필요는 없다. 두 성이 상호배타적이기 때문에 둘 중 하나를 알면 충분하다.

이는 좀 더 일반적인 경우에도 마찬가지다. n-범주 명목 특징은 특징의 (n − 1) 레벨의 이진 지시 변수를 생성해서 더미 코드화할 수 있다. 예를 들어 3-범주 온도 변수(예를 들어 뜨거운^{hot}, 보통^{medium}, 차가운^{cold})에 대한 더미 코딩은 (3 − 1) = 2개의 특징으로 구성할 수 있으며 다음과 같다.

$$hot = \begin{cases} 1 & \text{if } x = hot \\ 0 & \text{그외} \end{cases}$$

$$medium = \begin{cases} 1 & \text{if } x = medium \\ 0 & \text{그외} \end{cases}$$

뜨거움^{hot}과 중간^{medium}의 값이 모두 0인 것을 알면 온도가 차갑다^{cold}라는 것을 충분히 알 수 있으므로 차갑다^{cold} 카테고리를 위한 3번째 이진 특성은 불필요하다. 그러나 더미 코딩과 밀접한 관련이 있는 많이 사용되는 기법인 **원핫 인코딩**one-hot encoding은 더미 코딩과 달리 특성의 모든 n 수준에 대해 이진 특성을 생성한다. '원핫'이라는 이름은 오직 하나의 속성만 1로 인코딩되고 나머지는 0으로 설정되기 때문이다.

실제로 이 두 방법 사이에는 거의 차이가 없으며 머신러닝의 결과는 코딩 선택에 영향을 받지 않을 것이다. 하지만 원핫 인코딩은 6장에서처럼 선형 모델에서 문제를 일으킬 수 있으므로 통계학자들이나 경제학과 같이 이러한 모델에 크게 의존하는 분야에서는 원핫 인코딩을 피하는 경우가 많다. 반면 머신러닝 분야에서는 원핫 인코딩이 주류가 돼 더미 코딩과 동의어로 취급되는 경우가 많다. 이는 모델 적합에 거의 차이가 없기 때문이다. 그러나 원핫 인코딩은 범주형 특징의 모든 수준을 명시적으로 지정하기 때문에 모델 자체가 이해하기 쉬울 수 있다. 이 책은 범용으로 사용 가능한 더미 코딩만 사용하며 다른 곳에서는 원핫 인코딩을 만날 수 있다.

더미 코딩과 원핫 인코딩의 편리한 면은 더미 코드화된 특징 사이의 거리가 항상 1이거나 0이라는 것이다. 따라서 이 값은 최소-최대 정규화가 적용된 수치 데이터와 동일한 범위에 속하므로 추가 변환이 필요 없다.

TIP

> 명목 특징이 순위인 경우 더미 코딩의 대안으로 범주에 번호를 매기고 정규화를 적용한다(온도에 대해 그런 논의를 할 수 있다). 예를 들어 차가운(cold), 따뜻한(warm), 뜨거운(hot)이 1, 2, 3으로 번호가 매겨질 수 있고 정규화돼 0, 0.5, 1이 된다. 이 방법에서 주의해야 할 점은 범주 간의 간격이 동일한 경우에만 사용해야 한다는 것이다. 예를 들어 빈곤층, 중산층, 부유층의 소득 범주는 순서가 있지만 빈곤층과 중산층의 차이는 중산층과 부유층의 차이와는 다를 수 있다. 그룹 간의 단계가 같지 않기 때문에 더미 코딩이 안전한 방법이다.

k-NN 알고리듬이 게으른 이유

최근접 이웃 방법에 기반을 둔 분류 알고리듬은 게으른 학습^{lazy learning}이라 하는데, 기술적으로 말해 추상화가 일어나지 않기 때문이다. 추상화 및 일반화 단계가 함께 모두 생략되므로 1장에서의 내린 학습의 정의를 벗어나게 된다.

학습의 정의를 엄격하게 적용하면 게으른 학습자는 실제 어떤 것도 학습하지 않는다. 대신 훈련 데이터를 글자 그대로 저장하기만 한다. 따라서 훈련 단계가 매우 빠르게 일어나게 되는데, 실제 훈련 단계에서는 아무것도 훈련한지 않는다. 물론 단점은 예측 단계가 훈련 단계에 비해 상대적으로 느린 경향이 있다는 것이다. 추상화된 모델보다 훈련 인스턴스에 많이 의존하기 때문에 게으른 학습은 인스턴스 기반 학습^{instance-based learning} 또는 암기 학습^{rote learning}이라고도 한다.

인스턴스 기반 학습자는 모델을 만들지 않기 때문에 이 방법은 비모수^{non-parametric} 학습 방법(데이터에 대해 학습하는 모수가 없다)의 클래스라고 말할 수 있다. 비모수 방법은 기저 데이터에 대해 이론을 생성하지 않기 때문에 분류기의 데이터 이용 방법을 이해하기 어렵다. 한편 이 방법에서 학습자는 사전에 가정돼 있는 잠재적으로 편향돼 있는 함수 형태에 데이터를 맞추기보다 자연스러운 패턴을 찾는다.

그림 3.5: 머신러닝은 서로 다른 편향을 가질 수 있고, 따라서 다른 결론에 이를 수 있다.

k-NN 분류기가 게으른 것으로 간주되지만 아직까지 k-NN 분류기는 꽤 강력하다. 곧 보겠지만 암 검진 과정을 자동화하고자 최근접 이웃 학습의 단순한 원리를 이용할 수 있다.

⫶ 예제: k-NN 알고리듬으로 유방암 진단

유방암 정기검진을 하면 뚜렷한 증상이 유발되기 전에 질병을 진단하고 치료할 수 있다. 조기 검출 과정에서는 비정상적인 덩어리나 종양이 있는지 유방 조직 검사를 한다. 덩어리가 발견되면 미세침 흡인 조직 검사를 실행하는데, 덩어리에서 작은 세포 표본을 추출하고자 속이 빈 바늘을 사용한다. 그런 다음 덩어리가 악성인지 양성인지를 밝히고자 임상 의사가 현미경 아래 세포를 관찰한다.

머신러닝이 암세포 식별을 자동화하면 의료 시스템에 상당한 혜택을 줄 수 있다. 과정이 자동화되면서 검출 단계의 효율이 향상돼 의사가 진단 시간은 적게, 질병 치료 시간은 길게 쓸 수 있다. 자동화된 검사 시스템은 검사 단계에서 근원적으로 주관적인 사람 요소를 없애고 좀 더 높은 정확성으로 검출을 한다.

비정상 유방 종양이 포함된 여성의 조직 검사 세포 측정치에 k-NN 알고리듬을 적용해 머신러닝이 암을 발견하는 데 얼마나 유용한지 살펴보자.

단계 1: 데이터 수집

http://archive.ics.uci.edu/ml에 있는 UCI 머신러닝 리포지터리의 위스콘신 유방암 진단 데이터 세트^{Wisconsin Breast Cancer Diagnostic dataset}를 활용할 것이다. 이 데이터는 위스콘신 대학교^{University of Wisconsin}의 연구원들이 기부했으며, 유방 종양의 미세침 흡인물 디지털 이미지에서 측정한 값이 들어있다. 이 값은 디지털 이미지에 존재하는 세포핵의 특성을 나타낸다.

NOTE

> 위스콘신 유방암 진단 데이터 세트에 대한 좀 더 자세한 내용은 다음 문서를 참고한다. 망가사리언 (Mangasarian OL), 스트리트(Street WN), 울버그(Wolberg WH). 「선형 프로그래밍을 통한 유방암 진단과 예측(Breast cancer diagnosis and prognosis via linear programming」. 〈수술 연구 (Operations Research)〉, 1995, 43:570–577.

유방암 데이터에는 569개의 암 조직 검사 예제가 들어있으며, 각 예제는 32개의 특징을 갖는다. 32개의 특징은 식별 번호와 암 진단, 30개의 수치로 평가된 실험실 측정치로 돼 있다. 진단은 악성^{malignant}을 나타내는 'M' 또는 양성^{benign}을 나타내는 'B'로 코드화돼 있다.

30개 수치 측정치는 디지털화된 세포핵의 10개 특성에 대한 평균, 표준 오차, 최악의 값(즉, 최댓값)으로 구성된다. 10개 특성에는 반지름^{Radius}, 질감^{Texture}, 둘레^{Perimeter}, 넓이^{Area}, 매끄러움^{Smoothness}, 조밀성^{Compactness}, 오목함^{Concavity}, 오목점^{Concave points}, 대칭성^{Symmetry}, 프랙탈 차원^{Fractal dimension}이 있다. 특성 이름을 보면 이 데이터 세트는 세포핵의 모양과 크기를 측정한 것으로 보인다. 그러나 의사가 아닌 경우 이들이 양성 또는 악성 종양과 어떻게 관련되는지를 알기 어렵다. 그러나 머신러닝 프로세스에서 컴퓨터가 중요한 패턴을 스스로 발견할 것이기 때문에 이러한 전문지식은 필요 없다.

단계 2: 데이터 탐색과 준비

데이터를 탐색함으로써 특성과 암 상태 간의 관계를 알아낼 수도 있을 것이다. 그러는 동안 k-NN 학습 방법에 사용할 데이터를 준비하자.

> TIP
>
> 따라 할 계획이라면 팩트 웹 사이트에서 wisc_bc_data.csv 파일을 다운로드해서 R 작업 디렉터리에 저장한다. 책에서는 원래의 형태에서 데이터 세트를 조금 변형했다. 특히 헤더 라인이 추가되고 데이터 행이 무작위로 정렬됐다.

2장에서와 같이 CSV 데이터 파일을 가져와 위스콘신 유방암 데이터를 wbcd 데이터 프레임에 저장하는 것으로 시작한다.

```
> wbcd <- read.csv("wisc_bc_data.csv")
```

str(wbcd) 명령으로 예상대로 데이터가 569개의 예제와 32개의 특징으로 구성됐음을 확인할 수 있다. 출력의 처음 몇 줄은 다음과 같다.

```
> str(wbcd)
```

```
'data.frame':        569 obs. of    32 variables:
$ id                 : int  87139402 8910251 905520 ...
$ diagnosis          : chr  "B" "B" "B" "B" ...
$ radius_mean        : num  12.3 10.6 11 11.3 15.2 ...
$ texture_mean       : num  12.4 18.9 16.8 13.4 13.2 ...
$ perimeter_mean     : num  78.8 69.3 70.9 73 97.7 ...
$ area_mean          : num  464 346 373 385 712 ...
```

첫 번째 특징은 이름이 id인 정수 변수다. 이 변수는 단순히 데이터 내에서의 환자 아이디(ID)이기 때문에 유용한 정보를 제공하지 않으며 모델에서 제외할 필요가 있다.

머신러닝 방법에 상관없이 ID 변수는 항상 제외시켜야 한다. 이 작업을 게을리 하면 각 예제를 '예측'하는 데 ID를 사용할 수 있기 때문에 잘못된 결과가 초래될 수 있다. 따라서 ID가 포함된 모델은 거의 항상 과적합에 시달리고 다른 데이터에 일반화가 잘 되지 않는다.

id 특징을 완전히 삭제하자. id 특징이 첫 번째 열에 있기 때문에 wbcd 데이터 프레임을 복사하면서 1열을 제외하면 된다.

```
> wbcd <- wbcd[-1]
```

다음 변수 diagnosis는 예측하려는 결과이므로 특별히 관심이 있다. 이 특징은 예제가 양성 종양인지 음성 종양인지 여부를 나타낸다. table() 결과는 357개 종양이 양성이고 212개 종양이 음성임을 나타낸다.

```
> table(wbcd$diagnosis)

  B    M
357  212
```

많은 R 머신러닝 분류기는 목표 특징이 팩터로 코딩돼야만 한다. 따라서 diagnosis 변수를 다시 코드화해야 한다. 또한 labels 파라미터를 이용해 "B"와 "M" 값에 유용한 정보를 주는 레이블을 제공할 것이다.

```
> wbcd$diagnosis<- factor(wbcd$diagnosis, levels = c("B", "M"),
                          labels = c("Benign", "Malignant"))
```

prop.table()의 출력을 보면 이제 Benign과 Malignant로 레이블된 값이 종양의 62.7%와 37.3%라는 것을 알 수 있다.

```
> round(prop.table(table(wbcd$diagnosis)) * 100, digits = 1)
```

```
Benign Malignant
  62.7      37.3
```

남은 30개 특징은 모두 숫자며 예상대로 10개의 특성을 가진 서로 다른 3개의 측정으로 이뤄져 있다. 설명을 위해 특징 중 3개만 자세히 살펴보자.

```
> summary(wbcd[c("radius_mean", "area_mean", "smoothness_mean")])
```

```
    radius_mean       area_mean       smoothness_mean
 Min.    : 6.981   Min.    : 143.5   Min.    : 0.05263
 1st Qu. : 11.700  1st Qu. : 420.3   1st Qu. : 0.08637
 Median  : 13.370  Median  : 551.1   Median  : 0.09587
 Mean    : 14.127  Mean    : 654.9   Mean    : 0.09636
 3rd Qu. : 15.780  3rd Qu. : 782.7   3rd Qu. : 0.10530
 Max.    : 28.110  Max.    : 2501.0  Max.    : 0.16340
```

이 값을 나란히 살펴보면 값에 문제가 있다는 것을 알 수 있겠는가? k-NN의 거리 계산 입력 특징을 측정하는 척도에 상당히 종속된다는 것을 기억하라. 매끄러움의 범위는 0.05에서 0.16이고 면적의 범위는 143.5에서 2501.0이기 때문에 거리 계산에서 면적의 영향이 매끄러움의 영향보다 훨씬 커지게 된다. 이는 잠재적으로 분류기에 문제가 되므로 특징 값을 표준 범위로 재조정하고자 정규화를 적용해보자.

변환: 수치 데이터 정규화

특징을 정규화하고자 R에서 normalize() 함수를 생성할 필요가 있다. 이 함수는 수치 벡터 x를 취해 x의 각 값에서 x의 최솟값을 빼고 x의 범위로 나눈다. 마지막으로 결과 벡터를 반환한다. 이 함수의 코드는 다음과 같다.

```
> normalize <- function(x) {
    return ((x - min(x)) / (max(x) - min(x)))
}
```

앞 코드를 실행하고 나면 R에서 normalize() 함수를 사용할 수 있다. 몇 개의 벡터로 함수를 테스트해보자.

```
> normalize(c(1, 2, 3, 4, 5))
```
```
[1] 0.00 0.25 50 0 0.75 1.00
```
```
> normalize(c(10, 20, 30, 40, 50))
```
```
[1] 0.00 0.25 50 0 0.75 1.00
```

함수가 정확히 작동하는 것으로 보인다. 2번째 벡터의 값이 1번째 벡터보다 10배 크지만 정규화를 하고 나서 둘은 정확히 같은 것으로 나타난다.

이제 normalize() 함수를 데이터 프레임에 있는 수치 특징에 적용할 수 있다. 30개의 수치 변수를 개별적으로 정규화하지 않고 이 과정을 자동화하는 R 함수를 사용할 것이다.

lapply() 함수는 리스트를 취해 각 리스트 항목에 지정된 함수를 적용한다. 데이터 프레임은 동일한 길이를 가진 벡터들의 리스트이므로 데이터 프레임의 각 특징에 normalize()를 적용하려면 lapply()를 이용한다. 마지막 단계는 lapply()에서 반환된 리스트를 데이터 프레임으로 변환하는 것으로, as.data.frame() 함수를 사용한다. 전체 과정은 다음과 같다.

```
> wbcd_n <- as.data.frame(lapply(wbcd[2:31], normalize))
```

쉽게 말해 이 명령은 **wbcd** 데이터 프레임의 2열부터 31열까지 `normalize()` 함수를 적용하고 결과 리스트를 데이터 프레임으로 변환해 **wbcd_n**이라는 이름에 할당한다. 여기서 _n 접미사는 **wbcd**의 값이 정규화됐음을 기억나게 하려고 사용한다.

이 변환이 정확히 적용됐다는 것을 확인하고자 한 변수의 요약 통계를 살펴보자.

```
> summary(wbcd_n$area_mean)
```

```
   Min.   1st Qu.   Median    Mean    3rd Qu.   Max.
 0.0000    0.1174    0.1729  0.2169    0.2711   1.0000
```

예상대로 원래 143.5에서 2501.0까지 범위에 있었던 **area_mean** 변수가 이제 0부터 1까지 범위에 있다.

TIP

> 이 예제를 위해 데이터 준비의 편의상 전체 데이터 세트에 min-max 정규화를 적용했다. 이는 나중에 테스트 집합이 되는 행을 포함해 적용됐다. 이는 실제로는 보통 모델 훈련 시점에는 실제 최솟값과 최댓값을 알 수 없으며 미래의 값들은 이전에 관찰된 범위를 벗어날 수 있기 때문에 본래의 미래 데이터 시뮬레이션을 어길 수 있다. 더 나은 접근 방법은 테스트 집합을 훈련 데이터에서 관찰된 최솟값과 최댓값만을 사용해 정규화하는 것이며 미래의 값들을 이전 최솟값 또는 최댓값으로 한정하는 것일 수도 있다. 그러나 정규화를 훈련 집합과 테스트 집합에 함께 적용하거나 혹은 별도로 적용하더라도 모델의 성능에 눈에 띄는 영향을 미치지 않으며 이 예제에서도 그렇다.

데이터 준비: 훈련 및 테스트 데이터 세트 생성

569개의 조직 검사가 모두 양성이나 악성 상태로 레이블돼 있지만 이미 아는 것을 예측한다는 것은 별로 흥미롭지 않다. 게다가 훈련 중 얻은 성능 측정치가 잘못된 것일 수 있는데, 어떤 경우에 과적합됐는지, 학습자가 처음 보는 케이스에 대해 얼마나 잘 일반화되는지에 대한 한계를 모르기 때문이다. 이 때문에 좀 더 흥미로운 질문은 "학습자가 레이블이 없는 데이터의 집합에 대해 얼마나 잘 수행되는가?"이다. 연구실에 들어갈 수만 있다면 암 상태가 알려지지 않은 100개의 후속 종양에서 측정치를 얻어 학습자에 적용함으로써 기존 방법으로 얻은 진단 대비 머신러닝의 예측 수준을 확인할 수 있다. 그런 데이터가 없는 경우 데이터를 두 부분으로 나눠 이 시나리오를 시뮬레이션할 수 있다. 두 부분은 k-NN 모델을 구축하고자 사용되는 훈련 데이터 세트와 모델의 예측 정확도를 평가하고자 사용되는 테스트 데이터 세트다. 훈련 데이터 세트를 위해 처음 469개의 레코드를 사용하고 새로운 환자를 시뮬레이션하고자 나머지 100개를 사용한다.

2장에서 설명한 데이터 추출 방법을 이용해 `wbcd_n` 데이터 프레임을 `wbcd_train`과 `wbcd_test`로 분리한다.

```
> wbcd_train <- wbcd_n[1:469, ]
> wbcd_test <- wbcd_n[470:569, ]
```

이전 명령이 헷갈리면 [row, column] 문법으로 데이터 프레임에서 데이터를 추출할 수 있다는 점을 기억하라. 행이나 열의 값이 빈 경우 전체 행과 열이 포함된다는 것을 의미한다. 따라서 코드의 1번째 줄은 1에서 469행과 전체 열을 가져오고, 2번째 줄은 470에서 569까지의 100개 행과 전체 열을 가져온다.

TIP

훈련 데이터 세트와 테스트 데이터 세트를 만들 때 각 데이터 세트가 전체 데이터 세트의 대표적인 부분집합이라는 것이 중요하다. wbcd 레코드는 이미 무작위로 정렬돼 있기 때문에 테 스트 데이터 세트를 생성할 때 단순히 연속된 100개의 레코드를 추출할 수 있었다. 데이터가 시간 순으로 정렬돼 있거나 비슷한 값으로 묶여 있다면 이 방법은 적절치 않다. 이 경우 랜덤 샘플링 방법이 필요하다. 랜덤 샘플링은 5장에서 다룬다.

정규화된 훈련 데이터 세트와 테스트 데이터 세트를 구성할 때 목표 변수 diagnosis를 제외했었다. k-NN 모델을 훈련하고자 이 클래스 레이블을 팩터 벡터에 저장하고 훈련 데이터 세트와 테스트 데이터 세트로 분리한다.

```
> wbcd_train_labels <- wbcd[1:469, 1]
> wbcd_test_labels <- wbcd[470:569, 1]
```

이 코드는 wbcd 데이터 프레임의 첫 번째 열에 있는 diagnosis 팩터를 가져와 벡터 wbcd_train_labels와 wbcd_test_labels를 생성한다. 분류기를 훈련하고 평가하는 다음 단계에서 이 레이블 벡터를 사용할 것이다.

단계 3: 데이터로 모델 훈련

훈련 데이터와 레이블 벡터가 갖춰졌으므로 이제 모르는 레코드를 분류할 준비가 됐다. k-NN 알고리듬은 훈련 단계에서 모델을 실제 구축하지는 않는다. k-NN과 같은 게으른 학습자를 훈련하는 과정은 단순히 입력 데이터를 구조화된 형식으로 저장하는 것이다.

테스트 인스턴스를 분류하고자 분류를 위한 기본 R 함수들을 제공하는 class 패키지의 k-NN 구현을 사용할 것이다. 이 패키지가 시스템에 설치되지 않았다면 다음과 같이 입력해서 설치할 수 있다.

```
> install.packages("class")
```

이 함수를 사용하기 원하는 세션에서 패키지를 로드하려면 간단히 library(class) 명령을 입력한다.

class 패키지의 knn() 함수는 대표적인 k-NN 표준 알고리듬의 구현을 제공한다. 이 함수는 테스트 데이터의 각 인스턴스별로 유클리드 거리를 이용해 k-최근접 이웃을 식별한다. 이때 *k*는 사용자 지정 숫자다. 테스트 인스턴스는 k-최근접 이웃의 투표를 얻어 분류된다(구체적으로 이웃의 다수 클래스를 배정하게 된다). 동점 표의 경우는 무작위 방법으로 하나를 선택한다.

TIP

> 다른 R 패키지에는 더 수준이 높고 더 효율적인 구현을 제공하는 몇 가지 다른 k-NN 함수가 있다. knn()의 한계에 도달하면 CRAN 웹 사이트(https://cran.r-project.org)에서 k-NN을 검색한다.

knn() 함수를 사용한 훈련과 분류는 다음 표에 보이는 것처럼 4개의 파라미터를 사용하는 단일 명령으로 수행된다.

---

kNN 분류 구문

class 패키지의 knn() 함수 사용

분류기 구축 및 예측:

```
p <- knn(train, test, class, k)
```
- train: 수치 훈련 데이터를 포함하는 데이터 프레임
- test: 수치 테스트 데이터를 포함하는 데이터 프레임
- class: 훈련 데이터의 각 행에 대한 클래스를 갖는 팩터 벡터
- k: 최근접 이웃의 개수를 가리키는 정수

이 함수는 테스트 데이터 프레임의 각 행에 대해 예측된 팩터 벡터를 반환한다.

예제:

```
wbcd_pred <- knn(train = wbcd_train, test = wbcd_test,
                 cl = wbcd_train_labels, k = 3)
```

이제 k-NN 알고리듬을 데이터에 적용하고자 필요한 거의 모든 것이 갖춰졌다. 데이터를 훈련 데이터 세트와 테스트 데이터 세트로 분리했고 각자 정확히 같은 수치 특징을 갖는다. 훈련 데이터의 레이블이 별도의 팩터 벡터에 저장돼 있다. 오직 남아 있는 파라미터는 k로, 투표에 참여하는 이웃의 개수를 명시한다.

훈련 데이터에 469개의 인스턴스를 포함하므로 대략 469의 제곱근과 동일한 홀수인 k = 21로 시도한다. 2-범주 결과이므로 홀수를 사용해 동점 표로 끝날

가능성을 제거한다.

이제 테스트 데이터를 분류하고자 knn() 함수를 사용한다.

```
> wbcd_test_pred <- knn(train = wbcd_train, test = wbcd_test,
                        cl = wbcd_train_labels, k = 21)
```

knn() 함수는 wbcd_test 데이터 세트의 각 예제에 대해 예측된 레이블의 팩터 벡터를 반환하며 이를 wbcd_test_pred에 대입한다.

단계 4: 모델 성능 평가

이 과정의 다음 단계는 wbcd_test_pred 벡터에 있는 예측된 클래스가 wbcd_test_ labels 벡터에 있는 실제 값과 얼마나 잘 일치하는가를 평가하는 것이다. 이를 위해 2장에서 소개했던 gmodels 패키지의 CrossTable() 함수를 이용한다. 이 패키지를 설치하지 않았다면 install.packages("gmodels") 명령을 이용해 설치한다.

library(gmodels) 명령으로 이 패키지를 로드한 후 예측과 실제 레이블 벡터 간의 일치를 나타내는 교차표를 생성한다. prop.chisq = FALSE를 명시해 결과에 필요 없는 카이제곱 값을 제거한다.

```
> CrossTable(x = wbcd_test_labels, y = wbcd_test_pred, prop.chisq=FALSE)
```

결과표는 다음과 같다.

```
                        | wbcd_test_pred
     Wbcd_test_labels |   Benign |  Malignant |  Row Total |
---------------------|----------|------------|------------|
```

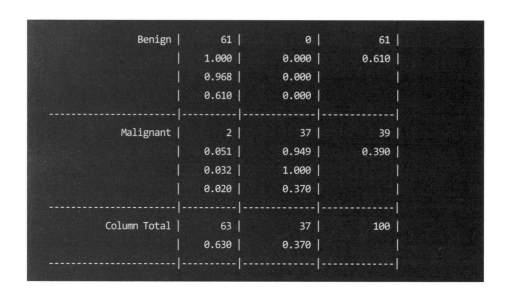

```
       Benign |       61 |        0 |       61 |
              |    1.000 |    0.000 |    0.610 |
              |    0.968 |    0.000 |          |
              |    0.610 |    0.000 |          |
--------------|----------|----------|----------|
    Malignant |        2 |       37 |       39 |
              |    0.051 |    0.949 |    0.390 |
              |    0.032 |    1.000 |          |
              |    0.020 |    0.370 |          |
--------------|----------|----------|----------|
 Column Total |       63 |       37 |      100 |
              |    0.630 |    0.370 |          |
--------------|----------|----------|----------|
```

이 표의 셀 백분율은 네 범주에 속하는 값의 비율을 나타낸다. 좌측 상단 셀은 **참 부정**true negative 결과를 나타낸다. 100개의 값 중 61개는 종양이 양성이고 k-NN 알고리듬이 정확히 양성으로 식별한 경우다. 우측 하단 셀은 **참 긍정**true positive 결과를 나타내며 분류기와 임상적으로 판단된 레이블은 종양이 악성이라는 것에 동의한다. 100개의 예측에서 37개는 모두 참 긍정이다.

다른 대각에 있는 셀들은 k-NN 예측이 실제 레이블과 일치하지 않는 예제의 개수를 갖고 있다. 좌측 하단에 있는 2개의 예제는 **거짓 부정**false negative 결과다. 이 경우 예측된 값이 양성이지만 실제로는 종양이 음성이다. 이 방향의 에러는 환자가 암이 없다고 믿게 되지만 실제 병이 확산될 수 있기 때문에 대가가 엄청나게 클 수 있다.

우측 상단의 셀은 값이 존재한다면 **거짓 긍정**false positive 결과를 포함한다. 이 값은 모델이 종양을 악성으로 분류하지만 실제 양성인 경우에 발생한다. 그런 에러는 거짓 부정의 결과보다 덜 위험하지만 추가 검사나 치료를 받아야 하기 때문에 환자에게 의료비 부담이나 스트레스를 더해줄 수 있으므로 피해야만 한다.

원한다면 모든 종양을 악성으로 분류해서 거짓 부정을 완전히 없앨 수 있다. 이는 분명히 현실적이 지 않은 전략이다. 여전히 이것은 예측이 거짓 긍정률과 거짓 부정 비율 간의 균형을 맞춘다는 사실을 보여준다. 10장에서 각 유형의 에러 비용 대비 성능을 최적화할 수 있도록 예측 정확도를 평가할 수 있는 좀 더 수준 높은 방법을 다룬다

종양 100개 중 2개(2%)가 k-NN 방법으로 잘못 분류됐다. 몇 줄의 R 코드로 98% 정확도가 나오는 것은 인상적이지만 이 에러는 특히 위험한 거짓 부정이기 때 문에 성능을 향상시키고 부정확하게 분류된 값의 개수를 줄일 수 있는지 살펴 보고자 모델의 반복을 추가적으로 시도할 수 있다.

단계 5: 모델 성능 개선

이전 분류기에 2가지 간단한 변형을 시도할 것이다. 첫째, 수치 특징을 재조정 하고자 다른 방법을 사용한다. 둘째, k에 몇 가지 다른 값에 대해 시도해본다.

변환: z-점수 표준화

전통적으로 정규화^{normalization}가 k-NN 분류에 사용돼 왔지만 암 데이터 세트에서 는 z-점수 표준화가 특징들을 재조정하는 좀 더 적절한 방법이 될 수 있다.

z-점수 표준화 값은 사전에 정의된 최솟값, 최댓값이 없기 때문에 극값이 중심 방향으로 축소되지 않는다. 전문적인 의학 지식을 배우지 않았더라도 종양이 걷잡을 수 없이 자라면서 악성 종양 때문에 매우 극단적인 이상치가 나타날지 도 모른다는 정도는 누구나 추측할 수 있을 것이다. 따라서 거리 계산에서 이상 치에 좀 더 큰 가중치를 두는 것이 합리적이다. z-점수 표준화가 예측 정확성을 향상시킬 수 있을지 살펴보자.

벡터를 표준화하고자 R 내장 함수 scale()을 이용해 디폴트 방식인 z-점수 표 준화 방식으로 값을 재조정한다. scale() 함수는 데이터 프레임에 직접 적용할

수 있으므로 lapply() 함수를 사용할 필요가 없다. wbcd 데이터의 z-점수 표준화 버전을 생성하고자 다음과 같은 명령을 이용한다.

```
> wbcd_z <- as.data.frame(scale(wbcd[-1]))
```

이 명령은 첫 번째 열의 **diagnosis**를 제외하고 모든 특징을 재조정해 그 결과를 wbcd_z 데이터 프레임에 저장한다. _z 접미사는 z-점수로 변환된 값이라는 것을 기억나게 하려는 것이다.

변환이 정확하게 적용됐음을 확인하고자 요약 통계를 살펴볼 수 있다.

```
> summary(wbcd_z$area_mean)
```

```
   Min.   1st Qu.  Median   Mean   3rd Qu.   Max.
 -1.4530  -0.6666  -0.2949  0.0000  0.3632   5.2460
```

z-점수로 표준화된 변수의 평균은 항상 0이어야 하고 범위는 상당히 작아야 한다. 3보다 크거나 -3보다 작은 z-점수는 매우 희소한 값을 나타낸다. 이런 기준으로 요약 통계량을 조사하면 변환이 잘 실행된 것으로 보인다.

이전에 했던 것과 같이 z-점수 변환 데이터를 훈련 집합과 테스트 집합으로 나눈 후 knn()을 이용해 테스트 인스턴스를 분류한다. 그런 다음 CrossTable()을 이용해 예측된 레이블과 실제 레이블을 비교한다.

```
> wbcd_train <- wbcd_z[1:469, ]
> wbcd_test <- wbcd_z[470:569, ]
> wbcd_train_labels <- wbcd[1:469, 1]
> wbcd_test_labels <- wbcd[470:569, 1]
> wbcd_test_pred <- knn(train = wbcd_train, test = wbcd_test,
                        cl = wbcd_train_labels, k = 21)
```

```
> CrossTable(x = wbcd_test_labels, y = wbcd_test_pred, prop.chisq = FALSE)
```

안타깝게도 다음의 표에서 새로운 변환 결과는 정확도가 소폭 감소된 것으로 보인다. 동일한 인스턴스로 이전에는 예제의 98%가 정확히 분류됐지만 이번에는 95%만 정확히 분류됐다. 설상가상으로 위험한 거짓 부정을 분류하는 데 더 좋은 결과를 얻지 못했다.

| | | wbcd_test_pred | | |
Wbcd_test_labels	Benign	Malignant	Row Total
Benign	61	0	61
	1.000	0.000	0.610
	0.924	0.000	
	0.610	0.000	
Malignant	5	34	39
	0.128	0.872	0.390
	0.076	1.000	
	0.050	0.340	
Column Total	66	34	100
	0.660	0.340	

k의 대체 값 테스트

다양한 k 값으로 k-NN 모델의 성능을 검사하면 최적의 결과를 얻을 수도 있다. 정규화된 훈련 데이터 세트와 테스트 데이터 세트를 사용해서 동일한 100개의 레코드를 몇 개의 다른 k 값으로 분류했다.

단지 6개의 *k* 값만 테스트하고 있다는 것을 감안하면 이러한 반복 작업은 이전의 knn()과 CrossTable() 함수를 복사해 붙여넣기로 간단히 수행할 수 있다. 그러나 다음 코드에서처럼 k_values라는 벡터의 각 값에 대해 이 두 함수를 실행하는 for 루프를 작성하는 것도 가능하다.

```
> k_values <- c(1, 5, 11, 15, 21, 27)
> for (k_val in k_values) {
  wbcd_test_pred <- knn(train = wbcd_train,
                        test = wbcd_test,
                        cl = wbcd_train_labels,
                        k = k_val)
  CrossTable(x = wbcd_test_labels,
             y = wbcd_test_pred,
             prop.chisq = FALSE)
}
```

이 for 루프는 거의 단순 문장처럼 읽을 수 있다. 즉, k_values 벡터의 각 값에 대해 k_val이라는 이름의 값을 가진 경우 knn() 함수를 실행하면서 파라미터 k를 현재 k_val로 설정하고, 그 결과 예측에 대한 CrossTable()을 생성한다.

> **TIP**
>
> 루프에서 R의 apply() 함수 중 하나를 사용하는 더 정교한 접근 방식은 7장에서 설명한다. 이 방식은 다양한 비용 파라미터 값을 테스트하고 결과를 도식화하기 위한 것이다.

거짓 부정과 거짓 긍정 개수를 각 반복별로 볼 수 있다.

k 값	거짓 부정	거짓 긍정	부정확하게 분류된 백분율
1	1	3	4%
5	2	0	2%
11	3	0	3%
15	3	0	3%
21	2	0	2%
27	4	0	4%

분류기가 완벽하진 않지만 1-NN 방법은 거짓 긍정이 추가된 대신 거짓 부정을 조금 피할 수 있다. 하지만 접근 방법을 테스트 데이터에 너무 가까이 맞추는 것은 현명하지 않다는 점을 기억하자. 어째든 100명의 환자 레코드 집합은 성능 측정용 집합과 조금 다를 수 있다.

TIP

> 학습자가 미래 데이터에 대해 일반화됐다는 확신이 필요하다면 100명의 환자 집합을 몇 개 임의로 생성해 그 결과를 반복적으로 다시 테스트할 수 있다. 머신러닝 모델의 성능을 신중하게 평가하는 이러한 방법들은 10장에서 좀 더 다룬다.

요약

3장에서는 k-NN을 이용한 분류를 살펴봤다. 많은 분류 알고리듬과 달리 k-최근접 이웃은 어떤 학습도 하지 않는다. 단순히 훈련 데이터를 글자 그대로 저장한다. 그런 다음 레이블이 없는 테스트 예제는 거리 함수를 이용해 훈련 집합에서 가장 유사한 레코드에 매칭되며 이웃의 레이블이 할당된다.

k-NN은 매우 간단한 알고리듬이지만 암 덩어리의 식별과 같이 매우 복잡한 작업을 수행할 수 있다. 몇 줄의 간단한 R 코드로 실제 데이터를 사용한 예제에

서 98%의 정확도로 질량이 악성인지 양성인지를 올바르게 식별할 수 있었다. 이 교육용 데이터 세트는 모델 구축 과정을 간소화하는 데 사용됐지만 이 연습은 학습 알고리듬들이 사람과 유사하게 정확한 예측을 할 수 있는 능력을 보여 줬다.

4장에서는 관측이 특정 범주에 속할 가능성을 평가하는 확률 기반의 분류 방법을 살펴본다. 이 방법이 k-NN과 어떻게 다른지 비교하면 흥미로울 것이다. 나중에 9장에서 완전히 다른 학습 작업에 거리 측도를 사용하는 k-NN의 가까운 방법을 다룬다.

04

확률적 학습: 나이브 베이즈 분류

기상학자들이 일기예보를 제공할 때는 전형적으로 "비가 올 확률은 70%다."와 같은 용어를 사용한다. 그런 예보를 강우 확률 예보라고 한다. 강우 확률은 어떻게 계산하는지 생각해본 적이 있는가? 실제로는 비가 오든 않든 둘 중의 하나이기 때문에 이 질문은 꽤 난해한 질문이다.

날씨의 예측은 확률적 방법(또는 불확실성을 설명하는 것과 관련된 방법)을 기반으로 한다. 이 방법은 미래의 사건을 추정하고자 과거의 사건 데이터를 사용한다. 날씨의 경우 비가 올 확률은 강수가 발생했던 대기 조건과 유사하게 계측할 수 있는 대기 조건에 대한 이전 날들의 비율을 말한다. 비가 올 확률 70%라는 것은 해당 지역의 어딘가에서 비슷한 조건을 갖는 과거 10개 경우 중 7개에서 강수가 발생했다는 것을 의미한다.

4장에서는 일기예보와 거의 동일한 방식으로 확률을 사용하는 나이브 베이즈 Naive Bayes 알고리듬을 다룬다.

4장에서 다루는 내용은 다음과 같다.

- 확률의 기본 원리
- R로 텍스트 데이터를 분석하는 데 필요한 특화된 방법과 데이터 구조
- 나이브 베이즈를 이용한 SMS 스팸 메시지 필터 구축 방법

예전에 통계 수업을 들은 적이 있다면 4장의 일부 내용은 복습이 될 것이다. 그렇지만 이 원칙들은 나이브 베이즈가 그렇게 이상한 이름을 갖게 된 이유의 근거이기 때문에 확률에 대한 지식을 되살리는 데 도움이 될 것이다.

∴ 나이브 베이즈 이해

나이브 베이즈 알고리듬을 이해하는 데 필요한 기본적인 통계적 아이디어는 수세기 동안 존재해왔다. 이 기법은 18세기 수학자 토마스 베이즈^{Thomas Bayes}의 연구에서 유래됐다. 토마스 베이즈는 사건의 확률과 추가 정보를 고려했을 때의 확률이 어떻게 바뀌어야 하는지를 설명하는 기본 원칙을 개발했다. 이 원칙은 현재 베이즈 기법^{Bayesian methods}으로 알려진 것들의 기반을 형성했다.

이 방법은 나중에 좀 더 자세히 다룬다. 그러나 우선 확률은 0에서 1 사이(즉, 0%와 100% 사이)의 숫자로 가용한 증거를 고려해 사건이 발생할 가능성을 표현한 것이라고만 해두자. 확률이 낮을수록 사건의 발생 가능성은 적어진다. 확률 0은 사건이 절대 발생하지 않을 것을 나타내는 반면 확률 1은 사건이 절대적으로 확실히 발생할 것을 나타낸다. 인생에서 가장 흥미로운 사건들은 불확실한 확률을 갖는 경우가 많다. 그들이 발생할 가능성을 추정함으로써 가장 가능성이 높은 결과를 보여줌으로써 더 나은 결정을 내릴 수 있다.

베이지안 기법 기반의 분류기는 훈련 데이터를 활용해 특징 값이 제공하는 증거를 기반으로 결과가 관측될 확률을 계산한다. 나중에 분류기가 레이블이 없는 데이터에 적용될 때 결과가 관측될 확률을 이용해서 새로운 특성에 가장 유력한 클래스를 예측한다. 간단한 아이디어지만 이 아이디어로 만들어진 방법

은 좀 더 정교한 알고리듬과 대등한 결과를 종종 갖는다. 실제 베이지안 분류기는 다음과 같은 분야에서 사용된다.

- 스팸 이메일 필터링과 같은 텍스트 분류
- 컴퓨터 네트워크에서 침입이나 비정상 행위 탐지
- 일련의 관찰된 증상에 대한 의학적 질병 진단

대표적으로 베이지안 분류기는 결과에 대한 전체 확률을 추정하고자 동시에 여러 속성 정보를 고려해야만 하는 문제에 가장 적합하다. 많은 머신러닝 알고리듬이 영향력이 약한 특징은 무시하지만 베이지안 기법은 가용한 모든 증거를 활용해 예측을 절묘하게 바꾼다. 즉, 상당수의 특징들이 개별적으로는 모두 상대적으로 미미한 영향만 미치더라도 그 영향을 베이즈 모델에서 모두 결합하면 꽤 큰 영향을 끼칠 수 있다는 의미가 된다.

베이지안 기법의 기본 개념

나이브 베이즈 알고리듬에 들어가기 전에 베이지안 기법에 사용될 개념을 정의하겠다. 한 문장으로 요약하면 베이지안 확률의 이론에서 사건^{event}(또는 잠재적 결과)에 대한 우도^{likelihood}는 복수 시행^{trials}(사건이 발생할 기회)에서 즉시 이용할 수 있는 증거를 기반으로 해서 추정해야만 한다는 아이디어에 뿌리를 두고 있다.

다음 표는 몇 가지 실제 결과에 대한 사건과 시행을 보여준다.

사건	시행
앞면의 결과	동전 던지기
비가 오는 날씨	하루
메시지가 스팸이다.	받은 이메일 메시지
후보가 대통령이 된다.	대통령 선거
복권에 당첨되다.	복권

베이지안 기법은 관측 데이터에서 사건의 확률을 추정하는 방법에 통찰력을 제공한다. 이 방법을 살펴보려면 확률의 이해를 형식화해야 할 필요가 있다.

확률의 이해

사건의 확률은 관측 데이터에서 사건이 발생한 시행 횟수를 전체 시행 횟수로 나눠 추정한다. 예를 들어 오늘과 비슷한 조건을 갖는 10일 중 3일 동안 비가 왔다면 오늘 비가 올 확률은 3/10 = 0.30(30%)으로 추정된다. 비슷하게 전에 받은 50개의 이메일 메시지 중 10개가 스팸이라면 받은 메시지가 스팸일 확률은 10/50 = 0.20(20%)으로 추정된다.

이러한 확률을 표시하고자 $P(A)$와 같은 형식의 표기법을 사용한다. 여기서 $P(A)$는 사건 A의 확률을 나타낸다. 예를 들어 $P(비) = 0.30$은 비가 올 확률이 30%임을 나타내고, $P(스팸) = 0.20$은 수신 메시지가 스팸일 확률이 20%임을 설명한다.

시행이 항상 어떤 결과를 가져오기 때문에 시행의 모든 가능한 결과의 확률은 항상 1이 돼야 한다. 따라서 시행에 정확히 2개의 결과가 있고 결과가 동시에 발생할 수 없는 경우에는 두 결과 중 하나의 확률을 알면 다른 결과의 확률을 알 수 있다. 이는 동전 던지기의 앞면 또는 뒷면과 같은 많은 결과에 적용되며 스팸과 정상적인 이메일(햄)과 같은 경우도 그렇다. 이 원리를 사용해 $P(스팸)$ = 0.20을 알면 $P(햄) = 1 - 0.20 = 0.80$을 계산할 수 있다. 이는 스팸과 햄이 서로 배타적이고 전체 결과의 가능한 모든 경우라는 것을 의미한다. 즉, 스팸과 햄은 동시에 발생할 수 없고 두 결과만 가능하다는 것을 의미한다.

단일 사건은 동시에 발생할 수 없고 어느 한 사건은 반드시 발생하기 때문에 사건은 자신의 여집합(관심 사건이 발생하지 않는 결과로 구성된 사건)과 항상 상호배타적이고 완전하다. 사건 A의 여집합은 전형적으로 A^c나 A'로 표기된다.

또한 $P(A^c)$ 또는 $P(\neg A)$라는 약식 표기법을 사용해 사건 A가 발생하지 않을 확률을 나타낼 수 있다. 예를 들어 표기법 $P(\neg$스팸$) = 0.80$은 메시지가 스팸이 아닐 확률이 80%임을 나타낸다.

사건과 여집합을 설명하고자 각 사건에 대한 확률로 분할된 2차원 공간을 상상하는 것이 종종 도움이 된다. 다음 다이어그램에서 사각형은 이메일 메시지의 가능한 모든 결과를 나타낸다. 원은 메시지가 스팸일 확률 20%를 나타낸다. 나머지 80%는 여집합 $P(\neg$스팸$)$(스팸이 아닌 메시지)를 나타낸다.

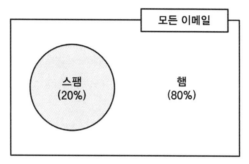

그림 4.1: 모든 이메일 확률 공산은 스팸과 햄의 분할로 시각화할 수 있다.

결합 확률의 이해

가끔 같은 시행에서 상호배타적이지 않은 여러 사건을 관찰하는 데 관심이 있다. 어떤 사건들이 관심 있는 사건과 함께 발생한다면 예측을 하고자 이 사건들을 이용할 수 있다. 예를 들어 이메일 메시지에 단어 '비아그라'가 포함됐다는 결과를 기반으로 하는 2번째 사건을 고려해보자. 대부분의 경우 '비아그라'란 단어는 스팸 메시지에만 나타날 것이다. 따라서 받은 이메일에 이 단어가 존재한다는 것은 메시지가 스팸이라는 매우 강력한 증거가 된다. 이전 다이어그램을 2번째 사건에 맞춰 바꾼다면 다음의 다이어그램처럼 나타날 것이다.

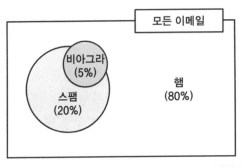

그림 4.2: 상호배타적이지 않은 사건은 겹쳐진 부분으로 나타낼 수 있다.

다이어그램에서 비아그라 원이 스팸 원을 완전히 채우지도 않았고 스팸 원에 완전히 포함되지도 않았다는 점에 주목하라. 이는 모든 스팸 메시지가 단어 '비아그라'를 포함하는 것도 아니고 단어 '비아그라'가 있는 모든 이메일이 스팸인 것도 아니라는 점을 의미한다.

이 원들 사이의 중첩된 영역을 자세히 보고자 확대를 하려면 벤 다이어그램^Venn diagram이라고 하는 시각화 기법을 이용할 수 있다. 19세기 말에 존 벤^John Venn이 처음으로 사용한 이 다이어그램은 아이템 세트 사이에 중첩을 설명하고자 원을 사용한다. 여기의 예에서처럼 대부분의 벤 다이어그램에서 원의 크기와 중첩된 정도가 중요한 것은 아니다. 대신 모든 사건의 조합에 확률을 할당하고자 상기시키는 용도로 사용된다.

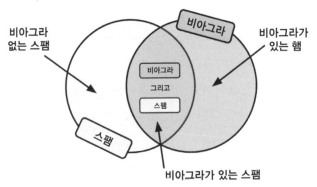

그림 4.3: 벤다이어그램으로 스팸과 비아그라 사건의 중첩을 보여준다.

모든 메시지의 20%가 스팸이고(왼쪽 원) 모든 메시지의 5%가 단어 비아그라를 포함 한다(오른쪽 원)는 것을 알고 있다. 그리고 두 비율 사이에 중첩된 정도를 정량화하려고 한다. 다시 말해 P(스팸)과 P(비아그라)가 모두 발생할 확률을 추정하려고 하며 이 확률은 P(스팸∩비아그라)와 같이 쓸 수 있다. ∩ 기호는 두 사건의 교집합을 의미한다. 즉, $A∩B$ 표기는 A와 B가 모두 발생하는 사건을 나타낸다.

P(스팸∩비아그라)를 계산하는 것은 두 사건의 **결합 확률**^{joint probability}(또는 한 사건의 확률이 다른 사건의 확률과 어떻게 관계되는지)에 따라 달라진다. 두 사건이 완전히 관련이 없다면 **독립 사건**^{independent events}이라 부른다. 독립 사건이 동시에 발생할 수 없는 것은 아니다. 즉, 사건 독립성은 단순히 한 사건의 결과를 아는 것으로는 다른 사건의 결과에 대한 어떤 정보도 제공하지 못한다는 것을 의미한다. 예를 들어 동전 던지기에서 앞면이 나오는 것은 어떤 날의 날씨가 비가 오는지 또는 화창한지 여부와 독립적이다.

모든 사건이 독립이라면 다른 사건을 관측해 어떤 사건을 예측하는 것은 불가능하다. 달리 말하면 **종속 사건**^{dependent events}이 예측 모델링의 기반이 된다. 구름의 존재가 비 오는 날을 예고하듯 단어 비아그라의 등장은 스팸 이메일을 예고한다.

그림 4.4: 기계가 유용한 패턴을 식별하는 법을 학습하려면 종속된 사건이 필요하다.

종속 사건의 확률을 계산하는 것은 독립 사건의 확률을 계산하는 것보다 복잡하다. P(스팸)과 P(비아그라)가 독립이라면 두 사건이 동시에 발생할 확률 P(스팸∩비아그라)는 쉽게 계산할 수 있다. 전체 메시지의 20%가 스팸이고 전체 이메일의 5%가 단어 비아그라를 포함하고 있기 때문에 전체 메시지의 1%가 단어 비아그라를 갖는 스팸이라고 가정할 수 있다. 0.05 × 0.20 = 0.01이기 때문이다. 좀 더 일반적으로 말하면 독립 사건 A와 B에 대해 둘 다 발생할 확률은 $P(A \cap B) = P(A) \times P(B)$처럼 계산할 수 있다.

P(스팸)과 P(비아그라)가 매우 종속적일 수 있다는 것을 알고 있으므로 이 계산은 부정확하다. 합리적인 추정치를 얻으려면 두 사건의 관계에 대한 좀 더 신중한 공식을 사용해야 한다. 이 공식은 고급 베이지안 기법을 기반으로 한다.

베이즈 정리를 이용한 조건부 확률 계산

종속 사건 간의 관계는 베이즈 정리^{Bayes' theorem}를 이용해 설명할 수 있으며, 이는 다른 사건이 제공하는 증거를 고려해 한 사건에 대한 확률 추정을 어떻게 바꿀지에 대해 사고하는 방식을 알려준다. 한 가지 공식은 다음과 같다.

$$P(A \mid B) = \frac{P(A \cap B)}{P(B)}$$

표기법 $P(A \mid B)$는 사건 B가 발생한 경우 사건 A가 발생할 확률을 의미한다. 이는 **조건부 확률**^{conditional probability}이라 하며, 사건 A의 확률은 사건 B가 발생한 결과에 종속적이다. 즉, 사건 B에 따라 사건 A의 확률이 조건부로 결정된다.

베이즈 정리는 $P(A \mid B)$의 가장 좋은 추정 값은 B가 발생한 경우 B와 함께 A가 발생하는 시행들의 비율로 계산된다는 것을 설명한다. 이는 사건 A의 확률이 B가 관찰될 때마다 A와 자주 함께 발생하는 경우에 더 높아진다는 것을 의미한다. 이 공식은 $P(A \cap B)$를 B가 발생할 확률로 조정한다. B가 극히 드물 경우 $P(B)$와 $P(A \cap B)$는 항상 작을 것이다. 그러나 A가 B와 거의 항상 함께 발생한다면 B가 드물어도 $P(A \mid B)$는 여전히 높을 것이다.

정의에 따라 $P(A \cap B) = P(A \mid B) \times P(B)$며, 이전 공식에서 약간의 대수를 적용해 쉽게 유도할 수 있다. $P(A \cap B) = P(B \cap A)$이므로 이 공식을 한 번 더 재배열하면

$P(A \cap B) = P(B \mid A) \times P(A)$라는 결론을 얻으며 다음과 같은 베이즈 이론 공식에서 사용할 수 있다.

$$P(A \mid B) = \frac{P(A \cap B)}{P(B)} = \frac{P(B \mid A)\, P(A)}{P(B)}$$

사실 이 공식은 전통적으로 베이즈 이론을 나타내는 방식인데, 이 공식을 머신러닝에 적용하면서 명확히 알게 될 것이다. 먼저 베이즈 이론의 실제 작동 방법을 잘 이해하고자 가상의 스팸 필터를 다시 살펴보자.

받은 메시지의 내용을 모르는 상태에서 메시지의 스팸 상태를 가장 잘 예측하는 것은 이전 메시지가 스팸일 확률인 P(스팸)이다. 이 추정을 **사전 확률**prior probability이라 한다. 앞서 이 값은 20%임을 알았다.

단어 비아그라가 나타났던 빈도를 관측하고자 이전에 받았던 메시지들을 좀 더 주의 깊게 살펴봄으로써 추가 증거를 얻을 수 있다고 하자. 이전 스팸 메시지에서 단어 비아그라가 사용된 확률 P(비아그라 | 스팸)을 **우도**likelihood라 부른다. 비아그라가 어떤 메시지라도 나타날 확률 P(비아그라)를 **주변 우도**marginal likelihood 라 한다.

이 증거에 베이즈 이론을 적용해 메시지가 스팸이 될 확률을 측정한 **사후 확률** posterior probability을 계산할 수 있다. 사후 확률이 50%보다 크다면 메시지는 햄보다 스팸이 될 가능성이 좀 더 크며 이 메시지는 걸러져야 한다. 다음 공식은 이전 이메일 메시지에서 제공된 증거에 베이즈 이론을 어떻게 적용하는지 보여준다.

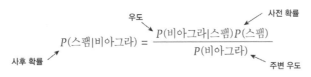

그림 4.5: 이전에 받은 이메일에 작용하는 베이즈 정리

베이즈 이론의 구성 요소를 계산하고자 스팸과 햄 메시지에 나타난 비아그라의 횟수를 기록한 (다음 다이어그램의 왼쪽에 보이는) **빈도표**frequency table를 구축하는 것이 좋다.

양방향 교차표와 같이 표의 한 차원은 클래스 변수의 레벨(스팸 또는 햄)을 나타내는 반면 다른 차원은 특징의 레벨(비아그라: 예 또는 아니요)을 나타낸다. 그런 다음 셀은 클래스 값과 특징 값의 특정 조합을 갖는 인스턴스의 개수를 나타낸다. 빈도표는 우도표^{likelihood table}를 구축하는 데 사용될 수 있으며, 다음 그림의 오른쪽에 있는 표와 같다. 우도표의 행은 이메일이 스팸이나 햄인 경우에 비아그라(예/아니요)에 대한 조건부 확률을 나타낸다.

빈도	비아그라		총계
	예	아니요	
스팸	4	16	20
햄	1	79	80
총계	5	95	100

우도	비아그라		총계
	예	아니요	
스팸	4 / 20	16 / 20	20
햄	1 / 80	79 / 80	80
총계	5 / 100	95 / 100	100

그림 4.6: 스팸 사후 확률 계산에 있어 빈도와 우도표는 기반이 된다.

우도표는 P(비아그라=예|스팸) = 4/20 = 0.20이라고 나타나 있으며, 메시지가 스팸인 경우 메시지가 단어 비아그라를 포함할 확률이 20%임을 보여준다. 또한 $P(A \cap B) = P(B|A) \times P(A)$이기 때문에 P(스팸∩비아그라)를 P(비아그라|스팸) × P(스팸) = (4/20) × (20/100) = 0.04로 계산할 수 있다. 동일한 결과를 빈도표에서 찾을 수 있는데, 이는 100개 중 4개의 메시지가 단어 비아그라가 있는 스팸이라는 것을 말한다. 어느 쪽이든 독립이라고 잘못 가정해서 $P(A \cap B) = P(A) \times P(B)$로 계산했던 이전 추정치인 0.01보다 4배가 크다. 물론 이것은 결합 확률을 계산할 때 베이즈 이론의 중요성을 보여준다.

사후 확률 P(스팸|비아그라)를 계산하고자 간단히 P(비아그라|스팸) × P(스팸) / P(비아그라) 또는 (4/20) × (20/100) / (5/100) = 0.80을 취한다. 따라서 메시지가 단어 비아그라를 포함했을 때 메시지가 스팸일 확률은 80%다. 이 결과를 감안해 단어 비아그라를 포함하는 어떤 메시지도 필터링이 돼야 한다.

상업용 스팸 필터는 빈도표와 우도표를 계산하는 동안 훨씬 많은 단어를 동시에 고려하겠지만 이 방식과 상업용 스팸 필터가 직동하는 방식은 유사하다. 다음 절에서 추가 특징이 포함될 경우 이 개념이 어떻게 이용되는지 살펴보자.

나이브 베이즈 알고리듬

나이브 베이즈^{Naive Bayes} 알고리듬은 분류 문제에 베이즈 이론을 적용할 수 있는 단순한 방법을 정의해 준다. 나이브 베이즈는 베이지안 기법을 활용하는 유일한 머신러닝 방법은 아니지만 가장 일반적인 방법이다. 그 방법은 한때 사실상 표준으로서 역할을 했던 텍스트 분류 분야에서의 성공에 힘입어 유명해졌다. 이 알고리듬의 장점과 단점은 다음과 같다.

장점	단점
• 간단하고 빠르고 매우 효율적이다. • 노이즈와 누락 데이터를 잘 처리한다. • 훈련에는 상대적으로 적은 예제가 필요하지만, 대용량의 예제에도 매우 잘 작동된다. • 예측용 추정 확률을 쉽게 얻을 수 있다.	• 모든 특징이 동등하게 중요하고 독립이라는 가정이 잘못된 경우가 자주 있다. • 수치 특징이 많은 데이터 세트에는 이상적이지 않다. • 추정된 확률이 예측된 클래스보다 덜 신뢰할 만하다.

나이브 베이즈 알고리듬은 데이터에 대해 약간 '순진한^{naive}' 가정을 하고 있기 때문에 그런 이름이 붙여졌다. 특히 나이브 베이즈는 데이터 세트의 모든 특징이 **동등하게 중요하고 독립적**이라고 가정한다. 이런 가정은 대부분의 실제 응용에는 거의 맞지 않다.

예를 들어 이메일 메시지를 감시해서 스팸을 식별하려고 한다면 어떤 특징이 다른 특징보다 더 중요하다는 것은 거의 분명한 사실이다. 예를 들어 이메일 발신자는 메시지 텍스트보다 스팸 표시가 더 중요할 것이다. 또한 메시지 본문의 단어는 독립이 아니다. 어떤 단어의 출현은 다른 단어도 나타날 가능성이 있는 매우 좋은 징후가 되기 때문이다. 단어 비아그라가 있는 메시지는 처방이나 약이란 단어도 포함할 가능성이 있다.

하지만 이런 가정이 맞지 않는 대부분의 경우에도 나이브 베이즈가 여전히 잘 작동한다. 특징 간에 의존성이 강한 극단적인 상황에서도 마찬가지다. 여러 유형의 조건, 특히 작은 훈련 데이터 세트에 있어서 알고리듬이 융통성이 있고 정확하기 때문에 나이브 베이즈는 분류 학습 작업에 종종 강력한 최우선 후보가 된다.

NOTE

> 나이브 베이즈가 잘못된 가정에도 잘 작동하는 정확한 이유는 많은 추측이 이뤄지는 주제다. 어떤 설명은 예측이 정확하기만 하다면 확률의 추정을 정밀하게 얻는 것은 중요하지 않다고 한다. 예를 들어 스팸 필터가 스팸을 정확하게 식별한다면 예측이 51% 또는 99%인지 여부가 중요한가? 이 주제에 대한 논의 중 하나는 〈Machine Learning, 1997; 29〉의 103-130페이지에 있는 도밍고 (Domingos P), 파찌니(Pazzani M)의 'On the optimality of the simple Bayesian classifier under zero-one loss(0-1 손실하에 간단한 베이즈 분류기의 최적화)'를 참고하라.

나이브 베이즈를 이용한 분류

단어 비아그라 외에 감시할 몇 가지 추가 단어인 돈, 식료품, 구독 취소를 더해서 스팸 필터를 확장해보자. 나이브 베이즈 학습자는 (W1, W2, W3, W4로 레이블된) 네 단어의 출현에 대한 우도표를 구성함으로써 훈련된다. 다음 그림은 100개의 이메일에 대한 우도표를 보여준다.

빈도	비아그라(W₁)		돈(W₂)		식료품(W₃)		구독 취소(W₄)		
	예	아니요	예	아니요	예	아니요	예	아니요	총계
스팸	4 / 20	16 / 20	10 / 20	10 / 20	0 / 20	20 / 20	12 / 20	8 / 20	20
햄	1 / 80	79 / 80	14 / 80	66 / 80	8 / 80	71 / 80	23 / 80	57 / 80	80
총계	5 / 100	95 / 100	24 / 100	76 / 100	8 / 100	91 / 100	35 / 100	65 / 100	100

그림 4.7: 스팸과 햄 메시지에 추가 항목으로 우도를 첨가한 확장표

새로운 메시지를 수신할 때 메시지 텍스트에 있는 단어의 우도가 주어진다면 메시지가 스팸이 될 가능성이 큰지 햄이 될 가능성이 큰지를 판단하고자 사후 확률을 계산할 필요가 있다. 예를 들어 메시지가 '비아그라'와 '구독 취소'는 포함하고 '돈'이나 '식료품'은 포함하지 않는다고 가정해보자.

베이즈 이론을 이용해 다음 식으로 문제를 정의할 수 있다. 이는 비아그라 = 예, 돈 = 아니요, 식료품 = 아니요, 구독 취소 = 예일 때 메시지가 스팸일 확률을 계산한다.

$$P(\text{spam}|W_1 \cap \neg W_2 \cap \neg W_3 \cap W_4) = \frac{P(W_1 \cap \neg W_2 \cap \neg W_3 \cap W_4|\text{spam})P(\text{spam})}{P(W_1 \cap \neg W_2 \cap \neg W_3 \cap W_4)}$$

2가지 이유로 이 공식은 계산적으로 풀기가 어렵다. 첫째, 특징이 추가되면 가능한 모든 사건 교집합에 대해 확률을 저장해야 하므로 엄청난 양의 메모리가 필요하다. 몇 백 개 또는 그 이상은 고사하고, 네 단어의 사건에 대한 벤 다이어그램의 복잡도를 생각해보라. 둘째, 이 잠재적 교집합의 상황은 과거 데이터에서는 전혀 관측한 적도 없을 것이며, 따라서 결합 확률은 0이 될 것이다. 이 점은 나중에 명확해질 것이다.

나이브 베이즈가 사건 간의 독립을 가정한다는 사실을 활용하면 이 작업은 더 용이해진다. 특히 **클래스-조건부 독립**^{class-conditional independence}, 즉 그 동일 특정 클래스에 대한 조건에 사건들이 독립이라고 가정한다. 조건 독립은 독립 사건에 대한 다음의 확률식, 즉 $P(A \cap B) = P(A) \times P(B)$를 사용할 수 있게 해준다. 이 가정은 분자에서 복잡한 조건 결합 확률 대신 개별 조건 확률을 곱해 계산할 수 있게 식을 단순화해준다.

끝으로 분모는 타깃 클래스(스팸 또는 햄)에 종속되지 않기 때문에 상수 값으로 취급하며 당분간 무시할 수 있다. 따라서 스팸에 대한 조건부 확률은 다음과 같이 표현된다.

$$P(\text{spam}|W_1 \cap \neg W_2 \cap \neg W_3 \cap W_4) \propto P(W_1|\text{spam})P(\neg W_2|\text{spam})P(\neg W_3|\text{spam})P(W_4|\text{spam})P(\text{spam})$$

메시지가 햄일 확률은 다음과 같이 표현될 수 있다.

$$P(\text{ham}|W_1 \cap \neg W_2 \cap \neg W_3 \cap W_4) \propto P(W_1|\text{ham})P(\neg W_2|\text{ham})P(\neg W_3|\text{ham})P(W_4|\text{ham})P(\text{ham})$$

분모가 생략됐다는 사실을 나타내고자 = 기호가 (끝이 열리고 옆으로 된 '8'과 비슷한) 비례 기호로 바뀌었다는 점을 주목하자.

우도표의 값을 이용해 이 식에 숫자를 채운다. 그러면 스팸의 전체 우도는 다음과 같다.

$$(4/20) \times (10/20) \times (20/20) \times (12/20) \times (20/100) = 0.012$$

한편 햄의 우도는 다음과 같다.

$$(1/80) \times (66/80) \times (71/80) \times (23/80) \times (80/100) = 0.002$$

$0.012/0.002 = 6$이므로 이 메시지가 스팸일 가능성이 햄일 가능성보다 6배 높다고 말할 수 있다. 하지만 이 숫자를 확률로 변환하려면 제외했던 분모를 다시 들여오는 마지막 단계를 수행해야 한다. 기본적으로 각 결과의 우도는 가능한 모든 결과의 전체 우도로 나눠 재조정해야만 한다.

이런 방식으로 스팸일 확률은 스팸 메시지의 우도를 스팸이거나 햄인 메시지의 우도로 나눈 것과 동일하다.

$$0.012/(0.012 + 0.002) = 0.857$$

비슷하게 햄일 확률은 햄인 메시지의 우도를 스팸이거나 햄인 메시지의 우도로 나눈 것과 동일하다.

$$0.002/(0.012 + 0.002) = 0.143$$

이 메시지에 있는 단어 패턴에 대해 85.7% 확률로 메시지가 스팸이고 14.3% 확률로 햄이라고 예상한다. 이들은 상호배타적이고 포괄적인 사건이기 때문에 확률의 합은 1이 된다.

이전 예에서 사용한 나이브 베이즈 분류 알고리듬은 다음 공식으로 요약될 수 있다. F_1에서 F_n까지 특징이 제공하는 증거가 있을 때 클래스 C에서 레벨 L의 확률은 클래스 레벨을 조건으로 하는 각 증거에 대한 확률과 클래스 레벨의 사전 확률, 우도 값을 확률로 변환하는 배율 요소 $1/Z$의 곱과 동일하다. 이는 다음처럼 공식화할 수 있다.

$$P(C_L|F_1, \ldots, F_n) = \frac{1}{Z} p(C_L) \prod_{i=1}^{n} p(F_i|C_L)$$

이 식은 대단히 복잡해 보이지만 이전 스팸 필터링 예제에서 설명한 것처럼 일련의 단계는 매우 단순하다. 빈도표를 구축하는 것에서 시작해 우도표를 구축하는 데 사용하고, '나이브' 독립 가정에 따라 조건부 확률을 곱한다. 최종적으로 각 클래스 우도를 확률로 변환하고자 전체 우도로 나눈다. 이 계산을 손으로 몇 번 하고 나면 습관이 될 것이다.

라플라스 추정량

좀 더 복잡한 문제에 나이브 베이즈를 적용하기 전에 고려해야 할 몇 가지 미묘한 차이가 있다. 이번에는 비아그라, 식료품, 돈, 구독 취소라는 4개의 단어를 포함하는 다른 메시지를 받았다고 가정하자. 이전처럼 나이브 베이즈 알고리듬을 이용해 스팸의 우도를 다음과 같이 계산할 수 있다.

$$(4/20) \times (10/20) \times (0/20) \times (12/20) \times (20/100) = 0$$

그리고 햄의 우도는 다음과 같다.

$$(1/80) \times (14/80) \times (8/80) \times (23/80) \times (80/100) = 0.00005$$

따라서 스팸의 확률은 다음과 같다.

$$0/(0 + 0.00005) = 0$$

그리고 햄의 확률은 다음과 같다.

$$0.00005/(0 + 0.00005) = 1$$

이 결과는 이 메시지가 0% 확률로 스팸이며 100% 확률로 햄이라는 것을 말하고 있다. 이 예측이 타당한가? 아마 그렇지 않을 것이다. 이 메시지는 합법적인 메시지에는 거의 사용되지 않는 비아그라를 포함한 보통 스팸과 관련된 몇 개의 단어가 포함돼 있다. 그러므로 메시지가 부정확하게 분류됐을 가능성이 크다.

이 문제는 1개 이상의 클래스 레벨에서 사건이 절대 일어나지 않는다면 발생한다. 예를 들어 단어 '식료품'은 이전 스팸 메시지에서 절대 나타난 적이 없다. 결론적으로 P(스팸|식료품) = 0%다.

나이브 베이즈 공식에서 확률은 체인으로 곱해졌기 때문에 이 0% 값은 스팸의 사후 확률을 0으로 만들어 단어 식료품이 다른 모든 증거를 실질적으로 무효화하고 기각하게 만든다. 그렇지 않으면 이 이메일이 스팸일 것으로 압도적으로 예상되더라도 스팸에 단어 식료품이 없다면 항상 다른 증거를 거부하고 스팸일 확률을 0으로 만든다.

이 문제의 해결책은 **라플라스 추정량**^{Laplace estimator}을 사용하는 것으로, 프랑스 수학자 피에르 시몬 라플라스^{Pierre-Simon Laplace}의 이름을 따라 명명됐다. 라플라스 추정량은 기본적으로 빈도표의 각 합계에 작은 숫자를 더하는데, 특징이 각 클래스에 대해 발생할 확률이 0이 되지 않도록 보장한다. 보통 라플라스 추정량은 1로 설정해서 데이터에 각 클래스 특징 조합이 최소 한 번은 나타나게 보장한다.

TIP

> 라플라스 추정량은 어떤 값으로든 설정될 수 있으며, 각 특징에 대해 동일할 필요도 없다. 독자가 열성적인 베이지안이라면 라플라스 추정량을 사용해 특징과 클래스의 관계에 대해 추정된 사전 확률을 반영할 수 있다. 실제 훈련 데이터 세트가 아주 크다면 이 단계는 거의 필요 없다. 결론적으로 거의 항상 1을 사용한다.

라플라스 추정량이 메시지 예측에 어떻게 영향을 주는지 살펴보자. 우도 함수의 각 분자에 이제 라플라스 값 1씩을 더한다. 그런 다음 분자에 추가된 값 4에 대응하고자 분모의 각 조건부 확률에 4를 더해야 한다. 따라서 스팸의 우도는 다음과 같다.

$$(5/24) \times (11/24) \times (1/24) \times (13/24) \times (20/100) = 0.0004$$

그리고 햄의 우도는 다음과 같다.

$$(2/84) \times (15/84) \times (9/84) \times (24/84) \times (80/100) = 0.0001$$

0.0004/(0.0004+0.0001)을 계산해보면 스팸의 확률이 80%이고 따라서 햄의 확률이 20%라는 것을 알 수 있다. 이는 단어 '식료품' 단독으로 결과를 결정시켜 구해진 이전 확률에 P(스팸) = 0에 비해 좀 더 타당한 결과다.

TIP

> 라플라스 추정량이 우도의 분자와 분모에는 더해지지만 사전 확률(20/100과 80/100)에는 더하지 않았다. 이는 데이터 관측에 의한 스팸과 햄의 최적 추정치는 여전히 20%와 80%이기 때문이다.

나이브 베이즈에서 수치 특성 이용

나이브 베이즈는 데이터를 학습하고자 빈도표를 사용하기 때문에 행렬을 구성하는 각 클래스와 특징 값의 조합을 생성하려면 각 특징이 범주형이어야 한다. 수치 특성은 값의 범주가 없으므로 앞의 알고리듬은 수치 데이터에 직접 작동되지는 않는다. 하지만 해결할 수 있는 방법이 있다.

쉽고 효율적인 해결책 중 하나는 수치 특징을 이산화discretize하는 것인데, 간단히 빈bins이라고 하는 범주에 숫자를 넣는 것을 의미한다. 이런 이유로 이산화는 가끔 비닝binning이라 부르기도 한다. 이 방법은 나이브 베이즈로 작업할 때 일반적인 조건인 훈련 데이터가 대용량인 경우에 이상적이다.

수치 특징을 이산화하는 다른 몇 가지 방법이 있다. 가장 일반적인 것은 데이터 분포에서 자연스러운 범주 또는 절단점cut points을 찾고자 데이터를 탐색하는 것이다. 예를 들어 자정 이후 0시부터 24시간 동안 낮과 밤의 이메일 발송 시간을 기록한 특징을 스팸 데이터 세트에 추가한다고 가정해보자. 시간 데이터를 히스토그램으로 표현하면 다음 다이어그램과 같이 보일 것이다.

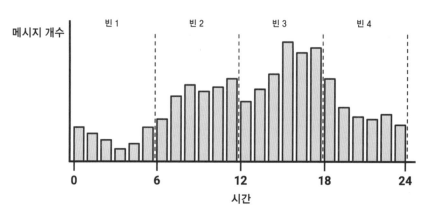

그림 4.8: 이메일 수신 시간에 따른 분포를 시각화한 히스토그램

아침 이른 시간에는 메시지의 빈도가 낮다. 업무시간 동안 활동이 강해지다가 저녁에는 점점 줄어든다. 히스토그램이 점선으로 분할된 4개의 자연스러운 활동 빈을 생성하는 것처럼 보인다. 이때 이 점선은 수치 데이터가 새로운 명목 특징의 레벨로 나뉘는 곳을 나타내며 새로운 명목 특징은 나이브 베이즈와 함께 사용될 수 있다.

빈의 개수를 4개로 선택하는 것은 자연스러운 데이터의 분포와 스팸 비율이 하루 종일 어떻게 변하는지에 대한 감을 기반으로 한다는 것을 염두에 두자. 스팸 발송자가 밤늦은 시간에 실행되거나 사람들이 이메일을 확인할 가능성이 높은 낮 동안 실행될 것이라고 예상할 수도 있다. 언급했듯이 이런 추세를 포착하고자 3개 또는 12개의 빈을 쉽게 사용할 수 있다.

TIP

> 명확한 절단점이 없다면 분위수를 이용해서 특징을 이산화하는 방법도 있다. 삼분위수를 이용해 데이터를 3개의 빈으로 나누고 사분위수를 이용해 4개의 빈으로 나누며 오분위수를 이용해 5개의 빈으로 나눌 수 있다.

유념해야 할 점은 특징의 원래 입자가 더 적은 개수의 범주로 줄기 때문에 수치 특징을 이산화하면 항상 정보가 손실된다. 균형을 맞추는 것이 중요하다. 빈의 개수가 너무 적으면 중요한 추세가 모호해진다. 빈의 개수가 너무 많으면 나이브 베이즈 빈도표의 총계가 작아지므로 알고리듬의 노이즈 데이터 민감도가 올라갈 수 있다.

⁂ 예제: 나이브 베이즈 알고리듬을 이용한 휴대폰 스팸 필터링

전 세계적으로 휴대폰 사용이 늘어나면서 악덕 상인들에게는 전자 정크 메일이라는 새로운 수단이 생겼다. 이런 상인들은 SMS 문자 메시지를 활용해 SMS 스팸이라고 하는 원치 않는 광고로 잠재 고객을 타깃화하려 한다. 이메일 스팸과 달리 SMS 스팸은 때와 장소를 가리지 않고 모바일 폰으로 수신되기 때문에 특히나 골칫거리다. SMS 스팸을 필터링할 수 있는 분류 알고리듬을 개발하면 휴대폰 공급자에게 유용한 도구를 제공할 수 있을 것이다.

나이브 베이즈는 이메일 스팸 필터링에 성공적으로 사용됐기 때문에 SMS 스팸에도 적용될 수 있을 것이다. 하지만 이메일 스팸과 비교해 SMS 스팸은 자동화 필터에 대한 다른 어려움이 있다. SMS 메시지는 종종 160개 문자로 제한돼 있어 메시지가 정크인지 구분할 때 사용되는 텍스트양이 줄어든다. 문자 길이의 제한이 작은 휴대폰 키보드와 합쳐지면 많은 사람이 SMS 속기 형태의 용어를 쓰게 되고, 이로 인해 합법적인 메시지와 스팸 간의 구분이 더욱 모호해졌다. 나이브 베이즈 분류기가 이런 문제를 얼마나 간단히 처리하는지 살펴보자.

단계 1: 데이터 수집

여기에서는 나이브 베이즈 분류기를 개발하고자 http://www.dt.fee.unicamp.br/~tiago/smsspamcollection/에 있는 SMS 스팸 모음^{Spam Collection}을 조정한 데이터를 사용할 것이다.

NOTE

SMS 스팸 모음의 개발 방법에 대한 좀 더 자세한 사항은 〈11회 머신러닝과 응용 IEEE 국제 콘퍼런스 발표집(Proceedings of the 11th IEEE International Conference on Machine Learning and Applications), 2012〉에 있는 고메즈(Gomez JM), 알메이다(Almeida TA), 야마카미(Yamakami A)의 〈On the validity of a new SMS spam collection(새로운 SMS 스팸 모음의 유효성에 대해)〉를 참고한다.

이 데이터 세트에는 SMS 메시지의 텍스트와 원치 않는 메시지인지를 나타내는 레이블이 함께 들어있다. 정크 메시지는 스팸[spam]으로 레이블된 반면 합법적인 메시지는 햄[ham]으로 레이블된다. 스팸과 햄의 예는 다음 표에 있다.

샘플 SMS 햄	샘플 SMS 스팸
• Better. Made up for Friday and stuffed myself like a pig yesterday. Now I feel bleh. But, at least, its not writhing pain kind of bleh(좀 나아졌어. 금요일을 보상했고 어제는 돼지처럼 잔뜩 먹었어. 지금은 약간 불편하지만 최소한 온몸을 비틀듯이 아프지는 않고 약간 불편해) • If he started searching, he will get job in few days. He have great potential and talent(그 사람이 구직을 시작했다면 며칠 내로 직업을 얻을 거야. 잠재력과 재능이 엄청나거든) • I got another job! The one at the hospital, doing data analysis or something, starts on Monday! Not sure when my thesis will has got finished(다른 직업을 구했어! 병원에서 데이터 분석 관련된 일을 월요일에 시작해! 내 논문은 언제 끝날지 모르겠네)	• Congratulations ur awarded 500 of CD vouchers or 125 gift guaranteed & Free entry 2, 100 wkly draw txt MUSIC to 87066(당첨을 축하합니다. CD 상품권 500장 또는 보증된 선물 125개 & 무료 입장권 2개, 일주일에 100 텍스트 그리기 음악 87066으로) • December only! Had your mobile 11mths+? You are entitled to update to the latest colour camera mobile for Free! Call The Mobile Update Co FREE on 08002986906 (12월 한정! 휴대폰이 11개월 이상 됐나요? 무료로 최신 컬러 카메라 휴대폰을 바꿔드립니다. 모바일 업데이트㈜로 전화하세요. 무료 전화 08002986906) • Valentines Day Special! Win over £1000 in our quiz and take your partner on the trip of a lifetime! Send GO to 83600 now. 150p/msg rcvd.(발렌타인데이 스페셜! 퀴즈로 1000파운드 우승 및 파트너와 함께 일생일대의 여행을 떠나세요! 지금 83600으로 GO를 보내세요. 메시지 수신당 150파운드)

앞의 메시지를 보면 스팸으로 구별되는 특성이 보이는가? 눈에 띄는 특성 중 하나는 스팸 메시지 3개 중 2개가 '무료free'란 단어를 사용하고 있으며, 햄 메시지에는 이 단어가 나타나지 않는다는 점이다. 한편 햄 메시지 중 2개는 특정 요일을 언급하고 있어 스팸 메시지에는 특정 요일이 나타나지 않는 것과 비교된다.

나이브 베이즈 분류기는 SMS 메시지가 스팸 또는 햄의 프로필에 잘 맞는지 판단하고자 단어 빈도 패턴을 이용할 것이다. 단어 '무료'가 스팸 SMS 외에 나타나는 것을 상상할 수 없진 않지만 합법적인 메시지는 문맥을 설명하는 단어를 추가적으로 제공할 것이다. 예를 들어 햄 메시지는 "일요일에 시간 있어?Are you free on Sunday"라고 서술한다. 반면 스팸 메시지는 '무료 벨소리Free ringtones'라는 문구를 사용한다. 나이브 베이즈 분류기는 메시지의 모든 단어가 제공하는 증거를 감안해 스팸과 햄의 확률을 계산할 것이다.

단계 2: 데이터 탐색과 준비

분류기를 구축하기 위한 첫 번째 단계는 분석을 위해 원시 데이터를 처리하는 것이다. 텍스트 데이터는 컴퓨터가 이해할 수 있는 형태로 단어와 문장을 변환해야 하는데, 이 과정은 힘들다. 우리는 SMS 데이터를 단어 주머니bag-of-words라고 불리는 표현으로 변환할 것이다. 이 표현은 각 단어가 주어진 예제에 나타나는지 여부를 나타내는 이진 특성을 제공하며, 단어의 순서나 단어가 나타나는 문맥은 무시한다. 비교적 간단한 표현이지만 곧 보여줄 것처럼 이는 많은 분류 작업에 충분히 잘 수행된다.

TIP

> 여기서 사용된 데이터 세트는 R에서의 작업이 쉬워지도록 원래 데이터를 조금 수정한 것이다. 예를 따라 할 계획이라면 팩트출판사의 웹 사이트에서 sms_spam.csv를 다운로드해 자신의 R 작업 디렉터리에 저장하라.

CSV 데이터를 가져와 데이터 프레임에 저장하는 것으로 시작해보자.

```
> sms_raw <- read.csv("sms_spam.csv")
```

str() 함수를 이용해 sms_raw 데이터 프레임이 두 종류의 type과 text 특징을 갖는 전체 5,559개 SMS 메시지를 포함하는 것을 확인할 수 있다. SMS 타입은 ham과 spam 둘 중 하나로 코드화된다. text 항목은 원시 SMS 메시지 텍스트 전체를 저장한다.

```
> str(sms_raw)
'data.frame':    5559 obs. of 2 variables
$ type: chr "ham" "ham" "ham" "spam" ...
 $ text: chr "Hope you are having a good week. Just checking in"
"K..give back my thanks." "Am also doing in cbe only. But have to
pay." "complimentary 4 STAR Ibiza Holiday or ?10,000 cash needs your
URGENT collection. 09066364349 NOW from Landline not to lose out"|
__truncated__ ...
```

type 항목은 현재 문자 벡터다. 하지만 원래 범주형 변수이기 때문에 다음 코드처럼 팩터로 변환하는 것이 나을 것이다.

```
> sms_raw$type <- factor(sms_raw$type)
```

str()과 table() 함수로 type을 관찰해보면 이제 팩터로서 적합하게 저장돼 있는 것을 볼 수 있다. 또한 데이터에서 SMS 메시지 747개(약 13%)가 스팸으로 레이블되고 나머지는 햄으로 레이블된 것을 확인할 수 있다.

```
> str(sms_raw$type)
```

```
Factor w/ 2 levels "ham","spam": 1 1 1 2 2 1 1 1 2 1 ...
```

```
> table(sms_raw$type)
```

```
 ham spam
4812 747
```

당분간 메시지 텍스트는 그냥 남겨둘 것이다. 다음 절에서 배우겠지만 원시 SMS 메시지를 처리하려면 텍스트 데이터를 처리하고자 특별히 설계된 새롭고 강력한 도구들을 사용해야 한다.

데이터 준비: 텍스트 데이터 정리와 표준화

SMS 메시지는 단어, 공백, 숫자, 구두점으로 구성된 텍스트 문자열이다. 이런 종류의 복잡한 데이터를 다루려면 많은 생각과 노력이 필요하다. 숫자와 구두점 제거 방법, and, but, or 같은 관심 없는 단어의 처리 방법과 문장을 개별 단어로 나누는 방법을 고려할 필요가 있다. 다행히도 이 기능은 R 커뮤니티의 멤버들이 tm이라는 텍스트 마이닝 패키지로 제공하고 있다.

NOTE

> tm 패키지는 원래 인고 파이너러(Ingo Feinerer)가 빈 경제 경영대학교(Vienna University of Economics and Business)에서 논문 프로젝트로 만들었다. 자세한 내용은 「Journal of Statistical Software(통계 소프트웨어 저널), 2008; 25」의 1-54페이지에 있는 파이너러(Feinerer I.), 호닉 마이어(Hornik K, Meyer D)의 「Text Mining Infrastructure in R(R에서의 텍스트 마이닝 인프라)」를 참고한다.

tm 패키지는 install.packages("tm") 명령으로 설치하고 library(tm) 명령으로 로드한다. tm 패키지는 여전히 활발히 개발 중이므로 이미 설치됐더라도 최신 버전으로 만들려면 install 명령으로 설치 과정을 재실행하는 것도 좋다. 재설치를 하면 가끔 기능이 변경된다.

텍스트 데이터 처리의 단계 1은 텍스트 문서의 모음인 코퍼스^{corpus}를 생성하는 것이다. 문서는 개별 뉴스 기사부터 책이나 웹 페이지 또는 전체 책까지 짧을 수도 있고 길 수도 있다. 이 경우 코퍼스는 SMS 메시지 모음이 될 것이다.

코퍼스를 생성하려면 휘발성^{volatile} 코퍼스를 참조하는 tm 패키지의 VCorpus() 함수를 사용한다. 코퍼스는 디스크에 저장되는 것이 아니라 메모리에 저장되기 때문에 휘발성이다(PCorpus() 함수는 데이터베이스에 저장된 영구적인^{permanent} 코퍼스에 접근하고자 사용한다). 이 함수에는 컴퓨터 파일 시스템, 데이터베이스, 웹 등의 코퍼스 문서의 출처를 지정해줘야 한다.

SMS 메시지 텍스트를 이미 R에 로드했기 때문에 기존 sms_raw$text 벡터에서 VectorSource() 리더^{reader} 함수를 이용해 소스 객체를 생성한 후 VCorpus()에 제공한다. 전체 명령은 다음과 같다.

```
> sms_corpus <- VCorpus(VectorSource(sms_raw$text))
```

생성된 코퍼스 객체는 sms_corpus라는 이름으로 저장된다.

TIP

> VCorpus() 함수에 readerControl 파라미터를 지정하면 PDF 파일이나 MS 워드 파일과 같은 출처에서 텍스트 가져오기를 할 수 있다. 자세한 내용은 vignette("tm") 명령으로 tm 패키지에 대한 '데이터 가져오기' 절을 참고한다.

코퍼스를 출력해 훈련 데이터에 5,559개의 SMS 메시지 문서가 포함돼 있는지 살펴보자.

```
> print(sms_corpus)
```

```
<<VCorpus>>
Metadata:   corpus specific: 0, document level (indexed): 0
Content:  documents: 5559
```

이제 **tm** 코퍼스는 근본적으로 복합 리스트이기 때문에 코퍼스에서 리스트 연산을 사용해 문서를 선택할 수 있다. inspect() 함수는 결과의 요약을 보여준다. 예를 들어 다음 명령으로 코퍼스의 첫 번째와 두 번째 SMS 메시지 요약을 볼 수 있다.

```
> inspect(sms_corpus[1:2])
```

```
<<VCorpus>>
Metadata:   corpus specific: 0, document level (indexed): 0
Content:  documents: 2

[[1]]
<<PlainTextDocument>>
Metadata:    7
Content:  chars: 49

[[2]]
```

```
<<PlainTextDocument>>
Metadata:    7
Content: chars: 23
```

실제 메시지 텍스트를 보려면 as.character() 함수를 원하는 메시지에 적용한
다. 1개의 메시지를 보려면 리스트의 한 항목에 as.character() 함수를 사용한
다. 단, 이중 괄호 표기를 해야 한다.

```
> as.character(sms_corpus[[1]])
```

```
[1] "Hope you are having a good week. Just checking in"
```

여러 문서를 보려면 sms_corpus 객체의 여러 항목에 as.character()를 적용해
야 한다. 그러려면 R 데이터 구조의 항목별로 함수를 적용하는 R 함수 계열에
있는 lapply() 함수를 사용한다. apply()와 sapply()를 포함하는 이 함수들은
R 언어의 주요 관용어 중 하나다. 이 함수들은 가독성이 좋은(그리고 가끔은 좀 더 효율적인)
코드를 생성하기 때문에 숙련된 R 프로그래머는 다른 언어에서 for나 while
루프를 사용하는 것처럼 이 함수를 사용한다. 코퍼스 요소의 부분집합에
as.character()를 적용하는 lapply() 명령은 다음과 같다.

```
> lapply(sms_corpus[1:2], as.character)
```

```
$'1'
[1] "Hope you are having a good week. Just checking in"

$'2'
[1] "K..give back my thanks."
```

앞에서 말했던 것처럼 코퍼스는 5,559개 문자 메시지의 원시 텍스트를 포함한

다. 분석을 하려면 메시지를 개별 단어로 나눠야 한다. 먼저 구두점과 결과를 혼란스럽게 하는 글자들을 제거해서 텍스트를 정리해 표준화할 필요가 있다. 예를 들면 문자열 Hello!, HELLO, hello를 같은 단어 인스턴스로 셀 수 있게 하려 한다.

tm_map() 함수는 tm 코퍼스에 (매핑이라고도 하는) 변환을 적용할 수 있는 방법을 제공한다. 이 함수를 이용해 일련의 변환을 통해 코퍼스를 정리하고 corpus_clean 이라 하는 새로운 객체에 결과를 저장할 것이다.

첫 번째 변환은 소문자만 사용하도록 메시지를 표준화하는 것이다. 이를 위해 R은 텍스트 문자열의 소문자 버전을 반환하는 tolower() 함수를 제공한다. 이 함수를 코퍼스에 적용하려면 tm 래퍼 함수 content_transformer()를 사용해서 tolower()가 코퍼스에 접근하는 데 사용되는 변환 함수로 취급되게 해야 한다. 전체 명령은 다음과 같다.

```
> sms_corpus_clean <- tm_map(sms_corpus,
    content_transformer(tolower))
```

이 명령이 예상대로 작동하는지 확인하고자 원래 코퍼스의 첫 번째 메시지를 점검하고 변환된 코퍼스에서 동일 메시지와 비교해보자.

```
> as.character(sms_corpus[[1]])
```

```
"Hope you are having a good week. Just checking in"
```

```
> as.character(sms_corpus_clean[[1]])
```

```
"hope you are having a good week. just checking in"
```

예상대로 대문자가 같은 문자의 소문자 버전으로 바뀌었다.

content_transformer() 함수를 grep 패턴 매칭(pattern matching)과 대체(replacement)처럼 좀 더 정교한 텍스트 처리와 정리 과정을 적용하는 데 사용할 수 있다. 앞에서 했던 것처럼 tm_map() 을 통해 적용하기 전에 간단히 사용자 정의 함수를 작성해 감싼다.

SMS 메시지에서 숫자를 제거해 정리를 계속해보자. 어떤 숫자는 유용한 정보를 제공해주지만 대부분 개별 발신자에게 고유한 것일 수 있어 전체 메시지에 유용한 패턴을 제공해주지는 않을 것이다. 이를 염두에 두고 다음과 같이 코퍼스에서 모든 숫자를 제거한다.

```
> sms_corpus_clean <- tm_map(sms_corpus_clean, removeNumbers)
```

앞의 코드에서 content_transformer() 함수를 사용하지 않았다는 것을 눈여겨보라. 이는 removeNumbers()가 감쌀 필요가 없는 다른 매핑 함수들과 함께 tm 패키지에 내장돼 있기 때문이다. getTransformations()를 입력하면 다른 내장 변환을 볼 수 있다.

다음 작업은 to, and, but, or와 같이 채우기 위한 단어[filler word]를 SMS 메시지에서 제거하는 것이다. 이런 용어를 불용어[stop words]라고 하며, 일반적으로 텍스트마이닝을 하기 전에 제거한다. 아주 빈번히 나타나기는 하지만 머신러닝에 유용한 정보를 많이 제공하지 않기 때문이다.

불용어 목록을 자체적으로 정의하지 않고 tm 패키지에서 제공하는 stopwords() 함수를 사용할 예정이다. 이 함수를 이용해 다양한 언어의 불용어 집합에 접근할 수 있다. 디폴트로 일반 영어의 불용어가 사용된다. 디폴트 목록을 보려면 커맨드라인에서 stopwords()를 입력한다. 가용한 언어와 옵션을 확인하려면 불용어 페이지를 열고자 ?stopwords 명령을 입력한다.

> 단일 언어라고 하더라도 확정적인 하나의 불용어 목록은 없다. 예를 들어 tm의 기본 영어 목록에는 약 174개의 단어가 포함돼 있으며 다른 옵션에는 571개의 단어가 포함된다. 심지어 자신만의 불용어 목록을 지정할 수도 있다. 선택한 불용어 목록이 무엇이든 유용한 정보는 가능한 한 많이 남기고 필요 없는 데이터는 모두 제거하는 것이 이 변환의 목표임을 명심한다.

불용어를 정의하는 것만으로 유용한 변환이라고 할 수는 없다. 필요한 것은 불용어 목록에 나타나는 단어를 제거하는 방법이다. 해결책은 removeWords() 함수에 있다. 이 함수는 tm 패키지에 있는 변환이다. 앞에서 했던 것처럼 removeWords 매핑을 데이터에 적용하려면 tm_map() 함수를 사용한다. 이때 stopwords() 함수를 파라미터로 전달해 제거하려는 단어를 정확히 표시한다. 전체 명령은 다음과 같다.

```
> sms_corpus_clean <- tm_map(sms_corpus_clean,
  removeWords, stopwords())
```

stopwords()는 설정한 대로 단순히 선택한 불용어 벡터를 반환하기 때문에 이 함수 호출을 제거하고자 하는 자체 단어 벡터로 대체할 수 있다. 이 방식으로 기호에 따라 불용어 목록을 확대 또는 축소할 수 있으며 다른 단어 집합을 모두 제거할 수 있다.

정리 과정을 계속 진행하고자 내장된 removePunctuation() 변환을 사용해 문자 메시지에서 구두점을 제거할 수 있다.

```
> sms_corpus_clean <- tm_map(sms_corpus_clean, removePunctuation)
```

removePunctuation() 변환은 텍스트에서 구두점 문자를 완전히 제거하는데, 이로 인해 의도치 않은 결과가 야기될 수 있다. 예를 들어 다음과 같이 적용될 때 어떤 일이 일어날지 생각해보라.

```
> removePunctuation("hello...world")
```

```
[1] "helloworld"
```

보이는 것처럼 축약 표시 다음에 공백이 없기 때문에 단어 hello와 world가 한 단어처럼 결합됐다. 이것이 이번 분석에는 바로 문제가 되진 않겠지만 나중을 위해 언급할 필요가 있다.

TIP

removePunctuation()의 디폴트 동작을 피하려면 간단히 구두점 문자를 제거하는 대신 대체를 하는 커스텀 함수를 생성한다.

```
> replacePunctuation <- function(x) {
    gsub("[[:punct:]]+", " ", x)
}
```

기본적으로 이것은 x에 있는 구두점 문자를 빈칸으로 대체하고자 R의 gsub() 함수를 사용한다. 이 replacePunctuation() 함수는 다른 변환처럼 tm_map()과 함께 사용된다. 여기서 gsub() 명령의 기괴한 구문은 텍스트 문자를 매칭하는 패턴을 지정하는 정규식을 사용하기 때문이다. 정규식은 12장에서 더 자세히 다룬다.

다른 텍스트 데이터에 대한 일반적인 표준화인 형태소 분석stemming 과정에서는 단어를 어근 형태로 줄인다. 형태소 분석 과정은 learned, learning, learns와 같은 단어들을 받아 접미사suffix를 제거해 기본 형태인 learn으로 변환한다. 형태소 분석은 머신러닝 알고리듬이 각 변형에 대한 패턴을 학습하는 대신 관련 용어를 동일한 개념으로 취급하게 해준다.

tm 패키지는 SnowballC 패키지와 통합돼 형태소 분석 기능을 제공한다. 이 글을 쓰는 시점에 SnowballC는 디폴트로 tm 패키지와 함께 설치되지 않는다. 패키지가 설치돼 있지 않다면 install.packages("SnowballC")로 설치한다.

NOTE

SnowballC 패키지는 밀란 부셋-발라트(Milan Bouchet-Valat)가 유지 보수하고 있으며, C 기반 libstemmer 라이브러리와 R 인터페이스를 제공한다. libstemmer는 광범위하게 사용되는 오픈소스 형태소 분석 방법인 포터(M. F. Porter)가 제안한 '스노우볼(Snowball)' 단어 형태소 분석 알고리듬을 기반으로 한다. 자세한 내용은 http://snowball.tartarus.org를 참고한다.

SnowballC 패키지는 wordStem() 함수를 제공해 문자 벡터에 대해 어근 형태의 동일한 용어 벡터를 반환한다. 예를 들어 이 함수는 앞에서 설명했듯이 단어 learn의 변형에 대해 정확히 어근을 추출한다.

```
> library(SnowballC)
> wordStem(c("learn", "learned", "learning", "learns"))
```

```
[1] "learn"    "learn"    "learn"    "learn"
```

wordStem() 함수를 텍스트 문서의 전체 코퍼스에 적용하고자 tm 패키지는 stemDocument() 변환을 제공한다. tm_map() 함수를 이용해 stemDocument() 변환을 코퍼스에 정확히 적용한다.

```
> sms_corpus_clean <- tm_map(sms_corpus_clean, stemDocument)
```

TIP

stemDocument() 변환을 적용하는 동안 에러 메시지가 나타나면 SnowballC 패키지가 설치됐는지 확인하기 바란다.

숫자, 불용어, 구두점을 제거하고 형태소 분석을 실행하고 나면 문자 메시지는 지금은 제거된 조각들을 분리했던 빈칸과 함께 남는다. 따라서 텍스트 정리 과정의 최종 단계는 내장된 stripWhitespace() 변환을 이용해 추가 여백을 제거하는 것이다.

```
> sms_corpus_clean <- tm_map(sms_corpus_clean, stripWhitespace)
```

다음 표에서는 정리 과정 전후로 SMS 코퍼스에 있는 처음 3개의 메시지를 보여준다. 이 메시지들은 가장 관심 있는 단어로 제한하고 구두점과 대문자 사용을 없앤 것이다.

정리 전 SMS 메시지	정리 후 SMS 메시지
> as.character(sms_corpus[1:3]) [[1]] Hope you are having a good week. Just checking in [[2]] K..give back my thanks. [[3]] Am also doing in cbe only. But have to pay.	> as.character(sms_corpus_clean[1:3]) [[1]] hope good week just check [[2]] kgive back thank [[3]] also cbe pay

데이터 준비: 텍스트 문서를 단어로 나누기

원하는 대로 데이터가 처리됐기 때문에 마지막 단계는 메시지를 토큰화[tokenization] 과정을 통해 개별 용어[terms]로 나누는 것이다. 토큰은 텍스트 문자열의 한 요소로, 이 경우 토큰은 단어다.

짐작했겠지만 tm 패키지는 SMS 메시지 코퍼스를 토큰화하는 기능을 제공한다. DocumentTermMatrix() 함수는 코퍼스를 가져와 문서-용어 행렬[DTM, Document Term Matrix]이라고 하는 데이터 구조를 만든다. 이때 행렬의 행은 문서[SMS 메시지]를 나타내고 열은 용어[단어]를 나타낸다.

> tm 패키지는 용어–문서 행렬(TDM, Term Document Matrix) 데이터 구조도 제공한다. 이는 단순히 DTM을 전치한 것으로, 행은 용어이고 열은 문서다. 둘 모두가 필요한 이유는 무엇인가? 가끔은 둘 중 하나로 작업하는 것이 좀 더 편리하다. 예를 들어 문서 개수는 작지만 단어 목록이 크다면 TDM을 사용하는 것이 합리적이다. 보통 행을 많이 보여주는 것이 열을 많이 보여주는 것보다 쉽기 때문이다. 그렇지만 머신러닝 알고리듬은 일반적으로 DTM(문서 단어 행렬)을 요구한다. 여기서 열은 특징이고 행은 예제다.

행렬에서 각 셀은 행이 표현하고 있는 문서에 열이 표현하고 있는 단어가 출현하는 횟수를 저장한다. 다음은 SMS 코퍼스 DTM의 일부를 보여주는데, 전체 DTM 행렬이 5,559행과 7,000열로 구성돼 있기 때문이다.

message #	balloon	balls	bam	bambling	band
1	0	0	0	0	0
2	0	0	0	0	0
3	0	0	0	0	0
4	0	0	0	0	0
5	0	0	0	0	0

그림 4.9: SMS 메시지의 DTM은 대부분 0으로 채워져 있다.

표에서 모든 셀이 0이란 사실은 열의 가장 위에 열거된 단어 중 어떤 것도 코퍼스의 처음 다섯 메시지에 나타나지 않는다는 것을 의미한다. 이는 이 데이터 구조가 **희소 행렬**sparse matrix이라고 불리는 이유를 돋보이게 하고 있다. 즉, 행렬의 대다수 셀이 0으로 채워져 있다. 실제 용어로 말하자면 메시지는 최소 한 단어를 포함하지만 특정한 메시지에 나타나는 어떤 한 단어의 확률은 작다.

tm 코퍼스로부터 DTM 희소 행렬을 생성하는 것은 단일 명령으로 가능하다.

```
> sms_dtm <- DocumentTermMatrix(sms_corpus_clean)
```

이 명령은 디폴트 설정을 이용해 토큰화된 코퍼스가 들어있는 **sms_dtm** 객체를 생성한다. 이때 디폴트 설정은 최소한으로 처리하도록 적용된다. 코퍼스가 이미 수동으로 준비돼 있기 때문에 디폴트 설정은 적절하다.

한편 사전 처리를 수행하지 않았다면 디폴트 설정을 재지정하는 **control** 파라미터 옵션 목록을 제공해 사전 처리를 여기서 할 수 있다. 예를 들어 원시 SMS 코퍼스에서 바로 DTM을 생성한다면 다음 명령을 이용할 수 있다.

```
> sms_dtm2 <- DocumentTermMatrix(sms_corpus, control = list(
    tolower = TRUE,
    removeNumbers = TRUE,
    stopwords = TRUE,
    removePunctuation = TRUE,
    stemming = TRUE
))
```

이 명령은 앞에서 했던 것과 같은 순서로 SMS 코퍼스에 동일한 사전 처리 단계를 적용한다. 하지만 **sms_dtm**을 **sms_dtm2**와 비교하면 행렬의 용어 개수에 약간의 차이를 확인할 수 있다.

```
> sms_dtm
```

```
<<DocumentTermMatrix (documents: 5559, terms: 6559)>>
Non-/sparse entries : 42147/36419334
Sparsity            : 100%
Maximal term length : 40
Weighting           : term frequency (tf)
```

```
> sms_dtm2
```

```
<<DocumentTermMatrix (documents: 5559, terms: 6961)>>
Non-/sparse entries : 43221/38652978
Sparsity            : 100%
Maximal term length : 40
```

```
Weighting                  : term frequency (tf)
```

이러한 불일치의 원인은 사전 처리 단계의 순서에서 약간의 차이가 있기 때문이다. DocumentTermMatrix() 함수는 텍스트 문자열을 단어로 분리한 다음에 정리 함수를 적용한다. 따라서 조금 다른 불용어 제거 함수를 사용한다. 결론적으로 일부 단어는 토큰화 전에 정리될 때와는 다르게 분할된다.

TIP

> 이전 2개의 DTM을 동일하게 만들고자 디폴트 불용어 함수를 원래의 변환 함수를 사용하는 자체 함수로 재지정한다. 단순히 stopwords = TRUE를 다음 코드로 대체한다.
>
> ```
> stopwords = function(x) { removeWords(x, stopwords()) }
> ```
>
> 이 장의 코드 파일에는 단일 함수 호출을 사용해 동일한 DTM을 생성하는 전체 단계가 포함돼 있다.

두 경우의 차이는 텍스트 데이터의 중요한 정리 원칙을 보여준다. 즉, 작업의 순서가 중요하다. 이를 염두에 두고 과정의 초기 단계가 나중 단계에 어떻게 영향을 줄지 충분히 생각하는 것이 매우 중요하다. 여기서 제시된 순서는 여러 경우에 작동하겠지만 과정이 특정 데이터 세트나 이용 사례에 좀 더 세밀하게 맞춰진다면 다시 생각해볼 필요가 있다. 예를 들어 행렬에서 제외하고 싶은 용어가 있다면 형태소 분석 전에(또는 후에) 찾아야 하는지 고려한다. 또한 구두점 제거가(그리고 구두점을 제거할지 또는 빈칸으로 대체할지가) 어떻게 이런 단계에 영향을 주는지 고려한다.

데이터 준비: 훈련 및 테스트 데이터 세트 생성

스팸 분류기가 구축되면 이전에 보지 못했던 데이터로 평가될 수 있도록 분석을 위해 준비된 데이터를 훈련 데이터 세트와 테스트 데이터 세트로 분리할 필요가 있다. 하지만 분류기가 테스트 데이터 세트의 내용을 보지 못하게 할 필요가 있지만 데이터가 정리되고 처리된 이후에 분할이 일어나는 것이 중요하다. 즉, 훈련 데이터 세트와 테스트 데이터 세트 모두에 대해 정확히 동일한 준비 단계가 필요하다.

데이터를 훈련용 75%와 테스트용 25% 두 부분으로 분리하려고 한다. SMS 메시지는 임의의 순서로 정렬돼 있으므로 단순히 처음 4,169개를 훈련용으로 가져오고 나머지 1,390개를 테스트용으로 남겨둔다. 다행히 DTM 객체는 데이터 프레임과 아주 비슷하게 동작하므로 표준 [row, col] 연산을 이용해 분리할 수 있다. DTM은 SMS 메시지를 행으로 저장하고 단어를 열로 저장하기 때문에 행의 특정 구간과 각 행의 전체 열을 요청해야 한다.

```
> sms_dtm_train <- sms_dtm[1:4169, ]
> sms_dtm_test <- sms_dtm[4170:5559, ]
```

나중의 편의를 위해 훈련 및 테스트 데이터 프레임의 행별 레이블을 갖는 벡터를 각각 저장해두는 것이 좋다. 이 레이블은 DTM에 저장돼 있지 않으므로 원래 sms_raw 데이터 프레임에서 뽑아내야 한다.

```
> sms_train_labels <- sms_raw[1:4169, ]$type
> sms_test_labels <- sms_raw[4170:5559, ]$type
```

이 부분집합이 SMS 데이터의 전체 집합을 대표하는지를 확인하고자 훈련 데이터 프레임과 테스트 데이터 프레임의 스팸 비율을 비교해보자.

```
> prop.table(table(sms_train_labels))
```

```
      ham       spam
0.8647158 0.1352842
```

```
> prop.table(table(sms_test_labels))
```

```
      ham       spam
0.8683453 0.1316547
```

훈련 데이터와 테스트 데이터 모두 13% 스팸을 포함하고 있다. 이는 스팸 메시지가 두 데이터 세트에 균등하게 분할됐음을 보여준다.

텍스트 데이터 시각화: 단어 구름

단어 구름word cloud은 텍스트 데이터에서 단어가 나타나는 빈도를 시각적으로 보여주는 방법이다. 구름은 그림 주변에 다소 랜덤하게 흩어져 있는 단어로 구성돼 있다. 텍스트에서 더 자주 나타나는 단어는 더 큰 폰트로 보여주고 덜 일반적인 용어는 더 작은 폰트로 보여준다. 이런 유형의 그림이 인기가 높아지고 있는데, 소셜 미디어 웹 사이트에서 인기 있는 주제를 관찰할 수 있는 방법을 제공하기 때문이다.

wordcloud 패키지는 단어 구름 다이어그램을 생성하는 간단한 R 함수를 제공한다. 스팸과 햄의 구름을 비교하는 것은 나이브 베이즈 스팸 필터의 성공 여부를 판단하는 데 도움이 되므로 SMS 메시지의 단어 유형을 시각화하는 데 이 함수를 사용할 것이다. 아직 패키지를 설치하지 않았다면 R 커맨드라인에 install.packages("wordcloud")와 library(wordcloud)를 입력해서 패키지를 설치하고 로드한다.

NOTE

wordcloud 패키지는 이안 펠로우(Ian Fellows)가 작성했다. 이 패키지에 대한 자세한 내용을 보려면 이안 펠로우의 블로그 http://blog.fellstat.com/?cat=11을 방문하라.

단어 구름은 **tm** 코퍼스 객체에서 다음 문법을 이용해 직접 생성한다.

```
> wordcloud(sms_corpus_clean, min.freq = 50, random.order = FALSE)
```

이 명령은 이미 준비된 SMS 코퍼스에서 단어 구름을 생성한다. random.order = FALSE로 명시했으므로 구름은 빈도가 높은 단어가 중심에 더 가깝게 위치하도록 랜덤하지 않은 순서로 배열될 것이다. random.order를 명시하지 않았다면 구름은 디폴트로 랜덤하게 정렬된다. min.freq 파라미터는 단어가 구름에 보이기 전에 코퍼스에서 나타나는 횟수를 지정한다. 빈도 50은 코퍼스의 약 1%이므로 단어가 구름에 포함되려면 최소 SMS 메시지의 1% 내에서 발견돼야 한다는 것을 의미한다.

TIP

모든 단어를 그림에 맞출 수 없다는 R의 경고 메시지를 받을 수 있다. 그렇다면 구름에 단어 개수를 줄이고자 min.freq를 증가시킨다. 또한 폰트 크기를 줄이고자 scale 파라미터를 사용하는 것도 도움이 될 것이다.

만들어진 단어 구름은 다음 그림과 비슷하게 나타나야 한다.

그림 4.10: 모든 SMS 메시지에 나타난 단어를 보여주는 단어 구름

좀 더 흥미로운 시각화는 SMS 스팸과 햄 구름을 비교하는 것일 것이다. 스팸과 햄을 별도의 코퍼스로 구성하지 않았기 때문에 wordcloud() 함수의 매우 유익한 특징을 언급하기에 적절한 시점이다. 이 함수는 원시 텍스트 문자열 벡터가 주어지면 구름을 보여주기 전에 공통적인 텍스트 준비 과정을 자동으로 적용할 것이다.

R의 subset() 함수를 이용해 SMS 타입별로 sms_raw 데이터의 부분집합을 얻도록 하자. 먼저 메시지 type이 spam인 부분집합을 생성한다.

```
> spam <- subset(sms_raw, type == "spam")
```

다음은 ham 부분집합에 동일한 처리를 수행한다.

```
> ham <- subset(sms_raw, type == "ham")
```

이제 스팸과 햄 2개의 데이터 프레임을 생성했으며 각각은 SMS의 원시 텍스트 문자열을 갖는 텍스트 특징을 갖는다. 이전처럼 단어 구름을 생성하는 것은 간단하다. 이번에는 각 집합에서 가장 일반적인 단어 40개를 관찰하고자 **max. words** 파라미터를 사용할 것이다. **scale** 파라미터는 구름에서 단어의 최대, 최소 폰트 크기를 조정하기 위한 것이다. 어울리는지 확인하면서 이 파라미터를 자유롭게 조정하길 바란다. 다음 명령에 이 내용이 표현돼 있다.

```
> wordcloud(spam$text, max.words = 40, scale = c(3, 0.5))
> wordcloud(ham$text, max.words = 40, scale = c(3, 0.5))
```

결과로 만들어진 단어 구름은 다음 다이어그램과 같이 보일 것이다. 어떤 것이 스팸 구름이고 어떤 것이 햄을 나타내는지 감이 오는가?

그림 4.11: SMS 스팸과 햄 메시지 단어 구름을 나란히 나타낸 것

추측했겠지만 스팸 구름은 왼쪽에 있다. 스팸 메시지는 urgent, free, mobile, claim, stop과 같은 단어를 포함한다. 이런 단어는 햄에는 전혀 나타나지 않는다. 대신 햄 메시지는 can, sorry, need, time과 같은 단어를 사용한다. 이 극명한 차이는 나이브 베이즈 모델이 클래스를 구별하는 몇 개의 강력한 핵심 단어를 갖게 될 것을 말해준다.

데이터 준비: 자주 사용하는 단어의 지시자 특징 생성

데이터 준비 과정에서 최종 단계는 희소 행렬을 나이브 베이즈 분류기를 훈련시키고자 사용하는 데이터 구조로 변환하는 것이다. 현재 희소 행렬은 6,500개 이상의 특징을 포함한다. 이 특징은 적어도 하나의 SMS 메시지에 나타나는 모든 단어에 대한 특징이다. 이 모든 특징이 분류에 유용한 것은 아닐 것이다. 특징의 개수를 줄이고자 5개 이하의 메시지에 나타나거나 훈련 데이터에서 약 0.1% 레코드보다 작게 나타나는 단어를 제거할 것이다.

자주 나타나는 단어를 찾으려면 tm 패키지에서 findFreqTerms() 함수를 사용하면 된다. 이 함수는 DTM을 받아 최소 횟수만큼 나타나는 단어를 포함하는 문자 벡터를 반환한다. 예를 들어 다음 명령은 sms_dtm_train 행렬에서 최소 5번 나타나는 단어를 보여줄 것이다.

```
> findFreqTerms(sms_dtm_train, 5)
```

함수의 결과는 문자 벡터며 자주 나타나는 단어는 나중을 위해 저장해둔다.

```
> sms_freq_words <- findFreqTerms(sms_dtm_train, 5)
```

벡터의 내용을 들여다보면 최소 5개의 SMS 메시지에 나타나는 용어가 1,139개
있다는 것이 보인다.

```
> str(sms_freq_words)
```

```
  chr [1:1139] "?wk" "€?m" "€?s" "abiola" "abl" "abt" "accept" "access"
"account" "across" "act" "activ" ...
```

이제 DTM을 필터링해 벡터에 자주 나타나는 용어만 포함하게 할 필요가 있다.
앞서 했듯이 DTM의 특정 부분을 요청하려면 데이터 프레임 스타일 [row, col]
연산을 사용하되 열 이름이 DTM에 포함된 단어를 따른다는 점을 주목해야 한
다. DTM을 특정 단어로 제약할 때 이 사실을 이용할 수 있다. 전체 행과
sms_freq_words 벡터의 단어에 해당하는 열만 원하기 때문에 명령은 다음과
같다.

```
> sms_dtm_freq_train <- sms_dtm_train[ , sms_freq_words]
> sms_dtm_freq_test <- sms_dtm_test[ , sms_freq_words]
```

이제 훈련 및 테스트 데이터 세트는 1,139개의 특징을 포함하며, 이 특징은 최소
5개의 메시지에서 나타나는 단어에 해당한다.

나이브 베이즈 분류기는 대개 범주형 특징으로 된 데이터에 대해 훈련된다.

이런 점이 문제가 되는데, 희소 행렬의 셀은 숫자며 메시지에 나타나는 단어의 횟수를 측정하기 때문이다. 셀의 값을 단어가 나타나는지 여부에 따라 단순히 예^{yes} 또는 아니요^{no}를 나타내는 범주형 변수로 바꿀 필요가 있다.

다음 명령은 횟수를 Yes/No 문자열로 변환하고자 convert_counts() 함수를 정의한다.

```
> convert_counts <- function(x) {
  x <- ifelse(x > 0, "Yes", "No")
}
```

지금쯤 이 함수의 일부분은 익숙해야만 한다. 첫 번째 라인은 함수를 정의한다. ifelse(x > 0, "Yes", "No") 문장은 x의 값을 변환하며 값이 0보다 크면 "Yes"로 대체하고 그렇지 않으면 "No"로 대체한다. 최종적으로 새롭게 변환된 x 벡터가 반환된다.

이제 convert_counts()를 희소 행렬의 열에 대해 적용해야 한다. 정확히 그런 일을 하는 R 함수를 추측할 수 있을 것이다. 이 함수는 단순히 apply()에서 호출되며 이전에 사용된 lapply()가 사용됐던 것과 매우 비슷하게 사용된다.

apply() 함수는 행렬의 각 행이나 열에 대해 임의의 함수가 호출되게 한다. 그리고 행이나 열을 명시하고자 MARGIN 파라미터를 사용한다. 여기서는 열에 관심이 있기 때문에 MARGIN = 2를 사용할 것이다(MARGIN = 1은 행에 사용된다). 훈련 및 테스트 행렬을 변환하는 명령은 다음과 같다.

```
> sms_train <- apply(sms_dtm_freq_train, MARGIN = 2,
    convert_counts)
> sms_test <- apply(sms_dtm_freq_test, MARGIN = 2,
    convert_counts)
```

결과는 2개의 문자 타입 행렬이며 행렬의 각 셀은 "Yes"나 "No"를 보여준다. 이 값은 열로 표시되는 단어가 행으로 표시되는 메시지의 어딘가에 나타나는지 여부를 가리킨다.

단계 3: 데이터에 대한 모델 훈련

원시 SMS 메시지가 통계 모델에 의해 표현되는 형식으로 변환됐으므로 나이브 베이즈 알고리듬을 적용할 시점이 됐다. 이 알고리듬은 해당 SMS 메시지가 스팸일 확률을 추정하는 데 단어의 존재 또는 부재를 이용한다.

사용할 나이브 베이즈 구현은 naivebayes 패키지에 있다. naivebayes 패키지는 빈 기술대학교^{TU Wien, Vienna University of Technology}의 통계학과에서 개발됐으며, 머신러닝용 다양한 함수가 이 패키지에 포함돼 있다. 패키지를 설치하지 않았다면 진행하기 전에 install.packages("naivebayes")와 library(naivebayes) 명령을 이용해 패키지를 설치하고 로드한다.

TIP

> 많은 머신러닝 접근 방법은 2개 이상의 R 패키지에서 구현돼 있으며 나이브 베이즈도 예외가 아니다. 다른 선택지로는 e1071 패키지의 naiveBayes() 함수가 있으며, 이 함수는 이 책의 이전 버전에서 사용됐지만 사용 방법은 거의 동일하다. 이번 판에서 사용된 naivebayes 패키지는 더 좋은 성능과 더 고급 기능을 제공하며, 해당 웹 사이트(https://majkamichal.github.io/naivebayes/)에서 자세히 설명하고 있다.

3장에서 분류를 위해 사용했던 k-NN 알고리듬과 달리 나이브 베이즈 학습자는 분류를 위해 별도의 단계에서 훈련되고 사용된다. 다음 표에서 보이는 것처럼 아직까지 이 단계는 매우 간단하다.

나이브 베이즈 분류 구문

naivebayes 패키지의 naiveBayes() 함수 사용

분류기 구축:

```
m <- naive_bayes(x, y, laplace = 0)
```

- x: 훈련 데이터를 포함하는 데이터 프레임 또는 행렬
- y: 훈련 데이터의 각 행에 대한 클래스를 갖는 팩터 벡터
- laplace: 라플라스 추정기를 제어하는 숫자(디폴트 0)

이 함수는 예측에 사용될 수 있는 나이브 베이즈 객체를 반환한다.

예측:

```
p <- predict(m, test, type = "class")
```

- m: naiveBayes() 함수에 의해 훈련된 모델
- test: 분류기를 구축하는 데 사용된 훈련 데이터와 같은 특징을 갖는
  테스트 데이터를 포함하는 데이터 프레임 또는 행렬
- type: "class"나 "raw". 예측 결과가 가장 확률이 높은 클래스인지 원시
  예측 확률인지를 지정

이 함수는 type 파라미터의 값에 따라 예측 클래스 값이나 원시 예측 확률의 벡터를
반환한다.

예제:

```
sms_classifier <- naiveBayes(sms_train, sms_type)
sms_predictions <- predict(sms_classifier, sms_test)
```

그림 4.12: 나이브 베이즈 분류 구문

sms_train 행렬을 사용해 다음 명령을 실행하면 naive_bayes 분류기 객체가 훈련돼 예측에 사용된다.

```
> sms_classifier <- naiveBayes(sms_train, sms_train_labels)
```

이전 명령을 실행한 후 다음과 같은 출력 결과가 나타날 수 있다.

```
There were 50 or more warnings (use warnings() to see the first 50)
```

현재로서는 걱정할 필요가 없다. warnings() 명령을 입력하면 이 문제의 원인이 나타난다.

```
> warnings()
```

```
Warning messages:
1: naive_bayes(): Feature ?wk ? zero probabilities are present. Consider
Laplace smoothing.
2: naive_bayes(): Feature 60 biola ? zero probabilities are present.
Consider Laplace smoothing.
3: naive_bayes(): Feature abl ? zero probabilities are present. Consider
Laplace smoothing.
4: naive_bayes(): Feature abt ? zero probabilities are present. Consider
Laplace smoothing.
5: naive_bayes(): Feature accept ? zero probabilities are present.
Consider Laplace smoothing.
```

이러한 경고는 스팸 메시지나 햄 메시지에 전혀 나타나지 않은 단어들이 있고 이들은 연관된 확률이 0이기 때문에 분류 과정에 거부 권한^{veto power}을 갖고 있기 때문이다. 예를 들어 단어 'accept'는 훈련 데이터에서 햄 메시지에만 나타났기 때문에 이 단어가 포함된 모든 미래의 메시지를 자동으로 햄으로 분류해야 하는 것은 아니다.

이 문제를 해결하는 간단한 방법이 있다. 앞에서 설명한 라플라스^{Laplace} 추정기를 사용하는 것이 그중 하나인데, 현재는 기본 설정인 **laplace = 0**을 사용해 이 모델을 평가할 것이다.

단계 4: 모델 성능 평가

SMS 분류기를 평가하려면 테스트 데이터의 낯선 메시지에 대해 예측을 테스트할 필요가 있다. 처음 보는 메시지의 특징은 **sms_test** 행렬에 저장돼 있고 클래스 레이블_(spam 또는 ham)은 **sms_test_labels** 벡터에 저장돼 있다. 훈련했던 분류기의 이름은 **sms_classifier**다. 이 분류기로 예측을 생성한 후 예측된 값과 실제 값을 비교할 것이다.

예측을 하는 데 **predict()** 함수가 사용된다. 예측값은 **sms_test_pred**라는 이름

의 벡터에 저장될 것이다. 보이는 것처럼 predict() 함수에 단순히 분류기 이름
과 테스트 데이터 세트를 제공한다.

```
> sms_test_pred <- predict(sms_classifier, sms_test)
```

예측을 실제 값과 비교하고자 이전에 사용했던 gmodels 모델 패키지에 있는
CrossTable() 함수를 사용한다. 다음 코드에 보이는 것처럼 이번에는 필요 없
는 셀의 비율을 없애고자 몇 개의 파라미터를 추가하고 dnn 파라미터로 행과
열을 다음 코드처럼 다시 레이블을 지정할 것이다.

```
> library(gmodels)
> CrossTable(sms_test_pred, sms_test_labels,
    prop.chisq = FALSE, prop.c = FALSE, prop.r = FALSE,
    dnn = c('predicted', 'actual'))
```

이 명령은 다음 표를 만든다.

```
Total Observations in Table: 1390


             | actual
   predicted |       ham |      spam | Row Total |
-------------|-----------|-----------|-----------|
         ham |      1201 |        30 |      1231 |
             |     0.864 |     0.022 |           |
-------------|-----------|-----------|-----------|
        spam |         6 |       153 |       159 |
             |     0.004 |     0.110 |           |
-------------|-----------|-----------|-----------|
Column Total |      1207 |       183 |      1390 |
-------------|-----------|-----------|-----------|
```

표를 보면 1,390개의 SMS 메시지 중 6 + 30 = 36개(2.6%)만 부정확하게 분류된 것으로 확인된다. 에러는 햄 메시지 1,207개 중 스팸으로 잘못 분류된 6개며, 183개의 스팸 메시지에서 30개가 햄으로 부정확하게 레이블됐다. 프로젝트에 투입한 노력이 적다는 것을 감안하면 이 수준의 성능은 매우 인상적인 것으로 보인다. 이 사례 연구는 나이브 베이즈가 텍스트 분류에 자주 사용되는 이유를 대표적으로 보여준다. 그냥 바로 사용해도 놀라울 정도로 잘 작동한다.

한편 스팸으로 부정확하게 분류된 6개의 합법적인 메시지는 필터링 알고리듬을 배포할 때 심각한 문제를 일으킬 수 있다. 필터 때문에 중요한 문자 메시지를 놓칠 수 있기 때문이다. 더 나은 성능을 위해 모델을 약간 변경할 수 있는지를 확인할 수 있도록 조사해야만 한다.

단계 5: 모델 성능 개선

모델을 훈련할 때 라플라스 추정기에 값을 설정하지 않았다는 것을 기억할 것이다. 실제로 R에서 0인 확률을 가진 50개 이상의 특징에 대해 경고 메시지를 보지 못했을 리 없다. 이 문제를 해결하고자 이전처럼 나이브 베이즈 모델을 구축하지만 이번에는 laplace = 1로 설정한다.

```
> sms_classifier2 <- naiveBayes(sms_train, sms_train_labels, laplace = 1)
```

그런 다음 이전처럼 예측을 해보자.

```
> sms_test_pred2 <- predict(sms_classifier2, sms_test)
```

마지막으로 예측된 클래스와 실제 분류를 교차표를 이용해 비교한다.

```
> CrossTable(sms_test_pred2, sms_test_labels,
  prop.chisq = FALSE, prop.c = FALSE, prop.r = FALSE,
  dnn = c('predicted', 'actual'))□
```

이 명령으로 다음 표가 만들어졌다.

```
Total Observations in Table: 1390


             | actual
   predicted |      ham |     spam | Row Total |
-------------|----------|----------|-----------|
         ham |     1202 |       28 |      1230 |
             |    0.865 |    0.020 |           |
-------------|----------|----------|-----------|
        spam |        5 |      155 |       160 |
             |    0.004 |    0.112 |           |
-------------|----------|----------|-----------|
Column Total |     1207 |      183 |      1390 |
-------------|----------|----------|-----------|
```

라플라스 추정량을 더함으로써 거짓 긍정(에러로 인해 스팸으로 분류된 햄 메시지)의 개수가 6개에서 5개로 줄고, 거짓 부정의 개수가 30개에서 28개로 줄였다. 작은 변경처럼 보이겠지만 모델의 정확도가 이미 매우 인상적이었다는 점을 감안하면 상당한 것이다. 스팸을 필터링하는 동안 지나치게 공격적인 것과 지나치게 수동적인 것 사이에서 균형을 유지하려면 모델을 너무 많이 조정하기 전에 신중해질 필요가 있다. 사용자는 햄 메시지가 너무 공격적으로 필터링되는 것보다 스팸 메시지가 필터를 통과할 때 적게 빠지는 것을 선호할 것이다.

⠿ 요약

4장에서는 나이브 베이즈를 이용한 분류를 살펴봤다. 이 알고리듬은 확률 테이블을 구성해 새로운 예제가 다양한 클래스에 속할 우도^{likelihood}를 추정하는 데 사용되게 했다. 이 확률은 종속 사건이 어떻게 연관되는지를 명시한 베이즈 정리로 알려진 공식을 이용해 계산된다. 베이즈 정리가 계산적으로 비쌀 수는 있지만 특징의 독립에 대한 소위 '순진한^{naive}' 가정을 하는 단순화된 버전은 훨씬 큰 데이터 세트를 다룰 수 있다.

나이브 베이즈 분류기는 텍스트 분류에 자주 사용된다. 이 분류기의 효율성을 설명하고자 스팸 SMS 메시지와 관련된 분류 작업에 나이브 베이즈를 이용했다. 분석을 위해 텍스트 데이터를 준비하려면 텍스트 처리와 시각화를 위한 특화된 R 패키지를 사용해야 한다. 결국 이 모델은 전체 SMS 메시지의 97% 이상을 정확하게 스팸이나 햄으로 분류할 수 있었다.

5장에서는 두 종류의 머신러닝 방법을 더 살펴본다. 각각은 데이터를 비슷한 값의 그룹으로 분할해 분류를 수행한다. 곧 알게 되겠지만 이러한 방법들은 그 자체로도 상당히 유용하다. 하지만 더 멀리 전망해보면 이러한 기본 알고리듬들은 오늘날 가장 강력한 머신러닝 방법 중 일부의 중요한 기반이기도 하다. 이는 14장에서 소개한다.

05

분할 정복: 의사결정 트리와 규칙 기반의 분류

다양한 급여 수준과 혜택이 포함된 여러 일자리 제안 중에서 결정을 할 때 사람들은 먼저 장단점 목록을 만들고 간단한 규칙으로 선택 사항을 제거해 나간다. 예를 들어 "출퇴근 시간이 1시간을 넘는다면 불만스러울 것 같다" 또는 "급여를 5만 달러 이하로 받는다면 가족을 부양할 수 없을 것이다"와 같은 규칙이 있을 것이다. 이런 식으로 누군가의 미래 행복을 예측하는 복잡하고 어려운 결정을 단순한 결정들로 줄일 수 있다.

5장에서는 의사결정 트리^{decision tree}와 규칙 학습자^{rule learner}를 다룬다(두 머신러닝 방법은 단순한 선택 과정을 거쳐 복잡한 결정을 한다). 이때 통계 지식이 없어도 이해할 수 있는 논리 구조의 형태로 지식을 표현하게 된다. 이런 측면은 이 두 모델이 특히 비즈니스 전략과 프로세스 개선에 유용해지게 만든다.

5장에서 다루는 내용은 다음과 같다.

- 트리와 규칙이 데이터를 관심 있는 세그먼트로 '탐욕스럽게^{greedily}' 분할하는 방법

- C5.0, 1R, RIPPER 알고리듬을 포함하는 가장 보편적인 의사결정 트리와 분류 규칙 학습자
- 위험 은행 대출 및 독버섯 식별과 같은 실제 분류 작업을 수행하기 위한 알고리듬 사용 방법

먼저 의사결정 트리를 검토한 후에 분류 규칙을 살펴본다. '요약' 절에서는 5장에서 다뤘던 내용을 정리하고 5장 이후에 다룰 의사결정 트리와 규칙을 기반으로 하는 정교한 머신러닝 기법을 간단히 소개한다.

의사결정 트리의 이해

의사결정 트리 학습자는 강력한 분류기로 특징과 잠재적 결과 간의 관계를 모델링하고자 트리 구조tree structure를 활용한다. 다음 그림에서 볼 수 있듯이 이 구조는 말 그대로 나무가 넓은 몸통에서 시작해서 위쪽으로 갈수록 점점 더 좁은 가지로 갈라지는 모습을 반영한다는 사실 때문에 트리라는 이름을 얻게 됐다. 같은 방식으로 의사결정 트리 분류기도 예제를 최종 예측 클래스 값으로 보내고자 결정을 분기시키는 구조를 사용한다.

실제 트리의 작동 방식을 더 잘 이해하고자 일자리 제안을 수락할지 여부를 예측하는 다음의 의사결정 트리를 고려해보자. 고려 중인 일자리 제안은 루트 노드root node에서 시작해 직업의 속성에 따라 선택이 이뤄지는 결정 노드decision node를 통과하게 된다. 이런 선택은 결정의 잠재적 결과를 나타내는 분기branches로 데이터를 분할한다. 경우에 따라 분기는 2개 이상 가능하지만 여기서는 예yes 또는 아니요no 결과로 표시한다.

218

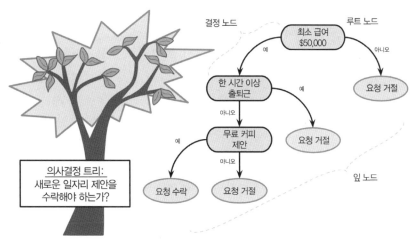

그림 5.1: 새로운 일자리 제안을 수락할 것인지 결정하는 절차를 나타낸 의사결정 트리

최종 결정이 이뤄지면 트리는 (터미널 노드^{terminal nodes}라고도 알려진) 잎 노드^{leaf nodes}에서 종료된다. 잎 노드는 일련의 결정이 이뤄진 결과로서 수행할 액션을 나타낸다. 예측 모델의 경우 트리에서 일련의 사건이 발생하면 잎 노드에서는 예상되는 결과를 제공한다.

의사결정 트리 알고리듬의 큰 장점은 순서도 같은 트리 구조가 학습자의 내부적인 용도로만 사용되는 것은 아니라는 점이다. 대다수의 의사결정 트리 알고리듬은 모델이 생성된 이후 생성된 구조를 사람이 읽을 수 있는 형식으로 출력한다. 이로 인해 모델이 어떻게, 왜 특정 작업에 잘 작동하는지 또는 잘 작동하지 않는지에 대한 엄청난 통찰력이 제공된다. 특히 법적인 이유로 분류 방법이 투명해야 하는 애플리케이션이나 향후 업무를 알리고자 다른 사람과 결과를 공유해야 하는 경우에 의사결정 트리가 적합하다. 이 점을 염두에 두면 잠재적 용도에 다음과 같은 것들이 포함된다.

- 신청자 거절 기준이 명확히 문서화되고 편향되지 않은 신용 평가 모델
- 경영진 또는 광고 대행사와 공유될 고객 만족이나 고객 이탈과 같은 고객 행동 마케팅 연구

- 실험실 측정, 증상, 질병 진행률을 기반으로 하는 질병 진단

이런 응용은 결정 과정을 알려준다는 점에서 트리의 가치를 보여주지만 트리의 유용성이 여기서 끝이라는 것을 의미하진 않는다. 실제 의사결정 트리는 가장 널리 사용되는 단 하나의 머신러닝 기법이고 거의 모든 종류의 데이터를 모델링하는 데 (뛰어나고 독창적인 응용과 자주 함께) 적용된다.

트리는 적용 가능성이 넓기는 하지만 이상적으로 맞지 않는 시나리오들을 눈여겨볼 필요가 있다. 그런 경우 중 하나가 데이터에 다수의 명목 특징이 여러 레벨로 이뤄져 있거나 다수의 수치 특징이 있는 작업이다. 이 경우 결정이 아주 많이 생성되고 트리는 너무 복잡해진다. 따라서 의사결정 트리가 데이터에 과적합되는 경향을 갖게 된다. 물론 곧 확인할 수 있겠지만 일부 간단한 파라미터를 조정해서 이런 단점을 극복할 수는 있다.

분할 정복

의사결정 트리는 재귀 분할recursive partitioning이라 하는 휴리스틱을 사용해서 만든다. 이 방법은 일반적으로 분할 정복divide and conquer으로도 알려져 있는데, 데이터를 부분집합으로 나누고 그다음 더 작은 부분집합으로 반복해서 나누며, 알고리듬이 부분집합의 데이터가 충분히 동질적이라고 판단하거나 다른 종료 조건을 만나 과정이 종료될 때까지 계속되기 때문이다.

데이터 세트를 분할해 의사결정 트리를 만드는 방법을 살펴보고자 성숙한 트리로 자라게 될 가장 기본적인 루트 노드를 상상해보자. 처음에 루트 노드는 분할이 일어나지 않았기 때문에 전체 데이터 세트를 표현하고 있다. 여기서는 의사결정 트리 알고리듬은 분할을 하고자 특징을 선택해야 한다. 이상적으로 목표 클래스를 가장 잘 예측하는 특징을 선택한다. 그런 다음 예제가 특징의 고유 값에 따라 여러 그룹으로 분리되고 트리 분기의 첫 번째 집합이 형성된다.

각 분기별로 처리를 하면서 알고리듬은 종료 기준에 도달할 때까지 데이터를

분할하고 정복해 나가며 결정 노드를 생성할 때마다 최고의 후보 특징을 선택한다. 분할 정복은 다음 조건에 있는 노드에서 멈춘다.

- 노드에 있는 모든(또는 거의 모든) 예제가 같은 클래스를 가진다.
- 예제를 구별하는 특징이 남아있지 않다.
- 미리 정의된 크기 한도까지 트리가 자랐다.

트리가 만들어지는 과정을 설명하고자 간단한 예제를 살펴보자. 독자가 할리우드 스튜디오에서 근무하며 유망한 신예 작가들이 쓴 시나리오의 제작을 추진할지 여부를 결정하는 역할이라고 상상해보자. 휴가에서 복귀한 후 제안서가 책상에 높게 쌓여있다. 제안서를 처음부터 끝까지 읽을 시간이 없어 제작될 영화가 3가지 범주인 호평작$^{Critical\ Success}$, 주류 히트작$^{Mainstream\ Hit}$, 흥행 실패작$^{Box\ Office\ Bust}$ 중 어디에 속할지 예측하는 의사결정 트리 알고리듬을 개발하기로 결정한다.

의사결정 트리를 만들고자 회사가 가장 최근에 개봉한 영화 30개의 성공과 실패 요인을 분석하려고 하며, 이를 위해 스튜디오 기록 보관소의 도움을 받는다. 영화의 예상 촬영 예산, 주연을 위한 A급 유명인 라인업 수, 성공 수준 사이에 관계를 빨리 눈여겨보라. 찾아낸 것이 흥미롭다면 패턴을 보여주고자 산포도를 만든다.

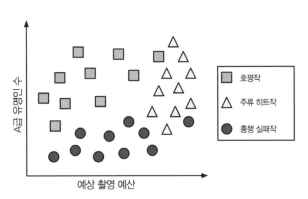

그림 5.2: 영화 예산과 연예인 수의 관계를 나타낸 산포도

분할 정복 전략을 이용해 데이터에서 간단한 의사결정 트리를 만들 수 있다. 먼저 트리의 루트 노드를 생성하고자 유명인 수를 나타내는 특징을 나눠 영화를 A급 스타 수가 매우 많은 그룹과 그렇지 않은 그룹으로 분할한다.

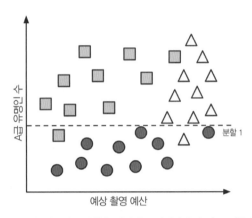

그림 5.3: 의사결정 트리의 첫 번째 분할은 데이터를 연예인 수가 많고 적음에 따라 나눠졌다.

다음은 유명인이 많은 영화 그룹에서 예산이 높은 영화와 그렇지 않은 영화의 분할을 만들 수 있다.

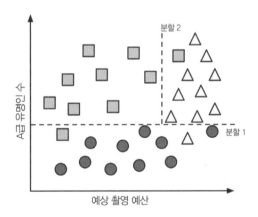

그림 5.4: 의사결정 트리의 두 번째 분할은 많은 연예인이 등장한 영화를 대상으로 추가적으로 낮은 예산과 높은 예산으로 나눴다.

현재 데이터를 세 그룹으로 나눴다. 다이어그램의 좌측 상단에 있는 그룹은 전체적으로 비평가들의 극찬을 받은 영화로 구성돼 있다. 이 그룹은 유명인의 수가 많고 상대적으로 낮은 예산으로 구별된다. 우측 상단에서 대부분의 영화는 높은 예산과 연예인이 많은 박스 오피스 흥행작들이다. 최종 그룹은 스타 파워는 작지만 낮은 예산부터 높은 예산의 범위에 있으며 실패작을 포함한다.

원한다면 예산과 연예인 인원수에 대해 점점 더 구체적인 범위로 데이터를 분할해 현재 잘못 분류된 값을 각각 자체적인 작은 분할에 올바르게 분류할 수 있다. 그러나 이러한 방식으로 의사결정 트리를 과적합시키는 것은 권장되지 않는다. 알고리듬은 데이터를 무한정으로 분할할 수 있지만 지나치게 구체적인 결정은 항상 좀 더 일반화되지 않을 수 있다. 따라서 각 그룹 예제의 80% 이상이 단일 클래스에서 온다는 사실로 인해 이곳에서 알고리듬을 멈추는 것이 과적합 문제를 피하기 위한 선택이다. 이것이 의사결정 트리 모델의 중단 기준이다.

TIP

> 대각선이 데이터를 더 깔끔하게 분리할 수 있다는 것을 인식했을 것이다. 의사결정 트리는 축-평행 분할(axis-parallel splits)을 사용하기 때문에 지식을 표현하는 데 한계가 있다. 분할이 한 번에 하나의 특징만을 고려하기 때문에 의사결정 트리는 더 복잡한 결정 경계를 형성하지 못한다. 예를 들면 "유명 배우의 수가 예상 예산보다 큰가?"를 묻는 결정은 대각선을 생성한다. 그렇다면 영화는 호평작(critical success)이 될 것이다.

향후 영화의 성공 여부를 예측하는 이 모델은 다음 다이어그램에 보이는 것처럼 간단한 트리로 표현될 수 있다. 트리의 각 단계는 예제의 일부가 각 클래스로 할당되는 것을 보여주고 이는 가지가 잎에 가까워질수록 데이터가 좀 더 동질화되는 것을 보여준다. 새로운 영화 대본을 평가하려면 대본의 성공이나 실패가 예측될 때까지 각 결정을 통해 분기를 따라간다. 이 기법을 통해 곧 대본 백로그 중 가장 유망한 선택을 찾아내 아카데미 시상식 수락 연설 작성과 같은 좀 더 중요한 작업으로 돌아갈 수 있을 것이다.

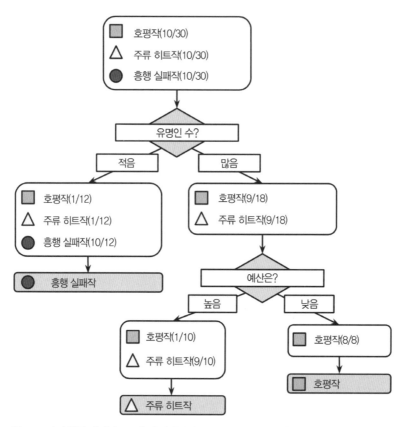

그림 5.5: 과거 영화 데이터로 구축된 의사결정 트리는 미래 영화의 흥행에 대해 예측할 수 있다.

실제 데이터에는 2개 이상의 특징이 포함돼 있으므로 의사결정 트리는 이 트리보다 한층 더 복잡해져서 더 많은 노드와 분기, 잎을 갖는다. 다음 절에서는 자동으로 의사결정 트리 모델을 만드는 유명한 알고리듬을 알아본다.

C5.0 의사결정 트리 알고리듬

의사결정 트리의 수많은 구현이 있지만 가장 잘 알려진 구현 중 하나는 C5.0 알고리듬이다. 이 알고리듬은 이전 알고리듬인 C4.5의 개선된 버전으로 컴퓨터 과학자 로스 퀸란[J. Ross Quinlan]에 의해 구현됐으며, C4.5는 퀸란의 ID3[Iterative

Dichotomiser 3 알고리듬을 개선한 것이다. 퀸란은 C5.0을 상업용 고객에게 판매했지만(자세한 내용은 http://www.rulequest.com/ 참고) 이 알고리듬의 싱글 스레드 버전 소스코드는 공개적으로 사용할 수 있어 R과 같은 프로그램에 통합돼 있다.

NOTE

> 상황이 좀 더 혼란스러운 것은 C4.5의 대안으로 J48이란 이름의 유명한 자바 기반 오픈소스가 RWeka 패키지에 포함돼 있다는 점이다. C5.0, C4.5, J48은 차이가 아주 작기 때문에 3가지 방법 중 어떤 것에도 5장의 원리가 적용될 것이며 이 3가지 알고리듬은 동의어로 간주돼야 한다.

C5.0 알고리듬은 대부분의 문제 유형을 바로 잘 처리하기 때문에 의사결정 트리를 생성하기 위한 산업 표준이 됐다. 7장에서 설명하는 방법과 같은 다른 고급 머신러닝 모델과 비교하면 C5.0으로 만들어진 의사결정 트리는 일반적으로 거의 비슷한 성능을 보이지만 이해하고 배포하기가 훨씬 쉽다. 또한 다음 표에 보이는 것처럼 알고리듬의 약점이 상대적으로 아주 적고 대체로 회피 가능하다.

장점	단점
• 많은 유형의 문제에 잘 실행되는 범용 분류기다.	• 의사결정 트리 모델이 레벨 수가 많은 특징의 분할로 편향될 수 있다.
• 수치 특징, 명목 특징, 누락 데이터를 다룰 수 있는 고도로 자동화된 학습 과정이다.	• 모델이 과적합 또는 과소적합되기 쉽다.
• 중요하지 않은 특징은 제외한다.	• 축 평행 분할에 의존하기 때문에 어떤 관계는 모델링이 어려울 수 있다.
• 작은 데이터 세트와 큰 데이터 세트에 모두 사용될 수 있다.	• 훈련 데이터에서 작은 변화가 결정 로직에 큰 변화를 초래할 수 있다.
• (상대적으로 작은 트리에 대해) 수학적 배경 없이 해석될 수 있는 모델을 만든다.	• 큰 트리는 해석이 어렵고 트리가 만든 결정은 직관적이지 않아 보일 수 있다.
• 다른 복잡한 모델보다 더 효율적이다.	

일이 단순해지도록 앞의 의사결정 트리 예제에서는 기계가 분할 정복 전략을 이용하는 방법과 관련된 수학은 무시했다. 이 휴리스틱의 실제 작동 방식을 보려면 좀 더 자세히 조사해보자.

최고의 분할 선택

의사결정 트리가 직면하게 될 첫 번째 문제는 분할 조건이 되는 특징을 식별하는 것이다. 앞의 예제에서는 생성된 분할이 주로 하나의 클래스 예제를 포함하게 만드는 데이터 분할 방법을 찾았다.

예제의 부분집합이 단일 클래스를 포함하는 정도를 순도^purity라고 하며 단일 클래스로 이뤄진 부분집합을 순수^pure하다고 한다.

최고의 의사결정 트리 분할 후보를 식별하는 데 사용할 수 있는 다양한 순도 측정법이 있다. C5.0은 엔트로피^entropy를 사용하며 이는 정보 이론에서 빌려온 개념으로, 클래스 값의 집합 내에서 무작위성^randomness 또는 무질서^disorder를 정량화한다. 엔트로피가 높은 집합은 매우 다양하며 같은 집합에 속해있는 다른 아이템에 대해 뚜렷한 공통점이 없기 때문에 정보를 거의 제공하지 않는다. 의사결정 트리는 엔트로피를 줄이는 분할을 찾고 궁극적으로 그룹 내 동질성을 증가시키려고 한다.

전형적으로 엔트로피는 비트^bits 단위로 측정된다. 가능한 클래스가 2개뿐인 경우 엔트로피 값의 범위는 0에서 1이다. 클래스가 n개인 경우 엔트로피의 범위는 0에서 $log_2(n)$이다. 각각의 경우에 최솟값은 샘플이 완전히 동질적임을 나타내는 반면 최댓값은 데이터가 최대한 다양하고 어떤 그룹도 적은 다수조차 없음을 나타낸다.

수학적 개념으로 엔트로피는 다음과 같이 명시된다.

$$Entropy(S) = \sum_{i=1}^{c} -p_i log_2(p_i)$$

이 식에서 데이터 세그먼트 S에 대해 항목 c는 클래스의 레벨 수를 가리키고 p_i는 클래스 레벨 i에 속하는 값의 비율을 가리킨다.

예를 들어 빨간색(60%)과 흰색(40%) 두 클래스를 갖는 데이터 분할이 있다고 하자.

엔트로피는 다음과 같이 계산할 수 있다.

```
> -0.60 * log2(0.60) - 0.40 * log2(0.40)
```

```
[1] 0.9709506
```

가능한 모든 2-클래스 배열의 엔트로피를 시각화할 수 있다. 한 클래스의 예제 비율이 x라는 것을 안다면 다른 클래스의 예제 비율은 $(1 - x)$다. curve() 함수를 이용해 가능한 모든 x 값에 대해 엔트로피를 그릴 수 있다.

```
> curve(-x * log2(x) - (1 - x) * log2(1 - x),
        col = "red", xlab = "x", ylab = "Entropy", lwd = 4)
```

이 명령으로 다음 그래프가 그려진다.

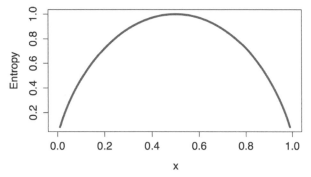

그림 5.6: 2-클래스 결과에서 한 클래스의 비율이 변함에 따른 전체 엔트로피

엔트로피의 최고치가 x = 0.50에서 보이는 것처럼 50-50 분할은 엔트로피를 최대로 만든다. 한 클래스가 다른 클래스에 대해 점점 더 우세할수록 엔트로피는 0으로 줄어든다.

분할을 하기 위한 최적의 특징을 결정하고자 엔트로피를 사용하려면 알고리듬은 각 특징별로 분할로 인해 생기는 동질성의 변화를 계산한다. 이것이 정보 획득량[information gain]이라고 하는 측도다. 특징 F의 정보 획득량은 분할 전 세그먼트(S_1)와 분할로 생성된 분할들(S_2)의 엔트로피 차로 계산된다.

$$\text{InfoGain}(F) = \text{Entropy}(S_1) - \text{Entropy}(S_2)$$

문제는 분할 후에 데이터가 하나 이상의 분할로 나뉜다는 점이다. 따라서 Entropy(S_2)를 계산하는 함수는 모든 분할의 전체 엔트로피를 고려할 필요가 있다. 그렇게 하려면 각 분할의 엔트로피에 분할에 소속된 모든 레코드의 비율에 따라 가중치를 부여한다. 이는 다음 공식으로 기술할 수 있다.

$$\text{Entropy}(S) = \sum_{i=1}^{n} w_i \, \text{Entropy}(P_i)$$

간단히 말해 분할로 생기는 전체 엔트로피는 n개 분할에 대해 각 분할의 엔트로피에 분할에 속하는 예제 비율[w]로 가중치를 부여해서 합산한 것이다.

정보 획득량이 높을수록 이 특징에 대해 분할한 후 동질적 그룹을 생성하기에 더 좋은 특징이다. 정보 획득량이 0인 경우 이 특징에 대해 분할을 하게 되면 엔트로피가 감소하지 않는다. 반면 최대 정보 획득량의 경우 분할 전 엔트로피와 정보 획득량이 동일하다. 이 말은 분할 후 엔트로피가 0이라는 것을 의미하며 분할로 인해 완전히 동질적인 그룹이 만들어졌음을 의미한다.

앞의 공식에서 명목 특징을 가정했지만 의사결정 트리는 수치 특징에 대해 분할할 때도 정보 획득량을 사용한다. 그러려면 보통 값을 수치 임계치보다 큰 그룹이나 작은 그룹으로 나누는 분할을 다양하게 테스트해본다. 이 방식으로 수치 특징을 2-레벨 범주형 특징으로 줄여 평소처럼 정보 획득량을 계산할 수 있다. 분할 시 최대 정보 획득량을 산출하는 수치 절단점을 선택한다.

> 정보 획득량이 C5.0에 사용되긴 했지만 정보 획득량이 의사결정 트리를 만들고자 사용되는 유일한 분할 기준은 아니다. 일반적으로 사용되는 다른 기준은 지니 계수(Gini index), 카이제곱 통계량 (Chi-Squared statistic), 이득 비율(gain ratio)이 있다. 이런 기준을 포함한 더 많은 기준을 살펴보려면 다음 문서를 참고한다. 민거스(Mingers J), '의사결정 트리 유도를 위한 선택 척도의 경험적 비교(An Empirical Comparison of Selection Measures for Decision-Tree Induction)', 〈Machine Learning〉, 1989; 3:319-342.

의사결정 트리 가지치기

앞서 언급한 것처럼 의사결정 트리는 모든 예제가 완벽하게 분류되거나 알고리듬이 분할에 사용할 특징을 다 소진할 때까지 분할 특징을 선택하고 데이터를 더 작은 분할로 나누면서 무한정 자랄 수 있다. 하지만 트리가 너무 크게 자라면 트리가 만든 많은 결정이 너무 세분화돼 훈련 데이터에 모델이 과적합될 것이다. 의사결정 트리의 가지치기pruning 과정은 처음 보는 데이터에 일반화가 잘되도록 트리의 크기를 줄이는 것이다.

이 문제의 해결책 중 하나는 결정이 특정 개수에 도달하거나 결정 노드가 포함하는 예제 개수가 아주 작은 숫자가 되면 트리의 성장을 멈추게 하는 것이다. 이를 의사결정 트리의 조기 종료early stopping 또는 사전 가지치기pre-pruning라고 한다. 이 방식은 트리가 불필요한 일을 하지 않게 해주므로 설득력 있는 전략이다. 하지만 이 방식의 단점은 감지하기는 힘들지만 트리가 크게 자랐다면 학습할 수도 있는 중요한 패턴을 놓치게 될지 알 방법이 없다는 점이다.

대안으로 사후 가지치기post-pruning는 의도적으로 트리를 아주 크게 자라게 한 후 트리 크기를 좀 더 적절한 수준으로 줄이고자 잎 노드를 자른다. 이 방법은 사전 가지치기보다 좀 더 효율적인 방법인데, 먼저 키우지 않고는 의사결정 트리의 최적의 깊이를 판단하기가 매우 어렵기 때문이다. 트리 가지치기를 나중에 하게 되면 알고리듬이 모든 중요한 데이터 구조를 발견했다는 것을 확신할 수 있다.

NOTE

가지치기 연산의 상세 구현은 매우 기술적이고 이 책의 범위를 넘어선다. 일부 가용한 방법의 비교는 다음 문서를 참고한다. 에스포지토(Esposito F), 마레르바(Malerba D), 세메라로(Semeraro G)의 '의사결정 트리 가지치기 방법의 비교 분석(Comparative Analysis of Methods for Pruning Decision Trees)', 〈IEEE 패턴 분석 및 기계 지능 발표집(Transactions on Pattern Analysis and Machine Intelligence)〉, 1997;19: 476–491.

C5.0 알고리듬의 장점 중 하나는 가지치기를 고집한다는 것이다(매우 합리적인 디폴트로 많은 결정을 자동으로 처리한다). 이 알고리듬의 전반적인 전략은 트리를 사후 가지치기하는 것이다. 먼저 훈련 데이터에 과적합되는 큰 트리로 자라게 한다. 나중에 분류 에러에 영향이 거의 없는 노드와 분기는 제거한다. 어떤 경우에는 전체 분기가 트리의 위쪽으로 옮겨지거나 좀 더 간단한 의사결정으로 대체된다. 가지를 접목하는 이러한 과정을 각각 하위 트리 올리기subtree raising, 하위 트리 대체subtree replacement라고 한다.

과적합과 과소적합의 균형을 맞추는 것은 다소 기술적인 것이지만 모델의 정확도가 필수적이라면 다양한 가지치기 옵션으로 테스트 데이터 세트에 대해 성능이 향상되는지 확인하는 시간에 투자할 가치가 있다. 곧 보게 되겠지만 C5.0 알고리듬의 장점 중 하나는 훈련 옵션을 조정하기가 아주 쉽다는 점이다.

⁑ 예제: C5.0 의사결정 트리를 이용한 위험 은행 대출 식별

2007-2008년의 세계 금융 위기는 은행 업무의 투명성과 엄격함의 중요성을 부각시켰다. 신용의 유효성이 제한되면서 은행은 대출 시스템을 강화하고 위험 대출을 더 정확하게 찾아내고자 머신러닝으로 전환했다.

의사결정 트리는 쉽게 말하면 높은 정확성과 통계 모델을 표현하는 능력 때문에 은행 업계에서 널리 사용되고 있다. 많은 나라의 정부기관은 대출 업무의 공정성을 면밀히 감시하고 있기 때문에 경영진은 누군가는 대출이 승인되고 다른 신청자만 대출이 거절됐다면 그 사유를 설명할 수 있어야만 한다. 이런 정보는 신용 평가가 만족스럽지 않은 이유를 확인하려는 고객들에게도 유용하다.

자동화된 신용 평가 모델을 이용해 신용카드 발송이나 실시간 온라인 승인 절차를 구현할 수도 있다. 5장에서는 C5.0 의사결정 트리를 이용해 간단한 대출 승인 모델을 개발한다. 또한 기관의 재정적 손실을 야기하는 에러를 최소화하고자 모델의 결과가 어떻게 조정될 수 있는지 살펴본다.

단계 1: 데이터 수집

신용 모델의 이면에 아이디어는 채무 불이행 위험이 높은지를 예측할 수 있는 요소를 식별하는 것이다. 따라서 과거 은행 대출에 대한 대량 데이터, 대출의 채무 불이행 여부, 신청자에 대한 정보를 입수해야 한다.

이런 특성을 갖는 데이터는 함부르크 대학교^{University of Hamburg}의 한스 호프만^{Hans Hofmann}이 UCI 머신러닝 데이터 저장소^{UCI Machine Learning Data Repository}(http://archive.ics. uci.edu/ml)에 기부한 데이터 세트에서 얻을 수 있다. 이 데이터 세트에는 독일의 한 신용기관에서 얻은 대출 정보가 들어있다.

TIP

> 5장에 제시된 데이터 세트는 일부 전처리 단계를 생략하고자 원본을 조금 수정했다. 예제를 따라하려면 팩트출판사의 웹 사이트에서 credit.csv 파일을 다운로드해 R 작업 디렉터리에 저장하라.

신용 데이터 세트는 1,000개의 대출 예제 및 대출과 대출 신청자의 특성을 나타내는 일련의 수치 특징과 명목 특징을 포함하고 있다. 클래스 변수는 대출이 채무 불이행으로 갔는지 여부를 나타낸다. 이 결과를 예측하는 패턴을 결정할 수 있는지 살펴보자.

단계 2: 데이터 탐색과 준비

이전에 했던 것처럼 read.csv() 함수를 이용해 데이터를 가져온다. 여기서는 문자 데이터가 모두 범주형이므로 stringsAsFactors 옵션은 사용하지 않고 디폴트 값 TRUE를 사용할 것이다. 이를 통해 여러 팩터 변수를 가진 credit 데이터 프레임이 생성된다.

```
> credit <- read.csv("credit.csv")
```

str() 함수 출력의 처음 몇 라인을 살펴보면 결과 객체를 조사해볼 수 있다.

```
> str(credit)

'data.frame':1000 obs. of 17 variables:
$ checking_balance : Factor w/ 4 levels "< 0 DM","> 200 DM",..
$ months_loan_duration : int 6 48 12 ...
$ credit_history : Factor w/ 5 levels "critical","good",..
$ purpose : Factor w/ 6 levels "business","car",..
$ amount   : int 1169 5951 2096 ...
```

예상대로 1,000개의 관측과 17개의 특징이 보이며 특징은 팩터 데이터 타입과 정수 데이터 타입이 같이 있다.

채무 불이행을 예측할 것 같은 일부 대출 특징에 대해 table() 출력을 살펴보자. 신청자의 수표 계좌 잔고와 저축 계좌 잔고가 범주형 변수로 저장돼 있다.

```
> table(credit$checking_balance)

  < 0 DM    > 200 DM 1 - 200 DM    unknown
     274          63       269        394
```

```
> table(credit$savings_balance)
```

```
    < 100 DM    > 1000 DM    100 - 500 DM  500 - 1000 DM       unknown
        603           48             103             63           183
```

수표 계좌 잔고와 저축 계좌 잔고는 대출 채무 불이행 상태의 중요한 예측 변수가 될 수 있다. 대출 데이터가 독일에서 입수됐기 때문에 통화가 독일 마르크(DM)로 기록됐다는 점을 유의하자. 독일 마르크는 유로가 채택되기 전에 독일에서 통용됐던 화폐다.

대출의 일부 특징은 요청된 대출 기간 및 금액과 같은 수치다.

```
> summary(credit$months_loan_duration)
```

```
 Min. 1st Qu.  Median   Mean 3rd Qu.   Max.
 4.0   12.0     18.0    20.9   24.0    72.0
```

```
> summary(credit$amount)
```

```
 Min. 1st Qu.  Median   Mean 3rd Qu.   Max.
 250   1366     2320    3271   3972   18420
```

대출금은 4개월에서 72개월의 기한에 걸쳐 250DM에서 18,420DM까지 범위에 있고 기간의 중앙값은 18개월, 대출금의 중앙값은 2,320DM이다.

default 벡터는 대출 신청자가 합의된 금액을 상환했는지 아니면 지불 조건을 맞출 수 없어 채무 불이행이 됐는지를 나타낸다. 이 데이터 세트에서 대출의 전체 30%는 채무 불이행으로 갔다.

```
> table(credit$default) no yes
```

```
no    yes
700   300
```

부도율이 높으면 은행이 투자를 완전히 회수하지 못할 가능성이 있다는 의미이기 때문에 은행에 바람직하지 않다. 모델 개발에 성공한다면 이 모델이 채무 불이행의 위험이 높은 신청자를 찾아내 은행이 대출 집행 이전에 대출 신청을 거절하게 만들어줄 것이다.

데이터 준비: 랜덤한 훈련 및 테스트 데이터 세트 생성

이전 장들에서처럼 데이터를 두 부분으로 나눠 사용할 것이다. 의사결정 트리를 구축하기 위한 훈련 데이터 세트와 새로운 데이터에 대한 성능을 평가하기 위한 테스트 데이터 세트로 나눈다. 훈련 데이터에는 90%의 데이터를 사용하고 테스트 데이터에는 10%의 데이터를 사용할 것이며, 이렇게 함으로써 100개의 레코드로 새로운 신청자를 시뮬레이션할 수 있다. 신용 데이터 세트의 상대적으로 작은 크기 때문에 75-25보다는 90-10 분할을 사용한다. 대출 채무 불이행을 예측하는 것은 어려운 학습 과제이므로 최대한 많은 훈련 데이터를 사용하면서도 충분한 테스트 샘플을 보유해야 한다.

TIP

> 비교적 작은 데이터 세트로 모델을 훈련하고 평가하는 더 정교한 접근 방법들은 10장에서 소개한다.

4장에서는 임의의 순서로 정렬된 데이터를 사용했기 때문에 레코드의 처음 90%를 훈련용으로, 나머지 10%를 테스트용으로 가져와 간단히 데이터 세트를 두 부분으로 나눴다. 그에 반해 대출 데이터 세트는 임의로 정렬돼 있지 않기 때문에 이전 방법을 무용지물로 만든다. 은행이 데이터를 대출금으로 정렬해 파일의 끝에 가장 큰 대출이 있다고 가정해보자. 훈련에서 처음 90%를 테스트

234

에, 나머지 10%를 사용한다면 작은 대출에 대해서만 모델 훈련을 하고 큰 대출에 대해서만 모델 테스트를 하게 될 것이다. 이 방법은 분명 문제가 있다.

이 문제는 모델을 신용 데이터의 랜덤 샘플random sample을 사용해 훈련함으로써 해결할 수 있다. 랜덤 샘플은 간단히 레코드의 부분집합을 무작위로 선택하는 과정이다. 랜덤 샘플링을 수행하고자 R에서는 sample() 함수가 사용된다. 그리고 보통 랜덤 샘플링을 수행하기 전에 시드seed 값을 설정하는데, 랜덤화 프로세스가 원한다면 나중에도 동일한 난수열을 따를 수 있기 때문이다. 이러면 난수 발생의 목적이 실패한 것처럼 보이겠지만 이런 방식으로 하는 충분한 이유가 있다. set.seed() 함수로 시드 값을 설정하면 향후 분석을 반복할 때마다 동일한 결과를 얻을 수 있다.

TIP

> 랜덤 프로세스가 동일한 결과를 생성하고자 시드 설정을 어떻게 하는지 궁금할 것이다. 이는 컴퓨터가 난수열을 생성하고자 의사 난수 생성기(pseudorandom number generator)라고 하는 수학 함수를 사용하기 때문이다. 이때 생성된 난수열은 매우 랜덤한 것처럼 보이지만 실제 열에서 이전 값을 안다면 완전히 예측할 수 있는 값이다. 실제 최신의 의사 난수열은 진짜 난수열과 사실상 구별되지 않지만 컴퓨터가 빠르고 쉽게 생성할 수 있다는 이점이 있다.

다음 명령은 sample() 함수를 시드와 함께 사용한다. set.seed() 함수가 임의의 값 9829를 사용하는 것을 눈여겨보라. 시드를 생략하면 이 장 뒷부분에서 보여줄 훈련 및 테스트 분할과 달라진다. 다음 명령은 1부터 1,000 사이의 수 중에서 900개 값을 임의로 선택한다.

```
> set.seed(9829)
> train_sample <- sample(1000, 900)
```

예상대로 생성된 train_sample 객체는 900개의 랜덤 정수 벡터다.

```
> str(train_sample)
```

```
int [1:900] 653 866 119 152 6 617 250 343 367 138 ...
```

신용 데이터에서 행을 선택할 때 train_sample 벡터를 사용하면 원하는 대로 데이터를 90% 훈련 데이터 세트와 10% 테스트 데이터 세트로 분리할 수 있다. 테스트 레코드를 선택할 때 사용한 대시dash 연산자(-)는 R에게 지정된 행에 있지 않은 레코드를 선택하도록 지시한다는 점을 상기하라. 다시 말하면 테스트 데이터는 훈련 샘플에 있지 않은 행만 포함하게 된다.

```
> credit_train <- credit[train_sample, ]
> credit_test  <- credit[-train_sample, ]
```

랜덤화 과정이 잘 됐다면 각 데이터 세트는 약 30%의 채무 불이행 대출을 가질 것이다.

```
> prop.table(table(credit_train$default))
```

```
      no       yes
0.7055556 0.2944444
```

```
> prop.table(table(credit_test$default))
```

```
  no  yes
0.65 0.35
```

훈련과 테스트 데이터 세트에서 대출 디폴트와 유사한 분포를 보이므로 이제 의사결정 트리를 구축할 수 있다. 비율 크기가 다른 경우에는 데이터 세트를 다시 샘플링하거나 10장의 설명과 같이 좀 더 정교한 샘플링 기법을 사용할 수 있다.

> 결과가 정확히 일치하지 않는다면 train_sample 벡터를 생성하기 전에 set.seed(9829) 명령을 반드시 실행한다. R의 기본 난수 생성기는 R 버전 3.6.0에서 변경되었으며, 이 코드가 이전 버전에서 실행되면 결과가 다를 수 있다. 또한 이는 이전 버전의 책과 비교해 결과가 약간 다르다는 것을 의미한다.

단계 3: 데이터에 대한 모델 훈련

의사결정 트리 모델을 훈련하고자 C50 패키지에 있는 C5.0 알고리듬을 사용하고자 한다. 패키지를 설치하지 않았다면 install.packages("C50") 명령으로 패키지를 설치하고 library(C50) 명령으로 R 세션에 패키지를 로드한다.

다음 문법 상자에는 의사결정 트리를 만들 때 가장 많이 사용되는 파라미터들이 나열돼 있다. 이전에 사용했던 머신러닝 방법과 비교해서 C5.0 알고리듬은 특정 학습 문제에 모델을 맞추기 위한 많은 방법을 제공하지만 사용할 수 있는 옵션은 더 많다.

C5.0() 함수는 모델을 지정하고자 R의 새로운 구문인 R 공식 인터페이스[R formula interface]를 사용한다. 이 공식 구문은 ~ 연산자(틸드 기호)를 사용해 타깃 변수와 예측 변수 간의 관계를 표현한다. 학습할 클래스 변수는 틸드의 왼쪽에 위치하고 예측 변수는 오른쪽에 + 연산자로 구분해 작성된다.

타깃 변수 y와 예측 변수 x1, x2 간의 관계를 모델링하고 싶다면 해당 공식은 y ~ x1 + x2로 쓴다. 모든 변수를 모델에 포함하려면 점(.) 문자를 사용한다. 예를 들어 y ~ .은 y와 데이터 세트의 다른 모든 특성 간의 관계를 지정한다.

C5.0 의사 결정 트리 구문

C50 패키지의 C5.0() 함수 사용

분류기 구축:

```
m <- C5.0(class ~ predictors, data = mydata,
          trials = 1, costs = NULL)
```

- class는 mydata 데이터 프레임에 있는 열로서 예측하려는것이다.
- predictors는 mydata 데이터 프레임에서 특징을 지정하는 R 공식으로, 예측에 사용한다.
- trials는 선택 인수로서 부스팅 반복의 횟수를 설정한다(디폴트는 1)
- csts는 선택 인수로서 여러 형식의 오류와 연계된 비용을 지정하는 행렬이다.

이 함수는 예측에 사용될 수 있는 C5.0 모델 객체를 반환한다.

예측:

```
p <- predict(m, test, type = "class")
```

- m: C5.0() 함수에 의해 훈련된 모델
- test: 분류기를 구축하는 데 사용된 훈련 데이터와 같은 특징을 갖는 테스트 데이터를 포함하는 데이터 프레임 또는 행렬
- type: "class"나 "prob", 예측 결과가 가장 확률이 높은 클래스인지 원시 예측 확률인지를 지정

이 함수는 type 파라미터의 값에 따라 예측 클래스 값이나 원시 예측 확률의 벡터를 반환한다.

예제:

```
credit_model <- C5.0(default ~ ., data = credit_train)
credit_prediction <- predict(credit_model, credit_test)
```

그림 5.7: C5.0 의사결정 트리 구문

TIP

> R 공식 인터페이스는 많은 R 함수에서 사용되며 예측 변수 간의 관계를 설명하는 데 강력한 기능을 제공한다. 이러한 기능 중 일부는 뒤의 장에서 살펴볼 예정이다. 하지만 궁금해서 미리보기를 원한다면 ?formula 명령으로 문서를 읽어보기 바란다.

대출 승인 모델의 첫 번째 반복[iteration]에서는 디폴트 C5.0 설정을 사용할 예정이며 코드는 다음과 같다. 타깃 클래스는 default로 지정돼 있으므로 이를 틸드(~)의 왼쪽에 위치시키고 점(.)을 사용해 credit_train 데이터 프레임의 다른 모든 열을 예측 변수로 사용하도록 지정한다.

```
> credit_model <- C5.0(default ~ ., data = credit_train)
```

이제 credit_model 객체는 C5.0 의사결정 트리를 포함하고 있다. 트리의 이름을 입력하면 트리의 기본 데이터를 일부 볼 수 있다.

```
> credit_model

Call:
C5.0.formula(formula = default ~ ., data = credit_train)

Classification Tree
Number of samples: 900
Number of predictors: 16

Tree size: 67

Non-standard options: attempt to group attributes
```

출력은 트리에 대한 간단한 사실을 일부 보여주며 트리를 생성했던 함수 호출과 (predictors로 레이블된) 특징 개수, (samples로 레이블된) 트리를 자라게 하는 데 사용된 예제 개수를 포함한다. 같이 나열된 것은 트리 크기 67로, 트리가 67개 의사결정으로 이뤄진 깊이라는 것을 나타낸다(지금까지 고려했던 예제 트리보다 상당히 크다).

트리의 결정을 보려면 모델에 대해 summary() 함수를 호출할 수 있다.

```
> summary(credit_model)
```

다음 출력은 앞의 몇 줄만 보여준 것이다.

```
> summary(credit_model)
```

```
Call:
C5.0.formula(formula = default ~ ., data = credit_train)


C5.0 [Release 2.07 GPL Edition]
-------------------------------

Class specified by attribute `outcome'

Read 900 cases (17 attributes) from undefined.data

Decision tree:

checking_balance in {> 200 DM,unknown}: no (415/55)
checking_balance in {< 0 DM,1 - 200 DM}:
:... credit_history in {perfect,very good}: yes (59/16)
    credit_history in {critical,good,poor}:
    :...months_loan_duration > 27:
        :...dependents > 1:
        :     :...age <= 45: no (12/2)
        :     : age > 45: yes (2)
```

이전 출력은 의사결정 트리의 첫 번째 분기의 일부를 보여준다. 처음 3개의 라인은 쉬운 말로 다음과 같이 표현될 수 있다.

1. 수표 계좌 잔고를 모르거나 200DM 이상이면 '채무 불이행 가능성 없음not likely to default'으로 분류한다.

2. 그렇지 않으면 수표 계좌 잔고가 0보다 작거나 1에서 200DM 이하인 경우다.

3. … 그리고 대출 이력이 완벽perfect이나 매우 좋음very good이면 '채무 불이행 가능성 있음likely to default'으로 분류한다.

괄호 안의 숫자는 결정의 기준에 부합하는 예제 개수와 결정에 의해 부정확하게 분류된 숫자를 나타낸다. 예를 들어 첫 번째 라인에서 415/55는 결정에 도달한 415 예제 중 55개는 채무 불이행 가능성이 없는 것으로 부정확하게 분류됐음을 나타낸다. 다시 말해 모델이 반대로 예측했음에도 55명의 신청자는 실제 채무 불이행을 한 상태다.

summary(credit_model) 출력에서 트리 이후에 혼동 행렬[confusion matrix]을 보여주는데, 혼동 행렬은 모델이 훈련 데이터에서 부정확하게 분류한 레코드를 보여주는 교차표다.

```
Evaluation on training data (900 cases):

    Decision Tree
    ----------------
    Size      Errors

      66  118(13.1%) <<


    (a) (b)      <-classified as
    ---- ----
    604  31      (a): class no
     87 178      (b): class yes
```

Errors 헤딩은 모델이 13.1%의 에러율로 900개의 훈련 인스턴스 중 118개를 제외하고 전부 정확하게 분류했음을 말하고 있다. 총 31개의 실제 no 값은 yes로 부정확하게 분류된 반면(거짓 긍정), 87개의 yes 값은 no로 오분류됐다(거짓 부정).

의사결정 트리는 모델을 훈련 데이터에 과적합시키는 경향이 있으므로 훈련 데이터에 대해 보고된 여기의 에러율은 너무 낙관적일 수 있다. 따라서 낯선 테스트 데이터 세트에 의사결정 트리를 적용하는 것이 특히 중요하다. 곧 그렇게 할 것이다.

또한 출력에는 **Attribute usage**라고 레이블된 부분이 있으며, 이는 의사결정 트리 모델에서 가장 중요한 예측 변수를 일반적으로 보여준다. 이 출력의 처음 몇 라인은 다음과 같다.

```
Attribute usage:

        100.00%     checking_balance
         53.89%     credit_history
         47.33%     months_loan_duration
         26.11%     purpose
         24.33%     savings_balance
         18.22%     job
         12.56%     dependents
         12.11%     age
```

의사결정 트리 출력에서의 **Attribute usage** 통계량은 훈련 데이터의 행 중에서 최종 예측에 해당 특성을 사용하는 비율을 의미한다. 예를 들어 첫 번째 분할에서 계좌 잔액 검사가 사용되므로 100%의 행이 **checking_balance** 특징을 필요로 한다. 두 번째 분할은 **credit_history**를 사용하지만 계좌 잔액 검사에 기반을 두고 이미 46.11%의 행이 비불이행으로 분류됐다. 이로 인해 신청자의 신용 기록을 고려해야 할 행은 53.89%만 남는다. 이 목록의 맨 아래에는 예측을 하고자 신청자의 나이가 필요한 예제가 12.11%뿐이며, 이는 신청자의 나이가 계좌 잔액 검사나 신용 기록보다 덜 중요함을 나타낸다.

이 정보와 트리 자체의 구조는 모델이 어떻게 작동하는지에 대한 통찰력을 제공한다. 통계적 배경지식이 없어도 쉽게 이해할 수 있다. 물론 정확한 예측을 할 수 없는 모델은 이해하기 쉽더라도 쓸모가 없으므로 이제 모델의 성능을 좀 더 정식으로 평가해보자.

TIP

C5.0 의사결정 트리 모델은 partykit 패키지의 기능을 활용해 plot() 함수를 사용해서 시각화할 수 있다. 하지만 이는 상대적으로 작은 의사결정 트리에만 유용하다. 예를 들어 우리의 의사결정 트리는 plot(credit_model)을 입력해 시각화할 수 있지만 매우 큰 화면이 없는 경우 결과 도면은 노드와 분할의 수가 많아 혼잡한 모습으로 보일 수 있다.

단계 4: 모델 성능 평가

의사결정 트리를 테스트 데이터 세트에 적용하려면 다음 코드 라인에서 보이는 것처럼 predict() 함수를 사용한다.

```
> credit_pred <- predict(credit_model, credit_test)
```

이 명령은 예측된 클래스 값 벡터를 생성한다. gmodels 패키지에 있는 CrossTable() 함수를 이용해 이 벡터와 실제 클래스 값을 비교할 수 있다. prop.c와 prop.r 파라미터를 FALSE로 설정하면 표에서 열과 행 비율을 제거한다. 남은 백분율 prop.t는 전체 레코드 개수에서 셀의 레코드 비율을 나타낸다.

```
> library(gmodels)
> CrossTable(credit_test$default, credit_pred,
            prop.chisq = FALSE, prop.c = FALSE, prop.r = FALSE,
            dnn = c('actual default', 'predicted default'))
```

이 명령으로 다음 표가 만들어진다.

```
            | predicted default
actual default |      no |     yes | Row Total |
---------------|---------|---------|-----------|
           no |      56 |       9 |        65 |
              |   0.560 |   0.090 |           |
---------------|---------|---------|-----------|
          yes |      24 |      11 |        35 |
              |   0.240 |   0.110 |           |
---------------|---------|---------|-----------|
  Column Total |      80 |      20 |       100 |
---------------|---------|---------|-----------|
```

테스트 집합에 있는 100건의 대출 신청서 중에서 우리 모델은 56건이 불이행하지 않았고 11건이 불이행했다고 예측해 정확도가 67%이고 에러율이 33%다. 이는 훈련 데이터에서의 성능보다는 약간 떨어지는 결과지만 낯선[unseen] 데이터에서 모델의 성능은 종종 나빠지는 것은 예상되는 결과다. 또한 모델은 테스트 데이터의 실제 채무 불이행 35건 중 정확히 예측한 것은 11건뿐이어서 31%다. 불행히도 이러한 에러는 매우 비용이 큰 실수가 될 수 있으며 은행은 각 불이행 건마다 손해를 입게 된다. 이제 약간의 추가적인 노력으로 결과를 개선할 수 있는지 확인해보자.

단계 5: 모델 성능 개선

실시간 신용 평가 애플리케이션에 모델을 배포하기에는 이 모델의 에러율이 너무 높다. 실제 모델이 모든 테스트 케이스에 대해 '채무 불이행 아님'으로 예측했다면 65%는 정확했을 것이다(이 모델보다 많이 나쁘진 않지만 훨씬 적은 노력이 드는 결과다). 900개의 훈련 예제에서 대출의 채무 불이행을 예측한다는 것은 어려운 문제처럼 보인다.

설상가상으로 자신의 대출을 채무 불이행하는 신청자를 찾을 때 이 모델은 특

244

히 저조한 성능을 보인다. 다행히 전반적인 실수 유형이나 비용이 더 많이 드는 실수 유형에 대해 모델의 성능을 향상시키는 몇 가지 간단한 C5.0 알고리듬의 조정 방법이 있다.

의사결정 트리의 정확도 향상

C5.0 알고리듬이 C4.5 알고리듬을 개선한 방법 중 하나는 **적응형 부스팅**adaptive boosting을 추가한 것이다. 이 방법은 여러 개의 의사결정 트리를 만들어 각 예제에 대해 최고 클래스를 투표하게 만드는 과정이다.

NOTE

> 부스팅의 아이디어는 로버트 샤피로(Rob Schapire)와 요아브 프룬드(Yoav Freund)의 연구를 기반으로 한다. 좀 더 자세한 정보는 그들의 출판물이나 최근 교재인 『Boosting: Foundations and Algorithms』(MIT Press, 2012)를 참고한다.

부스팅은 어떤 머신러닝 알고리듬에든 좀 더 일반적으로 적용될 수 있기 때문에 14장에서 더 자세히 다룬다. 우선 부스팅은 성능이 약한 여러 학습자를 결합함으로써 어느 한 학습자 혼자보다 훨씬 강한 팀을 만들 수 있다는 생각에 뿌리를 두고 있다는 것만 언급하겠다. 각 모델은 각자의 유일한 강점과 약점을 갖으며 특정 문제에 더 좋거나 나쁠 수 있다. 그러므로 상호 보완적인 장점과 단점을 갖는 여러 학습자를 조합해 분류기의 정확도를 극적으로 향상시킬 수 있다.

C5.0() 함수는 여기의 의사결정 트리에 부스팅을 쉽게 추가할 수 있게 해준다. 부스팅 팀에 사용할 독립적인 의사결정 트리의 개수를 나타내는 **trials** 파라미터를 간단히 추가한다. **trials** 파라미터는 상한선을 설정한다. 추가 시행이 정확도를 향상시키지 못할 것으로 보이면 알고리듬은 더 이상 트리를 추가하지 않는다. 10회 시행으로 시작할 것이다. 연구에 따르면 10회 시행 시 테스트 데이터에 대한 에러율이 약 25% 정도 줄기 때문에 이 숫자는 사실상 표준이 된 상태다.

새로운 파라미터를 제외하고 명령은 이전과 유사하다.

```
> credit_boost10 <- C5.0(default ~ ., data = credit_train,
                          trials = 10)
```

결과 모델을 살펴보면 이제 출력은 부스팅이 추가된 것을 보여준다.

```
> credit_boost10

Number of boosting iterations: 10
Average tree size: 57.3
```

새로운 출력 결과를 보면 10개의 반복 동안 의사결정 트리 크기가 줄어든 것을 확인할 수 있다. 원한다면 명령 프롬프트에서 summary(credit_boost10)을 입력해 10개의 트리를 모두 볼 수 있다. 다음 출력에서처럼 첫 번째 시도에 생성된 트리를 포함해 일부 트리에는 하나 이상의 하위 트리가 있을 수 있음을 주의하라.

```
dependents > 1: yes (8.8/0.8)
dependents <= 1:
:... years_at_residence <= 1: no (13.4/1.6)
    years_at_residence > 1:
:... age <= 23: yes (11.9/1.6)
    age > 23: [S1]
```

age> 23이라고 시작하는 라인을 잘 보면 그 결과가 [S1]이다. 이 의미를 이해하려면 [S1]을 아래쪽의 출력 결과와 매치시켜야 한다. 거기에서 최종 결정을 위해 몇 단계를 더 확인해야 한다.

```
SubTree [S1]

employment_duration in {< 1 year,> 7 years,4 - 7 years,
:                        unemployed}: no (27.7/6.3)
employment_duration = 1 - 4 years:
:... months_loan_duration > 30: yes (7.2)
    months_loan_duration <= 30:
    :... other_credit = bank: yes (2.4)
        other_credit in {none,store}: no (16.6/5.6)
```

이러한 하위 트리는 이번 장에서 언급한 하위 트리 높이 조절 및 하위 트리 대체와 같은 사후 가지치기 옵션의 결과다.

또한 tree의 summary() 출력은 트리의 학습 데이터에 대한 성능을 보여준다.

```
> summary(credit_boost10)

    (a)  (b)    <-classified as
   ---- ----
    633    2    (a): class no
     17  248    (b): class yes
```

이 분류기는 에러율이 2.1%로 900개의 훈련 예제에 대해 19개의 실수를 했다. 부스팅을 추가하기 전에 언급했던 훈련 에러율 13.1%에 비하면 엄청나게 개선 된 것이다. 하지만 테스트 데이터에 대해서도 비슷한 개선을 확인할 수 있을지 는 지켜봐야 한다. 함께 살펴보자.

```
> credit_boost_pred10 <- predict(credit_boost10, credit_test)
> CrossTable(credit_test$default, credit_boost_pred10,
          prop.chisq = FALSE, prop.c = FALSE, prop.r = FALSE,
          dnn = c('actual default', 'predicted default'))
```

결과표는 다음과 같다.

```
               | predicted default
actual default |     no |    yes | Row Total |
---------------|--------|--------|-----------|
           no  |     58 |      7 |        65 |
               |  0.580 |  0.070 |           |
---------------|--------|--------|-----------|
          yes  |     19 |     16 |        35 |
               |  0.190 |  0.160 |           |
---------------|--------|--------|-----------|
  Column Total |     77 |     23 |       100 |
---------------|--------|--------|-----------|
```

여기서 우리는 부스팅 이전의 33% 에러율을 부스팅 모델에서 26%로 줄였다. 이는 큰 개선으로 보이지 않을 수도 있지만 우리가 기대한 25% 감소에서 그리 멀지 않다. 그렇다면 모든 의사결정 트리에 대해 왜 기본적으로 부스팅을 적용하지 않을까? 이유는 2가지다. 첫째, 의사결정 트리를 한 번 만드는 데 많은 계산 시간이 소요된다면 많은 트리를 만드는 것은 계산상 비현실적일 수 있다. 둘째, 훈련 데이터의 노이즈가 많은 경우에는 부스팅이 전혀 개선되지 않을 수도 있다. 그래도 더 높은 정확도가 필요하다면 부스팅을 시도하는 것이 좋다.

반면 이 모델은 여전히 실제 채무 불이행을 잘 예측하지 못하고 있으며 35개 중 16개만 정확히 예측했다. 이는 단순한 모델의 31%(35개 중 11개)에 비해 나쁜 성과다. 이러한 비용이 많이 드는 에러를 줄일 수 있는 더 많은 옵션을 살펴보자.

더 비싼 실수

채무 불이행 가능성이 있는 신청자에게 대출을 해주는 것은 비용이 많이 드는 실수가 될 수 있다. 거짓 부정 개수를 줄일 수 있는 방안 중 하나는 은행이 위험한 대출에서 돈을 전혀 상환 받지 못할 때 일어날 대규모의 손실이 벌게 될 이자를 능가한다는 가정하에 애매한 신청자를 좀 더 많이 거절하는 것이다.

C5.0 알고리듬은 트리가 좀 더 비용이 많이 드는 실수를 하지 못하도록 여러 에러 유형에 페널티를 줄 수 있다. 페널티는 **비용 행렬**^{cost matrix}에 지정되며 각 에러가 다른 예측에 비해 몇 배나 비용이 많이 드는지를 명시한다.

비용 행렬을 구성하고자 먼저 차원을 지정하자. 예측된 값과 실제 값 모두 yes 또는 no 두 값을 갖기 때문에 이 두 값으로 이뤄진 두 벡터의 리스트를 이용해 2 × 2 행렬을 기술한다. 이와 함께 이후의 혼란을 피하고자 행렬의 차원에 이름을 지정할 것이다.

```
> matrix_dimensions <- list(c("no", "yes"), c("no", "yes"))
> names(matrix_dimensions) <- c("predicted", "actual")
```

새 객체를 조사하면 차원이 정확하게 설정됐는지 확인할 수 있다.

```
> matrix_dimensions
$predicted
[1] "no"  "yes"
$actual
[1] "no"  "yes"
```

다음은 다양한 에러 유형에 페널티를 주고자 4개의 값을 제공해 행렬을 채운다. R은 행렬을 채울 때 열 단위로 위에서 아래 방향으로 채우기 때문에 특정 순서대로 값을 제공해야 한다.

- 예측 no, 실제 no
- 예측 yes, 실제 no

- 예측 no, 실제 yes
- 예측 yes, 실제 yes

은행은 대출의 채무 불이행으로 놓친 기회의 4배만큼 비용이 드는 것으로 생각한다고 가정해보자. 그러면 페널티 값은 다음과 같이 정의할 수 있다.

```
> error_cost <- matrix(c(0, 1, 4, 0), nrow = 2, dimnames = matrix_dimensions)
```

이 명령으로 다음 행렬이 생성된다.

```
> error_cost
          actual
predicted no yes
      no  0   4
      yes 1   0
```

이 행렬에 정의된 것처럼 알고리듬 분류기가 no 또는 yes를 정확히 분류할 때는 비용이 할당되지 않지만 거짓 부정은 거짓 긍정의 비용 1에 대해 비용 4를 갖는다. 비용 행렬이 분류에 어떻게 영향을 주는지 확인하고자 C5.0() 함수의 costs 파라미터를 이용해서 의사결정 트리에 적용해보자. 그렇지 않으면 이전에 했던 것과 같은 단계를 적용할 것이다.

```
> credit_cost <- C5.0(default ~ ., data = credit_train,
                      costs = error_cost)
> credit_cost_pred <- predict(credit_cost, credit_test)
> CrossTable(credit_test$default, credit_cost_pred,
            prop.chisq = FALSE, prop.c = FALSE, prop.r = FALSE,
            dnn = c('actual default', 'predicted default'))
```

이 명령은 다음과 같은 혼동 행렬을 생성한다.

```
            | predicted default
actual default |     no |    yes | Row Total |
---------------|--------|--------|-----------|
           no |     34 |     31 |        65 |
              |  0.340 |  0.310 |           |
---------------|--------|--------|-----------|
          yes |      5 |     30 |        35 |
              |  0.050 |  0.300 |           |
---------------|--------|--------|-----------|
 Column Total |     39 |     61 |       100 |
---------------|--------|--------|-----------|
```

부스팅된 모델과 비교하면 이 버전은 전반적으로 더 많은 에러를 발생시킨다. 여기서의 에러는 36%로 부스팅된 경우의 26%와 비교했을 때 높다. 하지만 에러의 유형은 매우 다르다. 이전 모델들은 채무 불이행을 정확히 예측한 비율이 31%와 46%였지만 이 모델에서는 실제 채무 불이행 중 30/35 = 86%가 정확히 예측됐다. 이러한 거짓 부정을 감소시키는 대신 거짓 긍정을 늘리는 이러한 균형은 우리의 비용 추정이 정확한 경우에 수용 가능할 수 있다.

⫶ 분류 규칙 이해

분류 규칙classification rules은 클래스를 레이블이 없는 예제에 할당하는 논리적인 if-else문 형태로 지식을 표현한다. 분류 규칙은 조건부antecedent와 결론부consequent에 대해 명시한다. 즉, "이것이 발생한다면 저것이 발생한다."라는 가설을 구성한다. 간단한 규칙은 "하드 드라이브가 딸각하는 소리를 내면 이제 막 고장 나려는 참이다."처럼 서술될 것이다. 조건부는 특정 특징 값들의 조합으로 이뤄지지만 결론부는 규칙의 조건을 만족할 때 배정할 클래스 값을 지정한다.

규칙 학습자는 종종 의사결정 트리 학습자 클래스와 밀접히 연계되며 대개 비슷한 과제에 사용된다. 의사결정 트리처럼 미래의 행동을 위한 지식을 만들어내는 응용에 사용될 수 있으며, 다음과 같은 것들이 있다.

- 기계 장비에 하드웨어 고장을 유발하는 조건의 식별
- 고객 세분화를 위한 그룹의 주요 특징 기술
- 주식 시장에서 큰 폭의 주가 하락이나 증가 상승에 선행하는 조건을 찾는 일

규칙 학습자는 일부 작업에서 트리에 비해 몇 가지 분명한 대조점을 갖고 있다. 일련의 가지의 결정을 따라 적용되는 트리와 달리 규칙은 독립된 사실을 서술한 것처럼 읽을 수 있는 명제다. 또한 나중에 다루는 이유 때문에 규칙 학습자의 결과는 동일한 데이터에 대해 만들어지는 의사결정 트리보다 좀 더 단순하고 직접적이고 이해하기가 쉽다고 할 수 있다.

TIP

> 이미 알아챘겠지만 의사결정 트리의 가지는 규칙 학습 알고리듬의 if-else와 동일하고 사실 규칙은 트리로부터 생성할 수 있다. 그렇다면 왜 별도의 규칙 학습자 알고리듬들에 대해 신경을 쓰는가? 책을 좀 더 읽다 보면 두 기법의 미묘한 차이를 발견하게 될 것이다.

규칙 학습자는 일반적으로 특징이 주로 또는 전체적으로 명목형인 문제에 적용된다. 희소한 사건rare events이 특징 값 사이에 매우 특정한 상호작용에서 발생한다 하더라도 규칙 학습자는 희소 사건을 잘 식별한다.

분리 정복

분류 규칙 학습 알고리듬은 분리 정복separate and conquer으로 알려진 휴리스틱을 활용한다. 이 과정에서는 훈련 데이터에서 예제의 부분집합을 커버하는 규칙을 식별하고 이 부분집합을 나머지 데이터와 분리한다. 규칙이 추가되면서 데이터

의 부분집합도 추가적으로 분리되고 전체 데이터 세트가 다 커버되고 더 이상의 예제가 남아있지 않을 때까지 진행된다. 분리 정복이 많은 점에서 앞서 설명한 분할 정복^{divide-and-conquer} 휴리스틱과 유사하지만 곧 알게 될 것처럼 미묘한 차이가 있다.

분리 정복의 규칙 학습 과정을 상상하는 한 가지 방법은 클래스 값을 식별하는 점점 더 구체적인 규칙을 생성해 데이터를 파고드는 것을 생각해보는 것이다. 동물이 포유류인지 아닌지를 식별하는 규칙을 만드는 일을 맡았다고 해보자. 다음 다이어그램에 보이는 것처럼 모든 동물의 집합을 넓은 공간으로 그릴 수 있다.

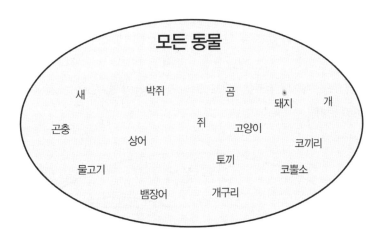

그림 5.8: 규칙 학습 알고리듬은 동물을 포유류와 비포유류로 나누는 데 도움을 줄 수 있다.

규칙 학습자는 동질적인 그룹을 발견하고자 가용한 특징을 이용한다. 예를 들어 육지, 바다, 하늘을 통해 종이 이동하는지를 가리키는 특징을 이용하면 첫 번째 규칙은 "육지에 사는 동물은 포유류다."가 될 것이다.

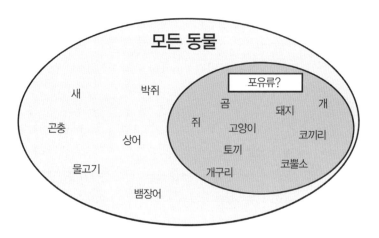

그림 5.9: 잠재 규칙은 육지에 걷는 동물을 포유류로 간주한다.

이 규칙에 어떤 문제가 있는지 알아챘는가? 동물 애호가라면 개구리가 포유류
가 아니라 양서류라는 것을 깨달았을 것이다. 따라서 규칙이 좀 더 상세해질
필요가 있다. 포유류가 땅으로 걷고 꼬리가 있어야만 한다는 것을 제안하면서
좀 더 세분해보자.

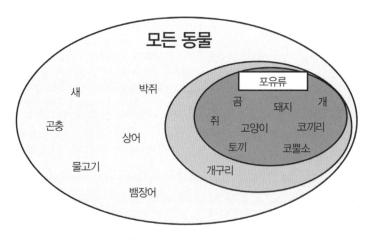

그림 5.10: 좀 더 구체적인 규칙은 육지에서 걷고 꼬리를 가진 동물을 포유류로 제시한다.

앞의 그림에서 본 것처럼 새로운 규칙은 완전히 포유류로만 구성된 부분집합을

구성했다. 따라서 포유류의 부분집합은 다른 데이터에서 분리될 수 있고 개구리는 나머지 동물로 돌아간다.

유일하게 남은 포유류인 박쥐를 분리하고자 추가 규칙이 정의될 수 있다. 이렇게 해서 이 부분집합은 다른 데이터에서 분리될 수 있다. 박쥐를 다른 나머지 동물과 구분해주는 잠재적인 특징은 털의 존재가 될 것이다. 이 특징에 대해 만들어진 규칙을 이용해 모든 동물을 정확하게 식별할 수 있게 됐다.

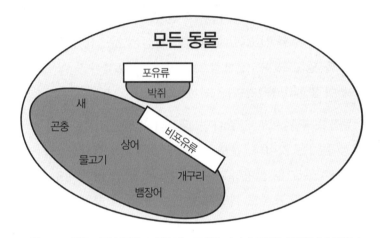

그림 5.11: 털을 가진 동물은 포유류라는 규칙은 나머지 동물을 완벽하게 분류한다.

이 시점에서 모든 훈련 인스턴스가 분류됐기 때문에 규칙 학습 과정은 종료된다. 전체 3가지 규칙을 학습했다.

- 땅으로 걷고 꼬리가 있는 동물은 포유류다.
- 털이 없다면 포유류가 아니다.
- 그렇지 않으면 동물은 포유류다.

이 예제는 규칙이 점점 더 큰 데이터 세그먼트를 점진적으로 소비해 결국 모든 인스턴스를 분류하는 방법을 보여준다. 규칙이 데이터의 부분을 커버하는 것처럼 보이기 때문에 분리 정복 알고리듬은 **커버링 알고리듬**^{covering algorithms}이라고도 하며, 만들어진 규칙은 커버링 규칙이라 한다. 다음 절에서는 간단한 규칙 학습 알고리듬을 검토해 커버링 규칙이 실제 적용되는 방법을 알아본다. 그런 다음 좀 더 복잡한 규칙 학습자를 관찰하고 실제 문제에 두 알고리듬을 모두 적용할 것이다.

1R 알고리듬

커다란 커튼 뒤에 숨겨져 있는 동물을 맞추는 TV 게임 쇼를 생각해보자. 이 동물이 포유류인지 맞춰야 하고 성공한다면 큰 상금을 받게 된다. 동물의 특성에 대해서는 전혀 정보를 갖고 있지 않지만 당신은 지구상 동물 중 아주 일부만 포유류라는 것을 알고 있다. 결론적으로 당신은 "포유류가 아니다."라고 추측했다. 당신이 이길 확률은 얼마나 될까?

TV 쇼에서 동물을 랜덤으로 골랐다면 당신의 정답은 물론 상금을 탈 수 있는 가능성을 가장 높이는 것이다. 분명 이 쇼는 좀 우스꽝스럽긴 하지만 사실 가장 간단한 분류기인 ZeroR을 설명하고 있다. ZeroR은 글자 그대로 어떠한 특징도 고려하지 않으며 아무 규칙도 학습하지 않는 규칙 학습자다(여기서 이름이 나왔다). 이 방법은 특징 값에 상관없이 레이블되지 않은 모든 예제에 대해 가장 흔한 클래스를 예측한다. 이 알고리듬은 실생활에 거의 사용되지 않지만 좀 더 정교한 규칙 학습자와 비교하는 기준점을 제시해준다.

1R 알고리듬(One Rule 또는 OneR)은 하나의 규칙을 선택하는 방식으로 ZeroR을 개선했다. 이 방법은 너무 단순한 것처럼 보이지만 예상보다 훨씬 잘 실행되는 경향이 있다. 실험에 근거한 연구에서 입증된 것처럼 이 알고리듬의 정확도는 현실의 많은 작업에서 훨씬 더 정교한 알고리듬의 정확도에 자주 근접한다.

NOTE

> 1R의 놀랄 만한 성능을 심도 있게 살펴보려면 『아주 간단한 분류 규칙이 가장 일반적으로 사용되는 데이터 세트에 대해 잘 수행된다(Very simple classification rules perform well on most commonly used datasets)』〈Machine Learning〉, 1993; 11:63-91을 참고한다.

1R 알고리듬의 장단점은 다음 표와 같다.

장점	단점
• 이해하기 쉽고 사람이 읽을 수 있는 하나의 경험적 규칙을 생성한다. • 가끔 놀랄 만큼 잘 실행된다. • 좀 더 복잡한 알고리듬의 기준점(benchmark)으로 제공될 수 있다.	• 하나의 특징만을 사용한다. • 아마도 어무 단순하다.

이 알고리듬이 실행하는 방식은 간단하다. 1R은 각 특징에 대해 유사한 값을 기준으로 데이터를 그룹으로 분리한다. 그런 다음 알고리듬은 각 세그먼트에 대해 대다수 클래스를 예측한다. 각 특징에 기반을 두는 규칙의 에러율을 계산하고 최소 에러를 갖는 규칙을 단일 규칙으로 선정한다.

다음 표는 앞서 봤던 동물 데이터에 대해 알고리듬이 어떻게 작동하는지를 보여준다.

전체 데이터 세트

동물	이동 경로	털이 있는	포유류
박쥐	하늘	예	예
곰	땅	예	예
새	하늘	아니오	
고양이	땅	예	예
개	땅	예	예
뱀장어	바다	아니오	아니오
코끼리	땅	아니오	예
물고기	바다	아니오	아니오
개구리	땅	아니오	아니오
곤충	하늘	아니오	아니오
돼지	땅	아니오	예
토끼	땅	예	예
쥐	땅	예	예
코뿔소	땅	아니오	예
상어	바다	아니오	아니오

'이동 경로' 규칙 — 에러율 = 2/15

이동 경로	예측	포유류	
하늘	아니오	예	✗
하늘	아니오	아니오	
하늘	아니오	아니오	
땅	예	예	
땅	예	예	
땅	예	예	
땅	예	예	
땅	예	아니오	✗
땅	예	예	
땅	예	예	
땅	예	예	
땅	예	예	
바다	아니오	아니오	
바다	아니오	아니오	
바다	아니오	아니오	

'털이 있는' 규칙 — 에러율 = 3/15

털이 있는	예측	포유류	
아니오	아니오	아니오	
아니오	아니오	아니오	
아니오	아니오	예	✗
아니오	아니오	아니오	
아니오	아니오	아니오	
아니오	아니오	아니오	
아니오	아니오	예	✗
아니오	아니오	예	✗
아니오	아니오	아니오	
예	예	예	
예	예	예	
예	예	예	
예	예	예	
예	예	예	

그림 5.12: 1R 알고리듬은 가장 작은 오분류율을 가진 단일 규칙을 선택한다.

이동 경로 특징에 대해 데이터 세트는 하늘, 땅, 바다라는 3가지 그룹으로 나눴다. 하늘과 바다 그룹에 있는 동물은 포유류가 아닌 것으로 예측되고, 땅 그룹에 있는 동물은 포유류로 예측됐다. 이는 박쥐와 개구리라는 2개의 에러가 나왔다.

털이 있는 특징은 동물을 두 그룹으로 나눴다. 털이 있는 동물은 포유류로 예측된 반면 털이 없는 동물은 포유류로 예측되지 않았다. 돼지, 코끼리, 코뿔소라는 3개의 에러가 나왔다. 이동 경로 특징이 에러가 적기 때문에 1R 알고리듬은 이동 경로 기반의 다음과 같은 단일 규칙을 반환할 것이다.

- 동물이 하늘로 이동을 하면 포유류가 아니다.
- 동물이 땅으로 이동을 하면 포유류다.
- 동물이 바다로 이동을 하면 포유류가 아니다.

알고리듬은 가장 중요한 단일 규칙을 발견하고 여기서 종료된다.

분명 이 규칙 학습 알고리듬은 어떤 작업에는 너무 기본적일 수 있다. 오직 하나의 증상만을 고려하는 의료 진단 시스템이나 하나의 요소를 기반으로 차를 정지하거나 가속하는 자동 운전 시스템을 원하는가? 이런 유형의 작업에는 좀 더 정교한 규칙 학습자가 유용하며, 다음 절에서 하나의 방법을 살펴본다.

리퍼 알고리듬

초기의 규칙 학습 알고리듬은 몇 가지 문제에 시달렸다. 첫째, 이 알고리듬들은 느린 것으로 유명했는데, 이로 인해 큰 데이터 세트가 증가하면서 알고리듬이 효과가 없어지게 됐다. 둘째, 노이즈가 섞인 데이터에 대해 쉽게 부정확해진다.

이 문제들을 해결하려는 첫걸음은 1994년에 요하네스 펀크란츠[Johannes Furnkranz]와 게르하르트 비르머[Gerhard Widmer]에 의해 제안됐다. 그들의 IREP[Incremental Reduced Error Pruning] 알고리듬은 사전 가지치기와 사후 가지치기 방법을 조합해 사용한다. 이 방법은 아주 복잡한 규칙을 기르고, 전체 데이터 세트에서 인스턴스를 분리하기 전에 규칙을 가지치기한다. 이 전략이 규칙 학습자의 성능에 도움이 됐지만 여전히 의사결정 트리가 더 잘 수행됐다.

NOTE

IREP에 대한 좀 더 자세한 정보는 다음을 참고하라. 펀크란츠(Furnkranz J), 비르머(Widmer G)의
〈점진적인 감소된 에러 가지치기(Incremental Reduced Error Pruning)〉, 〈11회 머신러닝 국제
콘퍼런스 발표집(Proceedings of the 11th International Conference on Machine Learning)〉,
1994: 70-77.

1995년에 윌리엄 코헨[William W. Cohen]이 RIPPER[Repeated Incremental Pruning to Produce Error Reduction] 알고리듬을 소개했을 때 규칙 학습자는 진일보했다. RIPPER는 IREP를 개선한 것으로, 의사결정 트리의 성능에 필적하거나 능가하는 규칙을 생성한다.

NOTE

RIPPER에 대한 좀 더 자세한 정보는 다음을 참고하라. 코헨(Cohen WW)의 〈빠르고 효율적인 규칙
귀납법(Fast effective rule induction)〉, 〈12회 머신러닝 국제 콘퍼런스 발표집(Proceedings of the
12th International Conference on Machine Learning)〉, 1995:115-123.

다음 표에 요약된 것처럼 RIPPER의 장점과 단점은 일반적으로 의사결정 트리와 유사하다. 주요 이점은 RIPPER가 좀 더 인색한 모델을 만든다는 점이다.

장점	단점
• 이해하기 쉽고 사람이 읽을 수 있는 규칙을 생성한다. • 크고 노이즈가 있는 데이터 세트에 효율적이다. • 일반적으로 비교 가능한 의사결정 트리보다 좀 더 간단한 모델을 생성한다.	• 상식이나 전문가 지식에 위배되는 것처럼 보이는 규칙이 생길 수 있다. • 수치 데이터 작업에 적합하지 않다. • 좀 더 복잡한 모델만큼 잘 수행되지 않을 수 있다.

규칙 학습 알고리듬을 여러 회 반복하는 방식에서 진화한 RIPPER 알고리듬은 규칙 학습을 위한 효율적인 휴리스틱들이 여러 부분으로 연결돼 있다. 알고리듬이 복잡하기 때문에 기술적인 구현의 상세 사항을 다루는 것은 이 책의 범위를 넘어선다. 하지만 일반적으로 알고리듬은 3단계의 과정으로 이해할 수 있다.

1. 기르기
2. 가지치기
3. 최적화하기

기르는 단계에서는 규칙에 조건을 탐욕스럽게^{greedily} 추가하고자 분할 정복 기법을 사용하며 데이터의 부분집합을 완벽하게 분류하거나 분할을 위한 속성이 없어질 때까지 진행한다. 의사결정 트리와 비슷하게 다음 분할을 위한 속성을 식별하는 데 **정보 획득량**^{information gain} 기준이 사용된다. 규칙의 구체성이 증가돼도 더 이상 엔트로피가 줄지 않을 때 규칙은 즉시 가지치기된다. 단계 1과 단계 2가 종료 조건에 도달할 때까지 반복된다. 종료 조건은 규칙의 전체 집합이 다양한 휴리스틱으로 최적화되는 지점이다.

RIPPER 알고리듬은 하나 이상의 특징을 고려할 수 있기 때문에 1R 알고리듬보다 좀 더 복잡한 규칙을 생성할 수 있다. 이것의 의미는 "동물이 날고 털이 있다면 포유류다."와 같은 복수의 조건부를 갖는 규칙을 생성할 수 있다는 것이다. 따라서 복잡한 데이터를 모델링하는 알고리듬 능력은 향상되지만 의사결정 트리처럼 금방 규칙을 파악하기가 어려워지게 된다는 것을 의미한다.

NOTE

분류 규칙 학습자의 진화는 RIPPER로 끝나지 않았다. 새로운 규칙 학습 알고리듬이 빠르게 제안되고 있는 중이다. 한 문헌 조사에서는 여러 알고리듬 중 IREP++, SLIPPER, TRIPPER라고 하는 알고리듬을 소개하고 있다.

의사결정 트리에서 규칙 구성

의사결정 트리에서 분류 규칙을 직접 얻을 수 있다. 잎 노드에서 시작해서 분기를 따라 루트로 되돌아가면서 일련의 결정을 얻게 될 것이다. 이 결정들을 하나의 규칙으로 결합할 수 있다. 다음 그림은 영화의 성공을 예측하고자 의사결정 트리에서 규칙이 구성될 수 있는 방법을 보여준다.

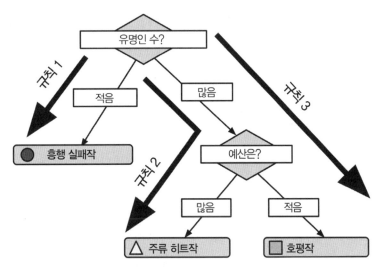

그림 5.13: 규칙은 의사결정 트리의 루트 노드로부터 각 잎 노드를 따라가면 생성할 수 있다.

루트 노드에서 잎 노드까지 경로를 따라 규칙은 다음과 같을 것이다.

1. 유명인의 수가 적다면 영화는 흥행 실패작이 될 것이다.
2. 유명인의 수가 많고 예산이 많다면 영화는 주류 히트작이 될 것이다.
3. 유명인의 수가 많고 예산이 적다면 영화는 호평작이 될 것이다.

규칙을 생성하고자 의사결정 트리를 사용하는 방식의 주요 단점은 생성된 규칙이 규칙 학습 알고리듬으로 학습된 규칙보다 더 복잡하다는 것인데, 그 이유는 다음 절에서 명확해질 것이다. 의사결정 트리에 사용된 분할 정복 전략은 규칙 학습자의 전략과는 다르게 결과를 편향시킨다. 하지만 가끔 규칙을 트리에서 생성하면 계산적으로 좀 더 효율적일 수 있다.

TIP

> C50 패키지의 C5.0( ) 함수는 모델을 훈련시킬 때 rules = TRUE를 명시하면 분류 규칙을 이용해 모델을 생성하게 될 것이다.

무엇이 트리와 규칙을 탐욕스럽게 만드는가?

의사결정 트리와 규칙 학습자는 그리디 학습자^{greedy learners}로 알려져 있는데, 이 방법들은 선입 선처리^{FCFS, First-Come, First-Served} 기반으로 데이터를 사용하기 때문이다. 의사결정 트리에서 사용되는 분할 정복 휴리스틱과 규칙 학습자에서 사용되는 분리 정복 휴리스틱 모두 한 번에 하나의 분할을 만들고자 하며, 먼저 가장 동질적인 분할을 찾고 난 후에 차선을 찾고 모든 예제가 다 분류될 때까지 계속해서 찾는다.

그리디 방식의 단점은 특정 데이터 세트에 최적이고, 가장 정확하고, 최소 개수로 된 규칙을 생성하는 것을 그리디 알고리듬이 보장하지 못한다는 점이다. 가장 쉽게 달성할 수 있는 목표를 빨리 이룸으로써 탐욕 학습자는 데이터의 한 부분집합에 대해 정확한 1개의 규칙을 빠르게 발견할 수 있다. 하지만 그렇게 함으로써 학습자는 전체 데이터 세트에 대해 더 나은 전반적인 정확도를 갖는 좀 더 섬세한 규칙들을 개발할 기회를 잃게 된다. 하지만 규칙 학습에 탐욕적인 방법을 사용하지 않으면 아주 작은 데이터 세트를 제외한 모든 데이터 세트에 대해 계산적으로 규칙 학습이 불가능할 수 있다.

그림 5.14: 의사결정 트리와 분류 규칙은 모두 그리디 알고리듬이다.

트리와 규칙 모두 그리디 학습 휴리스틱을 사용하지만 규칙을 만드는 방법에서 미묘한 차이가 있다. 둘을 구분하는 가장 좋은 방법은 분할 정복으로 특징에 대해 분할을 하면 분할에 의해 생성된 분할은 재정복되지 않고 단지 하위 분할만 된다는 것을 간파하는 것일 것이다. 이런 방식으로 트리는 이전 결정의 이력에 의해 영원히 제한된다. 그에 반해 분리 정복으로 규칙을 발견하면 규칙의 모든 조건으로 커버되지 않는 어떤 예제든 재정복될 수 있다.

이런 차이를 설명하고자 어떤 동물이 포유류인지를 판단하는 규칙 학습자를 만들었던 이전 경우를 고려해보자. 규칙 학습자는 예제 동물을 완벽하게 분류하는 다음과 같은 3개의 규칙을 식별했다.

1. 땅으로 걷고 꼬리가 있는 동물은 포유류다(곰, 고양이, 개, 코끼리, 돼지, 토끼, 쥐, 코뿔소).
2. 동물이 털이 없다면 포유류가 아니다(새, 독수리, 물고기, 개구리, 곤충, 상어).
3. 그렇지 않으면 동물은 포유류다(박쥐).

그에 반해 동일한 데이터에 대해 만들어진 의사결정 트리는 같은 완벽한 분류를 이루고자 다음과 같은 4개의 규칙을 만들어낼 것이다.

1. 동물이 땅으로 걷고 털이 있다면 포유류다(곰, 고양이, 개, 코끼리, 돼지, 토끼, 쥐, 코뿔소).
2. 동물이 땅으로 걷고 털이 없으면 포유류가 아니다(개구리).
3. 동물이 땅으로 걷지 않고 털이 있으면 포유류다(박쥐).
4. 동물이 땅으로 걷지 않고 털이 없으면 포유류가 아니다(새, 곤충, 상어, 물고기, 독수리).

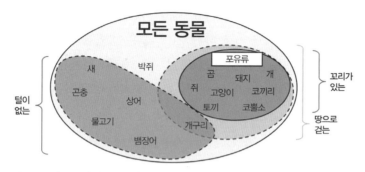

그림 5.15: 개구리 처리법이 분할-정복과 분리-정복 휴리스틱의 차이를 구분해준다. 후자는 개구리가 그 이후의 규칙에 의해 재정복되게 한다.

이 두 방법의 결과가 다른 것은 '땅으로 걷는$^{walk\ on\ land}$' 결정에 의해 분할된 후 개구리에게 일어난 일과 관련돼 있다. 규칙 학습자는 '털이 없는$^{does\ not\ have\ fur}$' 결정으로 개구리를 재정복하지만 의사결정 트리는 기존 분할을 변경할 수 없으므로 개구리를 자체 규칙에 배치해야 한다.

한편 규칙 학습자는 궁극적으로는 고려됐지만 이전 규칙들로 커버되지 않는 경우를 다시 관찰할 수 있기 때문에 의사결정 트리에서 생성된 규칙보다 좀 더 인색한 규칙들을 찾아낸다. 또한 이런 데이터의 재사용은 규칙 학습자의 계산 비용이 의사결정에 드는 비용보다 좀 더 높을 수 있다는 것을 의미한다.

⠿ 예제: 규칙 학습자를 이용한 독버섯 식별

매해 많은 사람이 야생 독버섯을 섭취해서 병에 걸리고 가끔은 죽기도 한다. 외관상으로 많은 버섯이 서로 매우 비슷하기 때문에 경험이 있는 버섯 채취자라도 가끔 중독되곤 한다.

옻나무나 덩굴옻나무 같은 유해한 식물을 식별하기 위한 "잎이 3개면 그냥 둬라."와 같은 규칙과는 달리 야생 버섯이 독이 있는지 식용인지를 식별하기 위한 명확한 규칙이 없다. 설상가상으로 "독버섯은 밝은 색을 띤다."와 같이 여러 전통적인 규칙은 위험하거나 오해의 소지가 있는 정보를 제공한다. 독버섯을 식별하고자 간단하고, 명확하고, 일관된 규칙이 있다면 채취자의 생명을 구할 수 있을 것이다.

규칙 학습 알고리듬의 장점 중 하나는 이해하기 쉬운 규칙을 생성한다는 사실이기 때문에 이런 분류 작업에 적절하게 맞는 것 같다. 하지만 규칙은 정확한 만큼만 유용할 것이다.

단계 1: 데이터 수집

독버섯을 구분하는 규칙을 식별하고자 카네기 멜론 대학교^{Carnegie Mellon University}의 제프 슈림머^{Jeff Schlimmer}가 만든 버섯 데이터 세트를 활용할 것이다. 원시 데이터 세트는 UCI 머신러닝 저장소(http://archive.ics.uci.edu/ml)에서 무료로 사용할 수 있다.

이 데이터 세트는 '오듀본 협회 북미 버섯 필드 가이드^{Audubon Society Field Guide to North American Mushrooms}'(1981)에 목록화된 주름진 버섯 23종, 8,124개의 버섯 샘플에 대한 정보를 포함한다. 이 필드 가이드에서 각 버섯의 종은 '확실히 식용인^{definitely edible}', '확실히 독이 있는^{definitely poisonous}', '독이 있을 가능성이 있으며 먹는 것을 권장하지 않는^{likely poisonous, and not recommended to be eaten}'으로 식별된다. 이 데이터 세트의 목적을 위해 마지막 그룹과 '확실히 독이 있는' 그룹을 결합해 '독이 있는^{poisonous}', '독이 없는^{nonpoisonous}'이라는 2개의 클래스를 만들었다. UCI 웹 사이트에 있는 데이터 사전에는 버섯 샘플의 22개 특징이 설명돼 있으며 갓 모양^{cap shape}, 갓 색깔^{cap color}, 냄새^{odor}, 주름 크기와 색^{gill size and color}, 줄기 모양^{stalk shape}, 서식지^{habitat}와 같은 특성이 포함돼 있다.

TIP

5장에서는 버섯 데이터의 약간 변형된 버전을 사용한다. 예제와 함께 따라갈 계획이면 팩트출판사 웹 사이트에서 mushrooms.csv 파일을 다운로드해 R 작업 디렉터리에 저장한다.

단계 2: 데이터 탐색과 준비

분석을 위한 데이터를 가져오고자 read.csv()를 사용하면서 시작한다. 이 경우 22개의 특징과 목표 클래스가 모두 명목이기 때문에 stringsAsFactors = TRUE 를 설정하고 자동화된 팩터 변환을 이용할 것이다.

```
> mushrooms <- read.csv("mushrooms.csv", stringsAsFactors = TRUE)
```

str(mushrooms) 명령의 출력은 데이터가 데이터 사전에 설명된 대로 23개 변수의 8,124개 관측을 포함한다는 것을 보여준다. 대부분의 str() 출력이 평범하지만 특징 하나는 언급할 가치가 있다. 다음 코드 라인에서 veil_type 변수에 대해 이상한 것을 봤는가?

```
$ veil_type : Factor w/ 1 level "partial": 1 1 1 1 1 1 ...
```

팩터가 단지 한 레벨뿐이라는 것을 이상하게 생각했다면 정확하다. 데이터 사전에는 partial과 universal이라는 두 레벨의 특징이 나열돼 있다. 하지만 데이터의 모든 예제는 partial로 분류됐다. 이 데이터 항목은 왠지 부정확하게 코드화됐던 것 같다. 어떤 경우에도 베일veil 타입은 샘플에 따라 변하지 않기 때문에 예측에 유용한 정보를 제공하지 않는다. 다음 명령을 이용해 이 변수를 분석에서 뺄 것이다.

```
> mushrooms$veil_type <- NULL
```

NULL을 베일 타입 벡터에 대입하면 R은 mushrooms 데이터 프레임에서 이 특징을 제거한다.

더 진행하기 전에 데이터 세트의 버섯 type 클래스 변수 분포를 살펴보겠다.

```
> table(mushrooms$type)

e dible poisonous
   4208      3916
```

버섯 샘플의 약 52%(N = 4,208)는 식용이고, 48%(N = 3,916)는 독이 있다.

이 실험의 목적상 버섯 데이터에 있는 8,214개의 샘플이 야생 버섯의 완전 집합을 이룬다고 간주할 것이다. 이는 중요한 가정인데, 테스트 목적으로 훈련 데이터 이외의 샘플을 보유할 필요가 없다는 것을 의미하기 때문이다. 처음 보는 버섯 유형을 커버하는 규칙을 개발하기보다 이미 알려진 버섯 유형의 완전 집합을 정확히 설명하는 규칙을 찾으려고 할 것이다. 따라서 동일 데이터에 대해 모델을 만들고 테스트할 수 있다.

단계 3: 데이터에 대한 모델 훈련

이 데이터에 대해 가설적인 ZeroR 분류기를 훈련했다면 무엇을 예측할 수 있겠는가? ZeroR은 모든 특징을 무시하고 단순히 목표의 최빈값을 예측하기 때문에 쉽게 말하면 이 규칙은 모든 버섯을 식용으로 서술할 것이다. 분명히 ZeroR은 버섯 샘플의 거의 절반이 독이 있을 가능성이 있어 버섯 채취자가 아프거나 죽게 되기 때문에 아주 유용한 분류기는 아니다. 공개할 수 있는 신중한 조언을 제공하려면 규칙을 지금보다 훨씬 개선할 필요가 있다. 동시에 기억하기 쉬운 간단한 규칙이 필요하다.

간단한 규칙은 종종 예측을 아주 잘하기 때문에 아주 간단한 규칙 학습자가 버섯 데이터에 대해 어떻게 수행되는지 살펴보자. 목표를 이루고자 목표 클래스를 가장 잘 예측하는 특징을 하나 식별하고 규칙 집합을 구성하는 데 사용할 1R 분류기를 적용할 것이다.

여기서는 애샤펜부르크^{Aschaffenburg} 응용과학 대학의 홀거 폰 조앤-디드리치^{Holger von Jouanne-Diedrich}의 OneR 패키지를 사용할 것이다. 이는 비교적 새로운 패키지인데, 속도와 사용 편의를 위해 R 언어로 1R을 구현했다. 이 패키지를 아직 설치하지 않았다면 nstall.packages("OneR") 명령을 이용해 설치하고 library(OneR)을 입력해 패키지를 로드한다.

1R 분류 규칙 구문

RWeka 패키지의 OneR() 함수 사용

분류기 구축:

```
m <- OneR(class ~ predictors, data = mydata)
```

- class: 예측될 mydata 데이터 프레임의 열
- predictors: 예측에 사용되는 mydata 데이터 프레임의 특징을 지정하는 R 구문
- data: class와 predictors를 찾을 수 있는 데이터 프레임

이 함수는 예측에 사용될 수 있는 1R 모델 객체를 반환한다.

예측:

```
p <- predict(m, test)
```

- m: OneR() 함수에 의해 훈련된 모델
- test: 분류기를 구축하는데 사용된 훈련 데이터와 같은 특징을 갖는 테스트 데이터를 포함하는 데이터 프레임

이 함수는 예측 클래스 값의 벡터를 반환한다.

예제:

```
mushroom_classifier <- OneR(type ~ odor + cap_color,
                            data = mushroom_train)
mushroom_prediction <- predict(mushroom_classifier,
                               mushroom_test)
```

그림 5.16: 1R 분류 규칙 구문

C5.0에서처럼 OneR() 함수는 R 수식 구문을 사용해 훈련하게 될 모델을 지정한다. OneR()를 사용해 공식 type ~ .으로 설정하면 첫 번째 규칙 학습기가 버섯 데이터에서 가능한 모든 특성을 고려해 버섯의 종류를 예측한다.

```
> mushroom_1R <- OneR(type ~ ., data = mushrooms)
```

생성된 규칙을 확인하려면 분류기 객체의 이름을 입력하면 된다.

```
> mushroom_1R

Call:
OneR.formula(formula = type ~ ., data = mushrooms)

Rules:
If odor = almond    then type = edible
If odor = anise     then type = edible
If odor = creosote  then type = poisonous
If odor = fishy     then type = poisonous
If odor = foul      then type = poisonous
If odor = musty     then type = poisonous
If odor = none      then type = edible
If odor = pungent   then type = poisonous
If odor = spicy     then type = poisonous

Accuracy:
8004 of 8124 instances classified correctly (98.52%)
```

출력의 첫 줄에서 규칙 생성에 odor 특징이 선택됐다는 것을 확인할 수 있다. almond, anise 등과 같은 odor의 범주에는 버섯이 식용[edible]인지 독이 있는[poisonous]지 여부에 대한 규칙이 명시된다. 예를 들어 버섯이 물고기 냄새가 나는[fishy], 악취가 나는[foul], 퀴퀴한[musty], 톡 쏘는[pungent], 매운[spicy], 크레오소트 같은[like creosote] 냄새가 나면 버섯은 독이 있을 가능성이 있다. 한편 아몬드와 아니스와 같이 좀 더 기분 좋은 냄새가 나는 버섯과 냄새가 전혀 없는 버섯은 식용으로 예측된다. 버섯 채취를 위한 필드 가이드의 목적을 위해 이 규칙은 단순한 경험적 규칙인 "버섯이 입맛 떨어지는 냄새가 나면 독이 있을 가능성이 있다."로 요약될 수 있다.

단계 4: 모델 성능 평가

결과의 마지막 라인은 8,124개의 버섯 샘플 중 8,004개(거의 99%)의 식용 적합성을 정확하게 예측했다는 것을 말하고 있다. 그러나 완벽하지 않다면 모델이 독버섯을 식용으로 분류해 누군가를 위험하게 만들 수 있다는 의미가 된다.

이러한 일이 발생하는지 알아보고자 예측과 실제 값의 혼동 행렬을 살펴보자. 이를 위해 먼저 1R 모델의 예측을 생성한 다음 실제 값과 비교해봐야 한다.

```
> mushroom_1R_pred <- predict(mushroom_1R, mushrooms)
> table(actual = mushrooms$type, predicted = mushroom_1R_pred)
                 predicted
actual      edible poisonous
   edible      4208         0
   poisonous    120      3796
```

여기서 규칙이 에러를 발생시킨 곳을 볼 수 있다. 표의 열은 버섯 중 식용으로 예측된 것을 나타내고 표의 행은 4,208개의 식용 버섯과 3,916개의 독버섯을 나눈다. 표를 관찰하면 1R 분류기가 식용 버섯을 독이 있는 것으로 분류하진 않았지만 120개의 독버섯을 식용으로 분류한 것을 볼 수 있다(엄청나게 위험한 실수를 했다).

학습자가 1개의 특징만을 사용했다는 점을 감안하면 합리적으로 잘 실행됐다. 버섯을 채취할 때 입맛 떨어지는 냄새를 피할 수 있다면 병원에 가는 것을 거의 피할 수 있다. 독자가 아프게 되면 소송 가능성에 대해 필드 가이드의 출판인이 좋아하지 않는 것은 물론, 생명이 관여되면 비슷한 것만으론 충분치 않다. 몇 가지 규칙을 추가해서 훨씬 더 나은 분류기를 개발할 수 있는지 살펴보자.

단계 5: 모델 성능 개선

더 복잡한 규칙 학습기를 위해 RIPPER 알고리듬의 자바 기반 구현인 JRip()을 사용할 것이다. `JRip()` 함수는 RWeka 패키지에 포함돼 있으며 이를 통해 R은 이안 휘튼[Ian H. Witten]과 아이브 프랭크[Eibe Frank]가 개발한 자바 기반 Weka 소프트웨어 애플리케이션의 머신러닝 알고리듬에 접근할 수 있다.

RWeka 패키지는 `rJava` 패키지에 의존하며 `rJava` 패키지는 설치하기 전에 호스트 컴퓨터에 자바 개발 키트[JDK, Java Development Kit]가 설치돼 있어야 한다. JDK는 https://www.java.com/에서 다운로드하고 해당 플랫폼에 맞는 지침에 따라 설치한다. 자바를 설치한 후에는 `install.packages("RWeka")` 명령으로 RWeka와 해당 종속성을 설치하고 `library(RWeka)` 명령으로 RWeka 패키지를 로드할 수 있다.

`rJava`와 RWeka가 설치된 상태에서 `JRip()` 모델을 훈련하는 과정은 `OneR()` 모델을 훈련하는 것과 매우 유사하다. 다음의 구문 상자에서 보여주는 것처럼 이것은 R의 `formula` 인터페이스의 장점 중 하나다. 구문은 알고리듬에 관계없이 일관성 있으며, 이로 인해 다양한 모델을 간단하게 비교할 수 있다.

리퍼(RIPPER) 분류 규칙 구문

RWeka 패키지의 JRip() 함수 사용

분류기 구축:

```
m <- JRip(class ~ predictors, data = mydata)
```

- class: 예측될 mydata 데이터 프레임의 열
- predictors: 예측에 사용되는 mydata 데이터 프레임의 특징을 지정하는 R 구문
- data: class와 predictors를 찾을 수 있는 데이터 프레임

이 함수는 예측에 사용될 수 있는 리퍼 모델 객체를 반환한다.

예측:

```
p <- predict(m, test)
```

- m: JRip() 함수에 의해 훈련된 모델
- test: 분류기를 구축하는 데 사용된 훈련 데이터와 같은 특징을 갖는 테스트 데이터를 포함하는 데이터 프레임

이 함수는 예측 클래스 값의 벡터를 반환한다.

예제:

```
mushroom_classifier <- JRip(type ~ odor + cap_color,
                                      data = mushroom_train)
mushroom_prediction <- predict(mushroom_classifier,
                                       mushroom_test)
```

그림 5.17: RIPPER 분류 규칙 구문

OneR()과 마찬가지로 JRip() 규칙 학습기를 훈련해보자. 사용 가능한 모든 특징 중에서 규칙을 찾을 수 있게 하자.

```
> mushroom_JRip <- JRip(type ~ ., data = mushrooms)
```

규칙을 확인하려면 분류기의 이름을 입력한다.

```
> mushroom_JRip
```

```
JRIP rules:
===========
(odor = foul) => type=poisonous (2160.0/0.0)
```

```
(gill_size = narrow) and (gill_color = buff)
   => type=poisonous (1152.0/0.0)
(gill_size = narrow) and (odor = pungent)
   => type=poisonous (256.0/0.0)
(odor = creosote) => type=poisonous (192.0/0.0)
(spore_print_color = green) => type=poisonous (72.0/0.0)
(stalk_surface_below_ring = scaly)
   and (stalk_surface_above_ring = silky)
      => type=poisonous (68.0/0.0)
(habitat = leaves) and (gill_attachment = free)
   and (population = clustered)
      => type=poisonous (16.0/0.0)
=> type=edible (4208.0/0.0)
Number of Rules : 8
```

JRip() 분류기는 버섯 데이터에서 총 8개의 규칙을 학습했다. 이 규칙들을 읽는 간단한 방법은 프로그래밍 로직과 유사한 **if-else**문 목록으로 생각하는 것이다. 처음 3개의 규칙은 다음과 같이 표현할 수 있다.

- 악취가 난다면 버섯의 유형은 독성이다.
- 귀의 크기가 좁고 귀의 색이 황갈색이라면 버섯의 유형은 독성이다.
- 귀의 크기가 좁고 냄새가 자극적이라면 버섯의 유형은 독성이다.

마지막으로 8번째 규칙은 이전의 7가지 규칙으로 커버되지 않은 모든 버섯 샘플은 식용이라고 나타낸다. 우리 프로그래밍 로직의 예와 같이 이는 다음과 같이 읽을 수 있다.

- 그렇지 않으면 버섯은 식용이다.

각 규칙 옆에 숫자는 규칙에 의해 다뤄지는 인스턴스 개수와 오분류된 인스턴스 개수를 나타낸다. 분명 이 8개의 규칙을 이용해서 오분류된 버섯 샘플은 없다. 결과적으로 마지막 규칙에 의해 다뤄지는 인스턴스의 개수는 데이터에 있는 식용 버섯의 개수(N = 4,208)와 정확히 동일하다.

다음 그림은 규칙이 버섯 데이터에 어떻게 적용되는지를 간략하게 보여준다. 큰 타원 안의 모든 것을 모든 버섯 종으로 상상한다면 규칙 학습자는 더 큰 그룹에서 동질적인 세그먼트를 분리하는 특징이나 특징의 집합을 식별했을 것이다. 먼저 알고리듬은 악취 냄새에 의해 유일하게 구별되는 독버섯의 큰 그룹을 발견했다. 그런 다음 좀 더 작고 좀 더 상세한 독버섯 그룹을 발견했다. 독버섯의 각 변종을 다루는 규칙을 식별함으로써 남아 있는 모든 버섯이 식용으로 판명됐다.

대자연 덕에 분류기가 100% 정확도를 달성할 수 있을 만큼 버섯의 각 종이 충분히 독특했다.

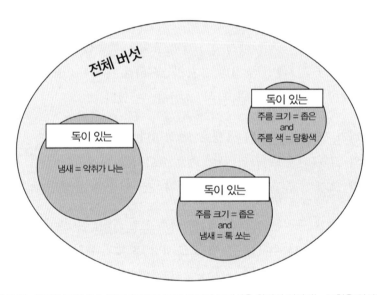

그림 5.18: 정교한 규칙 학습 알고리듬으로 모든 종류의 독버섯을 완벽히 인식하는 규칙을 알아냈다.

:⠿ 요약

5장에서는 특징 값에 따라 데이터를 분할하는 소위 '탐욕' 알고리듬을 사용하는 2개의 분류 방법을 다뤘다. 의사결정 트리는 분할 정복 전략을 사용해 플로차트와 같은 구조를 생성하는 반면 규칙 학습자는 논리적인 **if-else** 규칙을 식별해 데이터를 분리하고 정복한다. 두 방법은 통계적 배경 없이도 해석이 될 수 있는 모델을 생성한다.

인기 있고 구성 능력이 뛰어난 의사결정 트리 알고리듬 중 하나가 C5.0이다. 대출 신청자가 채무 불이행할지 여부를 예측하는 트리를 생성하고자 C5.0 알고리듬을 사용했다. 부스팅과 비용에 민감한 에러를 위한 옵션을 사용해 정확도를 향상시키고 은행이 돈을 더 지불하게 될 위험한 대출을 피할 수 있었다.

또한 독버섯을 식별하는 규칙을 개발하고자 2개의 규칙 학습자 1R과 RIPPER를 사용했다. 1R 알고리듬은 잠재적으로 치명적인 버섯 샘플을 식별하는 데 99% 정확도를 이루고자 하나의 특징을 사용했다. 한편 좀 더 고도화된 RIPPER 알고리듬에 의해 생성된 8개의 규칙은 모든 버섯의 식용 적합성을 정확하게 식별했다.

5장에서는 트리와 규칙이 어떻게 사용될 수 있는지에 대해서만 피상적으로 다뤘다. 6장에서는 회귀 트리^{regression trees}와 모델 트리^{model trees}로 알려진 기법을 다루며, 분류가 아닌 수치 예측을 위해 의사결정 트리를 사용한다. 8장에서는 연관 규칙^{association rule}(분류 규칙의 친척)을 사용해 거래 데이터에서 그룹을 식별하는 방법을 살펴본다. 14장에서는 결정트리에 의존하는 다른 앞선 모델링 기법과 함께 랜덤 포레스트^{random forest}라 하는 모델에 여러 의사결정 트리를 묶음으로써 의사결정 트리의 성능 개선 방법을 찾는다.

06

수치 데이터 예측: 회귀 방법

수학적 관계는 일상생활의 다양한 측면을 이해하는 데 도움을 준다. 예를 들어 몸무게는 칼로리 섭취량의 함수고, 수입은 학력 및 경력과 종종 연관돼 있으며, 여론 조사 수치는 대통령 후보의 재선 확률을 추정하는 데 도움을 준다.

그런 패턴을 숫자로 공식화하면 좀 더 명확해진다. 예를 들어 매일 250kcal를 추가로 섭취하면 1달 동안 몸무게가 1kg 가까이 늘어난다. 경력 1년은 연봉을 1,000달러 올리는 가치가 있다. 경제가 좋으면 대통령은 재선될 가능성이 크다. 분명 이런 방정식들은 모든 상황에 완벽하게 맞지는 않지만, 대부분 상당히 정확할 것으로 예상된다.

6장에서는 이전에 다뤘던 분류 방법을 넘어서는 수치 데이터 간의 관계를 추정하는 기법을 소개함으로써 머신러닝 도구를 확장한다. 몇 가지 실제 수치 예측 작업을 검토하면서 다루는 내용은 다음과 같다.

- 수치 관계의 크기와 강도를 모델링하는 기법인 회귀^{regression}에 사용되는 기본 통계 원칙

- 회귀 분석을 위한 데이터 준비와 회귀 모델을 추정하고 해석하는 방법
- 수치 예측 작업에 의사결정 트리 분류기를 적용하는 회귀 트리와 모델 트리라고 하는 한 쌍의 하이브리드 기법

6장에서 사용하는 방법들은 통계 분야의 많은 연구를 기반으로 하기 때문에 이전에 다뤘던 방법에 비해 수학적 부담은 조금 있겠지만 걱정하지는 말자. 대수학 실력이 조금 녹슬었더라도 R이 힘든 일은 도와줄 것이다.

회귀의 이해

회귀에는 1개의 수치 종속 변수 dependent variable(예측값)와 1개 이상의 수치 독립 변수 independent variables(예측 변수 predictors) 사이의 관계를 명시하는 것과 관련된다. 이름에서 알 수 있듯이 종속 변수는 독립 변수들의 값에 따라 달라진다. 가장 단순한 회귀 형태는 독립 변수와 종속 변수가 직선 관계라고 가정한다.

> **NOTE**
>
> 직선을 데이터에 맞추는 과정을 설명하는 '회귀(regression)'란 용어의 기원은 19세기 후반 프랜시스 골턴(Francis Galton) 경의 유전학 연구에 뿌리를 두고 있다. 그는 키가 아주 작거나 아주 큰 아버지의 경우 아들의 키가 평균 신장에 가까워지는 경향이 있다는 것을 발견했다. 이런 형상을 '평균으로의 회귀(regression to the mean)'라 불렀다.

직선은 $y = a + bx$ 같은 기울기-절편 형식 slope-intercept form 으로 정의되는 기본 대수를 기억할 것이다. 이 형식에서 문자 y는 종속 변수를 가리키고 x는 독립 변수를 가리킨다. 기울기 항 b는 x가 증가할 때마다 직선이 얼마나 올라가는지를 명시한다. 양수는 기울기가 위쪽을 향한 직선을 정의하며, 음수는 기울기가 아래쪽을 향한 직선을 정의한다. 항 a는 절편 intercept 이라 하는데, 직선이 세로 y축과 교차하는 지점을 명시한다. 즉, $x = 0$일 때 y 값을 나타낸다.

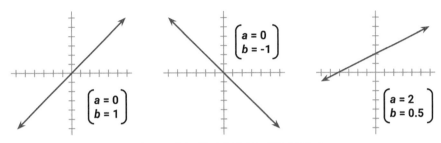

그림 6.1: 여러 기울기와 절편을 가진 직선의 예

회귀 방정식은 유사한 기울기-절편 형식으로 데이터를 모델링한다. 기계가 해야 할 일은 명시된 선이 제공된 x 값과 y 값의 관계를 가장 잘 나타내도록 a와 b의 값을 찾아내는 것이다.

값들을 완벽하게 관련시키는 단일한 a 및 b 파라미터 집합이 항상 존재하는 것은 아니다. 따라서 기계는 오차 범위를 정량화하고 가장 적합한 적합도를 선택하는 방법이 필요하다. 이에 대해서는 곧 자세히 살펴볼 것이다.

회귀는 매우 다양한 종류의 작업에 사용되며, 가장 널리 사용되는 머신러닝 기법일 것이다. 이 기법은 과거를 설명하는 데도 사용될 수 있으며, 동시에 미래의 값을 외삽^{extrpolation}하는 등 거의 모든 작업에 응용할 수 있다. 몇 가지 구체적인 사용 사례를 보면 다음과 같다.

- 경제학, 사회학, 심리학, 물리학, 생태학과 같은 다양한 분야의 과학 연구에 사용하고자 측정된 특성에 따라 인구와 개인이 어떻게 변화하는지 검토
- 임상 의약품 실험, 공학 안전시험, 마케팅 조사와 같은 사건과 반응 간의 인과 관계 정량화
- 보험금 청구, 자연재해 피해, 선거 결과, 범죄율 예측과 같이 알려진 기준이 있을 때 미래의 행위를 예측하는 데 사용되는 패턴의 식별

통계적 가설 검정^{statistical hypothesis testing}에도 회귀 방법을 사용할 수 있는데, 관측 데이터를 고려해 전제가 사실인지 거짓인지를 판단한다. 관계의 강도와 일관성에

대한 회귀 모델 추정치는 관측이 단지 우연에 의한 것인지를 평가할 때 필요한 정보를 제공한다.

회귀 분석은 어떤 알고리듬 하나를 말하는 것은 아니다. 오히려 거의 모든 머신 러닝 작업에 적용할 수 있는 아주 많은 방법을 포괄하는 용어다. 하나의 방법만을 선택해야 한다면 회귀는 좋은 선택이 될 것이다. 일생을 회귀에만 전념하더라도 부족할 만큼 여전히 배울 것이 많을 것이다.

6장에서는 직선을 사용하는 가장 기본적인 선형 회귀 모델에 대해서만 집중할 것이다. 독립 변수가 하나만 있다면 단순 선형 회귀$^{simple\ linear\ regression}$라 한다. 독립 변수가 2개 이상인 경우 다중 선형 회귀$^{multiple\ linear\ regression}$ 또는 간단히 다중 회귀$^{multiple\ regression}$라고 한다. 두 방법 모두 종속 변수는 연속 범위에서 측정된다고 가정한다.

회귀는 다른 유형의 종속 변수와 분류 작업에도 사용할 수 있다. 예를 들어 로지스틱 회귀$^{logistic\ regression}$는 이진 범주형 결과를 모델링하는 데 사용되며, 프랑스 수학자 시메옹 푸아송$^{Siméon\ Poisson}$의 이름을 따르는 푸아송 회귀$^{Poisson\ regression}$는 정수 도수^{count} 데이터를 모델링한다. 다항 로지스틱 회귀$^{multinomial\ logistic\ regression}$는 범주형 결과를 모델링하며 분류에 사용한다.

이러한 특수화된 회귀 방법들은 일반화된 선형 모델$^{GLMs,\ Generalized\ Linear\ Models}$의 범주에 속한다. 이는 전통적인 회귀 모델의 직선을 다른 형태의 데이터 모델링이 허용되도록 조정한다. 이러한 방법은 이 장의 뒷부분에서 설명한다.

회귀 방법들은 유사한 통계적 원리들이 적용되므로 선형 경우를 이해한 후에는 다른 변형들을 배우는 것이 간단해진다. 먼저 단순 선형 회귀의 기본적인 경우부터 시작하겠다. 이름과 달리 이 방법은 복잡한 문제를 해결하기에는 그리 간단하지 않다. 다음 절에서는 단순 선형 회귀 모델의 사용이 비극적인 공학적 재앙을 피하는 데 어떻게 도움이 될 수 있는지 살펴본다.

단순 선형 회귀

1986년 1월 29일, 미국 우주왕복선 챌린저^{Challenger}가 로켓 부스터 고장으로 끔찍하게 분해되면서 7명의 승무원이 사망했다. 그 결과로 전문가들은 발 빠르게 잠재 요인으로 발사 온도에 초점을 맞췄다. 로켓 연결 부분의 밀봉을 담당하는 패킹용 고무 오링$^{O\text{-}ring}$이 40℉(4℃) 미만에서는 테스트되지 않았고, 발사일의 날씨가 평소와 달리 매우 춥고 영하인 상태였다.

뒤늦은 깨달음 덕분에 이 사고는 데이터 분석과 시각화의 중요성에 대한 사례 연구가 됐다. 발사를 추진했던 로켓 엔지니어와 의사결정자들이 어떤 정보를 이용할 수 있었는지는 분명하지 않지만 더 좋은 데이터를 신중히 활용했다면 이 재난을 확실히 방지할 수 있었다는 것은 부인할 수 없다.

NOTE

이 절의 분석은 다랄(Dalal SR), 파울크스(Fowlkes EB), 호들리(Hoadley B)의 〈우주왕복선의 위험 분석: 챌린저 이전의 실패 예측(Risk analysis of the space shuttle: pre-Challenger prediction of failure)〉〈미국 통계 협회 저널(Journal of the American Statistical Association)〉, 1989; 84: 945-957에 제시된 데이터를 기반으로 한다. 데이터가 결과를 어떻게 변화시키는지에 대한 관점은 투프테(Tufte ER)의 〈시각적 설명: 이미지와 수량, 증거와 서술(Visual Explanations: Images and Quantities, Evidence and Narrative)〉(Graphics Press, 1997)를 참고한다. 이와 대조해서 보려면 로빈슨(Robison W), 보이졸리(Boisioly R), 호커 영(Hoeker D, Young)의 〈표현과 잘못된 표현: 챌린저의 투프테와 모튼티오콜 엔지니어들(Representation and misrepresentation: Tufte and the Morton Thiokol engineers on the Challenger)〉(〈Science and Engineering Ethics, 2002; vol. 8: pp 59-81〉)를 참고한다.

로켓 엔지니어는 온도가 낮을 때 부품이 더 잘 부서지고 적절히 밀봉될 수 없게 만들어 위험한 연료 유출의 가능성을 높인다는 것을 거의 확실히 알았다. 그러나 발사를 추진하라는 정치적 압력이 있었기 때문에 이 가설을 지지하는 데이터가 필요했다. 온도와 오링의 고장 사이에 관계를 보여주고 발사 시 예상 온도에 대한 실패 가능성을 예측할 수 있는 회귀 모델이 매우 유용했을 것이다.

과학자들은 회귀 모델을 구축하고자 과거 23회의 성공적인 우주왕복선 발사에서 얻은 발사 온도와 부품 손상 데이터를 사용할 수도 있었다. 부품 손상은 두 종류의 문제 중 하나로 나타난다. 첫 번째 문제는 침식이라고 하며 과도한 열이 오링을 태울 때 발생한다. 두 번째 문제는 블로바이^{blowby}라고 하며, 부실하게 밀봉된 오링을 통해 뜨거운 가스가 누출될 때 발생한다. 우주왕복선은 총 6개의 주요 오링을 갖고 있으므로 비행 시마다 6번까지 손상이 발생할 수 있다. 로켓은 1번 이상의 손상에도 견딜 수 있고 1번의 손상에도 고장 날 수 있지만 추가 손상이 일어날 때마다 치명적인 고장 확률은 높아진다. 다음 산포도는 발사 시 온도와 비교해 과거 23회의 발사에서 탐지된 주요 오링의 손상을 도표로 보여준다.

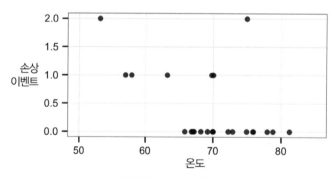

그림 6.2: 우주왕복선 오링 손상과 발사 온도

도표를 관찰해보면 분명한 경향이 보인다. 고온에서 발사할 때 오링의 손상 이벤트가 적어지는 것을 알 수 있다. 또한 가장 낮은 온도의 발사(53°F)에서 2번의 손상 이벤트가 있었는데, 이는 다른 1번의 발사에서 도달했던 수준이다. 이 정보를 염두에 두면 20°F 이상 더 낮은 온도에서 챌린저를 발사할 계획은 뭔가

개운치 않다. 그러나 이것은 정확히 얼마나 걱정해야 하는 상황인가? 이 질문에 대한 답을 하고자 단순 선형 회귀를 도입해보자.

단순 선형 회귀 모델은 하나의 종속 변수와 하나의 독립 예측 변수 간의 관계를 다음 방정식 형태의 직선으로 정의한다.

$$y = \alpha + \beta x$$

그리스 문자는 신경 쓰지 말고 이 식은 여전히 앞에서 설명했던 기울기-절편 형식으로 이해될 수 있다. 절편 α(알파)는 직선이 y축과 만나는 지점을 말하며, 기울기 β(베타)는 x의 증가에 대한 y의 변화량을 말한다. 우주왕복선 발사 데이터의 경우 기울기는 발사 온도가 1도 상승할 때 오링 고장 횟수의 기대 감소량을 말한다.

TIP

> 그리스 문자는 통계 분야에서 통계 함수의 파라미터인 변수를 표현할 때 자주 사용된다. 그러므로 회귀 분석을 실행하는 것은 α와 β의 파라미터 추정치(parameter estimates)를 찾는 것이다. 알파와 베타의 파라미터 추정치는 대개 a와 b로 표기되며, 이 용어와 표기는 일부 상호 교환해 사용되는 것을 볼 수 있다.

우주왕복선 발사 데이터의 방정식에서 추정된 회귀 파라미터가 $a = 3.70$, $b = -0.048$라고 가정해보자. 결론적으로 전체 선형 방정식은 $y = 3.70 - 0.048x$다. 이 숫자를 어떻게 얻었는지는 잠시 무시하고 산포도에 이와 같이 직선을 그려 볼 수 있다.

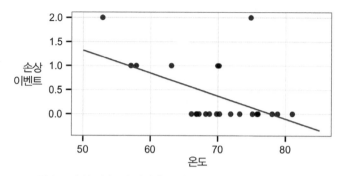

그림 6.3: 손상 이벤트와 발사 온도 사이의 관계를 모델링하는 회귀선

직선에서 볼 수 있듯 60°F에서 1개 조금 못 미치는 오링 파손이 예측된다. 70°F에서 약 1.3개의 고장이 예상된다. 챌린저 발사의 예상 온도인 31°F까지 모델을 외삽하면 오링 손상 이벤트는 약 3.70 − 0.048 × 31 = 2.21로 예상된다.

오링이 고장 날 때마다 재앙적 연료 누출의 발생 가능성이 있다고 가정하면 챌린저를 31°F에서 발사하는 것은 60°F에서 발사하는 것보다 거의 3배 정도 위험하고 70°F에서 발사하는 것보다 거의 8배 이상 위험하다.

직선이 각 데이터 포인트를 정확히 지나가지 않는다는 것을 주목하라. 대신 직선이 데이터들을 다소 균등하게 가르며 지나가기 때문에 예측은 실제 값보다 낮거나 높다. 다음 절에서는 이 특정 직선이 선택된 이유를 살펴본다.

일반 최소 제곱 추정

α, β의 최적 추정치를 결정하고자 일반 최소 제곱법^{OLS, Ordinary Least Squares}이라고 하는 추정 방법을 사용했다. OLS 회귀에서 기울기와 절편은 오차 제곱합^{sum of the squared errors}이 최소화되도록 선택되며, 잔차^{residuals}라고도 알려진 이 오차는 y의 예측값과 실제 값 사이의 수직 거리 차이다.[1] 오차는 과추정 또는 과소추정일 수 있으므로 양수나 음수 모두 가능하다. 이러한 점 몇 개가 그림에 나타나 있다.

---

1. 보통 오차는 모집단의 실제 값과 이 차이를 말하고, 잔차는 표본의 실제 값과의 차이를 의미한다. − 옮긴이

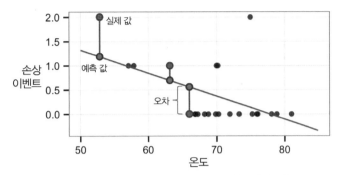

그림 6.4: 회귀선 예측이 실제 값보다 잔차만큼 차이난다.

수학적 용어로 OLS 회귀의 목표는 다음 방정식을 최소화하는 작업으로 표현된다.

$$\sum (y_i - \hat{y}_i)^2 = \sum e_i^2$$

쉽게 말해 이 방정식은 y의 실제 값과 예측값의 차로 e(오차)를 정의한다. 오차값은 음수 값을 없애고자 모두 제곱되고 데이터의 모든 점을 합산한다.

TIP

> y 항 위의 캐럿 문자($\wedge$)는 통계 표기에서 일반적으로 사용되는 기능이다. 캐럿 문자는 y 항이 실제 y 값의 추정치라는 것을 나타낸다. 이는 y 햇^{hat}으로 불린다.

a의 해는 b 값에 종속된다. 이 값은 다음 식으로 얻을 수 있다.

$$a = \bar{y} - b\bar{x}$$

TIP

> 이러한 방정식을 이해하려면 또 다른 통계적 표기법을 알아야 한다. x와 y 항목 위에 나타나는 수평 막대는 x 또는 y의 평균값을 나타낸다. 이를 x 바(bar) 또는 y 바(bar)라고 한다.

증명은 이 책의 범위를 넘어서지만 **최소 제곱 오차**^{minimum squared error}를 만드는 b 값은 다음 식과 같다는 것을 미적분으로 보일 수 있다.

$$b = \frac{\sum(x_i - \bar{x})(y_i - \bar{y})}{\sum(x_i - \bar{x})^2}$$

이 방정식을 구성 요소 조각으로 나누면 식을 조금 단순화할 수 있다. b의 분모는 익숙해져야 한다. $\text{Var}(x)$로 표기되는 x의 분산과 매우 비슷하기 때문이다. 2장에서 배웠듯이 분산은 x의 평균으로부터 편차 제곱의 평균을 찾는 것이다. 이는 다음과 같이 표현된다.

$$\text{Var}(x) = \frac{\sum(x_i - \bar{x})^2}{n}$$

분자는 x의 평균값으로부터 각 데이터 포인트의 편차를 y의 평균값으로부터 각 포인트의 편차로 곱해서 합산한 것이다. 이것은 $\text{Cov}(x, y)$로 표기되는 x와 y에 대한 공분산^{covariance} 함수와 유사하다. 공분산 식은 다음과 같다.

$$\text{Cov}(x, y) = \frac{\sum(x_i - \bar{x})(y_i - \bar{y})}{n}$$

공분산 함수를 분산 함수로 나누면 분자와 분모의 n 항이 서로 상쇄되고 b에 대한 수식은 다음과 같이 재작성될 수 있다.

$$b = \frac{\text{Cov}(x, y)}{\text{Var}(x)}$$

재작성된 이 식을 감안하면 R 내장 함수로 b 값을 계산하는 것은 쉽다. 이 식을 우주왕복선 발사 데이터에 적용해 회귀 직선을 추정해보자.

TIP

예제를 따라 진행하려면 팩트출판사 웹 사이트에서 challenger.csv 파일을 다운로드하고 `launch <- read.csv("challenger.csv")` 명령으로 데이터 프레임에 로드한다.

우주왕복선 발사 데이터가 launch라는 이름의 데이터 프레임에 저장돼 있고 독립 변수 x의 이름은 temperature이고 종속 변수 y의 이름은 distress_ct라고 가정하자. 그런 다음 b를 추정하고자 R 함수 cov()와 var()를 사용한다.

```
> b <- cov(launch$temperature, launch$distress_ct) / var(launch$temperature)
> b
```
```
[1] -0.04753968
```

여기서 계산된 b와 mean() 함수를 적용하면 a를 추정한다.

```
> a <- mean(launch$distress_ct) - b * mean(launch$temperature)
> a
```
```
[1] 3.698413
```

회귀 방정식을 손으로 추정하는 것은 이상적이지 않기 때문에 R은 자동으로 계산해주는 함수를 제공한다. 이 방법은 곧 사용될 것이다. 먼저 선형 관계의 강도를 측정하는 방법을 배워 회귀의 이해를 넓힌 다음, 1개 이상의 독립 변수를 갖는 데이터에 선형 회귀를 적용하는 방식을 살펴본다.

상관관계

두 변수 간의 **상관관계**correlation는 변수들의 관계가 직선에 가깝게 따르는 정도를 나타내는 숫자다. 다른 조건이 없다면 상관관계는 전형적으로 20세기 수학자 칼 피어슨Karl Pearson이 개발한 피어슨 상관 계수Pearson's correlation coefficient를 나타낸다. 상관관계는 -1에서 +1 사이의 범위에 있다. 최대와 최솟값은 완벽한 선형 관계를 나타내는 반면 0에 가까운 상관관계는 선형 관계가 없음을 나타낸다.

다음 식은 피어슨 상관관계를 정의한다.

$$\rho_{x,y} = \mathrm{Corr}(x, y) = \frac{\mathrm{Cov}(x, y)}{\sigma_x \sigma_y}$$

TIP

> 그리스어 표기가 여기에 더 소개됐다. (소문자 p처럼 생긴) 첫 번째 기호는 로(rho)이고, 피어슨 상관관계 통계량을 나타낸다. q를 옆으로 돌린 것처럼 보이는 문자는 그리스 문자 시그마(sigma)로 x와 y의 표준 편차를 나타낸다.

이 식으로 발사 온도와 오링의 손상 이벤트 횟수 간의 상관관계를 계산할 수 있다. 공분산 함수는 cov()이고 표준 편차 함수는 sd()라는 것을 기억하라. 결과는 r에 저장할 것이며, r은 일반적으로 추정된 상관관계를 나타내는 문자다.

```
> r <- cov(launch$temperature, launch$distress_ct) /
        (sd(launch$temperature) * sd(launch$distress_ct))
>r
```

```
[1] -0.5111264
```

또한 R의 상관관계 함수 cor()를 사용해도 동일한 결과를 얻을 수 있다.

```
> cor(launch$temperature, launch$distress_ct)
```

```
[1] -0.5111264
```

온도와 손상된 오링 개수 간의 상관관계는 -0.51이다. 음의 상관관계는 온도가 증가하면 손상된 오링의 개수가 감소하는 관계를 의미한다. 이 값은 오링 데이터를 연구하는 나사^{NASA} 엔지니어들에게 저온 발사가 문제가 될 수 있다는 매우 명확한 지표가 될 것이다. 또한 상관관계는 온도와 오링 손상 간의 관계에 대한 상대적인 강도를 말해준다. -0.51은 음의 상관관계의 최댓값인 -1의 절반 정도이기 때문에 적당히 강한 음의 선형 관계가 있음을 의미한다.

상관관계의 강도를 해석하고자 사용하는 다양한 경험적 규칙이 있다. 한 가지 방법은 0.1에서 0.3 사이의 값에 '약한weak'을 배정하고 0.3에서 0.5까지 범위에 '보통moderate'을 배정하며 0.5 이상의 값에는 '강한strong' 상태를 배정한다(비슷한 음의 상관관계의 범위에도 이와 같이 적용한다). 하지만 어떤 목적에는 이 임계치가 강하거나 또는 너무 느슨할 수 있다. 일반적으로 상관관계는 문맥으로 해석돼야 한다.

인간과 관련된 데이터의 경우 상관관계 0.5는 매우 높은 것으로 간주될 수 있지만 기계 프로세스로 생성된 데이터의 경우 상관관계 0.5는 약할 수 있다.

TIP

> "상관관계는 인과관계를 의미하지 않는다(correlation does not imply causation)."는 표현을 들어봤을 것이다. 이 말은 상관관계가 두 변수 사이의 연관성을 설명하지만 측정되지 않은 다른 설명이 존재할 수 있다는 사실을 근거로 한다. 예를 들어 기대 수명과 하루에 영화 보는 시간 간에 강한 연관성이 있을 수 있지만 의사가 사람들에게 영화를 더 많이 보게 추천하기 전에는 다른 설명(젊은 사람들이 영화를 더 많이 보며 죽을 가능성은 낮다)은 배제해야 한다.

두 변수 간에 상관관계를 측정하면 독립 변수와 종속 변수 간의 관계를 빠르게 판단할 수 있다. 이는 예측 변수가 많은 회귀 모델을 정의할 때 더욱 중요해질 것이다.

다중 선형 회귀

대부분의 실제 분석에서는 하나 이상의 독립 변수를 갖는다. 그러므로 대부분의 수치 예측 작업은 다중 선형 회귀multiple linear regression를 사용할 가능성이 높다. 다중 선형 회귀의 장단점은 다음 표에 나와 있다.

장점	단점
• 수치 데이터를 모델링하기 위한 가장 일반적인 방법이다. • 어떤 모델링 작업에든 대부분 적용될 수 있다. • 특징과 결과 간의 관계에 대한 강도와 크기 추정치를 제공한다.	• 데이터에 대한 강한 가정을 한다. • 모델 형태가 사용자에 의해 미리 지정돼야만 한다. • 누락 데이터를 처리하지 않는다. • 수치 특징만 처리하므로 범주 데이터는 추가적인 준비를 해야 한다. • 모델을 이해하려면 약간의 통계 지식이 필요하다.

다중 회귀는 단순 선형 회귀의 확장으로 이해할 수 있다. 두 경우의 목표가 유사하다(선형 방정식의 예측 오차를 최소화하는 기울기 계수 값을 찾는다). 주요 차이점은 추가 독립 변수를 위한 추가 항이 있다는 점이다.

다중 회귀 모델은 일반적으로 다음 방정식 형태를 따른다. 종속 변수 y는 절편 항 α와 각 특징 i에 대해 추정된 β 값과 x 변수를 곱해 더한 값으로 명시된다. (그리스 문자 입실론epsilon으로 표기된) 오차 항 ε은 예측이 완벽하지 않다는 것을 상기시키고자 여기에 더해졌다. 이는 이전에 언급된 잔차residual 항을 나타낸다.

$$y = \alpha + \beta_1 x_1 + \beta_2 x_2 + \cdots + \beta_i x_i + \varepsilon$$

추정된 회귀 파라미터에 대한 해석을 잠시 동안 생각해보자. 이 방정식에서 각 특징에 대해 계수가 제공된다는 것을 알았을 것이다. 따라서 각 특징은 y 값에 대해 별도의 추정된 영향을 갖는다. 다시 말하면 x_i의 단위 증가에 대해 β_i 양만큼 y가 변한다. 절편 α는 독립 변수가 모두 0일 때 y의 예측값이다.

절편 α는 다른 회귀 파라미터와 전혀 차이가 없기 때문에 다음 방정식에서 볼 수 있듯이 가끔 (베타—놋beta-naught으로 발음되는) β_0로 표기된다.

$$y = \beta_0 + \beta_1 x_1 + \beta_2 x_2 + \cdots + \beta_i x_i + \varepsilon$$

앞에서와 같이 절편은 어떤 독립 변수 x와도 연관되지 않는다. 하지만 곧 명확하게 설명될 이유 때문에 β_0를 x_0 항과 곱한 것으로 생각하는 것이 좋다. x_0에는 상수 1을 할당한다.

$$y = \beta_0 x_0 + \beta_1 x_1 + \beta_2 x_2 + \cdots + \beta_i x_i + \varepsilon$$

회귀 파라미터 값을 추정하고자 이 형태의 회귀 방정식을 이용해 종속 변수 y의 관측값이 독립 변수 x의 관측값과 연관돼야만 한다. 다음 그림은 다중 회귀 과제를 설정하는 그래프 표현을 보여준다.

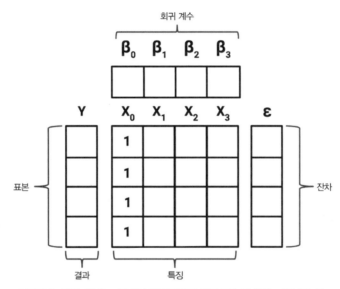

그림 6.5: 다중 회귀는 ε를 최소화하면서 X 값과 Y를 연계하는 β를 찾는다.

이 그림에서 보여주는 데이터의 많은 행과 열은 각 항이 여러 값을 표현하고 있음을 나타내는 굵은 글꼴의 **행렬 표기**matrix notation를 이용해 나타낸다. 이런 식으로 압축한 공식은 다음과 같이 나타낼 수 있다.

$$\mathbf{Y} = \boldsymbol{\beta}\mathbf{X} + \varepsilon$$

행렬 표기에서 종속 변수는 이제 벡터 $\mathbf{Y}$로 모든 예제에 대한 행을 갖는다. 독립 변수들은 행렬 **X**로 결합되고 열은 각 특징이며 추가적으로 절편을 나타내는 '1' 값을 가진 열이 하나 더 있다. 각 열은 모든 예제에 대한 행을 갖는다. 회귀 계수 **β**와 잔차 **ε**도 이제는 벡터다.

이제 목표는 **Y**의 예측값과 실제 값 사이의 오차 제곱합을 최소화하는 회귀 계수 벡터인 **β**를 푸는 것이다. 최적의 해를 찾고자 행렬 연산을 사용해야 한다. 따라서 수식을 유도하려면 이 책에서 제공되는 것보다 훨씬 조심스럽게 주의해야 한다. 그러나 다른 사람의 업적을 믿는다면 벡터 **β**의 최고 추정치는 다음과 같이 계산될 수 있다.

$$\hat{\boldsymbol{\beta}} = (\mathbf{X^T X})^{-1} \mathbf{X^T Y}$$

이 해답은 한 쌍의 행렬 연산을 사용한다(T는 행렬 X의 전치^{transpose}를 나타내며, 음의 지수는 역행렬 ^{matrix inverse}을 나타낸다). R의 내장 행렬 연산을 사용해 간단한 다중 회귀 학습자를 구현할 수 있다. 이 공식을 챌린저 발사 데이터에 적용해보자.

TIP

> 앞의 행렬 연산이 익숙하지 않다면 Wolfram MathWorld의 전치에 관한 페이지(http://mathworld. wolfram.com/Transpose.html)와 역행렬 페이지(http://mathworld.wolfram.com/MatrixInverse.html) 를 보자. 고급 수학의 배경이 없어도 이해할 수 있는 완벽한 소개를 제공하고 있다.

다음 코드로 파라미터 y와 x를 받아 추정된 베타 계수의 벡터를 반환하는 기본 회귀 함수 reg()를 생성할 수 있다.

```
> reg <- function(y, x) {
  x <- as.matrix(x)
  x <- cbind(Intercept = 1, x)
  b <- solve(t(x) %*% x) %*% t(x) %*% y
  colnames(b) <- "estimate"
  print(b)
}
```

여기서 생성된 **reg()** 함수는 이전에 사용되지 않았던 몇 가지 R 명령을 사용한다. 먼저 **reg()** 함수가 데이터 프레임의 열 집합으로 호출될 것이기 때문에 데이터 프레임을 행렬 형식으로 변환하고자 **as.matrix()** 함수를 사용한다.

다음은 추가 열을 행렬 x에 바인딩하고자 **cbind()** 함수를 사용한다. 여기서 **Intercept = 1** 명령은 R에게 새 열의 이름을 Intercept라 붙이고 1을 반복해서 열을 채우도록 명령한다. 그런 다음 일련의 행렬 연산을 x와 y 객체에 대해 수행한다.

- **solve()**는 역행렬을 구한다.
- **t()**는 전치행렬을 구하는 데 사용한다.
- **%*%**는 2개의 행렬을 곱한다.

보이는 것처럼 **reg()** 함수는 이 연산들을 결합해 x와 y를 연관시키는 선형 모델의 추정 파라미터가 들어있는 벡터 b를 반환한다. 함수의 마지막 두 라인은 벡터 b에 이름을 붙이고 결과를 화면에 출력한다.

우주왕복선 발사 데이터에 **reg()** 함수를 적용해보자. 다음 코드에 보이는 것처럼 데이터 세트에는 3개의 특징과 관심이 있는 결과인 손상 횟수(distress_ct)가 포함돼 있다.

```
> str(launch)
```

```
'data.frame':    23 obs. of 4 variables:
 $ distress_ct         : int  0 1 0 0 0 0 0 0 1 1 ...
 $ temperature         : int  66 70 69 68 67 72 73 70 57 63 ...
 $ field_check_pressure : int  50 50 50 50 50 50 100 100 200 200 ...
 $ flight_num          : int  1 2 3 4 5 6 7 8 9 10 ...
```

이전에 파라미터를 $a = 3.70$, $b = -0.048$로 해서 구했던 오링 장애 vs. 온도의 단순 선형 회귀 모델의 결과와 비교해보면 이 함수가 정확하게 실행됐음을 확인할 수 있다. 온도가 발사 데이터의 두 번째 열이기 때문에 **reg()** 함수는 다음과 같이 실행시킬 수 있다.

```
> reg(y = launch$distress_ct, x = launch[2])

                estimate
    Intercept    3.69841270
    temperature -0.04753968
```

이 값이 이전 결과와 정확히 일치하기 때문에 이제 다중 회귀 모델의 구축에 이 함수를 이용해보자. 방금 전과 같이 적용하되 이번엔 x 파라미터에 열 2부터 열 4까지 x 파라미터로 지정해 2개의 부가적인 예측 변수를 추가한다.

```
> reg(y = launch$distress_ct, x = launch[2:4])

                          estimate
    Intercept            3.527093383
    temperature         -0.051385940
    field_check_pressure 0.001757009
    flight_num           0.014292843
```

모델은 오링의 손상 이벤트 횟수 vs. 온도temperature, 현장 검사 압력field check pressure, 발사 ID 번호launch ID number를 예측한다. 2개의 새로운 예측 변수를 포함시켰지만 이전 단순 회귀 모델의 결과와 차이가 없다. 단순 선형 회귀 모델에서와 같이 온도 변수의 계수는 음수며, 이는 온도가 증가할 때 예상되는 오링 이벤트 횟수가 감소한다는 것을 의미한다. 효과 크기는 거의 동일하다. 발사 온도가 1도 올라갈 때마다 0.05개 더 적은 손상 이벤트가 예상된다.

새로운 두 예측 변수도 예측 손상 이벤트 추정에 기여했다. **field_check_pressure**는 발사 이전에 오링을 테스트하고자 가한 압력의 양을 말한다. 검사 압력은 원래 50psi였지만 어떤 발사에서는 100psi나 200psi까지 올라갔기 때문에 오링 침식의 원인일 수도 있다고 믿게 됐다. 계수는 양수지만 작으며 적어도 이 가정을 뒷받침해준다. 비행 번호는 우주왕복선의 나이를 설명하고자 포함된다. 각 비행에서 우주왕복선이 오래될수록 부품들이 더 잘 부서지고 고장이 나는 경향이 있다. 비행 번호와 파손 횟수 간의 작은 연관성이 이런 사실을 반영한다.

종합해보면 우주 왕복선 데이터를 다시 분석해본 결과 당시 주어진 기후 조건에서 챌린저호를 발사하는 것은 상당히 위험하다고 믿을 만한 여러 이유가 있었음을 알 수 있다. 엔지니어들이 사전에 선형 회귀를 적용해 봤더라면 이 참사는 막을 수 있었을지 모른다. 물론 정치가 얽히는 등 실제 상황은 보이는 것처럼 그리 간단하지 않았을 수도 있다.

일반화 선형 모델과 로지스틱 회귀

챌린저 우주왕복선 발사 데이터 분석에서 입증된 것처럼 표준 선형 회귀는 수치 결과와 하나 이상의 예측 변수 간의 관계를 모델링하는 데 유용한 방법이다. 회귀가 시간의 시험을 견뎌낸 것은 놀라운 일이 아니다. 100년이 지난 후에도 데이터에 가장 적합한 직선을 찾는 것보다 더 정교하지는 않지만 툴킷 중 가장 중요한 기술 중 하나로 남아 있다.

그러나 모든 문제가 직선으로 모델링하기에 적합한 것은 아니며 회귀 모델에 의해 만들어진 통계적 가정은 많은 실제 작업에서 위배된다. 심지어 챌린저 데이터 역시 선형 회귀에 적합하지 않다. 이 데이터는 회귀 가정 중 하나인 대상 변수가 연속 척도로 측정됐다는 가정을 위배하기 때문이다. 오링 고장의 수는 이산적인 값을 갖기 때문에 모델이 정확히 2.21개의 고장 사건을 예측하는 것은 의미가 없다. 모델은 단지 2개 또는 3개의 고장 사건을 예측할 수 있을 뿐이다.

계수 값 모델링, 범주형 또는 이항 결과물 그리고 대상이 정규 분포되지 않는 연속형 변수인 경우 등에 있어 회귀 모델은 가장 적합한 도구가 아니다. 그럼에도 많은 사람이 이러한 유형의 문제에 회귀를 적용하며 종종 놀라울 정도로 잘 수행된다.

이러한 한계를 극복하고자 선형 회귀를 적절히 변형해 일반화 선형 모델[GLM, Generalized Linear Models]이라는 이름으로 알려진 기법을 사용할 수 있다. 이 기법은 1972년에 통계학자인 존 넬더[John Nelder]와 로버트 웨더번[Robert Wedderburn]에 의해 처음 제시됐다. GLM은 전통적인 회귀 모델링의 2가지 가정을 완화시킨다. 첫째, 대상 변수가 정규 분포되지 않고 연속적이어도 허용한다. 둘째, 대상 변수의 분산과 평균이 관련될 수 있게 허용한다. 전자의 특성은 범주형 데이터나 계수 데이터를 모델링하거나 0부터 1 사이의 확률 값을 예측해야 하는 경우와 같이 예측할 수 있는 값의 범위가 제한적인 경우에 적용할 수 있다. 후자의 특성은 예측 변수가 예측과 비선형적으로 관련된 경우, 예를 들어 지수적 성장으로 인해 시간 단위의 증가가 결과물에 점차적으로 큰 영향을 미치는 경우에 모델이 더욱 잘 적합화되게 한다.

NOTE

> GLM에 대한 원 논문을 읽으려면 다음 문헌을 참고하라. Generalized linear models, Nelder, J. A. and Wedderburn, T. W. M., 「Journal of the Royal Statistical Society」, 1972, Vol. 135, pp. 370-384. 좀 더 쉬우면서 수학적이지 않은 소개를 원하면 다음 문헌을 참고하라. Dunteman, G. H.의 「An introduction to generalized linear models」 그리고 Ho, M. H. R.의 「Quantitative Applications in the Social Sciences」, 2006, Vol. 145.

선형 회귀의 2가지 일반화는 GLM의 2가지 핵심 요소에 반영된다.

1. **계열**[family]은 대상 특성의 분포를 나타낸다. 이 분포는 **지수 계열**[exponential family]에 속하는 분포 중에서 선택해야 한다. 이에는 정규 가우시안 분포뿐만 아니라 포아송, 이항, 감마 등의 분포도 포함된다. 선택한 분포는 이산이나 연속일 수 있으며 양수 값만을 갖는 경우나 0과 1 사이의 값만을 갖는 경우 등 다양한 값 범위를 가질 수 있다.

2. **연결 함수**^{link function}는 예측 변수와 대상 간의 관계를 변형해 원래 비선형 관계를 선형 방정식으로 모델링할 수 있게 한다. 언제나 기본적으로 선택된 계열에 따라 결정되는 **기본 연결 함수**가 있지만 경우에 따라 모델을 해석하는 방식을 다양하게 만들거나 더 나은 모델 적합을 얻고자 다른 연결을 선택할 수 있다.

계열과 연결 함수를 다양하게 조합하는 것은 GLM 접근 방식에 많은 유연성을 제공해 다양한 실세계의 사용 사례에 적용하고 대상 변수의 자연 분포에 부합하게 할 수 있다. 어떤 조합을 사용해야 하는지는 모델이 어떻게 적용되는지와 대상의 이론적 분포에 따라 다르다. 이러한 요소들을 자세히 이해하려면 지수 계열 내의 다양한 분포에 대한 지식과 통계 이론에 대한 배경지식이 필요하다. 다행히도 대부분의 GLM 사용 사례는 몇 가지 일반적인 계열과 연결의 조합에 부합하는데, 이는 다음 표에 나열돼 있다.

계열	기본 연결 함수	대상 범위	주의 사항 및 적용 사례
가우스(정규)	항등	$-\infty \sim \infty$	선형 응답 모델링에 사용되며 GLM을 표준 선형 회귀로 간소화한다.
포아송	로그	정수 $0 \sim \infty$	포아송 회귀로 알려져 있으며 사건 발생 횟수를 모델링한다(예: 오링 고장 총 횟수). 이벤트 발생 빈도를 추정해 사건이 발생하는 빈도를 모델링한다.
이항	로짓	$0 \sim 1$	로지스틱 회귀로 알려져 있으며 이진 결과(예: 오링 고장 여부)를 모델링하는 데 사용된다. 결과가 발생할 확률을 추정해 이진 결과를 모델링한다.
감마	음의 역	$0 \sim \infty$	오른쪽으로 기울어진 데이터를 모델링하는 여러 가능성 중 하나다. 이벤트 발생까지의 시간(예: 오링 고장까지의 시간(초))이나 비용 데이터(예: 차량 사고에 대한 보험 청구 비용) 등을 모델링하는 데 사용될 수 있다.

(이어짐)

계열	기본 연결 함수	대상 범위	주의 사항 및 적용 사례
다항	로짓	K 범주 중 하나	다항 로지스틱 회귀로 알려져 있으며 성공적인, 실패한 또는 중단된 우주선 발사와 같은 범주형 결과를 모델링하는 데 사용된다. 각 범주에 속하는 확률을 추정해 예제가 각 범주에 속할 확률을 모델링한다. 보통 해석을 돕고자 GLM 함수 대신 특수화된 패키지들을 사용한다.

GLM을 해석하는 것은 세밀하고 주의 깊은 연구와 많은 실습을 필요로 한다. 하나의 GLM을 능숙하게 적용하는 데도 많은 연습이 필요하며, 모든 GLM을 전문가 수준으로 사용할 수 있는 사람은 드물다. 각각의 GLM 변형에 대한 전체 교재가 있다. 다행히 머신러닝 분야에서는 해석과 이해보다는 올바른 GLM 형태를 실제 문제에 적용하고 유용한 예측을 만드는 것이 더 중요하다. 이 장에서는 나열된 모든 방법을 다룰 수 없지만 주요 내용에 대한 소개를 통해 여러분은 나중에 자신의 작업과 가장 관련된 GLM 변형을 학습할 수 있을 것이다.

표에서 나열된 가장 간단한 변형부터 시작해보자. 표준 선형 회귀는 가우시안 계열과 항등 연결 함수를 사용하는 특별한 유형의 GLM으로 생각할 수 있다. **항등 연결**은 대상 변수 y와 예측 변수 x_i 간의 관계가 어떠한 변형도 없다는 것을 의미한다. 따라서 표준 회귀와 마찬가지로 추정된 회귀 계수 β_i는 다른 모든 요인을 동일하게 유지한 상태에서 x_i가 한 단위 증가할 때 y가 얼마나 증가하는지를 상당히 간단하게 해석할 수 있다.

다른 연결 함수를 사용하는 GLM 형태는 해석하기가 그리 단순하지 않으며 개별 예측 변수들의 영향을 완전히 이해하려면 더욱 주의 깊은 분석이 필요하다. 이는 회귀 계수들이 x_i가 한 단위 증가할 때 y에 대한 추가적인 증가로서 해석되지만 이러한 계수들은 연결 함수를 통해 변형된 후에야 비로소 의미를 갖기 때문이다.

예를 들어 이항 분포를 사용하는 GLM은 로그 연결 함수를 사용해 사건의 예상 횟수를 모델링하며, y와 x_i의 관계는 자연 로그를 통해 연결된다. 따라서 log $(\beta_1 x_1)$ + $\log(\beta_2 x_2)$가 y에 미치는 추가적인 영향은 응답 변수의 원래 척도에서는 곱하기 연산으로 나타난다. 이는 로그의 성질을 사용해 $\log(\beta_1 x_1)$ + $\log(\beta_2 x_2)$ = $\log(\beta_1 x_1 * \beta_2 x_2)$로 표현되며, 이를 로그에서 제거하고자 지수 함수를 사용하면 $\beta_1 x_1 * \beta_2 x_2$로 변환된다.

이러한 곱하기 효과로 인해 파라미터 추정치는 선형 회귀와는 달리 y의 절대 증가가 아닌 상대적인 증가율로 이해된다.

이를 실제로 확인하고자, 온도와 오링 고장 횟수 간의 푸아송 회귀 모델을 구축했다고 가정해보자. x_1이 온도를 나타내고 추정된 β_1 값이 −0.103이라면 우리는 1번의 추가적인 온도 증가마다 평균적으로 약 9.8% 더 적은 오링 고장을 기대할 수 있다. 이는 exp(−0.103) = 0.902로 계산된다. 즉, 온도가 1도 증가할 때마다 90.2%의 고장 횟수가 낮아지며, 따라서 1도 증가할 때 약 9.8% 더 적은 고장을 예상할 수 있다.

이를 적용해 추정된 챌린저 우주선 발사 온도인 화씨 36도에서 17도 더 따뜻한 발사(이전에 가장 추운 발사는 화씨 53도)를 생각해보면 예상 고장 횟수의 약 $(0.902)^{17}$ = 17.2% 를 기대할 수 있으며, 이는 고장률이 82.8% 감소하는 것과 같다.

로짓 연결 함수를 사용하는 이항 분포 계열을 사용하는 GLM 변형은 **로지스틱 회귀**logistic regression로 알려져 있으며, 이는 이항 분류 작업에 회귀를 적용할 수 있게 해줘서 가장 중요한 형태 중 하나다. 로짓 연결 함수는 $\log(p/(1 - p))$ 형태의 함수로, 여기서 p는 확률을 나타낸다. $(p/(1 - p))$ 부분은 확률을 **승산**odds으로 표현하는데, 마치 도박이나 스포츠 베팅에서 "팀이 2 대 1의 승리 기회를 갖고 있다."와 같은 구문에서 사용되는 배당과 같은 개념이다. 자연 로그를 취한 후 추정된 회귀 계수는 로그 승산log odds으로 해석된다. 우리는 로그 배당보다 배당을 더 직관적으로 이해할 수 있기 때문에 보통 로지스틱 회귀 계수를 지수화해 로그 승산을 승산으로 변환해 해석한다. 그러나 로지스틱 회귀 계수는 y의 승산에 대한 x의 1단위 증가로 인한 차이를 나타내기 때문에 지수화된 승산은 **승산비**

$^{\text{odds ratios}}$가 되며, 이는 y가 발생할 확률의 상대적인 증가 또는 감소를 표현한다.

우주 왕복선 데이터의 맥락에서 하나 이상의 오링 고장 여부를 예측하는 이진 분류 작업에 대해 로지스틱 회귀 모델을 구축했다고 가정해보자. 오링 고장 확률에 영향을 주지 않는 요인은 승산이 1:1로 균형을 이루게 된다(50–50 확률). 이는 $\log(0.5/(1 - 0.5)) = 0$으로 변환되며, 추정된 회귀 계수 $\beta = 0$과 일치한다. $\exp(0) = 1$로 승산 비율을 찾으면 이 요인의 값에 상관없이 승산이 변경되지 않음을 알 수 있다. 이제 온도와 같은 요인이 결과물이 발생할 확률을 낮춘다고 가정해보자. 로지스틱 회귀 모델에서 x_1을 온도로 사용하면 추정된 $\beta_1 = -0.232$가 된다. 이를 지수화하면 승산 비율인 $\exp(-0.232) = 0.793$이 나오며, 따라서 다른 모든 것이 동일한 상태에서 1도의 온도 증가에 따라 고장 확률이 약 20% 감소한다. 하지만 이는 각각의 온도가 1도 증가함에 따라 고장 확률이 20% 감소한다는 의미가 아님을 명심해야 한다.

승산과 확률 사이의 관계가 비선형이기 때문에 온도 변화가 고장 확률에 미치는 영향은 온도 변화가 발생하는 문맥에 따라 다르다.

승산과 확률은 로짓^{logit}과 로지스틱^{logistic} 함수 간의 역연결을 통해 관련된다. 로지스틱 함수는 모든 입력 x 값에 대해 출력이 0부터 1 사이의 범위인데, 이는 정확히 확률과 동일한 범위다. 또한 로지스틱 함수는 그래프로 그려지면 S자 모양의 곡선을 만들어낸다. 이는 그림 6.6에 나와 있는 것처럼 오링 고장 확률과 발사 온도 사이의 가상의 로지스틱 회귀 모델에서 보인다. y축에 고장 확률이 있으며, 이는 온도 범위 중간에서 가장 강력하게 변화한다. 온도가 극단적일 때는 추가적인 1도 온도가 더해지거나 빠져도 예측된 고장 확률이 거의 변하지 않는다.

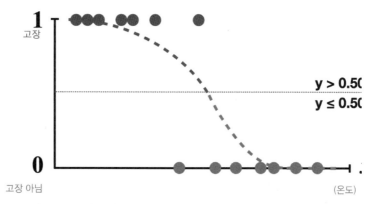

그림 6.6: 우주 왕복선 발사 데이터를 나타내는 가상의 로지스틱 회귀 곡선

적합된 로지스틱 회귀 모델은 $y = 0$ 또는 $y = 1$ 값만 갖는 타깃 결과(그림에서 원으로 표시)에도 0부터 1 사이의 연속 크기에서 확률을 추정하는 곡선을 생성한다. 이진 예측을 얻으려면 간단히 목표 결과가 예측될 확률 범위 내에서 확률 임곗값을 정의하면 된다. 예를 들어 오링 고장의 예측된 확률이 0.50보다 크면 '고장'으로 예측하고, 그렇지 않으면 '고장 아님'으로 예측한다. 50% 임곗값을 사용하는 것은 일반적이지만 높거나 낮은 임곗값을 사용해 모델의 비용 민감도를 조정할 수 있다.

그림 6.6의 로지스틱 곡선을 살펴보면 또 다른 질문이 나온다. 모델링 알고리듬이 데이터에 가장 잘 맞는 곡선을 어떻게 결정하는 것일까? 결국 이는 직선이 아니기 때문에 표준 선형 회귀에서 사용되는 OLS$^{Ordinary\ Least\ Squares}$ 알고리듬이 더 이상 적용되지 않는 것처럼 보인다.

사실 일반화된 선형 모델은 **최대 우도 추정**$^{MLE,\ Maximum\ Likelihood\ Estimation}$이라는 다른 기법을 사용한다. MLE는 관측된 데이터를 생성했을 가능성이 가장 높은 특정 분포에 대한 파라미터 값을 찾는 방법이다.

OLS 추정은 최대 우도 추정의 특수한 경우이므로 선형 모델에 OLS 또는 MLE을 사용하는 것은 OLS 모델링의 가정이 충족된다면 차이가 없다. 선형 모델링 이외의 응용 분야에서는 MLE 기법이 다른 결과를 도출하며 OLS 대신 사용해야 한다. MLE 기법은 GLM 모델링 소프트웨어에 내장돼 있으며 보통 데이터를 반복적으로 순회하면서 최적의 모델 파라미터를 식별하고자 분석적 기법을 적용한다. 다행히도 곧 살펴볼 것처럼 R에서 GLM을 구축하는 것은 간단한 선형 모델 훈련보다 별로 어렵지 않다.

이 소개는 선형 회귀와 GLM으로 가능한 것의 일부만을 언급한 것일 뿐이다. 회귀 모델이 작동하는 방식을 이해하는 데 이론과 챌린저호 데이터 세트와 같은 단순한 예제는 도움이 되지만 유용한 모델을 구축하는 데는 더 많은 요소가 포함된다. R의 내장 회귀 함수는 더 복잡한 모델을 적합시키는 데 필요한 추가 기능을 포함하며 모델 해석 및 적합성 평가를 위해 추가적인 진단 출력을 제공한다. 이제 이러한 함수들을 적용하고 실세계 학습 작업을 시도함으로써 회귀에 대한 지식을 확장해보자.

예제: 선형 회귀를 사용한 자동차 보험금 청구 예측

자동차 보험 회사가 수익을 올리려면 차량 도난, 손해 또는 사고로 인한 수혜자들에게 지급하는 보험금보다 더 많은 회원 보험료를 받아야 한다. 그 결과로 보험사들은 보험 가입자들의 손해 비용을 정확하게 예측하고자 시간과 자금을 투자한다. 이 분야를 **보험 계리학**이라고도 하며, 보험 가입자들을 대상으로 위험을 정확히 추정하고자 고급 통계 기법을 사용한다.

사고, 특히 치명적인 사고는 다행히도 비교적 드물기 때문에 각 개인에 대한 보험 비용을 정확하게 예측하기는 어렵다. 미국에서는 1억 마일당 약 1명의 사망 사고가 발생한다. 그러나 발생할 경우 이는 매우 큰 비용이 발생한다. 게다가 특정 사고의 원인은 측정하기 어려운 요소들에 기반을 두고 랜덤하게 보이는 것들이다. 운전 기록이 깨끗한 훌륭한 운전자이더라도 운이 나쁘게 술에 취한 운전자에게 사고를 당할 수 있으며, 또 다른 사람은 휴대전화에 정신이 팔려 사고가 나지 않는 것이 다행인 경우도 있다.

개인의 보험 비용을 예측하는 것은 거의 불가능하기 때문에 보험 회사들은 평균 확률을 적용하고 유사한 위험 프로필을 가진 그룹의 평균 보험 비용을 계산한다. 각 위험 그룹에 대한 비용 추정이 올바르다면 보험 회사는 위험이 적은 세그먼트에 대해 더 낮은 보험료를 책정해 경쟁하는 보험사들로부터 새로운 저위험 고객들을 유치할 수 있다. 이러한 시나리오를 이어지는 분석에서 시뮬레이션해볼 것이다.

단계 1: 데이터 수집

이 예제의 데이터 세트는 미국 정부의 인구 통계 및 교통 통계를 기반으로 책을 위해 시뮬레이션된 것이다. 이는 미시간 주에 있는 자동차 보험 회사들의 실제 조건을 근사하도록 의도했다. 미시간 주에는 약 1,000만 명의 주민과 700만 명의 면허를 받은 운전자가 살고 있다.

TIP

> 대화형으로 진행하고 싶다면 이 책을 위한 팩트출판사의 깃허브 저장소에서 autoinsurance.csv 파일을 다운로드해 R의 작업 폴더에 저장한다.

이 보험 데이터 세트는 가상의 자동차 보험 계획에 가입한 수혜자 20,000개의 예제를 갖고 있다. 이는 실제 실무에서 사용되는 보험 계리사들의 데이터 세트보다 훨씬 작다. 특히 매우 드문 결과를 다룰 때에도 메모리가 제한된 컴퓨터에서도 분석이 가능하게 크기를 줄였다. 각 예제는 보험에 가입한 개인의 특성과 달력 년도에 해당 계획에 부과된 총 보험금 청구 비용(경비)을 나타낸다. 가입 시 사용 가능한 특징은 다음과 같다.

- **나이(age):** 16세에서 89세 사이의 운전자 나이
- **지역(geo_area):** 차량 소유자의 주요 거주지와 차량이 가장 자주 사용될 지역이다. 우편번호는 도시, 교외, 시골 카테고리로 묶여 있다.

- **차량 시장 가치(est_value)**: 차량의 연령과 감가상각을 기반으로 한 추정 시장 가치다(최대 보험 가치로서 125,000달러로 제한됨).
- **차량 유형(vehicle_type)**: 승용차, 트럭, 미니밴 또는 스포츠 유틸리티 차량^{SUV} 중 하나다.
- **운행 거리(miles_driven)**: 달력 년도에 운행한 거리(마일 단위)다.
- **대학 졸업 여부(college_grad_ind)**: 수혜자가 대학 교육 이상을 받았을 경우 1로 설정하는 이진 표시기다.
- **과속 위반 여부(speeding_ticket_ind)**: 지난 5년간 과속 위반 또는 위반 사례가 있었을 경우 1로 설정하는 이진 표시기다.
- **무사고 운전 여부(clean_driving_ind)**: 지난 5년간 유죄로 인한 보험 청구가 없었을 경우 1로 설정하는 이진 표시기다.

이 예제 시나리오에서 20,000명의 수혜자들은 '안전 운전 할인' 프로그램에 가입했다. 이 프로그램은 위치 추적을 이용하는 장치나 모바일 앱을 사용해 연중 내내 안전 운전 조건을 모니터링할 필요가 있다. 이로 인해 miles_driven의 정확성이 확인됐으며, 다음 2가지 추가 예측자가 생성됐다. 이들은 더 위험한 운전 행태를 반영하도록 의도됐다.

- **급정지 여부(hard_braking_ind)**: 차량이 자주 '급제동(갑작스럽게 정지하는 경우)'을 하는 경우에 1로 설정되는 이진 표시기다.
- **심야 운전 여부(late_driving_ind)**: 자정 이후에 정기적으로 운전하는 경우에 1로 설정되는 이진 표시기다.

이러한 변수들이 청구된 보험 비용과 어떻게 관련될 수 있는지 생각하는 것이 중요하다. 몇 가지 변수는 다른 것들보다 더 명백한 관련성을 가질 수 있다. 예를 들어 자주 운전하는 차량은 차고에 있는 차량보다 사고 위험이 높을 것으로 예상된다. 반면 도시, 시골 또는 교외 운전자 중 어느 쪽이 더 위험할지는 그다지 분명하지 않다. 시골 운전자는 더 멀리 운전할 수 있지만 도시 운전은 교통량이 많아지므로 차량 도난의 위험이 높을 수 있다. 회귀 모델은 이러한 관계를 해결하는 데 도움이 되지만 다른 많은 머신러닝 방법과는 달리 특성 사이의 연결을 자동으로 감지하지 않고 직접 지정해야 한다. 다음 절에서 몇 가지 잠재적인 관계를 탐색해보겠다.

TIP

> 훈련 데이터 세트에 포함되지 않은 어떤 유용한 예측 변수들이 있는지도 고려하는 것이 유익할 수 있다. 성별은 자동차 보험 가격 책정에 자주 사용되지만(남성이 더 비용이 많이 드는지 여성이 더 비용이 많이 드는지에 따라 달라진다) 미시간 주에서는 2020년에 성별과 신용 점수를 이용한 이러한 목적으로의 사용이 금지됐다. 이러한 특징들은 매우 예측적일 수 있지만 보호 받는 그룹에 대한 체계적인 편향을 야기할 수 있다. 편향에 대해서는 1장에서 다뤘다.

단계 2: 데이터 탐색과 준비

이전에 한 것처럼 분석을 위해 read.csv() 함수를 사용해 데이터를 로드할 것이다. stringsAsFactors = TRUE를 안전하게 사용할 수 있다. 3개의 명목 변수를 팩터로 변환하는 것이 적절하기 때문이다.

```
> insurance <- read.csv("insurance.csv", stringsAsFactors = TRUE)
```

str() 함수를 사용하면 데이터가 우리가 예상한 대로 포맷됐음을 확인할 수 있다.

```
> str(insurance)

'data.frame':    20000 obs. of 11 variables:
 $ age            : int  19 30 39 64 33 27 62 39 67 38 ...
 $ geo_area       : Factor w/ 3 levels "rural","suburban", ...
 $ vehicle_type   : Factor w/ 4 levels "car","minivan", ...
```

```
$ est_value          : int   28811 52603 113870 35228 ...
$ miles_driven       : int   11700 12811 9784 17400 ...
$ college_grad_ind    : int   0 1 1 0 0 1 1 0 1 1 ...
$ speeding_ticket_ind : int   1 0 0 0 0 0 0 0 0 0 ...
$ hard_braking_ind    : int   1 0 0 0 0 0 0 0 0 0 ...
$ late_driving_ind    : int   0 0 0 0 0 0 0 0 0 0 ...
$ clean_driving_ind   : int   0 1 0 1 1 0 1 1 0 1 ...
$ expenses            : num   0 6311 49684 0 0 ...
```

우리 모델의 종속 변수는 expenses다. 이 변수는 각 개인이 보험 계획에 따라 해당 연도에 청구한 손실 또는 피해를 측정한다. 선형 회귀 모델을 구축하기 전에 종종 정규성을 확인하는 것이 도움이 된다. 선형 회귀는 종속 변수가 정규 분포를 따르지 않더라도 실패하지는 않지만 종속 변수가 정규 분포를 따를 때 모델이 더 잘 맞을 수 있다. 요약 통계량을 살펴보자.

```
> summary(insurance$expenses)
```

```
Min.  1st Qu.  Median    Mean 3rd Qu.     Max.
   0       0        0    1709       0    232797
```

최솟값, 제1사분위수, 중앙값 그리고 제3사분위수가 모두 0이며, 이는 적어도 수혜자 중 75% 이상이 해당 달력 년도에 경비가 없었음을 나타낸다. 평균값이 중앙값보다 크다는 사실은 보험 경비의 분포가 우측으로 치우쳤음을 의미한다. 그러나 평균 경비가 1,709달러인 반면 최대 경비는 232,797달러로 매우 극단적인 왜도가 있을 가능성이 있다. 이를 히스토그램을 사용해 시각적으로 확인할 수 있다.

```
> hist(insurance$expenses)
```

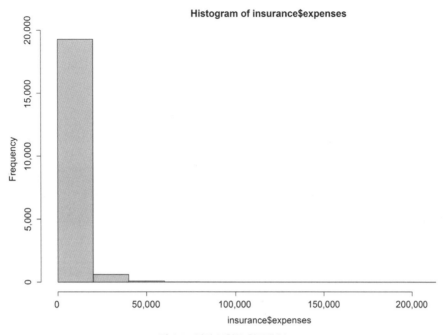

그림 6.7: 연간 보험금 청구액 분포

예상대로 그림은 오른쪽으로 치우친 분포를 보여준다. 0에서 매우 큰 튀어나온 값들의 극단적인 분포를 보여주는데, 이는 보험 청구를 한 사람들이 소수임을 반영한다(약 8.6%). 차량 손실 또는 피해를 청구한 사람 중에서도 분포의 꼬리는 오른쪽으로 멀리 뻗어 있으며, 가장 비용이 큰 부상에 대해서는 20만 달러를 넘어간다. 이러한 분포는 선형 회귀에 적합하지 않지만 이러한 약점을 미리 알고 있는 것이 나중에 더 잘 맞는 모델을 설계하는 데 도움이 될 수 있다. 이제는 경비의 분포만을 사용해 평균 수혜자에게 보험료로 연간 1,709달러를 청구해야 보험사가 손익분기점을 달성할 수 있으며, 가입자당 월 평균 약 150달러의 약간의 이익이 있어야 한다고 할 수 있다. 물론 이는 위험과 비용이 공평하게 분담된다는 가정이다. 개선된 보험 모델은 더 위험한 운전자들에게 더 많은 비용을 부과하고 안전한 운전자들에게 재정적인 이득을 제공할 것이다.

추가적인 예측 변수를 더 넣기에 회귀 모델은 모든 특성이 숫자여야 한다는 점을 유의해야 한다. 그러나 우리의 데이터 프레임에는 2가지 팩터형 특징이 있다. 예를 들어 geo_area 변수는 도시, 교외, 시골 수준으로 구분돼 있으며, vehicle_type은 car, truck, suv, minivan 등의 카테고리가 있다.

이들이 어떻게 분포돼 있는지 자세히 살펴보자.

```
> table(insurance$geo_area)

   rural suburban    urban
    3622     8727     7651
```

```
> table(insurance$vehicle_type)

   car minivan     suv    truck
  5801     726    9838     3635
```

여기서는 데이터가 거의 균등하게 도시와 교외 지역으로 나눠져 있지만 시골은 대개 데이터가 훨씬 작다. 게다가 SUV가 가장 인기 있는 차량 유형이며, 차와 트럭이 그 뒤를 이어 따라오고 미니밴이 월등히 뒤쪽에 위치한다. 곧 R의 선형 회귀 함수가 이러한 팩터 변수들을 어떻게 처리하는지 살펴볼 것이다.

특징 간의 관계 탐색: 상관관계 행렬

데이터에 회귀 모델을 적합화하기 전에 독립 변수들이 종속 변수와 어떻게 관련돼 있는지 그리고 서로 간에 어떻게 관련돼 있는지를 확인하는 것이 유용할 수 있다. 상관 행렬은 이러한 관계에 대한 간단한 개요를 알려준다. 주어진 변수 집합에 대해 각 쌍별 관계에 대한 상관관계를 보여준다.

보험 데이터 프레임에서 4개의 숫자형, 이진이 아닌 변수에 대해 상관 행렬을 만들고자 cor() 명령을 사용하라.

```
> cor(insurance[c("age", "est_value", "miles_driven", "expenses")])
```

```
                      age   est_value  miles_driven      expenses
age           1.000000000  -0.05990552    0.04812638  -0.009121269
est_value    -0.059905524   1.00000000   -0.01804807   0.088100468
miles_driven  0.048126376  -0.01804807    1.00000000   0.062146507
expenses     -0.009121269   0.08810047    0.06214651   1.000000000
```

각 행과 열 쌍의 교차점에서는 해당 행과 열에 해당하는 변수들의 상관관계가 표시된다. 대각선은 항상 1.0000000으로 채워져 있으며 변수와 자신 사이에는 항상 완벽한 상관관계가 있기 때문이다. 대각선 위와 아래의 값은 동일하다. 상관관계는 대칭적이므로 cor(x, y)와 cor(y, x)는 동일하기 때문이다.

상관 행렬의 모든 상관관계가 크지는 않지만 관계들은 일반적인 상식과 일치한다. 예를 들어 나이와 경비는 약한 음의 상관관계를 갖고 있으며, 이는 누군가 나이가 들수록 보험 비용이 약간 감소한다는 것을 의미한다. 이는 운전 경험이 더 많아지기 때문일 것이다. 또한 est_value와 경비 그리고 miles_driven과 경비 사이에는 양의 상관관계가 있으며, 이는 좀 더 가치 있는 차량과 더 많은 운전이 큰 경비를 야기한다는 것을 나타낸다. 우리는 최종 회귀 모델을 구축할 때 이러한 유형의 관계를 더 명확하게 이해해보고자 한다.

특징 간 관계 시각화: 산포도 행렬

산포도를 이용해 수치 특징 간의 관계를 시각화하는 것도 유용할 수 있다. 가능한 모든 관계별로 산포도를 생성할 수는 있지만 특징 개수가 아주 많은 경우라면 바로 번거로워질 수 있다.

대신 단순히 격자에 정렬된 산포도의 모음인 **산포도 행렬**scatterplot matrix(가끔 SPLOM으로 축약됨)을 생성하면 된다. 산포도 행렬은 3개 이상의 변수에서 패턴을 찾을 때 사용된다. 산포도 행렬은 한 번에 2개의 특징만을 관찰하기 때문에 진정한 다차원 시각화는 아니다. 하지만 데이터가 어떻게 상호 연관돼 있는지 일반적인 이해를 제공한다.

4개의 수치 특징 age, bmi, children, expenses에 대한 산포도 행렬을 생성하고자 R의 그래픽 기능을 사용할 수 있다. pairs() 함수는 R의 디폴트 설치에서 제공하며, 산포도 행렬에 대한 기본 기능을 제공한다. pairs() 함수를 호출하려면 간단히 도식화할 데이터 프레임을 함수에 제공한다. 여기서는 insurance 데이터 프레임을 관심 있는 4개의 수치 변수로 한정했다.

```
> pairs(insurance[c("age", "est_value", "miles_driven",
                    "expenses")], pch = ".")
```

이 명령으로 다음 다이어그램이 생성됐다.

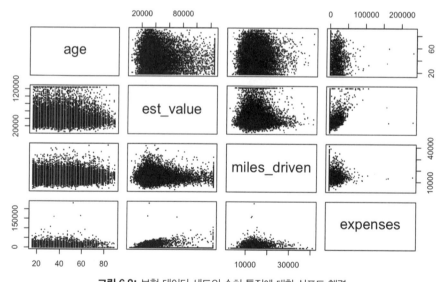

그림 6.8: 보험 데이터 세트의 수치 특징에 대한 산포도 행렬

산점도 행렬에서 각 행과 열의 교차점에는 해당 행과 열에 해당하는 변수들의 산점도가 나타난다. 대각선 위와 아래의 다이어그램은 x축과 y축이 교환된 것

이기 때문에 변환된 것이다. 이 도면들에서 어떤 패턴을 알아차렸는가? 대부분은 무작위 점들의 구름처럼 보이지만 몇 개는 약간의 미묘한 경향을 보이는 것 같다. est_value와 miles_driven의 경비와 관계는 약간의 상승 경향을 보이는 것으로 보이며, 이는 시각적으로 상관 행렬에서 이미 확인한 내용을 시각적으로 확인하는 것을 의미한다.

그림에 정보를 좀 더 추가하면 훨씬 유용해진다. 개선된 산포도 행렬은 psych 패키지의 pairs.panels() 함수로 생성될 수 있다. 이 패키지를 설치하지 않았다면 install.packages("psych")를 입력해 패키지를 설치하고 library(psych) 명령으로 로드한다. 그런 다음 앞에서 했던 것같이 산포도 행렬을 생성한다.

```
> library(psych)
> pairs.panels(insurance[c("age", "est_value", "miles_driven",
                           "expenses")], pch = ".")
```

이 명령은 다음 그림처럼 좀 더 유익한 산포도 행렬을 생성한다.

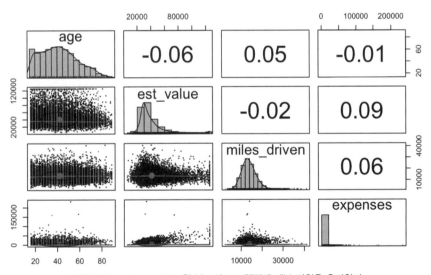

그림 6.9: paris.panel() 함수는 산포도 행렬에 세부 사항을 추가한다.

paris.panel() 출력에서 대각선 위쪽의 산포도는 상관관계 행렬로 대체됐다. 대각선에는 이제 각 특징별로 값의 분포를 묘사하고 있는 히스토그램이 보인다. 마지막으로 이제 대각선 아래에 있는 산포도에는 추가적인 시각 정보가 표현된다.

각 산점도의 타원 모양 객체(인쇄물에서는 많은 검은 점들 때문에 확인하기 어려울 수 있지만, 컴퓨터 화면에서 더 쉽게 확인할 수 있다)는 **상관 타원**correlation ellipse이다. 이는 상관관계의 강도를 간단히 시각적으로 나타내는 지표다. 이 데이터 세트에서는 강한 상관관계가 없으므로 타원들은 대부분 평평하다. 더 강한 상관관계가 있는 경우 타원들은 양의 또는 음의 상관관계를 나타내도록 위로 또는 아래로 기울어질 것이다. 타원의 중심에 있는 점은 x축과 y축 변수의 평균을 반영하는 점이다.

산점도 위에 겹쳐진 선(컴퓨터 화면에서는 빨간색으로 표시됨)은 **로에스 곡선**loess curve[2]이라고 한다. 이는 x축과 y축 변수 간의 일반적인 관계를 나타낸다. 예를 들면 이해가 쉬울 것이다. 도면이 작아서 이러한 경향을 파악하기가 어려울 수 있지만 나이와 운행 거리(miles_driven)에 대한 곡선은 약간의 상승 경향을 보이다가 중년에 도달하면 수평으로 평평해진다. 이는 운전이 나이가 들수록 증가하다가 특정 시점 이후로는 대략 일정하게 유지되는 경향을 나타낸다.

이러한 경향이 여기에서는 관찰되지 않지만 로에스 곡선은 때때로 V자형 또는 U자형 곡선과 계단식 패턴으로 매우 뚜렷할 수도 있다. 이러한 패턴을 인식하는 것은 후에 더 잘 맞는 회귀 모델을 개발하는 데 도움이 될 수 있다.

단계 3: 데이터에 대한 모델 훈련

R을 이용해서 선형 회귀 모델을 데이터에 적합시키려면 lm() 함수를 사용할 수 있다. 이 함수는 stats 패키지에 포함되며, R 설치 시 기본으로 포함되고 로드된다. lm() 구문은 다음과 같다.

---

2. Local Regression의 약어 – 옮긴이

stats 패키지의 lm() 함수 사용

분류기 구축:

```
m <- lm(dv ~ iv, data = mydata)
```

- dv는 모델링될 mydata 데이터 프레임 내의 종속 변수
- iv는 모델에서 사용할 mydata 데이터 프레임 내의 독립 변수를 명시하는 R 구문
- data는 dv와 iv 변수를 찾을 수 있는 데이터 프레임

이 함수는 예측에 사용될 수 있는 회귀 분석 모델 객체를 반환한다. 독립 변수 간에 상호작용은 * 연산자로 명시할 수 있다.

예측:

```
p <- predict(m, test)
```

- m은 lm() 함수에 의해 훈련된 모델
- test는 분류기를 구축하는 데 사용된 훈련 데이터와 같은 특징을 갖는 테스트 데이터를 포함하는 데이터 프레임

이 함수는 예측 값의 벡터를 반환한다.

예제:

```
ins_model <- lm(charges ~ age + sex + smoker,
                data = insurance)
ins_pred <- predict(ins_model, insurance_test)
```

그림 6.10: 다중 회귀 분석 모델링 구문

다음 명령은 6개의 독립 변수를 전체 의료비에 연관시키는 선형 회귀 모델을 적합시킨다. R 수식 구문에서 모델을 설명하고자 틸드 문자(~)를 사용한다. 종속 변수 expenses는 틸드의 왼쪽으로 가고 독립 변수는 + 기호로 분리돼 오른쪽으로 간다. 회귀 모델의 절편 항은 디폴트로 가정되기 때문에 명시할 필요가 없다.

```
> ins_model <- lm(expenses ~ age + geo_area + vehicle_type +
                  est_value + miles_driven +
                  college_grad_ind + speeding_ticket_ind +
                  hard_braking_ind + late_driving_ind +
                  clean_driving_ind,
               data = insurance)
```

. 문자가 (수식에서 이미 지정된 것들은 제외하고) 전체 특징을 지정할 때 사용되기 때문에 다음 명령은 앞의 명령과 동일하다.

```
> ins_model <- lm(expenses ~ ., data = insurance)
```

모델을 구축한 후에는 단순히 모델 객체의 이름을 입력해 추정된 베타 계수를 확인할 수 있다. 또한 options(scipen = 999) 명령을 사용해 과학적 표기법을 비활성화해 출력을 좀 더 쉽게 읽을 수 있게 할 수 있다.

```
> options(scipen = 999)
> ins_model
```

```
Call:
lm(formula = expenses ~ ., data = insurance)

Coefficients:
        (Intercept)                    age         geo_areasuburban
        -1154.91486               -1.88603                191.07895
      geo_areaurban     vehicle_typeminivan          vehicle_typesuv
          169.11426              115.27862                -19.69500
  vehicle_typetruck              est_value              miles_driven
           21.56836                0.03115                  0.11899
    college_grad_ind     speeding_ticket_ind          hard_braking_ind
          -25.04030              155.82410                 11.84522
     late_driving_ind        clean_driving_ind
          362.48550             -239.04740
```

회귀 계수를 이해하는 것은 상당히 간단하다. 독립 변수들이 0일 때 절편은 expenses의 예측값이다. 그러나 많은 경우 모든 특징이 0 값을 갖는 것은 불가능하기 때문에 절편 자체만으로는 해석력을 거의 갖지 않는다.

여기서도 마찬가지인데, 예를 들어 나이가 0이고 BMI가 0인 사람은 존재하지 않기 때문에 절편은 실제 해석이 존재하지 않는다. 이런 이유 때문에 실제 절편은 자주 무시된다.

베타 계수는 각 특징에 대해 하나가 증가하고 다른 값은 모두 고정됐다고 가정할 때 비용 추정치의 증가를 나타낸다. 예를 들어 다른 모든 것은 같다고 가정하고 나이가 1년씩 더해질 때마다 평균적으로 의료비가 256.80달러 정도 높아질 것으로 예상한다. 비슷하게 다른 모든 조건이 동일하다는 가정하에 추가 자녀 1명당 매해 의료비가 평균적으로 475.70달러 추가되고 BMI 단위가 증가할 때마다 연간 의료비가 평균 339.30달러 증가된다.

모델 수식에는 특징을 6개만 명시했지만 보고된 계수는 절편 외에 8개라는 것을 알았을 것이다. 이렇게 된 이유는 lm() 함수가 더미 코딩^{dummy coding} 기법을 모델의 팩터 타입 변수에 자동으로 적용했기 때문이다.

3장에서 설명한 것처럼 더미 코딩은 명목형 변수를 숫자형으로 처리할 수 있게 하고자 해당 변수의 각 범주에 대해 하나를 제외한 나머지 범주들에 대한 이진 변수를 생성하는 것을 말한다. 각 더미 변수는 관측값이 해당 범주에 속하면 1로 설정되고, 그렇지 않으면 0으로 설정된다. 예를 들어 geo_area 변수는 도시, 교외 및 시골의 3가지 범주가 있다. 따라서 geo_areaurban과 geo_areasuburban 이라는 2개의 더미 변수가 사용됐다. geo_area = "rural"인 경우 geo_areaurban 과 geo_areasuburban은 모두 0으로 설정된다. 마찬가지로 vehicle_type 특성은 4가지 범주가 있으며, R은 vehicle_typeminivan, vehicle_typesuv, vehicle_typetruck라는 3개의 더미 변수를 생성했다. 이렇게 함으로써 vehicle_type = "car"일 때 3개의 더미 변수가 모두 0이 되게 했다.

더미 코딩된 특성이 회귀 모델에서 사용될 때 회귀 계수는 생략된 범주에 대해 해석된다. 여기 모델에서 R은 자동으로 geo_arearural과 vehicle_typecar 변수를 생략했으며, 이로 인해 시골 지역에 사는 차량 소유자가 기준 그룹이 됐다. 따라서 도시 거주자들은 농촌 지역과 비교해 연간 약 169.11달러 더 많은 보험 청구 비용이 발생하며, 트럭은 자동차에 비해 연간 평균 약 21.57달러 더 많은 비용을 보험사가 소요하게 한다. 이 차이점들은 다른 모든 특성이 동일하다고 가정했을 때의 결과이므로 시골 운전자들이 더 많은 거리를 운전하거나 덜 비싼 차량을 소유할 수 있는 사실과는 독립적이다. 따라서 두 사람이 그 외의 모든 점에서 동일하지만 1명은 시골 지역에 살고 다른 1명은 도시 지역에 살 경우 평균적으로 약 170달러 정도의 차이가 있을 것으로 기대할 수 있다.

일반적으로 선형 회귀 모델의 결과는 논리적으로 이해될 수 있다. 하지만 현재 우리는 모델이 데이터에 얼마나 잘 적합화되는지에 대한 감각이 없다. 이 질문에 대한 답을 다음 절에서 알아본다.

단계 4: 모델 성능 평가

ins_model을 입력해 얻은 파라미터 추정치는 독립 변수가 종속 변수와 얼마나 연관돼 있는지 알려주지만 모델이 데이터에 얼마나 잘 맞는지는 알려 주지 않는다. 모델 성능을 평가하려면 저장된 모델에 summary() 명령을 사용할 수 있다.

```
> summary(ins_model)
```

이 명령은 다음 출력을 생성한다. 설명을 위해 결과에는 레이블을 붙였다.

```
Call:
lm(formula = expenses ~ ., data = insurance)

Residuals:
   Min    1Q Median    3Q    Max
 -6707  -1989  -1492  -1057 231252
```

```
Coefficients:
                        Estimate  Std. Error t value        Pr(>|t|)
(Intercept)          -1154.914856  351.370732  -3.287        0.00101 **
age                     -1.886027    3.144556  -0.600        0.54866
geo_areasuburban       191.078953  143.199245   1.334        0.18210
geo_areaurban          169.114255  157.850516   1.071        0.28402
vehicle_typeminivan    115.278619  276.579845   0.417        0.67683
vehicle_typesuv        -19.695001  117.990151  -0.167        0.86743
vehicle_typetruck       21.568360  153.630939   0.140        0.88835
est_value                0.031145    0.002497  12.475 < 0.0000000000000002 ***
miles_driven             0.118986    0.014327   8.305 < 0.0000000000000002 ***
college_grad_ind       -25.040302  115.578315  -0.217        0.82848
speeding_ticket_ind    155.824097  140.155213   1.112        0.26624
hard_braking_ind        11.845220  106.912005   0.111        0.91178
late_driving_ind       362.485502  224.655385   1.614        0.10665
clean_driving_ind     -239.047399  111.076229  -2.152        0.03140 *
---
Signif. codes:  0 '***' 0.001 '**' 0.01 '*' 0.05 '.' 0.1 ' ' 1
```

```
Residual standard error: 6995 on 19986 degrees of freedom
Multiple R-squared:  0.01241,   Adjusted R-squared:  0.01176
F-statistic: 19.31 on 13 and 19986 DF,  p-value: < 0.00000000000000022
```

그림 6.11: 회귀 모델의 요약 출력은 3가지 주요 구성 요소로 나눌 수 있으며, 그림에 표시돼 있다.

처음엔 summary() 출력이 혼란스럽게 보일 수 있지만 기본은 이해하기 쉽다. 출력에서 번호가 매겨진 레이블이 가리키는 것처럼 출력은 모델의 성능이나 적합성을 평가하고자 3가지 주요 방법을 제공한다.

1. 잔차^{residuals} 부분에서는 예측 오차에 대한 요약 통계를 보여준다. 그중 일부는 상당히 큰 것으로 보인다. 잔차는 실제 값에서 예측값의 차이이 므로 최대 오차가 231252라는 것은 모델이 적어도 하나의 관측값에 대해 경비를 230,000달러 이상으로 과소 예측했다는 것을 의미한다. 반면 대부분의 오차는 상대적으로 작은 음수 값인데, 이는 대부분의 가입자에 대해 경비를 과대평가하고 있다는 것을 의미한다. 이것이 바로 보험 회사가 비용이 많이 드는 사고를 보상할 수 있는 이유다.

2. 추정된 회귀 계수별로 Pr(>|t|)라고 표시된 p-값$^{p\text{-value}}$은 추정된 계수가 실제 0일 확률 추정치다. p-값이 작은 경우 실제 계수가 0일 아닐 가능성이 높다는 것을 말하며, 특징이 종속 변수와 관계가 없을 가능성이 아주 낮다는 것을 의미한다. 일부 p-값에는 별(***)이 있는데, 추정치로 충족되는 유의 수준$^{significance\ level}$을 지정하는 각주에 해당한다. 유의 수준은 모델을 구축하기 전에 선정되는 임계치로 우연에 의한 발견이 아닌 '실제' 발견을 나타내는 데 사용할 수 있다. 따라서 유의 수준보다 낮은 p-값은 통계적으로 유의한$^{statistically\ significant}$ 것으로 간주된다. 모델에 통계적으로 유의한 항이 적다면 사용되는 특징이 결과를 잘 예측하지 못한다는 것이므로 우려할 만한 이유가 된다. 여기서 이 모델은 매우 유의한 변수를 몇 개 가지며, 이 변수들이 기대했던 방식으로 결과와 연관된 것으로 보인다.

3. 다중 R-제곱 값$^{multiple\ R\text{-}squared\ value}$(결정 계수$^{coefficient\ of\ determination}$)은 모델이 전체적으로 종속 변수 값을 얼마나 잘 설명하는지를 측정한 값이다. 결정 계수는 값이 1.0에 가까울수록 모델이 데이터를 완벽하게 설명할 수 있다는 점에서 상관 계수와 비슷하다. R-제곱 값이 0.7494이기 때문에 모델이 종속 변수 변화량의 약 75%를 설명하고 있다는 것을 알 수 있다. 특징이 많은 모델일수록 항상 더 많은 변화량을 설명하기 때문에 수정 R-제곱 값$^{adjusted\ R\text{-}squared\ value}$은 독립 변수의 개수가 많은 모델에 불이익을 줘서 R-제곱을 교정한다. 이는 설명 변수의 개수가 다른 여러 모델의 성능을 비교할 때 유용하다.

3가지 성능 측도를 고려하면 우리의 모델은 충분히 잘 수행되고 있다. 일부 오차의 크기가 약간 걱정스럽지만 보험 비용 데이터의 특성을 고려하면 그리 놀랄만한 것은 아니다.

또한 실세계 데이터의 회귀 모델이 낮은 R-제곱 값을 갖는 것은 흔한 현상이다. 0.01241의 값이 특히 작지만 자동차 사고의 직접적인 예측 변수가 없다는 사실을 반영한다. 사고를 진정으로 예측하려면 실시간 운전 데이터나 적어도 어느 정도의 운전 기술 측정치가 필요할 것이다. 이와 함께 다음 절에서 볼 수 있듯이 모델을 약간 다른 방식으로 지정함으로써 모델의 성능을 개선할 수도 있다.

단계 5: 모델 성능 개선

앞에서 언급했듯이 회귀 모델과 다른 머신러닝 방식의 주요 차이점은, 회귀는 전형적으로 사용자가 특징을 선택하고 모델을 명시한다는 점이다. 따라서 특징이 결과와 어떻게 연관돼 있는지에 대한 전문 지식이 있다면 이 정보를 이용해 모델의 명세를 알아내고 잠재적으로 모델의 성능을 향상시킬 수 있다.

모델 명시: 비선형 관계 추가

선형 회귀에서 독립 변수와 종속 변수 간의 관계는 선형인 것으로 가정되지만 반드시 그럴 필요는 없다. 예를 들어 의료비 지출에 대한 연령의 영향은 전 연령에 걸쳐 일정하지 않을 것이다. 즉, 최고령 인구의 경우 치료비가 과도하게 비싸질 수 있다. 비용을 나이에 대해 도식화하면 U자형 곡선이 된다.

전형적인 회귀 방정식은 다음과 유사한 형태를 따른다는 점을 상기하자.

$$y = \alpha + \beta_1 x$$

비선형 관계를 고려하고자 높은 차수의 항을 회귀 모델에 추가해 모델을 다항식으로 취급한다. 실제로 다음과 같은 관계를 모델링할 것이다.

$$y = \alpha + \beta_1 x + \beta_2 x^2$$

두 모델의 차이점은 x^2 항의 영향을 포착하고자 베타를 추가로 추정하는 것이다. 이렇게 하면 연령의 영향을 연령 제곱의 함수로 측정할 수 있다.

비선형 연령을 모델에 추가하고자 간단히 새로운 변수를 생성한다.

```
> insurance$age2 <- insurance$age^2
```

그런 다음 개선된 모델을 생성하면서 lm() 수식에 age와 age2 모두 expenses ~ age + age2 형태로 추가할 것이다. 이렇게 하면 모델은 의료비에 대한 나이의 선형적 영향과 비선형적 영향을 분리할 수 있다.

모델 명시: 상호작용 영향 추가

지금까지 각 특징이 개별적으로 결과에 기여한 것만을 고려했다. 어떤 특징이 종속 변수에 대해 결합된 영향을 미친다면 어떻게 할 것인가? 예를 들어 흡연과 비만은 각자 유해한 영향을 미치지만 이들이 결합된 영향이 각각의 합보다 나쁘다고 가정하는 것은 합리적이다.

두 특징이 결합된 영향을 가질 때 이를 상호작용^{interaction}이라 한다. 두 변수가 상호작용한다고 의심한다면 이 가설을 검증하고자 상호작용을 모델에 추가할 수 있다. 상호작용 효과는 R의 공식 구문을 사용해 지정한다. 예를 들어 hard_braking_ind와 late_driving_ind 간의 상호작용을 설정하려면 expenses ~ hard_braking_ind * late_driving_ind와 같은 형식의 공식을 작성할 수 있다.

* 연산자는 R에게 expenses ~ hard_braking_ind + late_driving_ind + hard_braking_ind:late_driving_ind와 같이 모델을 구축하도록 간편히 지시한다. 확장된 형태에서 콜론 연산자(:)는 hard_braking_ind:late_driving_ind가 두 변수 간의 상호작용이라는 것을 나타낸다. 확장된 형태에서는 자동으로 개별적인 hard_braking_ind와 late_driving_ind 변수뿐만 아니라 그들 간의 상호작용도 포함된다.

> 변수를 포함할지 여부를 결정하는 데 어려움을 겪는다면 일반적인 방법은 해당 변수를 포함해
> p-값을 조사하는 것이다. 변수가 통계적으로 유의지 않다면 해당 변수를 모델에서 제외하는
> 합당한 이유가 된다.

모두 합치기: 개선된 회귀 모델

의료비와 환자 특성 간의 연관성에 대한 약간의 전문 지식을 바탕으로 좀 더
정확하게 명시된 회귀 수식을 개발했다. 개선 사항을 요약하면 다음과 같다.

- 나이에 대한 비선형 항목 추가
- 급제동과 심야 운전 간의 상호작용을 지정.

이전과 같이 lm() 함수를 사용해 모델을 훈련시키겠지만, 이번에는 **age2**에 추
가로 상호작용 항을 추가할 것이다. 이는 자동으로 포함될 것이다.

```
> ins_model2 <- lm(expenses ~ . + hard_braking_ind:late_driving_ind,
                data = insurance)
```

그런 다음 결과를 요약해보자.

```
> summary(ins_model2)
```

출력은 다음과 같다.

```
Call:
lm(formula = expenses ~ . hard_barking_ind:late_driving_ind,
    data = insurance)
```

```
Residuals:
    Min      1Q  Median      3Q     Max
  -6618   -1996   -1491   -1044  231358

Coefficients:
                        Estimate  Std. Error  t value  Pr(>|z|)
(Intercept)          -535.038171  457.146614   -1.170    0.2419
age                   -33.142400   15.366892   -2.157    0.0310 *
geo_areasuburban      178.825158  143.305863    1.248    0.2121
geo_areaurban         132.463265  158.726709    0.835    0.4040
vehicle_typeminivan   178.825158  143.305863    1.248    0.2121
vehicle_typesuv        -8.006108  118.116633   -0.068    0.9460
vehicle_typetruck      26.426396  153.650455    0.172    0.8634
est_value               0.031179    0.002496   12.489  <0.000000002 ***
miles_driven            0.118748    0.014327    8.289  <0.000000002 ***
college_grad_ind       17.248581  117.398583    0.147    0.8832
speeding_ticket_ind   155.061583  140.143658    1.107    0.2658
hard_braking_ind      -12.442358  109.794208   -0.113    0.9098
late_driving_ind      183.329848  284.218859    0.645    0.5189
clean_driving_ind    -232.843170  111.106714   -2.096    0.0361
age2                    0.343165    0.165340    2.076    0.0380
hard_braking_ind:     469.079140  461.685886    1.016    0.3096
   late_driving_ind

Signif. codes:  0 '***' 0.001 '**' 0.01 '*' 0.05 '.' 0.1 ' ' 1

Residual standard error: 6995 on 19984 degrees of freedom
Multiple R-squared: 0.01267, Adjusted R-squared: 0.01193
F-statistic: 17.1 on 15 and 19984 DF,
p-value: <0.00000000000000022
```

R-제곱과 조정된 R-제곱 값은 이전 모델과 크게 바뀌지 않았지만 새로운 특성
들은 몇 가지 흥미로운 통찰력을 제공한다. 특히 나이에 대한 추정치는 비교적
크고 음의 값을 갖고 있으며(경비 감소), 그러나 나이의 제곱인 age2는 비교적 작고
양의 값을 갖고 있다(경비 증가). 그러나 나이의 제곱은 나이보다 빠르게 증가하기

때문에 매우 높은 연령 그룹에서 경비가 증가하기 시작할 것이다. 전반적인 효과는 U자형 경비 곡선으로, 가장 어린 참가자와 가장 늙은 참가자의 예상 경비가 높다고 예측된다. hard_braking_ind와 late_driving_ind의 상호작용도 흥미롭다. 이 상호작용이 통계적으로 유의하지는 않지만 효과의 방향은 이미 위험한 운전을 하는 유형의 운전자라면 늦은 시간에 운전을 하면 특히 위험하다는 것을 나타낸다.

회귀 모델로 예측하기

추정 회귀 계수와 적합화 통계량을 조사한 다음 모델을 사용해 미래의 건강보험 등록자의 비용을 예측해볼 수 있다. 예측 프로세스를 살펴보게 먼저 다음과 같이 predict() 함수를 사용해 모델을 원시 훈련 데이터에 적용해보자.

```
> insurance$pred <- predict(ins_model2, insurance)
```

이 명령은 예측을 insurance 데이터 프레임에 있는 새로운 벡터 변수인 pred에 저장한다. 그런 다음 예측과 실제 보험 비용 사이의 상관관계를 계산해 볼 수 있다.

```
> cor(insurance$pred, insurance$expenses)
```

```
[1] 0.1125714
```

0.11의 상관관계는 예측값과 실제 값 사이에 상대적으로 약한 선형 관계를 시사한다. 이는 교통사고와 같이 보이는 무작위성 때문에 실망스럽지만 너무 놀랄 만한 것은 아니다. 또한 이 결과를 산점도로 살펴보는 것이 유용할 수 있다. 다음 R 명령은 관계를 산점도로 그리고, 기울기가 1이고 y 절편이 0인 ID 라인을 추가한다. col, lwd, lty 파라미터는 각각 선의 색상, 두께, 형태에 영향을 미친다.

```
> plot(insurance$pred, insurance$expenses)
> abline(a = 0, b = 1, col = "red", lwd = 3, lty = 2)
```

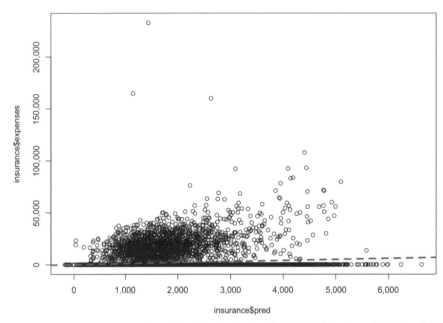

그림 6.12: 이 산점도에서 y = x인 대각선 점선 주변에 있는 점들은 예측값이 실제 값과 매우 근접한 경우를 나타낸다.

직선 위쪽의 대각선에서 떨어져 있는 점들은 실제 비용이 기댓값보다 큰 경우이고 직선 아래는 예상 의료 비용보다 실제 값이 더 작은 경우다. 그림에서 시대 의료비보다 훨씬 큰 소수의 환자들과 기대 비용보다 살짝 작은 다수의 환자들이 서로 상쇄되며 균형을 맞추고 있는 것을 볼 수 있다.

이제 잠재적으로 건강보험에 새로 등록할 사람의 비용을 예상해보자. 이를 위해서는 가망 환자 데이터의 데이터 프레임을 predict() 함수에 제공해야 한다. 환자수가 많다면 CSV 파일을 만들어 R에 로드할 수도 있지만 소수의 경우에는 단순히 predict() 함수에서 데이터 프레임을 직접 생성할 수도 있다. 예를 들어 30세의 나이를 가진, 가치가 25,000달러인 트럭을 연간 약 14,000마일 운전하는 농촌 지역의 운전자로서 무사고 운전 기록을 가진 경우, 보험 비용을 얼마로 추정할 수 있을까?

```
> predict(ins_model2,
          data.frame(age = 30, age2 = 30^2, geo_area = "rural",
                     vehicle_type = "truck", est_value = 25000,
                     miles_driven = 14000, college_grad_ind = 0,
                     speeding_ticket_ind = 0, hard_braking_ind = 0,
                     late_driving_ind = 0, clean_driving_ind = 1))
```

```
        1
1015.059
```

이 값을 사용해 보험회사는 이 인구 그룹에 대해 균형을 맞추고자 연간 약 1,015 달러를 청구해야 한다. 최근 사고 기록 외에는 비슷한 사람과 요금을 비교하려면 predict() 함수를 거의 동일한 방식으로 사용한다.

```
> predict(ins_model2,
          data.frame(age = 30, age2 = 30^2, geo_area = "rural",
                     vehicle_type = "truck", est_value = 25000,
                     miles_driven = 14000, college_grad_ind = 0,
                     speeding_ticket_ind = 0, hard_braking_ind = 0,
                     late_driving_ind = 0, clean_driving_ind = 0))
```

```
        1
1247.903
```

두 값의 차이인 1015.059 − 1247.903 = −232.844가 clean_driving_ind의 회귀 모델 계수와 동일한 것을 유의하라. 평균적으로 깨끗한 운전 기록을 가진 운전자는 모든 조건이 동일한 경우에 연간 약 232.84달러 더 적은 비용으로 예상되는 것이다.

이는 예측된 비용이 회귀 계수 각각에 해당하는 예측 데이터 프레임의 값과 곱한 합계라는 좀 더 일반적인 사실을 보여준다. 예를 들어 주행 거리에 대해 모델의 회귀 계수 0.118748을 사용해 10,000마일을 추가하면 비용이 10,000 * 0.118748 = 1187.48 증가할 것으로 예측할 수 있으며, 다음과 같이 확인할 수 있다.

```
> predict(ins_model2,
        data.frame(age = 30, age2 = 30^2, geo_area = "rural",
                   vehicle_type = "truck", est_value = 25000,
                   miles_driven = 14000, college_grad_ind = 0,
                   speeding_ticket_ind = 0, hard_braking_ind = 0,
                   late_driving_ind = 0, clean_driving_ind = 0))
        1
1247.903

> 2435.384 - 1247.903

[1] 1187.481
```

비슷한 단계를 따라 추가적인 고객 위험 세그먼트를 고려함으로써 보험회사는 운전자들의 예상 위험 수준에 따라 공정하게 비용을 설정하고 모든 세그먼트에서 일관된 이윤을 유지하는 가격 구조를 개발할 수 있을 것이다.

TIP

> 모델의 회귀 계수를 익스포트(export)하면 자신만의 예측 함수를 구축할 수 있다. 이러한 사용례 중 하나는 실시간 예측에 있어 고객 데이터베이스의 회귀 모델을 구현하는 것이다.

심화: 로지스틱 회귀를 사용해 보험 가입자 이탈 예측하기

사고 보험 비용의 계리적 추정은 보험회사 내에서 머신러닝을 활용하는 잠재적인 응용 분야 중 하나일 뿐이다. 마케팅 및 고객 유지 팀은 고객 이탈을 예측하는 것에 매우 관심이 있을 것이다. 이탈이란 보험 계획 갱신을 하지 않고 회사를 떠나는 고객을 의미한다. 많은 비즈니스에서 회원 이탈을 예방하는 것은 큰 가치가 있다. 이탈한 고객들은 단순히 한 회사의 수입을 줄이는 것뿐만 아니라 종종 경쟁사의 수익을 직접적으로 높일 수 있다. 게다가 마케팅 팀은 새로운 고객을 유치하는 비용이 기존 고객을 유지하는 비용보다 일반적으로 훨씬 높다는 사실을 알고 있다.

따라서 고객 이탈 가능성이 가장 높은 고객들을 사전에 파악하는 것은 이탈을 예방하고자 유지 자원을 효과적으로 이용할 수 있게 도와준다.

과거에는 마케팅 팀이 매우 가치 있는 고객과 가장 이탈 가능성이 높은 고객을 식별하고자 간단한 모델인 RFM(최근성^{Recency}, 구매 빈도^{Frequency}, 구매액^{Monetary Value})을 사용해왔다. RFM 분석은 각 고객의 3가지 특성을 고려한다.

- 최근에 얼마나 구매했는가? 최근에 구매하지 않은 고객은 가치가 덜할 수 있으며, 더 이상 회사를 찾아오지 않을 가능성이 높다.
- 구매 빈도는 어떤가? 연간으로 돌아오는 지속적인 구매 행동이 있는가, 아니면 구매 간격이 불규칙한가? 충성도를 보이는 고객은 더 가치가 있고 다시 회사를 찾아올 가능성이 높다.
- 구매 시 얼마나 많은 돈을 소비하는가? 평균 고객보다 더 많이 소비하거나 프리미엄 제품으로 업그레이드하는가? 이러한 고객들은 재정적으로 더 가치가 있으며 브랜드에 대한 애정을 보여준다.

이러한 3가지 요소의 측정을 개발하고자 과거 고객 구매 데이터를 수집한다. 그런 다음 이러한 측정값들은 각각 표준 척도로 변환된다(예, 0에서 10까지의 척도). 이렇게 변환된 값들은 각 고객에 대해 합산돼 최종 RFM 점수가 생성된다. 매우 최근에 구매를 많이 하는 고객이 평균적인 금액을 소비하면 10 + 10 + 5 = 25와 같이 결합된 점수가 될 것이다. 반면 예전에 한 번만 구매했던 고객은 2 + 1 + 4 = 7과 같이 훨씬 낮은 RFM 점수를 갖게 된다.

이러한 분석은 다소 원시적이지만 고객 그룹을 이해하고 이탈을 예측하는 데유용한 도구다. 그러나 RFM 분석은 특히 과학적이지 않으며 이탈 확률이나 이탈 확률을 증가시키는 요인에 대한 공식적인 추정은 얻을 수 없다. 이에 비해이탈 결과를 예측하는 로지스틱 회귀 모델은 각 고객의 이탈 확률을 추정하고각 예측 변수의 영향력을 제공한다.

보험 청구 비용 예제와 마찬가지로 이 책을 위해 생성된 시뮬레이션된 데이터세트를 사용해 자동차 보험 회사의 고객 행동을 근사하게 한 이탈 모델을 구축할 것이다

TIP

> 대화형으로 따라하고 싶다면 이 책을 위한 팩트 출판사 깃허브 저장소에서 insurance_churn.csv 파일을 다운로드하고 R 작업 폴더에 저장한다.

이 이탈 데이터 세트에는 가상의 자동차 보험 계획에 등록된 현재 및 이전 피보험자 5,000개의 예가 포함돼 있다. 각 예제는 고객의 보험 기간 동안의 행동을측정하는 특징들과 이탈 여부를 나타내는 이진 시표(이탈 여부)가 포함된다. 이용가능한 특징들은 다음과 같다.

- **member_id**: 무작위로 할당된 고객 식별 번호
- **loyalty_years**: 보험 기간에 연속적으로 등록된 연도 수
- **vehicles_covered**: 보험 기간에 보호받는 차량 수
- **premium_plan_ind**: 추가 혜택이 있는 프리미엄 고가 버전의 계획을 결제한지 여부를 나타내는 이진 지표
- **mobile_app_user**: 모바일 폰 애플리케이션을 사용하는지 여부를 나타내는 이진 지표
- **home_auto_bundle**: 동일 회사에서 제공하는 주택 보험 계획도 갖고 있는지 여부를 나타내는 이진 지표
- **auto_pay_ind**: 자동 결제를 사용하는지 여부를 나타내는 이진 지표

- **recent_rate_increase**: 최근에 회원의 보험료가 인상됐는지 여부를 나타내는 이진 지표

이 데이터 세트를 R에서 읽으려면 다음을 입력한다.

```
> churn_data <- read.csv("insurance_churn.csv")
```

table() 및 prop.table() 함수를 사용해 전체 이탈률이 약 15%인 것을 확인할 수 있다.

```
> prop.table(table(churn_data$churn))

      0      1
0.8492 0.1508
```

좀 더 형식적인 분석을 위해서는 더 많은 데이터 탐색을 수행하는 것이 현명하다. 하지만 여기서는 이탈한 고객을 예측하고자 로지스틱 회귀 모델을 생성하는 것으로 진행하겠다.

glm() 함수는 R에 내장된 stats 패키지에 포함된 함수로, 로지스틱 회귀와 이 장에서 이전에 설명한 포아송 회귀와 같은 다른 변형을 포함한 GLM^Generalized Linear Model 모델을 적합하는 데 사용된다. 로지스틱 회귀의 구문은 다음 그림에 나와 있다.

로지스틱 회귀 구문

stats 패키지의 glm() 함수를 사용

모델 구축:

```
m <- glm(dv ~ iv, data = mydata,
         family = binomial(link = "logit")
```

- dv는 모델링할 mydata 데이터 프레임의 종속 변수다.
- iv는 모델에 사용할 mydata 데이터 프레임의 독립 변수를 지정하는 R 공식이다.
- data는 dv와 iv 변수가 포함된 데이터 프레임을 지정한다.
- family는 GLM에 사용할 분포와 링크 함수를 설정한다. 위의 구문은 로지스틱 회귀용이며, family가 지정되지 않으면 기본적으로 선형 회귀가 사용된다(다른 GLM 변형에 대한 도움말은 ?family를 참고하라).

이 함수는 GLM 모델 객체를 반환하며, 이를 사용해 예측을 수행할 수 있다. 독립 변수 간 상호작용은 * 연산자를 사용해 지정할 수 있다.

예측 수행:

```
p <- predict(m, test, type = "link")
```

- m은 glm() 함수로 훈련된 모델이다.
- test는 모델을 구축하는 데 사용된 훈련 데이터와 동일한 특징을 가진 테스트 데이터를 포함하는 데이터 프레임이다.
- type은 반환할 예측 유형을 지정한다. "link"는 예측된 로그 승산으로 예측하며(기본값), "response"는 예측된 확률 값으로 예측한다(일반적으로 두 유형 중 더 유용하다).

이 함수는 예측된 값의 벡터를 반환한다.

예제:

```
churn_model <- glm(churn ~ ., data = churn_data,
                   family = binomial(link = "logit")
churn_prob <- predict(churn_model, churn_test,
                      type = "response")
```

그림 6.13: 로지스틱 회귀 구문

glm() 함수 구문과 이전에 표준 선형 회귀에 사용된 lm() 함수 사이에는 많은 유사점이 있다. 계열과 연결 함수를 지정하는 것을 제외하면 모델 적합은 크게 어렵지 않다. 주요한 차이점은 주로 결과 모델을 해석하는 방법에 있다.

TIP

> 주의해야 할 점은 R의 glm() 함수가 기본적으로 가우시안 분포와 항등 연결 함수를 사용하게 설정
> 돼 있으므로 원하는 다른 GLM 형태를 원치 않도록 표준 선형 회귀를 실수로 수행할 수 있다는
> 것이다. 이러한 이유로 R에서 GLM을 구축할 때 항상 계열과 연결 함수를 명시하는 습관을 갖는
> 것이 현명하다.

로지스틱 회귀 이탈 모델을 적합하고자 binomial 계열을 logit 연결 함수로 명시한다. 여기서는 회원별로 고유한 member_id를 제외한 데이터 세트의 다른 모든 특징에 대해 이탈을 모델링한다. 즉, 다음과 같이 이탈을 예측하는 함수로 설정한다.

```
> churn_model <- glm(churn ~ . -member_id, data = churn_data,
                     family = binomial(link = "logit"))
```

결과로 얻은 churn_model 객체에 summary() 함수를 사용하면 추정된 회귀 파라미터들이 표시된다.

```
> summary(churn_model)

Call:
glm(formula = churn ~ . - member_id,
    family = binomial(link = "logit"), data = ins_churn)

Deviance Residuals:
    Min      1Q  Median      3Q     Max
-1.1244 -0.6152 -0.5033 -0.3950 2.4995

Coefficients:
                  Estimate Std. Error  z value     Pr(>|z|)
(Intercept)      -0.488893   0.141666   -3.451     0.000558 ***
loyalty_years    -0.072284   0.007193  -10.050     < 2e-16 ***
```

```
vehicles_covered        -0.212980    0.055237    -3.856    0.000115 ***
premium_plan_ind        -0.370574    0.148937    -2.488    0.012842 *
mobile_app_user         -0.292273    0.080651    -3.624    0.000290 ***
home_auto_bundle        -0.267032    0.093932    -2.843    0.004472 **
auto_pay_ind            -0.075698    0.106130    -0.713    0.475687
recent_rate_increase     0.648100    0.102596     6.317    2.67e-10 ***
---
Signif. codes:  0 '***' 0.001 '**' 0.01 '*' 0.05 '.' 0.1 ' ' 1

(Dispersion parameter for binomial family taken to be 1)

    Null deviance: 4240.9  on 4999   degrees of freedom
Residual deviance: 4059.2  on 4992   degrees of freedom
AIC: 4075.2

Number of Fisher Scoring iterations: 5
```

개괄적으로 보면 로지스틱 회귀 결과는 선형 회귀 결과와 상당히 유사하다. p-값(Pr(>|z|)로 표시)과 유의성 코드(* 문자로 표시)는 변수들이 통계적으로 유의미한지를 나타낸다. auto_pay_ind를 제외한 모든 특징은 0.05 수준 이상에서 통계적으로 유의하다. 예측 변수들과 목표 결과 간의 관계 방향은 Estimate 값 앞의 부호(양수 또는 음수)만 보면 간단하게 이해할 수 있다. 거의 모든 추정 값은 음수이므로 이러한 특징들은 이탈을 줄이는 데 도움이 된다. 단, recent_rate_increase는 양수이므로 이탈을 증가시키는 데 도움이 된다. 이러한 관계들은 이해하기 쉽다. 보험 계획 가격의 증가는 이탈이 증가할 것으로 예상되며 며칠 동안 충성을 보여준 회원이나 프리미엄 계획 기능을 구입한 회원들은 덜 이탈할 가능성이 높다.

특정 특징이 이탈에 미치는 영향을 해석하는 것은 로지스틱 회귀가 선형 회귀보다 까다로운 점이다. 추정 값들이 로그 승산(odds)으로 표시되기 때문이다. 예를 들어 보험 계획 가격의 최근 증가 이후 이탈이 얼마나 더 가능한지 알고 싶다고 가정해보자. recent_rate_increase에 대한 추정 값이 0.6481이면 이는 계산식으로 로그 승산이 1일 때 대비 로그 승산이 0.6481만큼 증가한다는 것을 의미한다. 이를 로그 값에서 제거하고 승산비를 찾고자 exp(0.6481) = 1.911905를 계산한다. 이는 이탈이 가격 인상 이후 약 2배 더 가능하다는 것을 의미한다(또는 91.2% 더 가능하다는 것을 의미한다).

반대로 모바일 앱을 사용하는 회원들(mobile_app_user)은 그렇지 않은 회원들에 비해 로그 승산의 추정 차이가 -0.292273이다. 이를 승산비로 계산하면 exp(-0.292273) = 0.7465647이므로 앱 사용자의 이탈은 앱을 사용하지 않는 회원들의 약 75%다. 즉, 앱 사용자의 이탈률이 약 25% 감소한다. 마찬가지로 충성도가 한 해 증가할 때마다 이탈률이 약 7% 감소한다는 것을 exp(-0.072284) = 0.9302667로 계산할 수 있다. 이 모델의 다른 모든 예측 변수 및 절편을 포함한 해석은 비슷한 방식으로 수행할 수 있으며, 절편은 모든 예측 변수가 0일 때의 이탈 비율을 나타낸다.

이 모델을 이탈을 예방하는 데 사용하려면 현재 보험 계획 회원들의 데이터베이스에서 예측을 수행하면 된다. 이 장에서 제공되는 테스트 데이터 세트를 사용해 1,000명의 구독자를 포함하는 데이터 세트를 불러오겠다.

```
> churn_test <- read.csv("insurance_churn_test.csv")
```

그런 다음 로지스틱 회귀 모델 객체를 predict() 함수와 함께 사용해 이 데이터 프레임에 새로운 열을 추가한다. 이 열에는 각 회원에 대한 예측값이 포함된다.

```
> churn_test$churn_prob <- predict(churn_model, churn_test,
                            type = "response")
```

주의해야 할 점은 type = "response" 파라미터가 설정돼 있어 예측값이 기본값인 type = "link" 설정 대신 확률로 나타난다는 것이다. 이 예측된 확률을 요약해보면 평균 이탈 확률은 약 15%며 일부 사용자는 매우 낮은 이탈 확률로 예측되지만 다른 사용자들은 최대 41%의 이탈 확률을 갖는 것으로 예측된다.

```
> summary(churn_test$churn_prob)
```

```
    Min.  1st Qu.  Median    Mean 3rd Qu.    Max.
 0.02922 0.09349 0.13489 0.14767 0.18452 0.41604
```

가정상으로 고객 유지 팀은 제한된 수의 사례에 대해 개입할 수 있는 자원을 갖고 있다. 이탈 가능성이 가장 높은 회원들을 식별하고자 회원들을 정렬해서 팀에게 가장 큰 영향을 미칠 가능성이 높은 방향을 제공할 수 있다.

먼저 고객 이탈 확률에 따라 감소하는 순서대로 행 번호가 정렬된 벡터를 얻고자 order() 함수를 사용한다.

```
> churn_order <- order(churn_test$churn_prob, decreasing = TRUE)
```

다음으로 churn_order 벡터에 따라 churn_test 데이터 프레임을 정렬한 후 관심 있는 2개의 열을 선택하고자 head() 함수를 사용한다. 이 경우에는 n = 5로 설정해 가장 이탈 가능성이 높은 5명의 회원을 제한한다.

```
> head(churn_test[churn_order, c("member_id", "churn_prob")], n = 5)
```

```
    member_id churn_prob
406  29603520  0.4160438
742  12588881  0.4160438
390  23228258  0.3985958
541  86406649  0.3985958
614  49806111  0.3985958
```

n을 더 높은 숫자로 설정해 결과를 스프레드시트에 저장한 후 가장 이탈 가능성

이 높은 보험 계획 회원들의 목록을 고객 유지 팀에 제공하는 것이 가능하다. 이러한 회원들에게 집중해 유지 노력을 기울이는 것은 무작위로 회원들을 대상으로 하는 것보다 효과적일 가능성이 높다. 대다수의 회원들은 이탈 확률이 매우 낮기 때문이다. 이렇게 함으로써 머신러닝은 최소한의 투자로 상당한 이익을 제공할 수 있으며, 이 개입 이전과 이후의 이탈률을 비교해 쉽게 측정할 수 있다.

이탈 방지로 인해 유지되는 수익에 대한 추정은 유지 노력에 반응한 고객의 비율에 대한 간단한 가정을 사용해 얻을 수 있다. 예를 들어 고객 이탈 모델이 대상으로 하는 회원 수를 N으로 가정하면 이는 $N \times \$X$의 수익을 의미한다(여기서 X는 고객 평균 지출액). 이러한 숫자를 이해관계자들에게 전달해 머신러닝 프로젝트를 구현하는 근거를 제공한다.

이 예는 단지 빙산의 일각에 불과하다. 고객 이탈 모델링은 추가 노력으로 훨씬 더 정교해질 수 있다. 예를 들어 가장 높은 이탈 확률을 가진 고객들에게만 초점을 맞추는 대신 고객이 이탈할 경우 손해되는 수익을 고려하는 것도 가능하다. 고객의 이탈 확률이 낮은 저가액의 고객보다 고가액의 고객들을 우선순위로 두는 것이 더 가치가 있을 수 있다. 또한 개입 여부에 관계없이 일부 고객은 이탈할 것이 확실하고 다른 일부 고객은 더 유연할 수 있으므로 이탈 확률을 모델링하는 것 외에도 유지 확률을 모델링하는 것도 가능하다. 어떤 경우에도 간단한 형태로라도 고객 이탈 모델링은 대부분의 비즈니스에 있어 쉽게 접근할 수 있는 기회이며 머신러닝을 구현하는 좋은 첫 번째 단계다.

회귀 트리와 모델 트리의 이해

5장을 기억해보면 의사결정 트리는 흐름도와 매우 유사한 모델을 구축하며 모델의 결정 노드decision node, 잎 노드leaf node, 분기branch는 예제를 분류하고자 사용되는 결정들을 정의한다. 그런 트리는 트리 성장 알고리듬tree-growing algorithm을 약간

조정해 수치 예측에도 사용할 수 있다. 이 절에서는 분류에 사용되는 트리와는 다른 수치 예측을 위한 트리만의 방식을 고려한다.

수치 예측을 위한 트리는 2개의 범주로 나뉜다. 첫 번째는 회귀 트리^{regression trees}라 하며, 분류와 회귀 트리^{CART, Classification And Regression Tree} 알고리듬의 일부로 1980년에 소개됐다. 이름에도 회귀 트리는 6장의 초반에서 설명한 대로 선형 회귀 방법을 사용하지 않고 잎에 도달하는 예제들의 평균값으로 예측을 한다.

NOTE

> CART 알고리듬은 브레이만(Breiman L), 프리드먼(Friedman JH), 스톤(Stone CJ), 올센(Olshen RA)의 『분류와 회귀 트리(Classification and Regression Trees)』(Belmont, CA, Chapman and Hall, 1984)에 자세히 소개돼 있다.

수치 예측을 위한 두 번째 종류의 트리는 **모델 트리**^{model tree}라고 한다. 회귀 트리보다 몇 년 이후에 소개된 모델 트리는 덜 알려져 있지만 더 강력하다. 모델 트리는 회귀 트리와 거의 같은 방식으로 성장하지만 잎 노드에서 노드에 도달한 예제들로 다중 회귀 모델을 구축한다. 잎 노드의 개수에 따라 모델 트리는 다중 회귀 모델을 몇 십 개 또는 몇 백 개 구축한다.

이로 인해 모델 트리가 동등한 회귀 트리보다 이해하기는 어려워졌지만 모델이 더 정확해지는 이점을 갖는다.

NOTE

> 최초의 모델 트리 알고리듬인 M5는 다음 문서에 설명돼 있다. 퀸란(Quinlan JR)의 「연속 클래스로 학습하기(Learning with continuous classes)」, 「5회 오스트리아 연합 학회 인공지능 논문집 (Proceedings of the 5th Australian Joint Conference on Artificial Intelligence)」, 1992, 343-348.

트리에 회귀 추가

수치 예측을 수행하는 트리는 대단히 흥미롭지만 회귀 모델링의 대안으로 간과

되곤 한다. 좀 더 일반적인 회귀 방법과 비교해서 회귀 트리와 모델 트리의 장단점은 다음의 표에 나열돼 있다.

장점	단점
• 의사결정 트리의 장점과 수치 데이터를 모델링 하는 능력을 결합했다. • 사용자가 모델을 미리 명시하지 않아도 된다. • 자동 특징 선택을 사용하기 때문에 아주 많은 개수의 특징이 이 방식에 사용될 수 있다. • 선형 회귀보다 일부 데이터 타입에 아주 잘 맞는 다. • 모델을 해석하는 데 통계 지식이 필요하지 않다.	• 선형 회귀만큼 잘 알려져 있지 않다. • 많은 양의 훈련 데이터가 필요하다. • 결과에 대한 개별 특징의 전체적인 순영향을 알아내기가 어렵다. • 큰 트리는 회귀 모델보다 해석하기가 좀 더 어려워질 수 있다.

수치 예측 작업을 할 때 일반적으로 전통적인 회귀 방법을 가장 먼저 선택하지만 경우에 따라 수치 의사결정 트리가 분명한 이점을 제공하기도 한다. 예를 들어 의사결정 트리는 작업이 특징이 많거나 특징과 결과 간에 매우 복잡하고 비선형적인 관계를 가질 때 잘 맞을 수 있다. 이런 상황은 회귀를 하기엔 어려움이 있다. 또한 회귀 모델링은 수치 데이터의 분포를 가정하는 데 실 데이터에서 이 가정은 자주 위배된다. 하지만 트리에는 해당되지 않는다.

수치 예측을 위한 트리는 분류를 위한 트리와 거의 같은 방식으로 구축된다. 루트 노드에서 시작해서 분할 정복 전략으로 데이터를 분할하며, 이때 분할 후 결과의 동질성을 가장 크게 증가시키는 특징을 분할 조건으로 한다. 분류 트리의 경우 동질성이 **엔트로피**entropy로 측정된다는 것을 기억할 것이다. 수치 데이터에는 엔트로피가 정의되지 않으므로 수치 의사결정 트리는 분산, 표준 편차 또는 평균과의 절대 편차와 같은 통계량으로 동질성을 측정한다.

가장 일반적인 분할 기준은 **표준 편차 축소**SDR, Standard Deviation Reduction다. 이는 다 음 식으로 정의된다.

$$\mathrm{SDR} = sd(T) - \sum_{i} \frac{|T_i|}{|T|} \times sd(T_i)$$

이 식에서 $sd(T)$ 함수는 집합 T의 표준 편차며, T_1, T_2, ..., T_n은 특징에 대해 분할된 집합들이다. $|T|$ 항은 집합 T의 관측 개수를 나타낸다. 기본적으로 이 식은 분할 이전의 표준 편차와 분할 이후 가중 표준 편차를 비교해 표준 편차의 축소를 측정한다.

예를 들어 트리가 이진 특징 A 또는 이진 특징 B에 대해 분할을 수행할지 여부를 결정하는 다음 경우를 고려해보자.

원래 데이터	1	1	1	2	2	3	4	5	5	6	6	7	7	7	7
특징 A에 대해 분할	1	1	1	2	2	3	4	5	5 |	6	6	7	7	7	7
특징 B에 대해 분할	1	1	1	2	2	3	4 |	5	5	6	6	7	7	7	7

T_1 T_2

그림 6.14: 알고리듬은 특징 A와 B에 대한 분할을 고려하고, 이는 서로 다른 T_1과 T_2 그룹을 생성한다.

제시된 분할에서 생성된 그룹을 이용해 특징 A와 B에 대한 SDR을 다음과 같이 계산할 수 있다. 여기에 사용된 `length()` 함수는 벡터 요소의 개수를 반환한다. 전체 그룹 T는 R의 내장 함수 `T()`와 `t()`를 겹쳐 쓰지 않게 `tee`라고 이름을 붙였다는 점을 주목하라.

```
> tee <- c(1, 1, 1, 2, 2, 3, 4, 5, 5, 6, 6, 7, 7, 7, 7)
> at1 <- c(1, 1, 1, 2, 2, 3, 4, 5, 5)
> at2 <- c(6, 6, 7, 7, 7, 7)
> bt1 <- c(1, 1, 1, 2, 2, 3, 4)
> bt2 <- c(5, 5, 6, 6, 7, 7, 7, 7)
> sdr_a <- sd(tee) - (length(at1) / length(tee) * sd(at1) + length(at2) /
          length(tee) * sd(at2))
> sdr_b <- sd(tee) - (length(bt1) / length(tee) * sd(bt1) + length(bt2) /
          length(tee) * sd(bt2))
```

B의 SDR에 대해 A의 SDR을 비교해보자.

```
> sdr_a
```

```
[1] 1.202815
```

```
> sdr_b
```

```
[1] 1.392751
```

특징 A로 분할할 경우 SDR은 1.2 정도이고, 특징 B로 분할할 경우 SDR은 1.4 정도다. B로 분할할 때 표준 편차는 좀 더 감소됐으므로 의사결정 트리는 B를 먼저 사용할 것이다. 이 경우 A로 분할할 때보다 약간 더 동질적인 집합을 만든다.

이 단 한 번의 분할로 여기서 트리의 성장이 멈췄다고 가정해보자. 회귀 트리의 작업이 완료됐다. 새로운 예제의 예측은 특징 B의 값으로, 예제가 그룹 T_1 또는 T_2로 배치되는지에 따라 결정된다. 예제가 T_1에서 끝나면 모델은 mean(bt1) = 2를 예측하고 그렇지 않으면 mean(bt2) = 6.25를 예측한다.

그에 반해 모델 트리는 한 단계 더 진행한다. 모델 트리는 그룹 T_1에 속하는 7개의 훈련 예제와 T_2에 속하는 8개의 예제를 이용해 특징 A와 결과에 대한 선형 회귀 모델을 구축할 수 있다. 잎 노드에 있는 모든 예제가 동일한 B 값을 갖고 있기 때문(예제는 B 값에 따라 그룹 T_1과 T_2에 배치됐다)에 회귀 모델을 구축하는 데 특징 B는 도움이 되지 않는다. 모델 트리는 두 선형 모델 중 하나를 이용해 새로운 예제에 대한 예측을 할 수 있다.

두 방식 간의 차이를 좀 더 설명하고자 실제 예제로 작업을 해보자.

⁝⁝ 예제: 회귀 트리와 모델 트리로 와인 품질 평가

와인 양조는 큰 이익을 낼 수 있는 잠재력이 있기 때문에 도전적이고 경쟁력이 있는 사업이다. 그렇지만 와인 양조장의 수익성에 기여하는 요소들은 다양하다. 농산물이기 때문에 날씨와 성장 환경만큼 다양한 변수가 품종의 품질에 영향을 준다. 또한 병에 담기와 제조도 풍미가 더 좋아지거나 나빠지는 데 영향을 줄 수 있다. 병의 디자인부터 기준 소매가격까지 제품이 판매되는 방식조차 맛에 대한 고객의 인식에 영향을 줄 수 있다.

그 결과 와인 양조 산업에서는 와인 양조의 의사결정 과학을 도와주는 데이터 수집과 머신러닝 방법에 막대한 투자를 해왔다. 예를 들어 여러 지역의 와인에서 화학 성분의 주요 차이를 발견하거나 와인이 좀 더 달콤한 맛이 나게 하는 화학 요소를 찾을 때 머신러닝이 사용돼 왔다.

좀 더 최근에는 와인의 품질 평가(어려운 일로 악명이 높다)를 지원하고자 머신러닝이 사용돼 왔다. 블라인드 테스트로 와인에 평점을 줄 때 전문가의 판단에 일관성이 없음에도 저명한 와인 평론가가 작성한 리뷰는 제품을 상단 선반에 둘지 하단 선반에 둘지 결정한다.

이 사례 연구에서는 전문가의 와인 평가를 모방할 수 있는 시스템을 만들고자 회귀 트리와 모델 트리를 사용한다. 트리의 모델은 이해하기 쉽기 때문에 와인 양조자가 와인이 좋게 평가되는 데 기여한 주요 요인을 찾을 수 있다. 더 중요한 것은 시스템은 시음할 때 평가자의 기분이나 미각의 피로와 같은 사람 요소로 인한 어려움을 겪지 않는다는 점일 것이다. 컴퓨터를 이용한 와인 테스트는 좀 더 객관적이고 일관되며 공정한 평가뿐 아니라 더 나은 제품을 만들 수 있게 한다.

단계 1: 데이터 수집

와인 평가 모델을 개발하고자 UCI 머신러닝 데이터 저장소(http://archive.ics.uci.edu/ml)에 P. 코르테즈[P. Cortez], A. 세르데이라[A. Cerdeira], F. 알메이다[F. Almeida], T. 마토스[T. Matos], J. 레이스[J. Reis]가 기부한 데이터를 사용할 것이다. 이 데이터에는 세계 최고

와인 생산국 중 하나인 포르투갈의 비뉴 베르드^{Vinho Verde} 레드 와인과 화이트 와인의 예제가 포함돼 있다. 레드 와인과 화이트 와인의 종류에 따라 와인이 높이 평가되는 데 기여한 요인이 다를 수 있으므로 이번 분석에서는 좀 더 대중적인 화이트 와인만 검토한다.

TIP

> 예제를 따라 하려면 팩트출판사 웹 사이트에서 whitewines.csv 파일을 다운로드해 R 작업 디렉터리에 저장한다. 혼자서 레드 와인 데이터를 탐색하고 싶다면 redwines.csv 파일도 사용 가능하다.

화이트 와인 데이터는 4,898개의 와인 샘플과 11가지 화학 속성에 대한 정보가 들어 있다. 각 와인별로 실험실 분석을 통해 산도^{acidity}, 당 함유량^{sugar content}, 염화물^{chlorides}, 황^{sulfur}, 알코올^{alcohol}, pH, 밀도^{density}와 같은 특성을 측정했다. 그런 다음 3명 이상의 심사위원단이 블라인드 테이스팅^{blind tasting}으로 샘플들을 평가했으며, 평가된 품질 척도의 범위는 0(매우 나쁨)에서 10(매우 우수)까지다. 평가에 동의하지 않은 심사위원들의 경우 중앙값이 사용됐다.

코르테즈의 연구에서는 와인 데이터를 모델링하는 다중 회귀, 인공 신경망, 서포트 벡터 머신이라는 3가지 머신러닝 방법의 능력을 평가했다. 다중 회귀는 6장의 초반에서 다뤘고 신경망과 서포트 벡터 머신은 7장에서 다룬다. 이 연구에서는 서포트 벡터 머신이 선형 회귀 모델보다 상당히 좋은 결과를 제공한다는 것을 발견했다. 하지만 회귀 분석과 달리 서포트 벡터 머신 모델은 해석하기가 어렵다. 회귀 트리와 모델 트리를 이용해서 이해하기 쉬운 모델을 유지하면서 회귀 결과를 개선할 수 있다.

NOTE

> 여기서 설명했던 와인 연구에 대해 좀 더 알아보려면 코르테즈, 세르데이라, 알메이다, 마토스, 레이스의 '물리 화학적 성질을 이용한 데이터 마이닝으로 와인 선호도 모델링 (Modeling wine preferences by data mining from physicochemical properties)', 〈의사결정 지원 시스템(Decision Support Systems)〉, 2009, vol. 47: pp. 547-553을 참고한다.

단계 2: 데이터 탐색과 준비

평소처럼 read.csv() 함수로 데이터를 R로 로드한다. 모든 특징이 수치이기 때문에 stringsAsFactors 파라미터는 안심하고 무시할 수 있다.

```
> wine <- read.csv("whitewines.csv")
```

와인 데이터는 11개의 특징과 품질 결과를 포함하며 다음과 같다.

```
> str(wine)
```

```
'data.frame':      4898 obs. of 12 variables:
 $ fixed.acidity        : num   6.7 5.7 5.9 5.3 6.4 7 7.9 ...
 $ volatile.acidity     : num   0.62 0.22 0.19 0.47 0.29 0.12 ...
 $ citric.acid          : num   0.24 0.2 0.26 0.1 0.21 0.41 ...
 $ residual.sugar       : num   1.1 16 7.4 1.3 9.65 0.9 ...
 $ chlorides            : num   0.039 0.044 0.034 0.036 0.041 ...
 $ free.sulfur.dioxide  : num   6 41 33 11 36 22 33 17 34 40 ...
 $ total.sulfur.dioxide : num   62 113 123 74 119 95 152 ...
 $ density              : num   0.993 0.999 0.995 0.991 0.993 ...
 $ pH                   : num   3.41 3.22 3.49 3.48 2.99 3.25 ...
 $ sulphates            : num   0.32 0.46 0.42 0.54 0.34 0.43 ...
 $ alcohol              : num   10.4 8.9 10.1 11.2 10.9 ...
 $ quality              : int   56 646 666 67 ...
```

다른 종류의 머신러닝 모델과 비교하면 트리의 장점 중 하나는 사전 처리 없이 많은 데이터 타입을 다룰 수 있다는 점이다. 따라서 특징에 대한 정규화나 표준화를 할 필요가 없다.

그렇지만 모델의 성능 평가를 알아내려면 결과 변수의 분포를 조사하는 약간의 노력은 필요하다. 예를 들어 와인 사이에 품질 차이가 거의 없거나 와인이 매우 좋은very good과 매우 나쁜very bad 중 하나인 양봉 분포라고 가정하자. 이는 모델을 설계하는 방식에 영향을 줄 수 있다. 그러한 극단을 확인하고자 히스토그램으로 와인 품질 분포를 관찰할 수 있다.

```
> hist(wine$quality)
```

이 명령은 다음 다이어그램을 생성한다.

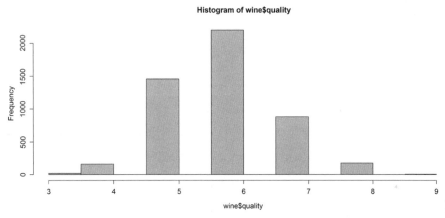

그림 6.15: 화이트 와인의 품질 등급 분포

와인 품질 값은 6 근처를 중심으로 매우 정규적인 종 모양의 분포를 따르는 것처럼 보인다. 대부분의 와인이 평균 품질이기 때문에 직관적으로 이해가 된다. 특별히 나쁘거나 좋은 것은 아주 적다. 여기서는 결과가 보이지는 않지만 이상치나 다른 잠재적인 데이터 문제를 확인하고자 summary(wine) 출력을 검토해보는 것도 유용하다. 트리가 엉망인 데이터에 대해 상당히 강력하기는 하지만 심각한 문제가 있는지 항상 신중하게 확인해야 한다. 우선 데이터는 안정적이라고 가정할 것이다.

마지막 단계는 훈련 데이터 세트와 테스트 데이터 세트로 분리하는 것이다. wine 데이터 세트는 이미 무작위 순으로 정렬돼 있기 때문에 다음과 같이 2개의 연속된 행 집합으로 분할할 수 있다.

```
> wine_train <- wine[1:3750, ]
> wine_test <- wine[3751:4898, ]
```

코르테즈가 사용했던 조건에 따라 훈련과 테스트에 집합의 75%와 25%를 각각
사용했다. 이전 연구에 견줄 만한 결과를 얻을 수 있는지 확인하고자 테스트
데이터에 대해 트리 기반 모델의 성능을 평가할 것이다.

단계 3: 데이터에 대한 모델 훈련

회귀 트리 모델을 훈련하면서 시작하자. 회귀 트리 모델링을 수행하고자 거의
모든 의사결정 트리의 구현이 사용될 수 있지만 rpart(재귀적 분할recursive partitioning) 패
키지는 CART 팀에서 설명한 대로 회귀 트리의 가장 충실한 구현을 제공한다.
전통적인 CART의 R 구현체로서 rpart 패키지는 문서화가 잘돼 있고 rpart 모
델을 시각화하고 평가하는 함수를 지원한다.

install.packages("rpart") 명령으로 rpart 패키지를 설치한다. 그런 다음
library(rpart) 구문으로 R 세션에 패키지를 로드한다. 다음 구문은 대체로
아주 잘 작동되는 디폴트 설정으로 트리를 훈련할 것이다. 좀 더 세밀하게 조정
된 설정이 필요하다면 ?rpart.control 명령으로 제어 파라미터에 대한 문서를
참고한다.

R 수식 인터페이스를 이용해 출력 변수로 quality를 명시하고 wine_train 데이
터 프레임의 다른 모든 열이 예측 변수로 사용되도록 점 표기를 사용할 수 있
다. 만들어진 회귀 트리 모델 객체는 나중에 훈련하게 될 모델 트리와 구분하고
자 m.rpart라고 이름을 붙인다.

```
> m.rpart <- rpart(quality ~ ., data = wine_train)
```

rpart 패키지의 rpart( ) 함수 사용

분류기 구축:

```
m <- rpart(dv ~ iv, data = mydata)
```

- dv는 모델링될 mydata 데이터 프레임 내의 종속 변수
- iv는 모델에서 사용할 mydata 데이터 프레임 내의 독립 변수를 명시하는 R 구문
- data는 dv와 iv 변수를 찾을 수 있는 데이터 프레임

이 함수는 예측에 사용될 수 있는 회귀 트리 객체를 반환한다.

예측:

```
p <- predict(m, test, type = "vector")
```

- m은 rpart( ) 함수에 의해 훈련된 모델
- test는 분류기를 구축하는 데 사용된 훈련 데이터와 같은 특징을 갖는 테스트 데이터를 포함하는 데이터 프레임
- type은 반환될 예측의 종류를 명시, "vector"(예측 수치 값), "class"(예측 클래스), "prob"(예측 클래스 확률)

이 함수는 type 파라미터에 따라 예측 벡터를 반환한다.

예제:

```
wine_model <- rpart(quality ~ alcohol + sulfates,
                        data = wine_train)
wine_predictions <- predict(wine_model, wine_test)
```

그림 6.16: 회귀 트리 구문

트리에 대한 기본 정보를 확인하려면 간단히 모델 객체의 이름을 입력한다.

```
> m.rpart

n= 3750
node), split, n, deviance, yval
      * denotes terminal node

1) root 3750 2945.53200 5.870933
  2) alcohol< 10.85 2372 1418.86100 5.604975
    4) volatile.acidity>=0.2275 1611 821.30730 5.432030
      8) volatile.acidity>=0.3025 688 278.97670 5.255814 *
      9) volatile.acidity< 0.3025 923 505.04230 5.563380 *
    5) volatile.acidity< 0.2275 761 447.36400 5.971091 *
  3) alcohol>=10.85 1378 1070.08200 6.328737
```

```
 6) free.sulfur.dioxide< 10.5 84 95.55952 5.369048 *
 7) free.sulfur.dioxide>=10.5 1294 892.13600 6.391036
   14) alcohol< 11.76667 629 430.11130 6.173291
     28) volatile.acidity>=0.465 11 10.72727 4.545455 *
     29) volatile.acidity< 0.465 618 389.71680 6.202265 *
   15) alcohol>=11.76667 665 403.99400 6.596992 *
```

트리의 각 노드에는 결정 지점에 도달한 예제 개수가 나열돼 있다. 예를 들어 전체 3,750개의 예제가 루트 노드에서 시작하며, 그중 2,372개는 alcohol < 10.85이고 1,378개는 alcohol >= 10.85이다. 알코올^{alcohol}이 트리에서 가장 먼저 사용됐기 때문에 와인의 품질에 가장 중요한 하나의 예측 변수다.

* 표시가 있는 노드는 터미널 노드나 잎 노드로, 노드에서 예측(yval)이 이뤄진다는 것을 의미한다. 예를 들어 노드 5는 yval이 5.971091이다. 따라서 트리로 예측을 할 때 alcohol < 10.85이고 volatile.acidity < 0.2275인 모든 와인 샘플은 품질^{quality} 값이 5.97로 예측된다.

각 노드별 평균 제곱 오차$^{mean\ squared\ error}$와 전체석인 특징 중요도의 측정치를 포함하는 트리 적합성에 대한 좀 더 상세한 요약은 summary(m.rpart) 명령으로 구할 수 있다.

의사결정 트리 시각화

앞의 결과만 이용해도 트리를 이해할 수 있지만 시각화를 이용하면 좀 더 쉽게 이해된다. 스테판 밀보로우$^{Stephen\ Milborrow}$가 만든 rpart.plot 패키지는 출판 수준의 품질을 갖는 의사결정 트리를 생성하는 함수를 제공하며 사용하기 쉽다.

NOTE

함수가 생성할 수 있는 의사결정 트리 다이어그램의 종류별 예제를 포함하는 rpart.plot에 대한 좀 더 자세한 정보는 http://www.milbo.org/에 있는 저자의 웹 사이트를 참고한다.

install.packages("rpart.plot") 명령으로 패키지를 설치한 후 rpart.plot() 함수는 어떤 rpart 모델 객체에서든 트리 다이어그램을 생성한다. 다음 명령은 앞에서 구축했던 회귀 트리를 그린다.

```
> library(rpart.plot)
> rpart.plot(m.rpart, digits = 3)
```

만들어진 트리 다이어그램은 다음과 같다.

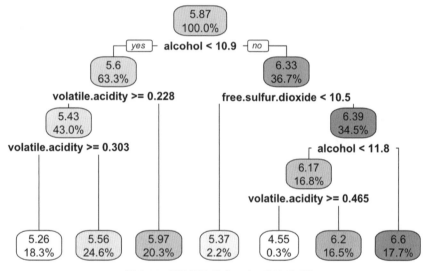

그림 6.17: 와인 품질 회귀 트리 모델의 시각화

다이어그램에 포함된 숫자의 자릿수를 조정하는 digits 파라미터 외에 시각화의 다른 많은 면을 조정할 수 있다. 다음 명령에서 몇 가지 유용한 옵션을 볼수 있다.

```
> rpart.plot(m.rpart, digits = 4, fallen.leaves = TRUE, type = 3, extra = 101)
```

fallen.leaves 파라미터는 잎 노드가 도형의 바닥에 정렬되게 만들며, type과

extra 파라미터는 결정과 노드가 레이블되는 방식에 영향을 준다. 숫자 3과 **101**은 특정 형식을 참조하고, 이는 명령의 설명문이나 다양한 숫자로 실험해보면 알 수 있다.

이렇게 변경한 결과, 아주 다르게 보이는 트리 다이어그램이 생성됐다.

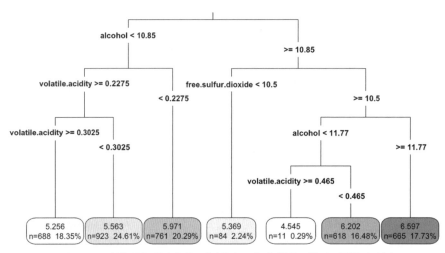

그림 6.18: 도식화 함수 파라미터를 변경하면 트리 시각화를 사용자 지정할 수 있다.

이러한 시각화는 수학적 배경 없이도 쉽게 이해되기 때문에 회귀 트리의 결과를 전파하는 데 도움이 된다. 두 경우 모두 잎 노드에 보이는 숫자는 노드에 도달한 예제에 대해 예측된 값이다. 따라서 와인 공급자에게 다이어그램을 보여주면 높게 평가된 와인을 예측하는 주요 요인을 식별하는 데 도움이 된다.

단계 4: 모델 성능 평가

테스트 데이터에 대한 예측에 회귀 트리 모델을 사용하려면 predict() 함수를 사용한다. 디폴트로 이 함수는 결과 변수에 대해 추정된 수치 값을 반환하며, 여기서 p.rpart라는 이름의 벡터에 저장한다.

```
> p.rpart <- predict(m.rpart, wine_test)
```

예측에 대한 요약 통계를 간략히 살펴보면 잠재적인 문제를 시사하고 있는데,
예측이 실제 값보다 훨씬 좁은 범위에 있다.

```
> summary(p.rpart)
```

Min.	1st Qu.	Median	Mean	3rd Qu.	Max
4.545	5.563	5.971	5.893	6.202	6.597

```
> summary(wine_test$quality)
```

Min.	1st Qu.	Median	Mean	3rd Qu.	Max
3.000	5.000	6.000	5.901	6.000	9.000

이 결과는 모델이 극단의 경우 특히 최고와 최악의 와인을 정확하게 식별하지
못한다는 것을 의미한다. 반면 1사분위수와 3사분위수 사이는 잘하고 있는 중
이다.

예측된 품질 값과 실제 품질 값 사이의 상관관계는 모델의 성능을 측정하는
간단한 방법을 제공한다. cor() 함수는 같은 길이의 두 벡터 간의 관계를 측정
하는 데 사용될 수 있다는 점을 기억하라. 예측값이 실제 값에 얼마나 잘 일치
하는지 비교하고자 이 함수를 사용할 것이다.

```
> cor(p.rpart, wine_test$quality)
```

```
[1] 0.5369525
```

상관관계 0.54는 분명히 수용 가능하다. 그러나 상관관계는 예측과 실제 값의
연관 강도만을 측정한다. 예측이 실제 값에서 벗어난 정도의 측정치는 아니다.

평균 절대 오차로 성능 측정

모델의 성능에 대해 생각하는 다른 방법은 평균적으로 예측이 실제 값에서 얼마나 멀리 있는지를 고려하는 것이다. 이 측정치는 **평균 절대 오차**[MAE, Mean Absolute Error]라 한다. MAE의 식은 다음과 같으며, 여기서 n은 예측 개수를 e_i는 예측 i에 대한 오차를 나타낸다.

$$MAE = \frac{1}{n}\sum_{i=1}^{n}|e_i|$$

이름이 암시하듯 이 식은 절대 오차 값의 평균을 취한다. 오차는 예측된 값과 실제 값의 차이기 때문에 다음처럼 간단히 **MAE()** 함수를 생성할 수 있다.

```
> MAE <- function(actual, predicted) {
    mean(abs(actual - predicted))
  }
```

예측에 대한 MAE는 다음과 같다.

```
> MAE(p.rpart, wine_test$quality)
```
```
[1] 0.5872652
```

이것은 평균적으로 모델의 예측과 실제 품질 점수 간의 차가 약 **0.59**라는 것을 의미한다. 0에서 10까지 품질 범위에서 모델이 매우 잘 작동한다는 것을 말하고 있다.

한편 대부분의 와인은 매우 좋지도 않고 매우 나쁘지도 않는 것을 상기하라. 대표적인 품질 점수는 5에서 6 정도다. 따라서 단지 평균값만 예측했던 분류기는 이 측도에 따라 여전히 상당히 잘 수행된다.

훈련 데이터의 평균 품질 평가는 다음과 같다.

```
> mean(wine_train$quality)
```
```
[1] 5.870933
```

모든 와인 예제의 평균을 5.87로 예측했다면 약 0.67의 평균 절대 오차를 가질
것이다.

```
> MAE(5.87, wine_test$quality)
```
```
[1] 0.6722474
```

회귀 트리(MAE = 0.59)는 대체 평균(MAE = 0.67)보다 평균적으로 실제 품질 점수에 좀
더 가깝지만 많이는 아니다. 비교해보면 코르테즈는 신경망의 MAE는 0.58, 서
포트 벡터 머신의 MAE는 0.45로 보고했다. 따라서 좀 더 개선의 여지가 있다.

단계 5: 모델 성능 개선

학습자의 성능을 개선하고자 수치 예측에 있어 좀 더 복잡한 트리 응용인 모델
트리 알고리듬을 적용해보자. 모델 트리는 잎 노드를 회귀 모델로 대체함으로
써 회귀 트리를 확장한다는 것을 기억하라. 모델 트리는 잎 노드에서 예측에
하나의 값만 사용하는 회귀 트리보다 더 정확한 결과를 낸다.

현재 모델 트리의 최신 기술은 큐비스트Cubist 알고리듬으로, M5 트리 알고리듬
이 강화된 것이다. 이 두 알고리듬은 1990년대 퀸란J.R Quinlan이 발표했다. 상세한
구현 방법은 이 책의 범위를 벗어나지만, 큐비스트 알고리듬은 의사결정 트리
를 구축하고 트리의 가지에 기반을 두고 결정 규칙을 생성하며 각 잎 노드에서
회기 모델을 구축하는 것이다. 가지치기와 부스팅 등의 추가적인 휴리스틱을

사용해 예측의 품질을 개선하고 예측값의 범위 전반에 걸쳐 완만시킨다.

NOTE

M5 알고리듬에 대한 좀 더 자세한 정보는 왕(Wang Y), 위튼(Witten IH)의 「연속 클래스를 예측하는 모델 트리 소개(Induction of model trees for predicting continuous classes)」, 「머신러닝 유럽 콘퍼런스 포스터 논문 발표집(Proceedings of the Poster Papers of the European Conference on Machine Learning)」, 1997을 참고한다.

큐비스트 알고리듬은 Cubist 패키지의 cubist() 함수를 통해 R에서도 사용할 수 있다. 이 함수의 구문은 다음 표에서 보여준다.

모델 트리 구문

Cubist 패키지의 cubist() 함수 사용

모델 구축:

```
m <- cubist(train, class)
```

- train은 훈련 데이터를 가진 데이터 프레임이나 행렬
- class는 훈련 데이터에서 각 열의 부류에 해당하는 팩터 벡터

함수는 예측에 사용할 수 있는 큐비스트 모델 트리 객체를 반환한다.

예측:

```
p <- predict(m, test)
```

- m은 cubist() 함수로 훈련한 모델
- test는 모델을 구축할 때 사용한 훈련 데이터와 동일한 특징을 가진 테스트 데이터의 데이터 프레임

함수는 예측 수치 값의 벡터를 반환한다.

예제:

```
wine_model <- cubist(wine_train, wine_quality)
wine_predictions <- predict(wine_model, wine_test)
```

그림 6.19: 모델 트리 구문

큐비스트 모델 트리는 회귀 트리에 사용된 것과 살짝 다른 구문을 사용해 적합화한다. cubist() 함수는 R 공식 구문을 받아들이지 않기 때문이다. 그 대신 x 독립 변수와 y 종속 변수에 사용된 데이터 프레임 열을 명시해야만 한다. 예측하려는 와인 품질이 열 12에 있고, 다른 모든 열을 예측 변수로 사용할 경우

전체 명령은 다음과 같다.

```
> library(Cubist)
> m.cubist <- cubist(x = wine_train[-12], y = wine_train$quality)
```

모델 트리에 대한 기본 정보는 다음 이름을 입력하면 살펴볼 수 있다.

```
> m.cubist

Call:
cubist.default(x = wine_train[-12], y = wine_train$quality)
Number of samples: 3750
Number of predictors: 11
Number of committees: 1
Number of rules: 25
```

이 출력에서 알고리듬은 와인 품질을 모델링하고자 25개 규칙을 생성한 것을 볼 수 있다. 이 규칙 중 일부를 관찰하려면 모델 객체에 summary() 함수를 적용한다. 전체 트리는 매우 크기 때문에 첫 번째 결정 규칙을 나타내는 첫 번째 몇 줄만 여기에 표시한다.

```
> summary(m.cubist)

Rule 1: [21 cases, mean 5.0, range 4 to 6, est err 0.5]
  if
    free.sulfur.dioxide > 30
    total.sulfur.dioxide > 195
    total.sulfur.dioxide <= 235
    sulphates > 0.64
    alcohol > 9.1
  then
```

```
outcome = 573.6 + 0.0478 total.sulfur.dioxide
         - 573 density - 0.788 alcohol
         + 0.186 residual.sugar - 4.73 volatile.acidity
```

출력의 if 부분이 이전에 구축한 회귀 트리와 비슷하다는 것을 알 수 있다. 와인의 이산화황, 황산염, 알코올 성질에 기반을 둔 일련의 결정은 최종 결정에 이르는 규칙을 생성한다. 그러나 이 모델 트리 결과와 이전 회귀 트리 결과의 핵심적인 차이는 여기서의 노드는 수치 예측으로 끝나지 않고 선형 모델로 끝난다는 점이다.

이 규칙의 수치 모델은 outcome= 문장 다음의 then 출력에 나타나 있다. 숫자는 이 장의 앞에서 구축한 다중 회귀 모델과 완전히 동일하다. 각 값은 연계된 특징의 추정 베타이고, 이는 예측 와인 품질에 대한 그 특징의 순 영향이다. 예를 들어 당 함유량의 계수가 0.186이라는 것은 당 함유량이 1단위 증가하면 와인 품질 등급이 0.186 상승한다는 의미다.

이 모델에 의해 추정된 회귀 효과는 오직 이 노드에 도달한 와인 표본에만 적용된다는 것에 주목할 필요가 있다. 큐비스트 출력 전체를 살펴보면 각 결정 규칙에 대해 모두 25개의 선형 모델이 구축됐음을 알 수 있고 각각은 당 함유량과 나머지 10개 특징의 효과에 대한 서로 다른 파라미터 추정을 갖고 있음을 볼 수 있다.

이 모델의 성능을 조사하고자 낯선 테스트 데이터에서 얼마나 잘 작동하는지 보자. predict() 함수를 사용하면 예측값의 벡터를 얻을 수 있다.

```
> p.cubist <- predict(m.cubist, wine_test)
```

모델 트리는 회귀 트리보다 더 넓은 범위의 값을 예측하는 것으로 보인다.

354

```
> summary(p.cubist)
```

```
    Min.  1st Qu.  Median    Mean  3rd Qu.    Max.
   3.677   5.416   5.906   5.848   6.238   7.393
```

상관관계 역시 상당히 크다.

```
> cor(p.cubist, wine_test$quality)
```

```
[1] 0.6201015
```

또한 모델은 평균 절대 오차를 조금 축소했다.

```
> MAE(wine_test$quality, p.cubist)
```

```
[1] 0.5339725
```

회귀 트리를 넘어서는 많은 것들을 개선하지는 못했지만 코르테즈가 발표한 신경망 모델의 성능을 능가했으며 서포트 벡터 머신 모델에 대해 발표된 평균 절대 오차 값 0.45에 가까워지고 있다.

TIP

예상대로 와인 품질을 예측하는 것은 어려운 문제임을 확인했다. 와인 테이스팅은 결국 주관적인 성격을 갖고 있다. 추가적인 실습을 원한다면 더 좋은 결과를 얻을 수도 있는 다른 기술들을 다루는 14장을 읽고 나서 이 문제를 다시 살펴보는 것을 고려해볼 수도 있다.

┊ᴖ 요약

6장에서는 수치 데이터를 모델링하는 2가지 방법을 살펴봤다. 첫 번째 방법은 선형 회귀로 직선을 데이터에 적합시킨다. 두 번째 방법은 수치 예측을 위해 의사결정 트리를 사용한다. 후자는 2가지 형태로 나뉜다. 즉, 회귀 트리는 수치 예측을 하고자 잎 노드에서 예제의 평균값을 사용하며, 모델 트리는 어떤 점에서는 두 세계의 최고인 하이브리드 방식으로 잎 노드마다 회귀 모델을 구축한다.

회귀 모델링의 유용성을 조사하고자 챌린저 우주 왕복선 사고의 원인을 조사하는 데 사용했다. 그런 다음 선형 회귀 모델링을 사용해 다양한 운전자 세그먼트의 기대 보험 청구 비용을 계산하는 데 사용했다.

특징과 목표 변수 간의 관계가 추정된 회귀 모델에 의해 잘 문서화돼 있기 때문에 고속도로 주행자 및 늦은 밤 운전자와 같은 특정 인구를 식별해 평균 이상의 보험 청구 비용을 보상하고자 더 높은 보험요율을 부과해야 할 수도 있다는 것을 확인할 수 있었다. 그런 다음 이탈 확률을 모델링하는 과제에 로지스틱 회귀, 이항 분류의 변형을 적용했다. 이러한 예제들은 회귀가 다양한 유형의 실세계 문제에 유연하게 적응하는 능력을 보여준다.

비즈니스적인 적용이 아닌 머신러닝의 다소 다른 예로, 회귀 트리와 모델 트리를 사용해 와인의 주관적 품질을 측정 가능한 특성으로 모델링했다. 이 과정에서는 회귀 트리가 특징과 수치적 결과 간의 관계를 간단하게 설명하는 방법을 배웠지만 더 복잡한 모델 트리가 더 정확할 수 있다는 것을 알게 됐다. 이 과정에서 수치 모델의 성능을 평가하는 새로운 방법들을 배웠다.

입력과 출력 간의 관계를 명확하게 이해할 수 있는 머신러닝 방법을 다뤘던 6장과는 극명히 대조되게 7장에서는 거의 이해하기 힘든 모델을 만드는 방법을 다룬다. 긍정적인 면은 그 방법이 분류와 수치 예측 문제 모두에 적용될 수 있는 가장 강력한 분류기 중 매우 강력한 기법이라는 점이다.

07

블랙박스 방법: 신경망과 서포트 벡터 머신

고인이 된 공상과학 작가 아서 클라크^Arthur C. Clarke^는 "충분히 발전된 기술은 마술과 구별할 수 없다^any sufficiently advanced technology is indistinguishable from magic^."라는 말을 남겼다. 7장에서는 언뜻 보기에 마술과 같은 한 쌍의 머신러닝 방법을 다룬다. 이 방법들은 매우 강력하지만 내부의 작동 방식은 이해하기 어려울 수 있다.

공학에서는 이런 것을 블랙박스^black box^ 프로세스라고 하는데, 입력을 출력으로 변환하는 메커니즘이 가상의 상자에 의해 불투명해지기 때문이다. 예를 들어 비공개 소프트웨어^closed-source software^의 블랙박스는 독점 알고리듬을 숨기며, 정치 입법의 블랙박스는 관료주의적 절차에 원인이 있고, 소시지 제조의 블랙박스는 약간의 의도적인(하지만 맛있는) 무지를 포함한다. 머신러닝의 경우 블랙박스는 기능을 하게 만드는 복잡한 수학에서 기인한다.

블랙박스 모델은 이해가 쉽게 되지는 않겠지만 맹목적으로 적용하는 것은 위험하다. 따라서 7장에서는 박스의 안을 살짝 엿보고 모델을 적합시키는 것과 관련된 통계적 소시지 제조를 살펴본다.

7장에서 다루는 내용은 다음과 같다.

- 신경망^{neural network}은 생명체의 뇌 구조를 모방해 수학적 함수로 모델링한다.
- 서포트 벡터 머신^{support vector machine}은 다차원 표면^{surface}을 사용해 특징과 결과 사이의 관계를 정의한다.
- 이 방법들은 복잡성에도 실제 문제에 쉽게 적용될 수 있다.

운이 좋다면 블랙박스 머신러닝 방법을 다루고자 통계의 고수가 될 필요는 없다는 것을 깨닫게 될 것이다(겁낼 필요 없다).

⁝⁝ 신경망의 이해

인공 신경망^{ANN, Artificial Neural Network}은 일련의 입력 신호와 출력 신호 사이의 관계를 모델링하며, 생물학적 뇌가 감각 입력의 자극에 대해 어떻게 반응하는지를 이해해 유도한 모델을 이용한다. 뇌가 대규모 학습 용량을 제공하고자 뉴런^{neurons}이라고 하는 상호 연결된 세포 네트워크를 사용하는 것처럼 ANN은 어려운 학습 문제를 풀고자 인공 뉴런(또는 노드^{node}) 네트워크를 사용한다.

인간의 뇌는 850억 뉴런으로 구성돼 있으며, 엄청난 양의 지식을 표현할 수 있는 네트워크를 이룬다. 예상대로 인간의 뇌는 다른 생명체의 뇌를 왜소하게 보이게 만든다. 예를 들어 고양이는 대략 10억 뉴런을 가지며, 쥐는 약 7,500만 뉴런을 갖고, 바퀴벌레는 약 100만 뉴런만을 갖는다. 반면 많은 ANN은 보통 수백 개 정도의 훨씬 적은 뉴런을 가지므로 가까운 미래에 언젠가 인공 뇌가 만들어질 위험은 없다(10만 뉴런으로 된 초파리의 뇌조차 현재의 최첨단 ANN을 훨씬 능가한다).

가장 큰 인공 신경망^{ANN} 중 일부는 수만 개의 CPU 코어 클러스터에서 실행되며 수백만 개의 노드를 갖지만 이들은 여전히 작은 동물의 뇌조차도 미치지 못하며, 더욱이 인간의 뇌와 비교하면 더욱 작은 용량에 맞게 생물학적인 뇌가 쏙 들어가는 것이다.

신경망으로 바퀴벌레의 뇌를 완벽히 모델링하는 것은 불가능하더라도 여전히 바퀴벌레 행동에 대해 충분한 경험적 모델을 제공한다. 바퀴벌레가 발견되면 달아나는 방법을 흉내 내는 알고리듬을 개발한다고 해보자. 로봇 바퀴벌레의 행동이 납득할 만하다면 로봇의 두뇌가 살아있는 생물의 두뇌만큼 지적인지가 중요한가? 마찬가지로 ChatGPT(https://openai.com/blog/chatgpt/)와 같은 신경망 기반 도구에서 생성된 텍스트가 대부분의 경우에 마치 인간이 작성한 텍스트처럼 여겨진다면 신경망이 인간 뇌의 완벽한 모델이 아니라도 상관없지 않을까? 이 질문은 1950년 선구적인 컴퓨터 과학자 앨런 튜링Alan Turing이 제안한, 논란이 많은 튜링 테스트Turing test의 근거가 된다. 튜링 테스트는 인간이 기계의 행동과 생명체의 행동을 구별할 수 없다면 기계를 지적인 것으로 평가한다.

TIP

> 튜링 테스트를 둘러싼 논쟁에 대해 더 많은 정보를 알고자 한다면 Stanford Encyclopedia of Philosophy(https://plato.stanford.edu/entries/turing-test/)를 참고한다.

가장 기초적인 ANN은 뇌의 문제 해결 방식을 시뮬레이션하고자 60년 이상 사용돼왔다. 처음에는 논리 AND 함수나 논리 OR 함수와 같은 간단한 함수를 학습했다. 이런 초기 활동은 주로 과학자에게 생물체 뇌의 작동 방법을 이해시키고자 사용됐다. 하지만 최근 몇 년 동안 컴퓨터가 점점 강력해지면서 ANN의 복잡도도 마찬가지로 그만큼 증가해, 이제는 좀 더 실용적인 다음과 같은 문제에 빈번하게 적용된다.

- 스마트폰 앱 등에 사용되는 음성, 필기체와 이미지 인식 프로그램, 우편물 정렬, 검색 엔진
- 사무용 건물 환경 제어나 자율주행 차와 자동 조정 드론 같은 스마트 장치의 자동화
- 날씨와 기후 패턴, 인장 강도[1], 유체 역학과 다양한 과학적, 사회적, 경제적 현상의 정교한 모델

---

1. 인장 강도란 물체가 잡아당기는 힘에 견딜 수 있는 최대한의 응력을 말한다. - 옮긴이

대략적으로 말하면 ANN은 분류, 수치 예측, 비지도 패턴 인식 등 거의 모든 학습 작업에 적용될 수 있는 다재다능한 학습자다.

ANN은 입력 데이터와 출력 데이터가 잘 정의돼 있거나 적어도 굉장히 단순하지만 입력과 출력을 연관시키는 프로세스가 매우 복잡한 문제에 가장 잘 적용된다. 블랙박스 방법으로서 ANN은 이런 종류의 블랙박스 문제에 잘 작동한다.

생물학적 뉴런에서 인공 뉴런으로

ANN은 의도적으로 인간 두뇌 활동의 개념 모델로 설계됐기 때문에 생물학적 뉴런이 어떻게 기능하는지 먼저 이해하는 것이 도움이 된다. 나음 그림에서 보여주듯이 입력 신호는 생화학적 과정을 거쳐 세포의 **수상돌기**dendrites에 전달된다. 이 단계에서는 자극의 상대적인 중요도 또는 빈도에 따라 가중치가 부여된다. **세포체**cell body는 들어오는 신호를 누적해 세포가 발화하는 임계치에 도달하면 출력 신호가 전기 화학적 과정을 통해 **축삭**axon으로 전달된다. **축삭 종말**axon terminal에서 다시 전기적 신호가 화학적 신호로 처리돼 **시냅스**synapse라고 하는 좁은 틈새를 지나 이웃 뉴런으로 전달된다.

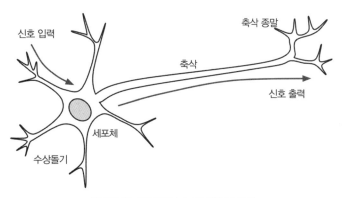

그림 7.1: 생물학적 뉴런의 기술적 묘사

인공 뉴런 모델은 생물학적 모델과 매우 비슷한 용어로 이해될 수 있다. 다음 그림에서 묘사된 것처럼 방향성 네트워크 다이어그램은 수상돌기에서 받은 입력 신호(x 변수)와 출력 신호(y 변수) 간에 관계를 정의한다. 생물학적 뉴런처럼 각 수상돌기의 신호는 중요도에 따라 가중치(w 값)가 부여된다(가중치가 어떻게 결정되는지는 당분간 무시하라). 입력 신호는 세포체에서 더해지고 다시 f로 표시되는 활성 함수^{activation} ^{function}의 결과에 따라 전달된다.

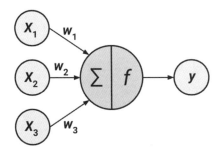

그림 7.2: 인공 뉴런은 생물학적 뉴런의 구조와 기능을 흉내 내고자 설계됐다.

n개의 입력 수상돌기를 갖는 전형적인 인공 뉴런은 다음과 같은 수식으로 표현될 수 있다. 가중치 w는 (x로 표시되는) n개의 입력이 더 크거나 더 적게 입력 신호의 합산에 기여하게 만든다. 총합은 활성 함수 $f(x)$가 사용하고 결과 신호 $y(x)$는 출력 축삭이 된다.

$$y(x) = f\left(\sum_{i=1}^{n} w_i x_i\right)$$

신경망은 이 방식으로 정의된 뉴런을 빌딩 블록으로 사용해 데이터의 복잡한 모델을 구축한다. 신경망에는 수많은 변형이 있지만 각각은 다음의 특성 면에서 정의될 수 있다.

- **활성 함수**^{activation function}: 뉴런의 순 입력 신호를 하나의 출력 신호로 변환해서 네트워크에 더 멀리 퍼지게 한다.
- **네트워크 토폴로지**^{network topology}: 모델의 계층^{layer} 수와 뉴런 수, 그들의 연결 방식을 설명한다.
- **훈련 알고리듬**^{training algorithm}: 입력 신호에 비례해서 뉴런을 억제하거나 흥분시키고자 연결 가중치를 설정하는 방식을 명시한다.

대표적인 신경망 모델을 구성할 때 이 특성들이 어떻게 사용될지 확인하고자 각 범주 내의 일부 변형을 살펴보자.

활성 함수

활성 함수는 인공 뉴런이 들어오는 정보를 처리해서 네트워크를 통해 정보를 전달하는 메커니즘이다. 인공 뉴런이 생물학적 버전에 따라 모델링된 것처럼 활성 함수도 자연의 설계에 따라 모델링됐다.

생물학적인 경우 활성 함수는 전체 입력 신호를 더하고 발화 임계치를 만족하는지를 판단하는 과정으로 생각할 수 있다. 임계치를 충족한다면 뉴런은 신호를 전달하고, 그렇지 않으면 아무것도 하지 않는다. ANN 용어로 이것은 **임계치 활성 함수**^{threshold activation function}라 하며, 지정된 입력 임계치에 도달해야만 출력 신호를 만든다.

다음 그림은 전형적인 임계치 함수를 보여준다. 이 경우 뉴런은 입력 신호의

합이 최소 0일 때 발화한다. 함수의 모양이 계단을 닮았기 때문에 가끔 단위 계단 활성 함수^{unit step activation function}라고도 불린다.

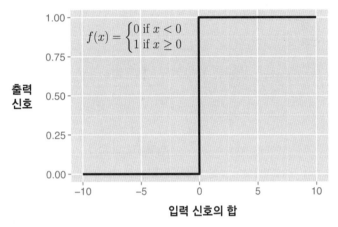

$$f(x) = \begin{cases} 0 \text{ if } x < 0 \\ 1 \text{ if } x \geq 0 \end{cases}$$

그림 7.3: 임계치 활성 함수는 오직 입력 신호가 입계치를 만족할 경우에만 켜진다.

임계치 활성 함수는 생물학과의 유사성 때문에 흥미롭긴 하지만 인공 신경망에서는 거의 사용되지 않는다. ANN 활성 함수의 선택할 때는 생화학적 제약을 벗어나 바람직한 수학적 특성을 보여주고 데이터 관계를 정확히 모델링하는 능력을 기준으로 한다.

가장 일반적으로 사용되는 대안은 다음 그림에 보이는 시그모이드 활성 함수^{sigmoid activation function}(더 구체적으로 로지스틱 시그모이드^{logistic sigmoid})일 것이다. 수식에서 e는 자연 로그의 밑^{base}(약 2.72)이다. 시그모이드 활성 함수는 임계치 활성 함수와 비슷한 계단 또는 'S' 모양이지만 출력 신호는 더 이상 이진수가 아니라 0에서 1까지 범위의 어딘가에 있다. 또한 시그모이드는 미분 가능^{differentiable}하므로 전체 입력 범위에서 미분을 계산할 수 있다. 나중에 다루겠지만 효율적인 ANN 최적화 알고리듬을 만드는 데 이 특징은 대단히 중요하다.

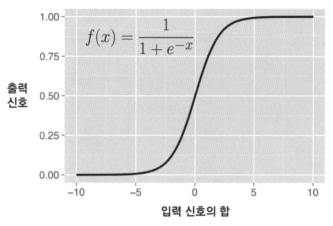

그림 7.4: 시그모이드 활성 함수는 부드러운 곡선으로 생물학적 활성 함수를 흉내 낸다.

시그모이드는 가장 일반적으로 사용되는 활성 함수며, 디폴트로 자주 사용되지만 일부 신경망 알고리듬은 다른 대안을 선택할 수 있게 해줄 것이다. 선택가능한 활성 함수는 그림 7.5와 같다.

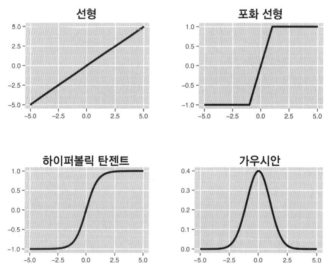

그림 7.5: 몇 가지 일반적 신경망 활성 함수

이런 활성 함수를 구별하는 주요 상세 사항은 출력 신호의 범위다. 대표적으로 (0, 1), (−1, +1), (−inf, +inf) 중 하나가 된다. 활성 함수의 선택은 신경망을 편향 시켜 특정 유형의 데이터에 좀 더 적합하게 맞춰 특화된 신경망을 구성할 수 있게 한다. 예를 들어 선형 활성 함수는 선형 회귀와 매우 유사한 신경망을 만드는 반면 가우시안 활성 함수는 **방사 기저 함수**^{RBF, Radial Basis Function} 네트워크라고 하는 모델을 만든다. 이들 각각은 특정 학습 작업에 좀 더 적합한 강점을 가진다.

TIP

> 신경망은 거의 비선형 활성 함수를 사용한다. 이것이 더 많은 노드가 추가됨에 따라 네트워크가 더 똑똑해지는 원인이다. 선형 활성 함수로만 제한되면 네트워크는 선형적인 해결책에만 제한되며 훨씬 더 단순한 회귀 방법보다 나은 성능을 발휘하지 못한다.

여러 활성 함수의 경우 출력 신호에 영향을 미치는 입력값의 범위가 상대적으로 좁다는 것을 인식하는 것이 중요하다. 예를 들어 시그모이드의 경우 입력 신호가 −5 이하 또는 +5 이상인 경우 각각 출력 신호는 0이나 1에 매우 가깝다. 이런 방식의 신호 압축은 매우 동적인 입력의 높은 부분^{high end}과 낮은 부분^{low end}에서 포화 신호^{saturated signal}를 만들며, 마치 기타 앰프를 너무 높게 올리면 음파의 최고 부분^{peak}이 잘려서 왜곡된 소리가 나는 것과 같다. 기본적으로 입력값을 작은 범위의 출력으로 압축하기 때문에 시그모이드와 같은 활성 함수는 가끔 **압축 함수**^{squashing functions}라 부른다.

압축 문제에 대한 해결책은 특징 값이 0 근처의 작은 범위 안으로 들어오게 모든 신경망 입력을 변환하는 것이다. 이 과정에는 특징의 표준화나 정규화를 동원할 수도 있다. 입력값의 범위를 제약함으로써 활성 함수는 전체 범위에 걸쳐 액션을 취하며, 가구 소득과 같은 큰 값을 갖는 특징이 가구의 어린이 수와 같은 작은 값을 갖는 특징을 지배하지 못하게 한다. 부수적인 이점은 신경망 모델의 훈련이 빨라진다는 것으로, 알고리듬이 실행 가능한 입력값의 범위에서 더 빠르게 반복될 수 있기 때문이다.

이론적으로 신경망은 많은 반복을 통해 가중치를 조정해 아주 동적인 특징에 적응할 수 있다. 극단적인 경우에 많은 알고리듬은 적응이 일어나기 오래 전에 반복을 중단할 것이다. 모델이 수렴하지 않는다면 입력 데이터를 올바르게 표준화했는지 다시 한 번 확인하라. 다른 활성 함수를 채택하는 것도 적절할 수 있다.

네트워크 토폴로지

신경망의 학습 능력은 상호 연결된 뉴런의 토폴로지(또는 패턴과 구조)에서 기인한다. 수많은 형태의 네트워크 구조가 있지만 다음과 같은 3개의 주요 특성에 따라 구별될 수 있다.

- 계층의 개수
- 네트워크의 정보가 역방향으로 이동할 수 있는지 여부
- 네트워크의 각 계층별 노드 개수

토폴로지는 네트워크에 의해 학습될 수 있는 직업의 복잡도를 결정한다. 일반적으로 네트워크가 커지고 더 복잡해질수록 좀 더 미묘한 패턴과 복잡한 결정 경계를 식별할 수 있다. 하지만 네트워크의 힘은 네트워크 크기에 대한 함수일 뿐 아니라 구성 단위가 배열되는 방식이기도 하다.

계층 수

토폴로지를 정의하려면 인공 뉴런을 네트워크 내의 위치에 따라 구분하는 용어가 필요하다. 그림 7.6은 아주 간단한 네트워크 토폴로지를 보여준다. 입력 노드input node로 불리는 일련의 뉴런은 입력 데이터에서 미처리 신호를 바로 받는다. 각 입력 노드는 데이터 세트에서 하나의 특징을 전담해서 처리한다. 따라서 특징 값은 대응되는 노드의 활성 함수에 의해 변환될 것이다. 입력 노드가 보낸 신호는 **출력 노드**output node가 받으며, 출력 노드는 자체 활성 함수를 이용해 (여기서

p로 표시된) 최종 예측을 만들어낸다.

입력과 출력 노드는 계층layer으로 알려진 그룹에 배열된다. 입력 노드는 들어오는 데이터를 수신한 그대로 처리하기 때문에 네트워크는 (여기서 w_1, w_2, w_3로 레이블된) 단지 하나의 연결 가중치 집합만 갖는다. 따라서 단층 네트워크single-layer network라한다. 단층 네트워크는 기본 패턴 분류, 특히 선형적으로 분리되는 패턴에 대해 사용될 수 있지만 대부분 학습 작업에는 좀 더 수준 높은 네트워크가 필요하다.

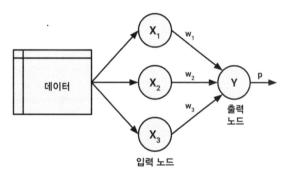

그림 7.6: 3개의 입력 노드를 가진 단순 단일–계층 ANN

예상대로 더 복잡한 네트워크를 만드는 한 가지 자연스러운 방법은 추가적인 계층을 더하는 것이다. 그림 7.7에서와 같이 다층 네트워크multilayer network는 입력 노드에서 출력 노드에 도달하기 전에 하나 이상의 은닉 계층hidden layer을 추가해 신호를 처리한다. 은닉 노드는 네트워크의 핵심부에 가려져 있고 데이터와 출력과의 관계를 이해하기가 훨씬 어렵기 때문에 생긴 이름이다. 은닉 계층은 인공 신경망을 블랙박스 모델로 만드는 요소이며, 특히 네트워크의 구조가 복잡해질 수록 이러한 계층 안에서 무슨 일이 일어나는지를 알아내는 것은 사실상 불가능 하다.

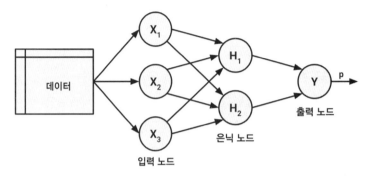

그림 7.7: 단일 2-노드 은닉 계층을 가진 다층 네트워크

더 복잡한 토폴로지의 예제가 그림 7.8에 나와 있다. 여러 출력 노드를 사용해 다중 범주의 결과를 표현할 수 있다. 여러 은닉 계층을 사용해 블랙박스 내부에 더 많은 복잡성을 허용하고, 따라서 더 어려운 문제를 모델링할 수 있다.

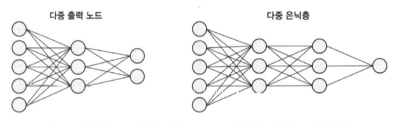

그림 7.8: 복잡한 ANN은 다중 출력 노드 또는 다중 은닉 계층을 가질 수 있다.

여러 은닉 계층을 갖는 신경망은 **심층 신경망**DNN, Deep Neural Network이라 하며, 이러한 네트워크를 훈련하는 기술은 딥러닝deep learning이라 한다. 대용량 데이터 세트에서 훈련된 DNN은 이미지 인식과 텍스트 처리와 같은 복잡한 작업에서 인간과 유사한 성능을 발휘할 수 있다. 따라서 딥러닝은 머신러닝에서 다음으로 큰 발전이 될 것으로 기대됐다. 그러나 딥러닝은 일부 작업에는 적합하지 않을 수 있다.

딥러닝은 기존 모델이 어려워하는 복잡한 학습 작업에서 상당히 잘 수행되지만 대부분의 프로젝트에서 찾을 수 있는 것보다 훨씬 큰 데이터 세트와 더 풍부한 특징 집합이 필요하다. 전형적인 학습 과제에는 이미지, 오디오, 텍스트와 같은 비구조적인 데이터를 모델링하는 것과 주식 시장 가격이나 에너지 소비와 같이 시간에 따라 반복 측정되는 결과 등이 있다. 이러한 유형의 데이터에서 DNN을 구축하려면 간단한 R 패키지보다 더 어려운 전용 컴퓨팅 소프트웨어(때로는 하드웨어도)가 필요하다. 15장에서는 이러한 도구를 사용해 R에서 딥러닝과 이미지 인식을 수행하는 방법을 자세히 살펴본다.

정보 이동 방향

일반적으로 간단한 다층 네트워크는 모두 연결돼 있다. 즉, 한 계층의 모든 노드가 다음 계층의 모든 노드와 연결돼 있다. 하지만 이는 필수적인 것은 아니다. 대규모 딥러닝 모델인 컨볼루션 신경망^{CNN, Convolutional Neural Network}은 이미지 인식을 위한 것이며, 15장에서 다룬다. 이러한 모델은 부분적으로만 연결돼 있다. 일부 연결을 제거함으로써 은닉 계층 내에서 많이 발생할 수 있는 과적합을 억제하는 데 도움이 된다. 그러나 이것이 토폴로지를 조작하는 유일한 방법은 아니다. 노드들이 연결되는 것과 함께 정보 흐름의 방향을 지시해 서로 다른 유형의 학습 작업에 적합한 신경망을 만들 수도 있다.

이전 예제에서 화살표 머리의 의미는 그 방향으로만 신호가 흐른다는 것을 나타내고자 사용됐음을 눈치 챘을 것이다. 입력 신호가 입력 계층에서 출력 계층으로 지속적으로 전달되는 네트워크를 피드포워드 네트워크^{feedforward networks}라 한다. 정보 흐름에 제한이 있음에도 피드포워드 네트워크는 놀라운 유연성을 제공한다.

예를 들어 각 수준의 수와 노드 수를 다양하게 조절할 수 있으며, 여러 결과를 동시에 모델링하거나 여러 은닉 계층을 적용할 수 있다.

피드포워드 망과 대조적으로 순환망^{recurrent network}(또는 피드백 네트워크^{feedback network})은 루프를 이용해 역방향으로 신호를 이동할 수 있다. 이 속성은 생물학적 신경망의 작동 방식을 좀 더 엄밀히 반영한 것으로, 극단적으로 복잡한 패턴을 학습할 수 있다. 단기 메모리short-term memory 또는 지연delay의 추가로 순환망의 능력이 엄청나게 증가된다. 특히 일정 기간 동안 일련의 사건을 이해하는 능력이 포함된다. 순환망은 주식시장 예측, 음성 이해, 또는 일기예보에 사용될 수 있다. 간단한 순환망은 다음과 같이 묘사된다.

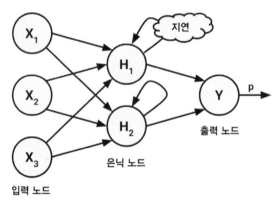

그림 7.9: 정보가 역방향으로 흐르게 하면 망은 시간 지연을 모델링할 수 있다.

RNN의 '단기' 기억은 이름에서 알 수 있듯이 짧기 때문에 장기 단기 기억LSTM, Llong Short-Term Memory이라고 불리는 RNN의 한 형태는 기억을 상당히 오래 유지할 수 있게 모델을 적용시킨다(마치 단기와 장기 기억을 모두 갖고 있는 생물과 유사하다). 이것은 명백한 개선으로 보일 수 있지만 컴퓨터는 완벽한 기억력을 갖고 있기 때문에 잊어버릴 때와 기억해야 할 때를 명시적으로 알려줘야 한다. 이는 너무 빨리 잊는 것과 너무 오래 기억하는 것 사이의 균형을 맞추는 도전이었으며, 이를 어렵게 만드는 이유는 이 장을 계속 진행하면 더욱 분명해질 것인데, 모델을 훈련하는 데 사용되는 수학 함수가 이러한 극단 중 하나로 자연스럽게 끌려가기 때문이다.

NOTE

> LSTM 신경망에 대한 더 자세한 정보는 「Understanding LSTM – Long Short-Term Memory Recurrent Neural Networks」라는 튜토리얼을 참고한다. 스타우드마이어(Staudemeyer) RC와 모리스(Morris) ER이 2019년에 저술한 이 논문은 https://arxiv.org/abs/1909.09586에서 확인할 수 있다.

LSTM 신경망의 개발은 로봇이 기계를 제어하는 데 필요한 사람들의 행동 순서를 모방하고, 운전하며, 비디오 게임을 하는 능력과 같은 인공지능의 발전을 이끌었다. 또한 LSTM 모델은 음성 및 텍스트 인식, 언어 의미론 이해와 언어 간 번역 그리고 복잡한 전략 학습에 적합함을 보여주고 있다. 심층 신경망과 순환망은 점점 더 많은 명성 있는 응용 분야에 사용되고 있으며, 이 책이 처음 출간된 이후로 매우 인기가 높아졌다. 그러나 이러한 네트워크를 구축하는 데는 이 책의 범위를 벗어나는 기술과 소프트웨어가 사용되며, 종종 전문화된 컴퓨팅 하드웨어나 클라우드 서버에 접근해야 한다.

반면 더 단순한 피드포워드 네트워크도 여러 실세계 작업을 모델링하는 데 매우 적합하다. 다만 이러한 작업들은 자율자동차와 비디오 게임을 하는 컴퓨터처럼 흥미로운 작업은 아닐 수 있다. 딥러닝이 빠르게 상용화되고 있지만 다층 피드포워드 네트워크, 다층 퍼셉트론[MLP, MultiLayer Perceptron]이 여전히 전통적인 학습 작업에 대해 사실상의 표준 ANN 토폴로지일 수 있다. 또한 MLP 토폴로지를 이해하면 이후에 더 복잡한 딥러닝 모델을 구축하는 강력한 이론적 기반을 제공한다.

계층별 노드 개수

계층 개수와 정보 이동 방향의 변형 외에 신경망은 각 계층의 노드 개수로 복잡도에 변화를 줄 수 있다. 입력 노드 개수는 입력 데이터의 특징 개수로 사전에 결정된다. 비슷하게 출력 노드의 개수는 모델링되는 출력 개수 또는 출력 클래스 레벨 개수로 사전에 결정된다. 하지만 은닉 노드의 개수는 모델을 훈련하기 전에 사용자가 결정하게 남겨진다.

유감스럽게도 은닉 계층의 뉴런 개수를 결정하는 신뢰할 만한 규칙은 없다. 적합한 개수는 다양한 요소 중에 입력 노드 수, 훈련 데이터양, 노이즈 데이터양, 학습 작업의 복잡도에 따라 달라진다.

일반적으로 복잡한 문제에 대한 학습은 네트워크 연결이 아주 많은 복잡한 네트워크 토폴로지로 가능해진다. 뉴런 수가 아주 많으면 훈련 데이터를 더욱 긴밀히 반영하는 모델이 생성되지만 과적합^{overfitting}될 위험이 있다. 그럴 경우 미래의 데이터에 대해 형편없이 일반화를 한다. 또한 큰 신경망은 계산적으로 비싸고 훈련하기에 느릴 수 있다. 가장 좋은 방법은 검증 데이터 세트에 대해 적절한 성능을 보이는 최소한의 노드를 사용하는 것이다. 대부분의 경우 신경망은 적은 개수의 (종종 거의 한줌도 안 될 만큼 적은) 은닉 노드만으로도 엄청난 학습 능력을 제공할 수 있다.

적절히 많은 뉴런을 갖는 최소 하나의 은닉 계층과 비선형 활성 함수를 갖는 신경망이 모든 함수를 근사할 수 있다는 **범용 함수 근사**$^{universal\ function\ approximator}$가 증명됐다. 이는 신경망이 유한 구간 내에서 임의의 정밀도로 어떤 연속 함수든 근사할 수 있다는 것을 의미한다. 이것은 '신경망의 이해' 절에서 설명한 종류의 '마법'을 수행할 수 있는 능력을 갖게 만들어준다. 신경망의 블랙박스에 일련의 입력을 넣으면 입력과 출력 사이의 관계가 얼마나 복잡하든지 상관없이 어떤 출력 집합도 학습해 생성할 수 있다. 물론 이는 '충분히 많은 뉴런'과 충분한 양의 데이터를 합리적으로 훈련시키는 것을 전제로 한다. 또한 노이즈에 과적합되지 않게 주의해야 하며, 이렇게 근사화된 결과가 훈련 예제를 초과해 일반화될 수 있게 해야 한다. 다음 절에서는 이러한 마법이 가능하게 해주는 블랙박스를 더 자세히 살펴본다.

NOTE

신경망의 토폴로지 변경이 어떻게 신경망이 범용 함수 근사기로 발전하는지 실시간 시각화를 보려면 http://playground.tensorflow.org/에서 딥러닝 플레이그라운드를 방문하라. 이 플레이그라운드를 통해 특성과 타깃 사이의 관계가 복잡하고 비선형적인 예측 모델을 실험해볼 수 있다. 선형 회귀나 의사결정 트리와 같은 방법은 이러한 문제에 대해 어떤 해결책도 찾기 어려울 수 있지만 더 많은 은닉 노드와 계층을 추가하고 충분한 훈련 시간을 제공하면 네트워크가 각각의 예제에 대해 합리적인 근사화를 찾아낼 수 있다. 특히 선형 활성 함수 대신 시그모이드나 쌍곡선 탄젠트(tanh)를 선택하면 네트워크가 토폴로지의 복잡성에 관계없이 합리적인 해결책을 학습하는 것을 방지할 수 있다.

역전파로 신경망 훈련

네트워크 토폴로지는 혼자만으로는 어떤 것도 학습하지 않는 백지 상태다. 따라서 갓난아이처럼 경험으로 훈련돼야만 한다. 아기가 환경을 경험하면서 뇌가 발달하는 것처럼 신경망이 입력 데이터를 처리하면서 뉴런 사이에 연결은 강화되거나 약해진다. 네트워크의 연결 가중치는 시간이 지나면서 관측되는 패턴을 반영하도록 조정된다.

연결 가중치를 조정해 신경망을 훈련하는 것은 매우 계산 집약적이다. 그 결과 효율적인 ANN 훈련 방법이 발견됐던 1980년대 중후반까지 ANN은 이전 수십 년 동안 연구됐지만 실제 학습 작업에 거의 적용되지 않았다. 에러를 역으로 전파시키는 전략을 사용했던 이 알고리듬은 이제 그냥 **역전파**^{backpropagation}로 알려져 있다.

NOTE

> 우연히도 몇 개의 연구 팀이 거의 동시에 역전파 알고리듬을 독자적으로 발견해서 발표했다. 그중 가장 자주 인용되는 것은 러멜하트(Rumelhart DE), 힌튼(Hinton GE), 윌리암스(Williams RJ)의 〈에러 역전파로 표현 학습하기(Learning representations by back-propagating errors)〉, 〈네이처(Nature)〉, 1986, 323: 533-566일 것이다.

여전히 다양한 머신러닝 알고리듬에 비해 다소 많은 계산 자원을 소모하지만 역전파 방법은 ANN에 대한 관심을 부활시켰다. 그 결과 역전파 알고리듬을 이용한 다층 순방향 네트워크는 데이터 마이닝 분야에서 이제 보편화됐다. 이 모델은 다음과 같은 장단점을 제공한다.

장점	단점
• 분류나 수치 예측 문제에 적응할 수 있다. • 어떤 알고리듬보다도 더 복잡한 패턴을 모델링할 수 있다. • 데이터의 근본적인 관계에 대해 거의 가정하지 않는다.	• 훈련이 매우 계산 집약적이고 느리며, 특히 네트워크 토폴로지가 복잡할 경우 그렇다. • 훈련 데이터에 과적합되기 매우 쉽다. • 불가능하진 않지만 해석하기 어려운 복잡한 블랙박스 모델이 만들어진다.

역전파 알고리듬의 가장 일반적인 형태에서는 두 과정을 여러 번 순환해 반복한다. 각 순환은 주기^{epoch}로 알려져 있다. 네트워크는 사전$^{a\ priori}$ 지식이 들어있지 않기 때문에 일반적으로 시작 가중치는 임의로 설정된다. 그런 다음 알고리듬은 종료 조건에 도달할 때까지 과정을 반복한다. 역전파 알고리듬에서 각 주기에는 다음 단계가 포함된다.

- **순방향 단계**$^{forward\ phase}$: 입력 계층부터 출력 계층까지 뉴런이 순차적으로 활성화되면서 도중에 뉴런의 가중치와 활성 함수가 적용된다. 마지막 계층에 도달하면 출력 신호가 생성된다.
- **역방향 단계**$^{backward\ phase}$: 순방향 단계에서 만들어진 네트워크 출력 신호를 훈련 데이터의 실제 목표 값과 비교한다. 네트워크 출력 신호와 실제 값의 차로 오차가 만들어지면 네트워크에서 역방향으로 전파돼 뉴런 사이에 연결 가중치를 수정하고 미래의 오차를 줄인다.

시간이 흐르면 알고리듬은 역방향으로 보냈던 정보를 사용해 네트워크의 전체 오차를 줄이려고 한다. 아직 하나의 질문이 남아있다. 뉴런의 입력과 출력 사이에 관계가 복잡한데, 알고리듬이 가중치를 얼마나 바꿔야 하는지를 어떻게 결정하는가? 이 질문에 대한 답은 **그래디언트 하강법**$^{gradient\ descent}$과 관련돼 있다. 개념적으로 정글에 갇힌 탐험가가 물이 있는 곳으로 가는 길을 찾는 것과 비슷하게 작동한다. 탐험가는 지형을 조사하고 가장 가파른 내리막 경사 방향으로 계속 걸어가서 강바닥일 것 같은 가장 낮은 계곡에 마침내 도달할 것이다.

비슷한 과정에서 역전파 알고리듬은 각 뉴런의 활성 함수를 미분해 들어오는 각 가중치 방향의 경사^{gradient}를 식별한다(따라서 미분 가능한 활성 함수를 갖는 것이 중요하다). 경사는 가중치의 변화에 대해 오차의 감소 또는 증가 방향(경사)을 나타낸다. 알고리듬은 오차가 최대한 감소하게 가중치를 **학습률**$^{learning\ rate}$만큼 변경하려고 할 것이다. 학습률이 커질수록 알고리듬은 더 빠르게 언덕을 내려오므로 계곡을 지나칠 위험을 감수하며 훈련 시간을 줄일 수 있다.

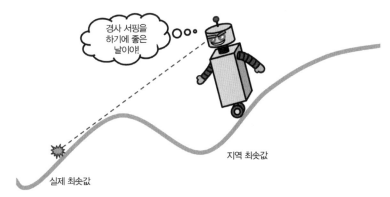

경사 서핑을 하기에 좋은 날이야!

지역 최솟값

실제 최솟값

그림 7.10: 그래디언트 하강 알고리듬은 최소 오차를 찾지만 지역 최소를 찾게 될 수도 있다.

그래디언트 하강법을 사용해 최소 오차율을 찾고자 필요한 수학은 복잡하기 때문에 이 책의 범위를 벗어난다. 그러나 R에서 신경망 알고리듬을 구현함으로써 실제로 쉽게 적용할 수 있다. 이제 다중 계층 퍼셉트론에 대한 이해를 실세계 문제에 적용해보겠다.

⁝⁝ 예제: ANN으로 콘크리트 강도 모델링

공학 분야에서 건축 자재의 성능을 정확하게 예측하는 것은 매우 중요하다. 이런 예측은 빌딩, 교량, 도로 건설에 사용되는 자재를 관리하기 위한 안전 지침을 개발하는 데 필요하다.

콘크리트의 강도를 예측하는 것은 특히 중요한 문제다. 콘크리트가 거의 모든 건설 프로젝트에 사용되지만 매우 다양한 재료가 복잡한 방식으로 상호작용을 하기 때문에 재료에 따라 콘크리트의 성능은 크게 달라진다. 결론적으로 최종 산출물의 강도를 정확하게 예측하는 것은 어렵다. 투입 자재의 구성 목록이 주어질 때 콘크리트의 강도를 확실히 예측할 수 있는 모델을 통해 좀 더 안전한 건설 사례를 만들 수 있을 것이다.

단계 1: 데이터 수집

이번 분석에서는 이쳉 예^{I-Cheng Yeh}가 UCI 머신러닝 데이터 저장소(http://archive.ics.uci.edu/ml)에 기부한 콘크리트 내압 강도^{compressive strength of concrete} 데이터를 활용할 것이다. 예^{Yeh}는 신경망을 이용해 데이터 모델링에 성공했기 때문에 여기서도 R의 간단한 신경망 모델을 이용해 해당 연구를 똑같이 따라 할 것이다.

NOTE

> 이 학습 작업에 대한 예(Yeh)의 접근 방식에 대한 자세한 정보는 예(Yeh IC)의 〈인공 신경망을 이용한 고성능 콘크리트 강도의 모델링(Modeling of strength of high performance concrete using artificial neural networks)〉, 〈시멘트 와 콘크리트 연구(Cement and Concrete Research)〉, 1998, 28:1797-1808를 참고한다.

웹 사이트에 따르면 데이터 세트는 1,030개의 콘크리트 예제를 포함하며, 혼합에 사용된 구성 요소를 설명하는 8개의 특징을 갖는다. 이 특징들은 최종 내압 강도^{compressive strength}와 관련된 것으로 생각되며, 숙성 시간^{aging time}(days) 외에 산출물에 사용되는 시멘트^{cement}, 슬래그^{slag}, 재^{ash}, 물^{water}, 고성능 감수제^{superplasticizer}, 굵은 골재^{coarse aggregate}, 잔골재^{fine aggregate}의 양(kg/m3)을 포함한다.

TIP

> 이 예제를 따라 하려면 팩트출판사 웹 사이트에서 concrete.csv 파일을 다운로드해 R 작업 디렉터리에 저장한다.

단계 2: 데이터 탐색과 준비

늘 그렇듯 read.csv() 함수를 이용해 데이터를 R 객체로 로딩하고 예상했던 구조와 일치하는지 확인한 후에 분석을 시작한다.

```
> concrete <- read.csv("concrete.csv")
```

376

```
> str(concrete)
```

```
'data.frame': 1030 obs. of 9 variables:
 $ cement      : num   141 169 250 266 155 ...
 $ slag        : num   212 42.2 0 114 183.4 ...
 $ ash         : num   0 124.3 95.7 0 0 ...
 $ water       : num   204 158 187 228 193 ...
 $ superplastic: num   0 10.8 5.5 0 9.1 0 0 6.4 0 9 ...
 $ coarseagg   : num   972 1081 957 932 1047 ...
 $ fineagg     : num   748 796 861 670 697 ...
 $ age         : int   28 14 28 28 28 90 7 56 28 28 ...
 $ strength    : num   29.9 23.5 29.2 45.9 18.3 ...
```

데이터 프레임에서 9개의 변수는 예상했던 8개의 특징과 1개의 결과에 해당된다. 단, 하나의 문제가 명백해졌는데, 신경망은 입력 데이터가 0 주변의 좁은범위로 조정될 때 가장 잘 작동하지만 여기서는 0에서 1,000이 넘는 범위의 값을 볼 수 있다는 점이다.

일반적으로 이 문제의 해결책은 정규화나 표준화 함수로 데이터를 재조정하는 것이다. 데이터가 종 모양의 곡선(2장에서 설명했던 정규 분포)을 따른다면 R 내장 함수 **scale()**을 통해 표준화하는 것이 맞을 것이다. 한편 데이터가 균일 분포를 따르거나 엄격히 비정규적이라면 0-1 범위로 정규화하는 것이 더 적절하다. 이 경우 후자를 이용한다.

3장에서 **normalize()** 함수를 다음과 같이 정의했다.

```
> normalize <- function(x) {
  return((x - min(x)) / (max(x) - min(x)))
}
```

이 코드를 실행한 후 다음과 같이 lapply() 함수를 이용해 콘크리트 데이터 프레임의 모든 열에 normalize() 함수를 적용한다.

```
> concrete_norm <- as.data.frame(lapply(concrete, normalize))
```

정규화가 실행됐음을 확인하려면 이제 최소 및 최대 강도가 각각 0과 1이라는 것을 볼 수 있다.

```
> summary(concrete_norm$strength)
    Min.  1st Qu.   Median     Mean  3rd Qu.     Max.
  0.0000   0.2664   0.4001   0.4172   0.5457   1.0000
```

비교해보면 원래 최솟값은 2.33이고, 최댓값은 82.60이다.

```
> summary(concrete$strength)
    Min.  1st Qu.   Median     Mean  3rd Qu.     Max.
    2.33    23.71    34.44    35.82    46.14    82.60
```

TIP

> 모델을 훈련하기 전에 데이터에 적용한 모든 변환은 이후에 역으로 적용해서 원래 측정 단위로 되돌려야만 한다. 재조정을 용이하게 하려면 원래 데이터나 최소 원래 데이터의 요약 통계를 저장해두는 것이 좋다.

예의 발표 원문에 있는 선례에 따라 데이터의 75%는 훈련 집합으로, 25%는 테스트 집합으로 분리한다. 앞에서 사용했던 CSV 파일은 이미 임의의 순서로 정렬돼 있으므로 데이터 프레임을 두 부분으로 단순하게 나누면 된다.

```
> concrete_train <- concrete_norm[1:773, ]
> concrete_test <- concrete_norm[774:1030, ]
```

훈련 데이터 세트는 신경망을 구축하고자 사용할 것이며, 테스트 데이터 세트
는 모델이 미래의 결과를 얼마나 잘 일반화하는지 평가하고자 사용할 것이다.
신경망은 과적합되기 쉽기 때문에 이 단계가 매우 중요하다.

단계 3: 데이터 대한 모델 훈련

콘크리트에 사용된 재료와 완성된 산출물의 강도 사이에 관계를 모델링하고자
다층 순방향 신경망을 사용할 것이다. 스테판 프리트쉬[Stefan Fritsch]와 프라우케
겐터[Frauke Guenther]가 구현한 neuralnet 패키지는 사용하기 쉬운 표준 신경망의 구
현을 제공한다. 또한 네트워크 토폴로지를 그리는 함수도 제공한다. 이런 이유
로 neuralnet 구현은 실제 작업을 완수하고자 사용할 수 없다는 말은 아니지만
(곧 보게 되겠지만 매우 강력한 툴이다) 신경망에 대해 자세히 배울 수 있는 강력한 선택이다.

TIP

> R에서 ANN 모델을 훈련하는 데 일반적으로 사용되는 몇 가지 다른 패키지가 있으며, 각각은 고유
> 한 장단점을 갖는다. nnet 패키지는 표준 R 설치의 부분으로 제공되기 때문에 가장 자주 인용되는
> ANN 구현일 것이다. 이 패키지는 표준 역전파보다 약간 더 지능적인 알고리듬을 사용한다. 다른
> 옵션은 RSNNS 패키지로 완벽한 신경망 기능의 모음을 제공하며 배우기가 어렵다는 단점이 있다.
> 딥러닝 신경망을 구축하고 사용하는 데 특화된 소프트웨어는 15장에서 다룬다.

neuralnet은 기본 R에 포함되지 않기 때문에 install.packages("neuralnet")
을 입력해 설치하고 library(neuralnet) 명령으로 로드할 필요가 있다. 패키지
에 포함된 neuralnet() 함수는 다음 구문으로 수치 예측을 위한 신경망 훈련에
사용할 수 있다.

```
신경망 구문

neuralnet 패키지의 neuralnet() 함수 사용

분류기 구축:
 m <- neuralnet(target ~ predictors, data = mydata,
                hidden = 1, act.fct = "logistic")

 • target은 모델링될 mydata 데이터 프레임 내의 출력
 • predictors는 모델에서 사용할 mydata 데이터 프레임 내의 특징을 명시하는 R 구문
 • data는 target과 predictors 변수를 찾을 수 있는 데이터 프레임
 • hidden은 은닉 계층의 뉴런 수(기본값 1)
 • act.fct는 활성 수를 "logistic"이나 "tanh"로 지정한다. 주의: 미분 가능한 사용자
   정의 활성 함수 또한 지정 가능하다.

이 함수는 예측에 사용될 수 있는 신경망 객체를 반환한다.

예측:
 p <- compute(m, test)
 • m은 neuralnet() 함수에 의해 훈련된 모델
 • test는 분류기를 구축하는 데 사용된 훈련 데이터와 같은 특징을 갖는 테스트
   데이터를 포함하는 데이터 프레임

이 함수는 2개의 구성 요소를 갖는 리스트를 반환한다. $neurons는 네트워크 계층별 뉴런을
저장하고 있으며, $net.result는 모델의 예측 값을 저장한다.

예제:
 concrete_model <- neuralnet(strength ~ cement + slag + ash,
   data = concrete, hidden = c(5, 5), act.fct = "tanh")
 model_results <- compute(concrete_model, concrete_data)
 strength_predictions <- model_results$net.result
```

그림 7.11: 신경망 구문

은닉 노드가 하나뿐인 기본 설정을 사용해 다층 순방향 네트워크를 훈련하면서 시작해보자. 인공 신경망^{ANN}을 훈련하는 과정에는 무작위성이 포함되므로 여기에서 사용하는 set.seed() 함수는 neuralnet() 함수를 실행할 때 동일한 결과가 생성되도록 보장한다.

```
> set.seed(12345)
> concrete_model <- neuralnet(strength ~ cement + slag +
  ash + water + superplastic + coarseagg + fineagg + age,
  data = concrete_train)
```

380

그런 다음 네트워크 토폴로지를 시각화하고자 생성된 모델 객체에 대해 plot() 함수를 사용한다.

```
> plot(concrete_model)
```

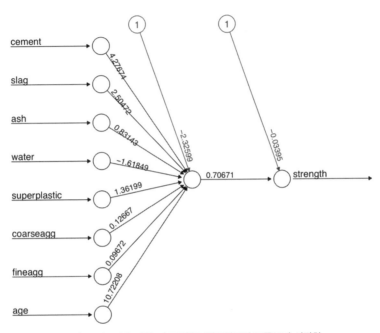

그림 7.12: 단순 다층 피드포워드 네트워크의 토폴로지 시각화

이 단순한 모델에는 특징별로 입력 노드가 하나씩 있고, 그 뒤를 이어 하나의 은닉 노드와 콘크리트 강도를 예측하는 하나의 출력 노드가 있다. 또한 각 연결에는 가중치가 표시돼 있으며, 숫자 1로 레이블된 노드로 표시된 **편향 항**[bias terms]도 마찬가지다. 편향 항은 숫자 상수로 선형 방정식의 절편처럼 해당 노드에서 값이 위쪽이나 아래쪽으로 이동되게 한다. 형식이 $y = ax + b$인 선형 방정식에서 절편 b는 $x = 0$일 때 y가 0이 아닌 다른 값을 가질 수 있게 한다. 마찬가지로 신경망의 편향 항들은 입력이 0일 때 노드가 0이 아닌 다른 값을 전달할 수 있게 한다. 이는 데이터에서 발견된 진정한 패턴을 학습하는 데 더 많은 유연성

을 제공하며, 이로 인해 모델이 더 잘 맞을 수 있게 된다. 구체적인 예로 시멘트, 연령 및 물과 같은 구체 요소의 모든 입력이 0인 경우는 실세계에서 불가능하지만 이러한 요소들의 값이 0에 가까워질 때라도 강도가 정확히 0에서 원점을 통과하기를 기대하지는 않는다. 우리는 체중 대 연령 모델에서 체중이 0보다 큰 값인 태어난 때(연령 = 0)에 편향 항이 0보다 크게 있을 것으로 예상할 수 있다.

R은 그림의 아래 부분에 훈련 단계 횟수와 오차 제곱합(SSE, Sum of Squared Errors)이라고 하는 오차 측정치를 보고한다. 오차 제곱합은 예상했겠지만 예측값 빼기 실제 값의 제곱을 합한 것이다. SSE가 낮아질수록 예측 성능이 좋아지는 것을 의미한다. 이 값은 훈련 데이터에 대한 모델의 성능을 평가하는 데는 도움이 되지민 처음 보는 데이터에 대해 모델이 어떻게 실행할지는 거의 말해주지 않는다.

단계 4: 모델 성능 평가

신경망 다이어그램은 ANN의 블랙박스를 살짝 볼 수 있게 해주지만 모델이 미래의 데이터에 얼마나 잘 적합될지에 대해서는 많은 정보를 제공하지 않는다. 테스트 데이터 세트에 대해 예측을 생성하려면 다음과 같이 compute()를 사용할 수 있다.

```
> model_results <- compute(concrete_model, concrete_test[1:8])
```

compute() 함수는 지금까지 사용했던 predict() 함수와는 조금 다르게 작동한다. 이 함수는 2개의 구성 요소로 된 리스트를 반환하는데, $neurons는 네트워크의 계층별로 뉴런을 저장하며, $net.result는 예측값을 저장한다. 지금은 $net.result를 사용할 것이다.

```
> predicted_strength <- model_results$net.result
```

이 문제는 분류 문제가 아닌 수치 예측 문제이기 때문에 모델의 정확도를 검토할 때 혼동 행렬^{confusion matrix}을 사용할 수 없다. 대신 예측된 콘크리트 강도와 실제 값의 상관관계를 측정해야만 한다. 상관관계는 두 변수 간에 선형 연관성의 강도에 대한 직관을 제공한다. 예측과 실제 값이 매우 상관돼 있다면 모델은 콘크리트 강도에 대한 유용한 척도가 된다.

두 수치 벡터 간에 상관관계를 구하고자 cor() 함수가 사용된다는 점을 기억하라.

```
> cor(predicted_strength, concrete_test$strength)
                [,1]
[1,] 0.8064655576
```

상관관계가 1에 가깝다면 두 변수 간의 강한 선형 관계가 있음을 가리킨다. 그러므로 여기서 약 0.806의 상관관계는 매우 강한 관계를 나타낸다. 이는 모델이 단지 하나의 은닉 노드를 갖지만 아주 잘하고 있다는 것을 의미한다. 하나의 은닉 노드만 사용됐다는 것을 감안하면 모델의 성능에 개선의 여지가 있다. 좀 더 잘해보자.

단계 5: 모델 성능 개선

신경망의 토폴로지가 복잡해질수록 더 어려운 개념을 학습할 수 있기 때문에 은닉 노드의 개수를 5개로 증가시키면 무슨 일이 일어날지 살펴보자. 이전과 같이 neuralnet() 함수를 사용하되 hidden = 5 파라미터를 추가한다. 이 신경망의 복잡도가 증가함에 따라 컴퓨터의 성능에 따라 새 모델을 훈련하는 데 30 ~ 60초가 소요될 수 있다.

```
> set.seed(12345)
> concrete_model2 <- neuralnet(strength ~ cement + slag +
                               ash + water + superplastic +
                               coarseagg + fineagg + age,
                               data = concrete_train, hidden = 5)
```

신경망을 다시 그려보면 연결 개수가 급격히 증가한 것이 보인다. 이것이 성능에 어떻게 영향을 미쳤을까?

```
> plot(concrete_model2)
```

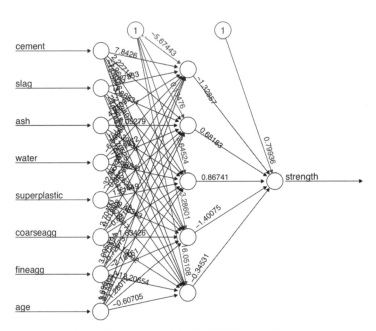

그림 7.13: 증가된 은닉 노드에 대한 토폴로지 시각화

384

(SSE로 측정된) 보고된 오차가 이전 모델의 5.08에서 1.63으로 감소됐다는 것을 주목하라. 또한 훈련 단계의 횟수가 4,882에서 86,849로 증가했는데, 모델이 얼마나 복잡해졌는지 생각해보면 놀랄 일도 아니다. 네트워크가 복잡해질수록 최적의 가중치를 찾고자 더 많은 반복을 하게 된다.

예측된 값과 실제 값을 비교하고자 동일한 단계를 적용하면 이제 약 0.92 정도의 상관관계를 얻을 수 있다. 이 값은 하나의 은닉 노드로 얻었던 이전 결과인 0.80에 비하면 상당히 개선된 것이다.

```
> model_results2 <- compute(concrete_model2, concrete_test[1:8])
> predicted_strength2 <- model_results2$net.result
> cor(predicted_strength2, concrete_test$strength) [,1]
```

```
             [,1]
[1,] 0.9244533426
```

상당한 개선에도 여전히 모델 성능을 개선할 수 있는 방법이 있다. 특히 추가적인 은닉 계층을 도입하거나 망의 활성 함수를 변경할 수 있다. 이러한 변화를 적용하면 매우 간단한 심층 신경망의 기초를 생성하게 된다.

활성 함수의 선택은 대개 딥러닝에 있어 매우 중요하다. 특정 학습 과제의 최적 함수는 일반적으로 실험을 통해 알아낸 다음 머신러닝 커뮤니티에 공유하기 마련이다. 딥러닝이 더 많이 연구되면서 이미지 인식과 같은 복잡한 작업에서 성공적인 활성 함수인 ReLu가 극도로 인기를 얻었다. 정류기[rectifier] 활성 함수를 사용하는 신경망의 노드를 ReLU[Rectified Linear Unit]라 한다. 다음 그림에 나와 있는 것처럼 ReLU 활성 함수는 x가 0 이상인 경우에는 x를 반환하고, 그렇지 않은 경우에는 0을 반환하게 정의된다. 이 함수가 딥러닝에서 인기를 얻는 이유는 비선형이지만 수학적으로 간단한 특성을 갖추고 있어 계산 비용이 적고 그래디언트 하강법에 매우 효율적이기 때문이다. 그러나 불행하게도 이 함수의 도함수는 $x = 0$에서 정의되지 않으므로 neuralnet() 함수와 함께 사용할 수 없다.

그 대신 **소프트플러스**^{softplus} 또는 SmoothReLU로 알려진 ReLU의 부드러운 근사를 사용할 수 있다. 이 활성 함수는 $log(1 + e^x)$로 정의된다. 다음 그림에서 보는 것처럼 소프트플러스 함수는 0보다 작은 x에서는 거의 0이고 0보다 큰 x에서는 x를 근사한다.

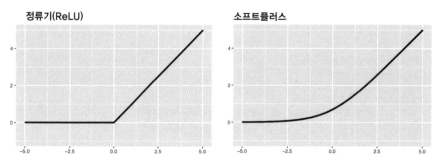

그림 7.14: 소프트플러스 활성 함수는 ReLU에 대한 부드럽고 미분 가능한 근사를 제공해준다.

R에서 softplus() 함수를 정의하려면 다음과 같이 하면 된다.

```
> softplus <- function(x) { log(1 + exp(x)) }
```

이 활성 함수는 act.fct 파라미터를 통해 neuralnet() 함수에 전달할 수 있다. 추가적으로 hidden 파라미터에 정수 벡터 c(5, 5)를 전달하면 두 번째 은닉 계층을 추가할 수 있다. 이는 각각 5개 노드를 가진 2계층 네트워크를 형성하고 모두 소프트플러스 활성 함수를 사용한다. 앞에서처럼 이번에도 실행에 몇 분 소요될 것이다.

```
> set.seed(12345)
> concrete_model3 <- neuralnet(strength ~ cement + slag +
                        ash + water + superplastic +
                        coarseagg + fineagg + age,
                        data = concrete_train,
                        hidden = c(5, 5),
```

```
                          act.fct = softplus)
```

이제 네트워크 시각화를 통해 각각 5개의 노드를 가진 2개의 은닉 계층으로
구성된 토폴로지를 볼 수 있다.

```
> plot(concrete_model3)
```

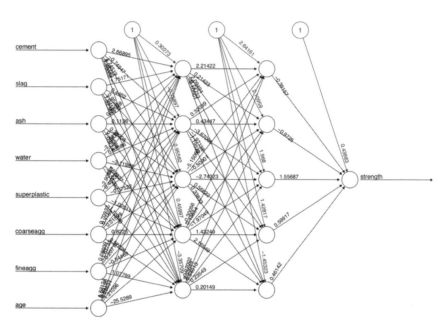

Error: 1.666068 Steps: 88240

그림 7.15: 소프트플러스 활성 함수를 사용하는 2계층 은닉 노드 네트워크의 시각화

예측한 콘크리트 강도와 실제 콘크리트 강도 사이의 상관관계를 계산해보자.

```
> model_results3 <- compute(concrete_model3, concrete_test[1:8])
> predicted_strength3 <- model_results3$net.result
> cor(predicted_strength3, concrete_test$strength)
```

```
                    [,1]
     [1,] 0.9348395359
```

예측과 실제 강도의 상관관계는 0.935로서 지금까지 최고의 성적이다. 재미있는 점은 발표 원문에서 예^{Yeh}는 아주 유사한 신경망을 이용해 평균 상관관계를 0.885로 보고했다. 이는 상대적으로 적은 노력으로 전문가의 성과에 필적하고 그보다 더 능가할 수 있음을 의미한다. 물론 예의 결과는 1998년에 발표됐으므로 신경망을 20여년 정도 더 추가적으로 연구할 수 있었다.

여기서 한 가지 알아둘 것은 모델을 훈련하기 전에 정규화했기 때문에 예측 또한 0과 1 사이의 정규화된 값이라는 점이다. 예를 들어 다음 코드는 원시 데이터 세트의 콘크리트 강도 값과 해당 예측값을 나란히 비교하는 데이터 프레임을 보여준다.

```
> strengths <- data.frame(
    actual = concrete$strength[774:1030],
    pred = predicted_strength3
  )
```

```
> head(strengths, n = 3)
    actual          pred
774  30.14  0.2860639091
775  44.40  0.4777304648
776  24.50  0.2840964250
```

성능 측도로 상관관계를 사용할 때 정규화된 데이터 또는 정규화되지 않은 데이터를 선택하는 것은 결과에 영향을 미치지 않는다. 예를 들어 상관관계가 0.935인 경우 예측된 강도가 원래 정규화되지 않은 콘크리트 강도 값(strengths$actual)과 비교되든 정규화된 값(concrete_test$strength)과 비교되든 동일하다.

```
> cor(strengths$pred, strengths$actual)
```

```
[1] 0.9348395359
```

```
> cor(strengths$pred, concrete_test$strength)
```

```
[1] 0.9348395
```

그러나 예측과 실제 값 사이의 절댓값 차이 등의 다른 성능 측도를 사용하려 한다면 크기의 선택이 다소 중요할 수 있다.

이를 염두에 두고 minmax 정규화 절차를 역으로 하는 unnormalize() 함수를 생성하고 정규화된 예측값을 원래 크기로 되돌릴 수 있다.

```
> unnormalize <- function(x) {
    return((x * (max(concrete$strength)) -
            min(concrete$strength)) + min(concrete$strength))
}
```

사용자 함수 unnormalize()를 예측에 적용하고 나면 새로운 예측은 원래 콘크리트 강도와 비슷한 크기를 가진다는 것을 볼 수 있다. 이를 통해 의미 있는 절대 오차 값을 계산할 수 있다. 추가적으로 비정규화된 것과 원시 강도 값의 상관관계는 변함이 없다.

```
> strengths$pred_new <- unnormalize(strengths$pred)
> strengths$error_pct <- (strengths$pred_new - strengths$actual) /
                          strengths$actual
```

```
> head(strengths, n = 3)
    actual      pred    pred_new   error_pct
```

```
774   30.14   0.2860639      25.29235   -0.16083776
775   44.40   0.4777305      40.67742   -0.08384179
776   24.50   0.2840964      25.13442   -0.02589470
```

당연히 정규화를 역으로 해도 상관관계는 변하지 않는다.

```
> cor(strengths$pred_new, strengths$actual)
```

```
[1] 0.9348395
```

신경망을 프로젝트에 적용하려면 데이터를 원래 크기로 돌리기 위한 비슷한 단계를 밟아야 할 수 있다.

좀 더 복잡한 학습 과제에 적용하면 신경망이 금방 복잡해진다는 것을 알 수 있다. 예를 들어 **사라지는 경사 문제**^{vanishing gradient problem}나 근접한 **폭발하는 경사 문제** ^{exploding gradient problem}를 접하게 되는데, 거기서는 역전파 알고리듬이 적절한 시간에 수렴하지 못해 유용한 해를 찾지 못하게 된다.

이 문제를 극복하려면 보통 다양한 은닉 노드 개수를 적용하거나 ReLU 등의 서로 다른 활성 함수를 사용해 학습률을 조정해야 한다. ?neuralnet 도움말 페이지는 조정될 수 있는 다양한 파라미터에 대해 자세한 정보를 제공한다. 그러나 이는 또 다른 문제를 야기하는데, 대규모 파라미터 개수가 강력한 성능의 모델을 구축하는 데 방해가 된다. 이는 ANN 그리고 DNN에 있어 트레이드오프에 해당한다. 그 잠재적 능력을 사용하려면 많은 시간과 연산이 필요하다.

TIP

실생활에서 대개 그런 것처럼 머신러닝에서는 시간과 돈을 바꿀 수 있다. 아마존 웹 서비스(AWS) 나 마이크로소프트 애저 등의 유료 클라우드 계산 자원을 사용하면 좀 더 복잡한 모델이나 많은 모델을 빠르게 테스트해볼 수 있다.

::: 서포트 벡터 머신의 이해

서포트 벡터 머신^{SVM, Support Vector Machine}은 다차원 공간에 표시되는 점들 사이에 경계를 만드는 표면^{surface}으로 상상해볼 수 있다. 여기서 점은 예제와 특징 값을 나타낸다. SVM의 목표는 공간을 나눠 양쪽에 매우 균질적인 분할을 생성하는 초평면^{hyperplane}이라고 하는 평평한 경계를 생성하는 것이다. 이런 방식으로 SVM 학습은 3장에서 다룬 인스턴스 기반의 최근접 이웃 학습뿐 아니라 6장에서 다룬 선형 회귀 모델링의 측면을 결합한다. 이 결합은 매우 강력해서 SVM이 아주 복잡한 관계를 모델링할 수 있게 한다.

SVM을 유도하는 기본 수학은 수십 년 동안 있었지만 머신러닝 커뮤니티에 적용된 다음에야 큰 인기를 끌게 됐다. 그 유명도는 어려운 머신러닝 문제를 해결하고 R을 비롯한 여러 프로그램 언어에 SVM 알고리듬이 구현되면서 폭발적인 인기로 연결됐다. SVM은 아주 광범위한 관중에 의해 채택돼 왔으며, 그렇지 않았다면 SVM을 구현하는 데 필요한 다소 복잡한 수학을 적용할 수 없었을 것이다. 기쁜 소식은 수학은 어려울 수 있지만 기본 개념은 이해할 수 있다는 것이다.

SVM은 분류와 수치 예측을 포함한 거의 모든 유형의 학습 작업에 사용될 수 있도록 적응이 된다. 알고리듬의 주요 성공은 대부분 패턴 인식의 범위로 들어온다. 주목할 만한 응용에는 다음과 같은 것들이 포함된다.

- 암이나 다른 유전병 식별을 위한 생체 정보학 분야의 미세 배열^{microarray} 유전자 발현 데이터의 분류
- 문서에서 사용되는 언어의 식별 또는 주제별 문서 분류와 같은 텍스트 범주화
- 연소기관의 고장, 보안 결함 또는 지진과 같은 드물지만 중요한 사건의 탐지

SVM은 이진 분류에 사용될 때 SVM이 전통적으로 어떻게 적용돼왔는지를 보여주기 때문에 가장 쉽게 이해할 수 있다. 따라서 나머지 절에서는 SVM 분류기에

만 초점을 맞출 것이다. 수치 예측과 같은 다른 학습 작업에 SVM을 적용할 때에 도 여기서 배운 동일한 원리가 적용될 것이다.

초평면을 이용한 분류

앞에서 언급했듯이 SVM은 초평면이라고 하는 경계를 사용해 데이터를 유사한 클래스 값들의 그룹으로 분할한다. 예를 들어 다음 그림은 2차원과 3차원에서 원과 정사각형 그룹을 분할하고 있는 초평면을 묘사한다. 원과 정사각형은 직 선이나 평면으로 완벽하게 분리될 수 있기 때문에 선형적으로 분리 가능^{linearly}^{separable}하다고 말한다. 처음에는 실제 선형적으로 분리 가능한 간단한 경우만 고려하지만 SVM은 점이 선형적으로 분리되지 않는 문제에도 확장될 수 있다.

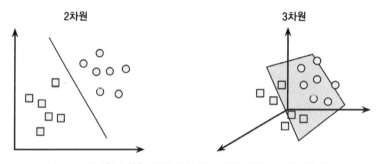

그림 7.16: 사각형과 원은 2차와 3차원 모두에서 선형으로 분리 가능하다.

TIP

편의상 초평면은 전통적으로 2차원 공간에 직선으로 그린다. 하지만 이것은 순전히 2차원보다 높은 차원의 공간을 그리는 것이 어렵기 때문이다. 실제 초평면은 고차원 공간에서 평면이다(주위를 상상하기 어려운 개념이다).

2차원에서 SVM 알고리듬의 작업은 두 클래스를 나누는 직선을 찾는 것이다. 다른 그림에서 보이는 것처럼 원과 사각형 그룹 사이에는 선택할 수 있는 분할 직선이 하나 이상 존재한다. 그런 3개의 후보가 *a*, *b*, *c*로 레이블돼 있다. 알고리 듬은 어떻게 선택하는가?

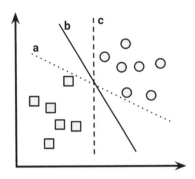

그림 7.17: 사각형과 원을 구분할 수 있는 많은 잠재적 선 중 3가지

그 질문에 대한 답은 두 클래스 사이를 가장 멀리 분리하는 **최대 마진 초평면**MMH, Maximum Margin Hyperplane을 찾는 것과 관련돼 있다. 원과 정사각형을 분리하고 있는 3개의 직선 모두 모든 데이터 포인트를 정확하게 분류하지만 가장 멀리 분리하게 만드는 직선이 미래 데이터에 대해 가장 일반화를 잘할 것이다. 최대 마진은 임의의 노이즈가 추가돼도 각 클래스는 경계의 올바른 쪽에 남게 될 것이다.

(다음 그림에서 화살표가 가리키는) **서포트 벡터**support vectors는 각 클래스에서 MMH에 가장 가까운 점들이다. 서포트 벡터만을 사용해서 MMH를 정의할 수 있다. 이것이 SVM의 주요 특징이다. 특징의 개수가 엄청나게 많더라도 서포트 벡터는 분류 모델을 저장하기 위한 아주 간결한 방법을 제공한다.

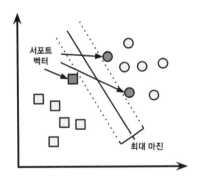

그림 7.18: 서포트 벡터에 의해 정의된 최대 마진 초평면

서포트 벡터를 식별하는 알고리듬은 벡터 기하학에 의존하며, 이 책의 범위를

벗어나는 상당히 까다로운 수학과 관련돼 있다. 그러나 과정의 기본 원리는 매우 간단하다.

NOTE

SVM의 수학에 대한 상세한 정보는 다음의 고전적인 논문에서 찾을 수 있다. 코르테스(Cortes C), 바프닉(Vapnik V)의 「서포트 벡터 네트워크(Support-vector network)」, 「머신러닝(Machine Learning)」, 1995, 20:273-297. 초보자 수준의 논의는 다음 문서에서 찾을 수 있다. 베넷 (Bennett KP), 캠벨(Campbell C)의 「서포트 벡터 머신: 과대 광고 또는 할렐루야(Support vector machines: hype or hallelujah)」, 「SIGKDD 탐사(SIGKDD Explorations)」, 2003, 2:1-13. 좀 더 깊은 통찰은 다음 문서에서 찾을 수 있다. 슈타인바르트(Steinwart I), 크리스트만(Christmann A)의 「서포트 벡터 머신(Support Vector Machines)」(Springer, 2008).

선형적으로 분리 가능한 데이터의 경우

클래스가 선형적으로 분리 가능하다고 가정하면 최대 마진을 찾는 방법은 가장 쉽다. 이 경우 MMH는 두 데이터 포인트 그룹의 바깥 경계에서 최대한 멀리 떨어져 있다. 이 바깥 경계를 **컨벡스 헐**$^{convex\ hull}$이라 한다. MMH는 두 컨벡스 헐 사이의 가장 짧은 직선의 수직 이등분선이다. **이차 최적화**$^{quadratic\ optimization}$ 기술을 사용하는 정교한 컴퓨터 알고리듬은 이 방식으로 최대 마진을 찾을 수 있다.

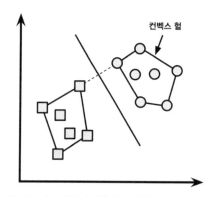

그림 7.19: MMH는 볼록 다각형 간의 최단 경로를 직교 이분한다.

대안적(하지만 동등한) 접근법은 가능한 모든 초평면 공간을 탐색해 점을 균질적인 그룹으로 나누는 2개의 평행 평면을 찾고, 두 평면은 가능한 한 멀리 떨어지게 한다. 비유를 하자면 침실의 계단을 채울 수 있는 가장 두꺼운 매트리스를 찾으려고 하는 것과 비슷한 과정으로 생각할 수 있다.

이 탐색 과정을 이해하고자 초평면이 정확히 무엇을 의미하는지 정의할 필요가 있다. n차원 공간에서 다음 방정식이 사용됐다.

$$\vec{w} \cdot \vec{x} + b = 0$$

이 표기에 익숙하지 않다면 문자 위의 화살표는 숫자가 아닌 벡터를 나타낸다. 특히 w는 n개의 가중치 벡터 $\{w_1, w_2, \ldots, w_n\}$이고, b는 편향으로 알려진 하나의 숫자다. 편향은 개념적으로 6장에서 다뤘던 기울기-절편 형식의 절편 항과 동일하다.

TIP

> 다차원 공간에서 이 평면을 상상하는 것이 어렵다면 자세한 것은 걱정하지 말라. 2차원 공간에서 직선을 명시하고자 기울기-절편 형식($y = mx + b$)를 사용한 것처럼 이 방정식을 간단히 표면을 명시하는 방식으로 생각하라.

이 과정의 목표는 이 공식을 이용해 다음과 같은 두 초평면을 명시하는 가중치 집합을 찾는 것이다.

$$\vec{w} \cdot \vec{x} + b \geq +1$$

$$\vec{w} \cdot \vec{x} + b \leq -1$$

이들 초평면은 한 클래스의 모든 점이 첫 번째 초평면 위쪽에 있고 다른 클래스의 모든 점이 두 번째 초평면 아래쪽에 있도록 명시돼야 한다. 이는 데이터가 선형적으로 분리될 수 있기만 하면 가능하다. 벡터 기하학에서는 이 두 평면 간의 거리를 다음과 같이 정의한다.

$$\frac{2}{||\vec{w}||}$$

여기서 $||w||$는 유클리드 놈$^{\text{Euclidean norm}}$(원점에서 벡터 w까지의 거리)을 나타낸다. $||w||$가 분모이기 때문에 거리를 최대화하려면 $||w||$를 최소화해야 한다. 일반적으로 이 작업은 일련의 제약 조건으로 다음과 같이 다시 표현될 수 있다.

$$\min \frac{1}{2}||\vec{w}||^2$$

$$s.t. \, y_i(\vec{w} \cdot \vec{x_t} - b) \geq 1, \forall \vec{x_t}$$

이 식이 혼란스러워 보이지만 개념적으로 이해하기에 아주 복잡한 것은 아니다. 기본적으로 첫 번째 줄은 유클리드 놈을 최소화할 필요가 있다는 것을 의미한다(계산이 쉬워지도록 유클리드 놈의 제곱을 2로 나눴다). 두 번째 줄은 각각의 데이터 포인트 y_i가 정확하게 분류되는 조건에 제약된다는 것을 말한다. y는 (+1이나 −1로 변환되는) 클래스 값을 나타내고 거꾸로 된 'A'는 '전체에 대한$^{\text{for all}}$'의 속기다. 최대 마진을 찾는 다른 방법과 미찬가지로 이 문제의 해결책을 찾는 것은 이차 최적화 소프트웨어에 가장 적합한 작업이다. 이차 최적화가 프로세서 집약적일 수 있지만 특화된 알고리듬은 아주 큰 데이터 세트에 대해서도 이 문제를 빠르게 풀 수 있다.

비선형적으로 분리 가능한 데이터의 경우

SVM의 배경 이론이 끝났기 때문에 방 안의 코끼리가 궁금할 것이다. 데이터가 선형적으로 분리 가능하지 않다면 어떻게 되는가? 이 문제에 대한 해결책은 소프트 마진$^{\text{soft margin}}$을 생성해 일부 데이터 포인트가 잘못된 쪽의 마진에 있는 것을 허용하는 슬랙 변수$^{\text{slack variable}}$를 사용하는 것이다. 다음 그림은 직선의 잘못된 쪽에 있는 두 점과 대응되는 슬랙 항을 묘사한다(슬랙 항은 그리스 문자 Xi로 표기된다).

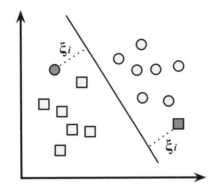

그림 7.20: 잘못된 쪽에 속한 점들은 비용 페널티가 된다.

(로 표기되는) 비용 값은 제약을 위반하는 모든 점에 적용되며 알고리듬은 최대 마진을 찾기보다 총비용을 최소화하려고 한다. 따라서 최적화 문제를 다음과 같이 변경할 수 있다.

$$\min \frac{1}{2}||\vec{w}||^2 + C\sum_{i=1}^{n}\xi_i$$

$$s.t. \quad y_i(\vec{w}\cdot\vec{x_i}-b) \geq 1-\xi_i, \forall \vec{x_i}, \xi_i \geq 0$$

여전히 혼동되더라도 당신만 그런 것은 아니니 걱정하지 말라. 다행히 SVM 패키지는 기술적으로 자세히 알지 못하더라도 이 식을 만족스럽게 최적화할 것이다. 한 가지 이해해야 할 중요한 사항은 비용 파라미터 C가 추가됐다는 점이다. 이 값을 수정하면 초평면의 잘못된 쪽에 속한 점들의 페널티를 조정할 것이다. 비용 파라미터가 커질수록 최적화 알고리듬이 100% 분리를 해내는 것이 더욱 어려워질 것이다. 한편 비용 파라미터가 작아지면 전반적으로 넓어진 마진을 중요시할 것이다. 미래의 데이터에 일반화가 잘된 모델을 만들려면 둘 사이의 균형을 맞추는 것이 중요하다.

비선형 공간을 위한 커널의 사용

실제 많은 데이터 세트에서 변수 간의 관계는 비선형적이다. 방금 확인했듯이 SVM은 일부 예제의 오분류를 허용하는 슬랙 변수를 추가해 비선형 데이터에 대해 훈련할 수 있다. 하지만 이 방법이 비선형 문제에 접근하는 유일한 방법은 아니다. SVM의 주요 특징은 커널 트릭kernel trick을 사용해 문제를 고차원 공간으로 매핑하는 능력이다. 그렇게 하면 비선형 관계가 갑자기 매우 선형적인 관계로 나타날 수 있다.

터무니없는 말 같지만 예제를 통해 실제로 아주 쉽게 설명할 수 있다. 다음 그림에서 왼쪽의 산포도는 날씨 클래스(맑음sunny 또는 눈이 오는snowy)와 2개의 특징(위도 latitude와 경도longitude) 사이의 비선형 관계를 보여준다. 그림의 가운데 있는 점들은 눈이 오는snowy 클래스의 멤버들이고 가장자리의 점들은 모두 맑음sunny이다. 이러한 데이터는 일련의 날씨 보고서에서 생성됐고 그중 일부는 산 정상 근처에 있는 관측기지에서 얻은 반면 다른 것들은 산기슭 근처의 관측기지에서 얻은 것이다.

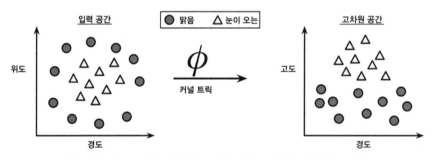

그림 7.21: 커널 트릭을 사용하면 비선형 문제를 선형으로 변환할 수 있다.

커널 트릭이 적용된 이후 그림의 오른쪽에서 새로운 차원(고도altitude)에 대한 인식의 눈을 통해 데이터를 관찰한다. 이 특징이 추가되면서 이제 클래스가 완벽하게 선형적으로 분리 가능하다. 이는 데이터에 대한 새로운 관점을 얻었기 때문에 가능한 것이다. 왼쪽 그림은 하늘에서 내려다보며 산을 보고 있는 반면 오른쪽 그림은 지상에서 좀 떨어진 데서 산을 보고 있다. 여기에 분명한 추세가 있다. 눈이 오는 날씨는 높은 고도에서 발견된다.

비선형 커널을 사용하는 SVM은 이와 같은 방식으로 데이터에 새로운 차원을 추가해 데이터를 분리한다. 기본적으로 커널 트릭은 측정된 특성 간에 수학적 관계를 표현하는 새로운 특징의 구성 과정을 포함한다. 예를 들어 고도 특징은 위도와 경도 간의 상호 영향으로 수학적으로 표현될 수 있다(점이 위도와 경도 의 중심에 가까울수록 고도가 커지게 된다). 따라서 SVM은 원 데이터에서 명시적으로 측정되지 않은 개념을 학습하게 된다.

비선형 커널을 사용하는 SVM은 다음 표에 보이는 것처럼 약간의 단점이 있지 만 매우 강력한 분류기다.

장점	단점
• 분류 또는 수치 예측 문제에 사용될 수 있다. • 노이즈에 거의 영향을 받지 않으며 과적합도 쉽게 일어나지 않는다. • 신경망을 사용하는 것보다 쉬운데, 특히 잘 지원되는 SVM 알고리듬들이 있기 때문이다. • 정확도가 높고 데이터 마이닝 대회에서 세간의 이목을 끄는 수상을 해 인기를 얻고 있다.	• 최고의 모델을 찾고자 커널과 모델 파라미터의 다양한 조합을 테스트해야 한다. • 훈련이 느릴 수 있으며, 특히 입력 데이터 세트가 아주 많은 특징이나 예제를 갖는 경우 느리다. • 불가능진 않지만 해석하기 어려운 복잡한 블랙박스 모델이 만들어진다.

일반적으로 커널 함수는 다음과 같은 형태다. 그리스 문자 파이^{phi}, 즉 $\phi(x)$로 표기되는 함수는 데이터를 다른 공간으로 매핑한다. 따라서 일반적인 커널 함 수는 특징 벡터 x_i와 x_j에 변환을 적용하고 내적$^{dot\ product}$으로 둘을 결합한다. 이때 내적은 두 벡터를 받아 하나의 숫자를 반환한다.

$$K(\vec{x}_i, \vec{x}_j) = \phi(\vec{x}_i) \cdot \phi(\vec{x}_j)$$

이 형태로 다양한 도메인 데이터에 대한 커널 함수가 개발돼왔다. 가장 일반적 으로 사용되는 몇 가지 커널 함수는 다음과 같다. 거의 모든 SVM 소프트웨어 패키지는 여러 커널 중에 이들 커널을 포함할 것이다.

선형 커널^{linear kernel}은 데이터를 전혀 변환하지 않는다. 따라서 특징의 내적으로 간단히 표현될 수 있다.

$$K(\vec{x}_i, \vec{x}_j) = \vec{x}_i \cdot \vec{x}_j$$

d차원의 다항 커널^{polynomial kernel}은 간단한 데이터의 비선형 변환을 더한다.

$$K(\vec{x}_i, \vec{x}_j) = (\vec{x}_i \cdot \vec{x}_j + 1)^d$$

시그모이드 커널^{sigmoid kernel}은 시그모이드 활성 함수를 사용한 신경망과 다소 유사한 SVM 모델을 만든다. 그리스 문자 카파^{kappa}와 델타^{delta}가 커널 파라미터로 사용된다.

$$K(\vec{x}_i, \vec{x}_j) = \tanh(\kappa\, \vec{x}_i \cdot \vec{x}_j - \delta)$$

가우시안 RBF 커널^{Gaussian RBF kernel}은 RBF 신경망과 유사하다. RBF 커널은 많은 유형의 데이터에 잘 작동되며 많은 학습 삭업을 위한 합리적인 시작점이 될 것으로 생각된다.

$$K(\vec{x}_i, \vec{x}_j) = e^{\frac{-||\vec{x}_i - \vec{x}_j||^2}{2\sigma^2}}$$

커널을 특정 학습 작업에 연결해주는 신뢰할 만한 규칙은 없다. 커널의 적합 여부는 훈련 데이터의 양과 특징 간에 관계뿐 아니라 학습될 개념에 크게 의존한다. 보통 검증 데이터 세트에 대해 몇 개의 SVM을 훈련하고 평가하는 식의 약간의 시행착오가 필요하다. 다시 말해 많은 경우에 성능이 경미하게 변하기 때문에 커널의 선택은 임의적이다. 실제 어떻게 작동되는지 보고자 SVM 분류에 대한 이해를 현실의 문제에 적용해보자.

⠿ 예제: SVM으로 OCR 수행

많은 유형의 머신러닝 알고리듬에게 이미지 처리는 어려운 작업이다. 픽셀 패턴을 상위 개념으로 연결하는 관계는 매우 복잡하고 정의하기 어렵다. 예를 들어 인간에게 얼굴, 고양이, 문자 'A'를 인식시키는 것은 쉽지만 엄격한 규칙으로 패턴을 정의하는 것은 어렵다. 뿐만 아니라 이미지 데이터는 노이즈가 잘 생긴다. 조명, 방향, 피사체의 위치에 따라 이미지의 포착 방법에 경미한 변화가 많이 생길 수 있다.

SVM은 이미지 데이터에 대한 문제를 다루는 데 매우 적합하다. 노이즈에 너무 민감하지 않게 복잡한 패턴을 학습할 수 있기 때문에 높은 정확도로 시각적 패턴을 인식할 수 있다. 더군다나 SVM의 주요 단점인 블랙박스 모델 표현은 이미지 처리에 그다지 중요하지 않다. SVM이 고양이와 개를 구분할 수 있다면 어떻게 그렇게 구분하는지는 크게 상관없다.

이 절에서는 데스크톱 문서 스캐너와 함께 자주 번들로 제공되는 광학 문자 인식 OCR, Optical Character Recognition 소프트웨어의 코어에 사용되는 것과 비슷한 모델을 개발할 것이다. OCR 소프트웨어의 목적은 종이 기반의 문서를 처리하는 것으로 출력됐거나 손으로 쓴 글을 전자적인 형태로 변환해 데이터베이스에 저장될 수 있게 하는 것이다. 물론 광학 문자 인식은 필기체 스타일과 인쇄된 글꼴에 변형이 많기 때문에 어려운 문제다. 그렇더라도 소프트웨어 사용자는 완벽을 기대하게 되는데, 비즈니스 환경에서 에러나 오타는 난처하거나 비용이 많이 드는 오해를 만들 수 있기 때문이다. SVM이 그 작업을 책임질 수 있는지 확인해보자.

단계 1: 데이터 수집

우선 OCR 소프트웨어는 문서를 처리할 때 종이를 행렬로 나눠 그리드의 각 셀이 하나의 글리프glyph(그림 문자)를 포함하게 만든다. 글리프는 문자, 기호, 숫자를 나타내는 용어다. 소프트웨어는 각 셀에 대해 글리프를 소프트웨어가 인식하는 전체 문자의 집합에 매칭하려고 할 것이다. 최종적으로 개별 문자는 단어로 다시 합쳐진다. 이때 선택적으로 문서의 언어로 된 사전을 이용해 단어에 대한 철자 검사를 할 수 있다.

이번 실습에서는 문서를 하나의 문자로 이뤄진 사각 영역으로 분할하는 알고리듬은 이미 개발돼 있다고 가정한다. 그리고 문서가 영어로 된 알파벳 문자만을 포함한다고 가정한다. 따라서 글리프를 A에서 Z까지 26개의 문자 중 하나로 매칭하는 과정을 시뮬레이션할 것이다.

이를 위해 프레이[W. Frey]와 슬레이트[D. J. Slate]가 UCI 머신러닝 데이터 저장소(http://archive.ics.uci.edu/ml)에 기부한 데이터 세트를 사용할 것이다. 데이터 세트는 영어 알파벳 대 문자 26개의 2000개 예제를 포함하며, 각 예제는 20개의 흑백 글꼴을 무작위 모양으로 다시 만들고 왜곡시켜 출력한 것이다.

> **NOTE**
>
> 데이터 세트에 대한 좀 더 자세한 정보는 슬레이트(Slate DJ), 프레 이(Frey W)의 '네덜란드 스타일 적응형 분류기를 사용한 문자 인식(Letter recognition using Holland–style adaptive classifiers)', 〈머신러닝(Machine Learning)〉, 1991; 6:161–182를 참고한다.

프레이와 슬레이트가 공개한 다음의 그림은 일부 글리프의 출력된 예제를 제공한다. 이런 방식으로 왜곡된 문자를 인간은 쉽게 인식하지만 컴퓨터가 인식하기에는 어려움이 있다.

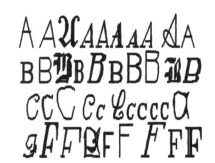

그림 7.22: SVM으로 식별하고자 하는 서체의 예제

단계 2: 데이터 탐색과 준비

프레이와 슬레이트가 제공한 문서에 따르면 글리프가 컴퓨터로 스캔될 때 픽셀로 변환되며, 16개의 통계 속성이 기록된다.

16개의 통계 속성은 글리프의 가로와 세로 차원, (흰색 대비) 검정색 픽셀의 비율, 검정색 픽셀의 평균 가로와 세로 위치 같은 특성이다. 박스의 다양한 영역에 검정색 픽셀의 농도 차는 알파벳 26개의 문자를 구별하는 방법을 제공할 것이다.

TIP

> 이 예제와 함께 따라가려면 팩트출판사 웹 사이트에서 letterdata.csv 파일을 다운로드해 R의 작업 디렉터리에 저장한다.

데이터를 R로 읽어 문자 클래스^{letter class} 예제를 정의하는 16개의 특징으로 이뤄진 데이터를 받았다는 것을 확인한다. 예상대로 문자는 26개의 레벨을 갖는다.

```
> letters <- read.csv("letterdata.csv")
> str(letters)

'data.frame':      20000 obs. of 17 variables:
$ letter  : Factor w/ 26 levels "A","B","C","D",..
$ xbox    : int 254 724 412 11 ...
$ ybox    : int 8 12 11 111 112 12 15 ...
$ width   : int 336 635 534 13 ...
$ height  : int 578 618 424 9 ...
$ onpix   : int 126 313 412 7 ...
$ xbar    : int 8 10 1058 888 10 13 ...
$ ybar    : int 13 569 687 262 ...
$ x2bar   : int 052 466 622 6 ...
$ y2bar   : int 646 669 626 2 ...
$ xybar   : int 6 13 1046 578 12 12 ...
$ x2ybar  : int 10 334 566 241 ...
$ xy2bar  : int 897 10 966 889 ...
```

```
$ xedge   : int 023 610 211 8 ...
$ xedgey  : int 887 10 788 661 ...
$ yedge   : int 043 259 721 1 ...
$ yedgex  : int 8 1098 10 7 1077 8 ...
```

SVM 학습자는 모든 특징이 수치여야 하고, 게다가 각 특징이 아주 작은 구간으로 값이 조정돼야 한다. 이 경우 모든 특징이 정수이므로 팩터를 숫자로 변환할 필요는 없다. 한편 이 정수 변수의 일부 범위가 상당히 넓게 나타난다. 이는 데이터를 정규화하거나 표준화할 필요가 있다는 것을 의미한다. 하지만 지금은 이 단계를 생략할 수 있는데, 모델을 적합시키고자 사용할 R 패키지가 자동으로 재조정을 실행하기 때문이다.

데이터 준비가 완료됐기 때문에 머신러닝 과정의 훈련과 테스트 단계로 바로 이동할 수 있다. 이전 분석에서 훈련과 테스트 집합 사이에 데이터를 무작위로 나눴다. 여기서도 그렇게 할 수 있지만 프레이와 슬레이트는 이미 데이터를 랜덤화했으므로 처음 16,000 레코드(80%)를 모델 구축에 사용하고, 다음 4,000 레코드(20%)를 테스트에 사용할 것을 제안한다. 그들의 조언에 따라 다음과 같이 훈련 및 테스트 데이터 프레임을 생성할 수 있다.

```
> letters_train <- letters[1:16000, ]
> letters_test <- letters[16001:20000, ]
```

데이터가 준비됐으므로 분류기 구축을 시작해보자.

단계 3: 데이터에 대한 모델 훈련

R에서 SVM 모델을 적합시킬 때 선택할 수 있는 뛰어난 패키지들이 있다. 비엔나 기술대학교[TU Wien, Vienna University of Technology] 통계학과에서 만든 **e1071** 패키지는

수상을 했던 LIBSVM 라이브러리의 R 인터페이스를 제공하는데, 수상 받은 LIBSVM은 광범위하게 사용되는 오픈소스 SVM 프로그램으로, C++로 작성됐다. 이미 LIBSVM에 익숙하다면 지금 시작하길 원할 수도 있다.

NOTE

LIBSVM에 대한 좀 더 자세한 정보는 저자의 웹 사이트 http://www.csie.ntu.edu.tw/~cjlin/libsvm/를 참고한다.

비슷하게 SVMlight 알고리듬에 이미 투자했다면 도르트문트 기술대학교[TU Dortmund, Dortmund University of Technology] 통계학과에서 만든 klaR 패키지는 이 SVM 구현을 R로 직접 수행하는 함수를 제공한다.

NOTE

SVMlight에 대한 정보는 https://www.cs.cornell.edu/people/tj/svm_light/를 참고한다.

마지막으로 아무런 준비 없이 시작한다면 kernlab 패키지에 있는 SVM 함수로 시작하는 것이 어쩌면 가장 좋을 수도 있다. 이 패키지의 흥미로운 장점은 C 또는 C++가 아닌 순수하게 R로 구현돼서 쉽게 사용자 정의형으로 만들 수 있다는 점이다. 내부의 어떤 것도 비밀스럽게 감춰져 있지 않다. 좀 더 중요한 것은 다른 패키지와는 달리 kernlab은 caret 패키지와 함께 사용할 수 있다는 점일 것이다. 이럴 경우 SVM 모델은 (11장에서 다루는) 다양한 자동화 방법으로 훈련되고 평가될 수 있다.

NOTE

kernlab에 대한 좀 더 확실한 소개는 http://www.jstatsoft.org/v11/i09/에 있는 저자의 논문을 참고한다.

kernlab으로 SVM 분류기를 훈련하는 구문은 다음과 같다. 다른 패키지 중 하나를 사용하게 되더라도 명령문은 대개 비슷하다. ksvm() 함수는 디폴트로 가우시안 RBF 커널을 사용하지만 다양한 옵션도 제공된다.

```
서포트 벡터 머신 구문

kernlab 패키지의 ksvm( ) 함수 사용

분류기 구축:
 m <- ksvm(target ~ predictors, data = mydata,
           kernel = "rbfdot", C = 1)

 • target은 모델링될 mydata 데이터 프레임 내의 출력
 • predictors는 모델에서 사용할 mydata 데이터 프레임 내의 특징을 명시하는 R 구문
 • data는 target과 predictors 변수를 찾을 수 있는 데이터 프레임
 • kernel은 "rbfdot"(방사형 기저), "polydot"(다항), "tanhdot"(하이퍼볼릭 탄젠트
   시그모이드), "vanilladot"(선형)과 같은 비선형 매핑
 • C는 제약을 위반할 때의 비용, 즉 소프트 마진에 대해 페널티가 얼마나 큰지를
   지정하는 숫자로, 이 값이 커질수록 여백은 좁아진다.

이 함수는 예측에 사용될 수 있는 SVM 객체를 반환한다.

예측:
 p <- predict(m, test, type = "response")

 • m은 ksvm( ) 함수에 의해 훈련된 모델
 • test는 분류기를 구축하는 데 사용된 훈련 데이터와 같은 특징을 갖는 테스트 데이터를
   포함하는 데이터 프레임
 • type은 예측이 "response"(예측 클래스)인지 "probabilities"(예측 확률, 클래스
   레벨별로 하나의 열)인지를 지정

이 함수는 type 파라미터의 값에 따라 예측 클래스(혹은 확률)의 벡터(또는 행렬)를 반환한다.

예제:
 letter_classifier <- ksvm(letter ~ ., data =
   letters_train, kernel = "vanilladot")
 letter_prediction <- predict(letter_classifier,
   letters_test)
```

그림 7.23: 서포트 벡터 머신 구문

SVM 성능 측정의 기준선[baseline]을 마련하고자 단순한 선형 SVM 분류기의 훈련으로 시작해보자. 패키지를 설치하지 않았다면 install.packages("kernlab") 명령으로 로컬 라이브러리에 kernlab 패키지를 설치한다. 그런 후 다음과 같이 훈련 데이터에 대해 ksvm() 함수를 호출하고 vanilladot 옵션으로 선형 커널[즉, 바닐라[vanilla])을 명시한다.

```
> library(kernlab)
> letter_classifier <- ksvm(letter ~ ., data = letters_train,
```

```
                    kernel = "vanilladot")
```

컴퓨터의 성능에 따라 이 연산은 완료하는 데 시간이 조금 걸릴 수 있다. 연산이 완료되면 저장된 모델의 이름을 입력해 훈련 파라미터와 모델 적합성에 대한 몇 가지 기본 정보를 확인한다.

```
> letter_classifier

Support Vector Machine object of class "ksvm"

SV type: C-svc (classification)
 parameter : cost C = 1

Linear (vanilla) kernel function.

Number of Support Vectors : 7037

Objective Function Value : -14.1746 -20.0072 -23.5628 -6.2009 -7.5524
-32.7694 -49.9786 -18.1824 -62.1111 -32.7284 -16.2209...

Training error : 0.130062
```

이 정보는 모델이 실제 얼마나 잘 실행될 것인지에 대해서는 거의 알려주지 않는다. 모델이 처음 보는 데이터에 대해 일반화를 잘하는지 알려면 테스트 데이터 세트에 대한 성능을 검토할 필요가 있다.

단계 4: 모델 성능 평가

predict() 함수를 이용하면 문자 분류 모델로 테스트 데이터 세트를 예측할 수 있다.

```
> letter_predictions <- predict(letter_classifier, letters_test)
```

type 파라미터를 지정하지 않았기 때문에 type = "response" 디폴트가 사용됐다. 이 함수는 테스트 데이터의 각 행에 대해 예측된 문자가 포함된 벡터를 반환한다. head() 함수를 이용해 처음 6개 예측 문자 U, N, V, X, N, H를 확인할수 있다.

```
> head(letter_predictions)
```

```
[1] U NVX NH
Levels: A B C D E F G H I J K L M N O P Q R S T U V W X Y Z
```

분류기가 얼마나 잘 실행됐는지 검토하고자 예측된 문자와 테스트 데이터 세트에 있는 실제 문자를 비교할 필요가 있다. 이 목적으로 table() 함수를 사용할것이다(전체 표의 일부만 여기에 보인다).

```
> table(letter_predictions, letters_test$letter)
```

```
letter_predictions   A     B     C     D     E
                 A   144    0     0     0     0
                 B    0    121    0     5     2
                 C    0     0    120    0     4
                 D    2     2     0    156    0
                 E    0     0     5     0    127
```

대각선 값 144, 121, 120, 156, 127은 예측된 문자가 실제 값과 일치하는 레코드의 총수를 가리킨다. 비슷하게 실수한 개수도 나열된다. 예를 들어 행 B와 열 D에 있는 값 5는 문자 D가 B로 잘못 식별된 5개의 경우가 있음을 나타낸다.

각 실수 유형을 개별적으로 관찰해보면 모델이 어려움을 겪는 특정 종류의 문자에 대한 흥미로운 패턴이 일부 드러나지만 이 방법은 시간 소모적이다. 대신 전체적인 정확도를 계산해서 평가를 간소화할 수 있다. 이 방식은 예측이 옳은지 또는 그른지에 대해서만 고려하고 에러 유형은 무시한다.

다음 명령은 TRUE 또는 FALSE 값의 벡터를 반환하는데, 모델의 예측된 문자가 테스트 데이터 세트에 있는 실제 문자와 일치하는지를 나타낸다.

```
> agreement <- letter_predictions == letters_test$letter
```

table() 함수로 분류기가 테스트 레코드 4,000개 중 3,357개의 문자를 정확히 식별했다는 것을 알 수 있다.

```
> table(agreement)
agreement
FALSE    TRUE
643      3357
```

백분율로 정확도는 약 84%다.

```
> prop.table(table(agreement))
agreement
FALSE       TRUE
0.16075     0.83925
```

1991년에 프레이와 슬레이트가 데이터 세트를 공개했을 때 약 80%의 인식 정확도를 보고했다. 20년이 넘는 추가적인 머신러닝 연구의 혜택도 있지만 몇 라인의 R 코드만으로 그들의 결과를 능가할 수 있었다. 이런 점을 유념해 더 잘할 수 있을 것이다.

단계 5: 모델 성능 향상

이미지 데이터에서 알파벳 문자를 식별하도록 훈련한 SVM 모델의 성능 맥락을 한 번 살펴보자. R 코드 한 줄이면 거의 84%의 정확도를 기록했으며, 이는 1991년 학술 연구 논문의 벤치마크를 앞선다. 84%의 정확도는 OCR 소프트웨어로 사용하기에는 그다지 높은 인식률이 못되지만 상대적으로 단순한 모델이 이러한 성과를 낸 것 자체가 놀랍다. 모델의 예측이 실제 값을 순전히 운으로 맞출 확률은 4% 미만이라는 점을 명심하자. 이는 모델은 랜덤 선택에 비해 20배나 더 뛰어남을 의미한다. 이만큼 놀라운 것은 아마 SVM 함수 파라미터를 좀 더 복잡한 모델에 훈련하려 조정하면 얻을 수 있으며 모델이 실생활에서도 유용함을 알 수 있을 것이다.

TIP

> SVM 모델의 예측이 순전히 운으로 실제 값을 맞출 확률을 계산하려면 독립 사건을 다룬 4장의 내용처럼 결합 확률 규칙을 적용하면 된다. 26개의 글자가 있고 각각은 테스트 집합에서 대략 비슷한 비율로 나타나므로 어느 하나의 문자를 정확히 예상할 확률은 $(1/26) \times (126)$이다. 26개의 문자가 있으므로, 전체 확률은 $26 \times (1/26) \times (1/26) = 0.0384$ 즉 3.84%다.

SVM 커널 함수 변경

이전의 SVM 모델은 단순한 선형 커널 함수를 사용했다. 좀 더 복잡한 커널 함수를 사용해 데이터를 더 높은 차원의 공간으로 매핑하고 잠재적으로 더 나은 모델 적합^{fit}을 얻을 수 있다.

하지만 다양한 커널 함수에서 선택을 하는 것이 어려울 수 있다. 일반적인 관행 중 하나는 가우시안 RBF 커널로 시작하는 것이다. 가우시안 RBF 커널은 여러 종류의 데이터에 대해 잘 작동하는 것으로 보였다.

지금 보이는 것처럼 ksvm() 함수를 이용해 RBF 기반의 SVM을 훈련할 수 있다. 이전에 사용한 다른 메서드와 마찬가지로 결과를 재현할 수 있도록 난수 시드를 설정해야 한다는 점에 주목하자.

```
> set.seed(12345)
> letter_classifier_rbf <- ksvm(letter ~ ., data = letters_train,
                                kernel = "rbfdot")
```

그다음은 이전에 했던 것처럼 예측한다.

```
> letter_predictions_rbf <- predict(letter_classifier_rbf, letters_test)
```

마지막으로 선형 SVM의 정확도와 비교할 것이다.

```
> agreement_rbf <- letter_predictions_rbf == letters_test$letter
> table(agreement_rbf)

agreement_rbf
FALSE   TRUE
 275   3725

> prop.table(table(agreement_rbf))

agreement_rbf
  FALSE     TRUE
0.06875 0.93125
```

단순히 커널 함수를 바꿈으로써 문자 인식 모델의 정확도를 84%에서 93%로 올릴 수 있었다.

최적 SVM 비용 파라미터 알아내기

OCR 프로그램에 이 성능 수준이 여전히 만족스럽지 않다면 다른 커널을 테스트해볼 수 있다. 그런 또 다른 좋은 방법은 비용 파라미터를 변경해보는 것으로서 SVM 결정 경계의 너비를 수정한다. 이 방법은 모델의 훈련 데이터에 대한 과적합과 과소적합 사이의 균형을 조절한다. 비용 값이 클수록 학습자가 모든 훈련 인스턴스를 완벽히 분류하는 데 더 힘들어진다. 각각의 실수에 높은 페널티가 따르기 때문이다. 한편으로는 높은 비용은 학습자가 훈련 데이터에 과적합하게 만들 수 있다. 다른 측면에서는 비용 파라미터가 너무 작게 설정되면 학습자가 중요하지만 미묘한 패턴을 훈련 데이터에서 놓쳐 실제 패턴을 과소적합할 수 있다.

이 최적의 값을 사전에 알 수 있는 경험칙은 없으므로 대신 모델이 다양한 C 값에 어떻게 작동하는지를 알아본다. 훈련과 평가를 반복하는 대신 sapply() 함수를 사용해 잠재적 비용 값의 벡터에 대한 사용자 함수를 적용한다. seq() 함수를 사용해 이 벡터를 5에서 40까지 5씩 증가하는 벡터로 생성한다. 그런 후 다음 코드에 있는 것처럼 사용자 함수는 이전처럼 모델을 훈련해 매번 비용 값을 사용하고 훈련 데이터 세트에 대해 예측을 한다. 각 모델의 정확도는 실제 값을 맞춘 횟수를 전체 예측으로 나눠 계산한다. 결과는 plot() 함수로 시각화한다. 컴퓨터 성능에 따라 수행 시간이 수분 이상 소요될 수 있음을 유의한다.

```
> cost_values <- c(1, seq(from = 5, to = 40, by = 5))
> accuracy_values <- sapply(cost_values, function(x) {
    set.seed(12345)
    m <- ksvm(letter ~ ., data = letters_train,
            kernel = "rbfdot", C = x)
    pred <- predict(m, letters_test)
    agree <- ifelse(pred == letters_test$letter, 1, 0)
    accuracy <- sum(agree) / nrow(letters_test)
    return (accuracy)
  })
> plot(cost_values, accuracy_values, type = "b")
```

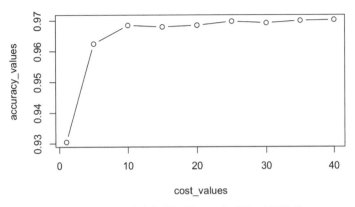

그림 7.24: RBF 커널의 정확도를 SVM에 대해 도식화한 것

그림에서 보는 것처럼 93%의 정확도에서 디폴트 SVM 비용 파라미터 c = 1은 평가된 9개 중 가장 좋지 않은 정확도를 보인다. 대신 c를 10 또는 그보다 높게 하면 97%의 정확도를 보이며, 이는 상당한 성능 개선이다. 아마 이는 다양한 커널을 통해 100% 가까이 더 끌어올릴 수 있을지는 몰라도 실생활에 있어 거의 완벽한 모델이다. 정확도에 있어 각각의 추가적인 개선은 OCR 소프트웨어의 실수를 줄이고 좀 더 나은 전체 정확도를 선사해 줄 것이다.

🎯 요약

7장에서는 엄청난 잠재력을 제공하지만 복잡성 때문에 자주 간과되는 2개의 머신러닝 방법을 살펴봤다. 바라건대 최소한 이런 평판이 어느 정도 부당하다는 것을 이제 알았을 것이다. ANN과 SVM을 유도하는 기본 개념은 상당히 이해하기 쉽다.

한편 ANN과 SVM은 수십 년 동안 사용돼 왔기 때문에 각자 수많은 변형이 있다. 7장에서는 이 방법들로 가능한 것을 피상적으로 다뤄봤다. 여기서 배운 용어를 활용해 매일 개발되고 있는 딥러닝 분야 등의 많은 발전을 구분 짓는 미묘한 차이를 파악할 수 있어야 한다. 딥러닝이 머신러닝에서 가장 어려운 문제를 해결하는 방법을 보고자 15장에서 다시 딥러닝을 다룰 것이다.

앞의 몇 장에 걸쳐 최근접 이웃과 같은 간단한 휴리스틱을 기반으로 한 모델부터 정교한 블랙박스 모델 및 다양한 다른 유형의 예측 모델에 대해 배웠다. 8장에서는 또 다른 유형의 학습 작업에 대한 방법을 고려하기 시작할 것이다. 이러한 비지도학습 기법은 건초에서 바늘을 찾는 데 도움이 되면서 데이터 내의 흥미로운 패턴을 드러낼 것이다.

08

패턴 찾기: 연관 규칙을 이용한 장바구니 분석

최근에 충동 구매를 했던 때를 회상해보라. 아마 식료품 매장의 계산대 줄에서 껌이나 초코바를 샀을 수도 있다. 어쩌면 늦은 밤에 기저귀를 사러 나가서 공식처럼 카페인 음료나 6팩짜리 맥주를 집어 들었을 것이다. 이 책도 서점에서 추천했기 때문에 마음이 변해 샀을 수도 있다. 이러한 충동 구매는 우연이 아니다. 소매업자들은 정교한 데이터 분석 기술을 사용해 마케팅 프로모션에 유용한 패턴을 식별하고 제품 배치를 통해 부가 판매를 촉진한다.

과거 몇 년 동안 이러한 추천은 마케팅 전문가와 재고 관리자의 주관적 직관에 기반을 뒀다. 하지만 지금은 바코드 스캐너, 재고 데이터베이스, 온라인 쇼핑 카트 등이 모두 거래 데이터를 생성하며, 머신러닝은 이를 활용해 구매 패턴을 학습할 수 있다. 이러한 실천 방식은 종종 슈퍼마켓 데이터에 적용돼 일반적으로 '장바구니 분석market basket analysis'으로 알려져 있다.

이 기법은 쇼핑 데이터에서 시작됐지만 다른 상황에서도 유용하다. 이 장이 끝날 무렵에는 어떤 작업이든 자신의 작업에 장바구니 분석 기법을 적용할 수 있을 것이다. 일반적으로 작업에는 다음과 같은 것들이 포함된다.

- 간단한 성능 측정치를 이용해 거대한 데이터베이스에서 연관성 찾기
- 거래 데이터의 특이점 파악하기
- 유용하고 실행 가능한^{actionable} 패턴의 식별 방법 알아두기

장바구니 분석은 다양한 유형의 대규모 데이터 세트에서 통찰의 단말을 발견할 수 있기 때문에 이 기술을 적용하면 소매 부문과 관련이 없더라도 업무에 적용 가능한 사례를 발견할 가능성이 높다.

🌐 연관 규칙의 이해

장바구니 분석의 기본 단위는 아이템^{item}이며 어떤 거래에도 나타날 수 있다. 하나 이상의 아이템 그룹은 대괄호로 묶어 집합, 좀 더 구체적으로 아이템 세트^{itemset}를 이룬다는 것을 나타낸다. 아이템 세트는 규칙성을 갖고 데이터에 나타난다. 일반적인 식료품 매장에서 볼 수 있는 다음의 거래처럼 거래는 아이템 세트로 명시된다.

{bread, peanut butter, jelly}

장바구니 분석의 결과는 연관 규칙^{association rule}의 모음으로, 아이템 세트 사이의 관계에 존재하는 패턴을 명시한다. 연관 규칙은 아이템 세트의 부분집합으로 구성되며 규칙의 좌측^{LHS, Left-Hand Side}에 있는 아이템 세트를 규칙의 우측^{RHS, Right-Hand Side}에 있는 아이템 세트와 연관시켜 표시한다. LHS는 규칙을 실행하고자 만족돼야 하는 조건이며 RHS는 그 조건을 만족했을 때 기대하는 결과다. 이전 예제 거래에서 식별된 규칙은 다음과 같은 형태로 표현될 수 있다.

{peanut butter, jelly} → {bread}

쉽게 말하면 연관 규칙은 땅콩 버터^{peanut butter}와 젤리^{jelly}가 함께 구매되면 빵^{bread}도 구매될 가능성이 있다는 것을 말한다. 다시 말해 "땅콩 버터와 젤리는 빵을

암시한다."이다.

소매 거래 데이터베이스 환경에서 개발된 연관 규칙은 예측을 위해 사용되는 것이 아니라 대규모 데이터베이스에서 자율적인 지식의 발견을 위해 사용된다. 이것은 이전 장들에서 제시된 분류와 수치 예측 알고리듬과는 다르다. 그렇긴 하지만 연관 규칙 학습자는 5장에 제시된 분류 규칙 학습자의 여러 특징과 밀접하게 관련돼 있고 특징을 공유한다는 것을 알게 될 것이다.

연관 규칙 학습자는 자율적이기 때문에 알고리듬이 훈련될 필요가 없다. 다시 말해 데이터가 사전에 레이블될 필요가 없다. 프로그램은 흥미로운 연관성이 발견되기를 바라며 데이터 세트에서 간단히 해방된다. 물론 단점은 학습자에 대해 정성적으로 유용성을 평가하는 것(늘 그렇듯 일종의 눈대중 검사) 이외에는 규칙 학습자의 성능을 객관적으로 측정하는 쉬운 방법이 없다는 것이다.

연관 규칙은 장바구니 분석에 가장 많이 사용되긴 하지만 다양한 종류의 데이터에서 패턴을 찾을 때에도 유용하다. 잠재적인 애플리케이션에는 다음과 같은 것들이 포함된다.

- 암 데이터에서 흥미로우며 빈번히 발생하는 DNA 패턴과 단백질 서열의 검색
- 사기성 신용카드 및 보험의 이용과 결합돼 발생하는 구매 또는 의료비 청구의 패턴 발견
- 고객이 휴대폰 서비스를 중단하거나 케이블 TV 패키지를 업그레이드할 때 선행되는 행동의 조합 식별

연관 규칙 분석은 아주 많은 요소에서 흥미로운 연관성을 찾고자 사용된다. 인간은 상당히 직관적으로 그런 통찰력을 갖게 되지만 규칙 학습자 알고리듬이 몇 분 심지어 몇 초 안에 할 수 있는 것을 인간이 하려면 전문가 수준의 지식과 수많은 경험을 필요로 한다. 또한 어떤 데이터 세트는 인간이 방대한 데이터에서 필요한 정보를 찾기에는 그야말로 너무 크고 복잡하다.

연관 규칙 학습을 위한 아프리오리 알고리듬

사람들이 대규모 거래 데이터 세트를 다루는 것이 쉽지 않은 것처럼 이러한 데이터 세트들은 기계에게도 쉽지 않다. 일반적으로 거래 데이터 세트는 모니터링되는 아이템이나 특징의 개수뿐만 아니라 거래 횟수 측면에서도 극도로 크다. 문제는 잠재적인 아이템 세트의 개수가 특징의 개수에 따라 기하급수적으로 증가한다는 것이다. 집합에 나타나거나 나타나지 않을 수 있는 k개 아이템이 있다면 잠재적인 규칙이 될 수 있는 2^k개의 가능한 아이템 세트가 존재한다. 단지 100가지 아이템을 판매하는 소매업자는 알고리듬으로 평가해야 할 2^{100} = 1.27e + 30개의 아이템 세트를 갖는다(보기에 불가능한 작업이다).

좀 더 똑똑한 학습 알고리듬은 아이템 세트를 하나씩 평가하는 대신 많은 잠재적인 아이템 조합이 실제 드물게 발견된다는 사실을 이용한다. 예를 들어 상점에서 자동차 아이템과 여성의 화장품을 모두 판매하더라도, {motor oil, lipstick} 집합은 이례적으로 흔치 않다. 이 흔치 않은 (그리고 아마 덜 중요한) 조합을 무시함으로써 규칙의 검색 범위를 좀 더 다루기 쉬운 크기로 제한할 수 있다.

검색할 아이템 세트의 개수를 줄이기 위한 휴리스틱 알고리듬을 찾아내려는 많은 연구가 진행돼왔다. 큰 데이터베이스에서 규칙을 효율적으로 찾고자 가장 광범위하게 사용되는 방법이 아프리오리[Apriori]라고 알려져 있다. 1994년에 라케쉬 아가왈[Rakesh Agrawal]과 라미크리슈난 스리컨트[Ramakrishnan Srikant]에 의해 소개된 아프리오리 알고리듬은 그 이후 연관 규칙 학습과 어느 정도 동의어가 됐다. 알고리듬이 빈번한 아이템 세트의 속성에 대해 단순한 사전의(즉, 선험적[a priori]) 믿음을 이용한다는 사실에서 이름이 유래됐다.

좀 더 깊게 논의하기 전에 모든 학습 알고리듬과 마찬가지로 이 알고리듬도 장단점이 없지 않다는 것을 말해두고 싶다. 일부 장단점은 다음과 같다.

장점	단점
• 대규모 거래 데이터에 대해 작업할 수 있다. • 이해하기 쉬운 규칙을 생성한다. • '데이터 마이닝'과 데이터베이스에서 예상치 못한 지식을 발굴하는 데 유용하다.	• 작은 데이터 세트에는 그다지 유용하지 않다. • 진정한 통찰과 상식을 분리하기 위한 노력을 들인다. • 랜덤 패턴에서 가짜 결론을 도출하기가 쉽다.

앞에서 언급했던 것처럼 아프리오리 알고리듬은 연관 규칙의 검색 공간을 축소하고자 단순한 선험적 믿음을 이용한다. 즉, 빈번한 아이템 세트의 모든 부분집합도 빈번해야만 한다. 이 휴리스틱을 아프리오리 속성Apriori property이라 한다. 이 기민한 관찰을 이용해 검색될 규칙의 개수를 극적으로 제한할 수 있다. 예를 들어 {motor oil, bananas} 집합은 {motor oil}과 {bananas}가 모두 빈번하게 발생해야만 빈번해질 수 있다. 결론적으로 모터 오일motor oil이나 바나나bananas가 빈번하지 않다면 이 아이템을 포함하는 어떤 집합도 검색에서 제외될 수 있다.

NOTE

아프리오리 알고리듬에 대한 추가적인 상세 사항은 Agrawal, R, Srikant, R.의 〈Fast Algorithms for Mining Association Rules〉, Proceedings of the 20th International Conference on Very Large Databases, 1994, pp. 487-499를 참고한다.

이 원칙이 좀 더 현실적인 환경에서 어떻게 적용될 수 있는지 확인하고자 간단한 거래 데이터베이스를 고려해보자. 다음 표는 가상의 병원 선물가게의 완료된 5건의 거래를 보여준다.

거래 ID	구매된 아이템
1	{flowers, get-well card, soda}
2	{plush toy bear, flowers, balloons, candy bar}
3	{get-well card, candy bar, flowers}
4	{plush toy bear, balloons, soda}
5	{flowers, get-well card, soda}

그림 8.1: 가상의 병원 선물가게에서 5개 거래 내역을 나타내는 아이템 세트

구매 내역을 살펴보면 몇 가지 전형적인 구매 패턴이 있다는 것을 추론할 수 있다. 아픈 친구나 가족을 방문하는 사람은 쾌유를 비는 카드^{get well card}와 꽃^{flowers}을 사는 경향이 있고, 산모에게 방문할 사람은 봉제 장난감 곰^{plush toy bear}과 풍선^{balloons}을 사는 경향이 있다. 그런 패턴은 사람들의 관심을 끌만큼 자주 나타나기 때문에 눈에 잘 띈다. 따라서 단순히 약간의 논리 및 주제와 관련된 경험을 적용해 규칙을 설명할 수 있다.

유사한 방식으로 아프리오리 알고리듬은 대규모 거래 데이터베이스에서 연관 규칙을 찾아내고자 통계 척도인 아이템 세트의 '흥미도^{interestingness}'를 이용한다. 다음 절에서는 아프리오리 알고리듬이 그런 흥미 척도를 어떻게 계산하는지 그리고 학습될 규칙의 수를 줄이고자 아프리오리 속성과 어떻게 결합되는지를 살펴볼 것이다.

규칙 흥미 측정: 지지도와 신뢰도

연관 규칙이 흥미로운지 여부는 2가지 통계적 지표인 지지도와 신뢰도로 결정된다. 각각의 지표에 대한 최소 임곗값을 제공하고 아프리오리 원칙을 적용함으로써 보고되는 규칙의 수를 쉽게 크게 제한할 수 있다. 이 제한이 너무 엄격하면 가장 명백하거나 혹은 상식적인 규칙만 식별될 수 있다. 이러한 이유로 이러한 기준하에서 제외되는 규칙의 유형을 주의 깊게 이해해 적절한 균형을 유지하는 것이 중요하다.

아이템 세트 혹은 규칙의 지지도^{support}는 데이터에 발생하는 빈도를 측정한다. 예를 들어 아이템 세트 {get well card, flowers}는 병원 선물가게 데이터에서 3/5 = 0.6의 지지도를 갖는다. 비슷하게 {get well card} → {flowers}에 대한 지지도도 0.6이다. 지지도는 어떤 아이템 세트에 대해서도 계산될 수 있으며 심지어 하나의 아이템에 대해서도 가능하다. 예를 들어 {candy bar}에 대한 지지도는 2/5 = 0.4인데, 초코바^{candy bar}가 구매의 40%에 나타나기 때문이다. 아이템 세트 X에 대한 지지도 함수는 다음과 같이 정의될 수 있다.

$$support(X) = \frac{count(X)}{N}$$

여기서 N은 데이터베이스의 거래 건수이고 count(X)는 아이템 세트 X를 포함하는 거래 건수다.

규칙의 신뢰도[confidence]는 예측 능력 혹은 정확도의 측정치다. X와 Y를 모두 포함하는 아이템 세트의 지지도를 X만 포함하는 아이템 세트의 지지도로 나눈 값으로 정의된다.

$$confidence(X \rightarrow Y) = \frac{support\,(X,Y)}{support\,(X)}$$

기본적으로 신뢰도는 아이템 혹은 아이템 세트 X의 존재가 아이템 혹은 아이템 세트 Y의 존재를 유발하는 거래의 비율을 말한다. X가 Y를 유발하는 신뢰도는 Y가 X를 유발하는 신뢰도와 같지 않다는 것을 기억하라.

예를 들어 {flowers} → {get well card}의 신뢰도는 0.6/0.8 = 0.75다. 비교해 보면 {get well card} → {flowers}의 신뢰도는 0.6/0.6 = 1.0이다. 이것이 꽃을 구매할 때는 쾌유를 비는 카드를 함께 구매하는 비율이 75%인 반면 쾌유를 비는 카드를 구매할 때는 꽃과 100% 연관된다는 것을 의미한다. 이 정보는 선물가게 관리에 매우 유용할 수 있다.

TIP

지지도, 신뢰도와 4장에서 다뤘던 베이지안 확률 규칙 사이에 유사성을 인식했을 것이다. 실제, support(A, B)는 $P(A \cap B)$와 동일하며 confidence(A → B)는 $P(B|A)$와 동일하다. 다른 것은 상황뿐이다.

{get well card} → {flowers}와 같은 규칙을 강한 규칙[strong rules]이라 하는데, 높은 지지도와 신뢰도를 모두 갖기 때문이다. 좀 더 강한 규칙을 찾아내는 방법 중 하나는 선물가게에 가능한 모든 아이템의 조합을 관찰하고 지지도와 신뢰도를

측정하며, 특정 흥미 수준을 만족하는 그런 규칙만 보고하는 것이다. 하지만 이전에 언급했듯이 이 전략은 아주 작은 데이터 세트가 아니면 일반적으로 실행 가능하지 않다.

다음 절에서 아프리오리 알고리듬이 최소 수준의 지지도와 신뢰도를 아프리오리 원칙과 함께 이용해 규칙의 개수를 좀 더 다루기 쉬운 수준으로 줄임으로써 강한 규칙을 빠르게 찾는 방법을 확인하게 될 것이다.

아프리오리 원칙을 이용한 규칙 집합의 구축

아프리오리 원칙은 빈번한 아이템 세트의 모든 부분집합 또한 빈번해야 한다는 것을 말한다. 다시 말해 {A, B}가 빈번하다면 {A}와 {B} 모두 빈번해야만 한다. 당연히 지지도는 아이템 세트가 데이터에 나타나는 빈도를 나타낸다. 그러므로 {A}가 원하는 지지도 임계치를 만족하지 않는다면 {A, B} 혹은 {A}를 포함하는 어떤 아이템 세트도 고려할 이유가 없다. 즉, 빈번할 수가 없다.

아프리오리 알고리듬은 이 논리를 사용해 실제 평가하기 전에 잠재적인 연관 규칙을 제외시킨다. 규칙을 생성하는 절차는 두 단계로 일어난다.

1. 최소 지지도 임계치를 만족하는 모든 아이템 세트를 식별한다.
2. 이 아이템 세트에서 최소 신뢰도 임계치를 만족하는 아이템 세트로 규칙을 생성한다.

첫 번째 단계는 여러 번 반복된다. 연속되는 반복에서 점점 커지는 일련의 아이템 세트의 지지도를 평가한다. 예를 들어 반복 1은 1아이템 아이템 세트(1아이템 집합)를 평가하며, 반복 2는 2아이템 세트를 평가한다. 각 반복 i의 결과는 최소 지지도 임계치를 만족하는 모든 i아이템 세트의 집합이다.

반복 i에서 모든 아이템 세트는 반복 $i + 1$에서 평가할 후보 아이템 세트를 생성하고자 결합된다. 하지만 아프리오리 원칙은 다음 라운드가 시작하기 전이라도 아이템 세트를 일부 제거할 수 있다. {A}, {B}, {C}가 반복 1에서 빈번하고 {D}는 빈번하지 않다면 반복 2는 단지 {A, B}, {A, C}, {B, C}만 고려하게 될 것이다. 따라서 알고리듬은 D를 포함하는 집합이 선험적으로 제거되지 않는다면 평가됐을 6개의 아이템 세트 대신 3개의 아이템 세트만을 평가할 필요가 있다.

이 생각을 계속해서 반복 2 동안 {A, B}와 {B, C}는 빈번한데, {A, C}는 빈번하지 않다는 것을 발견했다고 가정해보자. 반복 3은 {A, B, C}의 지지도를 평가하면서 정상적으로 시작하지만 이 단계는 필요 없다. 왜 아닐까? 아프리오리 원칙은 {A, C}가 빈번하지 않기 때문에 {A, B, C}는 빈번할 수가 없다는 것을 말한다. 그러므로 반복 3에서 새로운 아이템 세트가 생성되지 않는다면 알고리듬은 종료될 수 있다.

반복	반드시 계산	빈번한 아이템 세트	빈번하지 않은 아이템 세트
1	{A}, {B}, {C}, {D}	{A}, {B}, {C}	{D}
2	{A, B}, {A, C}, {B, C} {A, D}, {B, D}, {C, D}	{A, B}, {B, C}	{A, C}
3	{A, B, C}, {A, B, D} {A, C, D}, {B, C, D}		
4	{A, B, C, D}		

그림 8.2: 이 예제에서 아프리오리 알고리듬은 4개의 항목에 대한 거래 데이터에서 발생할 수 있는 15개의 잠재적인 아이템 세트 중 7개만을 평가했다(0-항목 아이템 세트는 표시되지 않음).

현 시점에서 아프리오리 알고리듬의 두 번째 단계가 시작될 수 있다. 빈번한 아이템 세트로 이뤄진 집합이 있다면 연관 규칙은 모든 가능한 부분집합에서 생성된다. 예를 들어 {A, B}는 {A} → {B}와 {B} → {A}로 후보 규칙이 만들어진다. 이 규칙들은 최소 신뢰도 임계치에 대해 평가되며 원하는 신뢰도 수준을 만족하지 않는 규칙은 모두 제거된다.

⁂ 예제: 연관 규칙으로 자주 구매되는 식료품 식별

이번 장의 소개에서 언급했듯이 장바구니 분석은 여러 오프라인과 온라인 소매업체에서 사용하는 추천 시스템의 이면에서 사용된다. 학습된 연관 규칙은 자주 함께 구매되는 아이템의 조합을 나타낸다. 이런 패턴을 알게 되면 식료품 체인이 재고를 최적화하고, 판촉 활동을 홍보하고, 매장의 실제 배치를 구성하는 새로운 방식에 대한 통찰력이 생긴다. 예를 들어 고객이 커피나 오렌지 주스를 아침 페이스트리와 함께 자주 구매한다면 페이스트리를 커피와 주스 가까이에 재배치해 수익을 증가시킬 수 있을 것이다.

마찬가지로 온라인 소매업자는 이미 본 상품과 관련된 항목을 추천하는 동적 추천 엔진을 위해 이 정보를 활용할 수 있다. 또한 웹 사이트 방문 또는 온라인 구매 후 추가 아이템을 제안하는 이메일을 통해 활성화된 마케팅 방식인 '액티브 애프터마케팅'을 실시할 수 있다.

이 지침서에서는 식료품점의 거래 데이터에서 장바구니 분석을 수행할 것이다. 이 과정에서 어떻게 아프리오리 알고리듬이 잠재적으로 거대한 연관 규칙 집합을 효율적으로 평가할 수 있는지 알아보게 될 것이다. 동일한 기술은 영화 추천부터 데이팅 사이트, 의약품 간의 위험한 상호작용 찾기까지 다양한 비즈니스 작업에 적용될 수 있다.

단계 1: 데이터 수집

이번 장바구니 분석에서는 실제 식료품 매장을 1달 동안 운영한 구매 데이터를 활용할 것이다. 이 데이터는 9,835건의 거래 혹은 일별 약 327건의 거래(12시간 영업일 시간당 약 30건 거래)를 포함하며 이 소매업체가 특별히 크지도 특별히 작지도 않다는 것을 시사하고 있다.

여기에 사용된 데이터 세트는 arules R 패키지의 Gorchities 데이터 세트를 채택했다. 자세한 내용은 광산협회 규칙, 하슬러(Hahsler, M.), 호닉(Hornik, K.), 로이터(Reutterer, T.)의 〈2005에 대한 확률적 데이터 모델링의 시사점〉을 참고한다. 데이터 및 정보 분석에서 지식 엔지니어링, 가울(Gaul, W.), 비치(Vichi, M.), 와이스(Weihs, C.)의 〈분류, 데이터 분석 및 지식 조직에서의 연구〉, 2006, pp. 598-605를 참고한다.

일반적인 식료품 가게에서는 엄청나게 다양한 아이템을 판매한다. 그 곳에는 5가지 우유 브랜드, 10여 종류의 세탁 세제, 3가지 커피 브랜드가 있을 수 있다. 중간 규모의 소매업체라는 것을 감안할 때 특정 브랜드의 우유나 세제에만 적용되는 규칙을 발견하는 것에는 별로 관심이 없다고 가정할 것이다. 이것을 염두에 두고 모든 브랜드 이름을 구매 데이터에서 제거할 수도 있다. 이것으로 닭고기, 냉동식품, 마가린, 탄산음료와 같이 넓은 범주를 사용해 식료품 개수를 좀 더 다루기 쉬운 169 종류로 줄인다.

고객이 포도나 딸기 젤리를 땅콩 버터보다 좋아하는지와 같은 아주 세부적인 연관 규칙을 찾기를 원한다면 엄청난 양의 거래 데이터가 필요할 것이다. 대형 체인 소매업체는 아이템의 특정 브랜드, 컬러, 맛 사이의 연관 규칙을 발견하고자 몇 백만 건의 거래 데이터베이스를 사용한다.

어떤 종류의 아이템이 함께 구매될지 추측할 수 있는가? 와인과 치즈가 평범한 한 쌍이 될 것인가? 빵과 버터는? 차와 꿀은? 이 데이터를 깊이 파헤쳐서 추측을 확인할 수 있는지 살펴보자.

단계 2: 데이터 탐색과 준비

거래 데이터는 이전에 사용했던 형식과 약간 다르게 저장돼 있다. 이전 분석에서 대부분 행은 예제 인스턴스를 나타내고 열은 특징을 나타내는 행렬 형태로 데이터를 이용했다. 행렬 형식에서 모든 예제는 정확히 동일한 특징 집합을 가져야만 한다.

이와 비교하면 거래 데이터는 좀 더 자유 형식이다. 평소와 같이 데이터의 열은 하나의 예제(이 경우 거래)를 나타낸다. 하지만 각 레코드는 고정된 개수의 특징 대신 한 개부터 여러 개까지 쉼표로 분리된 임의의 개수의 아이템 목록으로 이뤄져 있다. 본질적으로 특징이 예제마다 다르다.

TIP

> 이 분석을 따라 하려면 팩트출판사 웹 사이트에서 groceries.csv 파일을 다운로드해서 R 작업 디렉터리에 저장한다.

원시 파일 groceries.csv의 처음 5줄은 다음과 같다.

```
citrus fruit,semi-finished bread,margarine,ready soups
tropical fruit,yogurt,coffee
whole milk
pip fruit,yogurt,cream cheese,meat spreads
other vegetables,whole milk,condensed milk,long life bakery product
```

이는 식료품 매장에 5건의 개별 거래를 나타낸다. 첫 번째 거래는 감귤류 과일citrus fruit, 반제품 빵semi-finished bread, 마가린margarine, 즉석 수프ready soups라는 4개의 아이템을 포함한다. 비교하면 세 번째 거래는 전유whole milk 한 아이템만을 포함한다.

이전 분석에서 했던 것처럼 `read.csv()` 함수를 이용해 데이터를 로드한다고 해보자. R은 다음과 같이 만족스럽게 데이터를 행렬 형식으로 읽을 것이다.

	V1	V2	V3	V4
1	citrus fruit	semi-finished bread	margarine	ready soups
2	tropical fruit	yogurt	coffee	
3	whole milk			
4	pip fruit	yogurt	cream cheese	meat spreads
5	other vegetables	whole milk	condensed milk	long life bakery product

그림 8.3: 거래 데이터는 행렬 형식으로 일관되지 않게 로드된다.

R이 거래 데이터에 있는 아이템을 저장하고자 4개의 열 V1, V2, V3, V4를 생성했다는 것을 알았을 것이다. 이것이 합리적으로 보이겠지만 이 형태로 데이터를 사용한다면 나중에 문제에 부딪치게 될 것이다. 첫 번째 줄이 정확히 4개의 쉼표로 분리된 값을 갖고 있었기 때문에 R은 생성해야 할 4개의 변수를 선택해야 했다. 하지만 식료품 구매는 4개 이상의 아이템을 포함할 수 있다. 따라서 4개 열로 된 설계에서 그런 거래는 행렬의 여러 행으로 나뉘게 될 것이다. 이 문제를 해결하고자 가장 많은 아이템을 갖는 거래를 파일 상단에 배치할 수도 있지만 이것은 더 문제가 있는 다른 이슈를 무시하는 것이다.

R은 이런 방식으로 데이터를 구조화해 거래 아이템뿐 아니라 아이템이 나타나는 순서를 기록하는 특징 집합을 구축해왔다. 학습 알고리듬을 V1, V2, V3, V4 사이의 관계를 찾기 위한 시도로 생각한다면 V1의 전유는 V2에 나타나는 전유와 다르게 취급될 수 있다. 대신 거래를 특정 아이템으로 채우는 (혹은 채우지 않는) 위치 집합이 아닌 각 특정 아이템을 포함하거나 포함하지 않는 장바구니로 취급하는 데이터 세트가 필요하다.

데이터 준비: 거래 데이터를 위한 희소 행렬 생성

이 문제에 대한 해결책은 희소 행렬sparse matrix이라 하는 데이터 구조를 활용하는 것이다. 4장에서 텍스트 데이터를 처리하고자 희소 행렬을 사용했던 것을 기억할 것이다. 이전 데이터 세트와 같이 희소 행렬의 각 행은 거래를 나타낸다. 하지만 희소 행렬은 어떤 사람의 장바구니에 나타날 가능성이 있는 모든 아이템에 대한 열(즉, 특징)을 갖는다. 식료품 매장의 데이터에는 169 종류의 아이템이 있기 때문에 희소 행렬은 169개의 열을 갖게 될 것이다.

대부분의 이전 데이터 분석에서 했던 것처럼 왜 희소 행렬을 데이터 프레임에 저장하지 않는가? 기존 데이터 구조는 추가 거래와 아이템이 더해지면 너무 빠르게 커져서 가용 메모리에 맞추기가 어렵기 때문이다. 여기서 사용된 거래 데이터 세트는 상대적으로 작지만 행렬은 거의 170만 개의 셀을 가지며 대부분은 0이다(여기서 '희소' 행렬이라는 이름이 나왔다. 0이 아닌 값이 아주 적다). 모든 0을 저장하는 것은 이점이 없기 때문에 희소 행렬은 실제 메모리에 전체 행렬을 저장하지는 않는다. 아이템이 존재하는 셀만 저장한다. 그렇기 때문에 이 구조가 대등한 크기의 행렬 혹은 데이터 프레임보다 더 메모리 효율적이다. 거래 데이터에서 희소 행렬 데이터 구조를 만들고자 arules(연관 규칙$^{association\ rules}$) 패키지가 제공하는 기능을 사용할 수 있다. install.packages("arules")와 library(arules) 명령으로 패키지를 설치하고 로드한다.

NOTE

> arules 패키지에 대한 좀 더 상세한 정보는 하슬러(Hahsler, M.), 그루엔(Gruen, B.), 호닉(Hornik, K.)의 〈arules – A Computational Environment for Mining Association Rules and Frequent Item Sets〉, Journal of Statistical Software, 2005, Vol. 14. 문서를 참고한다.

거래 데이터를 로딩해야 되기 때문에 단순히 앞에서 사용된 read.csv() 함수를 사용할 수는 없다. 대신 arules는 read.transactions() 함수를 제공하는데, 이 함수는 거래 데이터에 적합한 희소 행렬을 만드는 것을 제외하면 read.csv()와 비슷하다. sep = "," 파라미터는 입력 파일에서 아이템이 쉼표로 분리된다는 것을 명시한다. groceries.csv 데이터를 groceries란 이름의 희소 행렬로 읽으려면 다음 라인을 입력한다.

```
> groceries <- read.transactions("groceries.csv", sep = ",")
```

방금 생성했던 groceries 행렬에 대한 기본 정보를 일부 확인하려면 객체에 대해 summary() 함수를 사용한다.

```
> summary(groceries)
```

```
transactions as itemMatrix in sparse format with
```

```
9835 rows (elements/itemsets/transactions) and
169 columns (items) and a density of 0.02609146
```

앞에 보이는 출력에서 첫 번째 블록의 정보는 생성된 희소 행렬의 요약을 제공한다. 출력 **9835 rows**는 거래 건수를 가리키며 출력 **169 columns**는 누군가의 식료품 바구니에 나타날 수 있는 169 종류의 아이템 각각을 가리킨다. 행렬의 각 셀은 아이템이 해당 거래에서 구매된 것이면 1이고 아니면 0이다.

밀도^{density} 값 0.02609146(2.6%)은 행렬에서 0이 아닌 셀의 비율을 가리킨다. 행렬에서 9,835 * 169 = 1,662,115 위치가 있기 때문에 (같은 아이템이 중복 구매될 수 있다는 사실은 무시하고) 매장의 30일 영업 동안 총 1,662,115 * 0.02609146 = 43,367개의 아이템이 구매된다고 계산할 수 있다. 추가 단계로 평균 거래는 43,367/9,835 = 4.409개의 다른 식료품 아이템을 포함하고 있음을 알 수 있다. 물론 출력 아래로 약간 더 보면 거래별 평균 항목 개수는 이미 제공됐다는 것을 알 수 있다.

summary() 출력의 다음 블록에는 거래 데이터에서 가장 흔히 발견되는 아이템을 나열하고 있다. 전유^{whole milk}의 거래가 2,513/9,835 = 0.2555이기 때문에 총 거래의 25.6%에서 나타났다는 것을 알 수 있다. 다른 채소류^{other vegetables}, 롤/번^{rolls/buns}, 탄산음료^{soda}, 요거트^{yogurt}는 다음과 같이 다른 흔한 아이템들의 목록을 완성한다.

```
most frequent items:
      whole milk   other vegetables       rolls/buns
            2513               1903             1809
            soda             yogurt          (Other)
            1715               1372            34055
```

또한 거래의 크기에 관한 통계량 정보도 제공된다. 총 2,159건의 거래가 단일 항목만을 포함하고 있었으며, 한 거래는 32개의 항목을 포함하고 있었다. 제1사분위수와 중앙값 구매 크기는 각각 2개와 3개의 항목으로, 거래의 25%가 2개 또는 그 이하의 항목을 포함하고 있으며 약 절반은 3개 또는 그 이하의 항목을 포함하고 있음을 나타낸다. 거래당 평균 4.409개의 항목은 우리가 수기로 계산한 값과 일치한다.

```
element (itemset/transaction) length distribution:
sizes
   1    2    3    4    5    6    7    8    9   10   11   12
2159 1643 1299 1005  855  645  545  438  350  246  182  117
  13   14   15   16   17   18   19   20   21   22   23   24
  78   77   55   46   29   14   14    9   11    4    6    1
  26   27   28   29   32
   1    1    1    3    1

   Min. 1st Qu.  Median   Mean 3rd Qu.    Max.
  1.000   2.000   3.000  4.409   6.000  32.000
```

마지막으로 출력의 하단에는 항목 행렬과 관련된 메타데이터가 있을 수 있는 추가 정보가 포함돼 있다. 항목 계층 구조나 레이블과 관련된 고급 기능을 사용하지는 않았지만 출력은 여전히 데이터에 레이블이 있는 것을 나타낸다. read.transactions() 함수는 원래 CSV 파일의 항목 이름을 사용해 이를 자동으로 추가했으며, 첫 번째 3개의 레이블(알파벳 순서대로)이 표시된다.

```
includes extended item information ? examples:
          labels
1 abrasive  cleaner
2   artif. Sweetener
3     baby cosmetics
```

arules 패키지는 항목을 실세계의 항목과 연결되지 않는 숫자 항목 ID 번호를 사용해 내부적으로 표현한다는 점에 유의하자. 기본적으로 대부분의 arules 함수는 항목 레이블을 사용해 이러한 번호를 해독한다. 그러나 숫자 ID를 설명하고자 소위 "long" 형식의 디코딩하지 않은 상태로 처음 두 거래를 검토할 수 있다. "long" 형식의 거래 데이터에서 각 행은 단일 거래의 단일 항목을 나타내며 각 행이 여러 항목을 나타내는 대신 각 행이 하나의 거래다. 예를 들어 첫 번째 거래와 두 번째 거래가 각각 4개와 3개의 항목을 포함했으므로 "long" 형식은 이러한 거래를 7개의 행으로 나타낸다.

```
> head(toLongFormat(groceries, decode = FALSE), n = 7)

    TID  item
1    1    30
2    1    89
3    1   119
4    1   133
5    2    34
6    2   158
7    2   168
```

이 거래 데이터의 표현에서 **TID** 열은 거래 ID를 나타내며(즉 첫 번째 또는 두 번째 장바구니를 의미), item 열은 항목에 할당된 내부 ID 번호를 나타낸다. 첫 번째 거래가 {과일, 마가린, 레디 스프, 준비된 빵}을 포함했다고 가정하면 항목 ID 30은 과일을 나타내며 89는 마가린을 나타낸다.

물론 arules 패키지는 거래 데이터를 더 직관적인 형식으로 검토하기 위한 기능을 포함하고 있다. 희소 행렬의 내용을 살펴보려면 R의 벡터 연산자와 조합해 inspect() 함수를 사용하면 된다. 첫 다섯 거래를 다음과 같이 볼 수 있다.

```
> inspect(groceries[1:5])

    items
```

```
[1]  {citrus fruit,
      margarine,
      ready soups,
      semi-finished bread}
[2]  {coffee,
      tropical fruit,
      yogurt}
[3]  {whole milk}
[4]  {cream cheese,
      meat spreads,
      pip fruit,
      yogurt}
[5]  {condensed milk,
      long life bakery product,
      other vegetables,
      whole milk}
```

inspect() 함수를 사용해 서식을 지정하면 데이터는 원래 CSV 파일에서 본 것과 크게 다르지 않게 보인다.

groceries 객체가 희소 항목 행렬로 저장됐기 때문에 [행, 열] 표기법을 사용해 원하는 항목 및 원하는 거래를 검토할 수 있다. 이를 itemFrequency() 함수와 함께 사용하면 지정한 항목을 포함하는 모든 거래의 비율을 볼 수 있다. 예를 들어 식료품 데이터의 모든 행에서 첫 번째 3개의 항목에 대한 지지도 수준을 보려면 다음 명령을 사용한다.

```
> itemFrequency(groceries[, 1:3])
```

```
 abrasive cleaner  artif. sweetener   baby cosmetics
      0.0035587189       0.0032536858      0.0006100661
```

희소 행렬의 항목들은 알파벳 순서대로 열에 배열돼 있는 것을 주목하라. 연마제 세정제와 인공 감미료는 약 0.3%의 거래에서 발견되며, 아기 화장품은 약 0.06%의 거래에서 발견된다.

아이템 지지도 시각화: 아이템 빈도 그래프

이런 통계를 시각적으로 보여주려면 itemFrequencyPlot() 함수를 사용한다. 이 함수는 특정 아이템이 포함된 거래 비율을 묘사하는 바 차트를 생성한다. 거래 데이터가 아주 많은 아이템을 포함하기 때문에 읽기 쉬운 차트를 생성하려면 종종 하나의 도표에 나타나는 아이템을 제한할 필요가 있다.

이 아이템을 최소 거래 비율로 나타내려면 itemFrequencyPlot()을 support 파라미터와 함께 사용한다.

```
> itemFrequencyPlot(groceries, support = 0.1)
```

이 명령은 다음 도표에서 볼 수 있듯이 groceries 데이터에서 최소 10% 지지도를 갖는 8개 아이템이 나타나는 히스토그램을 만든다.

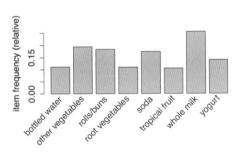

그림 8.4: 적어도 10% 거래 내역에서의 모든 식료 아이템 지지도 레벨

도표를 특정 개수의 아이템으로 제약하려고 한다면 itemFrequencyPlot()에 topN 파라미터를 사용한다.

```
> itemFrequencyPlot(groceries, topN = 20)
```

이때 히스토그램은 다음의 다이어그램과 같이 **groceries** 데이터의 상위 20개 아이템에 대해 지지도 내림차순으로 정렬된다.

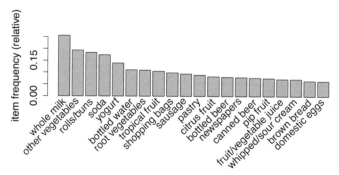

그림 8.5: 상위 20개 식료 아이템의 지지도 레벨

거래 데이터 시각화: 희소 행렬 도표화

아이템을 관찰하는 것 외에 전체 희소 행렬을 개략적으로 시각화하는 것도 가능하다. 그렇게 하려면 **image()** 함수를 사용한다. 물론 행렬 자체가 매우 거대하기 때문에 대개 전체 행렬의 부분집합을 사용하는 것이 최적이기는 하다. 처음 다섯 거래에 대한 희소 행렬을 보여주기 위한 명령은 다음과 같다.

```
> image(groceries[1:5])
```

만들어진 다이어그램은 5행 169열의 행렬을 표현하며 요청했던 5건의 거래와 169개의 가능한 아이템을 나타낸다. 행렬의 셀은 아이템(열)을 구매한 거래(행)에 대해 검정색으로 채워진다.

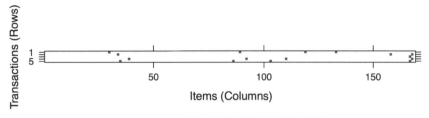

그림 8.6: 첫 5개 거래 내역에 대한 희소 행렬 시각화

그림 8.6이 작고 읽기가 조금 어려울 수 있지만 1번째, 4번째, 5번째 거래가 각각 4개의 아이템을 포함하고 있다는 것을 볼 수 있는데, 거래 행이 채워진 4개의 셀을 갖기 때문이다. 또한 다이어그램의 오른쪽에서 3, 5, 2, 4행이 공통 아이템을 갖는다는 것을 확인할 수 있다. 이 시각화는 데이터 탐색을 위한 유용한 툴이 된다. 하나는 잠재적인 데이터 이슈를 식별하는 데 도움이 된다. 완전히 채워진 열은 모든 거래에서 구매된 아이템을 나타낸다(소매업체의 이름과 ID 번호가 실수로 거래 데이터 세트에 포함되면 이런 문제가 발생할 수 있다).

추가적으로 다이어그램의 패턴은 거래와 아이템의 흥미로운 단면을 보이는 데 도움이 되며, 특히 데이터가 흥미로운 방식으로 정렬돼 있을 때 그렇다. 예를 들어 거래가 날짜로 정렬돼 있다면 검정색 점의 패턴은 구매된 아이템의 개수나 타입에 대한 계절적 영향을 보여줄 것이다. 크리스마스나 하누카 무렵에는 장난감이 좀 더 흔해지고 할로윈 무렵에는 사탕과 초콜릿류가 인기가 있을 것이다. 이런 종류의 시각화는 아이템이 범주로 정렬돼 있을 때 특히 강력해진다. 하지만 대부분의 경우 도표는 TV 화면의 노이즈처럼 아주 랜덤하게 보일 것이다.

이 시각화는 극단적으로 큰 거래 데이터베이스의 경우 셀이 파악하기에 너무 작기 때문에 유용하지 않다는 것을 유념하자. 하지만 sample() 함수와 결합해 임의로 샘플링한 거래 집합에 대한 희소 행렬을 볼 수 있다. 100개 거래를 임의로 선택하는 명령은 다음과 같다.

```
> image(sample(groceries, 100))
```

이 명령은 100개의 행과 169개의 열을 갖는 행렬 다이어그램을 생성한다.

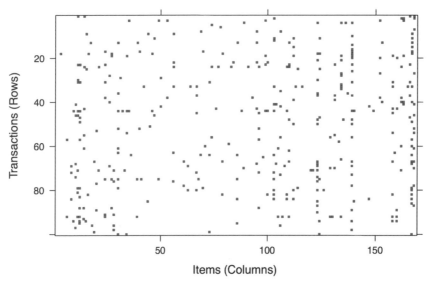

그림 8.7: 100개 랜덤 선택 거래에 대한 희소 행렬 시각화

일부 열이 상당히 많이 밀집된 것으로 보이는데, 매장에서 아주 인기 있는 아이템을 일부 가리킨다. 하지만 전체적으로 점의 분포가 상당히 랜덤하게 보인다. 눈여겨볼 것이 더 이상 없으므로 분석을 계속 진행해보자.

단계 3: 데이터에 대한 모델 훈련

데이터 준비가 완료됐으면 이제 장바구니 아이템 간에 연관성을 찾는 작업을 할 수 있다. 식료품 데이터를 탐색하고 준비할 때 사용했던 arules 패키지의 아프리오리 알고리듬 구현을 사용할 것이다. 아직 패키지를 설치하지 않았다면 패키지를 설치하고 로드해야 한다.

다음 표는 apriori() 함수로 규칙 집합을 생성하는 구문을 보여준다.

<table>
<tr><td>연관 규칙 구문</td></tr>
<tr><td>arules 패키지의 apriori() 함수 사용</td></tr>
</table>

연관 규칙 찾기:

```
myrules <- apriori(data = mydata, parameter =
  list(support = 0.1, confidence = 0.8, minlen = 1))
```

- data: 거래 데이터를 갖고 있는 희소 아이템 행렬
- support: 요구되는 최소 규칙 지지도
- confidence: 요구되는 최소 규칙 신뢰도
- minlen: 요구되는 최소 규칙 아이템

이 함수는 최소 기준을 만족하는 모든 규칙을 저장하고 있는 규칙 객체를 반환한다.

연관 규칙 검토:

```
inspect(myrules)
```

- myrules: apriori() 함수에서 얻은 연관 규칙 집합

이 함수는 연관 규칙을 화면에 출력한다. 특정 규칙 또는 규칙들을 보고자 선택할 때 myrules에 벡터 연산을 사용할 수 있다.

예제:

```
groceryrules <- apriori(groceries, parameter =
  list(support = 0.01, confidence = 0.25, minlen = 2))
inspect(groceryrules[1:3])
```

그림 8.8 아프리오리 연관 규칙 학습 구문

apriori() 함수를 실행하는 것은 간단하지만 합리적인 개수의 연관 규칙을 생성하는 support와 confidence 파라미터를 찾으려면 가끔 엄청난 시행착오를 겪을 수 있다. 이 파라미터의 수준을 너무 높게 하면 규칙을 찾지 못하거나 너무 포괄적이어서 유용하지 않은 규칙을 찾게 될 것이다. 한편 임계치가 너무 낮으면 규칙이 너무 많아져서 통제가 힘들거나 더 심각하게는 학습 단계를 진행할 때 너무 오래 실행하거나 메모리가 부족해질 수 있다.

식료품 데이터에 대해 support = 0.1 및 confidence = 0.8의 기본 설정을 사용하면 실망스러운 결과가 나온다. 결과의 전체 내용은 간결함을 위해 생략됐으나 최종 결과는 규칙이 없는 집합이 된다.

```
> apriori(groceries)
```

...

분명히 검색 범위를 조금 넓힐 필요가 있다.

TIP

> 이에 대해 생각해보면 결과가 엄청나게 놀랍지는 않다. 디폴트가 support = 0.1이기 때문에 규칙을 생성하려면 아이템이 최소한 0.1 * 9,385 = 938.5개의 거래에 나타나야만 한다. 데이터에서 8개의 아이템만이 이 빈도로 나타났기 때문에 어떤 규칙도 찾을 수 없었던 것은 당연하다.

최소 지지도를 설정하는 문제에 접근하는 방법 중 하나는 패턴을 고려하기 전에 필요한 최소 거래 건수에 대해 생각하는 것이다. 예를 들어 아이템이 하루에 2번 구매된다면(한 달에 약 60회) 흥미로운 패턴이라고 주장할 수 있다. 거기에서 최소 그 정도 많은 거래와 연결되는 규칙만을 찾고자 필요한 지지도 수준을 계산할 수 있을 것이다. 9,835회 중 60회는 0.006이기 때문에 지지도를 먼저 설정해보겠다.

최소 신뢰도 설정은 섬세한 균형을 필요로 한다. 신뢰도가 너무 낮으면(보통 배터리와 함께 구매되는 아이템을 나타내는 수십 개의 규칙들과 같이) 엄청난 수의 신뢰할 수 없는 규칙에 압도될 수 있다. 그때는 광고 예산을 어디로 타깃팅할지 어떻게 알겠는가? 한편 신뢰도를 너무 높게 설정하면(연기 탐지기는 항상 배터리와 함께 구매된다는 사실과 비슷하게) 명백하거나 반드시 예상할 수 있는 규칙으로 제한될 것이다. 이 경우 연기 탐지기를 배터리 근처로 옮긴다고 해서 추가 수익이 생길 가능성은 거의 없다. 이미 두 아이템은 거의 늘 함께 구매됐기 때문이다.

TIP

> 적절한 최소 신뢰도 수준은 분석 목표에 많이 좌우된다. 보수적인 값으로 시작해서 실행 가능한 지능을 찾지 못했다면 검색을 확대하고자 신뢰도를 줄일 수 있다.

신뢰도 임계치를 0.25로 시작해보자. 이것은 규칙이 결과에 포함되려면 최소

25% 정확해야 한다는 것을 의미한다. 결과적으로 신뢰하지 못하는 규칙들이 제거되면서 타깃팅된 홍보 활동을 통해 고객의 행동을 바꿀 수 있는 약간의 여지가 생길 것이다.

이제 규칙을 생성할 준비가 됐다. 최소 support와 confidence 파라미터 이외에 둘 이하의 아이템을 갖는 규칙을 없애고자 minlen = 2를 설정하는 것이 좋다. 이 파라미터는 예를 들어 {} => whole milk와 같이 아이템이 자주 구매되기 때문에 흥미롭지 않은 규칙이 생성되는 것을 방지한다. 이 규칙은 전유가 25% 이상의 거래에서 구매됐기 때문에 최소 지지도와 신뢰도를 만족하지만 매우 실행 가능한 통찰은 아니다.

아프리오리 알고리듬을 이용해 연관 규칙의 집합을 찾는 전체 명령은 다음과 같다.

```
> groceryrules <- apriori(groceries, parameter = list(support =
                        0.006, confidence = 0.25, minlen = 2))
```

처음에 출력되는 몇 줄은 지정한 파라미터 설정 및 기본 설정된 다른 여러 가지 설정에 대한 설명을 제공한다. 이러한 설정의 정의에 대해서는 ?APparameter 도움말 명령을 사용한다. 두 번째 줄들은 뒷단의 알고리듬 제어 파라미터를 보여준다. 이 파라미터는 더 큰 데이터 세트에 유용할 수 있으며 속도 최적화 또는 메모리 사용 최적화와 같은 컴퓨팅 트레이드오프를 조절한다. 이러한 파라미터에 대한 정보는 ?APcontrol 도움말 명령을 사용한다.

```
Apriori

Parameter specification:
 confidence minval smax  arem aval originalSupport maxtime support
       0.25    0.1    1  none FALSE            TRUE       5   0.006
 minlen maxlen target   ext
```

```
        2     10  rules  TRUE

  Algorithmic control:
    filter tree heap memopt  load  sort  verbose
      0.1 TRUE  TRUE  FALSE  TRUE    2     TRUE
```

그다음으로 출력에는 아프리오리 알고리듬 실행 단계에 관한 정보가 포함된다.

```
  Absolute minimum support count: 59

  set item appearances ...[0 item(s)] done [0.00s].
  set transactions ...[169 item(s), 9835 transaction(s)] done [0.00s].
  sorting and recoding items ... [109 item(s)] done [0.00s].
  creating transaction tree ... done [0.00s].
  checking subsets of size 1 2 3 4 done [0.00s].
  writing ... [463 rule(s)] done [0.00s].
  creating S4 object ... done [0.00s].
```

거래 데이터 세트의 크기가 작기 때문에 대부분의 행은 실행 시 거의 시간이
소요되지 않은 것을 보여준다. 여기서는 [0.00s]로 표시됐지만 컴퓨터 성능에
따라 결과는 약간 다를 수 있다.

절대 최소 지지도 횟수[absolute minimum support count]는 지정한 지지도 임곗값인 0.006을
충족하는 최소 거래 횟수를 나타낸다. 0.006 * 9,835 = 59.01이므로 알고리듬은
항목이 최소 59 거래에서 나타나야 한다. 크기 1, 2, 3, 4의 부분집합을 확인하는
출력은 알고리듬이 1, 2, 3, 4개의 항목으로 구성된 i아이템 세트를 테스트한
후 반복 프로세스를 중지하고 최종적으로 463개의 규칙 세트를 작성했다는 것
을 나타낸다.

apriori() 함수의 최종 결과는 규칙 객체[rules object]다. 이 객체의 내용을 확인하려
면 그 이름을 입력해보라.

```
> groceryrules
```

```
set of 463 rules
```

groceryrules 객체에는 463개의 연관 규칙이 들어있다. 그중 어떤 것이 유용한지 알아내고자 더 깊게 파헤쳐 볼 것이다.

단계 4: 모델 성능 평가

연관 규칙의 상위 수준 요약을 얻으려면 다음과 같이 summary()를 사용할 수 있다. 규칙의 길이 분포는 얼마나 많은 규칙이 각 개수의 아이템을 갖는지를 말해준다. 규칙 집합에서 150개의 규칙은 단지 2개의 아이템만을 갖는 반면 297개의 규칙은 3개를, 16개의 규칙은 4개를 갖는다. 이 분포와 연관된 요약 통계량도 출력에 나타난다.

```
> summary(groceryrules)

set of 463 rules

rule length distribution (lhs + rhs):sizes
   2   3   4
 150 297  16

   Min. 1st Qu. Median  Mean 3rd Qu.   Max
  2.000   2.000  3.000 2.711   3.000 4.000
```

TIP

앞의 결과에서 적힌 것처럼 규칙의 크기는 규칙의 좌측(lhs)과 우측(rhs)의 합으로 계산된다. 이것은 {bread} => {butter}와 같은 규칙은 두 아이템이고 {peanut butter, jelly} => {bread}은 세 아이템이라는 것을 의미한다.

다음으로 지지도와 신뢰도뿐만 아니라 커버리지^{coverage}, 리프트^{lift}, 건수^{count}와 같은 규칙 품질 지표의 요약 통계량을 볼 수 있다.

```
summary of quality measures:
   support             confidence         coverage
 Min.   :0.006101   Min.   :0.2500   Min.   :0.009964
 1st Qu.:0.007117   1st Qu.:0.2971   1st Qu.:0.018709
 Median :0.008744   Median :0.3554   Median :0.024809
 Mean   :0.011539   Mean   :0.3786   Mean   :0.032608
 3rd Qu.:0.012303   3rd Qu.:0.4495   3rd Qu.:0.035892
 Max.   :0.074835   Max.   :0.6600   Max.   :0.255516

      lift             count
 Min.   :0.9932   Min.   : 60.0
 1st Qu.:1.6229   1st Qu.: 70.0
 Median :1.9332   Median : 86.0
 Mean   :2.0351   Mean   :113.5
 3rd Qu.:2.3565   3rd Qu.:121.0
 Max.   :3.9565   Max.   :736.0
```

지지도와 신뢰도 지표는 규칙의 선택 기준으로 사용했기 때문에 크게 놀라운 것은 아닐 것이다. 대부분 또는 모든 규칙이 지지도와 신뢰도가 매우 낮은 최소 임곗값에 매우 가까운 경우 기준을 너무 높게 설정했을 수 있다는 의미일 수 있지만 이 경우는 아니다. 많은 규칙이 각각 훨씬 높은 값을 갖고 있다.

건수^{count}와 커버리지^{coverage} 지표는 지지도와 신뢰도와 밀접한 관련이 있다. 여기서 정의된 바에 따르면 건수는 단순히 지지도 지표의 분자이거나 아이템을 포함한 거래의 수(비율이 아닌 수)다. 절대 최소 지지도 횟수가 59였기 때문에 최소 관측 건수 60이 파라미터 설정과 비슷한 값이라는 것은 놀라운 일이 아니다. 최대 건수인 736은 아이템이 9,835개의 거래 중 736번 나타난 것을 나타낸다. 이는 최대 관측 지지도인 736/9,835 = 0.074835와 관련이 있다.

연관 규칙의 커버리지는 단순히 규칙에서 좌변의 지지도지만 유용한 실용적 해석을 갖고 있다. 이는 데이터 세트 내의 임의로 선택된 어떤 거래에 규칙이 적용될 확률로 이해할 수 있다. 따라서 최소 커버리지 0.009964는 가장 적용 가능한 규칙이 거래의 약 1%를 커버한다는 것을 나타내며, 최대 커버리지 0.255516은 최소한 하나의 규칙이 거래의 25% 이상을 커버한다는 것을 나타낸다. 분명히 이 규칙은 whole milk에 관련돼 있으며 많은 거래에 나타난 유일한 항목이다.

마지막 열은 우리가 아직 고려하지 않은 지표다. 규칙의 리프트[lift]는 하나의 아이템이나 아이템 세트가 다른 아이템이나 아이템 세트가 구매됐음을 알고 있을 때 일반적인 구매율에 비해 얼마나 더 자주 구매되는지를 측정하는 지표다. 이는 다음과 같은 식으로 정의된다.

$$\text{lift}(X \rightarrow Y) = \frac{\text{confidence}(X \rightarrow Y)}{\text{support}(Y)}$$

TIP

> 아이템 순서가 중요한 신뢰도와 달리 lift(X→ Y)는 lift(Y → X)와 동일하다.

예를 들어 식료품점에서 대부분의 사람이 우유와 빵을 구매한다고 가정해보자. 우연한 기회로만 놓고 보면 우유와 빵이 함께 포함된 많은 거래가 있을 것으로 예상된다. 그러나 lift(우유 → 빵)이 1보다 크다면 이는 두 아이템이 우연히 기대보다 더 자주 함께 나타난다는 것을 의미한다. 다시 말해 한 아이템을 구매한 사람은 다른 아이템을 구매할 가능성이 더 높다는 것이다. 따라서 큰 리프트 값은 규칙이 중요하며 아이템 간의 실제 연관성을 반영하며 비즈니스 목적에 유용할 것으로 나타난다. 그러나 이는 충분히 큰 거래 데이터 세트에만 해당되는 사실이며, 지지도가 낮은 아이템의 경우에는 리프트 값이 과장될 수 있음을 염두에 둬야 한다.

summary() 출력의 마지막 섹션에서 규칙이 어떻게 선택됐는지를 말해주는 마이닝 정보를 받는다. 여기서 9,835건의 거래가 포함된 **groceries** 데이터가 최소 지지도 0.006와 최소 신뢰도 0.25를 갖는 규칙을 만드는 데 사용됐다는 것을 확인할 수 있다.

```
mining info:
     data transactions support confidence
groceries         9835   0.006       0.25
```

inspect() 함수로 특정 규칙을 관찰해볼 수 있다. 예를 들어 **groceryrules** 객체에 있는 처음 3개의 규칙은 다음과 같이 보일 수 있다.

```
> inspect(groceryrules[1:3])

    lhs                rhs                 support
[1] {potted plants}  => {whole milk}        0.006914082
[2] {pasta}          => {whole milk}        0.006100661
[3] {herbs}          => {root vegetables}   0.007015760

    confidence  coverage    lift      count
[1] 0.4000000   0.01728521  1.565460  68
[2] 0.4054054   0.01504830  1.586614  60
[3] 0.4312500   0.01626843  3.956477  69
```

첫 번째 규칙은 쉬운 말로 "고객이 화분에 심어진 식물[potted plants]을 산다면 전유

^{whole milk}도 살 것이다."로 읽을 수 있다. 지지도가 0.007이고 신뢰도가 0.400이므로 규칙이 거래의 0.7%를 커버하며 화분에 심어진 식물이 포함된 구매의 40%에서 규칙이 옳다는 것을 알 수 있다. 향상도 값은 전유를 산 평균 고객에 비해 고객이 화분에 심어진 식물을 샀다면 전유를 살 확률이 얼마나 더 높은지를 말해준다. 고객의 약 25.6%가 전유를 샀고(support) 화분에 심어진 식물을 산 고객의 40%가 전유를 샀다는 것을(confidence) 알기 때문에 향상도는 0.40/0.256 = 1.56으로 계산할 수 있으며 보이는 값과 일치한다.

신뢰도와 향상도가 높다는 사실에도 {potted plants} → {whole milk}가 아주 유용한 규칙 같아 보이는가? 아마 아닐 것이다. 우유를 화분에 심어진 식물과 같이 살 가능성이 있는지에 대한 논리적인 이유가 없어 보이기 때문이다. 하지만 데이터는 그렇지 않다고 말한다. 이 사실을 어떻게 이해할 수 있는가?

일반적인 방법은 연관 규칙을 받아 다음 3가지 범주로 규칙을 나누는 것이다.

- 실행 가능한^{Actionable}
- 사소한^{Trivial}
- 설명하기 어려운^{Inexplicable}

분명히 장바구니 분석의 목표는 명확하고 유용한 통찰을 제공하는 **실행 가능한**^{Actionable} 규칙을 발견하는 것이다. 일부 규칙은 명확하고 다른 규칙은 유용하다. 이 두 요소의 조합을 찾는 것은 흔하지 않다.

소위 **사소한 규칙**^{trivial rules}은 너무 명확해서 언급할 가치가 없는 규칙을 말한다(명확하지만 유용하지 않다). 교차 홍보 아이템에 대한 새로운 기회를 찾고자 많은 금액의 돈을 받은 마케팅 컨설턴트라고 가정해보자. {diapers} → {formula} 결과를 보고한다면 다시는 다른 컨설팅 업무에 초대받지 못할 것이다.

아이템 간의 연관성이 불명확해서 정보 사용법을 알아내는 것이 불가능 하거나 거의 불가능하다면 규칙이 설명하기 어려운^{Inexplicable} 것이다. 이 규칙은 단순히 데이터에 있는 랜덤 패턴일 수도 있다. 예를 들어 {pickles} → {chocolate ice cream}를 서술하는 규칙은 임신한 아내가 정기적으로 색다르게 혼합된 음식을 먹고 싶어 하는 고객 때문일지도 모른다.

최적의 규칙은 숨겨진 보석이다(발견되지 않은 통찰은 일단 발견되면 분명해 보인다). 충분한 시간이 있다면 보석을 찾고자 규칙을 하나도 빠짐없이 평가할 수 있다. 하지만 분석을 실행하는 데이터 과학자들은 규칙이 실행 가능한지, 사소한지, 설명하기 어려운지에 대한 최고의 심사위원이 아니다. 결론적으로 더 나은 규칙은 발견점을 해석하는 데 도움을 줄 수 있는 소매 체인을 관리하는 분야 전문가와 협업을 통해 얻을 수 있다. 다음 절에서는 학습 규칙을 정렬하고 탐색하는 방법으로 공유를 해 가장 흥미로운 결과가 상단에 나타나게 할 것이다.

단계 5: 모델 성능 개선

전문가는 유용한 규칙을 아주 빨리 식별할 수 있지만 수백 개 혹은 수천 개의 규칙을 평가하도록 요청하는 것은 전문가의 시간이 비효율적으로 사용되게 만든다. 그러므로 여러 기준에 따라 규칙을 정렬하고 이를 R에서 얻어 마케팅 팀과 공유하고 좀 더 깊이 있게 검토할 수 있는 형태로 변환할 수 있다면 유용할 것이다. 이런 방식으로 결과를 더욱 활용 가능하게 만듦으로써 규칙의 성능을 개선할 수 있다.

메모리 제한에 부딪히거나 아프리오리 실행이 너무 오래 걸린다면 더 최근의 알고리듬을 사용해 연관 규칙 마이닝 프로세스의 계산 성능을 개선하는 것도 가능할 수 있다.

연관 규칙 집합 정렬

장바구니 분석의 목적에 따라 가장 유용한 규칙은 가장 높은 support, confidence, lift를 갖는 규칙이 될 수 있다. arules 패키지는 sort() 함수를 포함하는데, 이 함수는 품질 측정치의 최고 또는 최저값을 갖는 규칙이 먼저 오도록 규칙 목록을 재정렬하는 데 사용된다.

groceryrules 객체를 재정렬하고자 by 파라미터에 "support", "confidence", "lift" 값을 지정해서 sort()를 적용할 수 있다. 정렬을 벡터 연산자와 결합해 특정 개수의 흥미로운 규칙을 얻을 수 있다. 예를 들어 향상도 통계에 따른 최고의 5개 규칙은 다음 명령으로 검토할 수 있다.

```
> inspect(sort(groceryrules, by = "lift")[1:5])
```

결과는 다음과 같이 보인다.

```
lhs rhs support
[1]  {herbs}             =>  {root vegetables}    0.007015760
[2]  {berries}           =>  {whipped/sour cream} 0.009049314
[3]  {other vegetables,
      tropical fruit,
      whole milk}        =>  {root vegetables}    0.007015760
[4]  {beef,
      other vegetables}  =>  {root vegetables}    0.007930859
[5]  {other vegetables,
      tropical fruit}    =>  {pip fruit}          0.009456024
```

```
        confidence   coverage     lift       count
   [1]  0.4312500    0.01626843   3.956477   69
   [2]  0.2721713    0.03324860   3.796886   89
   [3]  0.4107143    0.01708185   3.768074   69
   [4]  0.4020619    0.01972547   3.688692   78
   [5]  0.2634561    0.03589222   3.482649   93
```

이 규칙들은 이전에 봤던 것보다 좀 더 흥미로워 보인다. 약 3.96의 **lift**를 갖는 첫 번째 규칙은 허브^{herbs}를 산 사람들이 뿌리채소^{root vegetables}를 살 가능성이(아마도 어떤 종류의 스튜를 만들고자) 뿌리채소를 산 일반 고객보다 거의 4배 정도 높다는 것을 의미한다. 규칙 2도 흥미롭다. 휘핑 크림^{Whipped cream}이 다른 카트에 비해 베리^{berries}가 있는 장바구니에서 발견될 가능성이 3배 이상 높으며 아마도 디저트 쌍을 이루는 것을 시사한다.

TIP

디폴트 정렬 순서는 내림차순으로 가장 큰 값이 처음에 온다. 순서를 뒤집으려면 추가 라인 parameterdecreasing = FALSE를 더한다.

연관 규칙의 부분집합 구하기

앞의 규칙이 주어진다면 마케팅 팀은 이제 제철인 베리를 홍보하고자 광고를 제작할 수 있다는 것에 신이 나 있다고 가정하자. 하지만 캠페인을 마무리하기 전에 마케팅 팀은 베리가 다른 아이템과 같이 자주 구매되는지 조사를 요청한다. 이 질문에 답을 하고자 어떤 형태로든 베리를 포함하는 모든 규칙을 찾을 필요가 있다.

subset() 함수는 거래, 아이템, 규칙의 부분집합을 찾는 방법을 제공한다. 이 함수를 berries가 나타나는 규칙을 찾는 데 이용하려면 다음 명령을 사용한다. 이 명령은 berryrules라는 이름의 새로운 객체에 규칙을 저장할 것이다.

```
> berryrules <- subset(groceryrules, items %in% "berries")
```

그런 다음 이전에 큰 집합을 검사했던 것처럼 이 규칙도 검사할 수 있다.

```
> inspect(berryrules)
```

결과는 다음의 규칙 집합이다.

```
      lhs              rhs                 support
[1]  {berries} => {whipped/sour cream} 0.009049314
[2]  {berries} => {yogurt}             0.010574479
[3]  {berries} => {other vegetables}   0.010269446
[4]  {berries} => {whole milk}         0.011794611

     confidence  coverage    lift      count
[1]  0.2721713   0.0332486   3.796886  89
[2]  0.3180428   0.0332486   2.279848  104
[3]  0.3088685   0.0332486   1.596280  101
[4]  0.3547401   0.0332486   1.388328  116
```

베리가 포함된 규칙이 4개가 있으며 그중 둘은 '실행 가능한[actionable한]'으로 불리기에 충분히 흥미로운 것으로 보인다. 베리는 휘핑 크림[whipped cream] 외에도 요거트[yogurt]와 자주 같이 구매된다(디저트뿐만 아니라 아침이나 점심으로 잘 나오는 쌍이다).

subset() 함수는 매우 강력하다. 부분집합을 선택하기 위한 조건은 몇 가지 키워드와 연산으로 정의될 수 있다.

- 앞에서 설명했던 키워드 items는 규칙의 어디서나 나타나는 아이템과 매칭한다. 좌측이나 우측에만 매칭되는 부분집합으로 제약하려면 대신 lhs 또는 rhs를 사용한다.

- 연산자 %in%는 아이템 중 최소 하나가 정의한 목록에서 발견돼야만 한다. 베리나 요거트 중 하나에 일치되는 어떤 규칙을 원한다면 items %in% c("berries", "yogurt")로 적을 수 있다.

- 부분 매칭(%pin%)과 완전 매칭(%ain%)을 위한 추가 연산자를 사용할 수 있다. 부분 매칭으로 한 번 검색해서 귤 종류의 과일과 열대 과일을 모두 찾을 수 있다(items %pin% "fruit"). 완전 매칭은 나열된 모든 아이템이 존재해야 한다. 예를 들어 items %ain% c("berries", "yogurt")는 berries와 yogurt를 모두 갖는 규칙만을 찾는다.

- 부분집합은 support, confidence, lift로 제약될 수 있다. 예를 들어 confidence > 0.50는 50%보다 큰 신뢰도를 갖는 규칙으로 제한한다.

- 매칭 조건은 AND(&), OR(|), NOT(!)과 같은 표준 R의 논리 연산자와 같이 결합될 수 있다.

이런 옵션을 이용해 규칙의 선택이 원하는 대로 세부적이거나 일반적이도록 제약할 수 있다.

연관 규칙을 파일이나 데이터 프레임에 저장하기

장바구니 분석 결과를 저장하고자 write() 함수를 이용해 규칙을 CSV 파일로 저장할 수 있다. 이 함수는 마이크로소프트 엑셀을 포함한 대부분의 스프레드시트 프로그램에 사용되는 CSV 파일을 생성한다.

```
> write(groceryrules, file = "groceryrules.csv",
        sep = ",", quote = TRUE, row.names = FALSE)
```

가끔 규칙을 R 데이터 프레임으로 변환하는 것도 편리할 수 있다. 다음과 같이 as() 함수를 이용하면 가능하다.

```
> groceryrules_df <- as(groceryrules, "data.frame")
```

이 명령은 규칙으로 이뤄진 팩터 형식의 데이터 프레임과 support, confidence, lift에 대한 수치 벡터를 생성한다.

```
> str(groceryrules_df)
```

```
'data.frame':        463 obs. of 4 variables:
$ rules       : chr "{potted plants} => {whole milk}"
   "{pasta} => {whole milk}" "{herbs} => {root vegetables}"
   "{herbs} => {other vegetables}" ...
$ support     : num  0.00691 0.0061 0.00702 0.00773 0.00773 ...
$ confidence  : num  0.4 0.405 0.431 0.475 0.475 ...
$ coverage    : num  0.0173 0.015 0.0163 0.0163 0.0163 ...
$ lift        : num  1.57 1.59 3.96 2.45 1.86 ...
$ count       : int  68 60 69 76 76 69 70 67 63 88 ...
```

규칙에 대한 추가 처리를 수행하길 원하거나 다른 데이터베이스에 규칙을 내보낼 필요가 있다면 규칙을 데이터 프레임으로 저장하면 요긴할 수 있다.

더 효율적인 실행을 위해 Eclat 알고리듬을 사용하기

Eclat 알고리듬은 'Equivalence class itemset clustering and bottom-up lattice traversal'의 약자이며 좀 더 최신이고 상당히 빠른 연관 규칙 학습 알고리듬이다. 구현 관련한 세부 정보는 이 책의 범위를 벗어나지만 Eclat은 아프리오리와 밀접한 관련성을 가진 알고리듬으로 이해할 수 있다. Eclat도 자주 등장하는 아이템 세트의 모든 부분집합도 자주 등장한다고 가정한다. 그러나 Eclat은 잠재적으로 최대 빈발 아이템 세트를 식별하고 이 아이템 세트의 부분집합만 검색하는 데 단축키를 제공하는 똑똑한 기교를 활용해 더 적은 부분집합을 검색할 수 있다. 아프리오리가 넓게 탐색한 다음 깊게 탐색하는 형태의 너비 우선 알고리듬이라면 Eclat은 최종 목표 지점으로 직접 이동하고 필요한 만큼만 넓게 탐색하는 깊이 우선 알고리듬으로 간주된다. 일부 사용 사례에서는 이를 통해 성능이 10배 이상 향상되고 메모리 사용이 줄어들 수 있다.

NOTE

> Eclat에 대한 좀 더 자세한 정보는 'New Algorithms for Fast Discovery of Association Rules' (Zaki, M. J., Parthasarathy, S., Ogihara, M., Li, W., KDD-97 Proceedings, 1997)를 참고한다.

Eclat의 빠른 검색에 대한 주요 트레이드오프는 아프리오리의 단계에서 신뢰도를 계산하는 단계를 건너뛴다는 것이다. Eclat은 높은 지지도를 가진 아이템 세트를 얻으면 가장 유용한 연관성을 나중에 식별할 수 있다고 가정한다. 이는 주관적인 육안 검사를 통해 수동으로 식별하거나 신뢰도와 리프트와 같은 지표를 계산하고자 다른 처리 라운드를 통해 나중에 확인할 수 있다. 그렇지만 **arules** 패키지는 프로세스의 추가 단계에도 Eclat을 아프리오리와 동일하게 적용하기 매우 쉽게 만든다.

여기서는 이전과 같이 support 파라미터를 0.006으로 설정하고 eclat() 함수로 시작하지만 이 단계에서는 신뢰도를 설정하지 않는다는 점을 유의하라.

```
> groceryitemsets_eclat <- eclat(groceries, support = 0.006)
```

여기서는 일부 출력을 생략했지만 마지막 몇 줄은 apriori() 함수에서 얻은 것과 유사하다. 다만 주요한 차이점은 463개의 규칙 대신 747개의 아이템 세트가 작성됐다는 것이다.

```
Absolute minimum support count: 59

create itemset ...
```

```
set transactions ...[169 item(s), 9835 transaction(s)] done [0.00s].
sorting and recoding items ... [109 item(s)] done [0.00s].
creating sparse bit matrix ... [109 row(s), 9835 column(s)] done [0.00s].
writing ... [747 set(s)] done [0.02s].
Creating S4 object ... done [0.00s].
```

결과로 얻은 Eclat 아이템 세트 객체는 아프리오리 규칙 객체와 같은 방식으로 inspect() 함수와 함께 사용할 수 있다. 다음 명령은 첫 5개의 아이템 세트를 보여준다.

```
> inspect(groceryitemsets_eclat[1:5])
```

	items	support	count
[1]	{potted plants, whole milk}	0.006914082	68
[2]	{pasta, whole milk}	0.006100661	60
[3]	{herbs, whole milk}	0.007727504	76
[4]	{herbs, other vegetables}	0.007727504	76
[5]	{herbs, root vegetables}	0.007015760	69

아이템 세트에서 규칙을 생성하려면 다음과 같이 원하는 신뢰도 파라미터 값을 사용해 ruleInduction() 함수를 사용한다.

```
> groceryrules_eclat <- ruleInduction(groceryitemsets_eclat,
    confidence = 0.25)
```

이전에 설정한 지지도와 신뢰도 값인 각각 0.006과 0.25로 설정했을 때 Eclat 알고리듬도 아프리오리와 동일한 463개의 규칙 집합을 생성한 것은 놀랍지 않다.

```
> groceryrules_eclat
```

```
set of 463 rules
```

결과로 얻은 규칙 객체는 이전과 마찬가지로 검토할 수 있다.

```
> inspect(groceryrules_eclat[1:5])

      lhs                        rhs                  support
[1]   {potted plants}    =>      {whole milk}         0.006914082
[2]   {pasta}            =>      {whole milk}         0.006100661
[3]   {herbs}            =>      {whole milk}         0.007727504
[4]   {herbs}            =>      {other vegetables}   0.007727504
[5]   {herbs}            =>      {root vegetables}    0.007015760

      confidence   lift
[1]   0.4000000    1.565460
[2]   0.4054054    1.586614
[3]   0.4750000    1.858983
[4]   0.4750000    2.454874
[5]   0.4312500    3.956477
```

두 방법 모두 사용이 간편하므로 매우 큰 거래 데이터 세트가 있는 경우 둘 중 어떤 것이 더 우수한지 확인하고자 더 작은 무작위 거래 샘플에서 Eclat과 아프리오리를 테스트하는 것이 가치가 있을 수 있다.

⁝⁑ 요약

연관 규칙은 큰 소매업체의 엄청나게 큰 거래 데이터베이스에서 유용한 통찰을 발견하고자 사용된다. 비지도학습 절차로서 연관 규칙 학습자는 찾으려는 패턴에 대한 사전 지식 없이 큰 데이터베이스에서 지식을 추출할 수 있다. 주목할 점은 풍부한 정보를 더 작고 다루기 쉬운 일련의 결과들로 줄이기 위한 약간의 노력이 필요하다는 것이다. 8장에서 공부했던 아프리오리 알고리듬은 흥미도의 최소 임계치를 설정하고 이 기준을 충족하는 연관성만을 보고함으로써 그렇게 한다.

적당한 규모의 슈퍼마켓의 1달간 거래에 대해 장바구니 분석을 수행하는 동안 아프리오리 알고리듬을 작동시켰다. 이 작은 예제에서조차 수많은 연관성이 식별됐다. 그중 미래의 마케팅 캠페인에 유용할지도 모르는 몇 가지 패턴에 주목했다. 적용했던 것과 동일한 방식이 좀 더 큰 소매업체에서 이 크기의 몇 배 크기를 갖는 데이터베이스에 사용된다. 그리고 소매점 이외의 프로젝트에도 적용할 수 있다.

9장에서는 다른 비지도학습 알고리듬을 검토한다. 연관 규칙과 마찬가지로 데이터 내에서 패턴을 찾으려는 것이다. 하지만 특징 또는 연관된 아이템의 그룹을 연관 규칙과 달리 9장에서 다루는 방법은 예제 사이에 연관성을 찾는 것과 관련돼 있다.

09

데이터 그룹 찾기: k-평균 군집화

대규모의 군중을 관찰하면서 시간을 보낸 적이 있는가? 그랬다면 반복되는 어떤 독특한 분위기를 봤을 것이다. 갓 다림질된 양복과 서류가방으로 구별되는 특정 종류의 사람은 '살찐 고양이^{fat cat}' 회사 경영진을 전형화한다. 스키니 진과 플라넬 셔츠를 입고 선글라스를 쓴 20대는 '힙스터^{hipster}'로 불리는 반면 미니밴에서 아이들을 내리는 여자는 '사커맘^{soccer mom}'으로 분류될 것이다.[1]

물론 어떤 두 사람이 꼭 닮을 수는 없기 때문에 이런 종류의 고정 관념을 개인에게 적용하는 것은 위험하다. 하지만 집단을 묘사하는 방법으로 이해되는 이 레이블은 그룹에서 개인 간의 유사성에 대한 본질적 측면을 정확히 담아낸다.

곧 배우겠지만 군집화^{clustering}(또는 데이터에서 패턴을 발견하는 것^{spotting patterns})은 사람들 그룹에서 패턴을 발견하는 것과 크게 다르지 않다. 9장에서 다루는 내용은 다음과 같다.

- 이전에 살펴봤던 분류^{classification} 작업과는 다른 군집화 작업의 방식

---

1. fat cat은 배부른 자본가, hipster는 유행을 좋는 사람, soccer mom은 극성 엄마를 비유한다. – 옮긴이

- 군집화의 그룹 정의 방법과 대표적이고 이해하기 쉬운 군집화 알고리듬 인 k-평균^{k-means}을 이용한 그룹 식별 방법
- 10대 소셜 미디어 사용자 중에서 마케팅 세그먼트를 식별하는 실제 작업에 군집화를 적용하는 데 필요한 단계들

실행에 뛰어들기 전에 정확히 군집화에 수반되는 것들을 자세히 살펴보면서 시작할 것이다.

⁝⁝ 군집화의 이해

군집화는 데이터를 **클러스터**^{cluster}(또는 유사한 아이템의 그룹)로 자동 분리하는 비지도 ^{unsupervised} 머신러닝 작업이다. 그룹이 어떻게 보이게 될지 사전에 듣지도 못하고 군집화가 이뤄진다. 찾고 있는 것이 무엇인지 모르기 때문에 군집화는 예측보다는 지식의 발견에 사용된다. 군집화는 데이터 안에서 발견되는 자연스런 그룹에 대한 통찰력을 제공한다.

컴퓨터는 클러스터 구성에 대한 사전 지식이 없이 한 그룹이 끝나고 다른 그룹이 시작하는 곳을 어떻게 알 수 있을까? 대답은 간단하다. 군집화는 클러스터 안에 있는 아이템들은 서로 아주 비슷해야 하지만 클러스터 밖에 있는 아이템과는 아주 달라야 한다는 원칙을 따른다. **유사성**^{similarity}의 정의는 애플리케이션에 따라 달라질 수 있지만 군집화의 기본 아이디어는 언제나 같다(연관된 항목들이 같이 있게 데이터를 그룹화한다).

이때 만들어진 클러스터는 실행에 사용될 수 있다. 예를 들어 다음과 같은 응용에 사용될 군집화 방법을 찾을 것이다.

- 타깃 마케팅 캠페인을 위해 유사한 인구 통계나 구매 패턴을 가진 그룹으로 고객을 세분화
- 알고 있는 클러스터 밖의 사용 패턴을 찾아 무단 네트워크 침입과 같은

458

이상 행동을 탐지

- 유사한 값을 갖는 특징을 적은 개수의 동질적인 범주로 그룹핑해 초대형 데이터 세트를 단순화

종합적으로 군집화는 다양하고 다채로운 데이터를 훨씬 적은 개수의 그룹으로 예제화할 수 있을 때 유용하다. 군집화는 복잡성을 줄이고 관계 패턴에 통찰력을 제공하는 의미 있고 실행 가능한 데이터 구조를 만든다.

머신러닝 작업으로서 군집화

군집화는 지금까지 살펴봤던 분류, 수치 예측, 패턴 감지 작업과는 조금 다르다. 각각의 과제에서 목표는 특징을 출력에 연관시키거나 특징을 다른 특징과 연관시키는 모델을 구축하는 것이다. 이 각각의 과제는 데이터 내에 존재하는 패턴을 기술한다. 이와 대조적으로 군집화의 목표는 새로운 데이터를 생성하는 것이다. 레이블이 없는 예제에 전적으로 데이터 내의 관계로부터 추론된 클러스터 레이블이 제공된다. 이런 이유로 가끔은 군집화 작업이 비지도 분류unsupervised classification로 언급되는 것을 볼 텐데, 어떤 의미에서 군집화는 레이블이 없는 예제를 분류하기 때문이다.

주목할 점은 비지도 분류기에서 얻은 클래스 레이블은 본질적인 의미가 없다는 것이다. 군집화는 어떤 예제 그룹이 긴밀하게 연관돼 있는지는 말해주지만(예를 들어 그룹 A, B, C를 반환할 것이다) 실행 가능하고 의미 있는 레이블을 적용하는 것은 사람의 책임이다. 이것이 군집화 작업에 미치는 영향을 확인하고자 가상의 예제를 고려해보자. 데이터 과학을 주제로 콘퍼런스를 주최한다고 가정하자. 전문적인 네트워킹과 협업이 용이해지도록 컴퓨터와 데이터베이스 과학, 수학과 통계, 머신러닝이라는 3가지 연구 전문 분야 중 하나를 따르는 그룹에 사람들을 앉히도록 계획했다. 유감스럽게도 콘퍼런스 초대장을 발송한 다음에야 참석자가 앉고 싶어 하는 학문 분야에 대한 설문을 포함하는 것을 잊었다는 것을 깨닫게 됐다.

불현듯 각 학자의 발표 이력을 검토하면 연구 전문 분야를 추론할 수 있다는 것을 깨닫는다. 이를 위해 참석자들이 컴퓨티 과학 관련 저널에 발표했던 논문 개수와 수학 또는 통계학 관련 저널에 발표했던 논문 개수에 대한 데이터를 수집하기 시작한다. 일부 학자에 대해 수집된 데이터를 이용해 산포도를 생성한다.

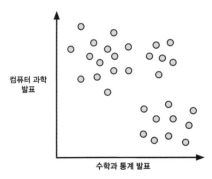

그림 9.1: 학자들을 수학과 전산학 발표 자료에 따라 시각화

예상처럼 패턴이 있는 것으로 보인다. 컴퓨터 과학 발표는 많지만 수학에 대한 논문은 적은 사람들을 나타내는 왼쪽 상단 코너는 컴퓨터 과학 클러스터가 될 수 있을 것으로 추정한다. 이 논리를 따라 우측 하단 코너는 수학자 그룹이 될 것이다. 비슷하게 우측 상단 코너는 수학과 컴퓨터 과학 경험이 모두 있는 사람들로 머신러닝 전문가가 될 것이다.

이 레이블을 적용하면 다음의 시각화를 얻을 수 있다.

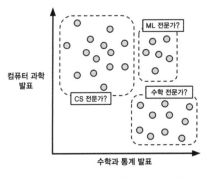

그림 9.2: 클러스터는 각 그룹에서 학자들에 대한 가정에 기반을 두고 식별할 수 있다.

460

그룹이 시각적으로 형성됐다. 단순히 가까이 모인 데이터 점들로 클러스터를 찾았다. 하지만 겉으로 보기엔 분명한 그룹임에도 학자에게 개별적으로 학문적 전문 분야에 대해 물어보지 않고는 그룹이 진짜 동질적인지는 알 방법이 없다. 레이블은 정성적이고 각 그룹의 사람들 유형에 대한 가정적 판단은 제한된 정량 데이터에 기반을 둔 것이다.

그룹 경계를 주관적으로 정의하는 것보다 머신러닝을 이용해 객관적으로 정의하는 것이 좋을 것이다. 이전 그림의 축-평행 분할$^{axis-parallel split}$을 고려하면 이 문제는 분명히 5장에서 설명한 의사결정 트리에 대한 응용처럼 보인다. 그럴 경우 "어떤 학자가 수학 발표를 적게 했다면 컴퓨터 과학 전문가다." 형태의 규칙을 제공하게 될 것이다. 유감스럽게도 이 방안에는 문제가 있다. 각 점의 실제 클래스 값 데이터가 없기 때문에 비지도학습 알고리듬은 어떤 분할이 동질적인 그룹을 만들지 알 방법이 없으며, 패턴을 학습할 능력도 없다.

지도학습과는 대조적으로 군집화 알고리듬은 산포도를 눈으로 검사해서 수행했던 것과 매우 비슷한 과정을 밟는다. 예제들이 얼마나 밀접하게 연관돼 있는지를 측정해서 동질적인 그룹을 식별할 수 있다. 다음 절에서는 군집화 알고리듬의 구현 방법을 살펴본다.

TIP

> 이 예는 흥미로운 군집화 응용을 강조한다. 레이블이 없는 데이터로 시작한다면 클래스 레이블을 만들고자 군집화를 사용할 수 있다. 거기서부터 클래스의 가장 중요한 예측 변수(predictor)를 찾고자 의사결정 트리와 같은 지도학습자를 적용할 수도 있다. 이 방법은 1장에서 설명한 준지도학습 (semi-supervised learning)의 예다.

군집화 알고리듬의 클러스터

예측 모델을 구축하는 다양한 접근 방법이 있는 것처럼 군집화의 기술적 작업을 수행하는 데에도 여러 가지 접근 방식이 있다. 이러한 다양한 방법은 군집화를 위한 CRAN 작업 보기 페이지(https://cran.r-project.org/view=Cluster)에 나열돼 있다. 해당 페이지에는 데이터 내의 자연스러운 그룹을 발견하고자 사용되는 수많은 R 패키지를 찾을 수 있다. 다양한 알고리듬은 주로 2가지 특징에 의해 구별된다.

- 유사도 측정similarity metric은 2가지 예제 간의 관련성을 얼마나 정량화하는지에 대한 측도를 제공한다.
- 병합 함수agglomeration function는 유사성을 기반으로 예제를 클러스터에 할당하는 과정을 조정한다.

접근 방식 간에 미묘한 차이가 있을 수 있지만 물론 다양한 방식으로 군집화될 수 있다. 다수의 유형론이 존재하지만 간단한 3가지 구조를 보면 주요 차이점을 이해하는 데 도움이 된다. 이 접근 방식을 사용해 가장 간단한 것부터 가장 정교한 것까지 3가지 주요 군집화 알고리듬의 클러스터를 나열하면 다음과 같다.

- 계층적 방법Hierarchical methods은 가장 유사한 예제를 그래프 구조에서 더 가깝게 배치하는 계층 구조를 생성한다.
- 분할 기반 방법Partition-based methods은 예제들을 다차원 공간의 점으로 처리하며, 이 공간에서 상대적으로 균질한 그룹으로 이어지는 경계를 찾으려고 한다.
- 모델 또는 밀도 기반 방법Model or density-based methods은 통계 원칙이나 점들의 밀도에 의존해 군집들 사이의 흐릿한 경계를 발견한다. 경우에 따라 예제는 여러 개의 클러스터에 부분적으로 할당되거나 아예 어떤 클러스터에도 할당되지 않을 수도 있다.

계층적 군집화는 가장 간단한 방법이지만 흥미로운 2가지 이점을 갖고 있다. 첫째, 이는 덴드로그램dendrogram이라는 계층 구조를 시각화한 그래프 결과를 보여준다. 이 그래프는 가장 유사한 예제들이 계층에서 더 가깝게 배치되도록 연관성을 묘사한다.

이는 가장 밀접하게 그룹화된 예제 및 그 부분집합을 이해하는 유용한 도구가 될 수 있다. 둘째로 계층적 군집화는 데이터 세트 내에 몇 개의 클러스터가 존재하는지에 대한 미리 정의된 기대치를 요구하지 않는다. 대신에 이 과정은 한 극단에서는 하나의 거대한 클러스터에 모든 예제가 포함되는 과정이 발생하고 또 다른 극단에서는 각 예제가 그 자체로 자신만을 포함하는 작은 클러스터에 속하게 된다. 그리고 그 중간에 예제들이 다양한 크기의 다른 클러스터에 포함될 수 있다.

그림 9.3은 A에서 H까지 레이블이 지정된 8개의 예제를 가진 간단한 데이터 세트에 대한 가상의 덴드로그램을 보여준다. 가장 밀접한 관련성을 가진 예제들(그림에서 x축으로 가까운 것들)이 다이어그램에서 형제로 더 가깝게 연결돼 있는 것을 주목하자. 예를 들어 D와 E 예제는 가장 유사하며 따라서 먼저 그룹화된다. 그러나 모든 8개의 예제는 결국 하나의 큰 클러스터에 연결되거나 그 사이의 어떤 수의 클러스터에 포함될 수 있다. 덴드로그램을 다양한 위치에서 수평으로 자르면 3개와 5개의 클러스터를 생성하게 된다(다이어그램에서 보이는 것처럼).

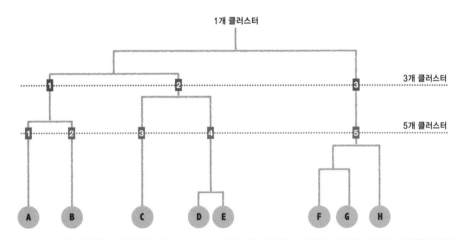

그림 9.3: 계층적 군집화는 바람직한 클러스터 개수에 대한 자연스러운 그룹화를 보여주는 덴드로그램을 생성한다.

계층적 군집화의 덴드로그램은 '하향식' 또는 '상향식' 접근 방식을 사용해 생성할 수 있다. 전자는 **병합 군집화**agglomerative clustering라고 하며 각 예제를 고유한 클러스터에 배치한 후 가장 유사한 예제를 먼저 연결해 모든 예제를 하나의 클러스터에 연결한다. 후자는 **분할 군집화**^{divisive clustering}라고 하며 하나의 큰 클러스터에서 시작해 모든 예제를 개별 클러스터에 끝까지 분할한다.

예제를 예제 그룹에 연결할 때 다양한 측정 항목을 사용할 수 있는데, 그 그룹과 가장 유사한, 혹은 가장 유사하지 않은 또는 평균적인 구성원과의 유사성과 같은 등의 측도가 있다. **워드의 방법**^{Ward's method}이라는 좀 더 복잡한 측도는 예제 간 유사성을 사용하지 않고 클러스터 균일성의 측정값을 고려해 연결을 구성한다. 어떤 경우에도 결과는 가장 유사한 예제들을 여러 하위 그룹으로 그룹화하도록 계층을 형성한다.

계층적 군집화 기술의 유연성은 계산 복잡도라는 비용을 동반한다. 이는 각 예제와 다른 모든 예제 간의 유사성을 계산해야 하는 필요성으로 인한 것이다. 예제 수(N)가 증가함에 따라 계산 수는 $N * N = N^2$으로 증가하며, 결과를 저장하는 유사성 행렬에 필요한 메모리도 증가한다. 이러한 이유로 계층적 군집화는 매우 작은 데이터 세트에만 사용되며 이 장에서는 설명하지 않는다. 그러나 R의 stats 패키지에 포함된 hclust() 함수는 그 간단한 구현을 제공하며, 이는 R과 함께 기본 설치돼 있다.

TIP

> 분할 군집화의 스마트한 구현은 더 많은 클러스터를 생성할 필요가 없는 경우 알고리듬이 조기에 중지될 수 있어 병합 군집화보다 약간 더 계산 효율적일 수 있다. 그럼에도 병합 군집화와 분할 군집화 모두 '탐욕적(greedy)' 알고리듬의 예다. 이는 5장에서 정의된 대로 데이터를 먼저 온 순서대로 사용하며, 따라서 주어진 데이터 세트에 대해 전체적으로 최적의 군집화 집합을 생성하는 것이 보장되지 않는다.

분할 기반^{Partition-based} 군집화 방법은 계층적 군집화보다 명확한 효율적 이점을 갖고 있다. 이 방법들은 데이터를 클러스터로 나누고자 휴리스틱 기법을 적용하며 모든 예제 쌍 간의 유사성을 평가할 필요가 없다. 많이 사용되는 분할 기반 방법은 곧 자세히 살펴볼 것이고 현재로서는 그저 클러스터 간의 경계를 찾는 것에 중점을 둔다는 정도로 이해하면 된다. 이는 예제들 간의 연결보다는 훨씬

석은 비교 횟수가 필요한 접근 방식이다. 이 휴리스틱은 계산적으로 효율적일 수 있지만 한 가지 주의할 점은 그룹 할당에 있어서 다소 경직되거나 심지어 임의적일 수 있다는 것이다. 예를 들어 5개의 클러스터가 요청된다면 예제를 모두 5개의 클러스터로 분할한다. 일부 예제가 두 클러스터 사이의 경계에 위치한다면 이러한 예제는 다소 임의적이지만 확실하게 한 클러스터에 배치된다. 마찬가지로 데이터가 더 나은 방식으로 분할될 수 있는 경우에도 이는 계층적 군집화 덴드로그램처럼 명확하게 나타나지 않을 수 있다.

좀 더 정교한 모델 기반^{model-based} 및 밀도 기반^{density-based} 군집화 방법은 이러한 유연성의 문제 중 일부를 해결하고자 예제가 단순히 하나의 클러스터에 할당되는 것이 아니라 해당 클러스터에 속할 확률을 추정한다. 그중 일부는 클러스터 경계를 강제적으로 엄격하게 구분하는 대신 데이터에서 식별된 자연 패턴을 따르게 할 수 있다. 모델 기반 접근 방식은 종종 예제들이 추출됐다고 추정되는 통계 분포를 가정한다.

그러한 접근 방식 중 하나인 혼합 모델링^{mixture modeling}은 일반적으로 가우시안(정규 분포 곡선)과 같은 통계 분포의 혼합에서 추출된 예제로 구성된 데이터 세트를 분해하려고 시도한다. 예를 들어 가상의 분포를 사용해 남성과 여성의 성구^{vocal registers}로부터의 음성 데이터 혼합으로 구성된 데이터 세트가 있다고 가정해보자. 이때 분포는 실세계 데이터를 기반으로 하지 않으며 그림 9.4에서 나타냈다. 이 두 분포 사이에는 어느 정도의 중첩이 있지만 일반적으로 남성의 평균 음성 높이는 여성보다 낮다.

레이블이 없는 전체 분포(그림의 하단 부분)가 주어진 경우 혼합 모델은 그림의 상단 부분에 있는 남성 또는 여성 음성 클러스터에 특정 예제가 속할 확률을 할당할 수 있다. 놀랍게도 상단 부분의 남성 또는 여성 음성에 별도로 학습되지 않은 상태에서도 가능하다. 이는 특정 개수의 서로 다른 분포가 관련됐다는 가정하에 관찰된 전체 분포를 생성한 것으로 가장 가능성이 높은 통계적 파라미터를 발견함으로써 가능하다. 이 경우에는 2개의 가우시안 분포가 포함된다.

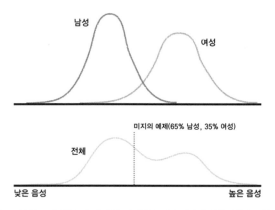

남성

여성

미지의 예제(65% 남성, 35% 여성)

전체

낮은 음성   높은 음성

그림 9.4: 혼합 모델링은 각 예제를 기저 분포 중 하나에 속할 확률로 할당한다.

비지도학습 방법인 혼합 모델은 왼쪽 분포가 남성이고 오른쪽 분포가 여성임을 알 수 있는 방법이 없지만 높은 확률로 왼쪽 클러스터에는 남성이, 오른쪽 클러스터에는 여성이 있을 것임을, 사람이 기록을 비교하면 쉽게 알 수 있다. 이 기술의 단점은 분포가 포함된 개수와 함께 분포 유형에 대한 가정도 필요하다는 것이다. 이는 많은 실제 군집화 작업에는 너무 엄격할 수 있다.

데이터에서 자연적인 클러스터를 식별하고자 사용하는 '밀도 기반 공간 군집화' 접근 방식에서 파생된 강력한 군집화 기술인 DBSCAN은 노이즈를 포함한 응용 분야의 밀도 기반 군집화를 식별하고자 사용하는 이름이다. 상을 받은 이 기법은 매우 유연하며 군집화의 여러 도전 과제를 잘 수행한다. 예를 들어 데이터 세트의 자연적인 클러스터 개수에 적응하거나 클러스터 간 경계에 대해 유연하며 데이터에 특정한 통계 분포를 가정하지 않는다.

구현 세부 정보는 이 책의 범위를 벗어나지만 DBSCAN 알고리듬은 주어진 클러스터의 다른 예제와 주어진 반경 내에 있는 모든 이웃 예제로 이뤄진 이웃을 생성하는 프로세스로 직관적으로 이해할 수 있다. 지정된 반경 내에 있는 일정 수의 코어[core] 포인트가 초기 클러스터 핵심을 형성하며, 코어 포인트 중 하나라도 지정된 반경 내에 있는 포인트는 클러스터에 추가돼 클러스터의 가장 바깥 경계를 구성한다. 다른 많은 군집화 알고리듬과 달리 일부 예제는 어떤 클러스터에도 할당되지 않을 수 있다. 코어 포인트와 충분히 가깝지 않은 포인트는 노이즈로 처리된다.

DBSCAN은 강력하고 유연하지만 데이터에 맞는 파라미터를 최적화하고자 실험이 필요할 수 있다. 예를 들어 핵심을 구성하는 포인트 수나 포인트 사이의 허용 반경과 같은 파라미터들이 데이터에 맞게 조정돼야 한다. 이는 머신러닝 프로젝트에 시간 복잡성을 추가한다. 물론 모델 기반 방법이 더 정교하다는 것은 모든 군집화 프로젝트에 가장 적합하다는 의미는 아니다. 이 장의 나머지 부분을 통해 볼 수 있듯이 복잡한 실세계 군집화 작업에서도 간단한 분할 기반 방법이 놀랍게 잘 수행될 수 있다.

NOTE

> 혼합 모델링과 DBSCAN은 이 장에서 시연되지는 않지만 이러한 방법을 자신의 데이터에 적용하고자 사용할 수 있는 R 패키지가 있다. mclust 패키지는 가우시안 분포의 혼합에 모델을 맞추며, dbscan 패키지는 DBSCAN 알고리듬의 빠른 구현을 제공한다.

k-평균 군집화 알고리듬

k-평균 알고리듬^{k-means algorithm}이 가장 일반적으로 사용되는 군집화 방법일 것이다. 수십 년 동안 연구돼왔기 때문에 좀 더 정교한 여러 군집화 기술의 토대가 됐다. 이 알고리듬이 사용하는 간단한 원리를 이해한다면 오늘날 사용되는 거의 모든 군집화 알고리듬을 이해하는 데 필요한 지식을 갖게 될 것이다.

NOTE

> k-평균은 시간이 지나면서 진화해왔기 때문에 알고리듬 구현이 많다. 인기 있는 방법 중 하나는 'A k-means clustering algorithm', Hartigan, JA, Wong, MA, Applied Statistics, 1979, Vol. 28, pp. 100-108에 설명돼 있다.

k-평균을 시초로 군집화 방법들이 발전해왔지만 k-평균이 한물갔다는 것을 의

미하지는 않는다. 실제 이 방법은 과거 어느 때보다도 더 인기가 있다. 다음 표에는 k-평균이 여전히 널리 사용되는 이유가 몇 가지 나열돼 있다.

장점	단점
• 비통계적 용어로 설명될 수 있는 간단한 원리를 사용한다. • 매우 유연하며, 간단한 조정으로 거의 모든 단점을 해결하고 적응될 수 있다. • 실제 많은 사용 사례에서 충분히 잘 실행되고 있다.	• 더 최신의 군집화 알고리듬만큼은 정교하지 않다. • 임의의 우연(random chance) 요소를 사용하기 때문에 최적의 클러스터 집합을 찾는 것이 보장되지 않는다. • 데이터에 존재하는 자연스런 클러스터 개수에 대한 합리적인 추측이 필요하다. • 비구형(non-spherical) 클러스터 또는 밀도가 크게 변하는 클러스터에는 이상적이지 않다.

k-평균이 친숙하게 들린다면 3장에서 다뤘던 k-최근접 이웃$^{k-NN}$ 알고리듬이 기억난 것일 것이다. 곧 보겠지만 k-평균은 문자 k보다 더 많은 공통점을 k-NN과 공유한다.

k-평균 알고리듬은 n개의 예제를 k개의 클러스터 중 하나에 할당하는데, 이때 k는 사전에 결정된 숫자다. 이 알고리듬의 목표는 클러스터 내의 차이를 최소화하고 클러스터 간의 차이를 최대화하는 것이다.

k와 n이 극단적으로 작지 않다면 가능한 모든 예제의 조합에 대해 최적의 클러스터를 계산하는 것은 실현할 수 없다. 대신 k-평균 알고리듬은 **지역 최적**^{locally} ^{optimal} 해를 찾는 휴리스틱 과정을 사용한다. 간단히 말해 클러스터 할당을 위한 초기의 추정으로 시작해 그다음에는 할당을 조금 수정하고, 그 변경이 클러스터 내의 동질성을 향상시키는지 확인한다.

이 과정을 곧 자세히 다루겠지만 알고리듬은 기본적으로 2단계로 돼 있다. 먼저 k개의 초기 클러스터 집합에 예제를 할당한다. 그런 다음 현재 클러스터에 분류된 예제에 따라 클러스터 경계를 조정함으로써 할당을 수정한다. 수정과 할당 과정은 변경이 더 이상 클러스터 적합도를 향상시키지 못할 때까지 여러 번 발생한다. 이 시점에서 과정은 중단되고 클러스터는 완성된다.

TIP

k-평균의 휴리스틱 특성 때문에 시작 조건을 약간 변경하면 최종 결과가 다소 달라질 수 있다. 결과가 크게 변한다면 문제가 있다는 것을 가리킨다. 예를 들어 데이터가 자연스러운 그룹을 갖고 있지 않거나 k 값이 잘못 선택된 것이다. 이를 유념해 결과의 견고성을 테스트하기 위한 한 번 이상의 클러스터 분석을 시도해보는 것이 좋다.

실제 할당 및 수정 작업 과정을 확인하고자 가상의 데이터 과학 콘퍼런스 사례를 다시 알아보자. 간단한 예제이긴 하지만 k-평균이 내부적으로 어떻게 작동하는지에 대한 기초를 보여줄 것이다.

거리 이용해 클러스터 할당 및 수정

k-NN과 마찬가지로 k-평균은 특징 값을 다차원 특징 공간의 좌표로 취급한다. 콘퍼런스 데이터의 경우에는 단지 2개의 특징이 있으므로 특징 공간을 이전에 그렸던 것처럼 2차원 산포도로 나타낼 수 있다.

k-평균 알고리듬은 특징 공간에서 클러스터의 중심으로 제공할 *k*개의 점을 선택하면서 시작한다. 이 중심들은 나머지 예제가 적절히 배치되게 자극하는 촉매제다. 보통 이 점들은 훈련 데이터 세트에서 *k*개의 예제를 임의로 골라 선택한다. 이 기법을 사용해 3개의 클러스터를 식별하고 싶기 때문에 k = 3개의 점이 임의로 선택될 것이다.

이 점들은 다음 그림에서 별, 삼각형, 마름모로 나타난다.

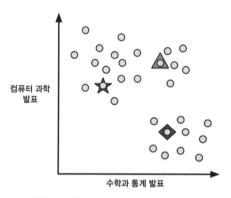

그림 9.5: k-평균 군집화는 k 랜덤 클러스터 중심을 선택하는 것으로 시작한다.

이 다이어그램에서는 세 클러스터의 중심이 넓은 간격으로 떨어져 있지만 실제는 항상 그렇지 않다는 것을 주의해야 한다. 세 중심이 임의로 선택됐기 때문에 어쩌면 인접한 세 점이 될 수도 있다. k-평균 알고리듬은 클러스터 중심의 출발 위치에 매우 민감한데, 임의의 우연이 최종 클러스터 집합에 상당한 영향을 미친다는 것을 의미한다.

이 문제를 해결하고자 k-평균의 초기 중심을 선택하는 방법을 다르게 할 수 있다. 예를 들어 알고리듬의 변형 중 하나는 (데이터의 관측값 중에서 선택하기보다) 특징 공간의 어디든 존재할 수 있는 랜덤 값을 선택한다. 다른 옵션은 이 단계를 완전히 생략하는 것이다. 즉, 각 예제를 클러스터에 임의로 할당함으로써 알고리듬이 수정 단계로 바로 진행할 수 있다. 이런 방법들은 최종 클러스터 집합에 특정 편향을 더해 결과를 향상시키고자 사용할 수 있다.

NOTE

2007년에 k-평균++라고 하는 알고리듬이 소개됐으며, 초기 클러스터 중심을 선택하는 대안적인 방법을 제안하고 있다. 임의의 우연의 영향을 줄이면서 군집화의 최적해에 좀 더 가까워지는 효율적인 방법이라는 것을 주장한다. 좀 더 자세한 정보는 Arthur, D.와 Vassilvitskii, S.의 「k-means++: The advantages of careful seeding」, 「Proceedings of the eighteenth annual ACM-SIAM symposium on discrete algorithms, 2007, pp. 1027-1035」를 참고한다.

초기 클러스터 중심을 선택한 후 다른 예제들은 거리 함수에 따라 가장 가까운 클러스터 중심에 할당된다. 이 거리 함수는 유사성의 측도로 사용된다. k-NN 지도학습 알고리듬을 배울 때 유사성 측도로 거리 함수를 사용했던 것을 기억할 것이다. k-평균도 마찬가지로 보통 유클리드 거리를 사용하지만 원하는 경우 다른 거리 함수를 사용할 수 있다.

TIP

> 놀랍게도 전통적인 거리 함수 대신 유사도의 수치적 척도를 반환하는 어떤 함수라도 사용할 수 있다. 실제로 이미지나 텍스트 문서와 같은 데이터를 군집화하는 데에도 이미지나 텍스트 쌍의 유사도를 측정하는 함수를 사용해 k-평균을 적용할 수 있다.

거리 함수를 적용하려면 n이 특성의 개수를 나타낼 때 예제 x와 예제 y 사이의 유클리드 거리 공식은 다음과 같다.

$$\text{dist}(x, y) = \sqrt{\sum_{i=1}^{n} (x_i - y_i)^2}$$

예를 들어 컴퓨터 과학 논문 5편과 수학 논문 1편을 가진 사람과 컴퓨터 과학 논문이 없고 수학 논문이 2편인 사람을 비교해보자. 이를 R에서 다음과 같이 계산할 수 있다.

```
> sqrt((5 - 0)^2 + (1 - 2)^2)

[1] 5.09902
```

이 거리 함수를 이용해 각 예제와 각 클러스터 중심 사이의 거리를 알아낸다. 그런 다음 예제를 가장 가까운 클러스터 중심에 할당한다.

다음 그림에서 보이는 것처럼 세 클러스터의 중심은 Cluster A, Cluster B, Cluster C로 레이블된 3개의 세그먼트로 예제를 분할한다. 점선은 클러스터 중심에 의해 생성된 **보로노이 다이어그램**^{Voronoi diagram}의 경계를 나타낸다. 보로노이 다이어그램은 다른 것보다 특정 클러스터 중심에 더 가까운 영역을 나타낸다. 또한 세 경계가 만나는 점은 세 클러스터의 중심으로부터 최대 거리다.

이 경계를 이용해 초기 k-평균 시드^{seed}가 차지하는 영역을 쉽게 볼 수 있다.

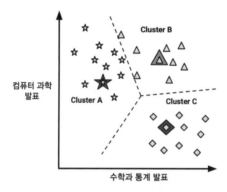

그림 9.6: 초기 클러스터 중심은 '최근접' 점들의 세 그룹을 형성했다.

초기 할당 단계가 완료됐기 때문에 k-평균 알고리듬은 수정 단계를 진행한다. 클러스터 수정의 첫 단계는 초기 중심을 새로운 위치로 이동시키는 것으로, 이 새로운 위치를 **중심점**^{centroid}이라 하며, 해당 클러스터에 현재 할당된 점들의 평균 위치로 계산된다. 다음 그림은 클러스터 중심이 새로운 중심점으로 이동할 때 보로노이 다이어그램의 경계도 이동되며 (화살표가 가리키는) Cluster B에 있었던 점이 Cluster A로 추가되는 과정을 보여준다.

472

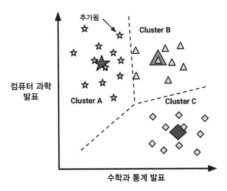

그림 9.7: 갱신 단계는 클러스터 중심을 이동시키는데, 이는 각 점의 재할당을 초래한다.

재할당 결과 k-평균 알고리듬은 다음 수정 단계로 진행할 것이다. 클러스터 중심점을 이동하고 클러스터 경계를 수정하며 (화살표로 표시된 것처럼) 점들을 새로운 클러스터로 재할당한 이후 그림은 다음과 같다.

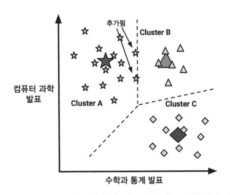

그림 9.8: 또 다른 갱신에서 점 2개가 더 최근접 클러스터 중심에 재할당됐다.

2개의 점이 추가로 재할당됐기 때문에 중심점을 옮기고 클러스터 경계를 수정하는 또 다른 수정 단계가 수행돼야만 한다. 그러나 이러한 변경으로 재할당이 일어나지 않기 때문에 k-평균 알고리듬은 중단된다. 이제 클러스터 할당이 종결됐다.

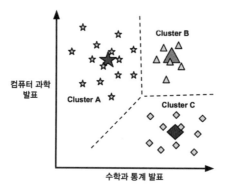

그림 9.9: 클러스터는 갱신 단계가 더 이상 새로운 클러스터 할당을 형성하지 않을 때 종료한다.

최종 클러스터는 2가지 방법 중 하나로 보고될 수 있다. 먼저 각 예제에 대해 A, B, C와 같은 클러스터 할당을 간단히 보고한다. 그렇지 않으면 최종 수정 후 클러스터 중심점의 좌표를 보고할 수 있다.

어느 보고 방법을 사용하더라도 다른 방법을 계산할 수 있다. 각 클러스터에서 예제들의 좌표를 사용해 중심점을 계산하거나, 중심점 좌표를 사용해 각 예제를 가장 가까운 클러스터 중심에 할당할 수 있다.

적절한 클러스터 개수 선택

k-평균을 소개할 때 알고리듬이 임의로 선정된 클러스터 중심에 민감하다는 것을 배웠다. 사실 앞의 예제에서 다른 조합으로 새 출발점을 선택했더라면 예상과 다르게 데이터를 분할한 클러스터를 찾았을 것이다. 비슷하게 k-평균은 클러스터 수에 매우 민감하다. 클러스터 수를 선택할 때는 섬세한 균형이 필요하다. k를 아주 크게 설정하면 클러스터의 동질성이 향상되며 동시에 데이터에 과적합될 위험을 무릅써야 한다.

이상적으로는 참 그룹화에 대한 사전 지식(사전 믿음)을 갖고 있어 클러스터의 수를 선택할 수 있을 것이다. 예를 들어 영화를 군집화한다면 아카데미 시상식에서 수여되는 장르의 수와 동일한 k 값을 설정해볼 수 있다. 앞서 해결한 데이터 과학 콘퍼런스 좌석 문제에서 k는 초대된 사람들이 속하는 학문 분야의 수를 반영할 수 있다.

때때로 클러스터의 수는 사업 요구 사항이나 분석 목적에 따라 결정된다. 예를 들어 회의실에 있는 테이블의 수가 데이터 과학 참가자 명단에서 몇 개의 그룹을 생성해야 하는지를 결정할 수 있다. 이 아이디어를 다른 사업 경우로 확장해 보면 마케팅 부서가 3개의 독특한 광고 캠페인을 만들 수 있는 자원만 갖고 있다면 잠재 고객을 3가지 중 하나에 할당하고자 $k = 3$으로 설정하는 것이 의미가 있을 것이다.

사전 지식이 없다면 경험 법칙 중 하나는 k를 $(n/2)$의 제곱근과 동일하게 설정하도록 제안한다. 이때 n은 데이터 세트의 예제 개수다. 하지만 이 경험 법칙은 대형 데이터 세트의 경우 다루기 힘들 정도로 많은 클러스터를 만들어낼 수 있다. 다행히 적합한 k-평균 클러스터 집합을 찾는 데 도움이 되는 다른 정량적 방법이 있다.

엘보법elbow method으로 알려진 기법은 다양한 k값에 대해 클러스터 내의 동질성homogeneity과 이질성heterogeneity이 어떻게 변하는지를 측정한다. 다음 다이어그램에서 묘사된 것처럼 클러스터 내의 동질성은 클러스터가 추가되면서 증가할 것으로 예상되고, 비슷하게 이질성은 더 많은 클러스터와 함께 계속해서 감소할 것이다. 각 예제가 자신의 클러스터에 있게 될 때까지 계속해서 개선되는 것을 볼 수 있기 때문에 목표는 끝없이 동질성을 최대화하고 이질성을 최소화하는 것이 아니라 특정 값을 넘으면 결과가 약화되는 k를 찾는 것이다. 이 k값을 **엘보 포인트**elbow point라 하는데, 팔꿈치를 닮았기 때문이다.

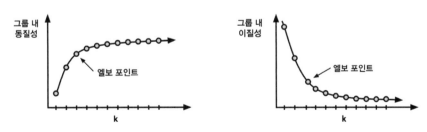

그림 9.10: 엘보는 k가 증가할 때 상대적으로 개선이 작아지는 점이다.

엘보법과 같이 사용할 수 있는 클러스터의 동질성과 이질성을 측정하는 다양한 통계가 있다(다음 참고에서 좀 더 자세한 인용을 제공한다). 여전히 실제 아주 큰 k값으로 반복적인 테스트를 하는 것이 항상 실현 가능한 것은 아니다. 이것은 일부에 지나지 않는데, 대규모 데이터 세트를 군집화하려면 상당한 시간이 소요될 수 있기 때문이다. 그리고 대규모 데이터를 반복적으로 군집화하는 것은 더욱 심하다. 더구나 정확한 최적의 클러스터 집합을 요구하는 응용은 아주 드물다. 대부분의 군집화 응용에서는 균질한 클러스터를 생성하는 것보다 편의에 기반을 두고 k값을 선택하면 충분하다.

NOTE

> 클러스터 성능 측정에 대한 방대한 모음을 아주 철저히 검토하려면 Halkidi, M, Batistakis, Y, Vazirgiannis, M,의 'On Clustering Validation Techniques', 〈Journal of Intelligent Information Systems, 2001, Vol. 17〉, pp. 107-145를 참고한다.

가끔 k를 설정하는 과정 자체에서 흥미로운 통찰을 이끌어낼 수 있다. k가 변할 때 클러스터의 특성이 어떻게 변화되는지 관찰함으로써 데이터가 자연스럽게 경계를 정의하는 곳을 추론할 수 있게 된다. 더 밀집돼 군집화된 그룹은 거의 바뀌지 않겠지만 반면 덜 동질적인 그룹은 시간이 지나면서 형성되고 해체될 것이다.

일반적으로 k를 정확히 구하는 데 대해 걱정하는 시간을 거의 쓰지 않는 것이 현명할 수 있다. 다음 예제에서는 실행 가능하고 흥미로운 클러스터를 찾기 위한 k를 설정하고자 할리우드 영화에서 빌려온 아주 약간의 주제 관련 지식을 사용하는 방법을 설명한다. 군집화는 자율적이기 때문에 작업은 실제로 군집화로 만드는 것에 관한 것이다. 그 가치는 알고리듬의 결과로부터 얻는 통찰력에 있다.

⠿ k-평균 군집화를 이용한 10대 시장 세분화 발굴

페이스북^{Facebook}, 텀블러^{Tumblr}, 인스타그램^{Instagram}과 같은 소셜 네트워킹 서비스_{SNS, Social Networking Service}에 있는 친구들과 교류하는 것은 전 세계 10대들의 통과 의례가 됐다. 상대적으로 용돈이 많은 이런 청소년들은 과자, 음료수, 전자기기, 위생 제품을 판매하고 싶어 하는 기업들이 탐내는 인구 통계다.

이런 사이트를 이용하는 수백만의 10대 소비자들은 경쟁이 점점 더 치열해지고 있는 시장에서 우위를 찾고자 애쓰는 마케팅 담당자들의 관심을 끌고 있다. 우위를 얻는 방법 중 하나는 비슷한 취향을 공유하는 10대 세그먼트를 찾아 판매 중인 제품에 관심이 없는 10대를 대상으로 광고가 타깃팅되지 않게 하는 것이다. 예를 들어 스포츠 의류는 운동에 관심이 없는 10대에게 판매하기 어려울 수 있다.

10대 SNS 페이지의 텍스트가 있다면 스포츠, 종교, 음악과 같은 공통 관심을 공유하는 그룹을 식별할 수 있다. 군집화는 모집단에서 자연스런 세그먼트들을 찾는 과정을 자동화한다. 하지만 클러스터가 흥미로운지 그리고 클러스터를 광고에 어떻게 사용할지 판단하는 것은 사람의 책임이다. 이 과정을 처음부터 끝까지 시도해보자.

단계 1: 데이터 수집

이번 분석을 위해 2006년도에 유명 SNS에 프로필이 있었던 미국 고등학생 30,000명의 무작위 샘플을 나타내는 데이터 세트를 사용할 것이다. 사용자의 익명성을 보호하고자 해당 SNS는 이름을 밝히지 않은 채로 남길 것이다. 하지만 데이터가 수집되던 당시에 이 SNS는 미국 10대에게 인기 있는 웹 대상이었다. 그러므로 이 프로필이 2006년 미국 청소년의 상당히 넓은 단면을 표현하고 있다고 가정하는 것은 합리적이다.

이 데이터 세트는 내가 노트르담 대학교(University of Notre Dame)에서 10대 정체성에 대한 사회학적 연구를 수행하면서 편집한 것이다. 연구 목적으로 이 데이터를 사용한다면 9장을 인용해주길 바란다. 전체 데이터 세트는 팩트출판사 웹 사이트에 snsdata.csv라는 파일명으로 들어있다. 대화식으로 따라 하고자 9장에서는 이 파일을 R 작업 디렉터리에 저장돼 있다고 가정한다.

데이터는 데이터 수집 시점에 4학년, 3학년, 2학년, 1학년을 나타내는 4년의 고등학교 졸업 연도(2006에서 2009까지)에서 골고루 샘플링됐다. 자동화된 웹 크롤러^{web} ^{crawler}를 이용해 SNS 프로필의 전체 텍스트가 다운로드됐고 10대의 성별, 연령, SNS 친구 수가 기록됐다.

텍스트 마이닝 툴은 남은 SNS 페이지 내용을 단어로 분할하고자 사용됐다. 전체 페이지에 걸쳐서 나타나는 상위 500개 단어 중 36개의 단어가 과외 활동 extracurricular activities, 패션^{fashion}, 종교^{religion}, 연애^{romance}, 반사회적 행동$^{antisocial\ behavior}$이라는 5가지 관심 분야를 표현하고자 선택됐다. 36개의 단어는 축구^{football}, 섹시한^{sexy}, 키스를 한^{kissed}, 성경^{bible}, 쇼핑^{shopping}, 죽음^{death}, 마약^{drugs} 같은 용어를 포함한다. 최종 데이터 세트는 사람별로 SNS 프로필에 나타난 단어별 빈도를 표현한다.

단계 2: 데이터 탐색과 준비

데이터를 데이터 프레임으로 로드하고자 read.csv()의 디폴트 설정을 사용한다.

```
> teens <- read.csv("snsdata.csv")
```

데이터의 세부 사항을 빠르게 살펴보자. str() 출력의 처음 몇 줄은 다음과 같다.

```
> str(teens)

'data.frame':    30000 obs. of 40 variables:
 $ gradyear    : int   2006 2006 2006 2006 2006 2006 2006 2006 ...
 $ gender      : Factor w/ 2 levels "F","M": 2 1 2 1 NA 1 1 2 ...
 $ age         : num   19 18.8 18.3 18.9 19 ...
 $ friends     : int   7 0 69 0 10 142 72 17 52 39 ...
 $ basketball  : int   0 0 0 0 0 0 0 0 0 0 ...
```

예상대로 데이터는 개인적 특성을 나타내는 4개의 변수와 관심사를 나타내는 36개의 단어를 가진 30,000명의 10대를 포함한다.

gender 행 근처에서 이상한 점을 눈치챘는가? 주의해서 봤다면 NA값에 주목했을 것이다. NA는 1 및 2값과 비교할 때 부적절한 값이다. NA는 레코드에 결측치 missing value 가 있다는 것을 R이 알려주는 방식이다(따라서 성별을 알 수 없다). 지금까지 결측치를 다루지 않았지만 결측치는 여러 유형의 분석에서 심각한 문제가 될 수 있다.

이 문제가 얼마나 심각한지 살펴보자. 옵션 중 하나는 다음과 같이 table() 명령을 사용하는 것이다.

```
> table(teens$gender)

     F        M
  22054     5222
```

이는 F와 M값이 얼마나 많이 존재하는지는 알려주지만 table() 함수는 NA값을 별도 범주로 취급하지 않고 제외시킨다. NA값을 포함시키려면(있다면) 간단히 추가 파라미터를 더해주면 된다.

```
> table(teens$gender, useNA = "ifany")
```

```
      F      M   <NA>
  22054   5222   2724
```

여기서 2,724개의 레코드(9%)에 성별 데이터가 누락된 것을 확인할 수 있다. 재미있는 점은 SNS 데이터에 여성이 남성보다 4배 이상 많은데, 남성은 여성만큼 SNS 웹 사이트를 이용할 의향이 없다는 것을 시사하고 있다.

데이터 프레임의 다른 변수를 살펴보면 gender 외에 age만이 결측치가 있다는 것을 알게 될 것이다. summary() 명령은 수치 데이터에 대해 NA값의 개수를 알려준다.

```
> summary(teens$age)
```

```
   Min. 1st Qu.  Median    Mean 3rd Qu.    Max.   NA's
  3.086  16.310  17.290  17.990  18.260  106.900   5086
```

총 5,086개의 레코드(17%)에 연령이 누락돼 있다. 또한 최솟값과 최댓값이 상식적이지 않게 보인다는 사실은 걱정이 된다. 3세나 106세가 고등학교에 다닐 것 같지는 않기 때문이다. 이러한 극단적인 값이 분석에 문제가 되지 않게 하려면 먼저 값들을 정리하고 난 후에 이동한다.

좀 더 합리적인 고등학생 연령 범위에는 13세 이상 20세 미만의 사람들이 포함된다. 이 범위 밖에 있는 모든 연령은 누락 데이터와 동일하게 취급돼야만 한다(제공된 연령을 신뢰할 수 없기 때문이다). 연령 변수를 다시 코드화하고자 ifelse() 함수를 사용할 수 있다. 연령이 13세 이상 20세 미만이면 teen$age에 teen$age 값을 대입하며, 그렇지 않으면 NA값을 대입한다.

```
> teens$age <- ifelse(teens$age >= 13 & teens$age < 20, teens$age, NA)
```

summary() 출력을 다시 확인해보면 이제 연령 범위가 실제 고등학교와 훨씬 비슷해보이는 분포를 따르는 것을 볼 수 있다.

```
> summary(teens$age)
```

```
   Min. 1st Qu.  Median    Mean 3rd Qu.    Max.   NA's
  13.03   16.30   17.26   17.25   18.22   20.00   5523
```

공교롭게도 이제는 누락 데이터가 더 커지는 문제가 생겼다. 먼저 누락 데이터를 다루기 위한 방법을 찾고 난 후에 분석을 계속 하겠다.

데이터 준비: 결측치 더미 코딩

결측치를 다루는 가장 쉬운 해결책은 결측치를 갖는 레코드를 제외시키는 것이다. 하지만 이 일의 의미를 생각해본다면 레코드를 제외하기 전에 2번 생각하게 될 것이다(단지 쉽다는 것이 좋은 생각이라는 것을 의미하지 않기 때문이다). 이 방식의 문제점은 누락이 광범위하지 않더라도 데이터의 많은 부분이 쉽게 제외될 수 있다는 것이다.

예를 들어 데이터에서 성별에 NA값을 갖는 사람들이 연령 데이터가 누락된 사람들과 겹치지 않고 완전히 다르다고 가정해보자. 이럴 경우 성별이나 연령이 누락된 사람들을 제외하게 되면 데이터의 9% + 17% = 26% 또는 7,500 레코드 이상이 제외된다. 그리고 이 결과가 오직 두 변수에 대한 누락 데이터다. 데이터 세트에 나타나는 결측치 수가 많아질수록 어떤 정해진 레코드가 제외될 가능성이 더 높아진다. 금세 데이터의 아주 작은 부분집합만 남게 되며, 더 심하게는 남은 레코드가 체계적으로 다르거나 전체 인구를 대표하지 못하게 된다.

성별과 같은 범주형 데이터에 대한 대안적 해결책은 결측치를 별도의 범주로 취급하는 것이다. 예를 들어 여성과 남성으로 제한하는 대신 알 수 없는^{unknown} 성별을 추가 범주로 더할 수 있다. 이때 3장에서 다뤘던 더미 코딩을 활용할 수 있다.

기억한다면 더미 코딩은 레퍼런스 그룹으로 제공하고자 빠지는 하나를 제외하고 명목 특징의 모든 레벨에 대해 이진(1 또는 0) 값을 갖는 별도의 더미 변수를 생성한다. 범주 하나가 제외될 수 있는 이유는 다른 범주로부터 상태를 추론할 수 있기 때문이다. 예를 들어 어떤 사람이 여성이 아니고 알 수 없는 성별도 아니라면 남성임이 확실하다. 그러므로 이 경우엔 여성과 알 수 없는 성별에 대한 더미 변수만 생성해도 된다.

```
> teens$female <- ifelse(teens$gender == "F" & !is.na(teens$gender), 1, 0)
> teens$no_gender <- ifelse(is.na(teens$gender), 1, 0)
```

예상했겠지만 is.na() 함수는 성별이 NA와 같은지 테스트한다. 따라서 첫 문장은 성별이 F와 같고 NA와 같지 않다면 teens$female에 1을 대입하며, 그렇지 않으면 0을 대입한다. 두 번째 문장은 is.na()가 TRUE를 반환한다면(즉, 성별이 누락됐다면) teens$no_gender 변수에는 1을 대입하며, 그렇지 않으면 0을 대입한다.

작업을 정확하게 했는지 확인하고자 구성된 더미 변수와 원래 gender를 비교해 보자.

```
> table(teens$gender, useNA = "ifany")

     F      M   <NA>
 22054   5222   2724

> table(teens$female, useNA = "ifany")

     0      1
```

```
7946 22054
```

```
> table(teens$no_gender, useNA = "ifany")
```

```
       0       1
   27276    2724
```

teens$female과 teens$no_gender에서 1의 개수는 각각 F 및 NA의 개수와 일치하므로 코드는 적절히 수행됐다.

데이터 준비: 결측치 대체

다음은 누락된 5,523개의 연령 값을 제거해보자. 연령은 수치이므로 미지의 값에 대한 추가 범주를 생성하는 것은 맞지 않다(다른 연령과 비교해서 '미지의 값' 순위를 어디에 둘 것인가?). 대신 대체^{imputation}라고 알려진 다른 전략을 사용할 것이다. 대체는 누락된 데이터를 실제 값에 대한 추정 값으로 채운다.

10대의 연령을 정보에 근거해 추정하고자 SNS 데이터를 활용하는 방법을 생각해볼 수 있는가? 졸업 연도를 이용할 생각이라면 올바른 생각을 한 것이다. 한 졸업 세대에 있는 대부분의 사람들은 같은 해에 태어났다. 각 졸업 세대마다 대표 연령을 식별할 수 있다면 해당 졸업 연도에 학생의 나이를 꽤 합리적으로 추정할 수 있다.

대표 값을 찾는 방법 중 하나는 평균^{average} 또는 평균값$^{mean\ value}$을 계산하는 것이다. mean() 함수를 적용하려고 한다면 이전 분석에서 그랬던 것처럼 문제가 있다.

```
> mean(teens$age)
```

```
[1] NA
```

문제는 누락된 데이터가 포함된 벡터에 대해서는 평균값이 정의되지 않는다는 점이다. 연령 데이터가 결측치를 포함하기 때문에 mean(teens$age)는 결측치를 반환한다. 평균을 계산하기 전에 결측치를 제거하는 추가 파라미터를 더해서 이 문제를 교정할 수 있다.

```
> mean(teens$age, na.rm = TRUE)

[1] 17.25243
```

이 결과는 데이터에 평균 학생이 약 17세라는 것을 밝히고 있다. 이것은 일부만 한 것으로 실제 각 졸업 연도에 대한 평균 연령이 필요하다. 먼저 평균을 4번 계산하고 싶겠지만 R의 장점 중 하나는 반복을 피할 수 있는 방법이 늘 있다는 점이다. 이 경우 aggregate() 함수가 그 일을 위한 툴이다. 이 함수는 데이터의 하위 그룹에 대한 통계를 계산한다. 여기서는 NA값을 제거한 후에 졸업 연도별로 평균 연령을 계산한다.

```
> aggregate(data = teens, age ~ gradyear, mean, na.rm = TRUE)

  gradyear      age
1     2006  18.65586
2     2007  17.70617
3     2008  16.76770
4     2009  15.81957
```

aggregate() 출력은 데이터 프레임이다. 원 데이터로 다시 합병하려면 추가 작업이 요구된다. 대안으로 ave() 함수를 사용할 수 있는데, 이 함수는 결과가 원 벡터의 길이와 같아지도록 그룹의 평균이 반복되는 벡터를 반환한다. aggregate() 함수는 각 졸업 연도별로 평균 나이를 하나씩 반환하며(총 4개의 값), ave() 함수는 모든 30,000명의 청소년들에 대해 그 학생의 졸업 연도에서의 평균 나이를 반영하는 값을 반환한다(동일한 4개의 값이 30,000개의 값으로 반복돼 반환된다).

ave() 함수를 사용할 때 첫 번째 파라미터는 그룹 평균을 계산할 숫자 벡터이고
두 번째 파라미터는 그룹 할당을 제공하는 범주형 벡터다. 그리고 FUN 파라미터
는 숫자 벡터에 적용될 함수다. 여기서는 NA값을 제거하고 평균을 계산하는 새
로운 함수를 정의해야 한다. 전체 명령은 다음과 같다.

```
> ave_age <- ave(teens$age, teens$gradyear, FUN =
                    function(x) mean(x, na.rm = TRUE))
```

평균으로 결측치를 대체하고자 원래 값이 NA였다면 ave_age 값을 사용하도록
ifelse()를 한 번 더 호출할 필요가 있다.

```
> teens$age <- ifelse(is.na(teens$age), ave_age, teens$age)
```

summary()의 결과는 이제 결측치가 제거됐음을 보여준다.

```
> summary(teens$age)
   Min. 1st Qu.  Median    Mean 3rd Qu.    Max.
  13.03   16.28   17.24   17.24   18.21   20.00
```

분석을 위해 준비된 데이터와 함께 프로젝트의 흥미로운 파트로 뛰어들 준비가
완료됐다. 노력이 결실을 맺을지 살펴보자.

단계 3: 데이터에 대한 모델 훈련

10대를 마케팅 세그먼트로 군집화하고자 stats 패키지에 있는 k-평균의 구현
을 사용할 것이다. 이 패키지는 R 설치 시에 디폴트로 포함된다. 혹시라도 이

패키지가 없다면 다른 패키지처럼 설치하고 `library(stats)` 명령을 이용해서 로드할 수 있다. 다양한 R 패키지에서 이용할 수 있는 k-평균 함수들은 단점이 없지만 stats 패키지의 `kmeans()` 함수가 널리 사용되며, 알고리듬의 기본 구현을 제공한다.

군집화 구문

stats 패키지의 kmeans() 함수 사용

클러스터 찾기:

```
myclusters <- kmeans(mydata, k)
```

- mydata는 군집화될 예시가 있는 행렬이나 데이터 프레임
- k는 희망 클러스터의 개수

이 함수는 클러스터에 대한 정보를 저장하는 클러스터 객체를 반환한다.

클러스터 검토:

- myclusters$cluster는 kmean() 함수에서 얻은 클러스터 할당 벡터
- myclusters$centers는 각 특징과 클러스터 조합별로 평균값을 나타내는 행렬
- myclusters$size는 각 클러스터에 할당된 예시 개수

예제:

```
teen_clusters <- kmeans(teens, 5)
teens$cluster_id <- teen_clusters$cluster
```

그림 9.11: k-평균 군집화 구문

`kmeans()` 함수에는 수치 데이터만 들어있는 데이터 프레임과 희망 클러스터 개수를 지정하는 파라미터가 필요하다. 이 2개가 준비됐다면 실제 모델의 구축 과정은 간단하다. 문제는 데이터와 클러스터의 제대로 된 조합을 선택하는 것이 약간의 예술일 수 있다. 때때로 많은 시행착오가 수반된다.

클러스터 분석을 시작할 때 우리는 청소년들의 소셜 미디어 프로필 텍스트에서 다양한 키워드가 나타난 횟수를 측정하는 36개의 특징만을 고려한다. 다시 말해 나이, 졸업 연도, 성별 또는 친구 수에 기반을 둔 군집을 형성하지 않을 것이다. 물론 이 4가지 특징을 사용할 수도 있지만 특징에 근거한 군집은 관심사에 근거한 군집보다 통찰력이 떨어질 것이다. 이는 주로 나이와 성별이 이미 사실

상의 클러스터이기 때문이며, 관심사 기반의 클러스터는 아직 데이터에서 발견되지 않았기 때문이다. 나중에 더 흥미로운 것은 관심사 클러스터가 군집화 과정에서 제외된 성별 및 인기 특징과 관련이 있는지 여부를 확인하는 것이다. 관심사 기반 클러스터가 이러한 개별 특징을 예측하는 데 도움이 된다면 이는 클러스터가 유용할 수 있다는 증거를 제공한다.

다른 특징을 실수로 포함하지 않게 하고자 데이터 프레임을 interests라는 이름으로 만들어 36개의 키워드 열만을 포함하도록 데이터 프레임을 부분집합으로 만들자.

```
> interests <- teens[5:40]
```

3장을 기억한다면 분석을 할 때 거리 계산을 이용할 경우 일반적으로 분석 전에 각 특징이 동일한 범위를 이용하도록 특징을 정규화하거나 z-점수 표준화를 한다. 그렇게 함으로써 일부 특징이 다른 것보다 값의 범위가 커서 혼자 우세해지는 문제를 피할 수 있다.

z-점수 표준화 과정은 특징을 재조정해 평균이 0이고 표준 편차가 1이 되게 한다. z-점수 표준화를 하면 데이터의 해석이 유용한 방식으로 바뀐다. 구체적으로 말하면 어떤 사람들이 자신의 프로필에 별다른 정보 없이 농구를 3번 언급했다면 이 정보가 그들이 동료에 비해 농구를 다소간 좋아하는 것을 의미하는지 알 수가 없다. 한편 z-점수가 3이라면 그들이 평균 10대보다 축구를 더 많이 언급했다는 것을 알 수 있다.

z-점수 표준화를 interests 데이터 프레임에 적용하려면 다음과 같이 scale() 함수를 lapply()와 함께 사용한다. lapply()는 행렬을 반환하기 때문에 as.data.frame() 함수를 이용해 데이터 프레임 형태로 강제로 되돌려야만 한다.

```
> interests_z <- as.data.frame(lapply(interests, scale))
```

변환이 정확이 수행된 것을 확인하고자 이전과 새로운 interests 데이터에서 basketball 열에 대한 요약 통계량을 계산할 수 있다.

```
> summary(interests$basketball)

   Min. 1st Qu.  Median    Mean 3rd Qu.    Max.
 0.0000  0.0000  0.0000  0.2673  0.0000 24.0000

> summary(interests_z$basketball)

   Min. 1st Qu.  Median    Mean 3rd Qu.    Max.
-0.3322 -0.3322 -0.3322  0.0000 -0.3322 29.4923
```

예상대로 interests_z 데이터 세트는 basketball 특징을 평균이 0이고 범위가 0 이상과 이하가 되게 변환했다. 이제 0보다 작은 값은 그들의 프로필에서 평균보다 적은 횟수의 농구를 언급한 사람으로 해석할 수 있다. 0보다 큰 값은 평균보다 농구를 빈번히 언급한 사람을 암시한다.

최종 결정 사항은 데이터를 세그먼트로 만들고자 사용할 클러스터 수를 정하는 것이다. 너무 많은 클러스터를 사용하면 클러스터가 너무 세부적이어서 유용하지 못하다는 것을 알게 될 것이다. k값을 실험하는 것을 편하게 생각해야 한다. 결과가 마음에 들지 않으면 쉽게 다른 값을 시도하고 다시 시작할 수 있다.

TIP

분석 모집단을 잘 안다면 클러스터 개수를 선택하는 것이 좀 더 쉽다. 자연스런 그룹의 실제 개수에 대한 감을 갖고 있기 때문에 시행착오를 줄일 수 있다.

데이터의 클러스터 수를 선택하는 데 도움이 되도록 내가 좋아하는 영화 중 하나인 <조찬 클럽The Breakfast Club>의 의견을 따를 것이다. 이 영화는 1985년에 발표된 존 휴즈John Hughes 감독의 성인 코미디다. 이 영화에서 10대 인물들은 다음의 5가지 정체성으로 나타난다.

- **두뇌**^{brain}: 일반적으로 '범생이^{nerd}' 또는 '컴퓨터 마니아'로도 알려져 있음
- **운동선수**^{athlete}: 때로는 '우스꽝스러운 축구선수' 또는 '몸짱'으로도 알려짐
- **바스켓 케이스**^{basket case}: 불안하거나 신경질적인 개인을 나타내는 속어로, 영화에서는 사회와 소통이 적은 사회 부적응자로 그려짐
- **공주**^{princess}: 인기 있는 부유하고 고전적으로 여성적인 소녀로 묘사됨
- **범죄자**^{criminal}: 사회학 연구에서 설명되는 전통적인 '탈학교' 정체성을 대표해 반학교 및 반권위 행동에 종사하는 것으로 나타냄

영화에서는 5가지 구체적인 정체성 그룹을 묘사하고 있지만 이러한 전형^{stereotypes}은 여러 해 동안 인기 있는 청소년 소설 전반에 걸쳐 묘사돼 왔으며, 시간이 흐름에 따라 전형이 변화해왔다. 그럼에도 미국 청소년들은 그들을 직관적으로 이해할 가능성이 높다. 따라서 5라는 수치는 학교 정체성의 전체 스펙트럼을 완전히 포착하기는 어렵지만 합리적인 시작점으로 보인다.

청소년들의 관심사 데이터를 5개의 클러스터로 나누려 k-평균 알고리듬을 사용하고자 interests 데이터 프레임에서 kmeans() 함수를 사용한다. k-평균은 무작위로 시작점을 사용하기 때문에 결과가 후속 예제의 출력과 일치하게 하고자 set.seed() 함수를 사용한다. 이 명령은 R의 난수 생성기를 특정 시퀀스로 초기화한다. 이 문장이 없는 경우 k-평균 알고리듬을 실행할 때마다 결과가 다를 수 있다. 다음과 같이 k-평균 군집화 과정을 실행하면 teen_clusters라는 이름의 리스트가 생성돼 5개의 클러스터 각각의 속성을 저장한다.

```
> set.seed(2345)
> teen_clusters <- kmeans(interests_z, 5)
```

더 자세히 들어가서 알고리듬이 청소년들의 관심사 데이터를 얼마나 잘 분류했는지 살펴보자.

여러분의 결과가 후속 절에서 보여주는 결과와 다르다면 kmeans() 함수 직전에 set.seed(2345)
명령을 실행했는지 확인한다. 또한 R의 난수 생성기의 동작이 R 버전 3.6부터 변경됐으므로 더
오래된 버전의 R을 사용하고 있다면 결과가 여기에 표시된 결과와 약간 다를 수 있다.

단계 4: 모델 성능 평가

군집화 결과를 평가하는 것은 다소 주관적일 수 있다. 궁극적으로 모델의 성공
과 실패는 클러스터가 그들이 의도한 목적에 도움이 되는지에 달려있다. 이
분석의 목표가 마케팅 목적으로 비슷한 관심을 갖는 10대 클러스터를 식별하는
것이기 때문에 대부분 정성적으로 성공을 측정할 것이다. 다른 군집화 응용을
위해서는 좀 더 정량적인 성공 척도가 필요할 수도 있다.

클러스터 집합의 유용성을 평가하는 가장 기본적인 방법 중 하나는 각 그룹에
속하는 예제 수를 검토해보는 것이다. 그룹이 너무 크거나 너무 작으면 매우
유용하지 않을 가능성이 있다.

kmeans() 클러스터의 크기를 얻으려면 다음과 같이 teen_clusters$size 컴포
넌트를 사용한다.

```
> teen_clusters$size
```

```
[1] 1038 601 4066 2696 21599
```

여기서 요청했던 5개의 클러스터를 확인할 수 있다. 가장 작은 클러스터는 601명
(2%)의 10대를 갖는 반면 가장 큰 클러스터는 21,599명(72%)을 갖는다. 가장 큰
클러스터와 가장 작은 클러스터의 인원수 사이에 큰 격차가 약간 우려되지만
이 그룹들을 좀 더 신중하게 살펴보지 않으면 이것이 문제인지 모를 것이다.
클러스터의 크기 차이는 비슷한 관심을 공유하는 거대한 10대의 그룹과 같이

실제 무언가를 나타내는 경우이거나 초기 k-평균 클러스터 중심으로 인한 임의의 우연일 수도 있다. 각 클러스터의 특성을 살펴보면 더 알 수 있을 것이다.

클러스터를 좀 더 깊이 있게 살펴보려면 teen_clusters$centers 컴포넌트를 사용해서 클러스터 중심점의 좌표를 검토해볼 수 있다. 다음은 처음 4개의 관심사에 대한 클러스터 중심점이다.

```
> teen_clusters$centers

    basketball      football        soccer      softball
1   0.362160730   0.37985213    0.13734997    0.1272107
2  -0.094426312   0.06691768   -0.09956009   -0.0379725
3   0.003980104   0.09524062    0.05342109   -0.0496864
4   1.372334818   1.19570343    0.55621097    1.1304527
5  -0.186822093  -0.18729427   -0.08331351   -0.1368072
```

(1에서 5로 레이블된) 출력 행은 다섯 클러스터를 나타내며, 각 행의 숫자는 열의 상단에 나열된 관심사에 대한 클러스터 평균값을 나타낸다. 이 값은 z-점수 표준화가 됐기 때문에 양수는 모든 10대에 대한 전체 평균 수준 이상이며, 음수는 전체 평균 이하다. 예를 들어 4번째 행은 basketball 열에서 가장 높은 값을 가지며, 클러스터 4가 전체 클러스터 가운데 농구에서 가장 높은 평균 관심을 갖는다는 것을 의미한다.

클러스터가 각 관심 범주에 대해 평균 수준 이상 또는 이하에 있는지 검토함으로써 클러스터는 서로 구별하는 패턴을 인식할 수 있다. 실제 이 작업은 클러스터의 중심을 출력하고 거기서 어떤 패턴이나 극단 값을 찾는 것을 포함한다. 이는 마치 단어 찾기 퍼즐이지만 숫자로 된 퍼즐과 같다. 다음 스크린샷은 다섯 클러스터에 대해 10대의 36개 관심사 중 18개에 대해 흥미로운 패턴을 보여준다.

```
> teen_clusters$centers
    basketball    football     soccer     softball   volleyball   swimming
1   0.362160730  0.37985213  0.13734997  0.1272107  0.09247518  0.26180286
2  -0.094426312  0.06691768 -0.09956009 -0.0379725 -0.07286202  0.04578401
3   0.003980104  0.09524062  0.05342109 -0.0496864 -0.01459648  0.32944934
4   1.372334818  1.19570343  0.55621097  1.1304527  1.07177211  0.08513210
5  -0.186822093 -0.18729427 -0.08331351 -0.1368072 -0.13344819 -0.08650052
    cheerleading    baseball     tennis       sports        cute          sex
1    0.2159945   0.25312305  0.11991682  0.77040675  0.475265034  2.043945661
2   -0.1070370  -0.11182941  0.04027335 -0.10638613 -0.027044898 -0.042725567
3    0.5142451  -0.04933628  0.06703386 -0.05435093  0.796948359 -0.003156716
4    0.0400367   1.09279737  0.13887184  1.08316097 -0.005291962 -0.033193640
5   -0.1092056  -0.13616893 -0.03683671 -0.15903307 -0.171452198 -0.092301138
        sexy          hot       kissed        dance         band      marching
1   0.547956598  0.314845390  3.02610259  0.455501275  0.39009330 -0.0105463
2  -0.027913348 -0.035027022 -0.04581067  0.050772118  4.09723438  5.2196105
3   0.266741598  0.623263396 -0.01284964  0.650572336 -0.03301257 -0.1131486
4   0.003036966  0.009046774 -0.08755418 -0.001993853 -0.07317758 -0.1039509
5  -0.076149916 -0.132614350 -0.13080557 -0.145524147 -0.11740538 -0.1104553
```

그림 9.12: 클러스터를 구분하려면 좌표에서 패턴을 하이라이트해보면 도움이 된다.

이 관심 데이터의 스냅샷을 고려해보면 이미 몇 가지 클러스터의 특성을 추론할 수 있다. 클러스터 4는 거의 모든 스포츠에서 평균 관심 수준을 상당히 넘어섰으며, 이는 조찬 클럽The Breakfast Club에서 그려진 풋볼 선수의 전형과 유사할 수 있음을 시사한다. 클러스터 3은 치어리딩, 댄싱 그리고 'hot'이라는 단어의 언급이 가장 많다. 이들은 이른바 공주들일까?

이런 방식으로 클러스터들을 계속해서 관찰하면 각 그룹에 지배적인 관심사를 나열하는 표를 만들 수 있을 것이다. 다음 표에서는 각 클러스터가 자신과 다른 클러스터를 가장 많이 구별하는 특징들과 그룹의 특성을 가장 정확하게 담아내는 조찬 클럽의 정체성을 함께 보여준다.

흥미롭게도 Cluster 5는 평범하다는 사실로 구분된다. 이 클러스터의 멤버는 모든 측정된 활동에서 평균보다 낮은 수준의 관심을 갖고 있다. 이 클러스터는 멤버 수 관점에서도 가장 큰 그룹이다. 가능성 있는 설명 중 하나는 이런 사용자들은 웹 사이트에 프로필을 만들었지만 어떤 관심사도 올리지 않았다는 것이다.

Cluster 1 (N = 1,038)	Cluster 2 (N = 601)	Cluster 3 (N = 4,066)	Cluster 4 (N = 2,696)	Cluster 5 (N = 21,599)
sex sexy kissed music rock god hair clothes die death drunk drugs	band marching music	cheerleading cute hot dance church Jesus Bible dress mall shopping Hollister Abercrombie	basketball football soccer softball volleyball baseball tennis sports	???
범죄자	두뇌	공주	운동선수	바스켓 케이스

그림 9.13: 표를 사용하면 각 클러스터의 주요 차원을 나열할 수 있다.

고객들과 세분화 분석 결과를 공유할 때 종종 '페르소나^{personas}'라는 기억에 남고 유익한 레이블을 적용하면 도움이 된다. 이 레이블은 그룹을 단순화하고 핵심을 포착하는 역할을 하며, 이 경우와 같이 '조찬 클럽' 유형과 같은 것이 될 수 있다. 이러한 레이블을 추가할 때의 위험은 그룹의 뉘앙스를 가려버릴 수 있으며, 부정적인 전형이 사용된다면 심지어 그룹 구성원들을 불쾌하게 할 수도 있다. 더 널리 보급하려면 '범죄자'나 '공주' 같은 자극적인 레이블을 '도발적 청소년'과 '유행을 따르는 청소년'과 같은 좀 더 중립적인 용어로 대체할 수 있을 것이다. 또한 상대적으로 무해한 레이블도 사고에 편향을 줄 수 있기 때문에 레이블을 복잡성의 단순화 대신 전체 진실로 이해하면 중요한 패턴을 놓칠 수 있다.

기억에 남는 레이블과 그림 9.13에 나와 있는 테이블을 갖고 있다면 마케팅 담당자는 소셜 네트워킹 웹 사이트의 5가지 유형의 청소년 방문자에 대한 명확한 상상을 할 수 있을 것이다. 이러한 페르소나를 기반으로 이 사람은 해당 군집과 관련된 제품을 판매하는 기업에게 타깃팅된 광고 노출 기회를 판매할 수 있을 것이다. 다음 절에서는 이러한 군집 레이블이 원래 모집단에 다시 적용되는 방법을 살펴본다.

TIP

클러스터 분석 결과를 시각화하는 것은 다차원 특성 데이터를 2차원으로 평면화하고 클러스터 할당에 따라 점을 색칠하는 기술을 사용하면 가능하다. factoextra 패키지의 `fviz_cluster()` 함수는 이러한 시각화를 꽤 쉽게 구성할 수 있게 도와준다. 이에 관심이 있다면 패키지를 로드하고 `fviz_cluster(teen_clusters, interests_z, geom = "point")` 명령을 시도해 청소년 SNS 클러스터를 시각화해보라. 시각화는 대부분의 점이 겹치기 때문에 SNS 예제에는 제한적으로 사용될 수 있지만 때때로 프레젠테이션 목적으로 유용한 도구일 수 있다. 이러한 도면을 생성하고 이해하는 방법을 더 잘 이해하려면 15장을 참고한다.

단계 5: 모델 성능 개선

군집화는 새로운 정보를 생성하기 때문에 군집화 알고리듬의 성능은 최소한 클러스터 자체의 품질뿐 아니라 클러스터 정보로 수행된 것에 어느 정도 좌우된다. 앞 절에서 이미 다섯 클러스터가 10대의 관심사에 대한 유용하고 새로운 통찰력을 제공한다는 것을 보여줬다. 그 측정에 의해 알고리듬이 아주 잘 수행되는 것처럼 보인다. 따라서 이제 이러한 통찰력을 행동으로 전환하는 데 노력을 집중할 수 있다.

이 클러스터를 전체 데이터 세트에 역으로 적용하면서 시작할 것이다. `kmeans()` 함수에 의해 생성된 teen_clusters 객체는 cluster라는 이름의 컴포넌트를 포함한다. cluster 컴포넌트에는 샘플의 전체 30,000명 개인에 대한 클러스터 할당이 포함돼 있다. 다음 명령으로 cluster 컴포넌트를 teens 데이터 프레임의 열로 추가할 수 있다.

```
> teens$cluster <- teen_clusters$cluster
```

이 새로운 데이터가 주어진다면 클러스터 할당이 개인의 특성과 어떻게 관련돼 있는지 검토를 시작할 수 있다. 예를 들어 여기에 SNS 데이터에 처음 5명의 10대에 대한 개인정보가 있다.

```
> teens[1:5, c("cluster", "gender", "age", "friends")]

  cluster gender    age friends
1       5      M 18.982       7
2       3      F 18.801       0
3       5      M 18.335      69
4       5      F 18.875       0
5       4   <NA> 18.995      10
```

aggregate() 함수를 이용해 이 클러스터의 인구 통계학적 특성을 살펴볼 수 있다. 평균 연령은 클러스터에 따라 크게 변하지 않는데, 10대의 정체성이 주로 고등학교 이전에 결정되기 때문에 많이 놀랍지는 않다. 결과는 다음과 같다.

```
> aggregate(data = teens, age ~ cluster, mean)

  cluster      age
1       1 17.09319
2       2 17.38488
3       3 17.03773
4       4 17.03759
5       5 17.30265
```

한편 클러스터에 따라 일부 여성 비율이 상당한 차이가 있다. 매우 흥미로운 결과인데, 클러스터를 생성하고자 성별 데이터를 사용하지 않았지만 클러스터는 여전히 성별을 예측할 수 있기 때문이다.

```
> aggregate(data = teens, female ~ cluster, mean)

  cluster      female
1       1   0.8025048
2       2   0.7237937
3       3   0.8866208
4       4   0.6984421
5       5   0.7082735
```

SNS 사용자의 전체 약 74%가 여성이라는 점을 기억하라. 소위 공주[Princesses]인 Cluster 3은 거의 89%가 여성인 반면 Cluster 4와 Cluster 5는 단지 70%만이 여성이다. 이런 불균형은 10대 소년소녀들이 자신의 소셜 네트워킹 페이지에서 논의하는 관심사에 차이가 있음을 의미한다.

성별 예측에서의 성공을 감안하면 클러스터가 사용자의 친구 수를 예측할 수 있다고 짐작해볼 수 있다. 이 가설은 다음과 같이 데이터에 의해 지지되는 것처럼 보인다.

```
> aggregate(data = teens, friends ~ cluster, mean)

  cluster     friends
1       1    30.66570
2       2    32.79368
3       3    38.54575
4       4    35.91728
5       5    27.79221
```

평균적으로 공주들이 가장 많은 친구를 갖고 있다(38.5), 그 뒤를 운동선수(35.9)와 두뇌(32.8)가 따른다. 반면 범죄자(30.7)와 바스켓 케이스(27.8)는 낮은 수치를 보인다. 성별과 마찬가지로 청소년들의 친구 수와 예측된 클러스터 간의 연관성은 우리가 친구 데이터를 군집화 알고리듬의 입력으로 사용하지 않았음에도 주목할 만한 결과다. 또한 흥미로운 사실은 친구 수가 각 클러스터의 고등학교 인기 전형과 관련이 있는데, 고전적으로 인기 있는 그룹은 현실에서 더 많은 친구를 갖는 경향이 있다.

그룹 멤버십, 성별 및 친구 수 사이의 연관성은 이러한 클러스터가 행동을 유용하게 예측할 수 있다는 것을 시사한다. 이러한 예측 능력을 이렇게 검증함으로써 클러스터가 마케팅 팀에 제시될 때 더 쉽게 판매될 수 있으며, 궁극적으로 알고리듬의 성능을 향상시킬 수 있다.

TIP

> 〈조찬 클럽〉의 등장인물들이 결국 '우리 각자는 두뇌, 운동선수, 바스켓 케이스, 공주, 범죄자 중 하나'라는 사실을 깨닫는 것처럼 데이터 과학자들도 각 클러스터에 할당하는 레이블 또는 페르소나가 전형(stereotypes)이라는 사실을 깨닫는 것이 중요하다. 개인은 전형을 더 또는 덜 포함할 수 있으며, 클러스터에 대한 결과를 활용할 때 이러한 주의 사항을 명심하라. 한 그룹은 상대적으로 동질적일 수 있지만 각 구성원은 여전히 독특하다.

⁖ 요약

9장의 실험 결과는 유명한 속담인 '유유상종'을 지지한다. 비슷한 관심을 갖는 10대를 군집화하는 머신러닝 방법을 사용함으로써 성별과 친구 수와 같은 개인적 특성을 예측할 수 있는 10대 정체성 유형을 개발할 수 있었다. 동일한 방법이 비슷한 결과를 갖는 다른 상황에도 적용될 수 있다.

9장에서는 단지 군집화의 기본에 대해서만 다뤘다. k-평균 알고리듬뿐 아니라 작업에 고유한 편향과 휴리스틱을 제공하는 다른 여러 군집화 알고리듬의 변형이 많다. 9장의 기본을 토대로 해서 이들 군집화 방법들을 이해하고 이를 새로운 문제에 적용할 수 있을 것이다.

10장에서는 학습 알고리듬의 성공을 측정하기 위한 방법들을 살펴보기 시작한다. 이 방법들은 여러 머신러닝 작업에 적용할 수 있다. 지금까지의 과정에서 학습의 성공을 평가하고자 항상 노력을 기울여왔지만 최고 수준의 성능을 얻으려면 가장 엄격한 조건에서 성능을 정의하고 측정하는 것이 중요하다.

10

모델 성능 평가

부자만 교육을 받을 수 있었던 시절에는 학생들을 시험으로 평가하지 않았다. 대신 교사들이 임금을 받을 자격이 있을 만큼 자녀가 충분히 배웠는지 알고 싶어 하는 부모를 위해 교사가 평가됐다. 분명 이런 모습은 시간을 흐르면서 변해왔다. 이제 평가는 성취도가 높은 학생과 낮은 학생을 구분해 직업과 다양한 기회로 걸러내는 데 사용된다.

이 과정의 중요성을 감안해 정확한 학생 평가를 개발하고자 아주 많은 노력을 기울이고 있다. 공정한 평가에는 폭넓은 주제를 다루며, 요행수로 맞히는 것이 아닌 실제 지식을 보상해주는 다양한 질문이 포함된다. 또한 학생들이 이전에 대하지 못했던 문제에 대해 사고하게 만든다. 따라서 정답은 학생이 자신의 지식을 좀 더 넓게 일반화할 수 있는 능력을 보여준다.

머신러닝 알고리듬을 평가하는 과정은 학생을 평가하는 과정과 아주 비슷하다. 알고리듬은 다양한 장단점을 갖기 때문에 테스트로 학습자를 구별해야만 한다. 또한 어떤 학습자가 미래의 데이터에 대해 잘 수행될 것인지 이해하는 것도 중요하다.

10장에서는 머신 학습자$^{machine\ learners}$를 평가하는 데 필요한 다음과 같은 정보를 제공한다.

- 예측 정확도^{accuracy}가 성능을 측정하는 데 충분치 않은 이유와 대신 사용할 수 있는 성능 측도
- 처음 보는 케이스에 대한 모델의 예측 능력을 성능 측도에 합리적으로 반영하는 방법
- 지금까지 여러 장에서 다뤘던 예측 모델에 이런 유용한 척도와 방법을 적용하기 위한 R 사용법

어떤 주제를 배우는 가장 좋은 방법은 해당 주제를 다른 사람에게 가르치는 것인 것처럼 머신 학습자를 가르치고 평가하는 과정은 지금까지 배운 방법들에 대한 더 깊은 통찰력을 제공한다.

⠿ 분류 성능 측정

9장에서 분류기^{classifier}의 정확도는 정확한 예측 부분을 전체 예측 개수로 나눠 측정했다. 정확도는 학습자가 맞거나 틀린 경우의 비율을 나타낸다. 예를 들어 100,000명의 신생아 중 99,990명에 대해 치료할 수는 있지만 잠재적으로 치명적인 유전자 결함의 보유자인지 여부를 분류기가 정확히 예측했다고 가정하자. 이는 99.99%의 정확도와 0.01%의 에러율만을 의미한다.

얼핏 보기에 상당히 정확한 분류인 것처럼 보인다. 하지만 아이의 생명을 검사에 맡기기 전에 추가 정보를 수집하는 것이 좋을 것이다. 100,000명의 아기 중 10명에만 유전자 결함이 나타난다면 어떻게 될까? 상황에 관계없이 **결함 없음**$^{no\ defect}$을 예측하는 검사는 전체 케이스의 99.99%가 정확하겠지만 가장 문제가 되는 경우에 대해서는 100% 부정확할 것이다. 다시 말해 예측이 아주 정확하더라도 치료할 수 있는 선천적 결함을 예방하는 데는 분류기가 그다지 유용하지 않다.

> 이것은 클래스 불균형 문제(class imbalance problem)의 결과 중 하나로, 클래스 불균형 문제는 데이터의 대다수 레코드가 단일 클래스에 속할 경우에 관련된 문제를 말한다.

분류기 성능을 측정하는 여러 방법이 있지만 가장 좋은 측정 방법은 분류기가 의도된 목적에 맞게 성공했는지를 반영하는 것이다. 있는 그대로의 정확도보다 유용성에 대한 성능 측도를 정의하는 것이 중요하다. 이를 위해 혼동 행렬에서 유도된 다양한 성능 측도를 검토할 것이다. 하지만 시작하기 전에 평가를 위해 분류기를 어떻게 준비할지 고려해야만 한다.

분류기의 예측 이해

분류 모델을 평가하는 목적은 미래의 케이스에 대해 모델의 성능이 어떻게 추론할지 더 잘 이해하기 위해서다. 대개는 실행 환경에서 여전히 입증되지 않은 모델을 테스트하는 것은 실현 가능하지 않기 때문에 일반적으로 미래에 처리해야 할 케이스와 유사한 케이스로 구성된 데이터 세트를 모델에게 분류하도록 요청함으로써 미래의 조건을 시뮬레이션한다. 이 실험에 대한 학습자[learner]의 반응을 관찰해 학습자의 장점과 단점을 배울 수 있다.

지금까지도 분류기를 평가해왔지만 자유롭게 이용할 수 있는 데이터 종류를 되돌아 볼 필요가 있다.

- 실제 클래스 값
- 예측 클래스 값
- 추정된 예측 확률

실제 클래스 값과 예측 클래스 값은 설명할 필요가 없겠지만 이 값들이 평가의 핵심이다. 선생님이 학생의 답변을 평가할 때 정답지(정답을 써 둔 리스트)를 사용하듯이 머신 학습자의 예측에 대한 정답을 알아야 한다. 목표는 데이터의 두 벡터를 유지하는 것으로, 하나는 정확한 클래스 값이나 실제 클래스 값을 갖고 있으며 다른 하나는 예측 클래스 값을 갖고 있다. 두 벡터는 같은 순서로 저장된 동일한 개수의 값을 가져야만 한다. 예측값과 실제 값은 별도의 R 벡터나 하나의 R 데이터 프레임에 별도의 열로 저장돼 있어야만 한다.

이 데이터를 얻는 것은 쉽다. 실제 클래스 값은 테스트 데이터 세트의 목표 특징에서 직접 나온다. 예측 클래스 값은 훈련 데이터로 분류기를 구축한 후 이를 테스트 데이터에 적용해서 얻는다. 대부분의 머신러닝 패키지는 predict() 함수에 모델 객체와 테스트 데이터의 데이터 프레임에 적용하며, predicted_outcome <- predict(model, test_data)와 같이 될 것이다.

지금까지 이 2가지 데이터 벡터를 이용한 분류 예측만을 검토했다. 하지만 대부분의 모델은 또 하나의 유용한 정보를 제공한다. 분류기는 예제별로 하나의 예측을 하지만 일부 결정에 대해서는 다른 결정보다 좀 더 확신한다. 예를 들어 분류기가 단어 '무료free'와 '벨소리ringtones'가 포함된 SMS가 스팸이라는 것에 99% 확신하지만 단어 '오늘밤tonight'이 포함된 SMS가 스팸이라는 것에는 51%만 확신한다. 분류기는 두 경우 모두 메시지를 스팸으로 분류하지만 하나의 결정을 다른 것보다 훨씬 더 확신한다.

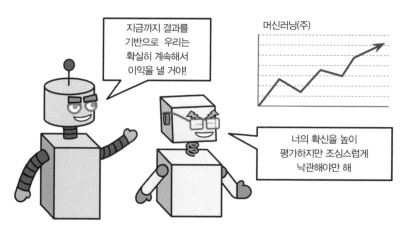

그림 10.1: 학습자들은 동일한 데이터로 훈련해도 예측 신뢰가 다를 수 있다.

이런 내부 예측 확률을 연구하면 모델의 성능을 평가하는 데 유용한 데이터가 산출된다. 두 모델의 실수 횟수는 같지만 하나가 자신의 불확실성을 더 정확하게 평가할 수 있다면 이 모델이 더 똑똑한 모델이다. 정확한 예측을 할 때는 완전히 자신감이 있지만 의심스러울 때는 소심해지는 학습자를 찾는 것이 이상적이다. 자신감과 신중함 사이의 균형이 모델 평가의 핵심 부분이다.

내부 예측 확률을 구하는 함수 호출은 R 패키지마다 방법이 다르다. 일반적으로 대부분의 분류기에는 predict() 함수에 추가적인 파라미터를 전달해 원하는 예측 유형을 명시할 수 있게 해준다. 스팸^{spam}이나 햄^{ham}과 같이 하나의 예측 클래스를 얻으려면 일반적으로 type = "class"로 파라미터를 설정한다. 예측 확률을 얻으려면 사용하는 분류기에 따라 type 파라미터에 "prob", "posterior", "raw", "probability" 중 하나를 설정한다.

TIP

> 이 책에 소개된 모든 분류기는 예측 확률을 제공한다. type 파라미터는 각 모델을 소개하는 구문 박스에 포함돼 있다.

예를 들어 5장에서 구축한 C5.0 분류기의 예측 확률을 출력하려면 다음과 같이 predict() 함수를 type = "prob"와 함께 사용한다.

```
> predicted_prob <- predict(credit_model, credit_test, type = "prob")
```

4장에서 개발했던 SMS 스팸 분류 모델로 나이브 베이즈 예측 확률을 출력하려면 다음과 같이 predict() 함수를 type = "raw"와 함께 사용한다.

```
> sms_test_prob <- predict(sms_classifier, sms_test, type = "raw")
```

대부분의 경우 predict() 함수는 결과의 범주별로 확률을 반환한다. 예를 들어

SMS 분류기와 같은 2-결과 모델의 경우 예측 확률은 다음과 같은 행렬 또는 데이터 프레임이 될 것이다.

```
> head(sms_test_prob)
               ham          spam
[1,] 9.999995e-01  4.565938e-07
[2,] 9.999995e-01  4.540489e-07
[3,] 9.998418e-01  1.582360e-04
[4,] 9.999578e-01  4.223125e-05
[5,] 4.816137e-10  1.000000e+00
[6,] 9.997970e-01  2.030033e-04
```

출력에서 각 라인은 분류기의 spam과 ham의 예측 확률을 보여준다. 확률 규칙에 따르면 각 라인의 합은 1이다. 이들이 서로 배타적이며 총망라적이기 때문이다. 이 데이터가 주어지면 모델 평가 데이터 세트를 구성할 때 관심 대상의 클래스 레벨에 대해서만 확률을 선택하게 하는 것이 중요하다. 평가 프로세스의 편의상 예측 클래스, 실제 클래스, 관심 클래스 레벨의 예측 확률이 모인 데이터 프레임을 구성하면 도움이 된다.

10장의 깃허브 저장소에 있는 sms_results.csv 파일은 이와 정확히 같은 형식의 데이터 프레임의 예제다. 이 파일은 4장에서 만든 나이브 베이즈를 사용한 SMS 분류기의 예측 결과를 기반으로 구성됐다. 이 평가 데이터 세트를 구성하는 단계는 편의상 생략됐으므로 여기서 설명한 예제를 따라하려면 파일을 다운로드한 후 다음 명령을 사용해 데이터 프레임으로 로드하면 된다.

```
> sms_results <- read.csv("sms_results.csv", stringsAsFactors = TRUE)
```

생성된 sms_results 데이터 프레임은 간단하다. 1,390개의 값으로 구성된 4개의 벡터를 포함하고 있다. 한 열에는 SMS 메시지의 실제 유형(스팸 또는 일반 메시지)을 나타내는 값이 있으며, 다른 열은 나이브 베이즈 모델이 예측한 메시지 유형을 나타내고 3번째와 4번째 열은 각각 해당 메시지가 스팸 또는 일반 메시지일 확률을 나타낸다.

```
> head(sms_results)
  actual_type predict_type prob_spam prob_ham
1        ham          ham   0.00000  1.00000
2        ham          ham   0.00000  1.00000
3        ham          ham   0.00016  0.99984
4        ham          ham   0.00004  0.99996
5       spam         spam   1.00000  0.00000
6        ham          ham   0.00020  0.99980
```

이 6개 테스트 케이스의 예측 SMS 메시지 유형과 실제 SMS 메시지 유형은 동일하다. 모델은 메시지 상태를 정확하게 예측했다. 더군다나 예측 확률은 거의 0이나 1에 가깝기 때문에 모델이 예측에 대해 극도로 확신했음을 말하고 있다.

예측값과 실제 값이 0과 1에서 멀어지면 어떻게 될까? subset() 함수를 이용해서 이런 레코드를 몇 개 찾을 수 있다. 다음 출력은 모델이 spam의 확률을 40%와 60% 사이로 추정한 테스트 케이스를 보여준다.

```
> head(subset(sms_results, prob_spam > 0.40 & prob_spam < 0.60))
     actual_type predict_type prob_spam prob_ham
377         spam          ham   0.47536  0.52464
717          ham         spam   0.56188  0.43812
1311         ham         spam   0.57917  0.42083
```

모델이 자체의 추정에 따르면 이 예측은 사실상 동전 던지기와 같다. 하지만 세 예측이 모두 틀렸다(운이 나쁜 결과다). 모델이 틀린 케이스를 몇 개 더 살펴보자.

```
> head(subset(sms_results, actual_type != predict_type))
```

	actual_type	predict_type	prob_spam	prob_ham
53	spam	ham	0.00071	0.99929
59	spam	ham	0.00156	0.99844
73	spam	ham	0.01708	0.98292
76	spam	ham	0.00851	0.99149
184	spam	ham	0.01243	0.98757
332	spam	ham	0.00003	0.99997

이들 케이스는 모델이 극도로 확신하지만 여전히 극도로 잘못될 수 있다는 중요한 사실을 보여준다. 테스트 케이스 6개 모두 분류기가 ham일 확률이 98% 이상이라고 믿는 spam 메시지다.

이런 실수에도 모델은 여전히 유용한가? 평가 데이터에 다양한 에러 척도를 적용함으로써 이 질문에 대한 답을 할 수 있다. 실제 그러한 척도는 지금까지 이미 널리 사용해왔던 툴을 기반으로 한다.

혼동 행렬 자세히 보기

혼동 행렬^{confusion matrix}은 예측값이 실제 값과 일치하는지에 따라 예측을 범주화한 표다. 표에서 한 차원은 예측값의 가능한 범주를 나타내고, 다른 차원은 실제 값의 가능한 범주를 나타낸다. 지금까지 2 × 2 혼동 행렬만 봤다면 임의의 개수의 클래스 값을 예측하는 모델에 대한 행렬이 생성될 수 있다. 다음 그림은 친숙한 2-클래스 모델에 대한 혼동 행렬뿐만 아니라 3-클래스 모델에 대한 3 × 3 혼동 행렬도 보여준다.

예측값이 실제 값과 같을 때는 정확한 분류다. 정확한 예측은 (O로 표시된) 혼동 행렬의 대각선에 있다. (X로 표시된) 대각선이 아닌 행렬의 셀들은 예측값이 실제 값과 다른 경우를 나타낸다. 이것들이 부정확한 예측이다. 분류 모델에 대한 성능 예측은 이 표의 대각선 위와 대각선 밖에 있는 예측 횟수를 기반으로 한다.

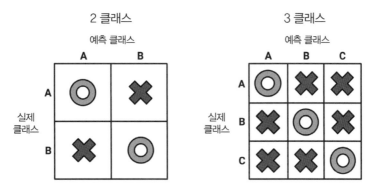

그림 10.2: 혼동 행렬은 예측 클래스가 실제 값과 일치하거나 불일치하는 경우의 수를 센다.

가장 일반적인 성능 측도는 하나의 클래스를 다른 모든 클래스와 비교해 구별하는 모델의 능력을 고려한다. 관심 있는 클래스를 **긍정**^{positive} 클래스라고 하며, 다른 클래스들은 모두 **부정**^{negative} 클래스라고 한다.

TIP

> 긍정과 부정 용어의 사용은 어떤 값의 판단(즉, 좋은 vs. 나쁜)을 암시하려는 의도는 없으며, 반드시 어떤 결과가 존재하거나 부재한다는 것(선천적 결함 vs. 결함 없음 같은)을 말하는 것도 아니다. 긍정 결과를 선택하는 것은 모델이 화창한 vs. 비가 오는 또는 개 vs. 고양이와 같이 범주를 예측하는 경우처럼 임의적일 수도 있다.

긍정 클래스와 부정 클래스 사이의 관계는 네 종류의 범주 중 예측이 속하는 범주를 도표화한 2 × 2 혼동 행렬로 표현될 수 있다.

- **참 긍정**^{TP, True Positive}: 관심 클래스로 정확하게 분류된
- **참 부정**^{TN, True Negative}: 관심 클래스가 아닌 클래스로 정확하게 분류된
- **거짓 긍정**^{FP, False Positive}: 관심 클래스로 부정확하게 분류된
- **거짓 부정**^{FN, False Negative}: 관심 클래스가 아닌 클래스로 부정확하게 분류된

스팸 분류기의 경우 스팸이 탐지하려는 결과이기 때문에 긍정 클래스는 스팸이

다. 이때 그림 10.3과 같은 혼동 행렬을 생각해볼 수 있다.

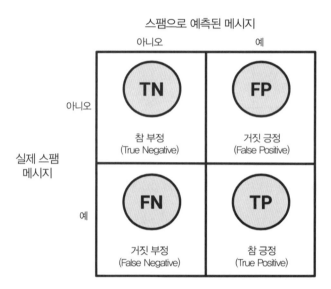

스팸으로 예측된 메시지

그림 10.3: 긍정과 부정 클래스 사이를 구분하면 혼동 행렬에 상세 사항이 추가된다.

이런 식으로 표현되는 혼동 행렬은 가장 중요한 모델 성능 측도의 기초가 된다. 다음 절에서는 정확도가 의미하는 것이 정확히 무엇인지 좀 더 잘 이해하고자 혼동 행렬을 사용할 것이다.

혼동 행렬을 사용한 성능 측정

2 × 2 혼동 행렬로 예측 정확도$^{prediction\ accuracy}$(가끔 성공률$^{success\ rate}$로 불리는)의 정의를 공식화할 수 있다.

$$\text{accuracy} = \frac{TP + TN}{TP + TN + FP + FN}$$

이 식에서 TP, TN, FP, FN 항은 각 범주에 속하는 모델의 예측 횟수를 말한다. 따라서 정확도는 참 긍정과 참 부정의 횟수를 전체 예측 횟수로 나눈 값을 나타내는 비율이다.

에러율^{error rate}(또는 부정확하게 분류된 예제)의 비율은 다음과 같이 명시된다.

$$\text{error rate} = \frac{FP + FN}{TP + TN + FP + FN} = 1 - \text{accuracy}$$

에러율은 1 빼기 정확도로 계산될 수 있다. 직관적으로 타당하다. 95% 정확한 모델은 5% 부정확하다.

분류기 예측을 혼동 행렬로 도표화하는 가장 쉬운 방법은 R의 table() 함수를 사용하는 것이다. SMS 데이터에 대해 혼동 행렬을 만드는 명령은 다음과 같다. 이 표에 나온 횟수는 정확도와 다른 통계를 계산하는 데 사용될 수 있다.

```
> table(sms_results$actual_type, sms_results$predict_type)

          ham    spam
   ham    1203      4
  spam      31    152
```

좀 더 유익한 정보를 제공하는 출력을 갖는 혼동 행렬을 생성하고 싶다면 gmodels 패키지에 있는 CrossTable() 함수로 사용자 정의형 솔루션을 제공한다. 기억한다면 2장에서 이 함수를 처음 사용했다. 그때 이 패키지를 설치하지 않았다면 install.packages("gmodels") 명령을 이용해서 설치해야 한다.

디폴트로 CrossTable() 출력에는 각 셀의 비율이 포함되는데, 셀 횟수를 표의 행, 열, 전체 합계에 대한 비율로 표시한다. 출력에는 행과 열의 합계도 포함된다. 다음 코드에서 보이는 것처럼 구문은 table() 함수와 비슷하다.

```
> library(gmodels)
> CrossTable(sms_results$actual_type, sms_results$predict_type)
```

결과는 추가적인 상세 사항이 많은 혼동 행렬이다.

```
Cell Contents
|-------------------------|
|                     N |
| Chi-square contribution |
|          N / Row Total |
|          N / Col Total |
|        N / Table Total |
|-------------------------|


Total Observations in Table: 1390

                      | sms_results$predict_type
sms_results$actual_type |      ham |     spam | Row Total |
-----------------------|----------|----------|-----------|
                   ham |     1203 |        4 |      1207 |
                       |   16.128 |  127.580 |           |
                       |    0.997 |    0.003 |     0.868 |
                       |    0.975 |    0.026 |           |
                       |    0.865 |    0.003 |           |
-----------------------|----------|----------|-----------|
                  spam |       31 |      152 |       183 |
                       |  106.377 |  841.470 |           |
                       |    0.169 |    0.831 |     0.132 |
                       |    0.025 |    0.974 |           |
                       |    0.022 |    0.109 |           |
-----------------------|----------|----------|-----------|
          Column Total |     1234 |      156 |      1390 |
                       |    0.888 |    0.112 |           |
-----------------------|----------|----------|-----------|
```

이전의 몇 개 장에서 CrossTable()을 사용했으므로 이제는 이 출력에 친숙해져
있을 것이다. 출력을 어떻게 해석하는지 잊었다면 간단히 표의 셀에 각 숫자별
정의를 제공하는 (Cell Contents로 레이블된) 해답을 참고한다.

정확도와 에러율을 얻고자 혼동 행렬을 사용할 수 있다. 정확도는 (TP + TN)/(TP + TN + FP + FN)이기 때문에 다음과 같이 계산할 수 있다.

```
> (152 + 1203) / (152 + 1203 + 4 + 31)

[1] 0.9748201
```

또한 에러율 (FP + FN)/(TP + TN + FP + FN)은 다음과 같이 계산할 수 있다.

```
> (4 + 31) / (152 + 1203 + 4 + 31)

[1] 0.02517986
```

이 값은 1 빼기 정확도와 동일하다.

```
> 1 - 0.9748201

[1] 0.0251799
```

간단한 계산처럼 보이겠지만 혼동 행렬의 구성 요소들이 서로 관련되는 방식에 대해 생각해보는 것이 중요하다. 다음 절에서는 같은 구성 요소를 다른 방식으로 조합해 추가 성능 측도를 다양하게 생성하는 방법을 살펴본다.

정확도를 넘어: 다른 성능 측도

수많은 성능 측도가 특히 의학, 정보 검색, 마케팅, 신호 검출 이론과 같이 다양한 학문 분야에서 특정 목적으로 개발되고 사용돼왔다. 이들 모두를 다루려면 수백 페이지를 채울 수도 있고, 여기서 포괄적인 설명을 하는 것이 불가능하다. 대신 머신러닝 분야에서 가장 유용하고 흔히 인용되는 척도의 일부만을 고려할 것이다.

맥스 쿤^{Max Kuhn}이 개발한 caret 패키지에는 많은 성능 측도를 계산하는 함수가 들어있다. 이 패키지는 머신러닝 모델과 데이터를 준비, 훈련, 평가, 시각화할 수 있는 다수의 툴을 제공한다. 여기서 사용하는 것 외에도 11장에서 caret 패키지를 광범위하게 이용할 것이다. 진행하기 전에 install.packages("caret") 명령으로 패키지를 설치해야만 한다.

NOTE

> caret에 대한 더 자세한 정보는 Kuhn, M.의 〈Building Predictive Models in R Using the caret Package〉, Journal of Statistical Software, 2008, Vol. 28 또는 패키지의 매우 유용한 문서 페이지인 http://topepo.github.io/caret/index.html을 참고한다.

caret 패키지에는 혼동 행렬을 생성하는 또 다른 함수가 있다. 다음 명령에서 보이는 것처럼 구문은 table()과 비슷하지만 약간의 차이가 있다. caret은 모델이 긍정 클래스를 분류하는 능력을 반영하는 성능 측도로 계산하기 때문에 positive 파라미터를 명시해야만 한다. 이 경우 SMS 분류기는 스팸 탐지하기 때문에 다음과 같이 positive = "spam"을 설정한다.

```
> library(caret)
> confusionMatrix(sms_results$predict_type, sms_results$actual_type,
    positive = "spam")
```

이 명령은 다음과 같은 출력을 만든다.

```
Confusion Matrix and Statistics

          Reference
Prediction  ham  spam
      ham  1203   31
     spam     4  152
```

```
                 Accuracy : 0.9748
                   95% CI : (0.9652, 0.9824)
      No Information Rate : 0.8683
      P-Value [Acc > NIR] : < 2.2e-16

                    Kappa : 0.8825

  Mcnemar's Test P-Value : 1.109e-05

              Sensitivity : 0.8306
              Specificity : 0.9967
           Pos Pred Value : 0.9744
           Neg Pred Value : 0.9749
               Prevalence : 0.1317
           Detection Rate : 0.1094
     Detection Prevalence : 0.1122
        Balanced Accuracy : 0.9136

         'Positive' Class : spam
```

출력의 상단에는 table() 함수로 생성된 것과 같지만 전치된 혼동 행렬이 있다. 또한 출력에는 여러 성능 측도가 포함돼 있다. 그중 일부는 정확도^{accuracy}처럼 익숙하지만 다른 것들은 새롭다. 가장 중요한 척도를 몇 가지 살펴보자.

카파 통계량

(이전 출력에서 Kappa로 레이블된) **카파 통계량**^{kappa statistic}은 우연히 정확한 예측을 할 가능성을 설명함으로써 정확도를 조정한다. 심각한 클래스 불균형이 있는 데이터 세트의 경우 분류기가 가장 빈번한 클래스로만 추정하게 되면 높은 정확도를 쉽게 얻을 수 있기 때문에 카파 통계량이 특히 중요하다. 이 단순한 전략보다 분류기가 더 정확하다면 카파 통계량은 분류기에 보상을 할 것이다.

카파 값은 일반적으로 0부터 최대 1까지의 범위를 가지며, 더 높은 값은 모델의 예측과 실제 값 간의 강한 일치를 나타낸다. 값이 0보다 작은 경우 예측이 일관적으로 잘못된 방향으로 돼 있을 수 있다. 이는 예측이 실제 값과 다르거나 무작위 추측보다 더 자주 잘못된 경우다. 이는 머신러닝 모델에서는 거의 발생하지 않으며 일반적으로 코딩 문제를 나타내고 간단히 예측을 반전시켜 수정할 수 있다.

모델을 사용하는 방식에 따라 카파 통계의 해석이 다를 수 있다. 일반적인 해석은 다음과 같다.

- 거의 일치하지 않음Poor agreement = 0.20보다 적음
- 어느 정도 일치Fair agreement = 0.20 ~ 0.40
- 보통 일치Moderate agreement = 0.40 ~ 0.60
- 좋은 일치Good agreement = 0.60 ~ 0.80
- 매우 좋은 일치Very good agreement = 0.80 ~ 1.00

이런 범주는 주관적이라는 점을 유념하자. 누군가가 좋아하는 아이스크림 맛을 예측하는 데 '좋은 일치'는 충분할 수 있겠지만 목표가 선천성 결함을 알아내는 것이라면 '매우 좋은 일치'도 충분치 않을 수 있다.

다음은 카파 통계량을 계산하는 공식이다. 이 공식에서 $\Pr(a)$는 실제 일치의 비율을 말하며, $\Pr(e)$는 분류기 값과 실제 값이 무작위로 선택됐다는 가정하에 두 값 사이의 예상 일치를 말한다.

$$\kappa = \frac{\Pr(a) - \Pr(e)}{1 - \Pr(e)}$$

어디를 찾아봐야 할지 알기만 하면 이 비율은 혼동 행렬에서 쉽게 구할 수 있다. CrossTable() 함수에서 생성된 SMS 분류 모델의 혼동 행렬을 고려해보자. 편의상 여기서 다시 반복했다.

sms_results$actual_type	sms_results$predict_type		
	ham	spam	Row Total
ham	1203	4	1207
	16.128	127.580	
	0.997	0.003	0.868
	0.975	0.026	
	0.865	0.003	
spam	31	152	183
	106.377	841.470	
	0.169	0.831	0.132
	0.025	0.974	
	0.022	0.109	
Column Total	1234	156	1390
	0.888	0.112	

각 셀의 맨 아래 값은 셀에 속하는 전체 인스턴스의 비율을 나타낸다는 점을 기억하라. 따라서 관측된 일치 $\Pr(a)$를 계산하려면 단순히 예상 SMS 유형과 실

제 SMS 유형이 일치하는 셀에 전체 인스턴스의 비율을 더하면 된다.
따라서 Pr(a)는 다음과 같이 계산할 수 있다.

```
> pr_a <- 0.865 + 0.109
> pr_a
```

```
[1] 0.974
```

이 분류기는 관측값과 실제 값이 97.4% 일치한다(이 값이 정확도와 같다는 것을 깨달았을 것이다).
카파 통계량은 예상 일치 Pr(e)에 비례해서 정확도를 조정한다. 이때 Pr(e)는
예측값과 실제 값이 관측 비율에 따라 임의로 선택됐다는 가정하에서 두 값이
우연히 일치될 확률을 말한다.

이 관측 비율을 찾고자 4장에서 배웠던 확률 법칙$^{probability\ rules}$을 사용할 수 있다.
두 사건이 독립(하나가 다른 것에 영향을 미치지 않는다는 의미)이라면 확률 법칙은 두 사건이 발생
할 확률은 각 사건이 발생할 확률의 곱과 같다는 것을 말한다. 예를 들어 둘
다 햄을 선택할 확률은 다음과 같다.

Pr(실제 유형이 햄) × Pr(예측 유형이 햄)

둘 다 스팸을 선택할 확률은 다음과 같다.

Pr(실제 유형이 스팸) × Pr(예측 유형이 스팸)

예측 유형과 실제 유형이 스팸이거나 햄일 확률은 행이나 열의 합계에서 얻을
수 있다. 예를 들어 Pr(실제 유형이 햄) = 0.868이고, Pr(예측 유형이 햄) = 0.888
이다.

Pr(e)는 예측값 또는 실제 값이 메시지가 스팸이거나 햄인 것에 우연히 일치할
확률의 합으로 계산할 수 있다. 상호배타적인 사건(동시에 일어날 수 없는 사건)에 대해
둘 다 일어 날 확률은 두 확률의 합과 같다. 따라서 최종 Pr(e)를 얻으려면 다음

과 같이 간단히 두 곱을 더하면 된다.

```
> pr_e <- 0.868 * 0.888 + 0.132 * 0.112
> pr_e
```

```
[1] 0.785568
```

Pr(e)는 0.786이기 때문에 우연만으로 관측값과 실제 값이 약 78.6% 일치할 것으로 예측된다.

이것은 카파 공식을 완성하고자 필요한 정보를 이제 모두 가졌다는 것을 의미한다. Pr(a)와 Pr(e)를 카파 공식에 끼워 넣으면 다음과 같다.

```
> k <- (pr_a - pr_e) / (1 - pr_e)
>k
```

```
[1] 0.8787494
```

카파가 약 0.88로 이전 caret 패키지의 confusionMatrix() 출력과 일치한다(약간의 차이는 반올림 때문이다). 앞에서 제안된 해석에 따르면 분류기의 예측값과 실제 값 사이에 매우 좋은 일치very good agreement가 있음을 알 수 있다.

카파를 자동으로 계산하는 R 함수가 몇 가지 있다. VCD Visualizing Categorical Data 패키지에 있는 Kappa() 함수는 예측값과 실제 값의 혼동 행렬을 이용한다(Kappa()는 대문자 'K'라는 것을 명심하라). install.packages("vcd")를 입력해 패키지를 설치한 후 카파를 구하고자 다음 명령을 사용할 수 있다.

```
> library(vcd)
> Kappa(table(sms_results$actual_type, sms_results$predict_type))
```

```
            value      ASE       z Pr(>|z|)
Unweighted 0.8825 0.01949 45.27          0
Weighted   0.8825 0.01949 45.27          0
```

우리는 가중되지 않은^{unweighted} 카파에 관심이 있다. 값 0.88는 수작업으로 계산한 것과 일치한다.

Interrater Reliability(irr) 패키지의 **kappa2()** 함수는 데이터 프레임에 저장된 예측 값과 실제 값 벡터에서 카파를 계산할 때 사용한다. install.packages("irr") 명령으로 패키지를 설치한 후 다음과 같이 카파를 얻을 수 있다.

```
> library(irr)
> kappa2(sms_results[1:2])

Cohen's Kappa for 2 Raters (Weights: unweighted)

 Subjects = 1390
   Raters = 2
    Kappa = 0.883

        z = 33
  p-value = 0
```

Kappa()와 kappa2() 함수는 동일한 카파 통계를 보고하므로 좀 더 편한 옵션으로 사용한다.

내장된 kappa() 함수는 사용하지 않도록 조심하라. 이것은 앞에서 전달된 카파 통계량과 는 완전히 관련이 없다.

매튜의 상관 계수

수년 동안 정확도와 카파는 성능 측정에 대한 인기 있는 지표였으나 머신러닝 분야에서는 빠르게 제3의 옵션이 사실상의 표준으로 자리 잡았다. 매튜의 상관 계수MCC, Matthews correlation coefficient는 이전 지표와 마찬가지로 분류 모델의 전반적인 성능을 나타내는 단일 통계량이다. 게다가 MCC는 데이터 세트가 심하게 불균형한 경우에도 유용하며, 전통적인 정확도 측정이 큰 오해를 불러올 수 있는 상황에서도 사용할 수 있다.

MCC는 해석하기 쉽다는 장점과 함께 MCC가 더 다양한 상황에서 더 나은 성능을 발휘한다는 증거가 점점 더 늘어나면서 인기가 증가했다. 최근의 경험적 연구 결과는 MCC가 이진 분류 모델의 실제 성능을 더 잘 설명하기 위한 최상의 단일 지표일 수 있다는 것을 나타냈다. 다른 연구는 카파 통계량이 모델 성능을 오해하거나 잘못된 방식으로 묘사하는 경우의 잠재적 상황을 파악했다. 이러한 경우에 MCC와 카파가 결과가 다르면 MCC 측도가 모델의 실제 능력에 더 합리적인 평가를 제공하는 경향이 있다.

NOTE

매튜의 상관 계수와 카파 사이의 상대적 이점에 대한 자세한 내용은 다음 논문을 참고하라. 「The Matthews correlation coefficient (MCC) is more informative than Cohen's kappa and brier score in binary classification assessment」(Chicco D, Warrens MJ, Jurman G, IEEE Access, 2021, Vol. 9, pp. 78368–78381) 또는 「Why Cohen's Kappa should be avoided as performance measure in classification」(Delgado R, Tibau XA, PLoS One, 2019, Vol. 14(9):e0222916).

MCC의 값은 피어슨^{Pearson} 상관 계수와 동일한 척도로 해석된다. 피어슨 상관 계수는 6장에서 소개했다. 이는 -1부터 +1까지의 범위로 각각 완전히 부정확한 예측과 완전히 정확한 예측을 나타낸다. 값이 0인 경우 모델은 무작위 추측보다 더 나은 성능을 내지 못한다. 대부분의 MCC 점수는 0과 1 사이의 값 범위에 속하므로, '좋은' 점수가 무엇인지 판단하는 데 주관적인 요소가 들어간다. 피어슨 상관 계수에 사용되는 척도와 유사한 해석 중 하나는 다음과 같다.

- 완전히 부정확 = -1.0
- 강하게 부정확 = -0.5에서 -1.0 사이
- 중간 정도 부정확 = -0.3에서 -0.5 사이
- 약간 부정확 = -0.1에서 0.3 사이
- 무작위로 정확 = -0.1에서 0.1 사이
- 약간 정확 = 0.1에서 0.3 사이
- 중간 정도 정확 = 0.3에서 0.5 사이
- 강하게 정확 = 0.5에서 1.0 사이
- 완전히 정확 = 1.0

최악의 성능을 보이는 모델은 척도의 중간에 해당한다는 점에 유의하자. 즉, 척도의 음수 쪽에 있는 모델(완전히 부정확에서 약간 부정확까지)은 여전히 무작위 예측보다 더 나은 성능을 내놓는다. 예를 들어 강하게 부정확한 모델의 정확도가 낮을지라도 예측을 단순히 반전시켜 올바른 결과를 얻을 수 있다.

TIP

다른 모든 측도와 마찬가지로 이 측도 역시 대략적인 지침으로만 사용해야 한다. 더 나아가 MCC와 같은 지표의 주요 이점은 모델의 성능을 독립적으로 이해하는 것이 아니라 여러 모델 간의 성능 비교를 용이하게 하는 데 있다.

MCC는 이진 분류기의 혼동 행렬로부터 다음과 같은 식으로 계산할 수 있다.

$$MCC = \frac{TP \times TN - FP \times FN}{\sqrt{(TP + FP)(TP + FN)(TN + FP)(TN + FN)}}$$

SMS 스팸 분류 모델의 혼동 행렬을 사용하면 다음과 같은 값을 얻는다.

- TN = 1203
- FP = 4
- FN = 31
- TP = 152

그런 다음 R을 사용해 수작업으로 다음과 같이 MCC를 구할 수 있다.

```
> (152 * 1203 - 4 * 31) /
  sqrt((152 + 4) * (152 + 31) * (1203 + 4) * (1203 + 31))
```

```
[1] 0.8861669
```

벤 고르만[Ben Gorman]이 개발한 `mltools` 패키지에는 예측값과 실제 값을 사용해 MCC 계산을 수행하는 `mcc()` 함수가 제공된다. 패키지를 설치한 후 다음과 같은 R 코드는 수동으로 계산한 결과와 동일한 결과를 생성한다.

```
> library(mltools)
> mcc(sms_results$actual_type, sms_results$predict_type)
```

```
[1] 0.8861669
```

또 다른 방법으로 양성 클래스가 1로, 음성 클래스가 0으로 부호화된 이진 분류 기의 경우 MCC는 예측 및 실제 값 사이의 피어슨 상관관계와 동일하다. R에서 `cor()` 함수를 사용해 이를 증명할 수 있다. 이를 위해 `ifelse()` 함수를 사용해 범주형("spam" 또는 "ham") 값을 이진(1 또는 0) 값으로 변환한 후 다음과 같이 계산한다.

```
> cor(ifelse(sms_results$actual_type == "spam", 1, 0),
      ifelse(sms_results$predict_type == "spam", 1, 0))
```
```
[1] 0.8861669
```

19세기 말에 도입된 피어슨 상관관계의 간단한 변형으로서 명백한 분류 성능 측도가 숨겨져 있었다는 사실은, MCC가 최근 몇 십 년 전에 와서야 겨우 인기를 얻었다는 것이 상당히 놀랍다. 생화학자인 브라이언 매튜^{Brian W. Matthews}는 이 측도를 1975년에 두 결과 분류 문제에 사용하고자 보급했으며, 따라서 이 특정 응용 분야에 대한 명명 권한을 얻었다. 그러나 이런 측도가 이미 널리 사용되고 있었을 가능성이 매우 높다. 실제로 오늘날 MCC는 산업, 학계 연구 및 머신러닝 대회의 기준으로 사용된다. 이진 분류 모델의 전반적인 성능을 더 잘 포착하는 지표는 없을 수도 있다. 그러나 곧 보게 될 것처럼 측도들의 조합을 사용해 모델 성능의 더 깊은 이해를 얻을 수 있다.

TIP

여기에서는 MCC가 이진 분류를 위해 정의됐지만 다중 클래스 결과에 대한 최적의 지표인지는 확실하지 않다. 이에 대한 논의와 다른 대안들은 「A comparison of MCC and CEN error measures in multi-class prediction」(Jurman G, Riccadonna S, Furlanello C, 2012, PLOS One 7(8): e41882) 논문을 참고하라.

민감도와 특이도

유용한 분류기를 찾으려면 보통 지나치게 보수적인 예측과 지나치게 공격적인 예측 사이에서의 균형이 필요하다. 예를 들어 이메일 필터는 모든 스팸 메시지 제거를 보장하고자 거의 모든 햄 메시지를 동시에 적극적으로 제거한다. 한편 햄 메시지가 우연히 걸러지지 않게 보장하려면 받아들일 수 없는 양의 스팸을 필터에 통과시켜야 한다. 한 쌍의 성능 측도인 민감도^{sensitivity}와 특이도^{specificity}는 이 트레이드오프를 정확히 담아낸다.

모델의 민감도(참 긍정률true positive rate이라고도 불리는)는 정확히 분류된 긍정 예제의 비율을 측정한다. 따라서 다음 공식에서 보이는 것처럼 민감도는 참 긍정true positive의 개수를 전체 긍정의 개수로 나눠 계산된다. 전체 긍정은 정확히 분류된 긍정(참 긍정)뿐만이 아니라 부정확하게 분류된 긍정(거짓 부정false negative)을 모두 포함한다.

$$민감도 = \frac{TP}{TP + FN}$$

모델의 특이도(참 부정률true negative rate이라고도 부르는)는 정확하게 분류된 부정 예제의 비율을 측정한다. 민감도와 같이 참 부정true negative의 개수를 전체 부정 개수(참 부정 더하기 거짓 긍정false positive)로 나눠 계산된다.

$$특이도 = \frac{TN}{TN + FP}$$

SMS 분류기의 혼동 행렬이 있다면 이 척도들을 손으로 쉽게 계산할 수 있다. 스팸을 긍정 클래스로 가정했을 때 confusionMatrix() 출력에 있던 숫자들이 올바른지 확인할 수 있다. 예를 들어 민감도 계산은 다음과 같다.

```
> sens <- 152/ (152 + 31)
> sens
```

```
[1] 0.8306011
```

비슷하게 특이도를 계산할 수 있다.

```
> spec <- 1203 / (1203+ 4)
> spec
```

```
[1] 0.996686
```

caret 패키지는 예측값과 실제 값 벡터로부터 직접 민감도와 특이도를 계산하는 함수를 제공한다. 다음 라인에 보이는 것처럼 positive 또는 negative 파라미터를 알맞게 지정하도록 주의한다.

```
> library(caret)
> sensitivity(sms_results$predict_type, sms_results$actual_type,
             positive = "spam")
```

```
[1] 0.8306011
```

```
> specificity(sms_results$predict_type, sms_results$actual_type,
             negative = "ham")
```

```
[1] 0.996686
```

민감도와 특이도는 0에서 1까지 범위에 있으며, 값이 1에 가까울수록 더 바람직하다. 물론 둘 사이에 적절한 균형을 찾는 것이 중요하다(보통 상황에 따라 상당히 달라지는 작업이다).

예를 들어 이 경우 민감도 0.831은 스팸 메시지의 83.1%가 정확히 분류됐다는 것을 의미한다. 비슷하게 특이도 0.997은 스팸이 아닌 메시지의 99.7%가 정확히 분류됐거나 그렇지 않으면 유효한 메시지의 0.3%가 스팸으로 거부됐다는 것을 의미한다. 0.3% 유효한 SMS 메시지를 거부한다는 생각은 받아들일 수 없거나 스팸을 줄이는 조건에 대한 합리적인 트레이드오프가 될 수 있다.

민감도와 특이도는 그런 트레이드오프에 대해 생각할 수 있는 도구를 제공한다. 일반적으로 모델을 변경하고 원하는 민감도와 특이도 임계치를 만족하는 모델을 찾을 때까지 여러 모델을 테스트한다. 10장의 후반에서 다루는 것과 같은 시각화도 민감도와 특이도 사이에 균형을 이해하는 데 도움이 될 수 있다.

정밀도와 재현율

민감도와 특이도와 긴밀하게 관련된 다른 2개의 성능 측도인 정밀도[precision]와 재현율[recall]은 분류에서 만들어진 트레이드오프과 연관돼 있다. 정보 검색의 맥락에서 주로 사용되는 이런 통계는 모델의 결과가 얼마나 흥미롭고 적절한지 또는 예측이 의미 없는 노이즈로 희석됐는지 여부에 대한 징후를 제공하기 위한 것이다.

정밀도(긍정 예측값[positive predictive value]으로도 불리는)는 진짜 긍정인 긍정 예제의 비율로 정의된다. 다시 말해 모델이 긍정 클래스를 예측할 때 예측이 얼마나 정확한지 여부다. 정밀한 모델은 긍정일 가능성이 매우 높은 경우의 긍정 클래스만을 예측할 것이다. 이 모델은 매우 신뢰할 수 있을 것이다.

$$\text{정밀도} = \frac{TP}{TP + FP}$$

모델이 매우 정밀하지 않다면 어떤 일이 일어나게 될지 생각해보자. 시간이 지나면서 결과는 신뢰할 수 없을 것이다. 정보 검색의 맥락에서는 관계없는 결과를 반환하는 구글[Google] 같은 검색 엔진과 비슷하다. 결국 사용자는 빙[Bing]과 같은 경쟁사로 전환할 것이다. SMS 스팸 필터의 경우 정밀도가 높으면 모델이 햄은 무시하고 오직 스팸만을 신중히 겨냥한다는 것을 의미한다.

한편 재현율은 결과가 얼마나 완벽한지에 대한 척도다. 다음 공식에서 보이는 것처럼 전체 긍정 개수에 대해 참 긍정 개수를 정의한다. 이미 민감도와 같은 것으로 인식했을 것이다. 하지만 이 경우 해석이 조금 다르다.

$$\text{재현율} = \frac{TP}{TP + FN}$$

높은 재현율을 갖는 모델은 긍정 예제의 상당 부분을 차지하며, 이는 폭넓다는 것을 의미한다. 예를 들어 재현율이 높은 검색 엔진은 검색 쿼리와 관련된 많은 개수의 문서를 반환한다. 비슷하게 SMS 스팸 필터는 다수의 스팸 메시지가 정확히 식별된다면 높은 재현율을 갖는다.

정밀도와 재현율은 혼동 행렬에서 계산할 수 있다. 다시 스팸을 긍정 클래스로 가정하면 정밀도는 다음과 같다.

```
> prec <- 152/ (152 + 4)
> prec
```
```
[1] 0.974359
```

재현율은 다음과 같다.

```
> rec <- 152 / (152 + 31)
> rec
```
```
[1] 0.8306011
```

caret 패키지는 예측 클래스와 실제 클래스 벡터로부터 이 척도 중 하나를 계산하는 데 사용할 수 있다. 정밀도는 posPredValue() 함수를 사용한다.

```
> library(caret)
> posPredValue(sms_results$predict_type, sms_results$actual_type,
              positive = "spam")
```
```
[1] 0.974359
```

반면 재현율은 앞에서 사용했던 sensitivity() 함수를 사용한다.

```
> sensitivity(sms_results$predict_type, sms_results$actual_type,
              positive = "spam")
```
```
[1] 0.8306011
```

민감도와 특이도 사이의 트레이드오프와 비슷하게 실제 문제에서는 대부분 높은 정밀도와 높은 재현율을 모두 갖는 모델을 구축하는 것은 어렵다. (예제를 분류하기 쉬운) 가장 쉬운 작업만을 목표로 한다면 정밀하게 하는 것은 쉽다. 비슷하게 매우 넓은 망을 던짐으로써 모델이 높은 재현율을 갖는 것은 쉬운데, 모델이 긍정 케이스를 식별하는 데 매우 공격적이라는 것을 의미한다. 이와 대조적으로 높은 정밀도와 재현율을 동시에 갖는 것은 매우 어렵다. 따라서 프로젝트의 요구를 충족하게 될 정밀도와 재현율의 조합을 찾기 위해 다양한 모델을 테스트하는 것은 중요하다.

F-측도

정밀도와 재현율을 하나의 값으로 결합한 성능 측도를 F-측도$^{F\text{-measure}}$라 한다(가끔씩 F1 점수$^{F1\ score}$ 또는 F-점수$^{F\text{-score}}$로 부르기도 한다). F-측도는 **조화 평균**$^{harmonic\ mean}$을 이용해서 정밀도와 재현율을 결합한다. 조화 평균은 변화율에 사용되는 평균의 종류다. 조화 평균은 정밀도와 재현율이 비율로 해석될 수 있는 0과 1 사이의 부분으로 표현되기 때문에 일반적인 산술 평균 대신 사용된다. 다음은 F-측도의 공식이다.

$$\text{F-측도} = \frac{2 \times \text{정밀도} \times \text{재현율}}{\text{재현율} + \text{정밀도}} = \frac{2 \times TP}{2 \times TP + FP + FN}$$

F-측도를 계산하고자 이전에 계산된 정밀도와 재현율 값을 사용한다.

```
> f <- (2 * prec * rec) / (prec + rec)
> f
```

```
[1] 0.8967552
```

이 값은 혼동 행렬의 횟수를 사용한 것과 정확히 동일하다.

```
> f <- (2* 152)/ (2* 152+ 4+ 31)
> f
```

```
[1] 0.8967552
```

F-측도는 모델 성능을 하나의 숫자로 기술하기 때문에 여러 모델을 직접적으로 비교하는 편리하고 양적인 지표를 제공한다. 실제로 F-측도는 한때 모델 성능의 거의 '황금률' 도구로 여겨졌지만 현재는 이전에 비해 훨씬 덜 사용되는 것으로 보인다. 이 현상에 대한 한 가지 설명은 정밀도와 재현율에 동등한 가중치를 할당해야 한다는 가정에 기반을 두는데, 이 가정은 항상 유효하지 않을 수 있으며 거짓 양성과 거짓 음성의 실제 비용에 따라 다를 수 있다는 점이다. 물론 정밀도와 재현율에 대해 서로 다른 가중치를 사용해 F-점수를 계산하는 것은 가능하지만 가중치를 선택하는 것은 최선의 경우에도 까다롭고 최악의 경우 임의적일 수 있다. 이 지표를 덜 선호하게 된 그보다 더 중요한 이유는 데이터의 서로 다른 하위 집합에서 모델의 성능을 시각적으로 나타내는 여러 방법이 도입됐기 때문일 수 있다. 이에 대해서는 다음 절에서 자세히 설명한다.

ROC 곡선으로 성능 트레이드오프 시각화

시각화는 머신러닝 알고리듬의 성능을 아주 자세히 이해하는 데 도움이 된다. 민감도와 특이도 또는 정밀도와 재현율 같은 통계치가 모델의 성능을 하나의 숫자로 압축시키려고 한다면 시각화는 다양한 조건에서 학습자가 어떻게 실행하는지를 보여준다.

학습 알고리듬들이 다른 편향을 갖기 때문에 비슷한 정확도를 갖는 두 모델이 정확도에 도달하는 방식에서는 상당한 차이가 있을 수 있다. 일부 모델은 다른 모델이 쉽게 하는 어떤 예측에 어려움을 겪는 반면 다른 모델이 맞추지 못하는 경우를 수월하게 진행한다. 시각화는 학습자들을 하나의 도표에 나란히 비교해 이런 트레이드오프를 이해하는 방법을 제공한다.

수신기 운영 특성^{ROC, Receiver Operating Characteristic} 곡선은 일반적으로 참 양성의 감지와 거짓 양성을 피하는 간극을 조사하는 데 사용된다. 이름에서 알 수 있듯이 ROC 곡선은 통신 분야의 공학자들에 의해 개발됐다. 제2차 세계대전 시기에 레이더 및 라디오 운영자들은 ROC 곡선을 사용해 수신기가 진짜 신호와 거짓 경보를 구별하는 능력을 측정했다. 이런 기술은 오늘날에도 머신러닝 모델의 효능을 시각화하는 데 유용하다.

NOTE

> ROC 곡선에 대해 더 읽고 싶다면 「An introduction to ROC analysis」 논문을 참고한다(「Fawcett T, Pattern Recognition Letters」(2006), Vol. 27, pp. 861–874).

전형적인 ROC 다이어그램의 특성이 그림 10.4에 표현돼 있다. ROC 곡선은 참 긍정률^{true positive rate}을 수직축에, 거짓 긍정률^{false positive rate}을 수평축에 갖는 도표상에 그려진다. 이 값은 각각 민감도와 (1-특이도)와 동일하기 때문에 다이어그램은 민감도/특이도 도표로도 알려져 있다.

ROC 곡선을 구성하는 점들은 다양한 거짓 긍정 임곗값에서의 실제 긍정률을 나타낸다. 이 개념을 설명하고자 이전 그래프에서 3가지 가상의 분류기를 대조하고 있다. 첫째, 완벽한 분류기는 곡선이 100%의 실제 긍정률과 0%의 거짓 긍정률을 지나는 지점을 갖고 있다. 이 분류기는 모든 참 긍정을 정확하게 식별할 수 있으며, 어떤 부정 결과도 잘못 분류하기 전에 모든 긍정을 올바르게 식별할 수 있다. 다음으로 그림의 좌측하단에서 우측상단으로 가는 대각선 선은 예측 가치가 없는 분류기를 나타낸다. 이 유형의 분류기는 참 긍정과 기짓 긍정을 정확히 동일한 비율로 감지하며 둘 사이를 구별하지 못한다. 이는 다른 분류기 성능의 판단 기준선이다. 이에 가까운 ROC 곡선은 그다지 유용하지 않은 모델을 나타낸다. 마지막으로 대부분의 실세계 분류기는 테스트 분류기와 같이 완벽한 것과 쓸모없는 것 사이의 영역에 속한다.

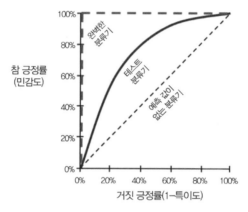

그림 10.4: ROC 곡선은 완벽한 분류기와 무용한 분류기에 상대적으로 분류기 형태를 묘사한다.

ROC 곡선의 구성 방법을 가장 잘 이해하는 방법은 직접 만들어보는 것이다. 그림 10.5에 나타난 표의 값들은 가상의 스팸 모델의 예측 결과를 나타낸다. 이 모델은 긍정 클래스(스팸) 6개와 부정 클래스(햄) 14개의 예제를 가진 테스트 집합 에 적용됐다.

추정 스팸 확률	실제 메시지 형식
0.95	spam
0.90	spam
0.75	spam
0.70	spam
0.60	ham
0.55	spam
0.51	ham
0.49	spam
0.38	ham
0.35	ham
0.30	ham
0.25	ham
0.21	ham
0.20	ham
0.19	ham
0.19	ham
0.18	ham
0.15	ham
0.11	ham
0.10	ham

그림 10.5: ROC 곡선을 구성하려면 긍정 클래스에 대한 예측 확률 값을 내림차순으로 정렬한 후
이를 실제 클래스 값과 비교한다.

곡선을 생성하고자 분류기의 예측값은 긍정 클래스에 대한 모델의 추정 확률에
따라 내림차순으로 정렬되며 가장 큰 값이 먼저 오게 한다. 그런 다음 그림의
원점에서 시작해 각 예측의 영향을 통해 참 긍정률과 거짓 긍정률이 곡선을
그리며 나타난다. 이 과정은 그래프용지 위에서 직접 수행할 수 있으며 그림
10.6에서 보여주듯이 이뤄진다.

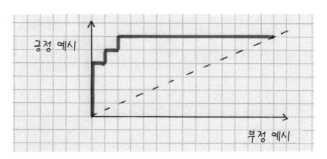

그림 10.6: ROC 곡선은 그래프용지 위에서 손으로 만들 수 있으며,
긍정 예제의 수와 부정 예제의 수를 나타내는 것으로 그려질 수 있다.

ROC 곡선은 이 시점에서 완전하지 않다는 것에 유의하라. 그 이유는 테스트 집합에 긍정 예제보다 부정 예제가 2배 이상 더 많기 때문에 축이 비늣방울 모양으로 나타나기 때문이다. 이를 간단하게 해결하려면 그래프의 크기를 비례적으로 조절해 두 축을 동일한 크기로 만들면 된다.

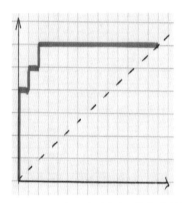

그림 10.7: 축의 비율을 조정하면 초기 긍정 및 부정 예제의 균형과 관계없이 비례적인 비교가 가능해진다.

x축과 y축이 이제 0에서 1까지의 범위를 갖는다고 상상해보면 각 축은 백분율로 해석될 수 있다. y축은 긍정 예제의 개수를 나타내며 원래는 0에서 6까지 범위를 갖췄다. 이것을 0에서 1까지의 범위로 축소하면 각 증가치는 1/6이 된다. 이 스케일에서 ROC 곡선의 수직 좌표는 실제 긍정 예제의 개수를 전체 긍정 예제의 개수로 나눈 값으로, 이는 실제 긍정률 또는 민감도다. 마찬가지로 x축은 부정 예제의 개수를 측정하며, 전체 부정 예제의 개수 (이 예에서는 14)로 나눠 실제 부정 비율 또는 특이도를 얻을 수 있다.

그림 10.8의 표는 가상 테스트 집합의 모든 20개 예제에 대한 이러한 계산을 보여준다.

예시 스팸 모델						
예측된 스팸 확률	실제 형식	참 긍정	참 부정	참 긍정률 (민감도)	참 부정률 (특이도)	거짓 긍정률 (1- 특이도)
0.95	spam	1	14	16.7%	100.0%	0.0%
0.90	spam	2	14	33.3%	100.0%	0.0%
0.75	spam	3	14	50.0%	100.0%	0.0%
0.70	spam	4	14	66.7%	100.0%	0.0%
0.60	ham	4	13	66.7%	92.9%	7.1%
0.55	spam	5	13	83.3%	92.9%	7.1%
0.51	ham	5	12	83.3%	85.7%	14.3%
0.49	spam	6	12	100.0%	85.7%	14.3%
0.38	ham	6	11	100.0%	78.6%	21.4%
0.35	ham	6	10	100.0%	71.4%	28.6%
0.30	ham	6	9	100.0%	64.3%	35.7%
0.25	ham	6	8	100.0%	57.1%	42.9%
0.21	ham	6	7	100.0%	50.0%	50.0%
0.20	ham	6	6	100.0%	42.9%	57.1%
0.19	ham	6	5	100.0%	35.7%	64.3%
0.19	ham	6	4	100.0%	28.6%	71.4%
0.18	ham	6	3	100.0%	21.4%	78.6%
0.15	ham	6	2	100.0%	14.3%	85.7%
0.11	ham	6	1	100.0%	7.1%	92.9%
0.10	ham	6	0	100.0%	0.0%	100.0%

그림 10.8: ROC 곡선은 모델의 참 양성 비율 대 거짓 양성 비율이 어떻게 변화하는지를 추적한다. 이는 점차적으로 커지는 예제 집합에 대해 나타낸다.

ROC 곡선은 중요한 특성을 갖고 있는데, 클래스 불균형 문제에 영향을 받지 않는다. 여기서 클래스 불균형 문제란 두 결과 중 하나, 일반적으로 양성 클래스가 다른 클래스보다 훨씬 더 드물게 발생하는 경우를 말한다. 불균형한 데이터 상황에서는 정확도와 같은 여러 성능 지표가 오도될 수 있다. 그러나 ROC 곡선은 이러한 상황에 영향을 받지 않는다. 이는 그래프의 양성 및 음성 값 내의 비율에만 기초해, 양성과 음성 간의 비율이 결과에 영향을 미치지 않도록 보장되기 때문이다. 많은 중요한 머신러닝 작업이 심각한 불균형을 가진 결과를 포함하고 있기 때문에 ROC 곡선은 모델의 전체적인 품질을 이해하는 데 매우 가치 있는 도구로 작용한다.

ROC 곡선 비교

ROC 곡선이 단일 모델을 평가하는 데 도움이 된다면 다른 모델들 간의 비교에도 유용하게 사용될 것이다. 직관적으로 우리는 그래프의 좌측상단에 가까운 곡선이 더 좋다는 것을 알고 있다. 하지만 실제로는 곡선 간 차이가 종종 분명하지 않고, 해석은 미묘하며 모델이 어떻게 사용되는지에 특화된다.

미묘한 차이를 이해하고자 두 모델이 ROC 그래프에서 서로 다른 곡선을 나타내는 원인을 고려해보자. 원점에서 시작해 곡선의 길이는 추가적인 테스트 집합 예제가 긍정으로 예측될 때마다 확장된다. y축은 실제 긍정률을 나타내고 x축은 거짓 긍정률을 나타내므로 더 가파른 상승 경로는 묵시적인 비율로, 긍정 예제를 더 잘 식별하면서도 덜 실수를 하는 모델임을 나타낸다. 이는 그림 10.9에 나타나 있으며 두 가상 모델에 대한 ROC 곡선의 시작을 보여준다. 동일한 예측 수에 대해(원점에서 시작하는 벡터의 길이로 표시됨) 첫 번째 모델은 더 높은 참 긍정률과 더 낮은 거짓 긍정률을 가지며, 이는 두 모델 중에서 더 나은 성능을 보여준다.

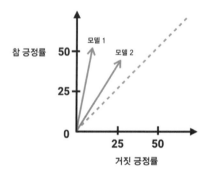

그림 10.9: 동일한 예측 수에 대해 모델 1은 모델 2보다 우수한 성능을 보이는데, 이는 모델 1이 더 높은 참 긍정률을 갖기 때문이다.

이 두 모델의 ROC 곡선을 계속해서 그린다고 가정해보자. 모델의 예측을 전체 데이터 세트에 대해 평가하는 경우, 그림 10.10에서처럼 첫 번째 모델이 곡선상의 모든 지점에서 두 번째 모델보다 우수한 성능을 보여줄 수 있을 것이다.

곡선상의 모든 지점에서 첫 번째 모델은 더 높은 참 긍정률과 낮은 거짓 긍정률을 가지므로 데이터 세트 전체에서 더 나은 성능을 발휘한다.

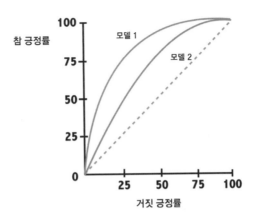

그림 10.10: 모델 1은 일관적으로 모델 2보다 더 나은 성능을 보이며, 곡선상의 모든 지점에서 더 높은 참 긍정률과 낮은 거짓 긍정률을 갖고 있다.

앞 예제에서 두 번째 모델이 분명히 열등하지만 더 나은 성능을 선택하는 것은 항상 쉽지 않다. 그림 10.11은 교차하는 ROC 곡선을 보여주며, 이는 어느 모델도 모든 상황에서 최고의 성능을 보여주지 않을 수 있다는 것을 시사한다.

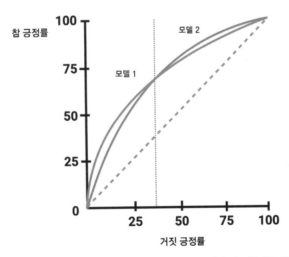

그림 10.11: 모델 1과 모델 2 모두 데이터의 다른 부분집합에서 더 나은 성능을 보인다.

두 ROC 곡선의 교차점은 도면을 두 영역으로 나눈다. 하나는 첫 번째 모델이 더 높은 참 긍정률을 갖고 있는 곳이고 다른 하나는 그 반대인 곳이다. 그렇다면 어떤 모델이 특정 사용 사례에 대해 '최선'일까?

이 질문에 답하고자 두 곡선을 비교할 때는 두 모델 모두가 데이터 세트를 긍정 클래스에 속할 확률이 가장 높은 것부터 가장 낮은 것까지 순서대로 정렬하려는 시도를 한다는 것을 이해하면 도움이 된다. 데이터 세트를 이런 식으로 정렬하는 데 더 능한 모델일수록 ROC 곡선은 도면의 상단 왼쪽에 더 가까워진다.

그림 10.11의 첫 번째 모델은 초기에 더 많은 긍정 예제를 데이터 세트의 맨 앞으로 정렬할 수 있었기 때문에 초기에 우위를 차지하지만 이 초기 급증 후 두 번째 모델은 데이터 세트의 나머지 부분에서 긍정 예제를 천천히 부정 예제 앞으로 정렬해 다른 모델을 앞설 수 있었다. 두 번째 모델이 전체 데이터 세트에서 더 나은 성능을 가질 수 있지만 일부 데이터의 작업에만 사용되는 많은 실제 모델은 우선 초기 단계에서 성능이 더 나은 모델, 즉 데이터 세트에서 손쉽고 즉시 얻을 수 있는 모델을 선호한다. 이러한 모델을 선호하는 근거는 많은 실제 모델이 데이터의 부분집합에서만 사용되기 때문이다.

예를 들어 직접 우편 광고 캠페인에 반응할 가능성이 가장 높은 고객을 식별하는 데 사용되는 모델을 고려해보자. 모든 잠재 고객에게 광고를 보낼 수 있다면 모델은 불필요하다. 하지만 모든 주소로 광고를 보낼 예산이 없으므로 수신자가 광고를 본 후 제품을 구입할 확률을 추정하는 데 모델을 사용한다. 실제로 가장 가능한 구매자를 목록의 맨 앞에 정렬하는 데 더 능한 모델은 ROC 곡선의 초기 부분에서 기울기가 더 크며 마케팅 예산을 줄일 수 있다. 그림 10.11에서 첫 번째 모델이 이 작업에 더 적합할 것이다.

반면 다른 고려 사항은 다양한 유형의 에러 비용이다. 거짓 긍정과 거짓 부정은 실세계에서 서로 다른 영향을 미칠 수 있다. 스팸 필터나 암 판별과 같이 특정한 참 긍정률을 목표로 하는 경우(예. 90% 또는 99%) 원하는 수준에서 거짓 긍정률이 낮은 모델을 선호할 것이다. 어느 모델도 높은 거짓 긍정률 때문에 좋지 않을 것이지만 그림 10.11은 두 번째 모델이 이러한 응용에 약간 더 적합하다는 것을 시사한다.

이런 예제들을 통해 ROC 곡선은 모델 성능을 비교할 때 모델이 실제로 어떻게 사용될 것인지도 고려하는 유연한 방법임을 보여준다. 이러한 유연성은 정확도나 카파와 같은 단순한 숫자 지표보다 더욱 가치가 있지만, 이러한 통계와 마찬가지로 ROC 곡선을 양적으로 비교할 수 있는 단일 지표로 효과적으로 정량화할 수 있기를 원할 수도 있다. 다음 절에서는 이와 같은 유형의 **측도**를 소개한다.

ROC 곡선하 영역

ROC 곡선을 비교하는 것은 어느 정도 주관적이며 맥락에 따라 다르기 때문에 성능을 단일 숫자 값으로 간소화하고 비교에 객관성을 부여하고자 항상 요구되는 지표다. '좋은' ROC 곡선이 무엇인지 말하기 어려울 수 있지만 일반적으로 ROC 곡선이 도면의 상단 왼쪽에 가까울수록 긍정 값을 식별하는 데 더 능하다. 이를 측정하고자 ROC 곡선하의 면적을 측정하는 통계량인 ROC 곡선하 영역AUC, Area Under the Curve이 있다. AUC는 ROC 다이어그램을 2차원 사각형으로 취급하고 ROC 곡선하의 전체 면적을 측정한다. AUC는 0.5(예측 능력이 없는 분류기)부터 1.0(완벽한 분류기)까지의 범위를 가진다. AUC 점수를 해석하는 규칙은 학교 성적과 유사한 체계를 사용한다.

- **A:** 우수 = 0.9에서 1.0
- **B:** 우수/좋음 = 0.8에서 0.9
- **C:** 합격/양호 = 0.7에서 0.8
- **D:** 미흡 = 0.6에서 0.7
- **E:** 구별 불가 = 0.5에서 0.6

이와 같은 대부분의 척도는 작업에 따라 다르게 작용할 수 있으며 범주 간 경계는 자연스럽게 약간 모호할 수 있다.

AUC의 사용이 보편화되기 시작하면서 어떤 사람들은 이를 모델 성능의 결정적인 척도로 간주했지만 불행하게도 이는 모든 경우에 해당되지는 않는다. 일반적으로 높은 AUC 값은 무작위 긍정 예제보다 무작위 부정 예제를 더 높게 정렬하는 분류기의 성능이 더 낮다는 것을 나타낸다. 그러나 그림 10.12는 2개의 ROC 곡선이 매우 다르게 형성될 수 있지만 동일한 AUC를 가질 수 있는 중요한 사실을 보여준다.

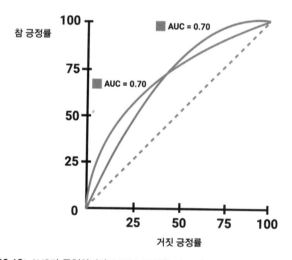

그림 10.12: AUC가 동일하더라도 ROC 곡선은 서로 다른 성능을 가질 수 있다.

AUC는 ROC 곡선의 단순화된 표현이기 때문에 AUC 자체만으로 모든 사용 사례에 대해 '최고' 모델을 식별하는 데는 부족하다. 가장 안전한 접근 방법은 AUC

를 ROC 곡선과 결합해 정성적으로 평가하는 것인데, 이는 이 장 앞부분에서 설명했다. 두 모델이 동일하거나 유사한 AUC를 갖는 경우 일반적으로 초기에 더 나은 성능을 발휘하는 모델을 선택하는 것이 선호된다. 게다가 전체적으로 더 나은 AUC를 가진 모델인 경우라도 초기 참 긍정률이 더 높은 모델은 가장 확신할 수 있는 예측의 부분집합만 사용하는 애플리케이션에선 선호될 수 있다.

ROC 곡선의 생성과 R로 AUC 계산

pROC 패키지는 ROC 곡선을 생성하고 AUC를 계산하기 위한 사용하기 쉬운 함수 집합을 제공한다. pROC 웹 사이트(https://web.expasy.org/pROC/)에는 전체 기능 목록과 시각화 기능의 여러 예제가 포함돼 있다. 계속하기 전에 **"install.packages ("pROC")"** 명령으로 패키지를 설치했는지 확인한다.

NOTE

> pROC 패키지에 대한 자세한 정보는 「pROC: an open-source package for R and S+ to analyze and compare ROC curves」 논문을 참고한다. 이 논문은 Robin, X, Turck, N, Hainard, A, Tiberti, N, Lisacek, F, Sanchez, JC, Mueller M이 저술한 것으로, 2011년 「BMC Bioinformatics」에 수록 돼 있으며, 12-77 페이지에 해당한다.

pROC를 사용해 시각화를 생성하려면 2개의 데이터 벡터가 필요하다. 첫 번째 벡터는 긍정 클래스의 추정 확률을 포함해야 하며, 두 번째 벡터는 예측된 클래스 값이어야 한다.

SMS 분류기의 경우 추정된 스팸 확률과 실제 클래스 레이블을 다음과 같이 roc() 함수에 제공할 것이다.

```
> library(pROC)
> sms_roc <- roc(sms_results$prob_spam, sms_results$actual_type)
```

sms_roc 객체를 사용해 R의 plot() 함수로 ROC 곡선을 시각화할 수 있다. 다음 명령에서 보여주는 대로 도면을 조정하기 위한 많은 표준 파라미터를 사용할 수 있다. 예를 들어 main(제목 추가), col(선 색상 변경), lwd(선 너비 조정)가 있다. grid 파라미터는 플롯의 가독성을 높이고자 희미한 격자 라인을 추가하며, legacy.axes 파라미터는 pROC에게 x축을 1 - 특이도로 레이블하도록 지시한다. 이는 거짓 긍정률과 동등한 인기 있는 지표다.

```
> plot(sms_roc, main = "ROC curve for SMS spam filter",
      Col = "blue", lwd = 2, grid = TRUE, legacy.axes = TRUE)
```

결과는 나이브 베이즈 분류기에 대한 ROC 곡선과 예측 가치가 없는 기준 분류기를 나타내는 대각선 참조선이다.

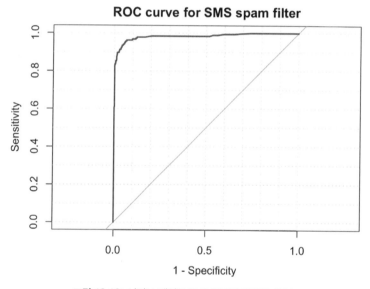

그림 10.13: 나이브 베이즈 SMS 분류기의 ROC 곡선

질적으로 보면 이 ROC 곡선은 다이어그램의 좌측상단 공간을 차지하는 것으로 보이며, 이는 쓸모없는 분류기를 나타내는 점선보다 완벽한 분류기에 더 가까

운 것을 시사한다.

같은 데이터 세트에 대한 예측을 수행하는 다른 모델의 성능과 이 모델의 성능을 비교하고자 동일한 도면에 추가적인 ROC 곡선을 추가할 수 있다. 예를 들어 SMS 데이터에 대해 knn() 함수를 사용해 k-NN 모델을 훈련시켰다고 가정해보자. 이 모델을 사용해 테스트 집합의 각 레코드에 대한 스팸 예측 확률이 계산되고 CSV 파일로 저장됐다고 가정하자. 이 파일을 여기에서 로드한 후 앞서와 같이 roc() 함수를 적용해 ROC 곡선을 계산한 다음 plot() 함수를 add = TRUE 파라미터와 함께 사용해 이전 도표에 곡선을 추가하겠다.

```
> sms_results_knn <- read.csv("sms_results_knn.csv")
> sms_roc_knn <- roc(sms_results$actual_type,
                      sms_results_knn$p_spam)
> plot(sms_roc_knn, col = "red", lwd = 2, add = TRUE)
```

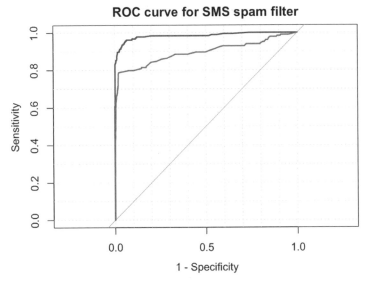

그림 10.14: SMS 테스트 집합에서 나이브 베이즈(가장 위쪽 곡선)와
k-NN(아래쪽 곡선)의 성능을 비교하는 ROC 곡선

결과 시각화에는 k-NN 모델의 성능을 나타내는 두 번째 곡선이 포함돼 있다. 이 곡선은 나이브 베이즈 모델과 동일한 테스트 집합에 대한 예측을 수행하는 k-NN 모델의 성능을 보여준다. k-NN의 곡선은 일관되게 낮아져 나이브 베이즈 접근법보다 일관되게 나쁜 모델임을 시사한다.

이를 정량적으로 확인하고자 pROC 패키지를 사용해 AUC를 계산할 수 있다. 이를 위해 각 모델의 sms_roc 객체에 패키지의 auc() 함수를 적용하기만 하면 된다. 다음 코드대로 진행한다.

```
> auc(sms_roc)
```
```
Area under the curve: 0.9836
```

```
> auc(sms_roc_knn)
```
```
Area under the curve: 0.8942
```

나이브 베이즈 SMS 분류기의 AUC는 0.98로 매우 높으며, k-NN 분류기의 0.89보다 크게 우수하다. 하지만 모델이 다른 데이터 세트에서도 잘 수행될 가능성이 동등한지, 아니면 이 차이가 무작위로 예상되는 것보다 큰지 어떻게 알 수 있을까? 이 질문에 답하려면 모델의 예측을 테스트 데이터를 벗어나서 어디까지 확장할 수 있는지 더 잘 이해해야 한다. 이와 관련된 방법은 다음 절에서 설명한다.

TIP

앞서 언급했지만 AUC 값 자체만으로는 종종 '최고' 모델을 식별하기에 부족할 수 있다. 이 예에서는 AUC가 더 나은 모델을 식별하고 있다. ROC 곡선이 교차하지 않기 때문에 나이브 베이즈 모델은 ROC 곡선상의 모든 지점에서 더 높은 참 긍정률을 갖고 있다. ROC 곡선이 교차하는 경우 '최고' 모델은 모델의 사용 방법에 따라 달라질 수 있다. 또한 교차하는 ROC 곡선을 가진 학습 모델을 더 강력한 모델로 결합하는 것도 가능하며, 이는 14장에서 다루는 기술을 사용해 수행할 수 있다.

⁙ 미래의 성능 예측

일부 R 머신러닝 패키지는 모델 구축 과정 중에 혼동 행렬과 성능 측도를 제공한다. 이러한 통계량의 목적은 모델의 재구성 오차[resubstitution error]를 제공하는 것이다. 재구성 오차는 모델이 이 데이터로 훈련됐음에도 훈련 예제의 목표 값이 잘못 예측되는 경우에 발생한다. 이는 명백히 성능이 좋지 않은 모델을 식별하기 위한 대략적인 진단 도구로 사용할 수 있다. 자체 훈련 데이터에서 충분한 성능을 발휘하지 못하는 모델은 미래 데이터에 대해서도 잘 수행될 가능성이 낮다.

그 역은 참이 아니다. 다시 말해 훈련 데이터에서 잘 수행되는 모델은 미래 데이터 세트에서도 반드시 잘 수행될 것으로 가정할 수 없다. 예를 들어 모든 훈련 인스턴스를 완벽하게 분류하고자 외워서 예측하는 모델은 재구성 오차가 0인 상황에서도 본 적 없는 데이터에 대한 예측을 일반화할 수 없다. 따라서 훈련 데이터의 에러율은 모델의 미래 성능에 대해 낙관적으로 가정되는 경향이 있다.

재치환 에러에 의존하는 대신 더 나은 방법은 모델의 성능을 아직 보지 못한 데이터에 대해 평가하는 것이다. 이 접근 방법은 앞의 장들에서 가용 데이터를 훈련하기 위한 집합과 테스트를 위한 집합으로 분리할 때 사용했다. 하지만 경우에 따라 훈련 데이터 세트와 테스트 데이터 세트를 생성하는 것이 늘 이상적이지 않다. 예를 들어 작은 데이터 풀만 갖고 있는 상황에서는 더 이상 샘플을 줄이고 싶지 않을 것이다.

다행히도 처음 보는 데이터에 대해 모델의 성능을 평가하는 다른 방법이 있다. 성능 측도를 계산하고자 사용했던 caret 패키지는 미래 성능을 평가하는 함수도 여러 개 제공한다. R 코드 예제를 따라 하고 있는 중이고 caret 패키지를 아직 설치하지 않았다면 패키지를 설치하길 바란다. 또한 library(caret) 명령으로 R 세션에 패키지를 로드해야만 한다.

홀드아웃 방법

앞의 장들에서 사용했던 데이터를 훈련 데이터 세트와 테스트 데이터 세트로 분할하는 절차를 홀드아웃 방법[holdout method]이라 한다. 다음 다이어그램에서 보이는 것처럼 훈련 데이터 세트[training dataset]는 모델을 생성하고자 사용되며, 생성된 모델은 테스트 데이터 세트[test dataset]에 적용돼 평가를 위한 예측을 만들어낸다. 일반적으로 데이터의 약 1/3은 테스트를 위해 유지되며, 2/3는 훈련을 위해 사용된다. 하지만 이 비율은 가용 데이터의 양에 따라 변할 수 있다. 훈련 데이터와 테스트 데이터가 체계적인 차이가 없다는 것을 보장하고자 예제는 두 그룹으로 무작위로 나뉘게 된다.

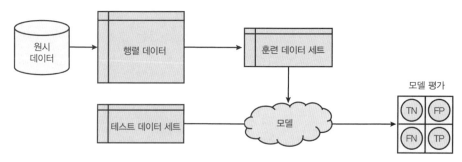

그림 10.15: 가장 간단한 홀드아웃 기법은 데이터를 훈련과 테스트 집합으로 분할한다.

홀드아웃 방법이 미래 성능의 정확한 추정치를 내놓으려면 언제나 테스트 데이터 세트의 성능이 모델링 과정에 영향을 미치게 해서는 안 된다. 스탠포드 대학교 교수이자 명성 있는 머신러닝 전문가인 트레버 해스티[Trevor Hastie]의 말대로 "이상적으로는 테스트 집합은 '금고'에 보관돼 데이터 분석의 마지막에만 꺼내야 한다." 다시 말해 시험 데이터는 최종 모델을 평가하는 유일한 목적 이외에는 손대지 않아야 한다.

NOTE

> 더 많은 정보는 Hastie, Tibshirani, Friedman의 『The Elements of Statistical Learning (2nd edition)』(2009), p. 222를 참고한다.

이 규칙을 무심코 어기고 여러 모델 중 하나를 선택하거나 반복 테스트 결과를 기반으로 단일 모델을 변경할 때 무심코 '금고'를 엿보게 되는 것은 쉽다. 예를 들어 훈련 데이터에서 여러 모델을 구축하고 테스트 데이터에서 정확도가 가장 높은 모델을 선택한 경우 테스트 데이터를 사용해 최상의 결과를 골라냈기 때문에 테스트 성능은 미래 데이터에서의 성능을 편향된 측정으로 만든다. 이 경우 테스트 성능은 본 적 없는 데이터에 대한 비편향 측정이 아니다..

TIP

> 예리한 독자라면 앞의 장들에서 모델을 평가하고 모델 성능을 개선하는 데 모두 홀드아웃 테스트 데이터가 사용됐다는 것을 깨달았을 것이다. 이는 설명을 하고자 그렇게 수행했지만 앞에서 언급한 규칙을 실제 위반하고 있다. 결과적으로 보여줬던 모델 성능 통계는 낯선 데이터에 대한 미래의 성능 추정치로 유효하지 않다.

이 문제를 피하려면 훈련 데이터 세트와 테스트 데이터 세트 외에 검증 데이터 세트^{validation dataset}를 사용할 수 있게 원래 데이터를 나누는 것이 더 좋다. 검증 데이터 세트는 선택된 모델(또는 모델들)을 반복하고 개선하는 데 사용되며, 훈련 데이터가 최종 단계에서 미래의 예측에 대한 추정 에러율을 보고하는 데 단 한 번만 사용되도록 남겨둔다. 훈련, 테스트, 검증 사이에 대표적인 분할은 각각 50%, 25%, 25%다.

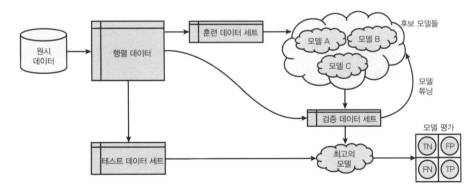

그림 10.16: 검증 데이터 세트는 훈련에서 유보해두고 다중 후보 모델에서 선택할 수 있다.

홀드아웃 샘플을 생성하는 간단한 방법은 난수 발생기를 사용해서 레코드를 파티션에 할당하는 것이다. 이 기법은 5장에서 훈련 데이터 세트와 테스트 데이터 세트를 생성하고자 처음 사용했다.

1,000개의 데이터 행으로 된 credit이라는 데이터 프레임이 있다고 가정하자. 이 데이터 프레임을 3개의 파티션으로 다음과 같이 나눌 수 있다. 우선 runif() 함수를 사용해서 1에서 1000까지 임의로 정렬된 행 ID 벡터를 생성한다. runif() 함수는 디폴트로 0과 1 사이에 랜덤 값을 지정된 개수만큼 생성한다. runif() 함수는 2장에서 다뤘던 랜덤 균등 분포에서 이름을 가져왔다.

그러면 order() 함수는 1,000개 난수의 순위를 나타내는 벡터를 반환한다. 예를 들어 order(c(0.5, 0.25, 0.75, 0.1))은 순열 4 2 1 3을 반환하는데, 가장 작은 숫자(0.1)이 네 번째 나타나고, 두 번째로 작은 숫자(0.25)가 두 번째에 나타나기 때문이다.

```
> random_ids <- order(runif(1000))
```

다음으로 랜덤 ID를 사용해 credit 데이터 프레임을 500, 250, 250개의 레코드로 나눠 훈련, 검증, 테스트 데이터 세트를 구성할 수 있다.

```
> credit_train <- credit[random_ids[1:500], ]
> credit_validate <- credit[random_ids[501:750], ]
> credit_test <- credit[random_ids[751:1000], ]
```

홀드아웃 샘플링의 문제 중 하나는 각 파티션에 어떤 클래스의 비율이 더 많거나 더 적을 수 있다는 점이다. 하나 혹은 그 이상의 클래스가 데이터 세트의 아주 작은 부분인 경우 홀드아웃 방법은 훈련 데이터 세트에서 이 클래스를 제외시킬 수 있다. 이 경우 모델이 클래스를 학습할 수 없기 때문에 심각한 문제가 된다.

이 문제의 발생 가능성을 줄이고자 **층별 랜덤 샘플링**stratified random sampling으로 불리는 기법이 사용될 수 있다. 랜덤 샘플은 일반적으로 각 클래스 값을 전체 데이터 세트에서와 대략 같은 비율로 포함하지만 층별 랜덤 샘플링은 랜덤 파티션이 일부 클래스가 작더라도 각 클래스 값을 전체 데이터 세트에서와 거의 동일한 비율로 갖도록 보장한다.

caret 패키지는 층별 홀드아웃 샘플링 방식으로 파티션을 생성하는 createData Partition() 함수를 제공한다. credit 데이터 세트에서 훈련 데이터와 테스트 데이터의 층별 샘플을 생성하는 코드는 다음 명령에서 보이는 것과 같다. 이 함수를 사용하려면 파티션에 포함될 인스턴스 비율을 명시하는 파라미터 p 이외에 클래스 값 벡터가 명시돼야만 한다(여기서 default는 대출이 채무 불이행으로 갔는지를 나타낸다). list = FALSE 파라미터는 결과가 리스트 객체로 저장되지 않게 한다(이것은 더 복잡한 샘플링 기법에 필요한 기능인데, 여기서는 불필요하다).

```
> in_train <- createDataPartition(credit$default, p = 0.75, list = FALSE)
> credit_train <- credit[in_train, ]
> credit_test <- credit[-in_train, ]
```

in_train 벡터는 훈련 샘플에 포함된 행 번호를 나타낸다. 이 행 번호를 사용해 credit_train 데이터 프레임의 예제를 선택할 수 있다. 비슷하게 음수 기호를 사용해 credit_test 데이터 세트에 in_train 벡터에 없는 행을 사용할 수 있다.

층별 샘플링은 클래스를 골고루 배분하지만 다른 종류의 대표성은 보장하지 않는다. 일부 샘플은 너무 많거나 너무 적은 어려운 케이스, 쉽게 예측되는 케이스 또는 이상치를 가질 수 있다. 아주 작은 데이터 세트가 특히 그런데, 작은 데이터 세트는 이런 케이스들이 훈련 집합과 테스트 집합으로 나뉘기에 충분히 큰 분량을 갖지 못할 수 있다.

잠재적으로 편향된 샘플 외에 홀드아웃 방법의 다른 문제는 데이터의 상당 부분을 모델 테스트와 검증을 위해 예약해둬야 한다는 점이다. 이런 데이터는 성능을 측정할 때까지 모델을 훈련하는 데 사용할 수 없기 때문에 성능 추정이 지나치게 보수적일 수 있다.

TIP

> 큰 데이터 세트에서 훈련된 모델이 일반적으로 더 잘 실행되기 때문에 보통 최종 모델이 선택되고 평가된 이후에는 전체 데이터 세트(즉, 훈련 더하기 테스트와 검증)에 대해 모델 을 다시 훈련시킨다.

반복 홀드아웃repeated holdout이라 하는 기법은 무작위로 구성된 훈련 데이터 세트의 문제를 완화하는 데 가끔 사용된다. 반복 홀드아웃 방법은 모델의 성능을 평가하고자 여러 랜덤 홀드아웃 샘플에서 평균 결과를 사용하는 홀드아웃 방법의 특별한 경우다. 여러 개의 홀드아웃 샘플을 사용하기 때문에 모델은 대표적이지 않은 데이터에 대해 훈련되거나 테스트될 가능성이 적어진다. 이 생각을 다음 절에서 확장해본다.

교차 검증

반복 홀드아웃은 모델 성능을 추정하고자 산업 표준이 된 k-폴드k-fold 교차 검증CV, Cross-Validation이라 하는 기법의 기반이다. 잠재적으로 같은 레코드가 한 번 이상 사용될 수 있는 반복 랜덤 샘플을 추출하는 대신 k-폴드 교차 검증은 데이터를 무작위로 *k*개로 나눠 **폴드**folds라 불리는 랜덤 파티션으로 완전히 분리한다.

*k*는 어떤 숫자로도 설정될 수 있지만 지금까지 가장 일반적인 관행은 10-폴드 교차 검증이다. 왜 10폴드인가? 경험적 증거에 따르면 더 큰 숫자를 사용할 때 추가되는 이득이 거의 없기 때문이다. 10폴드의 각각에 대해(전체 데이터의 10%를 구성하

는 각 폴드) 머신러닝 모델은 데이터의 남은 90%에 대해 구축된다. 이때 폴드에 해당하는 10% 샘플은 모델의 평가에 사용된다. 모델을 훈련하고 평가하는 절차가 (10개의 다른 훈련/테스트 조합으로) 10번 발생하면 전체 폴드의 평균 성능이 보고된다.

TIP

> k-폴드 교차 검증의 극단적인 경우는 LOO(Leave-One-Out) CV 방법으로 데이터 예제별로 폴드를 만들어 k-폴드 교차 검증을 실행한다. 이 방법은 가장 많은 데이터를 사용해서 모델을 훈련할 수 있게 보장한다. 이 방법이 유용해 보일수도 있겠지만 계산적으로 너무 비싸서 실제 거의 사용되지 않는다.

교차 검증을 위한 데이터 세트는 caret 패키지의 createFolds() 함수로 생성될 수 있다. 층별 랜덤 홀드아웃 샘플링과 유사하게 이 함수는 원래 데이터 세트에서와 같이 각 폴드에 동일한 클래스 균형을 유지하려고 할 것이다. 다음은 10개의 폴드를 생성하는 명령이다. 결과를 재현 가능하게 하고자 set.seed(123)을 사용한다.

```
> set.seed(123)
> folds <- createFolds(credit$default, k = 10)
```

createFolds() 함수의 결과는 k = 10 폴드별로 행 번호를 저장하는 벡터들의 리스트다. str()로 내용을 엿볼 수 있다.

```
> str(folds)
```

```
List of 10
 $ Fold01: int [1:100] 14 23 32 42 51 56 65 66 77 95 ...
 $ Fold02: int [1:100] 21 36 52 55 96 115 123 129 162 169 ...
 $ Fold03: int [1:100] 3 22 30 34 37 39 43 58 70 85 ...
 $ Fold04: int [1:100] 12 15 17 18 19 31 40 45 47 57 ...
 $ Fold05: int [1:100] 1 5 7 20 26 35 46 54 106 109 ...
 $ Fold06: int [1:100] 6 27 29 48 68 69 72 73 74 75 ...
```

```
$ Fold07: int [1:100] 10 38 49 60 61 63 88 94 104 108 ...
$ Fold08: int [1:100] 8 11 24 53 71 76 89 90 91 101 ...
$ Fold09: int [1:100] 2 4 9 13 16 25 28 44 62 64 ...
$ Fold10: int [1:100] 33 41 50 67 81 82 100 105 107 118 ...
```

여기서 첫 번째 폴드는 이름이 Fold01이고 100개의 정수를 저장하고 있으며, 첫 번째 폴드에 대한 credit 데이터 프레임의 100개 행을 나타내는 것을 확인할 수 있다. 모델을 만들고 평가하기 위한 훈련 데이터 세트와 테스트 데이터 세트를 생성하고자 추가 단계가 필요하다. 다음 명령은 첫 번째 폴드에 대해 데이터를 생성하는 방법을 보여준다. 테스트 데이터 세트에 선택된 10%를 할당하고 음수 기호를 사용해서 훈련 데이터 세트에 남은 90%를 할당할 것이다.

```
> credit01_test <- credit[folds$Fold01, ]
> credit01_train <- credit[-folds$Fold01, ]
```

전체 10-폴드 교차 검증을 수행하려면 이 단계는 총 10회 반복돼야 한다. 먼저 모델을 구축하고 난 후 매번 모델의 성능을 계산한다. 마지막으로 성능 측정치를 평균해서 전체 성능을 구한다. 다행히도 앞에서 배웠던 여러 기술을 적용해 이 작업을 자동화할 수 있다.

이 과정을 보여주고자 10-폴드 교차 검증으로 신용 데이터의 C5.0 의사결정 트리에 대한 카파 통계량을 추정할 것이다. 먼저 관련된 R 패키지를 로드해야 하는데, 폴드를 생성하기 위한 caret, 의사결정 트리를 구축하기 위한 C50, 카파를 계산하기 위한 irr을 로드한다. 마지막 두 패키지는 설명하려는 목적으로 선택했다. 원한다면 동일한 단계에 따라 다른 모델이나 다른 성능 측도를 사용할 수 있다.

```
> library(caret)
```

```
> library(C50)
> library(irr)
```

다음은 10 폴드 리스트를 앞에서와 같이 생성한다. set.seed() 함수는 같은 코드가 다시 실행되더라도 결과가 달라지지 않게 하고자 여기에 사용했다.

```
> set.seed(123)
> folds <- createFolds(credit$default, k = 10)
```

마지막으로 lapply() 함수를 사용해서 폴드 리스트에 동일한 일련의 단계를 적용할 것이다. 다음 코드에 보이는 것처럼 필요한 것을 정확히 수행하는 기존 함수가 없으므로 lapply()에 전달할 자체 함수를 정의해야만 한다. 이 사용자 정의형 함수는 신용 데이터 프레임을 훈련 데이터와 테스트 데이터로 나누고 훈련 데이터에 대해 C5.00를 이용해서 의사결정 트리를 만들며, 테스트 데이터에서 예측을 생성하고 kappa2() 함수를 이용해서 예측값과 실제 값을 비교한다.

```
> cv_results <- lapply(folds, function(x) {
    credit_train <- credit[-x, ]
    credit_test <- credit[x, ]
    credit_model <- C5.0(default ~ ., data = credit_train)
    credit_pred <- predict(credit_model, credit_test)
    credit_actual <- credit_test$default
    kappa <- kappa2(data.frame(credit_actual, credit_pred))$value
    return(kappa)
  })
```

만들어진 카파 통계량은 cv_results 객체에 저장된 리스트로 수집돼 str()로 검토될 수 있다.

```
> str(cv_results)
```

```
List of 10
   $ Fold01: num 0.381
   $ Fold02: num 0.525
   $ Fold03: num 0.247
   $ Fold04: num 0.316
   $ Fold05: num 0.387
   $ Fold06: num 0.368
   $ Fold07: num 0.122
   $ Fold08: num 0.141
   $ Fold09: num 0.0691
   $ Fold10: num 0.381
```

10-폴드 교차 검증에서 단 한 단계가 더 남아있다. 이 10개 값의 평균을 계산해야만 한다. mean(cv_results)를 입력하고 싶겠지만 cv_results는 수치 벡터가 아니기 때문에 결과에 에러가 생긴다. 대신 리스트 구조를 제거하고 cv_results를 수치 벡터로 줄이는 unlist()를 사용한다. 거기서부터 예상대로 평균 카파를 계산할 수 있다.

```
> mean(unlist(cv_results))
```

```
[1] 0.2939567
```

이 카파 통계량은 아주 낮아서 해석 등급의 '양호fair'에 해당되며 신용 평가 모델임의의 우연보다 아주 좀 더 잘 수행한다는 것을 의미한다. 11장에서는 이 모델의 성능 개선을 도와주는 10-폴드 교차 검증 기반의 자동화 기법을 검토한다.

CV는 여러 개의 테스트 집합으로부터 성능 추정치를 제공하므로 추정치의 변동성을 계산할 수도 있다. 예를 들어 10번의 반복에서 표준 편차를 다음과 같이 계산할 수 있다.

```
> sd(unlist(cv_results))
```

```
[1] 0.1448565
```

성능 측도의 평균과 표준 편차를 찾은 후 신뢰 구간을 계산하거나 두 모델의 성능에 통계적으로 유의한 차이가 있는지를 판단할 수 있다. 이는 차이가 무작위 변동이 아닌 실제로 발생한 것으로 볼 수 있는 가능성을 의미한다.

그러나 불행히도 최근 연구에 따르면 CV는 이러한 통계적 검정의 가정을 위배한다는 것이 밝혀졌다. 특히 데이터가 서로 독립적인 무작위 표본에서 추출돼야 하는 요구 사항에 해당하지 않는다. CV 폴드는 정의에 의해 상호 연결돼 있기 때문이다.

NOTE

> 10-폴드 CV를 사용한 성능 추정의 한계에 대해 더 알고자 하면 Bates S, Hastie T, Tibshirani R.의 『Cross-validation: what does it estimate and how well does it do it?』(2022)(https://arxiv.org/abs/2104.00673)를 참고한다.

더욱 정교한 CV의 변형들이 모델 성능 추정치의 견고성을 향상시키고자 개발됐다. 그중 하나인 **반복 k-폴드 교차 검증**은 k-폴드 교차 검증을 반복적으로 적용하고 결과를 평균하는 기법이다. 일반적인 전략은 10-폴드 교차 검증을 10번 수행하는 것이다. 연산적으로 비용이 많이 들지만 이 방법은 결과를 많은 시행에 걸쳐 평균화하기 때문에 표준 10-폴드 교차 검증보다 훨씬 견고한 성능 추정치를 제공한다. 그러나 이 또한 통계적 가정을 위반하며, 따라서 결과에 대한 통계적 검정은 약간 편향될 수 있다.

현재 모델 성능을 추정하기 위한 최고 표준은 **중첩 교차 검증**nested cross-validation일 것이다. 이 방법은 사실상 한 번의 k-폴드 교차 검증 과정 내에서 다른 k-폴드 교차 검증을 수행하는 것이다. 이 기법은 11장에서 설명하며 연산적으로 비용이 매우 많이 들 뿐만 아니라 구현과 해석이 더 어렵다. 중첩 k-폴드 교차 검증의 장점은 통계적 가정을 위반하는 표준 k-폴드 교차 검증에 비해 모델 성능을 실제로 유효하게 비교할 수 있다는 것이다. 반면 이 문제로 인한 편향은 매우 큰 데이터 세트의 경우에는 덜 중요해 보이므로 여전히 '최고' 모델을 식별하는 데 간단한 CV 접근 방법에서 유도된 신뢰 구간이나 유의성 검정을 사용하는 것은 합리적일 수 있으며, 일반적인 관행으로 남아 있다.

부트스트랩 샘플링

k-폴드 교차 검증의 대안으로 약간 덜 보편적이지만 그래도 폭넓게 사용되는 부트스트랩 샘플링bootstrap sampling, 짧게 부트스트랩bootstrap 또는 부트스트래핑bootstrapping 으로 알려져 있다. 일반적으로 말하면 아주 큰 집합의 속성을 추정하고자 데이터의 랜덤 샘플을 사용하는 통계적 방법을 말한다. 이 원리가 머신러닝 모델 성능에 적용되면 여러 개의 무작위로 선택된 훈련 데이터 세트와 테스트 데이터 세트를 생성하고 성능 통계를 추정하고자 사용되는 것을 의미한다. 여러 랜덤 데이터 세트에서 얻은 결과는 미래 성능의 최종 추정치를 얻고자 평균된다.

따라서 이 과정이 k-폴드 교차 검증과 다른 점은 무엇인가? 교차 검증은 데이터를 여러 파티션을 나눌 때 각 예제가 파티션에 단 한 번만 나타나는 반면 부트스트랩에서는 복원 샘플링sampling with replacement 과정을 거쳐 예제가 여러 번 선택될 수 있다. 부트스트랩 과정은 n개의 예제로 구성된 원래 데이터 세트로부터 한 개 이상의 새로운 훈련 데이터 세트를 생성하며, 생성된 훈련 데이터 세트 또한 n개의 예제를 포함하고 그중 일부는 반복된다.

그런 다음 대응되는 테스트 데이터 세트는 훈련 데이터 세트에 선택되지 않은 예제에서 구성된다.

부트스트랩 데이터 세트에서 어떤 특정한 인스턴스가 훈련 데이터 세트에서 제외될 확률은 36.8%다. 이를 수학적으로 증명할 수 있다. 각 예제는 n개의 행

중 하나가 훈련 데이터 세트에 추가될 때마다 $1/n$의 확률로 샘플링된다는 점을 이해하면 수학적으로 증명할 수 있다. 따라서 테스트 집합에 포함되려면 특정 예제가 n번 선택되지 않아야 한다. 선택될 확률이 $1/n$이므로 선택되지 않을 확률은 $1 - 1/n$이 되며 특정 예제가 n번 선택되지 않을 확률은 다음과 같다.

$$\left(1 - \frac{1}{n}\right)^n$$

이 공식을 사용해 부트스트랩을 적용할 데이터 세트가 1,000개의 행을 포함하는 경우 무작위 레코드가 선택되지 않을 확률은 다음과 같다.

```
> (1 - (1/1000))^1000

[1] 0.3676954
```

유사하게 10만 개의 행을 가진 데이터 세트는 다음과 같다.

```
> (1 - (1/100000))^100000

[1] 0.3678776
```

n이 무한대로 갈수록 식은 다음처럼 $1/e$로 축소된다.

```
> 1 / exp(1)

[1] 0.3678794
```

선택되지 않을 확률이 36.8%인 경우 어떤 인스턴스가 훈련 데이터 세트에 선택될 확률은 100 - 36.8 = 63.2%다. 다시 말해 훈련 데이터는 사용 가능한 예제

중 63.2%만을 나타낸다. 그중 일부는 중복된다. 10-폴드 교차 검증에서는 예제의 90%가 훈련에 사용되는 반면 부트스트랩 샘플은 전체 데이터 세트에 대한 대표성이 떨어진다.

훈련 데이터의 63.2%만을 사용해 훈련된 모델은 더 큰 훈련 집합에서 훈련된 모델보다 성능이 낮을 가능성이 크다. 따라서 부트스트랩의 성능 추정치는 모델이 나중에 전체 데이터 세트에서 훈련될 때 얻게 되는 성능보다 현저하게 낮을 수 있다

0.632 부트스트랩으로 알려진 부트스트래핑의 특별한 케이스는 최종 성능 측도를 훈련 데이터(너무 낙관적이다)와 테스트 데이터(너무 비관적이다)의 성능 함수로 계산함으로써 이를 설명한다. 이때 최종 에러율은 다음과 같이 추정된다.

$$\text{에러} = 0.632 \times \text{에러}_{\text{테스트}} + 0.368 \times \text{에러}_{\text{훈련}}$$

교차 검증과 비교해 부트스트랩 샘플링의 장점 중 하나는 작은 데이터 세트에 더 잘 실행되는 경향이 있다는 점이다. 추가적으로 부트스트랩 샘플링은 성능 측정 이상의 응용을 갖는다. 특히 11장에서 부트스트랩 샘플링의 원리가 모델 성능을 향상시키는 데 어떻게 사용될 수 있는지 알아본다.

⠿ 요약

10장에서는 머신러닝 분류 모델의 성능을 평가하는 가장 일반적인 척도와 기술을 제시했다. 정확도는 모델이 얼마나 자주 정확한지를 관측하는 단순한 방법을 제공하지만 드문 사건의 경우 실제 사건 비용이 데이터에서의 사건의 발생 빈도에 반비례하기 때문에 오해를 불러일으킬 수 있다.

일부 혼동 행렬을 기반으로 한 측정 지표들은 모델의 성능과 다양한 유형의 에러 비용 간의 균형을 더 잘 포착한다. 카파 통계량과 매튜의 상관 계수는

더 복잡한 성능 측정 지표로, 심하게 불균형한 데이터 세트에서도 잘 작동한다. 또한 민감도와 특이도 또는 정밀도와 재현율 간의 트레이드오프를 자세히 검토함으로써 실세계에서의 에러 영향을 생각해보는 유용한 도구가 될 수 있다. ROC 곡선과 같은 시각화도 이 목적에 도움이 된다.

또한 때로는 모델의 성능을 가장 잘 측정하는 방법은 다른 목표를 얼마나 잘 충족하거나 충족하지 못하는지를 고려하는 것이다. 예를 들어 모델의 논리를 간단한 언어로 설명해야 하는 경우 어떤 모델을 고려하지 않을 수 있다. 게다가 매우 잘 수행되더라도 생산 환경으로 확장하기에 너무 느리거나 확장하기 어려운 모델은 전혀 쓸모가 없다.

다음 장들을 전망할 때 성능 측정의 명백한 확장은 성능을 향상시키는 방법을 찾는 것이다. 책을 계속 읽으면서 10장에서 다룬 원칙을 적용하며 머신러닝 능력을 강화하고 더 고급 기술을 습득하게 될 것이다. CV 기법, ROC 곡선, 부트스트랩, caret 패키지는 앞으로 자주 등장할 것이며, 학습 알고리듬을 체계적으로 반복, 개선, 결합해 작업을 계속해서 더 스마트한 모델로 만드는 방법을 알아볼 것이다.

11

머신러닝으로 성공하기

머신러닝 분야에서 흔한 문제 중 하나는 학생들이 기법을 배울 때는 신선한 흥분을 느끼지만 배운 내용을 실제 프로젝트에 적용할 때는 어려움을 겪는 것이다. 마치 숲 속의 산책로가 어두운 밤에는 불길한 느낌이 들듯이 처음에는 간단해 보였던 코드와 방법들이 단계별 로드맵이 없으면 어려워 보인다. 적절한 안내 없이는 학습 곡선이 훨씬 가파르게 느껴지며 함정은 더 깊어 보인다.

머신러닝 이론과 실제 사이의 간극으로 인해 머신러닝에서 외면당한 수많은 학생을 생각하면 안타깝다. 이 분야에서 10년 이상 일한 경험을 토대로 새로운 실무자들을 교육하고 면접을 보고 고용하며 감독한 경험이 있다. 나는 이런 모순적인 도전을 직접 경험했다. 이는 겉으로 보기에 모순적으로 보인다. 머신러닝에서 실제 경험을 얻으려면 먼저 머신러닝에서 경험을 쌓지 않으면 불가능한 것처럼 보인다.

11장뿐만 아니라 이어지는 장들의 목적은 이론적인 강의 예제와 실세계의 상당한 복잡함 사이의 가교 역할을 하는 것이다. 11장에서 다루는 내용은 다음과 같다.

- 머신러닝 모델의 성공과 실패에 기여하는 요인
- 잘 수행될 가능성이 높은 프로젝트를 설계하기 위한 전략
- 잠재적인 문제를 조기에 발견하기 위한 데이터 탐색 방법
- 데이터 과학과 경쟁이 머신러닝과 어떤 관련성을 갖는지의 관계

당신이 생각하는 성공의 정의가 이 분야에서의 직업을 찾는 것, 더 나은 머신러닝 모델을 구축하는 것 또는 단순히 이 분야의 도구와 기술에 대한 지식을 깊이 있게 하는 것 등 그 어떤 것이라도 무엇인가 얻을 수 있을 것이다. 오히려 온라인 머신러닝 대회에 참여하는 새로운 열망을 불어넣을 수도 있을 것이다. 이 대회들은 여러분의 기술을 확장하고 지식을 시험하는 기회를 제공할 것이다.

⁞⁞ 성공적인 머신러닝 전문가를 만드는 것

분명히 실세계 머신러닝의 어려움은 더 고급 혹은 더 복잡한 방법을 추가했기 때문은 아니다. 이 책의 처음 9개 장에서는 암 세포 식별, 스팸 메시지 필터링 및 위험한 은행 대출 예측과 같이 실용적이고 다양하며 어려운 실세계 문제를 다뤘다. 실세계 머신러닝의 어려움은 대신 교과서나 강의와 같은 스크립트 설정에서 전달하기 어려운 분야와 관련이 많다. 머신러닝은 과학만큼 예술이다. 마치 실세계 연습 없이 그림을 그리거나 춤을 추거나 외국어를 구사하는 것이 어려운 것처럼 머신러닝 방법을 새로운 미개척된 분야에 적용하는 것도 똑같이 어렵다.

먼 곳을 탐험하는 개척자들처럼 이전에 본 적 없는 도전에 마주하게 될 것이다. 이 도전들은 인내와 창의력을 필요로 할 것이다. 깊이 있는 탐사와 문서화가 필요한 방대하고 혼란스러운 복잡한 데이터 세트를 만나게 될 것이며, 그래프와 시각화는 이 분야의 개척자들의 차트와 지도와 동등한 역할을 한다. 분석 및 프로그래밍 기술이 시험을 받게 될 것이며, 초기에 자주 일어나는 실패에 대처할 때에는 자신의 실수를 반복하고 개선해야 할 것이다. 과학적 방법을

사용해 재현 가능한 실험을 만드는 것은 마치 빵부스러기처럼 같은 자리를 맴돌지 않게 해줄 것이다. 무자비한 개척자의 머신러닝 버전이 되려면 민첩하고 적응력이 있어야 하며, 동시에 뼈를 깨물고 놓지 않는 개처럼 만족할 줄 모르는 호기심을 가져야 할 것이다.

물론 '무자비한 개척자'의 개념은 머신러닝의 독립적인 요소를 표현하는 훌륭한 비유지만 이 작업은 팀 스포츠와 거의 동일하다. 남극의 툰드라를 탐험하거나 에베레스트의 봉우리를 오르는 것은 힘들게 노력해야 하는 작업이며, 대부분의 실세계 머신러닝 프로젝트도 마찬가지다. 이런 작업을 혼자서 하려고 한다면 현명하지 않거나 위험하며, 상황이 심각하다면 위험할 수도 있다. 그러나 팀 내에서도 부적절한 계획 또는 부적절한 의사소통으로 실패할 수 있다. 모델을 개발하는 데이터 과학자와 그들에게 데이터를 제공하는 데이터 엔지니어 간의 데이터 이동은 특히 위험할 수 있다. 팀이 이 정도까지 오게 되면 모델을 비즈니스 실천과 IT 시스템에 구현해야 하는 더 어려운 과정이 나중에 발생한다. 이러한 이유 중 하나로, 많은 머신러닝 모델은 실제로는 운영 단계까지 가지 못한다.

실제 머신러닝에 초인적인 기술이 필요한 것처럼 보인다면 최근 온라인 채용 공고를 읽어보면 사실과 크게 다르지 않을 수 있다. 매우 구체적인 채용 공고 중 하나는 추천 시스템 구축 및 이미지 인식 도구 설계 경험과 그래프 표현 학습 및 자연어 처리에 대한 경험이 요구된다. 또 다른 구직 게시물은 '매우 큰 데이터 세트에서 성능 우수한 추론 파이프라인을 구축한 경험'을 요구한다. 많은 구직 게시물에서는 심층 신경망 경험을 원하지만, 일부는 더 일반적이며 '머신러닝 기본 원리에 대한 견고한 이해'와 '구조화된 및 비구조화된 다양한 데이터를 분석하는 능력'을 요구한다. 이 다양한 기술 집합은 초기 경력 실무자에게는 어느 정도 위협적으로 다가올 수 있으며, 어디서부터 시작해야 할지 의문이 들 수 있다.

그림 11.1은 해당 분야에서 흔히 사용되는 일부 '하드' 기술 스킬과 함께 유용한

'소프트' 특성을 나열하고 있다. 이 책을 마치면 그림 왼쪽에 있는 대부분의 도구와 기술에 노출될 것이며, 연습을 완료함으로써 오른쪽에 있는 특성을 발전시킬 것이다. 모든 기술에 대해 깊은 이해를 가진 사람을 찾는 것은 매우 드문 일이라는 것을 명심하라. 이들은 분야에서 전설적으로 불리는 '유니콘'이지만 심지어 그들도 아직 배울 것이 많다고 인정할 것이다. 어떤 특정 주제에 대해 더 깊이 파고들고 더 많이 배울 수 있는 가능성은 항상 있다. 제한된 시간과 에너지로 인해 대부분의 사람은 많은 영역에서 넓게 나아갈 것인지 또는 몇 가지 영역에서 더 깊이 들어갈 것인지 타협해야 한다.

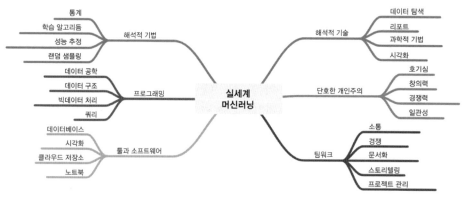

그림 11.1: 실세계의 머신러닝은 다양한 기술 스킬(왼쪽)과 소프트 스킬(오른쪽)을 필요로 한다.

머신러닝 기술, 특히 소프트 기술을 연마하는 가장 좋은 방법 중 하나는 경쟁을 통한 것이다. 그림 11.1에서 보여주는 것처럼 경쟁은 여러 가지 방법으로 머신러닝 결과를 향상시킨다. 경쟁은 자신의 성과를 혁신하고 향상시키려는 개인 추진력의 핵심 구성 요소지만 공통 목표를 달성하기 위한 강력한 팀워크를 촉진하기도 한다. 이러한 이유로 경쟁은 오랫동안 머신러닝 교육의 일부였다.

예를 들어 학계의 컴퓨터 과학자들은 지난 25년 동안 지식 발견 및 데이터 마이닝 KDD, Knowledge Discovery and Data Mining 컵(https://www.kdd.org/kdd-cup)이라는 대회에서 경쟁해 왔다. 이 대회는 매년 변화하는 머신러닝 과제의 성과를 기반으로 우승자를 선정한다. 비슷한 종류의 대회는 이미지, 텍스트, 오디오 데이터를 포함한 특정 주제에 대해 존재하며 다른 여러 분야에서도 이와 유사한 대회가 있다.

영리 분야에서 개최된 머신러닝 대회 중 가장 초기의 널리 알려진 사례 중 하나는 2006년에 넷플릭스 비디오 스트리밍 서비스가 자사의 영화 추천 시스템의 정확도를 10% 향상시키고자 100만 달러의 상금을 제공한 것이다. 이 사건에 대한 홍보 덕분에 기업 후원의 추가적인 경진대회가 이어지게 됐는데, 이는 캐글^{Kaggle}(https://www.kaggle.com)에서 나열된 대회들과도 관련이 있다. 캐글은 다양한 분야에서 어려운 머신러닝 과제에 대한 최첨단 기술 진보를 위해 현금으로 상을 제공하는 대회를 주최하는 웹 사이트다. 캐글은 빠르게 인기를 얻어 일부 참가자는 승리 경험을 미래의 컨설팅 및 기술 회사에서의 작업에 대한 발판으로 활용하기도 했다. 12장에서는 일부 캐글 우승자들의 경험을 배울 수 있을 것이다.

모두가 상호 대결 경쟁을 좋아하지는 않을 수 있지만 여전히 자신에게 도전하거나 다른 비즈니스와 경쟁하는 것을 상상할 수 있다. 일부 실무자는 모델 성능 통계에서 자신의 '최고 점수'를 능가하는 것에 도전함으로써 만족한다. 다른 사람들은 '적자생존'에 영감을 받으며 비즈니스 시장이 다른 기업보다 뛰어난 성과를 내는 기업을 보상한다는 생각에 동기를 부여받는다. 어떤 경우에든 경쟁의 목표는 자아를 높이는 것이 아니라 혁신과 지속적인 품질 개선을 동기 부여하며 여러분의 기술을 최신 상태로 유지하는 것이다.

계속해서 배우고, 배운 내용을 지속적으로 적용하는 것은 머신러닝 애호가의 가장 중요한 특성일 수 있다. 1장에서 설명한 대로 이 분야는 데이터의 양과 복잡성이 연산 능력과 통계적 방법과 함께 증가하면서 진화해왔다. 이 진화는 더딘 기미를 보이지 않는다. 데이터, 도구, 방법은 변할 수 있지만 이를 적용할 사람들에 대한 필요성은 항상 존재할 것이다. 따라서 각 프로젝트를 새로운 것을 배울 기회로 접근하라. 더 나은 모델을 구축하기 위한 반복적이고 때로 중독성 있는 과정은 이 여정을 시작하는 적절한 장소다.

⁝⁝ 성공적인 머신러닝 모델을 만드는 요소

지금까지는 주로 성공적인 머신러닝 모델의 의미에 대해 대부분 양적인 관점을 취해왔다. 초기에는 지도학습 모델이 정확도가 높으면 성능이 우수하다고 평가됐다.

10장에서는 이러한 정의를 확장해 정확도가 불균형 데이터 세트에서는 모호하기 쉬운 점을 감안하고 잠재적인 사용 사례의 성능 트레이드오프를 고려해 매튜의 상관 계수 및 ROC 곡선하 영역과 같은 더 정교한 성능 측정을 포함했다.

지금까지는 모델 성능의 정성적 측정을 비지도학습의 영역으로 국한시켰다. 하지만 예측 모델링 영역에서도 측정할 수 없는 고려 사항이 분명히 존재한다. 예를 들어 신용 평가 모델을 상상해보라. 이 모델이 계산적으로 매우 비싼 경우에는 실시간 애플리케이션에 구현할 수 없거나 알고리듬적으로 복잡해 청약자들에게 그 결정에 대한 설명을 제공하지 못할 수 있다. 이 경우 정확하지 않지만 간단한 모델을 선호할 수 있다. 결국 간단한 예측 모델은 대개 아무것도 없는 것보다는 좋기 때문이다. '대개'라는 단어가 핵심적인 자격 부여자인데, 곧 실세계에서 모델이 크게 실패하는 것에 관해 곧 살펴볼 내용이기도 하다.

모델링 프로젝트의 성공에 영향을 미치는 비즈니스 비용, 자원 제약, 인적 자원 요소 등을 모델 자체에 쉽게 통합하는 것이 어려울 수 있다. 이 사실을 설명하고자, 예를 들어 고객 이탈 예측 알고리듬을 만들었다고 상상해보자. 이 모델은 제품 구매를 중단할 가능성이 가장 큰 고객을 높은 정확도로 식별할 수 있다. 하지만 모델을 배포한 후에는 이 모델을 유지 관리하고자 노력하는 판매 대표로부터 불만이 들어올 수 있다.

- "나는 이미 이들 고객이 이탈할 것임을 알고 있어. 당신은 나에게 아무런 새로운 정보도 제공하지 않아."
- "저 고객은 이미 2개월 전에 구매 중단했어. 이미 이탈한 상태야."
- "실제로 이런 사람들은 이탈해야 해. 그들은 저가 고객이야."

- "이미 그 고객과 대화했고, 우리는 아무것도 할 수 없어."
- "당신 모델의 예측은 의미가 없어. 내가 그 모델을 믿을 이유가 없어."
- "왜 그 고객이 이탈할 것이라고 생각해? 나한테는 그들이 나쁘게 보이지 않아."
- "그 고객을 유지하려고 노력하면서 돈을 잃을 거야."
- "예측이 이전만큼 좋지 않아 보이는데, 무슨 일이 있었던 건가요?"

이러한 유형의 의견은 실세계 머신러닝에서 흔히 발생하는 것이며, 보통 통계적 성능 측도에 따라 정확하거나 효과적이라고 여겨지는 모델에 대한 프로젝트의 전반적인 성공을 방해하는 공통적인 장벽을 대표한다. 이러한 장벽의 문제점은 모델이 사용될 비즈니스에 대한 깊은 이해 없이는 쉽게 해결하기 어렵다. 반면 이러한 유형의 문제는 주로 비슷한 패턴을 따르며, 이는 전 경험을 통한 훈련으로 예견할 수 있다.

다음 표는 문제를 4가지 그룹으로 분류하며 일반적인 증상과 가능한 해결책을 보여준다.

함정	증상	잠재적 해법
뻔한 예측	• 더 간단한 모델(또는 잘 알려진 규칙)이 거의 비슷한 성능을 보인다. • 모델의 성능 통계가 '정말 믿을 만한지' 의심스럽다. • 모델이 훈련 및 테스트 집합에서 잘 수행되지만 배포 후에 영향을 미치지 않는다. • 결과가 필연적으로 나타난다. 예측이 가능한 방식으로 개입할 수 있는 방법이 없다.	• 학습 알고리듬에 더 도전적인 문제로 문제를 재정의한다. • 기계적인 기억, 순환 논리 또는 타깃 누출(본질적으로 타깃의 대리자 역할을 하는 예측 변수)에 유의한다. • 타깃 변수를 다시 코딩하거나 타깃과 지나치게 상관관계가 있는 특정 예측 변수에 대한 접근을 제한해 모델이 새로운 연결을 찾을 수 있게 한다. • 예측된 확률의 중간 범위를 검토하거나 가장 뻔하거나 필연적인 예측을 걸러낸다.

(이어짐)

함정	증상	잠재적 해법
불공정한 평가 수행	• 모델이 실세계에서 테스트 동안보다 훨씬 나쁘게 수행된다. • '최적' 모델을 결정하는 데 많은 반복 또는 조정이 필요하다. • 올바른 또는 부정확한 예측이 예상 가능하다. 모델은 데이터의 특정 세그먼트에서 예상보다 더 나거나 더 나쁠 수 있다.	• 적절한 평가 데이터 세트를 사용한다. • 교차 검증을 올바르게 사용하고 그 한계를 이해한다. • 일반적인 내부 상관 데이터 형식에 주의하고 이러한 경우 공정한 테스트 집합을 구축하는 방법을 이해한다.
실세계의 영향을 고려하지 않음	• 결과는 흥미로우나 큰 영향을 미치지 않는다. • 모델을 구현할 명확한 비즈니스 케이스가 없다. • 중요한 하위 데이터 세트가 모델에 의해 간과된다. • 간단한 양적 성능 측정에 과하게 의존한다. • 예측된 확률을 무시하고 모든 예측을 동등하게 처리한다.	• 다양한 현실적 시나리오에서 프로젝트의 영향을 예측해 시뮬레이션 및 실험을 수행한다. • 결과에 실세계 제약 조건을 반영하는 필터를 적용한다. • ROC 곡선 및 다른을 비용 감안한 성능 측도를 생성한다. • '손쉬운 결과'가 아닌 고영향력 결과에 초점을 맞춘다.
신뢰 부재	• 이해관계자들이 데이터를 무시하고 직관에 의존하여 대신하는 경우다. • '옛날' 방식으로 일하는 것을 선호하는 경우다. • 예측을 체계적으로 작업하는 데 별로 관심이 없는 경우다. • 이해관계자들이 동의/불일치하는 결과를 선택적으로 고르는 경우다. • 예측을 정당화하도록 반복해서 요청하는 경우다.	• 프로젝트를 촉진해줄 '챔피언'을 찾는다. • 이해관계자들을 모델링 과정에 참여시킨다(특히 데이터 준비 부분). 그리고 그들의 피드백을 반영해 반복적으로 개선한다. • '엘리베이터 피치'와 '로드 쇼' 슬라이드 덱을 만들어 FAQ에 대응한다. • 모델이 영향을 미친 경우를 문서화하고 이러한 사례들을 반복해서 이야기한다. • 예측 결과를 '신호등' 방식과 같이 실행 가능한 형태로 출력한다. • 모델 해석 가능성 도구를 사용한다.

이 3가지 함정 범주 각각의 극복을 위한 경험의 가치를 설명하는 데 많은 페이지를 할애할 수 있지만 불행하게도 이것은 직접 경험을 통해 배우는 것을 대체할 수 없다. 그럼에도 몇 가지 일반적인 지침이 있을 수 있으며, 이는 통상적으로 발생하는 어려움을 피하는 데 도움이 될 수 있다.

뻔한 예측 피하기

뻔한 것을 예측할 때 처음에 이것이 어떻게 또는 왜 발생하는지 전혀 명백하지 않을 수 있다. 이 질문에 대한 간단한 답은 사람들이 문제를 단순화해 본의 아니게 모델을 '속이는' 방식으로 구성하는 일이 생각보다 더 빈번하거나 경우에 따라 문제를 깊게 이해하고자 필요한 작업 없이 문제를 '단절시켜' 버릴 수 있다는 것이다.

특히 미래에 발생할 이벤트를 예측하는 프로젝트와 같이 시간을 따라 특성과 결과를 추적하는 프로젝트의 경우 이러한 문제가 특히 두드러진다. 이러한 유형의 프로젝트는 보통 시계열 데이터time series data로 시작하며, 일정시간 예제에 대한 동일한 속성을 반복적으로 측정한다.

우리는 시계열 데이터를 데이터 준비 관점에서 살펴볼 것이며, 지금은 시간 차원을 갖는 데이터가 과거를 예측하고자 미래의 값들을 사용하지 않도록 조심스럽게 처리해야 한다는 점을 간략히 언급하겠다. 이 문제는 누설leakage이라는 더 넓은 범주에 속하며, 특히 타깃 누설target leakage은 학습 알고리듬이 실제 배치 환경에서 사용할 수 없는 타깃에 관한 정보를 알고 있는 상황을 묘사한다. 현재 신용 점수를 사용해 과거 채무 불이행을 예측하는 등의 시간상 순서를 명백히 위배한 문제의 경우 타깃 누설은 상당히 명백하다. 그러나 분석가들이 간단히 모든 가능한 예측 변수를 모델에 넣고 그 의미를 고려하지 않는 경우에도 놀랍게도 이러한 문제가 자주 발생한다. 때로는 타깃 누설이 매우 미묘하고 탐지하기 어렵기도 하며, 결과가 "진짜라기에는 너무 좋다."는 이유를 통해 깊은 분석을 함으로써 드러날 수 있다.

가장 미묘한 누설 중 하나는 타깃 변수가 동의어이거나 정의로부터 그 예측이 가능하게 만드는 경우다. 이 경우 타깃과 예측 변수 사이의 관계가 반드시 완전히 결정론적일 필요는 없지만 지나치게 상관관계가 있거나 어떤 불분명한 방식으로 서로 연결돼 있다. 예를 들어 이번 달의 고객 이탈 상태를 판단하는 데 지난달과 두 달 전의 3개월 매출 이동 평균을 사용하는 비즈니스 정의를 내렸다고 가정해보자. 그러면 지난달과 두 달 전 매출을 이번 달의 이탈을 예측하기 위한 예측 변수로 사용하면 이미 정답에 2/3 이상 가까이 다가간 셈이다. 이러한 유형의 실수는 복잡한 조사 데이터를 사용할 때 쉽게 발생할 수 있다. 예컨대 개별 조사 응답이 예측 변수로 사용되고 조사 응답 집합에서 계산된 점수가 예측할 타깃으로 사용되는 경우다. 타깃 누설을 피하기 위한 일반적인 규칙으로 타깃은 완전히 독립적인 프로세스에서 생성된 것을 사용하고, 예측을 수행하는 데 사용되는 데이터보다 나중에 수집돼야 한다는 것이다.

TIP

> 과거를 예측하는 데 미래를 사용하는 것에 주의하라. 실제 환경에서 배포될 모델의 경우, 이는 대부분 타깃 누설이 존재한다는 명확한 신호다.

누설은 타깃 변수가 비즈니스 관행에 의해 숨겨진 방식으로 예측 변수에 연결돼 발생할 수도 있다. 예를 들어 제조업체가 자사 브랜드의 자동차를 가장 가능성 있는 고객을 예측하는 모델을 구축해 고객 확보율을 높이려고 시도하는 시나리오를 상상해보자.

어떤 사람이 마케팅 이메일을 열었거나 클릭한 이력이 있는지 여부를 예측자로 사용하는 것이 합리적으로 보이지만 마케팅 이메일이 이전 고객에게만 보내진 경우 모델은 주로 충성 고객은 계속해서 충성 고객이 될 것이라는 상식적인 예측을 할 것이며, 판매 담당자들은 감명을 받지 못할 것이다. 타깃과 예측 변수 간의 강력한 연결 때문에 모델은 사실상 이전에 그 브랜드에서 구매하지 않은 사람들을 무시하게 되며, 이 그룹이 회사의 이익에 가장 큰 영향을 미칠 것이다. 이 예측 변수를 모델에서 제외하거나 모델을 처음 자동차 구매자를 기반으로만 작성하는 것은 알고리듬을 가장 영향력 있는 예측 또는 불가피하지 않은 예측에 집중하게 할 것이다.

뻔한 예측으로 이어지는 또 다른 요인은 자기 상관autocorrelation과 관련이 있으며, 이는 시간에 따라 서로 가까운 측정값들이 비슷한 값을 갖는 등 가까운 경향을 보이는 관성과 유사한 현상을 설명한다. 이 관찰을 바탕으로 오늘 어떤 것을 가장 잘 예측하는지를 결론지을 수 있는데, 그것은 종종 어제와 동일한 값을 의미한다. 이는 거의 모든 경우에 적용되며 오늘의 에너지 소비, 지출, 열량 섭취, 행복 그리고 상상할 수 있는 거의 모든 것은 하루 전 상태와 밀접하게 연결돼 있다. 다르게 표현하면 자기 상관은 사람들이나 가구, 기업, 주식 가치 등과 같은 분석 단위 내에서 장기간 동안의 변동이 해당 단위 내에서 단기간 동안의 변동보다 더 큰 경향이 있다는 것을 의미한다.

머신러닝 알고리듬은 빠르게 자기 상관 관련 사례를 식별하며 어제의 값들을 사용해 오늘을 예측하는 모델을 만들어낸다. 이 모델은 테스트 집합에서 높은 정확도를 갖게 되며, 이로 인해 경험이 부족한 분석가들이 기본적인 문제를 무시하게 되는 경우가 많다. 구체적으로 이 작업은 단순히 목록 정렬을 과도하게 복잡한 방식으로 한 것일 뿐이다. 비즈니스에서 내일 가장 많이 소비할 것으로 예측되는 고객들을 예측하려면 단순한 스프레드시트 애플리케이션에서 오늘 기준으로 가장 많이 지출한 고객들을 데이터베이스에서 조회하고 목록을 정렬하면 된다. 사실 이러한 정렬 접근 방식은 오랫동안 RFM(최근성Recency, 빈도Frequency, 금액Monetary value) 분석이라는 이름으로 잘 작동해왔으며, 이는 머신러닝 기반 접근 방식과 대조적으로 6장에서 소개된 것이다. RFM 접근 방식은 기본적으로 최근에 더 많이 구매하고 자주 구매하며 더 많은 돈을 지출하는 고객이 이러한 경향을 계속할 가능성이 더 높다는 것을 의미한다. 하지만 이 방법은 미래에 어떤 신규 고객이 미래에 최상위 소비자가 될 가능성이 가장 높은지를 예측하는 데는 큰 도움이 되지 않는다.

학습 알고리듬이 더 구체적인 질문에 대해 처리하게 강제하려면 '행동action' 주변에서 목표 변수를 재정의해야 한다. 목표는 매우 구체적이어야 하며 모델이 영향을 미칠 정확한 상황을 나타내야 한다. 이전 예제에서는 총지출을 모델링하는 대신 시간에 따른 지출 증감을 모델링하는 것이 더 구체적일 것이다.

이를 델타delta라 하며, 판매 델타를 예측해 판매 대표자가 예측된 증가 또는 감소가 발생하기 전에 개입할 수 있게 할 수 있다. 또는 개입의 영향을 직접 모델링하는 것도 가능하다. 예를 들어 고객 이탈 가능성이 가장 높은 고객을 예측하는 대신 이탈 방지 개입에 긍정적인 반응을 보일 가능성이 가장 높은 고객을 모델링하는 것이 더 좋다. 물론 이는 과거의 반이탈 개입의 속성을 기록한 이전 데이터가 필요하다. 많은 비즈니스에서 이러한 유형의 데이터가 부족한 경우가 많다.

공정한 평가 수행

머신러닝 프로젝트가 논문상으로는 잘 수행됐지만 실세계에서는 성능이 나빠질 수 있는 것은 드문 일이 아니다. 이는 때로는 불공평한 평가를 수행하는 문제와 관련이 있으며, 이것이 우연한 간과인지 의도적인 속임수인지에 관계없이 이러한 실수는 존재해서는 안 된다. 10장의 사례 연구 결과를 고려하면 훈련 성능이 미래의 성능에 편향되지 않는 추정치라고 가정해서는 안 된다. 따라서 항상 미래의 낯선 데이터를 시뮬레이션하고 그 공정한 추정치를 제공하고자 홀드아웃holdout 테스트 집합을 구축해왔다. 10장에서는 여러 후보 모델을 비교하고 선택하고자 검증 데이터 세트를 사용해야 한다는 것을 배웠다. 이렇게 하면 테스트 집합을 '금고에 보관'하고 미래 성능의 비편향 추정치로 유지할 수 있다. 기본적인 문제는 테스트 집합에서 가장 잘 수행되는 모델을 선택하면 실제로는 테스트 집합에 과적합돼 성능이 과대평가된다는 점이다. '금고' 규칙을 위반하면 예상치 못한 나쁜 성능의 모델이 실세계에서 나타날 것이다.

더 놀라운 것은 훈련이나 테스트에 과적합될 수 있는 것처럼 검증 집합에도 과적합될 수 있다는 것이다. 이는 특히 다수의 모델을 반복적으로 구축하거나 모델을 '튜닝'해 최적의 파라미터 값을 식별하는 경우에 해당한다. 이 문제는 동일한 데이터를 반복적으로 사용하면서 일부 정보가 학습 알고리듬에 '유출'돼 결국 검증 집합에 과적합될 수 있다는 점이다.

모델 구축, 모델 선택, 모델 평가 절차를 다음 그림에 표시된 단계의 순서로 시각화하면 도움이 될 수 있다. 훈련 단계에서 알고리듬은 데이터에 최적으로 적합화된 모델을 식별하며, 이 과정에서 모델 추상화의 기반이 되는 **파라미터**라는 내부 값들을 최적화한다. 회귀 모델, 신경망, 서포트 벡터 머신과 같은 경우 파라미터는 계수, 가중치 또는 서포트 벡터와 같이 최종 사용자에게 쉽게 보이게 된다. k-NN, 의사결정 트리, 규칙 학습기와 같은 다른 경우에는 파라미터가 더 추상적이다. 파라미터를 알고리듬이 데이터에 적합화하게 만들기 위한 내부의 선택지로 생각하라.

어떤 경우에도 모델이 훈련 데이터에 적합화하고자 단일 '최적' 파라미터 집합을 선택했다면 어떤 성능 추정치라도 낙관적일 가능성이 크며, 테스트 집합으로 일반화될 때 적어도 약간 더 나쁜 성능을 보일 것이다.

그림 11.2: 훈련 및 검증에서 '최적' 모델이 선택되기 때문에 성능 추정치는 일반적으로 낙관적인 경향이 있다.

검증 데이터 세트는 여러 유형의 모델 중에서 선택하거나, 한 유형의 모델의 여러 반복을 테스트하거나, 2가지를 동시에 수행하는 데 사용된다. 이는 학습자의 최적 **하이퍼파라미터**hyperparameters를 식별하는 과정으로 이해할 수 있다. 하이퍼 파라미터는 학습자 외부에서 설정되는 파라미터로, 알고리듬 자체에 의해 추정되지 않는다. 이전 장들을 읽었다면 k-NN 알고리듬의 *k*값, SVM 알고리듬의 비용 파라미터 C와 커널 그리고 신경망의 학습률과 은닉 노드 수와 같은 여러 하이퍼파라미터에 이미 익숙할 것이다. 넓게 정의하면 하이퍼파라미터의 개념은 특정 알고리듬에 직접적으로 영향을 주는 선택뿐만 아니라 알고리듬 자체의 전체적인 선택과 어떻게 다른 알고리듬과 결합될 수 있는지를 나타낼 수 있다. 14장에서 배울 것처럼 '하이퍼파라미터'를 학습 과정 외부에서 내린 어떤 결정이라고 생각하면 도움이 될 수 있다.

이제 검증 데이터 세트가 있다고 가정하고 여러 가지 방법을 체계적으로 이 데이터에서 평가한다. 다양한 알고리듬을 테스트할 수 있으며 신경망 대 의사결정 트리 및 SVM과 같은 알고리듬 간의 비교를 진행하고 다양한 하이퍼파라미터 값을 사용해 이러한 모델의 여러 반복을 테스트할 수 있다. 이러한 수십 개 또는 수백 개의 옵션 중에서 검증 집합 성능을 기반으로 '최적' 성능 모델을 선택한 후 검증 집합에 대한 과적합 가능성 때문에 이 모델의 성능이 테스트 데이터 세트에 적용될 때 뒷걸음질할 가능성이 있다. 이러한 경우 실제로 진정한 최상의 모델을 선택했는지와 성능이 얼마나 견고한지에 대한 의문이 남게된다.

10장에서 소개된 10-폴드 교차 검증 방법은 처음에는 2가지 문제를 해결할 수 있을 것처럼 보인다. 실제로 10개의 폴드 간 성능의 평균과 표준 편차를 계산하는 방식은 기본적인 학습 데이터가 변경됨에 따라 모델 성능의 견고성을 측정해준다. 이것은 모델이 미래의 낯선 데이터에 얼마나 잘 일반화될 수 있는지의 개념을 제공한다. 따라서 일반적으로 동일한 데이터 세트에 10-폴드 교차 검증을 반복적으로 실행해 다양한 하이퍼파라미터를 비교하고 승자를 선택하는 것이 흔한 관행이다.

그러나 그림 11.3에서 보는 것처럼 표준 형태의 10-폴드 교차 검증(왼쪽)은 검증 데이터 세트를 제공하지 않으며, 따라서 모델의 최적 파라미터를 찾는 내부 탐색에서 발생하는 일반화 오차만을 추정할 수 있다. 예를 들어 신경망이 의사결정 트리보다 나은지 판단하는 데 10-폴드 교차 검증 성능 통계를 비교하거나

SVM 접근 방식에 대한 25가지 잠재적인 C 값 중 어떤 것이 가장 좋은지 결정하고자 10-폴드 교차 검증을 사용하는 경우는 다시 승자를 선택하는 것을 알 수 있으며, 이로 인해 성능 추정치가 과장된다. 궁극적으로 교차 검증이 많은 하이퍼파라미터 조정과 함께 사용되면 모델의 실제 미래 성능에 대해 과도한 낙관주의가 될 수 있다.

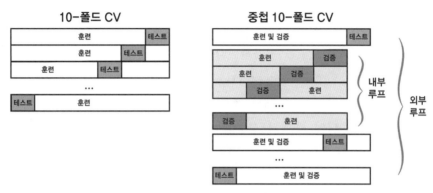

그림 11.3: 중첩 10–폴드 교차 검증은 검증 집합에서 최적 하이퍼파라미터를 학습하기 위한 '내부 루프'로 10–폴드 교차 검증을 추가한다.

교차 검증을 단순히 모델이 훈련 데이터에 얼마나 잘 적합하는지(최적 파라미터 학습)를 추정하는 것으로 생각하는 것보다는 최종 모델을 선택하는 과정에서 만들어진 전체 의사결정 파이프라인(최적 하이퍼파라미터 학습)도 함께 추정하는 것으로 생각하는 것이 더 좋다. 가령 후보 접근 방법을 사용해 최상의 성능을 내는 것을 선택하는 R 함수를 작성할 수 있다고 가정해보자.

좀 더 공식적인 용어가 없으므로 이를 '평가자assessor' 함수라고 칭해보자. 이 경우 표준 10-폴드 CV 접근 방식을 수정해 각각의 10개 폴드를 훈련 및 검증 집합으로 나눠 사용하면서 모든 모델은 평가자에 의해 검증 데이터 세트에서의 성능을 평가받고, 10개 폴드 각각에서 최상의 평균 성능을 보이는 모델이 평가자에 의해 선택된다. 이 시점에서 성능이 얼마나 새로운 낯선 데이터 세트에 대해 일반화될지 파악하는 데에는 여전히 어려움이 남아있다.

그림 11.3에 나타난 것처럼 **중첩 교차 검증**(일반적으로 중첩 10-폴드 CV)의 목적은 교차 검증을 내부 루프로 사용해 내부 폴드마다 파라미터를 학습하고, 외부 루프 각 폴드에서 평가자 함수에 의해 최적 하이퍼파라미터가 결정되게 하는 것이다(일반적으로 외부 루프도 10-폴드 CV다). 내부 루프의 각 폴드에서는 검증 데이터 세트에서 평가자 함수에 의해 여러 모델 중 어떤 것이 가장 좋은 성능을 보이는지 평가될 수 있다. 의사결정 트리, k-NN, SVM과 같은 3가지 모델 유형을 평가하거나 하나의 신경망에 대해 25개의 다른 학습률을 평가하고 있는 상황일 수도 있다. 결국 3개 또는 25개의 모델을 평가하더라도 가장 좋은 모델 하나만 평가자 함수에 의해 지정돼 외부 루프에서 평가를 위해 보내진다. 여기서 10개의 최상의 내부 루프 모델의 성능 값은 해당 폴드의 테스트 집합에서 평균화된다. 이는 중첩 교차 검증이 단일 모델의 성능을 측정하는 것이 아닌 모델을 선택하고 최적 파라미터와 하이퍼파라미터를 학습하는 전체 과정을 측정한다는 것을 의미한다.

10장에서 언급한 바와 같이 중첩 교차 검증의 복잡성(구현 및 해석 면에서)으로 인해 대부분의 실제 머신러닝 애플리케이션에는 표준 10-폴드 CV면 충분하다. 한편으로는 검증 과정에서 발생하는 정보 누출의 양이 상대적으로 적기 때문에 데이터 세트가 클수록 분석에 미치는 영향이 작아진다. 다른 한편으로는 두 모델 간의 성능 차이가 작을 경우 과적합의 정도가 잘못된 선택을 야기할 수 있다. 이는 특히 튜닝, 반복, 하이퍼파라미터화가 증가할수록 더욱 그렇다.

전체적으로 중첩 교차 검증이 공정한 평가를 위해 필요한지 혹은 지나친 것인지는 결과가 어떻게 사용될 것인지에 크게 달려있다. 산업 벤치마크나 학술 논문에서는 더 복잡한 중첩 기술이 정당화될 수 있다. 그러나 저위험의 작업에 대해서는 더 간단한 표준 10-폴드 교차 검증을 선택하고, 절약된 시간을 모델의 배포 방법을 고려하는 데 사용하는 것이 현명할 수 있다. 다음 절에서 명확해질 것처럼 이론적으로 잘 수행되는 모델이 현실에서 실패하는 것은 드문 일이 아니다. 따라서 실패할 수밖에 없는 빠른 접근 방법을 선택하게 되면 결국 그

실패를 수정하는 데 더 많은 시간을 낭비할 것이다.

실세계 영향 고려

모든 객관적인 측도에서 의도한 작업을 잘 수행할 것처럼 보이는 머신러닝 프로젝트를 만들 때 아드레날린이 솟구치는 것은 종종 또 다른 일반적인 함정으로 이어진다. 바로 실제 영향을 고려하지 않는 것이다. 실제 머신러닝 프로젝트는 일반적으로 재미로 수행되는 연습이 아니다. 대개 비용이 많이 들고 시간이 많이 걸리는 작업이다. 머신러닝 프로젝트를 위임하는 이해관계자는 일반적으로 모델을 생성하는 데 필요한 시간과 비용뿐만 아니라 결과에 따라 조치를 취하는 데 필요한 자원에 대한 **투자 수익**^{ROI, Return On Investment}을 기대한다. 전혀 작동하지 않는 모델은 일회성 매몰 비용이지만, 나쁜 추천을 제공하거나 회사의 미래 시간과 자원을 낭비하거나 오용하는 모델은 또 다른 자금을 낭비하는 것이다. 의도한 대로 작동하지 않는 좋은 아이디어에 대한 승인이 많아져 실패 프로젝트를 더 많은 투자로 구원할 수 있다고 믿는 것은 자금 낭비 에러의 근본이다. 이런 식으로 사용되는 머신러닝 프로젝트는 전혀 없는 것보다 더 나쁘다.

구현 팀의 자원을 낭비하는 것 외에도 프로젝트가 예기치 않은 피해를 유발할 수 있다. 이는 머신러닝 알고리듬이 훈련에 비춰 합리적으로 수행하는 경우에도 마찬가지다. 이 가능성에 대한 웃긴 개인적인 예를 하나 들어보겠다. 그림 11.4를 보면 단 몇 달 동안 동일한 신용카드 회사로부터 받은 수십 통의 우편물을 볼 수 있다. 더 나쁜 일은 이것이 전부가 아니라는 것이다. 사실 무슨 일이 벌어졌는지 깨닫기 전에는 이렇게 모였는지도 몰랐다. 때로는 매일 편지를 받았던 기간도 있다.

은행이 보통 합당한 이유 없이 우편에 돈을 낭비하지 않는다는 것을 알고 있기 때문에 나의 추측은 고객 유치 머신러닝 모델이 내가 가치 있는 고객으로 판단했을 것이라는 것이다. 그 비용이 많이 들더라도 말이다.

그림 11.4: 알고리듬에게 합리적인 솔루션으로 보이는 것이 실세계에는 부정적인 영향을 미칠 수 있다. 예를 들어 '스팸'처럼 최종 사용자에게 계속해서 광고를 보내는 것과 같은 영향을 미칠 수 있다.

알고리듬이 나를 계속해서 우편으로 연락을 취하길 원한 것을 생각하면 왠지 으스댈 수도 있겠지만 그 결과로 신용카드 회사에 대한 인상이 손상됐을 수도 있다. 이게 에러에 의한 것인지 확실하지 않지만 그 순간 나는 2012년 버락 오바마 대통령 선거 캠페인의 최고 데이터 과학자인 레이드 가니^{Rayid Ghani}의 프레젠테이션에서 들었던 내용을 떠올리지 않을 수 없었다. 구체적으로 그 캠페인은 이메일 광고에 대한 수천 개의 실험을 진행해 더 많은 이메일을 보낼수록 더 많은 수익을 올릴 수 있음을 발견했다. 이는 실제로 거의 끝없이 이뤄졌다.

항상 구독을 취소하는 사람의 수가 이메일 수신함 상단에 계속해서 나타나는 추가 기부금보다 적었다. 이런 결과가 바로 신용카드 회사로부터 내게 온 종이 우편의 폭풍처럼 보일 수도 있다. 확실히 이는 소비자 이메일 수신함에서 지금

보이는 거대한 이메일 마케팅 증가를 설명해줄 것이다. 오직 시간만이 이러한 접근의 장기적인 결과가 어떠할지를 알려줄 것이다.

NOTE

오바마 캠페인이 이메일 행동 데이터 분석을 통해 발견한 더 흥미로운 결과는 https://www.wired.com/2013/06/dont-dismissemail-a-case-study-from-the-obama-campaign/에서 확인할 수 있다.

운에 맡기는 대신 머신러닝 프로젝트를 최종 배치 시나리오에 근접한 형태로 설계하는 것이 실세계 영향을 고려하는 가장 좋은 방법이다. 시뮬레이션, 실험, 소규모 개념 증명POC 시험 실행은 특히 이를 위한 유용한 도구다. 프로젝트를 배치할지 고려하기 전에 머신러닝 전문가는 일반적인 이해관계자의 질문에 대답할 수 있어야 한다. 예를 들어 다음과 같다.

- 이 모델을 사용해 얼마나 많은 돈, 생명, 제품 등을 절약할 수 있는가?
- 성공적인 예측 대비 얼마나 많은 '실패'가 발생하는가?
- ROI는 고위험 고보상 사건에 의존하는가? 아니면 작지만 안정된 승리를 누적하는가?
- 모델 성능이 특정 유형의 예제에서 현저하게 우수한지, 아니면 전체 집합 전반에서 일관된 성능을 발휘하는지?
- 모델이 보호된 연령, 인종 또는 민족 그룹, 지리적 지역 또는 고객 세그먼트와 같은 관심 범주를 체계적으로 선호하거나 무시하는가?
- 잠재적인 부작용은 무엇인가? 알고리듬이 피해를 입힐 수 있거나 나쁜 행위자에 의해 악용될 수 있는가?

시뮬레이션된 배치와 예상 ROI 계산이 포함된 잘 설계된 프로젝트는 이러한 질문에 답하기 위한 데이터를 제공하는 데 도움을 줄 것이다. 이러한 프로젝트에서는 단순히 정확도를 계산하는 것이 아니라 이 정확도가 모델이 배치된 후 실세계 영향으로 어떻게 변환되는지를 나타내는 숫자를 계산하는 것이 중요하다.

공정한 비교를 위해서는 충분한 비즈니스 지식이 필요해 적절한 **통제 그룹**을 구성하거나 식별하는 것이 중요하다. 이 통제 그룹은 기존 상태나 상황으로서 기준이 되거나 기준 프레임 역할을 한다.

예를 들어 암 진단 모델의 경우 이 모델의 예측을 사용해 구해진 생명의 수를 추정하고 이를 전통적인 의사의 진단을 사용해 구해진 생명수와 비교할 수 있다. 머신러닝 모델의 개입이 명확한 기준이 없는 경우 그 기준은 전혀 모델을 사용하지 않는 시나리오, 결과가 본질적으로 무작위로 결정되는 시나리오 또는 주요 클래스를 항상 선택하거나 평균값을 예측하는 '더미dummy' 모델을 사용하는 시나리오가 될 수 있다. 또한 5장에서 다룬 OneR 규칙 학습 알고리듬과 같은 간단한 모델을 사용해 간단한 경험적 규칙을 모방할 수도 있다.

물론 실세계는 극히 복잡하며 끊임없이 변화하므로 모델의 영향을 추정하는 것뿐만 아니라 다양한 제약 조건하에서의 영향을 얼마나 견고하게 유지할 수 있는지도 조사하는 것이 중요하다. 이러한 제약 조건 중 일부는 윤리적인 측면일 수 있으며, 특정 하위 그룹 내에서 일관된 성능을 발휘하는 것을 보장해야 할 수 있다. 비즈니스 환경에서 이러한 중요한 하위 그룹은 연령, 인종, 민족, 성별, 경제적 지위와 같은 범주일 수 있으며, 의료 분야에서는 이러한 그룹에 대해 체질량 지수나 주관적 흡연 여부와 같은 건강 특성을 추가로 고려할 수 있다. 분석가는 성능을 평가하고자 가장 중요한 실세계 맥락을 결정하는 것이며, 이러한 맥락이 결정된 후 분석가는 각 하위 그룹에서 예측을 하고 모델의 성능을 그룹 간에 비교해 일관되게 고성능 또는 저성능 그룹에서 반영되는 편향을 확인할 수 있다.

하위 그룹 간의 변동성 외에도 모델의 영향은 시간이 지남에 따라 훈련이나 평가에 사용되는 데이터의 변화로 인해 실세계에서도 변할 수 있다. 실제로 10-폴드 CV 및 더 정교한 중첩 교차 검증 변형은 실세계에서 머신러닝 모델이 어떻게 구축되고 평가되는지를 간소화하는 측면이 많다. 이는 훈련 데이터의 단순한 변동 이상의 많은 잠재적인 외부 요인을 반영하지 않는다. 이러한 외부 요인은 모델의 미래 성능에 영향을 미칠 수 있다.

이러한 다른 요인을 이해하는 데 도움이 되도록 그림 11.5는 대부분의 실세계 환경에서 모델이 어떻게 구축되고 평가되는지를 단순화한 개요를 제공한다. 모델이 예측을 수행할 엔터티로 구성된 데이터 스트림을 상상해보라. 이것은 잠재적인 암 환자, 고객, 대출 신청자 등을 대기열로 생각할 수 있다. 그들의 미래 결과를 예측하고자 일반적으로 현재의 데이터 스트림을 취해 역사적인 시간의 단일 지점 또는 기간 동안 관찰한 후 이 데이터를 훈련, 검증 및 테스트 용으로 분리한다. 이때 10-폴드 CV나 유사한 방법을 사용할 수 있다. 이 스냅샷 에서 구축되고 평가된 모델의 성능 추정치는 미래 성능의 합리적인 추정치로 가정되지만 결국 미래가 실제로 발생할 때까지는 확실하지 않다.

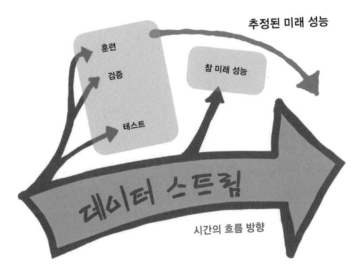

그림 11.5: 모델을 훈련하고 평가하는 데 사용되는 데이터는 대개 배치 시점보다 훨씬 이른 시간의 스냅샷에서 가져온 것이다.

물론 이상적인 시나리오에서는 단순히 오늘의 데이터(또는 과거 데이터)를 기반으로 모델을 구축하고 '미래'가 발생해 평가가 수행되기를 기다릴 것이다. 그러나 실제로 이는 매우 드문 일이다. 여러분의 비즈니스가 충분한 역사적 데이터를 수집하기 위한 선견지명을 갖거나 데이터를 수집하는 동안 기다리는 인내심을 갖고 있다면 운이 좋다고 할 수 있다. 많은 경우에는 비즈니스가 너무 빠르게 움직이고 자원이 부족해 이러한 상황이 실제로 일어나기는 어렵다.

모델이 실제로 이전에 본 적이 없는 미래 데이터로 평가될 수 있는 경우에도, 시간의 무정함과 데이터 스트림의 끊임없는 흐름 때문에 배포 후에 예측하기 어려운 문제가 종종 발생한다. 구체적으로 실세계는 지속적으로 변화하기 때문에 배포된 머신러닝 프로젝트는 구현 이후 시간이 지남에 따라 성능이 저하되는 일반적인 현상인 모델 감소에 영향을 받는 경향이 있다.

때로는 입력 데이터의 시간에 따른 체계적인 변화, 즉 데이터 드리프트^{data drift}때문이다. 이것은 계절에 따라 달라지는 구매 행동이나 질병 확산과 같은 주기적인 패턴 그리고 데이터 자체의 의미나 규모의 변화로 발생할 수 있다. 데이터 드리프트는 무엇인가를 측정하는 척도를 변경함으로써 발생할 수도 있다. 예를 들어 1에서 5로 측정하는 척도에서 1에서 10으로 변경하는 경우와 같다. 또한 통화 인플레이션과 같이 전반적으로 값이 팽창하는 경우에도 발생할 수 있다. 또한 설문조사 질문의 말투가 변경되는 등 속성 값 자체의 변화가 없더라도 미묘하게 발생할 수 있다.

어쩌면 설문조사에서 3 값을 '찬성도 반대도 않음'을 나타내는 데 사용했지만 나중에 다른 언어로 '의견 없음'으로 번역됐을 수 있다. 시간이 지나면서 의미가 바뀌는 이러한 드리프트는 성능 저하에 기여할 수 있지만 코드와 정의를 엄격하게 유지함으로써 어느 정도 완화될 수 있다. 하지만 이를 유지하는 것은 말보다는 훨씬 어려운 일이다.

모델 감소의 또 다른 원인은 모델 드리프트다. 이는 목표와 예측자 간의 관계가 시간에 따라 변경되는 경우를 의미하며, 기본 데이터의 의미가 일정한 경우에도 발생할 수 있다. 이는 일반적으로 모델 외부의 변화를 나타내거나 예측하기 어려운 외부 힘으로 인한 것이다. 예를 들어 경제나 고객 행동 및 선호도에 대한 광범위한 변화, 질병의 행동 방식에 대한 진화적인 변화 또는 훈련 중에 학습 알고리듬이 발견한 패턴을 근본적으로 방해하는 기타 요인이 있을 수 있다. 다행히도 모델 드리프트는 더 자주 훈련을 통해 해결할 수 있다. 모델은 단순히 새로운 패턴을 배우면 된다. 하지만 이로 인해 혼란과 더 많은 복잡성이 발생하며, 얼마나 자주 또는 얼마나 드물게 모델을 다시 훈련해야 하는지는 분명하지 않다.

자주 또는 거의 실시간으로 훈련하는 것이 항상 최선으로 생각할 수 있지만, 이는 배포의 복잡도를 크게 증가시키며 시간이 지남에 따라 모델의 예측에 대한 변동성이 증가하고, 결과적으로 모델의 출력에 대한 신뢰 부족에 기여할 수 있다. 아마도 가장 좋은 접근 방식은 특정 사용 사례에 가장 적합한 모델 갱신 일정을 실험하고 확인하는 것일 것이다. 연간, 계절적으로 또는 데이터 드리프트가 의심될 때마다 모델을 갱신한다. 그런 다음 결과를 밀접하게 모니터하고 필요한 대로 수정한다. 일반적으로 세상에 공짜 점심은 없다 There is no free lunch.

모델에 신뢰 구축

실패한 데이터 과학 프로젝트의 마지막 함정은 모델 구현의 기술적 세부 사항이나 모델 자체의 성능과는 거의 관련이 없다. 이러한 함정은 주요 이해관계자의 프로젝트에 대한 근본적인 신뢰 부족에서 비롯된다. 이 함정은 워크플로의 매우 늦은 단계에서 발생하므로 특히 타격감이 크다. 프로젝트에 끊임없는 시간과 노력을 투자한 후 그것을 요청한 핵심 이해관계자나 구현에서 가장 많은 혜택을 받을 수 있는 최종 사용자로부터 관심을 받지 못하는 것을 보는 것은 실망스럽다. 이런 상황이 얼마나 좌절스럽게 들릴 수 있는지 문제의 규모에 관한 통계만 들어도 더욱 심각한데, 빠른 웹 검색만으로도 제품으로 이어지는 머신러닝 프로젝트의 비율을 다양하게 추정한 결과를 찾을 수 있다. 어떤 회사는 실패한 머신러닝 프로젝트의 수를 60% 이상으로 추정하며, 다른 추정치는 놀랄 만큼 높은 85%까지 나온다.

프로젝트의 약 15%만 성공적으로 실행된다는 것이 어떻게 가능한 일일까? 더 낙관적인 추정으로 봐도 절반 미만이 구현된다. 이게 진짜 가능한 일일까? 불행하게도 이 수치가 너무나 낮게 느껴진다면 머신러닝 분야에서 오랫동안 일해본 적이 없거나, 실패한 프로젝트의 역학에 대한 해결책을 찾은 행운아 중 한 명일 것이다. 대신 대다수의 실무자는 자신의 노력이 조직 내에서 늘 실패로 끝나는 유사한 양상을 따르며, 따라서 더 큰 영향을 미칠 수 있는 다른 직장을 찾게 된다. 대부분의 조직이 동일한 문제를 겪기 때문에 불만의 사이클은 불가피하게 다시 시작된다.

이러한 실행 실패의 이유는 다양하며, 종종 머신러닝의 장점이나 프로젝트를 완수하고자 필요한 비용과 자원에 대한 비현실적인 기대 때문에 책임을 돌리려는 유혹이 있을 수 있다. 아마도 그들은 인공지능 주변의 혹세를 믿고 최소한의 투자만 하면 된다고 기대했을 것이다. 결국 자원이 부족한 정보 기술 팀은 최근에 나타난 문제가 아니다. 이렇게 말하면서도 머신러닝 실무자들이 이 프로젝트에 이해관계자들의 신뢰를 선제적으로 구축하고 뿌리를 굳게 하고자 할 수 있는 많은 일이 있다. 모델링 프로젝트에서 신뢰를 구축하는 핵심은 머신러닝이 예술과 과학 모두라는 점을 인식하는 것이다. 경험을 통해 인식되는 것은 소프트 스킬이 필수적이지 않더라도 작업 수행에 중요한 부분이며, 최종적인 성공을 위해서는 필수적이다.

마술사나 마술사 연구에서 많은 것을 배울 수 있는데, 특히 쇼맨십 측면에서다. 물론 작업 자체가 가짜일 필요는 전혀 없다. 사람들이 머신러닝과 인공지능을 마법과 같은 블랙박스로 바라볼 때를 생각해보자. 의도대로 작동한다면 그것은 분명히 마법 같은 느낌을 줄 것이다. 도구를 구축하는 데 많은 시간을 투자하고 있다면 심지어 실무자는 이것을 깨닫지 못할 수도 있다.

세계 역사상 가장 상업적으로 성공한 마술사인 데이비드 코퍼필드가 말한 것처럼 "마술사는 경이의 감각을 느낄 기회를 잃는다." 능숙한 실무자들은 머신러닝의 마술 같은 매력을 살려내고 초기 챔피언을 찾아내 작업을 홍보하고 조직 내에서 뿌리를 내릴 수 있게 도울 것이다. 이러한 이해관계자들은 비즈니스 운영에 대해 더 많이 알고 있을 것이며, 특히 데이터 수집 및 모델을 실제 행동으로 번역하는 단계에서 이해관계자들을 포함시킴으로써 최종 사용자의 관점을 제공하고 프로젝트가 단순히 흥미로운 것이 아니라 유용하게 사용되도록 보장할 수 있게 도와줄 것이다.

대부분의 성공적인 마술사는 자신의 쇼를 세계 각지의 관객에게 선보인다. 머신러닝에서는 이것이 프로젝트를 계속 성장하는 이해관계자들의 대규모 관객에게 판매하는 데만 도움이 되는 것뿐만 아니라 실제로 어떤 것이 실제로 작동하고 무엇이 작동하지 않을지에 대한 피드백을 수집하는 데에도 도움이 된다. 이 전시 기간 동안 엘리베이터 피치 또는 간결한 두 문장 또는 세 문장으로 프로젝트를 설명하는 것이 현명하다. 이 피치를 계속 연습해 잠재적인 최종 사용자와 일대일 상황에서 반복적으로 연습하는 것은 피치를 전달하는 능력을 향상시킬 뿐만 아니라 프로젝트의 챔피언을 더 찾아내고 성공 얘기를 수집하는 데에도 도움이 된다. 이러한 성공 사례는 나중에 프로젝트 주변의 극대화된 화제를 더하고자 미래의 대화에 살짝 섞을 수 있다. 물론 청중에 맞는 세부 설명을 사용하라. 유명한 손놀림 마술사 제리 안드러스^{Jerry Andrus}의 말을 변형하면 우리의 일은 청중을 놀라게 하고 '속이는' 것이지만 그들이 어리둥절해지게 하는 것은 아니다.

질문, 비판 그리고 심지어 솔직한 부정적인 반응도 도움이 될 수 있다. 이들은 프로젝트의 개선으로 이어질 수 있거나 FAQ 문서나 슬라이드 덱에 추가될 수 있으며, 이것들은 더 큰 관객에게 제시될 수 있다. 처음 몇 번의 대규모 관객 앞에서는 참석할 것으로 알려진 관객의 성공 얘기를 통합하거나, 심지어 관객 중에 미리 정의된 질문을 던지도록 '챔피언'을 관중에게 심어두는 것이 프로젝트에 대한 신뢰를 돕는 데 기여할 수 있다. 이는 마술사가 종종 관객 중 한 명을 '자원 봉사자'로 끌어내듯이 작동하는 것과 유사하다. 시간이 지나면서 유사한 질문과 비판을 인식하고 사전에 대응하거나 더 나아가 관중들이 스스로 답을 발견할 수 있도록 충분한 정보를 제공할 수 있을 것이다. 프로젝트의 결함

중 일부를 평면에 놓아두고 그것들을 관중에게 우연히 드러내는 기술은 알려진 반대자에게 특히 효과적일 수 있다. 이는 오랜 기간 동안 라스베이거스에서 공연한 듀엣 '펜^{Penn}과 텔러^{Teller}'의 텔러는 "마술사가 당신이 스스로 어떤 것을 눈치채게 할 때 그의 거짓말은 뚫을 수 없게 된다."라고 말한다.

가끔 눈부신 쇼맨십이 아닌 통계 도구와 방법을 사용해 모델의 예측을 더 직관적으로 활용하는 방법이 신뢰를 구축하는 길일 수 있다. 예를 들어 누군가가 폐암을 발병할지 예측하는 모델을 구축했다고 가정해보자. 폐암은 전체 인구에서 상대적으로 드문 경우다(대략 16명 중 1명의 미국인이 평생 폐암을 발병시킬 것이다). 이러한 경우 많은 모델은 폐암의 예측 확률이 낮게 나올 가능성이 있다. 실제로 폐암을 발병할 가능성이 높은 사람들에게도 많이 그럴 것이다. 하지만 평균적인 사람들보다 8배나 폐암 발병 가능성이 높다고 해도 그 사람의 평생 동안 폐암을 발병시킬지 여부는 여전히 동전 뒷면을 뒤집는 것과 같은 확률일 것이다. 따라서 이 사람에 대한 합리적인 예측은 여전히 '폐암 없음'일 수 있다. 이러한 고위험 대비 상태에서 초기 개입은 영향력이 있을 수 있지만 단순히 '폐암 없음'이라는 예측은 그 사람을 더 낮은 위험을 가진 다른 사람들과 구별하기에는 쓸모가 없을 것이다. 마찬가지로 49.999%라는 예측된 확률은 기준 폐암 확률이 6.25%라는 정보가 없다면 쓸모가 없을 것이다.

많은 머신러닝 프로젝트가 드문 사건에 초점을 맞추기 때문에 원시적인 예측 확률을 상대적 위험 범주로 변환해 신뢰와 행동을 유도할 수 있다. 앞서 설명한 폐암 모델을 예로 들면 이는 가장 높은 위험을 나타내는 빨간색, 중간 위험을 나타내는 노란색 그리고 낮은 위험을 나타내는 초록색 '정지등' 시스템을 만드는 것을 의미할 수 있다. 이러한 빨간색, 노란색, 초록색 레이블은 보고서나 대시보드에서 직접 제시돼 정보를 활용해야 하는 당사자가 직관적으로 이해할 수 있게 된다.

다른 사용 사례를 위한 모델의 경우 동작을 유도하는 데 더 적합한 다른 형식이 있을 수 있다. 예를 들어 어떤 비즈니스는 대출 신청자에 대해 초등학교 A, B,

C, D 또는 E 등급 시스템을 사용할 수 있으며, 다른 비즈니스는 예측된 이탈 확률을 백분위로 변환해 고객을 이탈 가능성에 따라 순위를 매길 수 있다. 어떤 경우에는 예측뿐만 아니라 신뢰도 점수까지 포함하는 더 복잡한 프레젠테이션도 필요할 수 있다. 로드 쇼의 이점 중 하나는 아마도 모델의 예측력으로 관객을 빙빙 돌린 동안 어떤 출력 형식이 그들을 사용하게 유도할지에 대한 감각을 얻은 것이다.

최종 사용자 채택이 많다면, 아니면 특히 최종 사용자 채택이 많다면 직관적이지 않거나 무의미해 보이는 예측이 발생할 수 있다. 때로는 최종 사용자가 특정 예측이 왜 이뤄졌는지 궁금할 때가 있다. 이러한 질문은 모델 자체의 내부를 탐구함으로써만 답할 수 있는데, 이는 신경망과 같은 블랙박스 모델의 경우 거의 불가능하며 회귀 및 의사결정 트리와 같은 간단한 접근 방식조차 대규모이고 데이터 세트가 복잡할 때는 어려울 수 있다. 이러한 차이는 **모델 해석 가능성**이라는 개념과 관련이 있으며, 이는 인간이 모델이 어떻게 작동하는지를 이해하는 능력을 나타낸다. 모델이 간단하고 투명하면 쉽게 이해되며, 이에 대한 이해가 있는 사람들이 신뢰하는 경향이 있다.

해석 가능성과 관련이 깊은 것은 일반적으로 모델이 어떻게 예측하는지를 설명하는 것인데, 특정 예측이 왜 이뤄진 것인지를 이해하는 것이 중요하다. 모델 **해석 가능성**의 성장 분야는 모델을 탐색하고 예측이 기반된 요소에 대한 단순화된 또는 직관적인 이해를 개발할 수 있는 방법을 개발하는 것을 포함하며, 모델 해석 가능성 도구는 해석하기 거의 불가능한 강력한 모델도 의사결정을 정당화해야 하는 중요한 애플리케이션에 사용할 수 있게 한다. 특히 금융 및 의료와 같이 모델 해석 가능성에 엄격한 요구 사항이 있는 분야에서 사용되는 깊은 학습 모델의 빠른 채택으로 인해 현재는 머신러닝과 인공지능의 가장 빠르게 발전하는 하위 분야 중 하나일 수 있다.

모델의 설명 가능성은 빠르게 진화하는 연구 분야며 새로운 방법과 모범 사례가 정기적으로 발견되고 있다. SHAP^Shapley Additive Explanations라는 유망한 기술은 게임 이론 원리를 활용해 예측에 대한 기여를 예측된 값에 가장 영향을 미치는 개별 특징에 할당한다. 이는 처음에는 좀 더 어려운 작업일 수 있으며, 복잡한 모델의 경우 특정한 특징이 결과에 단순하고 선형적인 영향을 미치지 않을 수 있다. 대신 특징의 영향력은 다른 특징의 값에도 의존할 수 있으며, 이러한 특징들이 결합되는 방식에 따라 다양한 영향을 미칠 수 있다. 가능한 모든 순열을 계산하는 것은 계산적으로 비용이 많이 들기 때문에 대부분의 SHAP 구현은 이 계산을 단순화하는 휴리스틱을 사용하며, 각 특징의 평균 영향을 모든 가능성을 고려해 측정한다.

NOTE

> R용 SHAP은 shapr 및 shapper 패키지에서 사용할 수 있지만 가장 활발한 개발 작업은 shap 패키지에서 파이썬으로 이뤄지고 있다. 이 패키지의 문서는 SHAP의 기본 원리를 배우기에 탁월한 자원이다. R에서 작업할 계획이더라도 해당 문서를 참고하는 것이 좋다. 해당 문서는 웹 사이트 https://shap.readthedocs.io에서 찾아볼 수 있다.

머신러닝은 근본적으로 데이터를 행동으로 전환하는 것과 관련이 있으므로 설명 가능한 도구는 모델에 대한 신뢰를 구축해 채택을 증가시키고 더 큰 영향을 미칠 수 있다. 예를 들어 병원 환자가 사망 위험률이 높다고 판단된 모델은 그 위험을 높이는 요인이 무엇인지 알지 못한다면 도움보다 해를 더 줄 수 있다. 설명 없이 환자가 불필요한 공포에 시달리게 될 것이다. 반면 그 위험이 예방 가능한 요소로 인한 것임을 안다면 생명을 구하는 개입을 할 수 있다. 모델과 실세계 사이의 이러한 연결을 만드는 것은 실무자에게 달려 있다. 따라서 다음 절에서 확인하는 것처럼 설명 가능성 기법이 더 효과적인 모델로 이어질 수 있는 것처럼 여러분의 실무 및 스토리텔링 기술은 프로젝트의 성공에 기여할 수 있다.

⫶ 데이터 과학에 과학을 담기

이 책이 처음 출판된 이후로 시간이 흘렀고 머신러닝 분야에서는 새로운 구호가 다소 흔해지기 시작했다. 그 유행어는 물론 데이터 과학이다. 이 용어는 많은 사람에 의해 정의됐지만 일반적으로 통계, 데이터 준비 및 시각화, 전문 지식 그리고 머신러닝과 관련된 분야를 포괄하는 작업 또는 연구 분야를 묘사하는 용어로 일반적으로 인정되고 있다.

데이터 과학이 이전에 데이터 마이닝이라고 불리던 것과 동의어인지에 대해서는 논란이 있을 수 있지만 2개의 개념 간에는 많은 겹치는 부분이 있다고 가정하는 것이 안전하다. 합리적인 외부인은 데이터 과학이 단순히 더 형식적인 데이터 마이닝의 형태라고 관찰할 수 있을 것이다. 데이터 마이닝의 방법과 기법은 종종 직장에서 비공식적으로 배우거나 산업 행사에서 전문가 간에 전달됐다. 이는 데이터 과학 분야와는 대조적이다. 데이터 과학 분야에서는 온라인 교육 과정 및 대면 학위 프로그램을 통해 형식적인 자격증과 경험을 쌓을 수 있는 수많은 기회를 제공한다.

그림 11.6에 나타난 바와 같이 구글 트렌드^{Google Trends} 데이터 검색 결과, 이 용어가 실제로 인기를 얻기 시작한 것은 이 책의 1판이 출판되는 시기와 거의 동시에 시작됐다. 이 용어를 인기 있게 만든 데 대한 칭찬을 받고 싶지만 불행하게도 1판에는 이 용어가 거의 등장하지 않았다. 텍스트에서 이 용어가 나타난 두 곳 중에서 가장 주목할 만한 곳은 실제로 이 책의 마지막 페이지에 출현한 곳이다. 거기서 나는 '번영하는^{burgeoning,} 데이터 과학 커뮤니티에 대해 간단히 언급했다. 이것이 얼마나 사실인지를 미리 알았더라면 좋았을 텐데! 적어도 좋은 동반자가 있었다. 실제로 이 책 1판의 초기 페이지가 작성되던 2012년에는 데이터 과학에 대한 위키피디아^{Wikipedia} 페이지조차 아주 초창기에 불과했다.

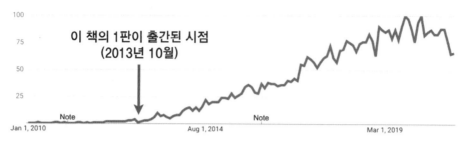

그림 11.6: 구글 트렌드 검색 결과, 지난 10년 동안 '데이터 과학'이 급격히 늘어났음을 보여준다.

이후 나의 역할은 전 세계 다른 많은 사람과 마찬가지로 데이터 분석가에서 데이터 과학자로 변화됐다. 그런 직함과 인식의 급격한 변화에도 작업 자체는 거의 변화하지 않은 것 같다. 적용된 머신러닝은 본질적으로 데이터 마이닝이었으며, 역사적으로 오늘날의 데이터 과학자들은 통계 및 머신러닝을 사용하고 강력한 해커나 팅커러^{tinkerer}의 작업 윤리를 갖고 데이터에서 유용한 통찰력을 찾는 것이 기존의 데이터 마이너와 크게 다르지 않은 것으로 보인다. 그렇다면 이 새로운 데이터 과학 분야가 이전에 우리가 했던 것과 어떻게 다른가?

많은 블로그와 뉴스 기사가 이런 질문에 답하려고 노력했으며, 데이터 과학이 어째서 갑자기 '21세기의 가장 뜨거운 신생 직업 분야 중 하나'로 불리게 됐는지를 이해하려는 과정에서 이 질문에 대한 답을 찾아봤다.

이 트렌드 초기에는 필요한 기술을 설명하고자 벤 다이어그램을 사용하는 것이 일반적이었다. 다음과 같은 빙 이미지 검색에서 볼 수 있듯이 데이터 과학의 이 시각화는 지속적으로 퍼져나가고 있으며, 벤 다이어그램 시각화는 사실상 밈^{meme}과 같은 지위에 이르렀다. 다소 미묘한 변형이 있지만 대부분은 컴퓨터 과학, 통계학 및 도메인 전문 지식이 교차하는 지점에서 데이터 과학이 발견된다는 전반적인 구조가 공통적이다.

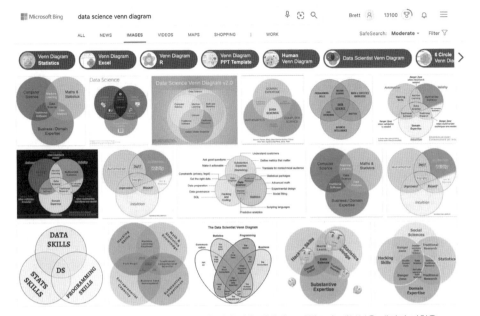

그림 11.7: 데이터 과학 벤 다이어그램은 밈과 같은 상태에 도달했으며, 대부분은 데이터 과학을 프로그래밍, 통계학 및 도메인 전문 지식의 교차점에 위치시킨다.

이 유형의 단순화된 개념의 문제는 데이터 과학의 전반적인 특징을 포착하지만 그 본질과 중요한 차이인 과학적 마인드셋을 놓치고 있다는 것이다. 통계, 프로그래밍 및 도메인 지식의 필수 기술을 갖추고 있을 수 있지만 작업을 과학적 엄격성 없이 처리하면 예전의 데이터 마이닝과 다를 바 없다. 분명히 이는 예전과 마찬가지로 데이터 마이닝이 아무런 가치가 없었다는 것은 아니다. 하지만 그 작업이 현장에서 어떻게 수행됐는지를 아는 사람 중 누구라도 그것을 과학적으로 여겼는지는 의심스럽다. 그렇다면 데이터 과학에 '과학'을 어떻게 더할까? 이 질문에 답하는 것은 이전에는 과학적인 접근이 필요하지 않았을지 모를 곳에서 왜 과학이 지금 중요한지를 깨닫는 데 있다. 특히 대규모 및 다양한 도메인의 조직들이 '빅데이터'의 보물 창고에서 통찰력을 찾고자 비즈니스 인텔리전스 팀을 신속하게 구성하고 자원을 투입하는 과정에서 데이터 과학의 운용화가 발생했다.

이러한 복잡도가 점점 증가함에 따라 조직의 여러 부분에서 노력을 조율하고 결과물을 연결하고자 더 정교한 도구와 프로세스가 필요했다. 비즈니스의 어두운 구석에서 한두 명이 데이터 마이닝을 수행하는 경우에는 매우 과학적일 필요가 없었지만 팀과 도구가 확장되면 혼란이 발생하지 않도록 더 체계적인 접근이 필요했다.

데이터 과학이 핵심적으로 팀 스포츠라는 것을 알고 있기 때문에 독자적 머신러닝 프로젝트에 과학적 방법의 요소를 통합하는 것도 중요하다. 작은 머신러닝 프로젝트는 시행착오와 반복을 통해 비교적 간단한 작업에도 빠르게 복잡해질 수 있다. 이러한 시행착오와 반복은 과학적 방법의 필수 요소다. 그림 11.8은 엄격한 머신러닝 프로젝트 중에 탐구하는 몇 가지 막다른 곳과 변주를 나타내기 위한 것이다. 데이터 탐색 중에 가설이 생성되고 검토되며, 이 가운데 일부만이 유익한 것으로 판명된다. 이러한 통찰력은 특징 공학에 영향을 미치며 이 자체로도 여러 가지 틀린 시작점을 가질 수 있다. 여러 모델이 시험되며 일부는 실패하고 다른 모델은 더 정교한 모델로 발전할 수 있게 사용될 수 있다. 마침내 가장 유망한 모델을 평가하고 배포 전에 추가적인 특징 공학과 함께 성능을 향상시키고자 튜닝한다. 시작부터 끝까지 전체 과정은 복잡한 실제 프로젝트의 경우 며칠, 몇 주 또는 몇 달에서 몇 년까지 걸릴 수 있다. 이 과정의 적합 및 시작점을 과학적 방법의 자연스러운 단계로 인식하면 진행이 항상 직선적이거나 투자한 시간에 비례하지 않는다는 것을 이해하는 데 도움이 된다.

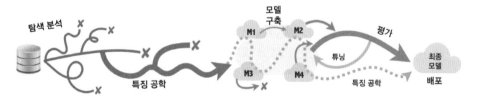

그림 11.8: 머신러닝 프로젝트는 드물게 시작부터 끝까지 직선적으로 진행된다.

마찬가지로 데이터 과학 전문가인 당신은 작업이 선형적으로 진행되지 않을 것임을 인식해야 한다. 책이나 웹에서 제공되는 머신러닝 튜토리얼과 달리 실제 프로젝트의 혼돈된 복잡성은 코드에 빠지지 않거나 휠을 다시 발명하지 않고자 더 조심스런 주의를 필요로 한다. 더 이상 R 코드 파일 하나를 생성하고, 이를 손으로 한 줄씩 실행하는 것만으로 충분하지 않다. 대신 코드와 출력을 하나의 잘 정리된 장소에 모아놓고 이것이 미래의 독자나 잊어버릴 가능성이 있는 우리 자신을 위한 조사 결과물로 사용되기를 희망한다. 다행히도 R과 RStudio는 이 작업을 매끄럽게 해준다.

R 노트북과 R 마크다운의 사용

대규모 머신러닝 프로젝트를 완료한 후에 안도감의 한숨을 내쉰 뒤에는 자신이 시간을 어디에 썼는지 되돌아보며 궁금해질 수 있다. 이 질문에 너무 오랫동안 매달리면 불안감이 생길 수 있으며, 결국 더 자명한 실수를 피하거나 다르게 설계할 수 있을지도 모른다고 생각할 수도 있다. '그랬다면'이라는 말을 계속해서 하게 될 수도 있다. 뒤돌아보면 그리 단순해 보이는 프로젝트가 그때는 왜 그렇게 많은 시간과 노력을 소비했을까?

이 질문은 어려운 데이터 분석 프로젝트의 정상에서 새로운 시각으로 비롯됐으며 결과를 명확하게 볼 수 있다. 앞의 그림 11.8에 묘사된 일반적인 머신러닝 프로젝트 여정의 복잡성을 기억해보라. 프로젝트가 완료되면 우리는 시간이 많이 걸리는 막다른 골목과 잘못된 시작점을 잊고 실제로 취한 복잡한 길보다 시작에서 끝까지 직선적인 여정으로 단순화한다. 데이터 과학 경력 초기에 사람들은 이러한 우회 도로를 피하고 '의미 없는' 흔적을 추적하는 데 '"시간 낭비' 하지 않고도 결론으로 뛰어넘을 방법이 있다고 생각하기 쉽다. 하지만 그런 방법은 없다. 이 작업은 머신러닝 프로세스의 필수 부분이다. 이 작업은 결코 헛되이 낭비되지 않으며 데이터에 대한 이해가 깊어질수록 기계 역시 더 똑똑해질 것이다. 데이터 과학 경력 후반에는 이러한 초기 탐사적 기획이 모든 프로젝트의 필수 단계임을 깨닫게 될 것이다. 그러나 이 작업이 다른 경험과 마찬가지로 영향력이 없다는 느낌을 가질 수도 있다. 데이터 탐색이 단일 분석을 형성할 수는 있지만 영구적인 인상을 남기지 않는다는 느낌이 들며 같은 실수가 종종 반복된다. 이는 성공한 것을 기억하기가 실패한 것을 기억하기보다 훨씬 쉽기 때문일 수 있다. 성공은 마음에 남고 실패는 잊어지며, 많은 경우 R 코드 파일에서 실제로 삭제된다. 이렇게 되면 탐색적 작업이 다른 경험과 마찬가지로 누적되지 않는 것처럼 보인다. 실패, 가설 배제 및 선택하지 않은 경로는 따라서 쉽게 기억되지 않으며, 프로젝트의 근본적인 지식을 구축하고자 다른 사람에게 전달하기 어렵다. 이는 미래의 자신이나 은퇴 후 코드를 이어받을 수 있는 다른 사람에게 불리한 상황이다. 최종 정리된 해결책을 제외한 모든 것을 삭제하는 대신 전체 조사 과정을 제시하는 방법이 좋을 것이다.

RStudio 개발 환경은 R 노트북 형식으로 이 문제에 대한 해결책을 제공한다. 이 노트북은 R 코드와 설명적인 프리 폼 텍스트를 결합한 특별한 유형의 R 코드 파일이다. 이러한 노트북은 HTML, PDF 또는 마이크로소프트 워드 형식으로 쉽게 컴파일되거나 좀 더 노력하면 슬라이드쇼와 책으로 만들 수 있다. 생성된 출력 문서는 코드를 보고서의 텍스트 내에 삽입하거나 텍스트를 코드 내에 삽입해 만들어지며, 이는 당신의 관점에 따라 다르다.

이는 시작부터 끝까지 머신러닝 과정을 문서화하는 데 사용할 수 있는 아티팩트를 제공하지만 코드는 여전히 개발 중에 줄 또는 블록 단위로 상호작용해 실행될 수 있기 때문에 지루하지 않게 느껴진다. R 코드 파일에 설명적 또는 맥락적 문서를 추가하는 데 약간의 추가 시간을 투자함으로써 결과물은 다른 사람과 공유하거나 미래의 자신이 기억을 새롭게 할 수 있는 보고서가 될 수 있다.

R 노트북은 일반적인 R 코드 파일과 마찬가지로 평범한 텍스트 파일이다. 다만 확장자 .Rmd로 저장된다. 이러한 노트북은 노트북 내에서 상호작용적으로 코드를 실행하고 출력을 주변 텍스트와 함께 인라인으로 표시할 수 있게 해준다. RStudio에서는 파일 메뉴를 사용해 새 파일을 만들고, 새 파일을 선택한 다음 R 노트북 옵션을 선택해 새 R 노트북을 생성할 수 있다. 이는 다음 그림에서처럼

기본 템플릿을 사용해 새로운 R 노트북을 생성한다.

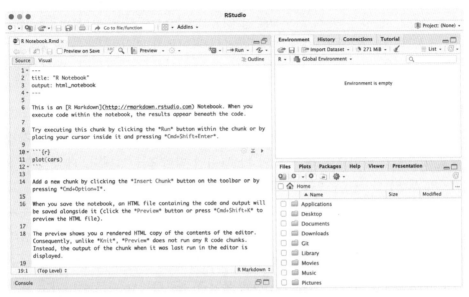

그림 11.9: RStudio에서 열린 R 노트북 파일은 코드와 출력을 보고서 내에 통합해 제공한다.

파일 상단의 --- 대시 사이에는 노트북의 제목과 의도된 출력 형식과 관련된 메타데이터가 포함된다. Rstudio의 미리보기 버튼 오른쪽의 기어 아이콘을 클릭하면 이 설정을 수동으로 편집하지 않고도 기본 HTML 노트북 형식과 PDF 또는 마이크로소프트 워드 문서 형식 사이를 전환할 수 있는 옵션을 제공한다. 이러한 설정은 프로젝트 완료 후 R 노트북을 컴파일할 때 출력 형식을 관리한다.

헤더 메타데이터 바로 아래에서 R 노트북과 전통적인 R 코드 파일 간의 주요 차이점을 찾을 수 있다. 특히 이 부분은 R 코드가 아닌 R 마크다운이다. R 마크다운은 일반 텍스트 파일 내에서 보고서를 포맷하는 간단한 명세다. R과 RStudio는 워드프로세서가 아닌 것으로 설계돼 스타일을 그래픽 사용자 인터페이스를 통해 제어하지 않고 *italics* 및 **bold**와 같은 간단한 형식 코드를 사용해 최종 출력 파일에서 이탤릭체와 볼드체로 변환된다.

이 노트북 템플릿은 기본적인 서식 옵션의 몇 가지 예를 제공하지만 R 마크다운 형식의 완전한 기능 집합을 설명하지는 않는다. 헤더, 목록, 심지어 수식과 같은 다른 형식도 가능하다. R 마크다운 웹 사이트(https://rmarkdown.rstudio.com)에서 더 많은 정보와 1페이지 요약 시트를 찾을 수 있다.

R 노트북 형식은 기본적으로 R 마크다운으로 설정돼 있으므로 모든 R 코드는 특별한 표시를 사용해 파일에 포함돼야 한다. 이 표시는 3개의 역따옴표 문자가 있고 중괄호로 둘러싸인 코드 언어 바로 뒤에 따라오는 형태다. 예를 들어 R 코드의 섹션은 ```{r}문으로 시작한다. 이 섹션의 끝은 ```문과 같이 3개의 역따옴표 문자로 표시된다. 또는 이러한 섹션을 노트북에 추가하는 데 그래픽 사용자 인터페이스의 **삽입** 버튼을 사용할 수 있으며, 이 버튼은 편집기 창 위에 있고 **미리보기**와 **기어** 버튼 오른쪽에 있다. 삽입 버튼은 노트북에서 사용할 수 있는 프로그래밍 언어의 드롭다운 선택 목록을 제공하지만 다른 언어가 R 환경의 객체를 활용할 수 있는지는 몇 가지 추가 단계가 필요할 수 있다.

코드 블록을 실행하려면 덩어리 내에서 **실행** 버튼(녹색 삼각형)을 클릭하거나 환경의 단축키 조합을 누르면 명령의 출력이 R 마크다운 텍스트와 함께 인라인으로 표시된다. 각 코드 블록의 출력 형식을 관리하는 옵션은 블록의 오른쪽 상단에 있는 '기어' 아이콘을 사용해 찾을 수 있다. 여기에서 코드 또는 결과가 최종 문서에서 숨겨져야 하는지 여부와 코드를 실행해야 하는지 여부를 조절할 수 있다. 이러한 기능은 보고서에서 불필요한 출력을 억제하거나 실행 시간이 긴 코드가 불필요하게 실행되는 것을 방지하는 데 유용할 수 있다.

노트북 파일 상단에 있는 **미리보기** 버튼을 클릭하면 R 코드 출력이 대화식으로 실행된 최종 출력 보고서의 미리보기 버전이 생성된다. HTML 노트북의 경우 이 파일은 간단한 뷰어에서 열리거나 다음 스크린샷에 표시된 것처럼 웹 브라우저에서 열 수 있다.

파일은 실시간으로 생성된 출력만 사용하므로 미리보기 파일은 RStudio에서 노트북을 저장할 때마다 자동으로 재생성된다. 뷰어 창에서 열어두면 프로젝트의 끝에 최종 보고서가 어떻게 보일지를 대략적으로 볼 수 있다.

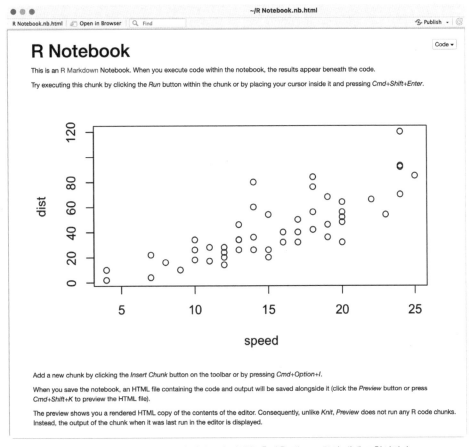

그림 11.10: HTML 노트북의 미리보기 파일은 출력을 텍스트 문서 내에 포함시킨다.

미리보기 버튼 오른쪽의 드롭다운 메뉴 버튼을 클릭하면 문서를 최종 출력 형식으로 컴파일하거나 '짜 맞추기^{knit}' 할 수 있다. 이는 처음부터 끝까지 모든 R 코드 블록을 실행하고 코드와 텍스트를 하나의 보고서로 통합하는 **knitr** 패키지를 사용한다. HTML로 짜맞추는 것은 보통 간단하지만 PDF나 마이크로소프트 워드로 짜맞추려면 추가 패키지를 설치해야 할 수도 있다.

결과 파일에는 코드, 텍스트 및 이미지가 포함돼 있으며 종속성이 없어 이메일로 쉽게 공유할 수 있다. 심지어 최종 HTML 노트북 형식(.nb.html 확장자)도 해낭되며 웹 브라우저에서 보면 약간의 간단한 상호작용을 제공한다. 이 형식은 원본 .Rmd R 마크다운 파일도 포함돼 있어 수신자가 필요한 경우 파일을 열고 분석을 재현할 수 있다.

고급 데이터 탐색 수행

'데이터 탐색'은 데이터 과학의 '예술' 측면에 정확히 속하며 학술 교과서에서는 잘 다루지 않는 주제다. 자습서에서는 학습자들에게 그래프와 시각화를 만드는 방법을 보여주는 경우가 있지만 이들이 왜 유용하거나 필요한지는 설명하지 않는다. 이 책 역시 그러한 점을 갖고 있다. 첫 몇 장에서 간단한 데이터 탐색을 수행했지만 이러한 탐색적 분석은 거의 2장에서 설명한 5가지 요약 통계 이상으로 확장되지 않았다. 이 주제의 한정된 내용을 바탕으로 하면 이것이 실전에서 그리 중요하지 않은 것처럼 보일 수 있지만 실제로 데이터 탐색은 실세계 데이터 과학의 핵심 구성 요소며, 특히 크고 복잡하고 익숙하지 않은 데이터 세트의 경우 특히 중요하다.

간단한 탐색 분석을 이미 수행했지만 이것이 정확히 무엇을 의미하는지를 공식적으로 아직 정의하지 않았다. 탐색 데이터 분석^{EDA, Exploratory Data Analysis}이라는 용어를 널리 알리고 소개한 수학자이자 통계학자인 존 투키^{John W. Tukey}는 EDA가 데이터 세트가 미리 정해진 질문에 답하는 것이 아니라 가설을 제시하고 유용한 통찰을 발견하도록 허용하는 것을 의미한다고 언급했다. 투키의 관점에서는 종종 그래프와 차트의 도움을 받으며 이러한 분석이 우리에게 '예상치 못한 것을 보도록' 강요한다고 보고 있다. 투키의 관점을 상상한다면 데이터를 명확하고 놀랍게 제시하고, 이러한 분석이 무엇을 알려주는지 주의 깊게 듣는 것은 데이터 자체를 이해하기 위한 단순한 의식적인 행위가 아니라 데이터에 대한 질문을 어떻게 더 잘 물어볼지에 대한 이해를 높이기 위한 것이라는 개념

이다. 즉, 철저한 선행 탐색 분석은 더 정확한 주요 분석으로 이어질 가능성이
높다.

NOTE

> 그의 분야에 대한 폭넓은 기여를 고려하면 존 투키를 EDA의 할아버지로 간주하는 것이 합리적이
> 다. 그의 가장 유명한 발명 가운데 하나인 상자 수염 그림(box-and-whiskers plot)에 대해 이미
> 알고 있을 것이다. 또한 그는 사실 EDA 기술에 관한 최초의 교재인 『Exploratory Data Analysis』
> (Addison-Wesley, 197)을 직접 저술했다.

머신러닝의 목표가 단순히 미리 결정된 질문에 답하는 것이 아니기 때문에 머
신러닝 프로젝트와 함께 수행돼야 하는 탐색적 데이터 분석의 형태는 투키의
사고방식과 상당히 일치한다. 잘 수행된 고급 데이터 탐색은 데이터가 시사하는
통찰력을 제시해 머신러닝 작업의 성능을 개선하는 데 활용될 수 있다. 머신러
닝 모델을 개선하는 목표를 고려할 때 데이터 탐색이 체계적이며 반복적으로
수행되는 것이 가장 좋다. 그러나 이는 사전 경험이 없으면 쉽지 않은 과제다.
방향 없이는 무수한 막다른 길을 탐색할 수 있다. 이를 극복하고자 다음 몇 절에
서는 이 여정을 시작하는 방법과 위치에 대한 몇 가지 아이디어를 제공한다.

데이터 탐색 로드맵 구축

투키의 데이터 탐색 개념을 따른다면 데이터 탐색은 심문이라기보다는 대화와
비슷하거나 아니면 데이터가 자신의 지혜를 나누는 일종의 일방적인 청취와도
같을 것이다. 하지만 불행하게도 이러한 인상이 탐색적 데이터 분석이 여러
맥락에서 얕게 표현되는 방식과 결합될 때 많은 새로운 데이터 탐색자는 '분석
마비' 상태에 빠져 어디서부터 시작해야 할지 결정할 수 없는 상황에 놓이게
된다. 마치 데이터 과학자가 어두운 방으로 안내돼 정령 호출을 하라는 지시를
받고 데이터의 빛나는 대답을 기다리라고 말하는 것처럼 보인다. 따라서 이것
이 조금은 위협적으로 느껴질 수밖에 없다.

어떤 탐색적 분석도 다른 것과 완전히 동일하지 않으며 각 데이터 과학자는 자신만의 방식으로 작업을 수행할 자신감을 키워야 한다. 그러나 자신만의 경험과 데이터 탐색 로드맵을 구축하면서도 예제를 통해 배울 수 있을 것이다. 이를 염두에 두고 이 절에서는 일반적으로 탐색적 분석을 안내하는 데 도움이 될 수 있는 조언을 제공한다. 이 절은 모든 접근 방식을 다룰 수는 없으며 데이터 탐색에 대한 단일 최상의 접근 방식을 의미하지는 않는다. 다시 말하지만 최상의 접근 방식은 데이터와 체계적이고 반복적인 대화일 것이며, 인간 대화에 완전히 준비할 수 있는 교재가 없는 것처럼 데이터와 대화하는 단일 공식은 없다.

그렇지만 말하는 모든 대화가 독특할지라도 대화는 대개 이름 교환과 예의 바른 인사와 함께 시작된다. 마찬가지로 데이터 탐색 로드맵도 데이터에 익숙해지고자 단순히 데이터와 친숙해지는 것부터 시작할 수 있다. 데이터 사전을 얻거나 텍스트 파일이나 스프레드시트에 생성해 사용 가능한 각 특징을 설명하는 것이 좋다. 또한 행 수, 데이터 소스, 수집된 날짜 및 장소, 데이터와 관련된 알려진 문제가 있는지와 같은 추가 메타데이터를 기록할 수 있다. 이러한 세부 사항은 분석 중에 질문을 유발할 수 있거나 예기치 않은 결과가 발견될 때 통찰력을 제공하는 데 도움이 될 수 있다.

데이터 사전의 종이 복사본을 인쇄하고 체계적으로 각 특성을 하나씩 탐색하면 유용할 수 있다. 이 작업은 확실히 전자 문서에서도 수행될 수 있지만 수백 개 이상의 예측 변수가 있는 대규모 데이터 세트의 경우 펜, 종이 및 형광펜을 사용해 수행하는 것이 덜 두렵게 느껴질 수 있다. 물론 체크 표시와 주석을 달고 목록에서 항목을 제외하는 만족스러운 느낌을 얻을 수도 있다. 다음 그림은 이러한 실제 데이터 탐색 과정의 결과를 보여주는데, 각 특성을 나타내는 행에는 별표, 형광펜으로 칠한 표시 및 메모가 달려 있으며, 각 잠재적 예측 변수의 중요성 및 탐색 중 발견된 잠재적인 문제점을 나타낸다.

LoanStatNew	Description	
acc_now_delinq	The number of accounts on which the borrower is now delinquent.	
acc_open_past_24mths	Number of trades opened in past 24 months.	
addr_state	The state provided by the borrower in the loan application	
all_util	Balance to credit limit on all trades	
annual_inc ★	The self-reported annual income provided by the borrower during registration.	*correlated*
annual_inc_joint ★	The combined self-reported annual income provided by the co-borrowers during registration	
application_type ★	Indicates whether the loan is an individual application or a joint application with two co-borrowers	
avg_cur_bal	Average current balance of all accounts	
bc_open_to_buy ★	Total open to buy on revolving bankcards.	
bc_util	Ratio of total current balance to high credit/credit limit for all bankcard accounts.	
chargeoff_within_12_mths ★	Number of charge-offs within 12 months	
collection_recovery_fee	post charge off collection fee	
collections_12_mths_ex_med	Number of collections in 12 months excluding medical collections	
delinq_2yrs ★	The number of 30+ days past-due incidences of delinquency in the borrower's credit file for the past 2 years	
delinq_amnt	The past-due amount owed for the accounts on which the borrower is now delinquent.	
desc	Loan description provided by the borrower *text data*	
dti	A ratio calculated using the borrower's total monthly debt payments on the total debt obligations, excluding mortgage and the requested LC loan	
dti_joint	A ratio calculated using the co-borrowers' total monthly payments on the total debt obligations, excluding mortgage and the requested LC loan	
earliest_cr_line	The month the borrower's earliest reported credit line was opened *is this really month (or month + year?)*	
emp_length ★	Employment length in years. Possible values are between 0 and 10 where 0 means less than one year and 10 means ten or more years.	
emp_title	The job title supplied by the Borrower when applying for the loan.*	
fico_range_high	The upper boundary range the borrower's FICO at loan origination belongs to. *what to do*	
fico_range_low	The lower boundary range the borrower's FICO at loan origination belongs to. *with these?*	

그림 11.11: 데이터 탐색을 수행할 때는 데이터 사전(또는 사용 가능한 속성 목록)을 출력해 종이에 직접 손으로 메모를 작성하는 것이 도움이 될 수 있다.

특징 목록을 체계적으로 따라가면서 처음에는 매우 유용해 보이는 특징이 결국에는 신규 발견된 결함이나 문제로 인해 쓸모없을 수 있다. 각 변수에 대해 다음과 같은 잠재적인 문제가 있는지 고려할 수 있다.

- 결측값 또는 예상치와 다른 값
- 이상치 또는 극단값 또는 이상한 값
- 높은 왜곡을 가진 숫자 특성
- 다중 모드를 가진 숫자 특성
- 매우 높은 또는 매우 낮은 분산을 가진 숫자 특성
- 매우 많은 레벨을 가진 범주형 특성(높은 카디널리티^{cardinality})
- 매우 적은 관측값을 가진 범주형 특성('희소한' 데이터)
- 목표 또는 서로 간의 강한 또는 약한 관련성을 가진 특성

이러한 잠재적인 문제가 발견되더라도 항상 문제를 나타내는 것은 아니라는 점을 염두에 두라. 이러한 문제들은 대부분 해결할 수 있으며, 실제로 이 책에서 이러한 문제들에 대한 해결책을 이미 살펴봤거나 살펴볼 것이다. 현재는 문제를 해결하는 것이 아니라 탐색에 중점을 둔 상태이므로 이미 나열된 문제

각각의 경우를 식별하는 데 도움이 되는 분석 방법에 이미 익숙할 것이다.

간단한 일원표^{one-way table}나 히스토그램과 같은 시각화는 개별 특징을 살펴보고 문제가 될 수 있는 값을 식별하는 데 도움을 줄 수 있다. 하지만 좀 더 깊게 데이터를 조사하려면 더 복잡한 시각화가 필요할 수 있다. 특징을 고립해서 살펴보는 일변량 분석뿐만 아니라 서로 간의 관계와 목표와의 관련성도 고려해야 한다. 이를 위해 교차 테이블이나 시각화(예를 들어 쌓인 막대 차트, 열지도, 산점도)와 같은 이변량 분석이 필요하다. 예측 변수가 많은 경우 가능한 이변량 분석의 수가 많기 때문에 R의 고급 시각화 기능은 데이터 탐색을 번거롭지 않게 만들어준다. 이 기능에 대해서는 이 장의 뒷부분에서 설명한다.

데이터 탐색의 힘은 부정적인 가치의 데이터를 조사하는 것뿐만 아니라 긍정적인 가치의 측면을 식별하는 데에도 있다. 목록을 하나하나 순차적으로 따라가며 잠재적인 각 특징이 결과에 대해 유용한 정보를 제공할 수 있는지 물어봐야 한다. 반대로 해당 특징이 완전히 쓸모없는지, 또는 모델의 목표에 조금이나마 도움이 될 수 있는지 고민해보라. 이 과정에서 인간의 지능과 관련 분야 전문지식이 데이터와 대화를 통해 통찰력 있게 접근하는 데 도움이 된다.

실제로 쓸모없는 데이터는 극히 드물기 때문에 이를 '누군가의 쓰레기는 다른 사람의 보물'로 바라보며 숨겨진 정보를 발견하려고 노력하는 탐정처럼 행동할 수 있다. 데이터를 '쓸모없는' 특성에 인코딩된 숨겨진 정보를 발견하려고 노력하는 것이다. '누군가의 쓰레기는 다른 사람의 보물'이라는 속담처럼 쓰레기를 보물로 바꿔주는 능력이 있는 데이터 과학자는 더 많고 더 나은 데이터를 사용하는 모델을 개발해 경쟁에서 강한 경쟁 우위를 가질 것이다.

TIP

> 데이터 탐색은 '빅(big)' 데이터 세트, 즉 수백만 개의 행이나 너무 많고 혼란스러운 특성을 가진 데이터 세트의 경우에는 다르게 이뤄질 수 있다. 이러한 데이터 세트를 수동으로 탐색하는 것은 현실적으로 불가능하기 때문에 일반적으로는 프로그램을 작성해 어떤 특성이 유용한지를 체계적으로 결정하거나 데이터의 복잡성을 줄이는 것이 일반적이다. 이러한 방법 중 일부를 이후 장에서 살펴본다.

이상치 상대하기: 실세계 함정

지금까지의 데이터 탐색 과정이 한 마디로 '일반적이었던' 것이라면 실세계의 복잡성을 고려할 때는 실제로 상당히 난해하다는 점을 알게 될 것이다. 이러한 현상을 책의 나머지 장에서 더 복잡한 실제 예제를 통해 몇 번이고 직접 경험하게 될 것이다. 그러나 이상치의 본질은 이 현상의 극치라고 할 수 있다.

지금까지는 이상치의 정의를 당연하게 받아들였다. 2장에서는 이상치를 '데이터 대부분에 비해 이상하게 높거나 낮은 값'이라고 간단히 정의했다. 우리는 이러한 이상치를 상자 수염 도표에서 중앙값을 기준으로 **사분 범위**$^{IQR, InterQuartile Range}$의 1.5배 이상 떨어진 곳에 나타나는 원을 통해 쉽게 관찰했다. 사실 이들은 이상치일 뿐만 아니라 특별히 **투키 이상치**$^{Tukey outlier}$다. 여기서 어느 정도 추측해볼 수 있듯이 탐색적 데이터 분석의 선구자였던 존 투키에 의해 명명됐다. 이상치의 정의는 결코 틀린 것이 아니지만 약간은 좁은 정의일 수 있다. 투키 자신도 자신의 정의가 '이상치'를 개념화하는 여러 가지 방법 중 하나일 뿐이라는 점에 동의할 것으로 생각된다.

이제 약간 더 포괄적인 정의를 고려해보자. 이상치라는 용어를 좀 더 포괄적으로 정의하면 데이터 세트 내의 다른 값들과 비교했을 때 비정상적인 값을 의미한다. 이 값이 반드시 높거나 낮을 필요는 없으며 단순히 '비정상적인' 것이다. 기술적으로 보면 이전 정의와 약간 다르게 보일 수 있지만 '비정상적인'이라는 단어는 매우 구체적인 의미를 전달하고자 정확하게 선택된 것이다. 특히 '비정상적인'이라는 단어는 데이터를 수정하는 특정 방법을 의미하지 않는다. 반면에 '높은' 및 '낮은'과 같은 용어는 데이터 포인트가 특정한 방식으로 잘못됐음을 나타낸다. '비정상적인'을 '보통'으로 쉽게 수정할 수 없다. '비정상적인'은 단순히 이상하거나 호기심을 유발한다. 이를 더 자세히 조사해봐야 한다.

이런 자세로 다음 가상의 데이터 세트를 살펴보자. 이 데이터 세트는 간단한 빙 이미지 검색에서 가져온 도로 표지판 이미지로 구성돼 있다. 그중 어느 것이 이상치일까? 대부분의 정지 표지판은 빨간색이므로 노란색(가운데)과 파란색(왼쪽 하단) 정지 표지판과 '전방 정지' 표지판은 분명히 이상치로 보인다. 그러나 몇 가지 다른 이상한 것들도 있다. 손이 있는 정지 표지판, 추가 텍스트가 있는 정지 표지판, 표지의 글꼴과 테두리에 약간의 변형이 있는 정지 표지판 등이 있다. 또한 흰색 배경에 있는 정지 표지판과 자연 경관에 있는 정지 표지판은 어떻게 처리해야 할까? 또는 다른 나라 출신이라면 이 모든 것이 비정상적으로 여겨져 이상치로 간주될 것이다. 하와이 출신이라면 파란색 정지 표지판조차도 평범할지도 모른다.

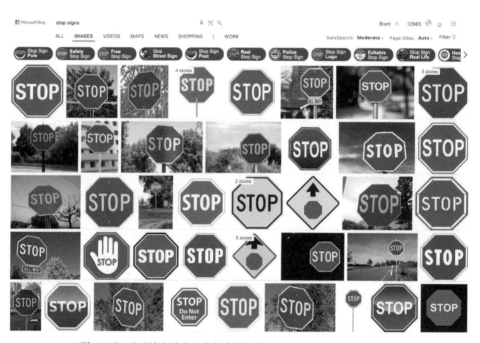

그림 11.12: 이 가상의 정지 표지판 데이터 세트에서 어떤 이미지가 이상치일까?

물론 이 연습에서 얻을 수 있는 교훈은 이상치가 거의 항상 관점의 문제라는 것이며, 따라서 이상치를 탐지하고 수정하는 작업이 훨씬 복잡해진다는 점이다. 한편으로 이상치가 데이터 에러의 결과인 경우 더 쉽게 구별할 수 있다. 예를 들어 어떤 데이터 입력 에러로 인해 10억 달러 대신 1조 달러로 누군가의 자산을 '잘못' 기록했다고 가정해보자. 이 값은 다른 부유한 사람에 비해 극단적으로 크기 때문에 쉽게 감지할 수 있으며, 이 값이 분명히 잘못됐기 때문에 간단한 수정이 가능하다. 반면 현재 기록된 시점에서 일론 머스크의 재산은 거의 2000억 달러다. '실제'인 이상치와 '에러'인 이상치의 이런 차이점은 이상치가 설명 가능한지 여부의 개념을 보여주기 위한 것이다. 이해 가능한 이상치 모델링을 시도하는 것이 종종 가장 좋지만 항상 그렇지는 않다. 이렇게 하면 모델이 더 견고해진다. 반면 '에러'인 이상치를 모델링하는 것은 일반적으로 무작위 변동을 의미하며, 모델에 노이즈를 추가하고 모델을 약화시킬 가능성이 높다.

데이터 탐색 중에 이상치를 만났을 때 고려해야 할 가장 중요한 질문은 훈련 데이터에 이상치를 포함하는 것이 궁극적으로 원하는 작업을 수행하는 학습 알고리듬의 능력을 향상시킬 것인지 손상시킬 것인지 여부다. 이는 모델의 일반화 가능성 또는 이전에 본 적이 없는 데이터에서 잘 수행할 수 있는 능력을 나타낸다. 철저한 데이터 탐색 작업을 수행하는 동안 배포 시나리오와 모델이 향후 유사한 이상치에 대해 견고해야 하는지 여부를 염두에 두라. 예를 들어 이전 정지 표지판 이미지가 자율주행차량 운전 알고리듬을 훈련하는 데 사용된 경우 공공 도로에서 만날 것으로 예상되지 않는 이상치를 제거할 수 있다. 그러나 실제 자율주행차량은 그래피티로 손상됐거나, 어둠에 가려지거나, 식물과 기상 조건에 의해 가려진 표지판을 만날 것으로 예상되므로 이 데이터 세트의 이상치가 너무 적다고 주장할 수도 있다.

실세계 머신러닝의 주제가 돼왔고 앞으로도 그럴 것이므로 이 문제를 처리하는 데 있어 만능의 단일 접근 방식은 없다. 이상치를 삭제하는 것은 가장 일반적인 전략일 가능성이 높으며 입문 통계 과정에서 자주 가르치지만 최악의 전략 중 하나일 것이다. 확실히 쉽지만 이 용이함 이면에는 어두운 점도 있다. 이상치를 삭제하면 학습 작업에 대한 매우 중요한 세부 정보가 삭제될 수 있다. 이 관행은 데이터 과학자가 정보가 유용한지 쓸모없는지에 대해 데이터 세트와의 더 깊은 대화에 참여하는 것을 배제한다.

다른 접근 방식은 더 많은 노력을 필요로 할 수 있지만 모델의 일반화 능력을 개선할 가능성이 더 높을 수 있다. 희귀성으로 인해 이상치로 나타나는 이벤트의 경우 이러한 희귀 이벤트에 대한 더 많은 데이터를 수집하는 것이 가능할 수 있다. 또는 흔치 않은 값들을 묶거나 버킷화해 하나의 좀 더 빈번한 범주로 그룹화하는 것이 가능하다. 또는 최대 수준에서 값들을 한정하거나 제한하는 것도 가능하다. 이상적으로는 이러한 그룹들은 학습 알고리듬이 데이터를 활용하는 방식에 대한 직관적인 감각을 기반으로 하지만 해당 주제의 전문 지식이 없는 경우에는 종종 상위 10분위수로 그룹화하거나 대상 변수에 유사한 영향을 미치는 값을 가진 값들의 그룹을 생성하는 것이 충분할 수 있다.

이상치가 무엇을 의미하는지 다시 생각해보면 이미 우리는 문맥이 중요하다는 것을 관찰했다. 한 맥락에서는 이상하게 보이는 것, 예를 들어 파란색 정지 신호는 다른 맥락에서는 보통일 수 있다. 마찬가지로 한 맥락에서 완전히 평범한 것이 다른 맥락에서는 매우 불규칙할 수 있다. 즉, 합리적인 값이 잘못된 이상치로 나타날 수 있을 뿐만 아니라 실제 이상치도 눈에 띄게 숨어 있을 수 있다. 이 사실을 정말로 이해하는 것은 철저한 데이터 탐색의 핵심이다. 예를 들어 전형적인 인구 분포를 가진 데이터 세트를 생각해보자. 우리는 노인 여성의 많은 수와 임신한 여성의 많은 수를 예상할 것이지만 노인임에도 임신한 여성을 관찰하는 것은 매우 불규칙할 것이다. 잘 수행된 탐색적 데이터 분석은 이러한 유형의 이상 현상을 식별하고 궁극적으로 성능이 더 좋은 모델로 이어지게 한다.

예제: 시각적 데이터 탐색에 ggplot2 사용

앞서 언급한 대로 데이터 탐색은 그래프와 차트의 도움을 받을 때 가장 잘 이뤄진다. 이에 따르면 혁신적인 데이터 시각화 기법의 선구자인 존 투키는 우리가 "예상치 못한 것을 보게 되도록 도와준다."고 말했다. 이전 장에서 다양한 데이터 세트를 조사해봤지만 지금까지는 상자그림, 히스토그램, 산점도와 같은 간단한 시각화를 생성하고자 R의 내장 그래프 기능만 사용했다.

데이터 탐색을 더 깊고 철저하게 수행하려면 더 복잡한 시각화를 구축해야 할 것이며, 기본 R을 사용해 수행할 수는 있지만 더 나은 옵션이 있다. 이 옵션은 '그래픽의 문법grammar of graphics'이라는 개념을 제공하는 **ggplot2** 패키지로 나타난다. 이 개념은 도면의 요소들이 서로와의 관계 및 시각화 자체와 어떻게 관련되는지를 설명한다. 이 패키지는 10년 이상 널리 사용됐으며 매우 인기가 있다. 전문적이고 출판에 적합한 이미지를 생성할 수 있으며 그 결과물은 많은 학술 저널과 일반적인 웹 사이트에서 볼 수 있다. 심지어 그때 당시에는 알지 못했더라도 이미 그 결과물을 본 적이 있을 것이다.

NOTE

> ggplot2 패키지와 '그래픽의 문법'에 대해 책 한 권을 모두 할애한 것도 있다. 이 절은 패키지를 시작하는 데 필요한 기본 사항만 다룬다. 이 주제에 대한 많은 무료 자료를 원한다면 https://ggplot2.tidyverse.org 웹 사이트를 방문한다. 거기에서 가장 많이 사용되는 명령으로 된 한 페이지의 요약 시트를 다운로드할 수도 있다.

ggplot2 패키지의 능력을 시연하려면 전체 책을 쓸 정도지만 기본 원리는 몇 가지 기본적인 레시피로 설명할 수 있다. 이를 위해 우리는 100년 이상의 역사를 가진 데이터 세트를 탐색하는 데 사용할 것이다. 이 데이터 세트는 1912년에 침몰한 타이타닉호의 승객을 설명하는 것이다. 머신러닝 애플리케이션은 이 참사에서 비극적으로 사망한 1,309명의 승객 중 어떤 사람들이었는지 예측하고자 사용됐으며, 예측 모델은 오늘날에는 별 쓸모가 없지만 이 데이터 세트는 많은 숨겨진 패턴을 갖고 있어 시각화가 도움이 되는 데이터 탐색을 연습하기에 적합하다.

NOTE

> 타이타닉 데이터 세트는 교육용 데이터 세트로 널리 알려져 있으며 다양한 온라인 소스에서 제공된다. 원본 파일과 문서는 반데르빌트(Vanderbilt) 대학교 바이오 통계학부 웹 사이트(https://hbiostat.org/data/)에서 이용할 수 있다. 이 책은 학습자들에게 캐글 경쟁 형식을 소개하고자 만들어진 타이타닉 데이터 세트의 변형을 사용한다. 더 많은 정보를 확인하거나 경쟁에 참여하려면 https://www.kaggle.com/c/titanic을 방문한다.

먼저 타이타닉 모델 훈련 데이터 세트를 로드하고 그 특징을 살펴본다.

```
> titanic_train <- read.csv("titanic_train.csv")
> str(titanic_train)
```

```
'data.frame': 891 obs. of 12 variables:
 $ PassengerId : int  1 2 3 4 5 6 7 8 9 10 ...
 $ Survived    : int  0 1 1 1 0 0 0 0 1 1 ...
 $ Pclass      : int  3 1 3 1 3 3 1 3 3 2 ...
 $ Name        : chr  "Braund, Mr. Owen Harris" ...
 $ Sex         : chr  "male" "female" "female" "female" ...
 $ Age         : num  22 38 26 35 35 NA 54 2 27 14 ...
 $ SibSp       : int  1 1 0 1 0 0 0 3 0 1 ...
 $ Parch       : int  0 0 0 0 0 0 0 1 2 0 ...
 $ Ticket      : chr  "A/5 21171" "PC 17599" "STON/O2. 3101282" ...
 $ Fare        : num  7.25 71.28 7.92 53.1 8.05 ...
 $ Cabin       : chr  "" "C85" "" "C123" ...
 $ Embarked    : chr  "S" "C" "S" "S" ...
```

출력 결과에서는 데이터 세트가 타이타닉의 1,309명 승객 중 891명의 승객에 대해 12개의 특징을 포함하고 있음을 보여준다. 나머지 418명의 승객은 titanic_test.csv 파일에서 찾을 수 있으며, 이는 대략 70/30의 비율로 훈련 및 테스트를 위해 분할된 것이다. 이진 타깃 특징인 Survived는 승객이 난파 사고에서 생존했는지 여부를 나타내며 1은 생존을, 0은 불운한 결과를 나타낸다. 테스트 집합에서는 Survived가 비어 있는 상태로 낯선 미래 데이터를 예측하고자 시뮬레이션됐다. 데이터 탐색 로드맵을 구축하는 정신으로 각 특징이 예측에 어떤 가치가 있는지 고려해볼 수 있다. Pclass 열은 승객의 등급을 나타내며 일등석, 이등석, 3등석 티켓 상태를 나타낸다. 이와 같이 Sex 및 Age 속성은 생존을 잠재적으로 예측하는 데 유용할 것 같다. 이러한 잠재적인 관계를 더 자세히 탐구하고자 ggplot2 패키지를 사용할 것이다. 이 패키지를 아직 설치하지 않았다면 진행하기 전에 install.packages("ggplot2")를 사용해 설치한다.

모든 **ggplot2** 시각화는 그래픽을 비어 있는 캔버스 위에 계층으로 배치한다. **ggplot()** 함수만 실행하면 데이터 포인트가 없는 빈 회색 플롯 영역이 생성된다.

```
> library(ggplot2)
> p <- ggplot(data = titanic_train)
> p
```

빈 회색 좌표계가 아닌 더 흥미로운 것을 만들려면 p 객체에 저장된 도면 객체에 계층을 추가해야 한다. 추가 계층은 유형을 결정하는 geom 함수로 지정된다. 많은 **geom** 함수 중 하나를 사용하려면 데이터 세트의 특징을 시각적 표현과 연결하고자 패키지의 미학적 함수인 **aes()**를 호출하는 매핑 파라미터가 필요하다. 이러한 단계들은 다소 혼란스러울 수 있으므로 가장 좋은 방법은 예제를 통해 배우는 것이다.

먼저 **Age** 특징의 간단한 상자그림을 만들어보겠다. 2장에서 R의 boxplot() 내장 함수를 사용해 다음과 같은 시각화를 만들었다는 것을 기억할 것이다.

```
> boxplot(titanic_train$Age)
```

ggplot2 환경에서 동일한 작업을 수행하려면 빈 좌표계에 단순히 **geom_boxplot()**을 추가하면 된다. **aes()** 미적 매핑 함수를 사용해 **Age** 특징을 y 좌표에 매핑하고자 하는 것을 나타낸다.

```
+> p + geom_boxplot(mapping = aes(y = Age))
```

결과적으로 생성된 그림들은 대부분 유사하며 데이터가 표시되는 방식에서 스타일적인 차이가 몇 가지 있을 뿐이다. 심지어 투키 이상치의 사용도 두 도면에서 동일하다.

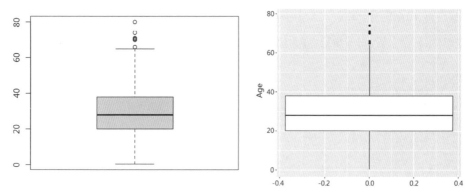

그림 11.13: R의 내장 상자그림 함수(왼쪽)와 동일한 ggplot2 버전(오른쪽)을 비교한다.
두 그림 모두 타이타닉 승객의 연령 분포를 나타낸다.

더 간단한 함수도 충분히 많은 상황에서 더 복잡한 **ggplot()** 시각화를 사용하는
것은 무의미해 보일 수 있지만 이 프레임워크의 강점은 코드를 약간 변경하면
이변량 관계를 시각화할 수 있는 능력에 있다. 예를 들어 나이가 생존 상태와
어떤 관련이 있는지 알아보려면 이전 코드를 간단하게 수정해 수행할 수 있다.
Age를 x 차원에 매핑해 이전에 사용한 세로 상자그림 대신 가로 상자그림을
만들었다. y 차원으로 팩터로 변환된 **Survived**를 제공하면 팩터의 두 수준 각각
에 대한 상자그림이 생성된다. 이 그림을 사용해 생존자는 비생존자보다 약간
어린 것으로 보인다.

```
> p + geom_boxplot(aes(x = Age, y = as.factor(Survived)))
```

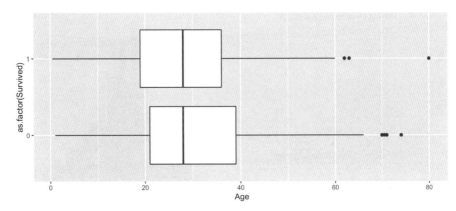

그림 11.14: 옆으로 나란히 놓인 상자그림은 타이타닉의 생존자와
비생존자의 연령 분포를 비교하는 데 도움이 된다.

가끔은 약간 다른 시각화 방법이 더 나은 정보를 줄 수 있다. 이를 염두에 두고,
2장에서 숫자 특징의 분포를 살펴보고자 R의 hist() 함수도 사용했다. 이제 이
를 ggplot로 복제해 두 시각화를 나란히 비교해보자. 내장 함수는 꽤 간단하다.

```
> hist(titanic_train$Age)
```

ggplot 버전은 geom_histogram()을 사용한다.

```
> p + geom_histogram(aes(x = Age))
```

결과 그림은 스타일적인 차이와 빈^bin의 수에 관한 기본 설정을 제외하고는 크게
다르지 않다.

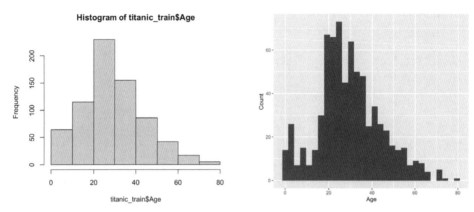

그림 11.15: R의 내장 히스토그램(왼쪽)과 동일한 ggplot2 버전(오른쪽)은 타이타닉 승객의 연령 분포를 살펴본다.

다시 말해 **ggplot2** 프레임워크의 장점은 몇 가지 작은 조정을 통해 데이터의 흥미로운 관계를 드러낼 수 있는 능력이다. 여기서는 연령과 생존의 비교를 3가지 다른 버전으로 살펴보자.

첫째, **aes()** 함수에 **fill** 파라미터를 추가해 겹치는 히스토그램을 만들 수 있다. 이렇게 하면 막대를 제공된 팩터의 수준에 따라 색상화한다. 또한 **ggtitle()** 함수를 사용해 그림에 정보 제목을 추가한다.

```
> p + geom_histogram(aes(x = Age, fill = as.factor(Survived))) +
    ggtitle("Distribution of Age by Titanic Survival Status")
```

둘째, 겹치는 히스토그램 대신 **facet_grid()** 함수를 사용해 나란히 배열된 그리드를 생성할 수 있다. 이 함수는 그리드 내의 셀을 정의하고자 행과 열 파라미터를 사용한다. 여기서는 나란히 배열된 그림을 만들고자 Survived 변수를 사용해 생존자와 비생존자를 위한 열을 정의해야 한다. 이 변수는 **vars()** 함수로 둘러싸야 한다. 이렇게 하면 이 변수가 동반 데이터 세트의 특징임을 나타낼 수 있다.

```
> p + geom_histogram(aes(x = Age)) +
    facet_grid(cols = vars(Survived)) +
    ggtitle("Distribution of Age by Titanic Survival Status")
```

셋째, 히스토그램 geom을 사용하는 대신 geom_density()를 사용해 밀도 도면을 만들 수 있다. 이 유형의 시각화는 히스토그램과 유사하지만 개별 막대 대신 부드러운 곡선을 사용해 x 차원의 각 값에서의 레코드 비율을 나타낸다. 선의 색상은 Survived의 수준을 기반으로 설정하고 곡선하 영역을 동일한 색상으로 채운다. 영역이 겹치므로 alpha 파라미터를 사용해 투명도 수준을 조절해 동시에 볼 수 있게 할 수 있다. 이는 aes() 함수가 아닌 geom 함수의 파라미터다. 전체 명령은 다음과 같다.

```
> p + geom_density(aes(x = Age,
                       color = as.factor(Survived),
                       fill = as.factor(Survived)),
                   alpha = 0.25) +
    ggtitle("Density of Age by Titanic Survival Status")
```

결과의 3가지 그림은 동일한 데이터를 다른 방법으로 시각화한다.

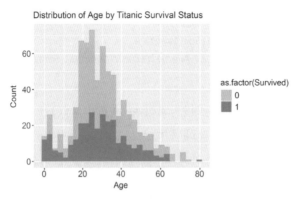

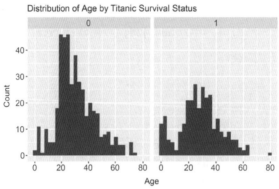

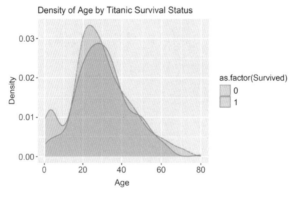

그림 11.16: ggplot() 함수 호출 내의 작은 변경은 매우 다른 출력물을 생성할 수 있다.

이 3가지 시각화는 동일한 데이터의 다른 시각화가 다른 얘기를 전할 수 있는 사실을 보여준다. 예를 들어 겹치는 히스토그램을 사용한 맨 위 그림은 상대적으로 적은 수의 사람이 생존했다는 사실을 강조하는 것처럼 보인다. 반면 아래 그림은 10세 미만의 여행자들에 대한 생존율 증가를 분명히 보여주며, 이는 적어도 어린이에 관한 '여성과 어린이 우선' 정책의 증거를 제공한다.

타이타닉의 대피 정책에 대한 더 많은 세부 정보를 찾아보고자 몇 가지 도면을 더 살펴보자. 먼저 가정된 성별별 생존 차이를 확인해본다. 이를 위해 geom_bar() 계층을 사용해 간단한 막대 차트를 만들 것이다. 기본적으로 이는 공급된 차원의 발생 횟수를 단순히 계산한다. 다음 명령은 거의 2배나 되는 남성이 여성보다 타이타닉에 탑승한 것을 나타내는 막대 차트를 생성한다.

```
> p + geom_bar(aes(x = Sex)) +
    ggtitle("Titanic Passenger Counts by Gender")
```

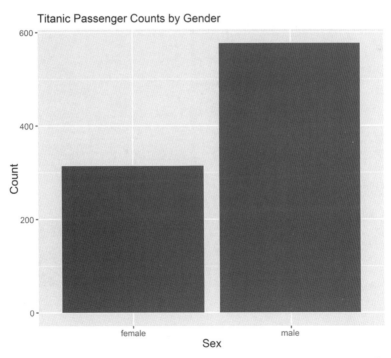

그림 11.17: 하나의 특징을 가진 간단한 막대 차트는 개수 데이터를 관점에 맞게 표현하는 데 도움이 된다.

성별에 따른 생존율을 시각화해 비교하면 더욱 흥미롭다. 이를 위해 aes() 함수에 y 파라미터로 Survived 결과를 제공하는 것뿐만 아니라 geom_bar() 함수에도 데이터의 요약 통계를 계산하도록 알려줘야 한다. 특히 stat 및 fun 파라미터를 사용해 평균 함수를 사용하게 해야 하는데, 다음과 같다.

```
> p + geom_bar(aes(x = Sex, y = Survived),
            stat = "summary", fun = "mean") +
    ggtitle("Titanic Survival Rate by Gender")
```

생성된 그림은 '여성과 어린이 우선' 구명보트 정책의 가정을 확인해준다. 탑승자 중 거의 2배나 더 많은 남성이 있었지만 여성은 생존할 확률이 3배 높았다.

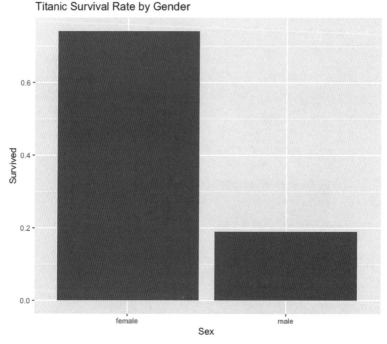

그림 11.18: 더 복잡한 막대 차트는 성별별 생존율의 차이를 보여줄 수 있다.

한 번 더 말하자면 ggplot이 상대적으로 적은 코드 변경으로 다양한 시각화를 만들고 데이터에 대해 다양한 얘기를 전할 수 있는 능력을 보여주고자 승객 등급 (Pclass) 특징을 몇 가지 다른 방식으로 살펴보자. 먼저 성별 생존율처럼 stat 및 fun 파라미터를 사용해 생존율을 나타내는 간단한 막대 차트를 생성한다.

```
> p + geom_bar(aes(x = Pclass, y = Survived),
                stat = "summary", fun = "mean") +
    ggtitle("Titanic Survival Rate by Passenger Class")
```

생성된 그림은 2등석 및 3등석 승객들의 생존 가능성이 상당히 감소한 것을 보여준다.

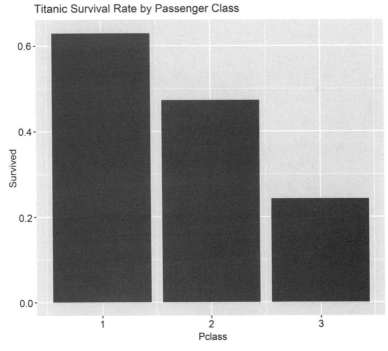

그림 11.19: 막대 차트는 타이타닉의 하급 승객 등급의 생존 결과에 명확한 불균형을 보여준다.

색상은 추가적인 차원을 전달하는 데 효과적인 도구가 될 수 있다. fill 파라미터를 사용해 생존 상태에 따라 색상으로 채워진 간단한 승객 수 막대 차트를 생성할 것이다. 이때 생존 상태는 팩터로 변환된다.

```
> p + geom_bar(aes(x = Pclass,
                   fill = factor(Survived,
                                labels = c("No", "Yes")))) +
    labs(fill = "Survived") +
    ylab("Number of Passengers") +
    ggtitle("Titanic Survival Counts by Passenger Class")
```

결과는 대다수의 사망자가 선박의 삼등석에서 왔다는 사실을 강조한다.

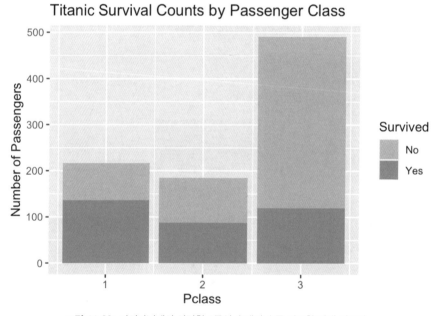

그림 11.20: 타이타닉에서 사망한 3등석 승객의 수를 강조한 막대 차트다.

다음으로 색상화된 막대를 어떻게 배열할지 ggplot()에 알려주는 position 파라미터를 수정해보자. 이 경우 position = "fill"로 설정해 수직 공간을 채우는 스택된 막대 차트를 만든다. 이로써 스택 내의 각 색상은 100% 중 상대적인 비율을 갖게 된다.

```
> p + geom_bar(aes(x = Pclass,
                    fill = factor(Survived,
                                  labels = c("No", "Yes"))),
              position = "fill") +
    labs(fill = "Survived") +
    ylab("Proportion of Passengers") +
    ggtitle("Titanic Survival by Passenger Class")
```

생성된 그림은 하급 클래스의 생존 가능성이 감소한 사실을 강조한다.

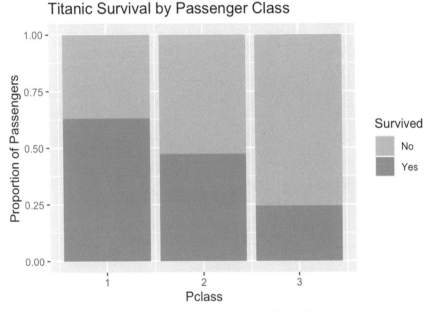

그림 11.21: 승객 등급별 생존율을 대조하는 막대 차트

마지막으로 승객 등급, 성별 및 생존 사이의 관계를 시각화해보자. Pclass와
Survived 특징이 x 및 y 차원을 정의하고 Sex는 fill 파라미터를 통해 막대
색상을 정의한다. position = "dodge"로 설정하면 ggplot()이 색상화된 막대를
쌓는 대신 나란히 배치하도록 지시하고 stat 및 fun 파라미터는 생존율을 계산
한다. 전체 명령은 다음과 같다.

```
> p + geom_bar(aes(x = Pclass, y = Survived, fill = Sex),
              position = "dodge", stat = "summary", fun = "mean") +
  ylab("Survival Proportion") +
  ggtitle("Titanic Survival Rate by Class and Sex")
```

이 그림은 거의 모든 일등석과 2등석 여성 승객이 생존했으며 모든 등급에서 남성 승객이 더 많이 사망한 것을 보여준다.

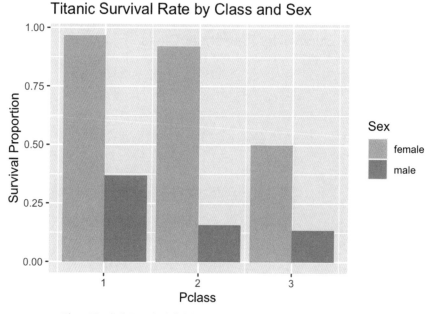

그림 11.22: 승객 등급과 관계없이 남성들의 낮은 생존율을 보여주는 막대 차트

타이타닉 데이터의 더 많은 측면을 살펴보는 것은 독자에게 맡기는 것이 좋겠다. 결국 데이터 탐색은 데이터와 데이터 과학자 간의 개인적인 대화로 생각할 수 있다. 마찬가지로 앞서 언급한 대로 **ggplot2** 패키지의 모든 측면을 다루는 것은 이 책의 범위를 벗어난다. 그럼에도 이 절은 데이터 시각화가 특징 간의 연결을 찾는 데 어떤 방식으로 도움이 되는지를 보여줄 것이다. **ggplot()** 함수의 능력을 더 깊게 탐구하고 여러분의 관심을 가진 데이터 세트를 탐색함으로

써 모델 구축 및 얘기 전달 능력을 크게 향상시킬 수 있을 것이다. 이 2가지는 머신러닝에서 성공을 거두는 데 중요한 요소다.

NOTE

> 윈스턴 창(Winston Chang)의 『The R Graphics Cookbook』(https://r-graphics.org)은 무료로 온라인에서 이용할 수 있으며, 거의 모든 유형의 ggplot2 시각화를 다루는 다양한 레시피를 제공한다.

⁑ 요약

11장에서는 성공적인 머신러닝 실무자가 되기 위한 기본 사항과 성공적인 머신러닝 모델을 구축하는 데 필요한 기술을 살펴봤다. 이러한 기술은 폭넓은 필수 지식과 경험뿐만 아니라 학습 알고리듬, 훈련 데이터 세트, 현실 세계의 배치 시나리오, 작업이 우연히든 의도적으로든 잘못될 수 있는 무수한 방법에 대한 철저한 이해가 요구된다.

데이터 과학 관련 용어는 데이터, 기계, 학습 과정을 이끄는 사람들 간의 관계를 시사한다. 이는 팀 작업이며 데이터 마이닝 분야에서 파생된 분야인 데이터 과학의 강조가 커짐에 따라 다양한 학위 프로그램과 온라인 인증이 등장하면서 데이터, 통계 및 컴퓨터 알고리듬뿐만 아니라 실제 기술과 관련된 행정적 인프라에 중점을 둔 연구 분야로서의 운용화를 반영한다.

응용 머신러닝과 데이터 과학은 실무자들에게 흥미로운 탐험가와 이야기꾼 역할을 요구한다. 데이터의 대담한 사용은 데이터에서 정말로 배울 수 있는 것과 어떤 것이 합리적으로 배워질 수 있는지를 신중하게 균형 잡아야 한다. 이는 분명히 예술과 과학 모두이며 그 결과로 그 분야를 전체적으로 숙달할 수 있는 사람은 거의 없다. 대신 지속적인 개선, 반복, 경쟁을 통해 자기 개선을 이루며, 이는 필연적으로 의도한 실제 애플리케이션에서 더 나은 성능을 발휘하는 모델로 이어진다. 이는 인공지능의 '선순환'에 기여하며 플라이휠과 같은 효과로 데이터 과학 방법을 채택하는 조직의 생산성을 빠르게 높이는 역할을 한다.

11장에서는 익숙한 주제를 다시 검토하고 머신러닝의 실세계 실무에서 발견되는 새로운 복잡성을 드러냈듯이 12장에서는 데이터 준비를 다시 살펴보며 대용량이고 복잡한 데이터 세트에서 발생하는 일반적인 문제에 대한 해결책을 고려한다. 우리는 초기 학습 곡선을 통과한 후에는 더욱 능숙하게 다룰 수 있는 이러한 도전에 더 효과적으로 대응할 수 있는 완전히 새로운 R 프로그래밍 방법을 배워볼 것이다. 이 방법은 더욱 재능 있게 도전에 대처할 뿐만 아니라 초기 학습 곡선을 통과한 후에는 아마 더욱 재미있고 직관적으로 사용할 수 있는 방법이다.

12

고급 데이터 준비

실세계 머신러닝 프로젝트에 투자된 시간의 80%는 데이터 준비에 소비된다는 말은 널리 인용돼서 대부분 의문 없이 받아들여진다. 이 책의 이전 장들은 이를 일반적인 사실로 언급하면서 이 속설을 보급하는 데 기여했으며, 이는 확실히 흔한 경험과 인식이지만 통계에서 일반화할 때 발생하는 것처럼 과도한 단순화다. 실제로 데이터 준비에 대한 단일하고 균일한 경험은 없다. 그럼에도 데이터 준비 작업에는 거의 항상 예상보다 더 많은 노력이 필요하다는 것은 사실이다.

일반적으로 데이터 준비에 대한 노력을 과소평가하는 것은 드물며, 11장에서처럼 몇 줄의 R 코드로 쉽게 읽고 처리할 수 있는 단일 CSV 형식의 텍스트 파일을 제공받는 경우도 드물다. 대신 필요한 데이터 요소는 종종 데이터베이스에 분산돼 있으며, 이를 모아 필터링, 재형식화 및 결합해야만 머신러닝에서 사용할 수 있는 특징으로 활용할 수 있다. 이는 데이터에 대한 이해를 얻는 시간과 함께 이해관계자로부터 데이터에 액세스하는 시간을 고려하기 전에 상당한 노력을 필요로 할 수 있다.

12장은 실세계에서 준비해야 할 더 크고 복잡한 데이터 세트를 준비하기 위한 것이다. 12장에서 다루는 내용은 다음과 같다.

- 데이터 준비가 더 나은 모델을 구축하는 데 중요한 이유
- 데이터를 더 유용한 예측 변수로 변환하는 팁과 트릭
- 데이터를 효율적으로 준비하는 특화된 R 패키지

다른 팀과 다른 프로젝트는 데이터 과학자에게 머신러닝 과정을 위해 데이터 준비에 투자해야 할 시간이 다를 수 있으며, 따라서 80%라는 통계는 특정 프로젝트나 개별 기여자에게 필요한 노력을 과장하거나 과소평가할 수 있다.

그래도 누가 이 작업을 수행하든 강력한 머신러닝 프로젝트를 구축하는 과정에서 고급 데이터 준비가 필수적인 단계임을 곧 발견하게 될 것이다.

⁝⁝ 특징 공학 수행

특징 공학feature engineering 프로세스에는 시간, 노력, 상상력이 중요한 역할을 한다. 이 과정은 주제 전문 지식을 적용해 예측을 위한 새로운 특징을 생성하는 것을 포함하며, 간단한 용어로는 데이터를 더 유용하게 만드는 예술로 설명할 수 있다. 더 복잡한 용어로는 도메인 전문 지식과 데이터 변환의 조합을 의미한다. 머신러닝 프로젝트를 위해 어떤 데이터를 수집할 것인지 뿐만 아니라 데이터를 알고리듬의 기대에 맞게 병합, 코드화, 정리하는 방법을 알아야 한다.

특징 공학은 머신러닝과 관련된 데이터 탐색과 밀접하게 관련돼 있으며, 이는 11장에서 설명한 대로 데이터를 검토하고 가설 생성 및 테스트를 통해 이뤄진다. 탐색과 브레인스토밍은 어떤 특성이 예측에 유용할 것인지에 대한 통찰력을 얻게 될 가능성이 높으며, 특징 공학의 행위는 새로운 탐구 대상을 도출할 수도 있다.

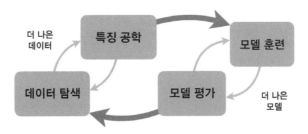

그림 12.1: 특징 공학은 모델과 데이터가 함께 작동하는 주기의 일부다.

특징 공학은 모델과 데이터가 더 잘 협력하게 돕고자 투자되는 사이클 내의 일부다. 데이터 탐색과 특징 공학 라운드가 데이터 개선으로 이어지고, 이는 더 나은 모델을 훈련시키는 반복을 야기하며, 이로부터 또 다른 데이터 개선 가능성을 얻게 된다. 이러한 잠재적인 개선 사항은 단순한 데이터 문제를 해결하고 알고리듬이 R에서 실행될 수 있게 하는 최소한의 정리 및 준비 작업뿐만 아니라 알고리듬이 더 효과적으로 학습하게 이끄는 단계들을 포함한다. 이에는 다음이 포함될 수 있다.

- 알고리듬이 더 빠르게 학습하거나 더 단순한 데이터 표현을 학습하게 돕는 복잡한 데이터 변환 수행
- 해석하기 쉬운 특성 생성 또는 기본적인 이론적 개념을 더 잘 나타내는 특징 생성
- 비정형 데이터 활용 또는 주요 소스에 추가적인 특징 병합

이 모든 작업은 강렬한 사고와 창의력을 모두 요구하며, 공식적이기보다는 도메인 특화적이고 즉흥적인 작업이다. 컴퓨터와 실무자는 서로 보완적인 강점을 갖고 이 작업을 공유할 수 있다. 컴퓨터는 창의성과 즉흥적 능력이 부족하지만 계산 능력, 무차별한 힘, 끈질긴 끈기로 해결할 수 있는 것들이 있다.

사람과 기계의 역할

특징 공학은 추상화의 학습 과정 단계에서 인간과 기계 간의 협력으로 볼 수

있다. 1장에서 추상화 단계는 저장된 데이터를 더 넓은 개념과 표현으로 변환하는 것으로 정의됐다. 다시 말해 추상화 중에는 원시 데이터 요소 간의 연결이 형성되며, 이는 학습 목표에 중요한 개념을 대표할 것이다. 이러한 관계는 일반적으로 모델에 의해 정의되며 학습된 개념을 관심 대상의 결과와 연결한다. 특징 공학 중에는 인간이 추상화 과정을 특정 방향으로 유도하거나 조정해 더 나은 성능의 모델을 생성하는 것이 목표다.

다음과 같이 상상해보자. 과거에 어려운 개념을 배우려 시도한 경험을 떠올려보자. 이 교재를 읽는 동안 그런 시도를 한 적이 있을 수도 있다. 텍스트를 읽고 나중에 다시 읽어도 개념을 이해하는 데 도움이 되지 않고 당혹스러움을 느끼며 친구나 동료에게 도움을 청하게 된다. 이 친구는 다른 방식으로 개념을 설명하며 유사성이나 예제를 사용해 개념을 이전 경험에 연결하는 데 도움을 줄 것이다. 그렇게 하다보면 '유레카!'라고 외치는 순간에 이르게 된다. 모든 것이 갑자기 명확해지며 처음에 개념을 이해하지 못한 이유가 궁금해진다. 이처럼 추상화의 힘은 학습 과정을 지원하고자 다른 학습자로 전달될 수 있다. 특징 공학 과정은 인간이 의도적으로 설계된 입력 데이터를 통해 자신의 직관적 지식이나 전문 분야 전문 지식을 기계로 전달할 수 있게 한다.

추상화가 학습 과정의 기반이라는 사실을 감안할 때 머신러닝은 본질적으로 특징 공학이라고 주장할 수 있다. 유명한 컴퓨터 과학자이자 인공지능 선구자인 앤드류 응[Andrew Ng]은 "특징을 만들어내는 것은 어렵고 시간이 많이 걸리며 전문 지식이 필요하다. 응용 머신러닝은 본질적으로 특징 공학이다." 또한 컴퓨터 과학 교수이자 머신러닝 책 『The Master Algorithm』(Basic Books, 2015)의 저자인 페드로 도밍고스[Pedro Domingos]는 "일부 머신러닝 프로젝트는 성공하고 일부는 실패합니다. 차이점은 무엇일까요? 가장 중요한 요소는 사용된 특징입니다."라고 말했다.

NOTE

앤드류 응의 인용문은 'Machine Learning and AI via Brain simulations,'라는 강의에서 나온 것으로, 웹 검색을 통해 온라인에서 확인할 수 있다. 또한 페드로 도밍고스의 책 『The Master Algorithm』 외에도 그의 훌륭한 논문 「A few useful things to know about machine learning」을 Communications of the ACM(2012)에서 확인할 수 있다(https://doi.org/10.1145/2347736.2347755).

잘 수행된 특징 공학은 약한 학습 모델을 훨씬 강력한 학습 모델로 변화시킬 수 있다. 많은 머신러닝 및 인공지능 문제는 데이터가 충분히 정제됐다면 간단한 선형 회귀 방법으로 해결될 수 있다. 심지어 매우 복잡한 머신러닝 방법도 충분한 특징 공학이 제공된 경우 표준 선형 회귀로 복제될 수 있다. 선형 회귀는 스플라인spline 및 2차 항을 사용해 비선형 패턴을 모델링할 수 있으며, 새롭게 설계된 특징이 원래 입력 데이터의 상호작용이나 변환으로 신중하게 공학화된 경우에는 가장 복잡한 신경망조차도 그 성능에 근접할 수 있다.

단순 학습 알고리듬을 더 복잡한 문제에 적용하는 아이디어는 회귀에만 국한되지 않는다. 예를 들어 의사결정 트리는 입력 데이터의 회전을 통해 축 평행한 결정 경계를 처리할 수 있다. 또한 초평면 기반의 서포트 벡터 머신은 적절한 커널 기법을 사용해 복잡한 비선형 패턴을 모델링할 수 있다. k-NN과 같은 간단한 방법은 충분한 노력과 입력 데이터 및 학습 문제에 대한 충분한 이해가 있다면 회귀를 모방하거나 아니면 더 복잡한 방법을 모방할 수 있다. 그러나 여기에 함정이 있다. 더 복잡한 알고리듬도 동시에 자동으로 특징 공학을 수행하면서 동일하게 잘 수행되거나 더 나은 성능을 발휘할 때 왜 더 간단한 방법을 사용하고자 큰 시간을 투자해야 할까?

실제로 데이터의 기본 패턴의 복잡성과 적합한 학습 알고리듬의 복잡성을 조화시키는 것이 좋다. 컴퓨터가 자동으로 수행할 수 있는 상황에서 특징 공학을 수동으로 수행하는 것은 노력 낭비뿐만 아니라 실수와 중요한 패턴의 누락을 초래할 수 있다. 의사결정 트리와 심층 신경망을 포함해 충분히 많은 은닉 노드를 가진 신경망은 자체적인 형태의 특징 공학을 수행할 수 있는 능력이 특히 뛰어나다. 이런 기능은 수동으로 수행할 수 있는 것보다 더 철저하고 강력할 가능성이 크다. 하지만 이것이 우리가 모든 작업에 동일한 방법을 맹목적으로 적용할 수 있다는 의미는 아니다. 결국 머신러닝에서도 세상에 공짜 점심은 없다.

모든 문제에 동일한 알고리듬을 적용하는 것은 특징 공학에 대한 일반적인 접근 방식이 있다는 것을 시사하는데, 이는 특징 공학이 과학뿐만 아니라 예술적인 요소도 포함하기 때문이다. 따라서 모든 전문가가 모든 작업에 동일한 방법을 적용한다면 더 나은 성능이 가능한지 알 방법이 없을 것이다. 어쩌면 약간 다른 특징 공학 접근 방식이 고객 이탈이나 암을 더 정확하게 예측하는 모델을 얻게 됐을 수 있으며, 이는 더 큰 이익이나 더 많은 생명을 구할 수 있을 것이다. 이는 경쟁에서 작은 성능 향상이 경쟁 상대에 대한 상당한 우위를 의미할 수 있는 실세계에서 분명한 문제다.

캐글의 머신러닝 대회와 같은 고도의 경쟁 환경에서 각 팀은 동일한 학습 알고리듬에 액세스하며 각 알고리듬을 빠르게 적용해 최상의 성능을 내는 것이 가능하다. 그렇기 때문에 캐글 챔피언들의 인터뷰를 읽다보면 특징 공학에 상당한 노력을 투자하는 경향이 종종 나타난다. 2012년부터 2013년까지 캐글에서 최고 평가를 받은 데이터 과학자인 자비에 코노트Xavier Conort는 인터뷰에서 다음과 같이 말했다.

> "우리가 사용한 알고리듬은 캐글 사용자들에게 매우 표준적이다... 우리는 주로 특징 공학에 많은 노력을 기울였다. 또한 과적합의 위험을 노출시킬 가능성이 있는 특징들을 신중하게 제거하는 데 주의를 기울였다."

특징 공학은 머신러닝에서 소수의 독점적인 측면 중 하나이며 팀 간의 차이점 중 하나다. 다시 말해 특징 공학을 잘 수행하는 팀은 경쟁을 앞서나갈 경향이 있다.

NOTE

자비에 코노트와의 전체 인터뷰를 읽으려면 원래 캐글 'No Free Hunch' 블로그에 게시된 내용을 https://web.archive.org/web/20190609154949/http://blog.kaggle.com/2013/04/10/qa-with-xavier-conort/에서 확인한다. 다른 캐글 챔피언들의 인터뷰는 https://medium.com/kaggle-blog/tagged/kaggle-competition에서 확인할 수 있다.

코노트의 발언에 따르면 특징 공학에 투자할 필요가 있어 인간 지능과 과목 전문 지식의 적용에 대한 투자가 더 많이 필요할 것으로 생각될 수 있지만 항상 사실은 아니다. 캐글의 최상위 'DataRobot' 팀의 구성원인 제레미 아친[Jeremy Achin]은 인간의 전문 지식이 놀랍게 제한된 유용성을 갖고 있다고 언급했다. 그는 특징 공학에 소비된 시간에 대해 인터뷰에서 다음과 같이 말했다.

> "가장 놀라운 점은 사실 거의 모든 시도가 과목 전문 지식을 활용하거나 데이터 시각화에서 얻은 통찰력을 사용하면 심각하게 나쁜 결과로 이어진다는 것이었다. 사실 매우 유능한 생화학자로부터 2시간 동안의 화이트보드 강의를 준비해 배웠던 내용을 기반으로 몇 가지 아이디어를 생각해냈지만 어느 것 하나도 효과를 보이지 않았다. "

제레미 아친과 자비에 코노트 그리고 다른 일부 높은 프로필의 캐글 그랜드 마스터들은 캐글 대회의 성공을 기반으로 인공지능 기업인 DataRobot을 창업했다. 이 회사는 현재 수십억 달러의 가치가 있다. 그들의 소프트웨어는 머신러닝을 자동으로 수행하며, 이는 그들의 캐글 작업에서 배운 중요한 교훈 중 하나가 컴퓨터가 인간과 비슷하거나 더 나은 수준으로 머신러닝 과정의 많은 단계를 수행할 수 있다는 것이다.

NOTE

제레미 아친 전체 인터뷰를 읽으려면 원래 캐글 'No Free Hunch' 블로그에 게시된 링크 https://web.archive.org/web/20190914030000/http://blog.kaggle.com/2012/1/04/ eam-atarobot-merck-2nd-placeinterview/를 방문한다. DataRobot 회사의 웹 사이트는 https:// www.datarobot.com이다.

물론 전문 분야 지식을 활용해 조각조각으로 모델을 구축하는 방법과 모든 것을 기계에 던져보는 방법 사이에 균형이 있다. 현재 특징 공학은 여전히 주로 수동적인 과정이지만 이 분야의 미래는 무작위적인 '무엇이 들어맞는지 확인해보는' 접근 방식으로 나아가고 있는 것으로 보인다. 자동화된 특징 공학은 빠르게 성장하고 있는 연구 분야이며 이 도구의 기초는 컴퓨터가 창의성과 도메인 지식 부족을 많은 조합을 시험해보면서 보완할 수 있다는 아이디어에 기반을 둔다. 컴퓨터는 인간이 시도할 시간조차 없는 다양한 특징 조합을 시험해본다는 것이다. 자동화된 특징 공학은 좁지만 안내된 인간의 사고를 넓고 체계적인 컴퓨터 사고로 바꾸며, 더 최적의 해결책을 찾을 수 있는 잠재적 이점과 해석 가능성의 손실 및 과적합 가능성과 같은 잠재적인 단점을 갖는다.

자동화의 잠재력에 너무 흥분하기 전에 이러한 도구가 특징 공학에 대한 사고 일부를 외부에 위탁할 수 있게 해주더라도 여전히 작업의 코딩 부분에 투자해야 한다. 다시 말해 한 번에 하나씩 특징을 수동으로 코딩했던 시간은 대신 유용한 특징을 체계적으로 찾거나 구축하는 함수를 코딩하는 데 사용된다.

현재 개발 중인 유망한 알고리듬으로는 파이썬 기반의 Featuretools 패키지 및 해당 파이썬 코드와 상호작용하는 R 패키지 featuretoolsR 등이 있다. 이러한 도구들은 특징 구축 과정을 자동화하는 데 도움이 될 수 있지만 이러한 도구의 사용은 아직 널리 보급되지 않았다. 또한 이러한 방법은 데이터와 컴퓨팅 시간에 의존해야 하며 많은 머신러닝 프로젝트에서는 이러한 제한 요소가 될 수 있다.

Featuretools에 대한 좀 더 자세한 정보는 https://www.featuretools.com를 방문한다.

빅데이터와 딥러닝의 영향

특징 공학이 사람에 의해 수행되든 자동화된 기계 방법에 의해 수행되든 궁극적으로는 추가 투자된 노력이 학습 알고리듬의 성능을 거의 또는 전혀 향상시키지 못하는 지점에 도달한다. 더 정교한 학습 알고리듬의 적용은 모델의 성능을 다소 향상시킬 수 있지만 이 역시 감소된 결과가 나타날 수 있다. 이는 적용할 수 있는 가능한 방법이 유한하며 이들의 성능 차이가 상대적으로 미미하기 때문이다. 따라서 추가적인 성능 향상이 필요한 경우 남은 선택지는 훈련 데이터 세트의 크기를 추가적인 특징이나 예제와 함께 늘리는 것이다. 더 많은 열을 추가하려면 지난 비즈니스 프로세스에서 생성된 데이터를 수정해야 하는 경우가 많으므로 많은 경우에는 더 많은 행을 수집하는 것이 더 쉬운 선택지다.

실제로 데이터 행을 더 추가함으로써 얻을 수 있는 성능 향상은 비교적 낮다. 이 책에서 설명한 대부분의 알고리듬은 빠르게 평탄화되며 수백만 개의 행을 포함하는 데이터 세트와 몇천 개의 행을 포함하는 데이터 세트 사이의 성능 차이는 크지 않을 것이다. 여러분이 관심 있는 실제 프로젝트에 머신러닝 방법을 적용한 적이 있다면 이를 이미 직접 경험해봤을 것이다. 데이터 세트가 충분히 큰 경우(많은 실제 애플리케이션에서는 몇 천 개의 행만 필요하다) 추가적인 예제는 단순히 계산 시간이 길어지거나 메모리가 부족해지는 등의 문제를 일으킬 수 있다. 더 많은 데이터가 더 많은 문제를 야기한다면 자연스럽게 '빅데이터' 시대라 불리는 이유가 무엇인지에 대해 궁금증이 생길 것이다. 이 질문에 대답하려면 먼저 다양한 크기의 데이터 세트 사이에 철학적인 차이를 설정해야 한다. 분명히 '빅데이터'는 단순히 데이터의 행수가 많거나 데이터베이스나 파일 시스템에서 소비되는 저장 공간이 큰 것을 의미하지 않는다. 사실 이러한 모든 측면을 포함하며 크기는 데이터의 크기가 큰 데이터의 존재를 나타내는 4가지 요소 중 하나에 불과하다.

다음은 빅데이터의 4가지 V라고 불리는 개념이다.

- **볼륨**Volume: 데이터의 실제 크기로, 더 많은 행, 더 많은 열 또는 더 많은 저장 공간 등을 포함한다.
- **속도**Velocity: 데이터가 축적되는 속도로, 볼륨뿐만 아니라 데이터 처리의 복잡성에도 영향을 준다.
- **다양성**Variety: 서로 다른 시스템 간 데이터의 유형 또는 정의의 차이로, 특히 텍스트, 이미지 및 오디오 데이터와 같은 비구조적 원본의 추가를 나타낸다.
- **진실성**Veracity: 입력 데이터의 신뢰성 및 소스 간 데이터 일치의 능력이다.

이 목록을 위에서 아래로 읽으면 요소들이 직관적으로 덜 분명해지지만 실제로 마주하면 다루기 더 어려운 요소들이다. 첫 두 요소인 볼륨과 속도는 '중간 데이터 공간'이라고 부를 수 있는 기반이다. 높은 볼륨 및 높은 속도의 데이터 작업에도 어려움이 없다는 것은 아니지만 이러한 어려움은 이미 진행 중인 작업을 확장해 해결할 수 있는 경우가 많다. 예를 들어 더 빠른 컴퓨터와 더 많은 메모리를 사용하거나 계산 효율성이 더 높은 알고리듬을 적용할 수 있을 것이다. 데이터의 다양성이 더 커지고 진실성이 줄어들면 머신러닝 프로젝트에서 전혀 다른 접근 방식이 필요하게 된다. 특히 높은 속도 및 높은 볼륨의 규모에서 그렇다. 다음 표는 소규모, 중간, 빅데이터 공간 간의 몇 가지 차이점을 나열한 것이다.

	작은 데이터	중간 데이터	빅데이터
저장 형식	스프레드시트	데이터베이스	+ 데이터 레이크 & NoSQL 데이터베이스
분석 기법	전통적 통계학	+머신러닝	+딥러닝 & 인공지능
계산 스킬	엑셀, 시각화	+SQL, R, 파이썬	+하둡/스파크, 텐서플로, H2O 등
계산 하드웨어	노트북	노트북/서버	클라우드

그림 12.2: 대부분의 머신러닝 프로젝트는 '중간 데이터' 규모에 해당하며,
'빅데이터'를 활용하려면 추가적인 기술과 도구가 필요하다.

작은 데이터에서 중간 데이터로, 그리고 중간 데이터에서 큰 데이터로 이동하는 것은 지수적exponential인 투자를 필요로 한다. 데이터 세트가 크기와 복잡성을 더하면 필요한 인프라가 훨씬 복잡해지며 점점 더 특화된 데이터베이스, 컴퓨팅 하드웨어 및 분석 도구가 필요하다. 그중 일부는 15장에서 다룬다. 이러한 도구들은 빠르게 변화하므로 지속적인 교육과 재기술이 필요하다. 데이터의 규모가 커짐에 따라 시간이 더 중요한 제약 요소가 된다. 프로젝트가 더 복잡하고 움직이는 부분이 많아져 반복과 개선 주기가 더 많이 필요하며 작업이 단순히 더 오래 걸린다. 중간 크기의 데이터 세트에서 몇 분 안에 실행되는 머신러닝 알고리듬은 훨씬 더 큰 데이터 세트에서는 클라우드 컴퓨팅 파워를 이용해도 몇 시간에서 며칠이 걸릴 수 있다.

빅데이터의 중요성을 감안할 때 이와 관련된 프로젝트는 종종 인력과 자원에 있어 수백 배의 차이를 가질 수 있다. 이는 그냥 '비즈니스 운영 비용'의 일부로 간주된다. 수십 명의 데이터 과학자와 해당 인프라 및 데이터 처리 파이프라인을 지원하는 IT 전문가가 있을 수 있다. 일반적인 빅데이터 솔루션은 여러 도구와 기술이 함께 작동해야 한다. 이는 데이터 아키텍트가 다양한 컴퓨팅 자원을 계획하고 구조화하고, 그들의 보안, 성능 및 클라우드 호스팅 비용을 모니터링

할 수 있는 기회를 만든다. 마찬가지로 데이터 과학자들은 종종 데이터 엔지니어와 일치하는데, 이들은 데이터를 소스 사이에 파이프로 전송하고 가장 복잡한 프로그래밍 작업을 수행한다. 대규모 데이터 세트를 처리하는 노력은 데이터 과학자들이 분석과 머신러닝 모델 구축에 집중할 수 있게 해준다.

오늘날 가장 크고 어려운 머신러닝 프로젝트를 수행하는 사람의 관점에서 볼 때 이 책에서 다루는 대부분의 예제를 포함해 많은 일상 프로젝트는 작은 데이터 영역에 해당한다. 이 패러다임에서 데이터 세트는 행의 수나 저장 용량 측면에서 '큰' 데이터로 커질 수 있지만 실제로 '빅데이터'는 아니다. 컴퓨터 과학 및 머신러닝 전문가인 앤드류 응은 작은 데이터의 영역에서는 인간의 역할이 여전히 중요하다고 지적했다. 인간은 손으로 특징을 공학화하거나 가장 성능이 우수한 학습 알고리듬을 선택함으로써 프로젝트의 성능에 큰 영향을 줄 수 있다. 그러나 데이터 세트가 '큰'에서 '거대' 규모로 커지며 빅데이터 영역으로 진입하면 수동 조정의 작은 이득을 뛰어넘는 성능을 높이고자 다른 종류의 알고리듬이 나타난다.

그림 12.3은 앤드류 응의 작업에서 적용한 것으로, 이 현상을 설명한다.

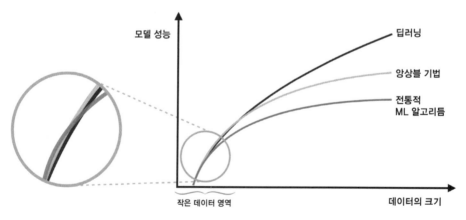

그림 12.3: 소규모 데이터 체제에서는 전통적인 머신러닝 알고리듬이 복잡한 방법보다 경쟁력이 있을 뿐만 아니라 데이터 크기가 증가함에 따라 더 나은 성능을 발휘할 수 있다.

소규모 데이터 체제 내에서는 다른 알고리듬이나 알고리듬 클래스 중에서 예측 가능하게 더 나은 성능을 발휘하는 것은 없다. 여기서는 주제 전문 지식과 수작업 특징 공학을 포함한 똑똑한 특징 공학이 전통적인 머신러닝 알고리듬을 사용하는 단순한 알고리듬을 훨씬 더 복잡한 방법이나 딥러닝 신경망보다 능가하게 할 수 있다.

데이터 크기가 중간 데이터 체제로 증가하면 앙상블 접근 방식(14장에서 설명)이 전통적인 머신러닝 알고리듬을 사용한 주의 깊게 수작업으로 만든 모델보다 더 나은 성능을 발휘하는 경향이 있다. 큰 데이터 체제에서 발견되는 가장 큰 데이터 세트에서는 딥러닝 신경망(7장에서 소개되고, 15장에서 자세히 다룰 예정)만이 최고의 성능을 발휘할 수 있는 것으로 보이며, 그들은 추가 데이터에서 학습할 수 있는 능력이 거의 한계에 도달하지 않기 때문이다. 이는 "세상에 공짜 점심은 없다."는 원칙이 틀렸고 실제로 모든 것을 지배하는 하나의 학습 알고리듬이 있다는 것을 의미하는가?

왜 어떤 알고리듬이 대규모 데이터 체제에서 다른 알고리듬보다 더 나은 성능을 발휘하는지 그리고 "세상에 공짜 점심은 없다."는 원칙이 여전히 적용되는 이유를 이해하려면 먼저 데이터의 크기와 복잡성, 모델이 복잡한 패턴을 학습할 수 있는 능력 그리고 과적합의 위험과의 관계를 고려해야 한다. 데이터의 크기와 복잡성을 일정하게 유지하되 학습 알고리듬의 복잡성을 증가시켜 훈련 데이터에서 관찰되는 것과 더 유사하게 모델링하는 경우를 생각해보자. 예를 들어 의사결정 트리의 크기를 지나치게 키우거나 회귀 모델의 예측 변수 수를 증가시키거나 신경망에 숨겨진 노드를 추가할 수 있다. 이 관계는 편향-분산 균형의 개념과 밀접한 관련이 있다. 모델 복잡도를 증가시킴으로써 모델을 훈련 데이터에 더욱 밀착시키며, 그 결과로 모델의 고유한 편향을 줄이고 분산을 증가시킨다.

그림 12.4는 모델 복잡성이 증가함에 따라 발생하는 전형적인 패턴을 보여준다. 초기에 모델이 훈련 데이터에 적합하지 않을 때는 모델 복잡성의 증가가 모델 에러의 감소와 모델 성능의 증가로 이어진다. 그러나 모델 복잡성이 훈련 데이터를 과적합시키는 데 기여하는 지점이 있다. 이 지점을 넘어서면 모델의 훈련 데이터의 에러율이 계속 감소하지만 테스트 집합의 에러율이 증가하며 모델의 훈련 이상의 일반화 능력이 크게 저해된다. 또한 이는 데이터 세트의 능력이 모델의 증가하는 복잡성을 지원하는 한계가 있다는 가정을 전제로 한다.

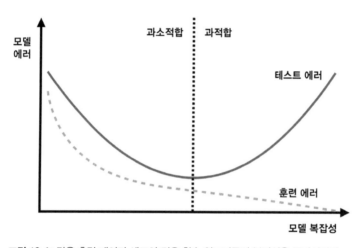

그림 12.4: 많은 훈련 데이터 세트의 경우 학습 알고리듬의 복잡성을 증가시키면 과적합의 위험과 테스트 집합 에러가 증가할 수 있다.

우리가 훈련 데이터 세트의 크기와 범위를 증가시킬 수 있다면 큰 데이터 범위는 2번째 계층의 머신러닝 성능을 활성화시킬 수 있다. 그러나 이러한 학습 알고리듬 역시 추가 데이터를 활용하고자 복잡성을 증가시킬 수 있는 능력이 있어야만 한다. 지금까지 이 책에서 다룬 여러 전통적인 알고리듬들은 이러한 진화적인 도약을 수행할 능력이 부족하다. 적어도 어떤 형태의 추가적인 도움 없이는 그렇다.

전통적인 머신러닝 알고리듬과 이러한 도약이 가능한 알고리듬 사이의 결여점은 알고리듬들이 데이터에 대해 학습하려는 파라미터의 수와 관련이 있다. 11장에서 파라미터는 학습자의 내부 값으로 데이터의 추상화를 나타내는 것으로 설명됐다. 다양한 이유로 인해 이전에 표현한 편향-분산 트레이드오프와 더 단순하고 경제적인 모델이 더 복잡한 모델보다 우선돼야 한다는 믿음 등을 포함해 더 적은 파라미터를 가진 모델들이 선호돼왔다. 파라미터의 수를 너무 높이면 데이터 세트가 훈련 데이터를 단순히 기억해 심각한 과적합을 유발할 것으로 가정됐다.

흥미롭게도 이것은 사실이지만 어느 정도까지만 사실이다. 그림 12.5가 그것을 보여준다. 모델 복잡성, 즉 파라미터의 수가 증가하면 테스트 집합 에러도 이전과 같은 U자형 패턴을 따른다. 그러나 복잡성과 파라미터화가 보간 임계점 interpolation threshold에 도달한 후에는 새로운 패턴이 나타난다. 보간 임계점에서는 충분한 파라미터가 있어 훈련 집합의 모든 예제를 사실적으로 기억하고 정확하게 분류할 수 있을 정도로 파라미터가 충분하다. 이 임계점에서 모델의 일반화 에러가 최대치가 되며, 모델은 훈련 데이터에 심하게 과적합된다. 그러나 모델 복잡성이 더욱 증가하면 테스트 집합 에러가 다시 감소하기 시작한다. 충분한 추가 복잡성으로 인해 심하게 과적합된 모델은 기존의 '과적합' 개념에 따라 여전히 잘 조정된 전통 모델의 성능을 뛰어넘을 수 있다.

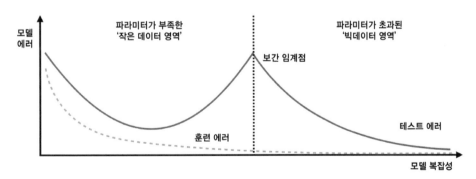

그림 12.5: 일부 알고리듬은 큰 데이터를 활용해 훈련 데이터에 과적합되는 것처럼 보이더라도 일반화를 잘할 수 있다.

NOTE

이 그림에 나타난 '이중(double) 하강' 곡선의 모순에 대한 더 많은 정보는 혁신적인 논문 「Reconciling modern machine-learning practice and the classical bias-variance trade-off」 (Belkin M, Hsu D, Ma S, Mandal S, 2019, Proceedings of the National Academy of Sciences, Vol. 116(32), pp. 15,849-15,854)를 참고한다.

이러한 예상치 못한 결과를 설명하는 메커니즘은 추가적인 파라미터화를 허용하는 모델에서 발생하는 흥미로운 그리고 어쩌면 심지어 마법 같은 변환과 관련이 있다. 학습기가 충분한 파라미터를 가짐으로써 (학습 데이터와 충분히 일치하게) 보간할 수 있는 경우 추가적인 파라미터는 과도한 파라미터 상태로 이어진다. 과도한 복잡성은 더 높은 수준의 사고와 추상화를 가능하게 한다. 본질적으로는 과도한 파라미터화된 학습기는 고차원 개념을 학습할 수 있으며, 실제로는 특징 공학을 어떻게 수행하거나 학습하는 방법을 학습할 수 있다. 보간 임곗값 이상으로 모델 복잡성이 크게 증가하면 알고리듬이 문제에 접근하는 방식에서 큰 도약이 있을 가능성이 높지만 물론 모든 알고리듬이 이러한 도약을 할 수 있는 것은 아니다.

무한하고 간단하게 은닉 노드를 추가해 추가적인 복잡도를 덧붙일 수 있는 심층 신경망은 대용량 데이터를 처리하기에 이상적인 후보다. 15장에서 다룰 것처럼 잘 설계된 신경망은 이미지, 텍스트, 오디오와 같은 비구조화된 데이터에서 자체적으로 특징을 추출할 수 있다. 마찬가지로 이것이 범용적인 함수 근사기로서의 지칭이라면 데이터에서 식별한 어떠한 패턴에 대해 가장 적합한 특징 형태를 식별할 수 있다는 것을 의미한다. 따라서 "공짜 점심은 없다."는 원칙을 어떻게 위반하지 않는지를 다시 한 번 고민해봐야 한다. 충분한 크기의 데이터 세트를 위해 심층 학습 신경망이 단일 최적 접근 방법으로 보인다.

일부 실제 문제를 제외한 상황에서(특히 대부분의 실제 프로젝트가 소규모 데이터 범위에 속하고 심층 신경망가 컴퓨팅 비용이 많이 들며 어려운 훈련을 필요로 한다는 점은 제외한다고 가정한다) 딥러닝이 "공짜 점심은 없다."는 원칙을 위반하지 않는 주요한 이유는 심층 신경망이 크고 실질적으로 초과 파라미터화되고 충분히 크고 복잡한 훈련 데이터 세트에 접근할 수 있다면 단일 학습 알고리듬이 아닌 일반화된 학습 과정이 되기 때문이다. 이게 차이가 없는 구분처럼 보일 경우 비유를 하면 도움이 될 수 있다. "공짜 점심은 없다."라는 원칙을 위반하는 것이 아니라 딥러닝 프로세스는 알고리듬에게 자체적으로 점심을 만드는 방법을 가르치는 기회를 제공한다는 것이다. 실제로 큰 데이터의 제한된 가용성과 대부분의 비즈니스 작업에 대한 딥러닝의 제한된 적용 가능성을 고려할 때 가장 강력한 모델을 생성하려면 여전히 머신러닝 실무자의 특징 공학 프로세스를 지원할 필요가 있다.

::: **특징 공학의 실제 적용**

프로젝트나 상황에 따라 특징 공학의 실제 수행 방식은 매우 다를 수 있다. 일부 대규모 기술 중심 기업은 데이터 과학자당 하나 이상의 데이터 엔지니어를 고용해 머신러닝 실무자가 데이터 준비보다는 모델 구축 및 반복에 더 집중할 수 있게 한다. 특정 프로젝트는 매우 적은 양 또는 아주 많은 양의 데이터에 의존할 수 있으며, 이는 딥러닝 방법이나 자동화된 특징 공학 기술의 사용 여부를 결정할 수 있다. 초기 특징 공학 노력이 거의 필요하지 않은 프로젝트라 할지라도 '마지막 마일 문제'last mile problem'로 알려진 문제가 발생할 수 있으며, 이는 '마지막 마일'의 비용과 복잡성이 '마지막 마일'의 작은 거리를 이동하고자 불균형하게 높아지는 경향을 나타낸다. 이 개념을 특징 공학에 연관시키면 대부분의 작업이 다른 팀이나 자동화에 의해 처리되더라도 데이터를 모델에 맞게 마지막 단계까지 준비하는 데는 여전히 높은 비용이 필요할 수 있다는 것을 의미한다.

현재 실제로 존재하는 대부분의 머신러닝 프로젝트는 상당량의 특징 공학이 필요하다. 대부분의 기업은 데이터 과학자가 모델 구축에만 집중할 수 있을 정도로 조직 수준에서의 분석 성숙도를 달성하지 못했다. 많은 기업과 프로젝트는 크기가 작거나 범위가 제한돼 있어 이러한 수준을 달성하지 못할 것이다. 많은 중소기업과 중소규모 프로젝트의 경우 데이터 과학자는 프로젝트의 모든 측면을 처음부터 끝까지 주도해야 한다. 따라서 데이터 과학자는 필요한 경우 특징 공학자의 역할을 이해하고 수행할 준비가 필요하다. 앞서 언급한 바와 같이 특징 공학은 과학보다는 예술이며 프로그래밍 기술만큼 상상력이 필요하다. 간단히 말해 특징 공학의 3가지 주요 목표는 다음과 같이 설명할 수 있다.

- 이미 사용 가능한 데이터에 추가적인 외부 정보를 보완
- 데이터를 머신러닝 알고리듬의 요구 사항에 맞게 변형하고 모델의 학습을 지원
- 노이즈를 제거하면서 유용한 정보의 손실을 최소화하고 반대로 사용 가능한 정보를 극대화

특징 공학을 실무에서 수행할 때 기억해야 할 전반적인 원칙은 "노련하게 하라" 이다. 여러분은 노련하고 검소한 데이터 광부로서 노력해야 하며 각 특징에서 발견할 수 있는 미묘한 통찰력을 생각하고 체계적으로 작업하고 어떤 데이터도 무시하지 않도록 노력해야 한다. 이 규칙을 적용하면 필요한 창의력을 상기시키며 가장 강력한 성능을 발휘하는 학습자를 구축하는 데 도움이 된다.

각 프로젝트마다 이러한 기술을 독특한 방식으로 적용해야 할 것이지만 경험을 통해 다양한 유형의 프로젝트에서 나타나는 특정 패턴을 발견할 수 있다. 다음 절에서는 특징 공학의 예술에 관한 7가지 '힌트'를 제공하며, 이들은 전부 설명한 것이 아니라 데이터를 좀 더 유용하게 만드는 데 창의적으로 생각하는 데 영감을 줄 목적이다.

최근까지 특징 공학에 관한 책은 불행히도 시장에서 부족한 상황이었으나 최근에는 몇 권이 출판됐다. 이 주제에 관한 가장 초기의 두 권의 책은 팩트출판사의 『Feature Engineering Made Easy』 (Ozdemir & Susara, 2018)와 오라일리의 『Feature Engineering for Machine Learning』(Zheng & Casari, 2018)이다. 또한 『Feature Engineering and Selection』(Kuhn & Johnson, 2019)이라는 책도 뛰어난 책 중 하나이며, 웹에서 무료 버전도 이용할 수 있다. 해당 버전은 http://www.feat.engineering에서 확인할 수 있다.

힌트 1: 새로운 특징 브레인스토밍

새로운 머신러닝 프로젝트의 주제 선택은 보통 충족되지 않은 필요에 의해 동기 부여된다. 더 많은 이윤을 얻기 위한 욕구일 수도 있고 생명을 구하는 데 도움이 되는 목적이 될 수도 있으며 단순한 호기심이 될 수도 있지만 어떤 경우에도 주제는 거의 확실히 무작위로 선택되지 않는다. 대신 이는 회사의 핵심 문제와 관련이 있거나 호기심을 가진 사람들에게 소중한 주제와 관련이 있으며 모두 이 작업에 대한 기본적인 관심을 나타낸다. 해당 프로젝트를 추진하는 회사 또는 개인은 이미 해당 주제에 대해 많은 정보를 알고 있으며 관심 대상의 결과에 기여하는 중요한 요소들을 이미 알고 있을 가능성이 높다.

이러한 도메인 경험과 과목 전문 지식을 활용해 프로젝트 시작 시 특징 공학 이전에 이해관계자들을 모아 잠재적인 결과와 관련된 요인에 대한 아이디어를 생성하는 브레인스토밍 세션을 진행하면 도움이 될 수 있다. 이 과정에서 기존 데이터 세트에서 쉽게 얻을 수 있는 것으로 제한하지 않는 것이 중요하다. 대신 원인과 결과 간의 과정을 더 추상적인 수준에서 고려하면서 결과를 긍정적 또는 부정적인 방향으로 영향을 미치고자 끌 수 있는 다양한 상징적 '레버^{lever}'를 상상해보라. 이 세션 동안 가능한 한 철저하게 모든 아이디어를 소진하는 것이 중요하다. 모델에서 실제로 원하는 모든 것을 얻을 수 있다면 가장 유용한 것은 무엇인지 생각해보라.

브레인스토밍 세션의 결과물은 마인드 맵^{mind map}이 될 수 있다. 마인드 맵은 중심 주제를 중심에 두고 다양한 잠재적인 예측 변수가 중심 주제에서 방사형으로 나가는 아이디어를 다이어그램화하는 방법이다. 다음 그림은 심장 질환 사망률 을 예측하기 위한 모델 디자인에 대한 마음의 예제를 보여준다.

마인드 맵 다이어그램은 관련된 개념을 연결하거나 유사한 데이터 소스에서 관련된 요소를 그룹화하고자 계층 구조를 사용할 수 있다.

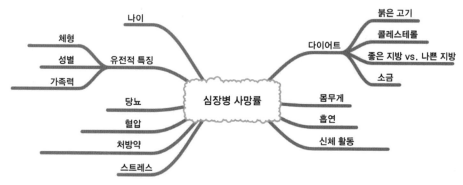

그림 12.6: 마인드 맵은 결과에 기여하는 요소를 상상하는 데 도움이 될 수 있다.

마인드 맵을 만들면서 기존 데이터 소스에서 원하는 특징이 사용 불가능한 경우가 발생할 수 있다. 브레인스토밍 그룹은 이러한 데이터 요소의 대체 소스를 찾거나 해당 데이터를 수집하는 데 도움을 줄 수 있을 것이다. 또는 다른 방법을 사용해 동일한 개념을 효과적으로 측정하는 대리 지표^{proxy measure}를 개발하는 것도 가능할 수 있다. 예를 들어 누군가의 식습관을 직접 측정하는 것은 불가능하거나 현실적으로 어려울 수 있지만 소셜 미디어 활동을 이용해 패스트푸드 레스토랑의 팔로워 수를 세는 것처럼 대리 지표를 사용할 수 있다. 이는 완벽한 방법은 아니지만 없는 것보다는 낫다.

또한 마인드 맵 세션은 특징 간의 상호작용 가능성을 드러낼 수 있다. 이 경우 2개 이상의 요인이 결과에 비례하지 않은 영향을 미치는 상황이며, 두 요인의 결합 효과가 각각의 영향보다 크거나 작을 수 있다. 심장 질환 예에서 스트레스와 비만의 결합 효과가 이 두 요인의 개별 효과의 합보다 심장 질환을 유발할 확률이 더 높다고 가설을 세울 수 있다. 의사결정 트리나 신경망과 같은 알고리듬은 이러한 상호작용 효과를 자동으로 찾아내지만 다른 알고리듬은 그렇지 않을 수 있으며, 어떤 경우에는 이러한 결합을 데이터에서 명시적으로 표현하는 것이 학습 과정을 개선하거나 더 단순하고 해석 가능한 모델을 얻는 데 도움이 될 수 있다.

힌트 2: 문맥에 숨은 통찰력 찾기

가장 풍부한 숨은 데이터의 원천 중 하나이며, 따라서 특징 공학을 위한 가장 기대가 큰 분야 중 하나는 텍스트 데이터다. 머신러닝 알고리듬은 일반적으로 언어 사용 경험을 통해 인간이 얻은 의미론적인 지식의 외부 지식이 부족하기 때문에 텍스트 데이터의 가치를 충분히 인식하는 데는 어려움이 있다.

물론 엄청난 양의 텍스트 데이터가 주어진다면 컴퓨터도 동일한 것을 학습할 수 있겠지만 많은 프로젝트에 대해 현실적으로 불가능하며 프로젝트의 복잡도를 크게 증가시킬 것이다. 게다가 텍스트 데이터는 차원의 저주로 인해 그대로 사용할 수 없다. 각각의 텍스트 블록은 고유하며, 따라서 해당 텍스트를 결과와 연결하는 지문 형태 역할을 한다. 학습 과정에서 사용된다면 알고리듬은 텍스트 데이터를 심하게 과적합하거나 아예 무시하게 될 것이다.

NOTE

차원의 저주는 이미지와 오디오 데이터 같은 비구조화된 '빅' 데이터에도 일반적으로 적용되며, 이러한 유형의 데이터 소스를 전통적인 머신러닝 접근 방식과 함께 사용할 수 있게 하는 몇 가지 방법은 15장에서 다룬다.

학습 알고리듬의 특징을 구성하는 담당자들은 텍스트에서 파생된 차원 축소 특징을 코딩해 텍스트의 해석에서 파생된 통찰력을 추가할 수 있다. 소수의 범주를 선택함으로써 암묵적인 의미를 명시적으로 만든다. 예를 들어 고객 이탈 분석에서 회사가 고객의 공개 트위터 타임라인에 접근할 수 있다고 가정해 보자. 각 고객의 트윗은 고유하지만 인간은 이를 긍정적, 부정적 및 중립의 3가지 범주로 코딩할 수 있을 것이다. 이는 언어의 감정을 분석하는 간단한 형태의 감성 분석이다. R 패키지를 포함한 컴퓨터 소프트웨어는 간단한 의미를 이해하고자 설계된 모델이나 규칙을 사용해이 프로세스를 자동화하는 데 도움을 줄 수도 있다. 감성 분석 외에도 텍스트 데이터를 주제별로 분류할 수 있다. 이탈 예제에서는 서비스에 대한 트윗을 하는 고객이 가격에 대한 트윗을 하는 고객보다 다른 회사로 전환할 가능성이 더 높을 수 있다.

NOTE

> 많은 R 패키지가 감성 분석을 수행할 수 있으며 일부 패키지는 유료 서비스에 구독이 필요할 수 있다. 빠르고 쉽게 시작하려면 SentimentAnalysis, RSentiment 패키지와 Syuzhet 패키지를 확인해보라. 이들 모두 몇 줄의 R 코드로 문장을 긍정적이거나 부정적으로 분류할 수 있다. 텍스트 마이닝과 감성 분석을 깊이 있게 다루고 싶다면 Silge J와 Robinson D의 『Text Mining with R: A Tidy Approach』(O'Reilly Media, 2017) 책을 참고하기 바란다. 해당 책은 https://www.tidytextmining.com에서 온라인으로 볼 수 있다. 또한 Kwartler T의 『Text Mining in Practice with R』(Wiley, 2017)도 참고할 수 있다.

문자열의 명시적 의미를 코딩하는 것을 넘어서 특징 공학의 미묘한 예술 중 하나는 텍스트 데이터에 감춰진 숨겨진 통찰력을 찾는 것이다. 특히 텍스트에는 텍스트의 직접적 해석과 관련되지 않은 유용한 정보가 인코딩돼 있을 수 있다. 이 정보는 우연하거나 무심코 텍스트에 나타나는데, 마치 포커 게임에서의 '말하기'와 같은 것이다. 이는 플레이어의 비밀 의도를 드러내는 미세한 표현이다.

숨겨진 텍스트 데이터는 개인의 나이, 성별, 직업 수준, 위치, 부, 사회 경제적 지위 등과 같은 측면을 드러내는 데 도움이 될 수 있다. 몇 가지 예는 다음과 같다.

- Mr.와 Mrs. 또는 Jr.과 Sr. 같은 인사말이나 칭호, 전통적이고 현대적인 이름, 남성과 여성 이름 또는 부와 관련된 이름

- CEO, 대통령, 보조, 고위직, 이사 등과 같은 직책 및 직책 카테고리
- 우편번호, 건물 층 번호, 국내외 지역, 1등석 티켓, PO 박스 등과 같은 지리 및 공간 코드
- 사회적 특성을 드러낼 수 있는 슬랭이나 기타 표현과 같은 언어적 표지

이러한 유형의 숨겨진 통찰력을 찾고자 관심 있는 결과를 염두에 두고 텍스트 데이터를 체계적으로 검토한다. 가능한 한 많은 텍스트를 읽으면서 텍스트가 결과에 영향을 미칠 수 있는 미묘한 단서를 드러내는 방법을 고려해보라. 패턴이 나타나면 해당 통찰력을 기반으로 특징^{feature}을 생성한다. 예를 들어 텍스트 데이터에 일반적으로 직책이 포함된다면 직책을 입문, 중간, 경영진과 같은 직업 수준으로 분류하는 규칙을 만들어볼 수 있다. 이러한 직업 수준은 대출 연체 또는 이탈 가능성$^{churn\ likelihood}$과 같은 결과를 예측하는 데 사용될 수 있다.

힌트 3: 수치 범위 변환

일부 학습 알고리듬은 숫자 데이터에서 학습하는 데 더 능숙하다. 숫자 데이터를 활용할 수 있는 알고리듬 중 어떤 것은 숫자 값의 중요한 절단점을 학습하는 데 더 능하거나 심하게 치우친 데이터를 처리하는 데 더 능한 것이 있다. 숫자 특성을 사용하는 데 적합한 의사결정 트리와 같은 방법조차도 숫자 데이터에 과적합될 가능성이 있으며, 따라서 숫자 범위를 더 작은 수의 잠재적 절단점으로 축소하는 변환을 적용하는 것이 도움이 될 수 있다. 회귀 및 신경망과 같은 다른 방법들도 로그 스케일링, 정규화, 계단 함수와 같은 숫자 데이터의 비선형 변환을 통해 이점을 얻을 수 있다.

이러한 방법 중 많은 것을 이전 장들에서 다루고 적용했다. 예를 들어 4장에서는 숫자 데이터를 범주형 데이터로 변환해 나이브 베이즈 알고리듬에서 사용할 수 있게 하는 방법으로 이산화(또는 '빈^{bin}' 또는 '버킷화^{bucketing}'로도 알려진) 기술을 고려했다. 이 기술은 숫자 데이터를 원래 처리할 수 있는 학습기에도 유용할 수 있으며

의사결정 경계를 명확하게 하는 데 도움이 될 수 있다.

다음 그림은 가상의 심장 질환 예측 모델에서 숫자 나이 예측 변수를 사용하는 과정을 보여준다. 왼쪽 그림에서는 숫자 나이가 증가함에 따라 색깔이 더 짙어지며, 이는 나이가 증가함에 따라 심장 질환의 빈도가 높아진다는 것을 나타낸다. 이렇게 보면 분명한 경향성이 보이지만 의사결정 트리 모델은 적절한 절단점을 식별하는 데 어려움을 겪을 수 있으며, 임의로 결정할 수도 있거나 여러 개의 작은 절단점을 선택할 수 있다. 이러한 선택은 모델에게 맡기지 않고 사전 지식을 사용해 '젊은' 환자와 '노인' 환자를 미리 정의된 그룹으로 만드는 것이 더 나을 수 있다. 이렇게 하면 실제 기울기의 미묘한 차이가 일부 손실되지만 의사결정 트리의 '높은 분산' 접근법을 '높은 편향' 이론 주도의 이산화 접근법으로 교환함으로써 모델이 미래 데이터에 더 잘 일반화되게 도와줄 수 있다.

그림 12.7: 이산화 및 기타 숫자 변환은 학습자가 패턴을 더 쉽게 식별할 수 있게 도와줄 수 있다.

일반적으로 수치형 특징을 포함하는 데이터 세트의 경우 각 특징을 체계적으로 탐색하면서 숫자 데이터에 대한 학습 알고리듬의 접근 방식을 고려해 변환이 필요한지 확인하는 것이 좋다. 도메인 또는 주제 전문 지식을 활용해 최종적인 특성의 버킷, 구간, 단계점 또는 비선형 변환을 만들어보라. 많은 알고리듬이 데이터를 재코딩하거나 변환하지 않고도 처리할 수 있지만 추가적인 인간의 지능은 모델을 더 나은 전체적인 적합도로 이끌 수 있을 것이다.

힌트 4: 이웃의 행동 관찰

특징 공학 중에 잘 알려지지 않은 하나의 방법은 '유유상종'이라는 흔히 알려진 원리를 적용하는 것이다. 이 원리를 예측에 적용한 바 있으며, 그러한 접근 방식은 유용한 예측 변수를 식별하는 데에도 유용하다. 이 아이디어는 데이터 세트의 행들 사이에 명시적 또는 암묵적인 그룹화가 있을 수 있으며 한 예제가 그 주변의 다른 예제들과 어떻게 관련되는지를 조사함으로써 발견할 수 있는 통찰이 있을 수 있다는 점에 기반을 둔다.

실제 데이터에서 자주 찾아볼 수 있는 명시적인 그룹화 예제는 가구^{household}다. 많은 데이터 세트는 개별 개인을 기반으로 한 행뿐만 아니라 가구 식별자도 포함하고 있다. 이는 행들을 가구 그룹으로 연결하고, 따라서 그룹의 구성을 기반으로 새로운 특성을 생성할 수 있게 해준다.

예를 들어 누군가가 한 가정에 속해 있다는 정보를 갖고 있다면 원래 개별 수준의 데이터에 포함되지 않았더라도 결혼 여부와 자녀 또는 부양가족의 수에 대한 지표를 제공할 수 있다. 단순히 그룹의 몇 가지 특성을 계수하거나 집계하면 매우 유용한 예측 변수가 생성될 수 있다.

여기서부터 그룹 내 기록 간의 정보를 공유하는 것도 가능하다. 예를 들어 한 가족에서 한 배우자의 소득을 아는 것도 유용하지만 양쪽의 소득을 알면 총가용 소득에 대한 더 나은 지표를 얻을 수 있다. 그룹 내에서 분산 측정도 유용할 수 있다. 가구 내의 일부 측면이 일치하거나 일부 속성에 대해 다른 의견을 가지면 추가적인 효과를 제공할 수 있다. 예를 들어 두 배우자 모두 특정 전화 회사에 만족한다고 응답하는 가구는 한 명만 만족하는 가구와 비교해 더 충성스럽다고 볼 수 있다.

이러한 원칙은 우편번호나 지리적 지역과 같이 덜 명백하지만 여전히 명시적인 그룹화에도 적용된다. 그룹에 속하는 행을 수집함으로써 새로운 예측 변수를 구성하고자 그룹 내에서 발생하는 행동을 조사할 수 있다. 그룹 내에서 더 많은 동의 또는 다양성이 있는 경우에는 특정 결과에 대해 좀 더 견고하거나 취약할 수 있다.

데이터 세트에 직접 코딩되지 않은 함축적인 그룹화, 즉 데이터 세트에 직접적으로 표시되지 않은 그룹화를 식별하는 것에도 가치가 있을 수 있다. 이러한 유형의 그룹화를 찾는 하나의 잠재적인 방법은 9장에서 설명한 군집화 방법이다. 그 결과 생성된 클러스터는 모델에서 직접적으로 예측 변수로 사용될 수 있다. 예를 들어 이탈 프로젝트에서 클러스터를 모델의 특징으로 사용하면 일부 클러스터가 다른 클러스터보다 이탈 가능성이 높다는 것을 나타낼 수 있다. 이는 이탈이 클러스터의 기본 인구 통계와 관련이 있거나 클러스터 구성원 사이에서 이탈이 어떻게 전파될 수 있는지를 시사할 수 있다.

다시 말하면 비슷한 이웃들의 경험에서 선두 지표를 빌려온다면 의미가 있다. 그들은 외부 요소에 대해 비슷한 반응을 할 수 있거나 서로 직접적인 영향을 미칠 수 있다. 희귀하거나 독특한 특성을 가진 암묵적 그룹은 그 자체로 흥미로울 수 있으며, 이러한 그룹의 행동을 관찰하고 모델에 명시적으로 코딩하는 것은 모델의 예측 능력을 향상시킬 수 있다.

TIP

> 이웃(또는 다음 절에서 설명하는 관련 행)에서 정보를 사용하는 경우 데이터 누수 문제에 주의해야 한다. 데이터 누수 문제에 대한 설명은 11장에서 다뤘다. 모델이 배포될 때 예측 가능한 시점에 사용 가능한 정보만을 사용해 특징 공학을 해야 한다. 예를 들어 대출 신청서를 작성하는 가구 구성원 중 한 명만이 대출 신청서를 작성하고 다른 배우자의 데이터가 대출이 승인된 후에 추가되는 경우에는 신용 점수 모델에 양쪽 배우자의 데이터를 모두 사용하는 것이 현명하지 않을 것이다.

힌트 5: 연계된 행 활용

이전 절에서 암시된 '리더 따라가기' 행동을 활용하는 실천법은 특히 시계열 데이터 세트의 관련 행에서 강력하게 작용할 수 있다. 시계열 데이터를 포함하는 데이터는 이러한 추가적인 기회를 많이 제공해 유용한 예측자를 구축할 수 있다. 이전 절에서는 단위 분석 내에서 관련된 데이터를 그룹화하는 것을 고려했지만 현재 절에서는 단위 분석 내에서 관련된 관측을 그룹화하는 가치를 고려한다. 본질적으로 동일한 분석 대상을 반복해서 관찰함으로써 이전 추세를 확인하고 미래를 더 정확하게 예측할 수 있다.

가상의 이탈 예측 예제를 다시 살펴보자. 온라인 비디오 스트리밍 서비스의 구독자에 대한 지난 24개월 동안의 데이터에 접근할 수 있다고 가정해보자. 관찰 단위는 고객-월(고객당 월별 1행)이며 분석 단위는 고객이다. 목표는 어떤 고객이 이탈할 가능성이 가장 높은지 예측해 개입하는 것이다. 머신러닝을 위한 데이터 세트를 구축하고자 관측 단위를 수집하고 1행당 하나의 고객으로 집계해야 한다. 여기서 특징 공학이 특히 필요하다. 단일 분석을 위한 행으로 역사적 데이터를 '요약'하는 과정에서 트렌드와 충성도를 검토하는 특징을 구축할 수 있다. 다음과 같은 질문을 던져본다.

- 고객의 평균 월간 활동량은 동료들보다 높거나 낮은가?
- 고객의 월간 활동량은 어떤가? 상승, 하강 또는 안정적인가?
- 활동은 얼마나 자주 발생하는가? 충성도가 있는가? 충성도는 월별로 안정적인가?
- 고객의 행동은 얼마나 일관성이 있는가? 행동이 월마다 많이 변하는가?

기본적인 미적분에 익숙하다면 첫 번째 도함수와 두 번째 도함수의 개념에 대해 생각해보면 도움이 될 수 있다. 둘 다 시계열 모델에서 유용한 특성으로 활용될 수 있다. 여기서 첫 번째 도함수는 행동의 속도를 나타내며 단위 시간당의 행동 횟수다. 예를 들어 스트리밍 서비스에 월별로 지출한 금액 또는 월별로 스트리밍된 텔레비전 프로그램과 영화의 횟수를 계산할 수 있다. 이 자체로 유용한 예측자이지만 이러한 특징을 더욱 유용하게 만드는 것은 두 번째 도함수인 가속도다. 가속도는 행동의 변화 속도를 나타내며 시간에 따른 변화를 의미한다. 월간 지출의 변화나 월별 스트리밍된 프로그램 수의 변화와 같은 것이다. 높은 속도의 고객은 지출과 사용량이 높기 때문에 이탈할 가능성이 적을 수 있지만 이들 고객의 빠른 가속도 변화(즉, 사용량이나 지출의 큰 감소)는 이탈의 징조일 수 있다.

속도와 가속도 외에도 일관성, 신뢰성, 변동성의 측정값을 생성해 예측 능력을 더욱 향상시킬 수 있다. 갑작스럽게 변하는 매우 일관된 행동은 유사하게 변하는 매우 다양한 행동보다 더 걱정스러울 수 있다. 최근 몇 달간 구매 또는 특정 임곗값을 충족하는 지출 또는 행동의 비율을 계산하면 간단한 충성도 지표를 얻을 수 있으며, 분산을 활용한 더 복잡한 측정도 가능하다.

힌트 6: 시계열 분해

이전 절에서 설명한 반복 측정 시계열 데이터는 하나의 단위 분석당 관련된 여러 행을 가지며, 이를 긴 형식$^{long\ format}$이라 한다. 이는 대부분의 R 기반 머신러 닝 방법에서 필요한 데이터 유형과 대비된다. 관련된 반복 측정 데이터의 행을 이해하게 설계된 학습 알고리듬이 아니라면 시계열 데이터는 넓은 형식$^{wide\ format}$으로 지정돼야 한다. 넓은 형식은 반복된 데이터 행을 반복된 열로 전환하는 형식이다. 예를 들어 1,000명의 환자에 대해 월별로 3개월 동안 체중 측정을 한다면 긴 형식의 데이터 세트는 3 * 1,000 = 3,000개의 행과 3개의 열(환자 식별자, 월, 체중)을 가질 것이다. 그림 12.8에서 보여주는 것처럼 넓은 형식의 동일한 데이터 세트는 1,000개의 행과 4개의 열로 구성된다. 환자 식별자를 위한 열 1개와 월별 체중 측정을 위한 3개의 열이 있다.

긴 형식

patient_id	month	weight
1	1	78.6 kg
1	2	77.9 kg
1	3	78.3 kg
2	1	56.7 kg
2	2	55.9 kg
2	3	55.3 kg
⋮	⋮	⋮
1000	1	65.8 kg
1000	2	64.9 kg
1000	3	64.1 kg

넓은 형식

patient_id	weight_m1	weight_m2	weight_m3
1	78.6 kg	77.9 kg	78.3 kg
2	56.7 kg	55.9 kg	55.3 kg
⋮			
1000	65.8 kg	64.9 kg	64.1 kg

그림 12.8: 대부분의 머신러닝 모델은 긴 형식의 시계열 데이터를 넓은 형식으로 변환해야 한다.

넓은 형식의 데이터 세트를 구성하려면 먼저 얼마나 많은 역사적 데이터가 예측에 유용한지를 결정해야 한다. 더 많은 과거 데이터가 필요하다면 넓은 데이터 세트에 추가로 열을 추가해야 한다. 예를 들어 고객의 에너지 사용량을 미래 1개월 동안 예측하려면 이전 12개월의 에너지 사용량을 예측 변수로 사용하기로 결정할 수 있다. 이렇게 하면 1년 전체의 계절성을 다룰 수 있다. 그러므로 2023년 6월의 에너지 사용 예측 모델을 만들려면 2023년 5월, 4월, 3월 등 2023년 6월 이전 12개월의 에너지 사용량을 측정하는 12개의 예측 변수 열을 생성할 것이다. 13번째 열은 대상 또는 종속 변수로서 2023년 6월의 실제 에너지 사용량을 기록한다. 이 데이터 세트에 기반을 둔 모델은 2022년 6월부터 2023년 5월까지의 데이터를 사용해 2023년 6월의 에너지 사용량을 예측하는 방법을 학습할 것이다. 그러나 타깃과 예측 변수는 특정 월에 연결되므로 다른 미래 월을 예측할 수는 없다.

대신에 더 나은 접근 방식은 **지연 변수**^{lagged variables}를 구성하는 것인데, 이 변수들은 대상 월을 기준으로 계산된다. 지연 변수는 사실상 시간적으로 지연된 측정값으로, 나중에 더 최근의 행에 전달되는 역할을 한다. 지연 변수를 사용하는 모델은 추가 월별 데이터가 시간이 흐름에 따라 사용 가능해질 때마다 월별 기준으로 새로 훈련될 수 있다. energy_june2023, energy_may2023과 같은 열 이름 대신에 결과 데이터 세트는 측정값의 상대적인 성격을 나타내는 이름을 갖게 될 것이다. 예를 들어 energy_lag0, energy_lag1, energy_lag2는 현재 달의 에너지 사용량, 이전 달의 사용량, 2달 전의 사용량을 나타낸다. 이 모델은 항상 가장 최근 데이터에 적용돼 다가오는 시간 기간을 예측하게 될 것이다.

그림 12.9는 이 접근 방식을 시각화한 것이다. 매월마다 모델은 지난 13개월간의 데이터를 기반으로 훈련된다. 가장 최근 월은 대상 또는 종속 변수^{DV, Dependent Variable}로 사용되며, 이전 12개월은 지연 예측 변수로 사용된다. 그런 다음 모델은 아직 관찰되지 않은 미래 월을 예측하는 데 사용할 수 있다. 첫 번째 월을 시작으로 각각의 연속적인 월마다 이동하는 창이 1달씩 앞으로 이동해 13개월보다 오래된 데이터는 모델에서 사용되지 않는다. 이러한 방식으로 구성된 데이터를 사용해 훈련된 모델은 비지연 변수와 마찬가지로 특정 달력 월간의 관

계를 학습하지 않는다. 대신 과거의 행동이 미래의 행동과 어떻게 관련되는지를 학습하게 된다.

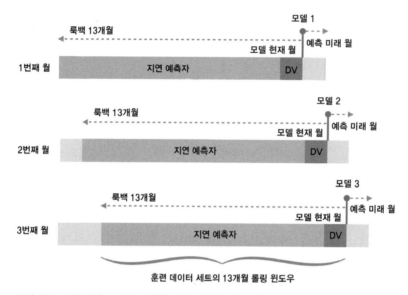

그림 12.9: 지연 예측 변수를 구성하는 것은 시계열 데이터를 모델링하는 한 가지 방법이다.

그러나 이 접근 방식에는 문제가 있다. 이 방법은 달력 시간을 고려하지 않았으며 특정한 월이 목표 변수에 중요한 영향을 미칠 수 있다. 예를 들어 에너지 사용량은 봄과 가을보다는 겨울과 여름에 더 높을 수 있으며, 따라서 모델은 과거와 미래 행동 간의 관계뿐만 아니라 시즌 효과나 유닛 분석과 관련된 행들 내에서 지역 패턴보다 넓은 패턴을 인식하는 것이 유익할 것이다.

예측해야 할 타깃의 값은 3가지 변동 요소로 구성되며, 이를 모델의 특징으로 분해하고 싶을 것이다.

1. 먼저 단위 분석에 고유한 특성을 기반으로 하는 지역 또는 내부 변동이 있다. 에너지 수요 예측의 예를 들면 지역 변동은 주택의 크기와 구조, 거주자의 에너지 필요량, 주택의 위치 등과 관련될 수 있다.

2. 에너지 사용량에 영향을 미치는 연료 가격이나 기상 패턴과 같은 좀 더

넓은 글로벌 추세가 있을 수 있다.

3. 지역 및 글로벌 영향과 독립적인 계절적 효과가 목표의 변화를 설명하는 경우가 있다. 이는 앞에서 언급한 연간 기상 패턴에만 국한되지 않으며, 어떠한 주기적이거나 예측 가능한 패턴도 계절적 효과로 간주될 수 있다.

에너지 예측 프로젝트와 관련된 몇 가지 구체적인 예는 다음과 같을 수 있다.

- 다른 요일, 특히 평일 대 주말의 수요 차이
- 종교나 정부의 공휴일
- 전통적인 학교 또는 회사의 휴가 기간
- 스포츠 경기, 콘서트, 선거와 같은 대규모 모임의 경우

지역, 글로벌 및 계절적 특징을 예측 변수로 훈련 데이터 세트에 통합할 수 있다면 모델은 이러한 요소가 결과에 미치는 영향을 학습할 수 있다. 그 후의 도전은 2가지로, 주제 지식 또는 데이터 탐색을 통해 중요한 계절적인 요인을 식별해야 하며 포함된 각 계절에서 목표가 충분히 관찰되는 충분한 훈련 데이터가 있어야 한다. 후자는 훈련 데이터가 시간의 여러 계절에서 목표를 관찰한 것 이상으로 구성돼야 함을 의미한다. 이를 충족하지 않으면 학습 알고리듬이 계절과 목표 간의 관계를 발견하지 못할 것이다.

원래의 긴 형식 데이터로 돌아가야 할 것처럼 보일 수 있지만 사실은 그렇지 않다. 사실 각 달의 지연 변수를 포함한 넓은 데이터는 하나의 통합된 데이터 세트로 스택될 수 있다. 각 행은 특정 시점에 있는 개별 개체를 나타내며, 해당 시점의 결과를 측정하는 목표 변수와 대상 이전의 시간에 대한 지연 변수로 구성된 넓은 열 집합을 갖고 있다. 계절, 요일, 휴일과 같은 시간 변동의 다양한 구성 요소를 분해하고자 추가 열을 더해 행렬을 더 넓게 만들 수도 있다. 이러한 열은 주어진 행이 해당 기간 중 하나에 속하는지를 나타내며 이러한 관심 기간에 속하는지 여부를 나타낼 것이다.

다음 그림은 이 접근 방식을 사용한 가상의 데이터 세트를 나타낸다. 각 가구 (household_id 열로 표시)는 다른 목푯값(energy_use)과 예측 변수(season, holiday_month, energy_lag1 등) 의 값을 가진 다양한 경우에 나타날 수 있다. 지연 변수는 데이터 세트의 처음 몇 개의 행에 누락돼 있다(NA 값으로 표시됨). 이는 이러한 행을 훈련이나 예측에 사용 할 수 없음을 의미한다. 그러나 남은 행은 숫자 예측이 가능한 모든 머신러닝 방법과 함께 사용될 수 있으며, 훈련된 모델은 현재 달의 데이터 행을 사용해 다음 달의 에너지 사용량을 예측할 수 있다.

household_id	billing_period	energy_use	season	holiday_month	energy_lag1	energy_lag2	energy_lag3
123	December 2022	965	Winter	1	NA	NA	NA
123	January 2023	1034	Winter	0	965	NA	NA
123	February 2023	933	Winter	0	1034	965	NA
123	March 2023	710	Spring	0	933	1034	965
123	April 2023	653	Spring	0	710	933	1034
123	May 2023	545	Spring	0	653	710	933
123	June 2023	748	Summer	0	545	653	710
456	December 2022	899	Winter	1	NA	NA	NA
456	January 2023	932	Winter	0	899	NA	NA
456	February 2023	917	Winter	0	932	899	NA
...							...

그림 12.10: 과거 데이터를 포함하는 데이터 세트에는 계절적 영향과 라그 예측 변수(지연 예측 변수) 모두 포함될 수 있다.

시계열 데이터를 모델링하느라 서두르기 전에 여기에서 설명한 데이터 준비 방법에 대한 중요한 주의 사항을 이해하는 것이 중요하다. 동일한 분석 단위에 서의 반복 관측 행들은 서로 관련돼 있기 때문에 이러한 행들을 훈련 데이터에 포함시키면 회귀와 같은 방법에서 독립적인 관측 가정을 위반하게 된다. 이러 한 데이터를 기반으로 구축된 모델은 여전히 유용할 수 있지만 형식적인 시계 열 모델링을 위한 다른 방법이 더 적합할 수 있으며, 여기에서 설명한 방법을 머신러닝 기법을 사용한 예측을 수행하기 위한 임시 해결책으로 고려하는 것이 가장 좋다. 선형 혼합 모델과 순환 신경망은 이러한 유형의 데이터를 원래대로 다룰 수 있는 2가지 접근 방법이다. 하지만 이러한 방법은 이 책의 범위를 벗어 나는 내용이다.

힌트 7: 외부 데이터 첨부

이 책의 여러 교육용 예제와는 달리 현실 세계에서 머신러닝 프로젝트가 시작될 때 데이터 세트를 인터넷에서 사전에 구축된 특징과 흥미로운 주제에 대한 예제로 간단히 다운로드할 수는 없다. 이 간단한 이유 때문에 얼마나 많은 흥미로운 프로젝트가 시작되기 전에 중단되는지 안타깝다. 고객 이탈을 예측하려는 기업들은 모델을 구축할 수 있는 충분한 과거 데이터가 없음을 깨닫게 되고 빈곤 지역에서 음식 분배를 최적화하려는 학생들은 이러한 지역에서의 데이터가 희소한 한계를 경험하게 된다. 수익을 증가시키거나 세상을 더 나은 방향으로 바꿀 수 있는 무수한 프로젝트가 시작되기도 전에 막혀버리는 것이다. 머신러닝 프로젝트에 대한 흥분이 시작되자마자 데이터 부족으로 빠르게 식어버릴 수 있다.

낙담으로 끝나는 대신 이러한 에너지를 기울여 필요한 데이터를 직접 생성하는 노력으로 이어가는 것이 더 나은 방법이다. 이는 동료에게 전화를 걸거나 관련 데이터 조각을 포함하고 있는 데이터베이스에 접근 권한을 부여할 수 있는 이메일 시리즈를 발송하는 것을 의미할 수 있다. 이를 위해 소매를 걷어 올리고 직접 데이터를 다뤄야 할 수도 있다. 결국 이른바 빅데이터 시대에 살고 있으며, 데이터는 풍부하게 존재하고 전자 센서와 자동화된 데이터 입력 도구의 도움을 받아 쉽게 기록될 수 있다.

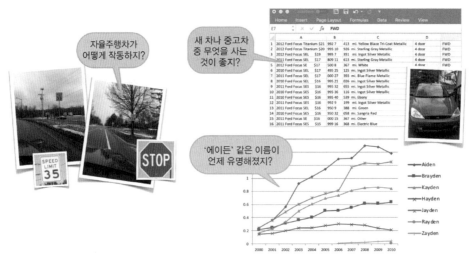

그림 12.11: 머신러닝에 유용한 데이터 세트를 생성하는 데는 종종 작은 노력만으로 충분하다.

최악의 경우라도 시간, 노력, 상상력을 투자해 아무것도 없던 상황에서 유용한 데이터 세트를 구축할 수 있다. 일반적으로 이는 생각보다 쉬운 작업이다. 그림 12.11은 나 스스로 궁금증을 해결하고자 데이터 세트를 만든 여러 경우를 보여 준다.

자율주행 자동차에 매료돼 동네를 돌아다니며 도로 표지판을 촬영해 정지 신호 분류 알고리듬을 만들기로 했다. 중고차 가격을 예측하고자 중고차 웹 사이트에서 수백 개의 리스트를 복사하고 붙였다. 그리고 '에이든Aiden'과 운율이 맞는 이름이 미국에서 언제 그리고 왜 인기를 얻게 됐는지 정확히 이해하고자 미국 사회보장 어린이 이름 데이터베이스에서 수십 년 분량의 데이터를 수집했다. 이러한 프로젝트 중 어느 하나도 몇 시간 이상의 노력을 필요로 하지 않았지만 친구, 동료 또는 인터넷 포럼을 활용해 노력을 병렬화하거나 데이터 입력 지원을 유료로 받을 수도 있었으며, 이렇게 하면 작업이 더 크고 빨리 성장할 수 있었다. 아마존 메카니컬 터크Amazon Mechanical Turk(https://www.mturk.com)와 같은 유료 서비스는 대규모이고 지루한 데이터 입력 또는 수집 작업을 배포하는 비용 효율적인 방법을 제공한다.

기존 데이터 세트를 더 풍부하게 만들려면 종종 외부 소스에서 추가 특징을 추가할 수 있는 잠재력이 있다. 특히 관심 대상인 주요 데이터 세트가 우편번호와 같은 지리 식별자를 포함하는 경우 많은 공개 데이터베이스가 이러한 지역의 속성을 측정한다. 물론 우편번호 수준의 데이터 세트는 특정 개인의 정확한 특성을 밝히지 않을 것이다. 그러나 해당 지역의 평균적인 사람들이 부유하거나 건강하며 젊거나 아이를 더 많이 갖고 있는지 등의 다양한 요소를 제공할 수 있다. 이러한 데이터는 많은 정부 기관 웹 사이트에서 무료로 다운로드해 얻을 수 있다. 단순히 주요 데이터 세트에 병합해 추가 가능한 예측 변수로 활용하면 된다.

마지막으로 많은 소셜 미디어 회사와 데이터 집계 서비스인 페이스북^{Facebook}, 질로우^{Zillow}, 링크드인^{LinkedIn}과 같은 곳들은 그들의 데이터 일부를 무료로 제공한다. 예를 들어 질로우는 우편번호 지역의 주택 가치 추정치를 제공한다. 경우에 따라 이러한 회사나 다른 공급업체는 이러한 데이터 세트에 대한 액세스를 판매하기도 하는데, 이는 예측 모델을 보강하는 강력한 수단이 될 수 있다. 이러한 획득의 재정적 비용 외에도 이들은 종종 레코드 링크^{record linkage}에 대한 상당한 도전 과제를 제공한다. 레코드 링크는 공통 고유 식별자가 없는 데이터 세트 간에 엔터티를 매칭하는 작업을 의미한다. 이 문제를 해결하려면 각 소스의 행을 다른 소스의 해당 행에 매핑하는 교차 테이블을 구축해야 한다. 예를 들어 교차 테이블은 주요 데이터 세트에서 고객 식별 번호로 식별된 사람을 외부 소셜 미디어 데이터 세트의 고유 웹 사이트 URL에 연결할 수 있다. RecordLinkage와 같은 R 패키지는 이러한 다양한 소스 간의 매칭을 수행하는 데 도움이 되지만 이들은 휴리스틱에 의존해 인간 지능만큼 잘 수행되지 않을 수 있으며, 특히 대형 데이터베이스의 경우 상당한 계산 비용이 필요하다. 일반적으로 레코드 링크는 인력 및 계산 비용 측면에서 자주 비용이 많이 드는 작업이라고 볼 수 있다.

외부 데이터를 획득할지 여부를 결정할 때는 해당 소스의 이용 약관뿐만 아니라 귀하의 지역 법률 및 해당 소스 사용에 대한 조직 규칙을 조사한다. 일부 지역은 다른 지역보다 엄격하며 많은 규정이 시간이 지나면서 더 엄격해지고 있으므로 외부 데이터 사용과 관련된 법적 문제와 책임을 최신 상태로 유지하는 것이 중요하다.

고급 데이터 준비에 필요한 작업을 고려할 때 R 자체도 새로운 요구에 맞춰 발전해왔다. 과거에는 R이 매우 크고 복잡한 데이터 세트를 처리하는 데 어려움을 겪는다는 평판이 있었지만 시간이 지나면서 이러한 결함을 해결하고 이 장에서 지금까지 설명한 유형의 작업을 수행하기 쉽게 새로운 패키지가 개발됐다. 이 장의 나머지 부분에서는 실세계의 데이터 도전 과제에 대한 R 구문을 현대화하는 이러한 패키지에 대해 알아볼 것이다.

R의 tidyverse 탐색

데이터 작업에 대한 새로운 접근 방식이 R에서 급속하게 형성되고 있다. R의 초기 인기에 큰 영향을 미친 패키지들을 많이 개발한 해들리 위컴^{Hadley Wickham}을 중심으로 이러한 새로운 흐름은 이제 Posit(이전에는 RStudio로 알려진)라는 대규모 팀에 의해 지원되고 있다. 이 회사의 사용자 친화적인 RStudio 데스크톱 애플리케이션은 타이디^{tidy} 데이터에 헌신된 패키지 세계인 tidyverse에 매끄럽게 통합된다. tidyverse 패키지 전체 스위트^{suite}는 install.packages("tidyverse") 명령으로 설치할 수 있다.

tidyverse에 대한 더 많은 정보를 얻기 위한 온라인 자원이 점점 더 많이 제공되고 있으며, 해당 세트에 포함된 다양한 패키지에 대한 정보는 https://www.tidyverse.org 홈페이지에서 확인할 수 있다. 그중 일부는 이 장에서 설명될 것이다. 또한 해들리 위컴과 개럿 그로르문드^{Garrett Grolemund}의 책 『R for Data Science』은 https://r4ds.hadley.nz에서 온라인으로 무료 제공되며, tidyverse의

'단호한' 접근 방식이 데이터 과학 프로젝트를 어떻게 간소화하는지 설명하고 있다.

> 데이터 과학과 머신러닝을 위해 R과 파이썬을 어떻게 비교할 수 있는지에 대한 질문을 자주 받는다. RStudio와 tidyverse는 R의 가장 큰 장점이자 차별점으로, 데이터 과학 여정을 시작하는 가장 쉬운 방법 중 하나일 것이다. '타이디'한 방식으로 데이터 분석을 하는 방법을 배우면 여기에 포함된 기능이 어디서든 사용 가능했으면 하는 마음이 생길 수도 있다.

tibble로 타이디 테이블 구조 만들기

기본 R 환경의 중심에는 데이터 프레임이 있지만 tidyverse의 핵심 데이터 구조는 tibble 패키지(https://tibble.tidyverse.org)에서 찾을 수 있으며, 이 이름은 '테이블table'이라는 단어와 <스타 트렉Star Trek> 얘기에서 유명한 '트리블tribble'에 경의를 표한 조어다.[1] tibble은 데이터 프레임과 거의 정확히 같은 방식으로 작동하지만 편의성과 간결함을 위한 최신 기능이 추가돼 있다. tibble은 데이터 프레임을 사용할 수 있는 거의 모든 곳에서 사용할 수 있다. tibble에 대한 자세한 정보는 R에서 vignette("tibble") 명령을 입력해 찾을 수 있다.

대부분의 경우 tibble을 사용하는 것은 투명하고 원활할 것이며 tibble은 대부분의 R 패키지에서 데이터 프레임으로 전달될 수 있다. 그러나 tibble을 데이터 프레임으로 변환해야 하는 경우는 드물며, 이 경우 as.data.frame() 함수를 사용한다. 반대로 데이터 프레임을 tibble로 변환하려면 as_tibble() 함수를 사용한다. 여기서는 11장에서 소개한 타이타닉 데이터 세트에서 tibble을 생성한다.

---

1. tribble은 〈스타 트렉〉에 등장하는 가상의 존재로, 번식과 복제가 빠르게 일어나는 생명체다. 귀여운 외모로 작고 모양이 둥글며 털이 많은 모습을 하고 있다. - 옮긴이

```
> library(tibble) # not necessary if tidyverse is already loaded
> titanic_csv <- read.csv("titanic_train.csv")
> titanic_tbl <- as_tibble(titanic_csv)
```

이 객체의 이름을 입력하면 **tibble**이 일반적인 데이터 프레임보다 더 깔끔하고 정보가 풍부한 출력을 제공하는 것을 볼 수 있다.

```
> titanic_tbl
# A tibble: 891 x 12
   PassengerId Survived Pclass Name                            Sex      Age SibSp Parch Ticket      Fare Cabin Embarked
         <int>    <int>  <int> <chr>                           <chr>  <dbl> <int> <int> <chr>       <dbl> <chr> <chr>
 1           1        0      3 Braund, Mr. Owen Harris         male      22     1     0 A/5 21171    7.25 ""    S
 2           2        1      1 Cumings, Mrs. John Bradley (F… female    38     1     0 PC 17599    71.3  "C85" C
 3           3        1      3 Heikkinen, Miss. Laina          female    26     0     0 STON/O2. 3…  7.92 ""    S
 4           4        1      1 Futrelle, Mrs. Jacques Heath … female    35     1     0 113803      53.1  "C12… S
 5           5        0      3 Allen, Mr. William Henry        male      35     0     0 373450       8.05 ""    S
 6           6        0      3 Moran, Mr. James                male      NA     0     0 330877       8.46 ""    Q
 7           7        0      1 McCarthy, Mr. Timothy J         male      54     0     0 17463       51.9  "E46" S
 8           8        0      3 Palsson, Master. Gosta Leonard  male       2     3     1 349909      21.1  ""    S
 9           9        1      3 Johnson, Mrs. Oscar W (Elisab… female    27     0     2 347742      11.1  ""    S
10          10        1      2 Nasser, Mrs. Nicholas (Adele … female    14     1     0 237736      30.1  ""    C
# … with 881 more rows
```

그림 12.12: tibble 객체를 표시하면 일반적인 데이터 프레임보다 더 많은 정보를 제공하는 출력이 나타난다.

tidyverse의 작업 중 많은 부분에서 자동으로 **tibble** 객체를 생성하기 때문에 **tibble**과 데이터 프레임 간의 차이점을 알아두는 것이 중요하다. 전반적으로 **tibble**은 데이터 프레임보다 더 빠르고 사용하기 쉽다. **tibble**은 데이터에 대해 일반적으로 더 똑똑한 가정을 하므로 문자열을 팩터로 다시 변환하거나 그 반대로 하는 등의 작업을 덜해도 될 것이다.

실제로 **tibble**과 데이터 프레임 간의 간단한 차이 중 하나는 **tibble**은 문자열을 팩터로 자동 변환하는 기본 동작인 stringsAsFactors = TRUE를 결코 가정하지 않는다는 것이다. 이는 최근 R 버전 4.0이 출시될 때까지 R의 기본 동작이었다. 11장에서 설명한 대로 R의 stringsAsFactors 설정은 때로 문자열 열이 기본적으로 팩터로 자동 변환돼 혼란이나 프로그래밍 버그를 일으킬 수 있었다. **tibble**과 데이터 프레임 간의 또 다른 차이점은 역따옴표(`) 문자로 둘러싸인 이름인 `my var`와 같은 기존 R의 객체 이름 규칙을 위반하는 비표준 열 이름을 **tibble**에서 사용할 수 있다는 것이다. **tibble**의 다른 이점은 뒤따르는 절들에서 설명하는 보완적인 tidyverse 패키지에서 얻을 수 있다.

readr와 readxl을 사용해 사각형 파일을 더 빠르게 읽기

지금까지 거의 모든 장에서는 데이터를 R 데이터 프레임으로 불러오려고 read.csv() 함수를 사용했다. 이 데이터 프레임을 tibble로 변환할 수는 있지만 데이터를 빠르고 더 직접적인 방법으로 tibble 형식으로 가져오는 방법이 있다. tidyverse에는 표로 된 데이터를 로드하기 위한 readr 패키지(https://readr.tidyverse.org)가 포함돼 있다. 이는 https://r4ds.hadley.nz/data-import.html의 'R for Data Science의 데이터 가져오기' 장에 설명돼 있으며 기본 기능은 간단하다.

readr 패키지는 기본 R의 read.csv() 함수와 유사하게 CSV 파일에서 데이터를 불러오는 read_csv() 함수를 제공한다. 이 함수의 주요 차이점 중 하나는 함수 이름의 미묘한 차이 외에도 tidyverse 버전이 훨씬 빠르다는 것이다. 이것은 단순히 데이터를 자동으로 tibble로 변환하는 것뿐만 아니라 패키지 작성자들에 따르면 데이터를 읽는 속도가 약 10배 빠르다고 한다. 또한 이 함수는 불러올 열의 형식을 더 똑똑하게 처리한다. 예를 들어 통화 기호가 포함된 숫자, 날짜 열의 파싱, 국제 데이터 처리에 능숙하다.

CSV 파일에서 tibble을 생성하려면 다음과 같이 read_csv() 함수를 사용한다.

```
> library(readr) # not necessary if tidyverse is already loaded
> titanic_train <- read_csv("titanic_train.csv")
```

이렇게 하면 기본 구문 분석 설정이 사용되며 각 열에 대해 올바른 데이터 유형(문자 또는 숫자)을 추론하려고 한다. 파일을 읽은 후 R 출력에 열 명세가 표시된다. 추론된 데이터 유형은 read_csv() 함수에 전달되는 col() 함수 호출을 통해 올바른 열 명세를 제공해 재정의할 수 있다. 구문에 대한 자세한 내용은 vignette("readr") 명령을 사용해 나타나는 문서를 참고한다.

readxl 패키지(https://readxl.tidyverse.org)는 마이크로소프트 엑셀 스프레드시트 형식에서 데이터를 직접 읽는 방법을 제공한다. XLSX 파일에서 **tibble**을 생성하려면 다음과 같이 **read_excel()** 함수를 사용한다.

```
> library(readxl)
> titanic_train <- read_excel("titanic_train.xlsx")
```

대신 2장에서 처음 소개한 것처럼 RStudio 데스크톱 애플리케이션은 데이터 가져오기 코드를 대신 작성해줄 수 있다. 인터페이스의 오른쪽 상단에 위치한 환경 탭 아래에 데이터 가져오기 버튼이 있다. 이 메뉴를 열면 데이터 가져오기 옵션 목록이 표시되며, 그중에서 CSV 파일(기본 R 또는 readr 패키지 사용)과 엑셀, SPSS, SAS, Stata 형식과 같은 다른 통계 계산 소프트웨어 도구로 생성된 형식을 포함해 다양한 옵션을 사용할 수 있다. From Text (readr) 옵션을 사용하면 그림 12.13과 같은 그래픽 인터페이스가 나타나며 임포트 프로세스를 쉽게 사용자 정의할 수 있다.

이 인터페이스는 임포트 파라미터가 사용자 정의됨에 따라 갱신되는 데이터 미리보기를 표시한다. 열 헤더의 드롭다운 메뉴를 클릭해 기본 열 데이터 유형을 사용자 정의할 수 있으며, 오른쪽 하단의 코드 미리보기는 이에 따라 갱신된다. import 버튼을 클릭하면 코드가 즉시 실행되지만 더 좋은 방법은 코드를 복사해 R 소스코드 파일에 붙여 넣어 임포트 프로세스를 나중에 다시 쉽게 실행할 수 있게 하는 것이다.

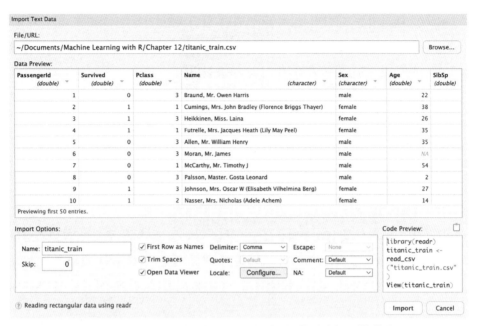

그림 12.13: RStudio의 데이터 임포트 기능은 다양한 데이터 타입을 쉽게
가져오기 위한 R 코드를 자동으로 작성한다.

dplyr로 데이터 준비하고 파이프하기

dplyr 패키지(https://dplyr.tidyverse.org)는 tidyverse의 인프라를 제공하며 데이터를
변환하고 조작하는 기본 기능을 포함하고 있어 tidyverse를 구성하는 핵심 역
할을 한다. 또한 R에서 대규모 데이터 세트를 다루는 간단한 방법을 제공한다.
물론 더 빠른 속도를 가진 다른 패키지나 더 큰 데이터 세트를 처리할 수 있는
패키지도 있지만 dplyr은 여전히 매우 유용하며 기본 R에서 속도 또는 메모리
제한에 부딪힐 경우 처음 시도할 좋은 단계다.

tibble 객체와 함께 사용되면 dplyr은 몇 가지 인상적인 기능을 제공한다.

- dplyr은 벡터가 아닌 데이터 프레임에 중점을 둬서 일반적인 데이터 변환
  작업을 더 적은 코드로 수행하면서도 읽기 쉬운 새로운 연산자를 도입한다.

- 이 패키지는 데이터 프레임에 대한 합리적인 가정을 하므로 작업과 메모리 사용을 최적화한다. 가능한 경우 데이터의 복사본을 만들지 않고 원래 값으로 가리키는 방식을 사용한다.
- 코드의 주요 부분은 C++로 작성돼 있어 작성자에 따르면 많은 작업에 대해 기본 R 대비 20배에서 1,000배의 성능 향상을 제공한다.
- R 데이터 프레임은 사용 가능한 메모리에 제한을 받는다. dplyr을 사용하면 tibble은 메모리에 저장할 수 있는 양을 초과하는 디스크 기반 데이터베이스에 투명하게 연결될 수 있다.

데이터 작업을 위한 dplyr 문법은 초기 학습 곡선을 통과한 후에는 자연스럽게 익숙해진다. 이 문법에는 데이터 테이블에 대한 많은 일반적인 변환을 수행하는 5가지 주요 동사가 있다. tibble로 시작해 다음과 같이 선택할 수 있다.

- filter() 함수를 사용해 열의 값에 따라 데이터 행을 필터링한다.
- select() 함수를 사용해 열의 이름으로 데이터 열을 선택한다.
- arrange() 함수를 사용해 값을 기준으로 데이터 행을 정렬한다.
- mutate() 함수를 사용해 값을 변환해 새로운 열로 추가한다.
- summarize() 함수를 사용해 값을 집계해 데이터 행을 요약한다.

이 5가지 dplyr 동사는 파이프 연산자pipe operator를 사용해 시퀀스로 결합된다. 이 파이프 연산자는 R의 4.1 버전 이후로 네이티브로 지원된다. 파이프 연산자는 |> 기호로 표시되며, 오른쪽을 가리키는 화살표 모양과 어느 정도 유사해 데이터를 한 함수에서 다른 함수로 '파이프'해 이동시킨다. 파이프를 사용하면 데이터 세트를 순차적으로 처리하는 강력한 함수 체인을 생성할 수 있다.

TIP

> R 4.1.0 버전 이전에는 파이프 연산자가 %>% 문자 시퀀스로 표시됐으며 magrittr 패키지가 필요했다. 이전 버전과 새로운 버전 파이프의 차이점은 비교적 작지만 새로운 버전 파이프는 네이티브 연산자로서 약간의 속도 이점이 있을 수 있다. 파이프 연산자를 빠르게 입력하기 위한 바로 가기는 RStudio 데스크톱 IDE에서 ctrl + shift + m 키 조합을 사용하면 문자 시퀀스가 삽입된다. 이 바로 가기를 사용하려면 RStudio의 '전역 옵션(Global Options)' 메뉴에서 '코드(Code)' 제목 아래에 있는 '네이티브 파이프 연산자 사용, |>' 설정으로 변경해야 할 수 있다.

library(dplyr) 명령으로 패키지를 불러온 후에 데이터 변환은 tibble이 패키지의 동사 중 하나로 파이프돼 시작된다. 예를 들어 filter() 함수를 사용해 타이타닉 데이터 세트의 행을 여성으로 제한할 수 있다.

```
> titanic_train |> filter(Sex == "female")
```

비슷하게 name, sex, age 열만 select()로 선택할 수 있다.

```
> titanic_train |> select(Name, Sex, Age)
```

dplyr이 빛을 발하는 지점은 파이프로 동사를 연결해 시퀀스를 만들 수 있는 능력이다. 예를 들어 이전의 두 동사를 결합하고 알파벳순으로 정렬해 arrange() 동사를 사용하고 결과를 tibble로 저장할 수 있다.

```
> titanic_women <- titanic_train |>
    filter(Sex == "female") |>
    select(Name, Sex, Age) |>
    arrange(Name)
```

아직까지는 이것이 혁명적인 것처럼 보이지 않을 수 있지만 mutate() 동사와 함께 결합하면 기본 R 언어보다 간단하고 가독성 있는 코드로 복잡한 데이터 변환 작업을 수행할 수 있다. 나중에 mutate()의 여러 예제를 볼 것이지만 지금 중요한 것은 이것이 tibble에 새로운 열을 생성하는 데 사용된다는 것이다. 예를 들어 65세 이상인 승객인지를 나타내는 이진 elderly 특징을 생성할 수 있다.

다음은 dplyr 패키지의 if_else() 함수를 사용해 승객이 노인인 경우 1을 할당하고 그렇지 않은 경우 0을 할당한다.

```
> titanic_train |>
    mutate(elderly = if_else(Age >= 65, 1, 0))
```

쉼표로 문장을 구분해 하나의 mutate()문 내에서 여러 열을 생성할 수 있다. 다음은 승객이 18세 미만인 경우를 나타내는 추가적인 어린이 특성을 생성하는 예다.

```
> titanic_train |>
    mutate(
      elderly = if_else(Age >= 65, 1, 0),
      child = if_else(Age < 18, 1, 0)
    )
```

나머지 dplyr 동사인 summarize()를 사용하면 tibble에서 행을 그룹화해 집계된 또는 요약된 지표를 생성할 수 있다. 예를 들어 나이 또는 성별에 따른 생존율을 계산하고 싶다고 가정해보자. 두 경우 중 더 간단한 성별부터 시작하겠다. 여기서는 간단히 데이터를 group_by(Sex) 함수로 파이프해 남성과 여성 그룹을 생성한 다음 이를 따르는 summarize()문으로 그룹별로 평균 생존율을 계산하는 survival_rate 특징을 생성한다.

```
> titanic_train |>
    group_by(Sex) |>
```

```
    summarize(survival_rate = mean(Survived))
```

```
# A tibble: 2 x 2
  Sex     survival_rate
  <chr>         <dbl>
1 female        0.742
2 male          0.189
```

출력에서 보여주듯 여성은 남성보다 훨씬 더 생존할 가능성이 크다. 나이별 생존율을 계산하려면 나이 값이 없는 경우가 있기 때문에 약간 더 복잡하다. 이러한 행을 필터링하고 group_by() 함수를 사용해 다음과 같이 어린이(18세 미만)와 성인을 비교해야 한다.

```
> titanic_train |>
    filter(!is.na(Age)) |>
    mutate(child = if_else(Age < 18, 1, 0)) |>
    group_by(child) |>
    summarize(survival_rate = mean(Survived))
```

```
# A tibble: 2 x 2
  child   survival_rate
  <dbl>         <dbl>
1 0             0.381
2 1             0.540
```

결과에서 어린이는 성인보다 약 40% 정도 생존할 가능성이 높았다. 이를 남성과 여성 간의 비교와 결합하면 이는 침몰하는 배의 대피 정책이 '여성과 어린이 먼저'였다는 가설에 강력한 증거를 제공한다.

TIP

> 그룹별로 요약 통계를 계산하는 것은 기존 R의 다른 방법(이전 장에서 설명한 ave() 및 aggregate() 함수 포함)을 사용해 수행할 수 있으므로 summarize() 명령이 이를 초과해서 가능한 것임을 기억하는 것이 중요하다. 특히 11장에서 설명한 특징 공학 힌트와 같은 작업에 summarize() 명령을 사용할 수 있다. 이러한 경우 모두 그룹별(group_by()) 옵션인 가구, 우편번호 또는 시간 단위와 같이 사용된다. 이러한 데이터 준비 작업을 위해 dplyr을 사용해 집계하는 것은 기본 R에서 이를 시도하는 것보다 훨씬 더 쉽다.

지금까지 배운 내용을 종합해 파이프를 사용한 더 많은 예제를 하나 더 제시해 보겠다. 타이타닉 데이터 세트를 사용해 의사결정 트리 모델을 만들어보자. 먼저 filter()를 사용해 누락된 나이 값을 필터링하고 mutate()를 사용해 새로운 AgeGroup 특징을 생성하며, select()를 사용해 의사결정 트리 모델에 관심이 있는 열만 선택한다. 그 결과 데이터 세트는 rpart() 의사결정 트리 알고리듬에 파이프로 연결되며, 이는 tidyverse 바깥의 함수에 데이터를 파이프로 전달하는 능력을 보여준다.

```
> library(rpart)
> m_titanic <- titanic_train |>
    filter(!is.na(Age)) |>
    mutate(AgeGroup = if_else(Age < 18, "Child", "Adult")) |>
    select(Survived, Pclass, Sex, AgeGroup) |>
    rpart(formula = Survived ~ ., data = _)
```

이러한 단계들의 연속은 거의 일반 언어 의사 코드와 유사하다. 또한 rpart() 함수 호출 내의 인수를 주목하는 것이 중요하다. formula = Survived ~ . 인수는 생존을 모든 예측 변수의 함수로 모델링하고자 R의 공식 인터페이스를 사용하며 여기서 점(.)은 명시적으로 나열되지 않은 데이터 세트의 다른 특징을 나타낸다. data = _ 인수는 데이터를 나타내는 자리 표시자로 밑줄(_)을 사용하며, 밑줄은 데이터가 파이프로 rpart()에 전달돼야 하는 함수 파라미터를 나타낸다. 이

666

것은 일반적으로 dplyr의 내장 함수에는 필요하지 않다.

기본적으로 파이프된 데이터를 첫 번째 파라미터로 찾기 때문이다. 그러나 tidyverse 밖의 함수는 데이터가 이 방식으로 특정 함수 파라미터를 대상으로 파이프될 필요가 있을 수 있다.

TIP

> 반드시 주목해야 할 사항은 밑줄(_) 플레이스홀더 문자는 R 버전 4.2에서 새롭게 추가됐으며 이전 버전에서는 작동하지 않을 것이라는 점이다. magrittr 패키지를 사용하는 이전 코드에서는 점(.) 문자가 플레이스홀더로 사용됐다.

재미로 결과 의사결정 트리를 시각화해볼 수 있는데, 이 결과를 보면 여성과 아이들이 성인, 남성 그리고 세 번째 객실 등급에 있는 사람들보다 생존할 가능성이 높음을 보여준다.

```
> library(rpart.plot)
> rpart.plot(m_titanic)
```

이는 다음의 의사결정 다이어그램을 생성한다.

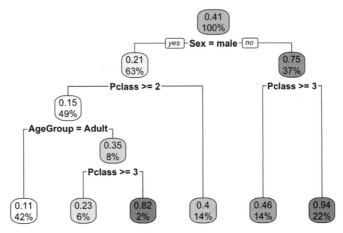

그림 12.14: 파이프를 사용해 구축된 타이타닉 생존을 예측하는 의사결정 트리

이러한 것들은 **dplyr** 명령의 시퀀스가 복잡한 데이터 조작 작업을 더 간단하게 만드는 몇 가지 작은 예에 불과하다. 이는 **dplyr**의 더 효율적인 코드로 인혜 단계들이 종종 기본 R의 동등한 명령보다 더 빠르게 실행되는 것을 더해준다. 완전한 **dplyr** 튜토리얼을 제공하는 것은 이 책의 범위를 벗어나지만 많은 학습 자료를 온라인에서 사용할 수 있다. 예를 들어 'R for Data Science' 장(https://r4ds.hadley.nz/transform.html)을 참고할 수 있다.

stringr로 문자 변환

stringr 패키지(https://stringr.tidyverse.org)는 문자열을 분석하고 변형하는 함수들을 추가했다. 물론 기본 R도 문자열 처리가 가능하지만 함수들이 벡터상에서 어떻게 작동하는지가 일관성이 없으며 비교적 느리다. **stringr**은 tidyverse 워크플로에 더 적합한 형태로 이러한 함수들을 구현한다. 무료 자원인 'R for Data Science'에는 해당 패키지의 모든 기능을 소개하는 튜토리얼이 있으며(https://r4ds.hadley.nz/strings.html), 여기서는 특히 특징 공학과 관련된 몇 가지 측면을 살펴본다. 따라 하려면 타이타닉 데이터 세트를 불러오고 **stringr** 패키지를 설치하고 로드한 후 진행해야 한다.

이 장에서 이전에 소개한 특징 공학의 두 번째 힌트는 '텍스트에 숨겨진 통찰력 찾기'였다. **stringr** 패키지는 문자열을 자르고 텍스트 내에서 패턴을 감지하는 데 도움이 되는 함수를 제공한다. 모든 **stringr** 함수는 접두사 **str_**로 시작하며, 다음과 같은 몇 가지 관련 예제가 있다.

- **str_detect()**: 문자열에서 검색어를 찾는지 여부를 결정한다.
- **str_sub()**: 위치별로 문자열을 잘라내고 부분 문자열을 반환한다.
- **str_extract()**: 문자열을 검색하고 일치하는 패턴을 반환한다.
- **str_replace()**: 문자열 내의 문자를 다른 문자로 바꾼다.

이 함수들은 상당히 유사해 보이지만 실제로는 매우 다른 목적으로 사용된다.

이 목적을 보여주고자 여기서는 타이타닉의 Cabin(객실) 특징을 살펴보고 특정 객실이 생존과 관련이 있는지 여부를 확인하려고 한다. 그러나 이 특징을 그대로 사용할 수는 없다. 각각의 객실 코드가 고유하기 때문이다.

그러나 객실 코드는 A10, B101 또는 E67과 같은 형식으로 돼 있다. 알파벳 접두사는 배의 위치를 나타내는 것이고 어떤 위치의 승객들은 재난에서 더 쉽게 탈출했을 수 있다. str_sub() 함수를 사용해 1자리 부분 문자열을 추출해 다음과 같이 CabinCode 특징에 저장해보자.

```
> titanic_train <- titanic_train |>
    mutate(CabinCode = str_sub(Cabin, start = 1, end = 1))
```

객실 코드가 의미 있는지 확인하고자 table() 함수를 사용해 해당 코드와 승객 등급 간의 관계를 확인할 수 있다. useNA 파라미터는 "ifany"로 설정돼 일부 승객의 부재로 인한 NA 값이 표시되게 한다.

```
> table(titanic_train$Pclass, titanic_train$CabinCode, useNA = "ifany")
```

```
      A   B   C   D   E   F   G   T <NA>
  1  15  47  59  29  25   0   0   1   40
  2   0   0   0   4   4   8   0   0  168
  3   0   0   0   0   3   5   4   0  479
```

NA 값이 낮은 등급의 티켓 클래스에서 더 흔히 나타나므로 더 저렴한 요금의 경우 객실 코드가 부여되지 않았을 수도 있다. 또한 객실 코드에 따른 생존률을 ggplot() 함수로 그래프화할 수 있다.

```
> library(ggplot2)
> titanic_train |> ggplot() +
```

```
geom_bar(aes(x = CabinCode, y = Survived),
            stat = "summary", fun = "mean") +
ggtitle("Titanic Survival Rate by Cabin Code")
```

생성된 그림은 1등급 객실 유형(코드 A, B 및 C) 내에서도 생존율에 차이가 있음을
보여준다. 또한 객실 코드가 없는 승객들은 생존 가능성이 가장 낮은 것으로
나타난다.

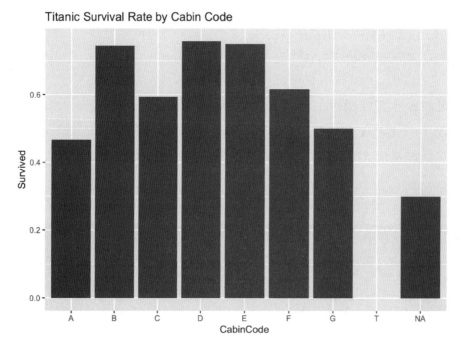

그림 12.15: 객실 코드 기능은 생존과 관련이 있어 보이며, 특히 1등급 객실(A, B 및 C) 내에서도 그렇다.

Cabin 텍스트 코드 데이터를 처리하지 않은 경우 학습 알고리듬은 각각의 객실
에 고유한 코드로 인해 해당 특징을 사용할 수 없을 것이다. 그러나 간단한
텍스트 변환을 적용함으로써 객실 코드를 모델의 생존 예측을 개선하는 데 사
용할 수 있는 형태로 디코딩했다. 이러한 성공을 바탕으로 다른 잠재적인 숨겨
진 데이터 소스인 이름 열을 살펴보자. 이것은 각 행마다 고유한 식별자이기

때문에 이 데이터를 기반으로 모델을 훈련시키면 불가피하게 과적합이 발생할 것으로 생각할 수 있다. 이는 사실이지만 이름 내에는 유용한 정보가 숨어 있다. 처음 몇 개의 행을 살펴보면 잠재적으로 유용한 텍스트 문자열이 나타날 수 있다.

```
> head(titanic_train$Name)

[1] "Braund, Mr. Owen Harris"
[2] "Cumings, Mrs. John Bradley (Florence Briggs Thayer)"
[3] "Heikkinen, Miss. Laina"
[4] "Futrelle, Mrs. Jacques Heath (Lily May Peel)"
[5] "Allen, Mr. William Henry"
[6] "Moran, Mr. James"
```

우선 Mr., Mrs., Miss와 같은 호칭이 예측에 도움이 될 수 있다. 그러나 이러한 호칭은 이름 문자열 내에서 다른 위치에 있기 때문에 간단히 str_sub() 함수를 사용해 추출할 수 없다. 이 작업에 적합한 도구는 str_extract() 함수며, 더 긴 문자열에서 짧은 패턴을 찾아 추출하는 데 사용된다. 이 함수를 사용하는 핵심은 각각의 가능한 인사말을 개별적으로 입력하지 않고도 텍스트 패턴을 어떻게 표현하는지를 알아야 한다는 것이다.

텍스트 검색 패턴을 표현하는 축약 표현은 정규식 또는 regex로 불린다. 정규식을 만드는 방법을 알면 텍스트 편집기의 고급 찾기 및 바꾸기 기능뿐만 아니라 R에서의 특징 공학에도 유용하게 사용된다. 여기서는 이름 문자열에서 인사말을 추출하기 위한 간단한 정규식을 만들어본다.

정규식을 사용하는 첫 번째 단계는 원하는 대상 문자열 전체에 공통된 요소를 식별하는 것이다. 타이타닉 이름의 경우 각 인사말은 쉼표 다음에 공백이 따르고 그다음에 일련의 문자가 나오며 마침표로 끝난다. 이를 다음과 같은 정규식 문자열로 표현할 수 있다.

```
", [A-z]+\\."
```

이는 무의미해 보일 수 있지만 패턴을 문자별로 일치시키려는 시퀀스로 이해할 수 있다. 일치 과정은 예상대로 쉼표와 공백으로 시작한다. 그런 다음 대괄호는 검색 함수에 대괄호 안의 어떤 문자든 일치하도록 지시한다. 예를 들어 [AB]는 A나 B와 일치하며, [ABC]는 A, B 또는 C와 일치한다. 여기에서 대시는 A에서 z 사이의 어떤 문자든 검색하도록 사용된다. 대문자와 소문자를 구분한다는 것에 유의하라. 즉, [A-Z]는 대문자 알파벳 26자를 검색하고 [A-z]는 대문자와 소문자를 모두 포함한 52개의 문자를 검색한다. [A-z]는 하나의 문자만 일치시킨다.

표현식이 더 많은 문자와 일치하게 하려면 대괄호 뒤에 + 기호를 붙여 알고리듬에 대괄호 안에 없는 것을 만날 때까지 문자를 계속 일치시키도록 지시한다. 그런 다음 나머지 부분의 정규식이 일치하는지 확인한다.

나머지 부분은 \\. 시퀀스다. 이 시퀀스는 검색 패턴 끝에 있는 단일 기간(.) 문자를 나타내는 세 문자다. 점(.)은 임의의 문자를 나타내는 특수 용어이므로 점을 슬래시로 접두사를 붙여 이스케이프escape해야 한다. 불행하게도 슬래시는 R에서도 특수 문자이므로 슬래시를 다른 슬래시에 접두사로 붙여야 한다.

NOTE

> 정규 표현식은 배우기 어렵지만 들인 노력만큼 가치가 있다. 정규 표현식이 작동하는 방식을 깊이 이해하기 위한 자세한 내용은 https://www.regularexpressions.info에서 찾을 수 있다. 또는 실시간으로 일치하는 것을 보여주는 많은 텍스트 편집기와 웹 애플리케이션이 있다. 이러한 도구는 정규 표현식 검색 패턴을 개발하고 에러를 진단하는 데 매우 도움이 될 수 있다. 그중에서도 가장 좋은 도구 중 하나는 https://regexr.com에서 찾을 수 있다.

이 식을 Titanic 이름 데이터에 적용하고자 다음과 같이 str_extract() 함수와 함께 mutate() 함수를 결합할 수 있다.

```
> titanic_train <- titanic_train |>
    mutate(Title = str_extract(Name, ", [A-z]+\\."))
```

첫 번째 몇 가지 예를 살펴보면 이를 조금 정리해야 할 것 같다.

```
> head(titanic_train$Title)
```

```
[1] ", Mr." ", Mrs." ", Miss." ", Mrs." ", Mr." ", Mr."
```

str_replace() 함수를 사용해 이러한 호칭에서 구두점과 공백을 제거해보자. 쉼표, 공백, 마침표를 매치하고자 "[, \\.]" 검색 문자열을 사용하는 방법이다. 다음과 같이 str_replace()와 함께 사용하면 Title에서 쉼표, 공백, 마침표 문자가 빈 문자열(null)로 대체된다.

```
> titanic_train <- titanic_train |>
    mutate(Title = str_replace_all(Title, "[, \\.]", ""))
```

여러 개의 문자가 대체돼야 했기 때문에 str_replace_all() 변형을 대체 함수로 사용한 점에 유의하라. 기본 str_replace()는 일치하는 문자의 첫 번째 인스턴스만 대체한다. stringr의 많은 함수는 이러한 경우에 대한 "all" 변형이 있다. 결과를 확인해보자.

```
> table(titanic_train$Title)
```

```
  Capt    Col    Don     Dr Jonkheer   Lady
     1      2      1      7        1      1
 Major Master   Miss   Mlle      Mme     Mr
     2     40    182      2        1    517
```

```
        Mrs    Ms   Rev   Sir
        125     1     6     1
```

일부 타이틀과 호칭의 적은 빈도를 고려할 때 이들을 함께 그룹화하는 것이 합리적일 수 있다. 이를 위해 dplyr의 recode() 함수를 사용해 카테고리를 변경할 수 있다. 고빈도 수준 중 일부는 그대로 유지하고 나머지를 Miss의 변형 및 일반 버킷으로 그룹화해 .missing 및 .default 값을 사용해 NA 값을 Other 레이블로 할당하고 이미 코드화되지 않은 다른 값에 할당한다.

```
> titanic_train <- titanic_train |>
    mutate(TitleGroup = recode(Title,
      "Mr" = "Mr", "Mrs" = "Mrs", "Master" = "Master",
      "Miss" = "Miss",
      "Ms" = "Miss", "Mlle" = "Miss", "Mme" = "Miss",
      .missing = "Other",
      .default = "Other"
      )
    )
```

여기서의 작업을 확인하면 정리가 계획대로 작동한 것을 볼 수 있다.

```
> table(titanic_train$TitleGroup)
```

```
  Master   Miss    Mr   Mrs   Other
      40    186   517   125      23
```

제목별 생존율을 확인하고자 그림을 살펴볼 수도 있다.

```
> titanic_train |> ggplot() +
```

```
geom_bar(aes(x = TitleGroup, y = Survived),
        stat = "summary", fun = "mean") +
ggtitle("Titanic Survival Rate by Salutation")
```

이는 다음 막대 차트를 생성한다.

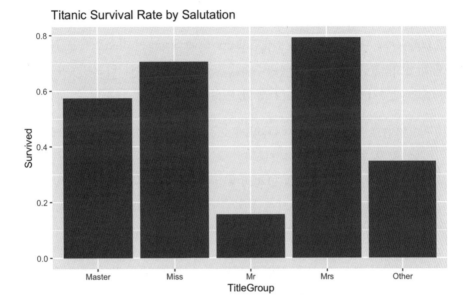

그림 12.16: 생성된 인사말은 나이와 성별 모두 생존 가능성에 영향을 미친 것을 포착한다.

CabinCode 및 TitleGroup 특징의 생성은 텍스트 데이터에서 숨겨진 정보를 찾는 특징 공학 기술을 잘 나타낸다. 이러한 새로운 특성들은 타이타닉 데이터 세트의 기본 특성을 넘어 추가적인 정보를 제공할 것이며, 학습 알고리듬은 이를 사용해 성능을 향상시킬 수 있을 것이다. 조금의 창의력과 stringr 그리고 정규식에 대한 지식을 결합하면 경쟁을 앞서갈 수 있는 경쟁력을 얻을 수 있을 것이다.

lubridate를 사용한 데이터 정리

lubridate 패키지(https://lubridate.tidyverse.org)는 날짜와 시간 데이터 작업에 중요한 도구다. 모든 분석에 필요하지는 않을 수 있지만 필요할 때 많은 어려움을 덜어 줄 수 있다. 날짜와 시간에서 보통 간단한 작업들도 윤년 및 시간대와 같은 예상 치 못한 세부 사항들 때문에 빠르게 복잡해질 수 있다. 생일 계산, 청구 주기 또는 유사한 날짜 민감 작업을 수행한 사람에게 물어보면 알 수 있을 것이다.

다른 tidyverse 패키지와 마찬가지로 'R for Data Science' 리소스에는 lubridate 에 대한 깊이 있는 튜토리얼(https://r4ds.hadley.nz/datetimes.html)이 있으며, 여기에서는 lubridate의 3가지 중요한 특징 공학 기능을 간략하게 다룬다.

- 지역별로 날짜와 시간이 어떻게 표시되는지를 고려해 올바르게 R로 날짜 및 시간 데이터를 로드하는 것
- 시간대와 윤년을 고려해 날짜와 시간 간의 차이를 정확하게 계산하는 것
- 현실 세계에서 시간 간격의 증가가 어떻게 이해되는지를 고려해 생일에 "1년이 더해진다"는 사실 등을 계산하는 것

R로 날짜를 읽어 들이는 것은 어려운 일이다. 날짜는 다른 많은 형식으로 제공 되기 때문이다. 예를 들어 『Machine Learning with R』의 1판 출판일은 다음과 같이 표현할 수 있다.

- October 25, 2013(미국에서 흔한 장문 형식)
- 10/25/13(미국에서 흔한 간단한 형식)
- 25 October 2013(유럽에서 흔한 장문 형식)
- 25.10.13(유럽에서 흔한 간단한 형식)
- 2013-10-25(국제 표준 형식)

이러한 다양한 형식으로 인해 lubridate는 월, 일, 년도가 모두 1에서 12까지의 범위에 속할 수 있기 때문에 도움 없이 올바른 형식을 판단할 수 없다. 대신

올바른 날짜 생성자인 mdy(), dmy() 또는 ymd()를 제공해야 한다. 이는 입력 데이터의 월(m), 일(d), 년도(y) 구성 요소의 순서에 따라 다르다. 날짜 구성 요소의 순서를 고려해 함수는 자동으로 장문 및 간단한 변형을 구문 분석하고, 선행 0 및 2자리 또는 4자리 년도를 처리할 것이다. 이를 나타내고자 이전에 표현한 날짜는 다음과 같은 적절한 lubridate 함수로 처리할 수 있다.

```
> mdy(c("October 25, 2013", "10/25/2013"))
```

```
[1] "2013-10-25" "2013-10-25"
```

```
> dmy(c("25 October 2013", "25.10.13"))
```

```
[1] "2013-10-25" "2013-10-25"
```

```
> ymd("2013-10-25")
```

```
[1] "2013-10-25"
```

각 경우에 생성된 Date 객체가 정확히 동일함을 주목하라. 이 책의 이전 버전 각각에 대해 유사한 객체를 만들어보자.

```
> MLwR_1stEd <- mdy("October 25, 2013")
> MLwR_2ndEd <- mdy("July 31, 2015")
> MLwR_3rdEd <- mdy("April 15, 2019")
```

두 날짜 사이의 차이를 계산하는 간단한 수학 연산을 수행할 수 있다.

```
> MLwR_2ndEd - MLwR_1stEd
```

```
Time difference of 644 days
```

```
> MLwR_3rdEd - MLwR_2ndEd
```

```
Time difference of 1354 days
```

기본적으로 두 날짜 간의 차이가 일 단위로 반환된다. 연 단위로 답을 원한다면 어떨까? 이러한 차이는 특수한 lubridate difftime 객체이기 때문에 이 숫자를 단순히 365일로 나눠 계산할 수 없다. 하나의 옵션은 이를 지속시간^{duration}으로 변환하는 것이다. 지속시간은 lubridate가 날짜 간 차이를 계산하는 한 가지 방법으로, 특히 실제 시간의 경과를 추적하는 방법으로 작동한다. 마치 초시계처럼 작동한다고 생각하면 된다. 필요한 변환을 수행하는 as.duration() 함수를 사용하면 된다.

```
> as.duration(MLwR_2ndEd - MLwR_1stEd)
```

```
[1] "55641600s (~1.76 years)"
```

```
> as.duration(MLwR_3rdEd - MLwR_2ndEd)
```

```
[1] "116985600s (~3.71 years)"
```

여기에서 알 수 있듯이 이 책의 2판과 3판 사이의 시간 간격이 1판과 2판 사이 간격의 거의 2배임을 알 수 있다. 지속시간은 초 단위로 기본값으로 표시되면서 대략적인 연수도 제공된다. 연수만 얻으려면 lubridate가 dyears() 함수로 제공하는 1년의 지속시간으로 지속시간을 나누면 된다.

```
> dyears()
```

```
[1] "31557600s (~1 years)"
```

```
> as.duration(MLwR_2ndEd - MLwR_1stEd) / dyears()
```

```
[1] 1.763176
```

```
> as.duration(MLwR_3rdEd - MLwR_2ndEd) / dyears()
```

```
[1] 3.70705
```

`time_length()` 함수를 사용해 동일한 계산을 수행하는 것이 더 편리하거나 기억하기 쉬울 수 있다.

```
> time_length(MLwR_2ndEd - MLwR_1stEd, unit = "years")
```

```
[1] 1.763176
```

```
> time_length(MLwR_3rdEd - MLwR_2ndEd, unit = "years")
```

```
[1] 3.70705
```

`unit` 인수는 결과에 따라 일^{day}, 월^{month}, 연^{year}과 같은 단위로 설정할 수 있다. 그러나 이러한 기간은 초 단위로 정확하게 측정되며, 이것은 항상 사람들이 날짜를 생각하는 방식과 일치하지 않을 수 있다.

특히 생일과 기념일의 경우 사람들은 보통 달력 시간, 즉 달력이 특정한 이정표에 도달한 횟수로 생각한다. lubridate에서는 이 접근법을 **구간**^{interval}이라고 하며, 이는 이전에 설명한 기간^{duration} 방법의 초시계 기반 접근법이 아닌 일정 또는 달력 기반의 날짜 차이 관점을 의미한다.

미국의 나이를 계산한다고 가정해보자. 미국은 1776년 7월 4일에 탄생했다. 이 말은 2023년 7월 3일에는 미국이 246번째 생일이 되며, 2023년 7월 5일에는 247번째 생일이 될 것이다. 기간을 사용하면 정확한 답을 얻을 수 없다.

```
> USA_DOB <- mdy("July 4, 1776") # USA's Date of Birth
> time_length(mdy("July 3 2023") - USA_DOB, unit = "years")
```

```
[1] 246.9897
```

```
> time_length(mdy("July 5 2023") - USA_DOB, unit = "years")
```

```
[1] 246.9952
```

이 문제는 윤년과 시간대 변경과 같은 달력 불규칙성 때문에 기간이 달력 시간과 다를 수 있다는 점과 관련이 있다. interval() 함수를 사용해 날짜 차이를 명시적으로 구간으로 변환하고, 따라서 years() 함수로 나누면 올바른 답에 더 가까워진다.

```
> interval(USA_DOB, mdy("July 3 2023")) / years()
```

```
[1] 246.9973
```

```
> interval(USA_DOB, mdy("July 5 2023")) / years()
```

```
[1] 247
```

더 나아가기 전에 interval() 함수가 start, end 구문을 사용한다는 점과 이전의 날짜 차이(end - start)와 대조되는 점에 유의하라. 또한 years() 함수가 lubridate의 기간[period]을 반환한다는 것에도 주목해야 한다. 기간은 항상 달력상의 위치와 관련이 있으며, 이는 1시간 기간이 시간 변경 중에 2시간 기간이 되거나 1년 기간이 365일 또는 366일 기간을 포함할 수 있다는 것을 의미한다. 이러한 유혹적인 세부 사항들은 이 절의 첫 문단에서 언급한 대로 날짜 작업 시에 주의가 필요하다.

최종적인 나이 계산을 생성하고자 %--% 간격 생성 연산자를 사용해 축약하고 정수 나눗셈 연산자 %/%를 사용해 나이의 정수 부분만 반환하겠다. 이렇게 하면 예상한 나이 값이 반환된다.

```
> USA_DOB %--% mdy("July 3 2023") %/% years()

[1] 246

> USA_DOB %--% mdy("July 5 2023") %/% years()

[1] 247
```

이 작업을 일반화해 오늘의 날짜를 기준으로 주어진 생년월일의 달력 기반 나이를 계산하는 함수를 만들 수 있다.

```
> age <- function(birthdate) {
    birthdate %--% today() %/% years()
  }
```

이 작업이 잘 동작하는지 증명하고자 일부 유명한 기술 억만장자의 나이를 확인해보자.

```
> age(mdy("February 24, 1955")) # Jeff Bezos

[1] 59

> age(mdy("June 28, 1971")) # Elon Musk

[1] 51
```

```
> age(mdy("Oct 28, 1955")) # Bill Gates
```
```
[1] 67
```

R을 사용해 따라 하고 있다면 코드를 실행하는 시점에 따라 결과가 달라질 수 있음을 알아두기 바란다. 모두 매일 더 늙고 있는 것이 사실이다.

⁝⁝ 요약

12장에서는 데이터 준비의 중요성을 보여줬다. 머신러닝 모델을 구축하는 데 사용되는 도구와 알고리듬은 프로젝트마다 동일하지만 데이터 준비는 모델 성능의 최고 수준을 발휘하는 열쇠다. 이를 통해 인간의 지능과 창의력이 기계의 학습 과정에 큰 영향을 미칠 수 있으며, 현명한 실무자들은 자동화된 데이터 엔지니어링 파이프라인을 개발해 컴퓨터가 데이터에서 유용한 통찰력을 끊임없이 찾을 수 있는 능력을 활용한다. 이러한 파이프라인은 특히 '빅데이터 체제'에서 중요하다. 빅데이터 체제에서는 딥러닝과 같은 데이터-허기^{data-hungry} 접근 방식이 과적합을 피하고자 대량의 데이터를 공급받아야 할 때 유용하다.

전통적인 소규모 및 중간 규모의 데이터 체제에서는 여전히 수동으로 특징 공학이 주요하다. 직관과 전문 지식을 활용해 모델을 훈련 데이터 세트의 가장 유용한 신호로 이끌 수 있다. 이는 과학보다 예술에 가깝기 때문에 팁과 트릭은 현장에서 배우거나 데이터 과학자 간에 전달되는 경우도 있다. 12장에서는 여정을 안내하는 데 도움이 되는 7가지 힌트를 제공했지만 특징 공학을 실제로 숙달하려면 실전 경험이 필요하다.

R의 tidyverse 패키지 스위트와 같은 도구는 과거보다 훨씬 수월하게 필요한 경험을 쌓을 수 있게 도와준다. 12장은 tidyverse 패키지가 데이터를 더 유용한 예측 변수로 변환하고 텍스트 데이터에 숨겨진 정보를 추출해 무용한 것처럼

보이는 특징을 중요한 예측 변수로 바꾸는 방법을 보여줬다. tidyverse 패키지는 기본 R 함수보다 훨씬 크고 점점 커지는 데이터 세트를 처리하는 능력이 탁월하며 데이터 세트의 크기와 복잡성이 증가함에 따라 R을 사용하는 것을 즐겁게 만든다.

12장에서 개발한 기술은 이후의 작업에 기반이 될 것이다. 13장에서는 툴킷에 새로운 tidyverse 패키지를 추가하고 머신러닝 워크플로에 어떻게 통합되는지 더 많은 예제를 살펴본다. 데이터 준비 기술의 중요성은 상대적으로 작은 문제에서 시작되지만 극단으로 이어질 수 있는 데이터 문제를 탐구하면서 계속해서 확인하게 될 것이다.

13

까다로운 데이터: 너무 적거나 많고 복잡한 데이터

까다로운 데이터는 머신러닝 프로젝트 과정 전반에 걸쳐 다양한 형태를 취하며 각각 새로운 프로젝트의 여정은 개척자 정신이 필요한 모험을 나타낸다. 탐색해야 하는 미지의 데이터부터 시작해 데이터를 학습 알고리듬과 함께 사용하려면 사전에 한 판 전투를 치뤄야 한다. 그리고 나서도 프로젝트가 성공하려면 여전히 길들여야만 하는 데이터의 거친 측면이 있을 수 있다. 관련 없는 정보를 추려내야 하고, 작지만 중요한 세부 사항을 계발해야 하며, 복잡하게 얽힌 거미줄을 학습자의 경로에서 제거해야 한다.

빅데이터 시대의 통념은 데이터가 보물이라는 것이었지만 속담에서처럼 "많다고 꼭 좋은 것은 아니다. 즉 과유불급이다." 대부분의 머신러닝 알고리듬은 제공되는 데이터만큼 기꺼이 활용하므로 과식과 유사한 새로운 문제가 발생한다. 풍부한 데이터는 불필요한 정보로 학습자를 압도하고, 중요한 패턴을 모호하게 하고, 학습자의 주의를 중요한 세부 사항으로부터 명백한 것 쪽으로 이동시켜 버릴 수 있다. 따라서 "더 많은 것이 항상 더 낫다."는 사고방식을 피하고 대신 양과 질 사이의 균형을 찾는 것이 더 나을 수 있다.

13장의 목적은 데이터 세트의 신호 대 노이즈비에 적응하는 데 사용할 수 있는 기술을 고려해 보는 것이다. 13장에서 다루는 내용은 다음과 같다.

- 압도적인 수의 특징을 가진 데이터 세트를 다루는 방법
- 누락되거나 매우 드물게 나타나는 특징 값을 활용하는 방법
- 희소한 목표 결과를 모델링하기 위한 접근 방식

일부 학습 알고리듬은 이러한 기술을 독립적으로 수행하는 것이 더 적합하지만 다른 알고리듬은 프로세스에 더 광범위하게 서로 개입해야 한다는 것을 알게 될 것이다. 두 경우 모두 이러한 유형의 데이터 문제는 보편적이고 머신러닝에서 가장 어려운 문제 중 하나라는 점 때문에 이러한 문제를 해결할 수 있는 방법을 이해하는 것이 중요하다.

⁘ 고차원 데이터의 과제

누군가가 데이터 세트의 크기를 처리하는 데 어려움을 겪고 있다고 말하면 대개 행이 너무 많거나 혹은 데이터가 너무 많은 메모리 또는 저장 공간을 사용한다고 가정하기 쉽다. 실제로 이러한 문제는 새로운 머신러닝 실무자에게 문제를 일으키는 일반적인 문제다. 이 시나리오에서의 해법은 방법론적이기보다는 기술적인 방법일 경향이 있다. 일반적으로는 더 효율적인 알고리듬을 선택하거나 대규모 데이터 세트를 사용할 수 있는 하드웨어 또는 클라우드 컴퓨팅 플랫폼을 사용한다. 최악의 경우 임의의 샘플링을 수행하고 과도한 행 중 일부를 버릴 수 있다.

너무 많은 데이터의 문제는 데이터 세트의 열에도 해당될 수 있으므로 데이터 세트가 지나치게 긴 것이 아니라 지나치게 넓어진다. 왜 이런 일이 발생하는지 또는 왜 문제가 되는지 상상하려면 약간의 창의적인 사고가 필요할 수 있다. 실생활에서도 유용한 예측자가 부족할 수 있고 데이터 세트는 종종 하나씩 폐

기되므로 누군가가 이 문제에 직면하기까지는 상당한 시간이 걸릴 수 있다. 이러한 프로젝트의 경우 예측 변수가 너무 많으면 좋은 문제가 될 수 있다.

그러나 빅데이터의 경쟁 우위를 잘 알고 있는 데이터 기반 조직이 다양한 출처에서 많은 정보를 축적한 상황을 생각해보라. 아마도 그들은 일반적인 비즈니스 과정을 통해 직접 데이터의 일부를 수집하고, 공급업체로부터 추가 데이터를 구입하며, 추가 센서 혹은 인터넷을 통한 간접적이고 수동적인 상호작용을 통해 일부를 수집했을 것이다. 이러한 모든 데이터는 풍부하지만 매우 복잡하고 다양한 특징 집합을 가진 단일 표로 병합된다. 그 결과로 생성된 표는 한 부분씩 세심하게 구성된 것이 아니라 뒤죽박죽 구성됐으며, 그중 일부는 다른 것보다 더 유용할 수 있다. 오늘날 이러한 유형의 데이터 보물 창고는 주로 매우 크거나 데이터에 정통한 조직에서 주로 발견되지만 앞으로 점점 더 많이 유사한 데이터 세트를 만날 가능성이 있다. 데이터 세트는 텍스트, 오디오, 이미지 또는 유전자 데이터와 같이 본질적으로 특징이 풍부한 소스와 상관없이 시간이 지남에 따라 전 부분에서 점점 더 넓어지고 있다.

즉, 이러한 유형의 고차원 데이터 세트의 문제는 기본 패턴을 나타내는 데 있어 실제로 필요한 것보다 더 많은 데이터 포인트가 수집됐다는 사실과 깊은 관련이 있다. 추가적인 데이터 포인트는 예제 전체에 노이즈 또는 미묘한 변형을 추가하고 중요한 추세에서 학습 알고리듬을 산만하게 할 수 있다. 이는 특징 수가 증가함에 따라 학습자가 실패하는 차원의 저주를 설명해준다.

각각의 추가 특징을 예제의 새로운 차원으로 상상하면(여기서 '차원'이라는 단어는 문자적 의미와 은유적 의미로 모두 사용됨) 차원이 증가함에 따라 주어진 예제에 대한 이해도가 풍부해지고 증가하지만 예제의 상대적 고유성도 그렇다. 충분히 높은 차원의 공간에서 모든 예제는 고유하다. 자신만의 특징 값으로 차별화된 조합으로 구성되기 때문이다.

비유를 해보자. 지문은 개인을 고유하게 식별하지만 정확히 일치하는지 알기 위해 지문의 세부 정보 모두를 저장할 필요는 없다. 사실 각 지문에서 발견되는 무한한 세부 사항 중에서 일치를 확인하고자 법의학 수사관은 12 ~ 20개의 개별 포인트만 사용할 수 있다. 심지어 전산화된 지문 스캐너도 60 ~ 80포인트만 사용한다. 추가 세부 정보는 불필요할 수 있으며 일치 품질을 저하시킬 수 있으며 극단적으로 지문이 동일한 사람의 지문인 경우에도 일치 실패가 발생할 수 있다. 예를 들어 너무 많은 세부 사항을 포함하면 학습 알고리듬이 지문의 방향이나 이미지 품질에 의해 산만해지기 때문에 거짓 음성false negatives으로 이어질 수 있지만 세부 사항이 너무 적으면 알고리듬에 유사한 후보를 구별하기 위한 특징이 너무 적기 때문에 거짓 긍정false positives으로 이어질 수 있다. 분명히 너무 많은 세부 사항과 너무 적은 세부 사항 사이의 균형을 찾는 것이 중요하다. 이것이 바로 본질적으로 중요한 세부 사항을 식별해 차원의 저주를 해결하려는 차원 축소dimensionality reduction의 목표다.

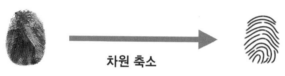

그림 13.1: 차원 축소는 노이즈를 무시하고 기본 패턴을 학습하는 데 도움이 될 주요 세부 사항을 강조하는 데 도움이 된다.

매우 긴 데이터 세트의 문제와 달리 넓은 데이터 세트에서 학습하는 데 필요한 해법은 완전히 다르며 실용적인 만큼 개념적이다. 일부 열이 다른 열보다 더 유용하기 때문에 행에서 가능했던 것처럼 단순히 임의로 열을 버릴 수는 없다. 대신 너무 많은 세부 사항과 너무 적은 세부 사항 사이의 균형을 찾고자 종종 학습 알고리듬 자체와 협력하는 체계적인 접근 방식이 사용된다. 다음 절에서 다루겠지만 이러한 방법 중 일부는 학습 프로세스에 통합되지만 다른 방법은 좀 더 실질적인 접근 방식이 필요하다.

특징 선택 적용

지도학습 머신러닝의 맥락에서 특징 선택의 목표는 가장 중요한 예측 변수만 선택해 차원의 저주를 완화하는 것이다. 특징 선택은 중복되거나 쓸모없는 정보를 제거해 데이터 세트를 단순화하는 특징으로 인해 비지도학습의 경우에도 유용할 수 있다. 특징 선택의 주요 목표인 노이즈에서 신호를 분리하려는 학습 알고리듬의 시도를 지원하는 것 이외에도 특징 선택의 추가적 이점은 다음과 같다.

- 데이터 세트 크기 축소 및 저장소 요구 사항 감소
- 모델 교육을 위한 시간 또는 계산 비용 절감
- 데이터 과학자가 데이터 탐색 및 시각화를 위해 더 적은 특징에 집중할 수 있도록 지원

계산 비용이 매우 많이 들 수 있는 가장 최적의 완전한 단일 예측 변수 집합을 찾으려고 시도하는 대신 특징 선택은 유용한 개별 특징 또는 특징 부분집합을 식별하는 데 집중하는 경향이 있다. 이를 위해 특징 선택은 일반적으로 검색되는 부분집합의 수를 줄이는 휴리스틱에 의존한다. 이렇게 하면 연산 비용은 줄어들지만 가능한 최상의 해를 놓칠 수 있다.

유용한 특징의 부분집합을 검색하는 것은 일부 예측 변수가 쓸모없거나 적어도 다른 예측 변수보다 덜 유용하다고 가정하는 것이다. 그러나 이 전제의 타당성에도 어떤 특징을 유용하고 다른 특징은 그렇지 않다는 것이 항상 명확한 것은 아니다. 물론 예측값을 제공하지 않는 명백히 관련 없는 특징이 있을 수 있지만, 유용한 특징도 중복돼 학습 알고리듬에 불필요한 것이 있을 수 있다. 비결은 어떤 상황에서는 중복되는 것처럼 보이는 것이 다른 상황에서는 실제로 유용할 수 있음을 인식하는 것이다.

다음 그림은 겉보기에 쓸모없고 중복된 예측 변수로 자신을 위장하는 유용한 특징을 보여준다. 산점도는 각각 대략 -50에서 50 범위의 값을 갖고 이진 결과(삼각형 대 원)를 예측하는 데 사용되는 두 가상 특징 사이의 관계를 나타낸다.

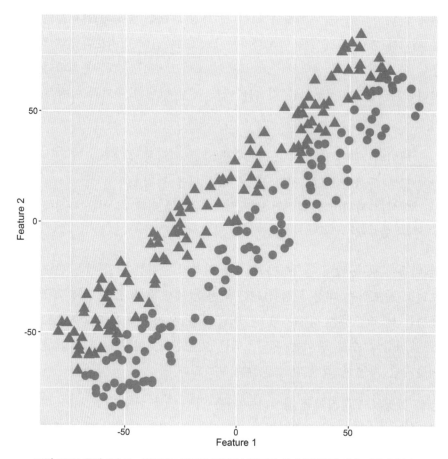

그림 13.2: 특징 1과 2는 쓸모없고 중복된 것처럼 보이지만 함께 사용하면 예측 가치가 있다.

특징 1이나 2의 값 중 하나만 안다면 목표의 타깃을 예측하는 데 사실상 아무런 가치가 없다. 원과 삼각형이 각 특징의 모든 값에 대해 거의 완전히 균등하게 분할되기 때문이다. 정량적 측면에서 이는 특징과 결과 사이의 매우 약한 상관관계로 입증된다. 따라서 하나의 특징과 결과 사이의 관계만 검사하는 간단한 특징 선택 알고리듬은 어떤 특징도 예측에 유용하지 않다고 판단할 수 있다. 또한 두 특징 간의 상관관계가 약 0.90이므로 쌍을 동시에 고려하는 좀 더 정교한 특징 선택 알고리듬은 겉보기 중복으로 인해 둘 중 하나를 실수로 제외할 수 있다.

겉보기에 쓸모없고 중복되는 두 특징에도 산점도는 함께 사용할 때 예측 능력을 명확하게 보여준다. 특징 2가 특징 1보다 크면 삼각형으로 예측한다. 그렇지 않으면 원이라고 예측한다. 알고리듬에서 중요한 예측 변수를 제외할 위험이 있다. 그러나 특징 선택 기술은 계산 효율성도 고려해야 한다. 매우 작은 데이터 세트를 제외하고 특징의 모든 잠재적 조합을 검사하는 것은 불가능하기 때문이다.

유용하고 중복되지 않는 특징 검색과 함께 하나의 특징이 다른 특징과 결합된 경우에만 유용할 수 있다는 가능성 사이에 균형을 유지해야 할 필요성이 바로 특징 선택에 있어 일괄적으로 적용할 수 있는 단일 접근 방식이 존재할 수 없는 이유 중 하나다. 사용례와 선택한 학습 알고리듬에 따라 덜 엄격하거나 더 철저한 특징 검색을 수행하는 다양한 기술을 적용할 수 있다.

NOTE

> 특징 선택에 대한 자세한 내용은 Guyon, I.와 Elisseeff, A.의 〈An Introduction to Variable and Feature Selection, 2003〉, Journal of Machine Learning Research, Vol. 3, pp. 1157-1182를 참고한다.

필터 기법

아마도 가장 접근하기 쉬운 형태의 특징 선택은 **필터 기법**filter methods 범주일 것이다. 필터 기법은 상대적으로 간단한 채점 함수를 사용해 각 특징의 중요도를 측정한다. 그런 다음 결과 점수를 사용해 특징의 순위를 매기고 예측 모델에 사용되는 수를 제한할 수 있다. 이 접근 방식의 단순성으로 인해 필터 기법은 데이터 탐색, 특징 공학, 모델 구축의 반복 프로세스에서 첫 번째 단계에 자주 사용된다. 처음에는 조잡한 필터를 적용해 심층 탐색 및 시각화를 위한 가장 흥미로운 후보 특징을 식별한 다음 추가 감소가 필요한 경우 나중에 좀 더 강력한 특징 선택 기법을 적용할 수 있다.

필터 기법의 특성을 규정하는 한마디는 특징 중요도의 대리proxy 척도의 사용이다. 척도는 우리가 진정으로 관심을 두는 것, 즉 특징의 예측 능력을 대체하기 때문에 대리다. 그러나 먼저 예측 모델을 구축하지 않고는 이를 알 수 없다. 대신 나중에 모델에 특징을 추가할 때 특징의 유용성을 반영하기를 바라는 훨씬 간단한 척도를 선택한다. 예를 들어 수치 예측 모델에서 각 특징과 타깃 사이의 이변량 상관관계를 계산하고 타깃과 실질적으로 상관관계가 있는 특징만 선택할 수 있다. 이진 또는 범주형 타깃의 경우에 있어 비교 가능한 접근 방식으로는 단일-변수 분류기 구성, 특징과 타깃 간의 강력한 이변량 관계에 대한 분할표 검사 또는 정보 이득과 같은 척도 사용 등이 있으며, 이는 5장에서 설명했다. 이러한 유형의 간단한 특징 선택 척도의 이점은 대리 척도가 학습 알고리듬과는 다른 접근 방식을 사용하고 데이터에 대해 다른 가정을 하므로 과적합에 기여할 가능성이 낮다는 것이다.

필터 기법의 가장 큰 이점은 특징 수가 매우 많은 데이터 세트에 대해서도 확장 가능하다는 것일 수 있다. 이 효율성은 필터링 기법이 각 특징에 대해 하나의 중요도 점수만 계산한 다음 이러한 점수를 기준으로 가장 중요한 것부터 가장 중요하지 않은 것까지 예측 변수를 정렬한다는 사실에서 비롯된다. 따라서 특징의 수가 증가함에 따라 계산 비용은 상대적으로 느리게 증가하고 예측 변수의 수에 정비례한다. 이 접근 방식의 결과는 단일 최상의 특징 집합이 아니라 순위가 지정된 특징 목록이다. 따라서 중요한 특징과 중요하지 않은 특징 사이의 최적 컷오프cutoff를 결정하려면 주관적인 판단이 필요하다.

필터 기법은 계산 효율적이지만 특징 그룹을 고려하는 능력이 부족하다. 즉, 다른 특징과 조합할 때만 유용한 경우 중요한 예측 변수가 제외될 수 있다. 또한 필터 기법이 과적합에 기여할 가능성이 낮다는 사실은 원하는 학습 알고리듬과 함께 작동하는 데 가장 적합한 특징 집합이 생성되지 않을 수 있다는 잠재적인 단점을 동반한다. 다음 절에서 설명하는 특징 선택 방법은 이러한 각 문제를 해결하고자 계산 효율성을 희생한다.

래퍼 기법과 임베디드 기법

변수 중요도의 대리 척도를 사용하는 필터 기법과 달리 래퍼 기법^{wrapper methods}은 머신러닝 알고리듬 자체를 사용해 변수 또는 변수 부분집합의 중요성을 식별한다. 래퍼 기법은 알고리듬에 더 중요한 특징이 제공될수록 학습 작업을 수행하는 능력이 향상돼야 한다는 단순한 아이디어에 기반을 둔다. 즉, 중요한 예측 변수가 포함되거나 올바른 조합이 포함됨에 따라 에러율이 감소해야 한다.

따라서 다양한 특징 조합으로 구성된 모델을 반복적으로 구축하고 모델의 성능이 어떻게 변하는지 검토함으로써 중요한 예측 변수와 예측 변수 집합을 식별할 수 있다. 가능한 모든 특징 조합을 체계적으로 테스트하면 전체적으로 최상의 예측 변수 집합을 식별하는 것도 가능하다.

그러나 짐작하듯이 특징의 가능한 모든 조합을 테스트하는 프로세스는 계산적으로 매우 비효율적이다. p개의 예측 변수가 있는 데이터 세트의 경우 테스트해야 하는 잠재적인 예측 변수 집합은 $2p$개이므로 추가 특징이 더해짐에 따라 이 기법의 계산 비용이 상대적으로 빠르게 증가한다. 예를 들어 예측 변수가 10개뿐인 데이터 세트는 2^{10} = 1,024개의 서로 다른 모델을 평가해야 하는 반면 예측 변수를 5개 더 추가하는 데이터 세트에는 2^{15} = 32,768개의 모델이 필요하며, 이는 계산 비용이 30배 이상이다. 분명히 이 접근 방식은 가장 작은 데이터 세트 등 가장 간단한 머신러닝 알고리듬을 제외하고는 실행 가능하지 않다. 이 문제에 대한 한 가지 해결책은 먼저 필터 기법을 사용해 특징 수를 줄이는 것일 수 있지만, 이 위험은 중요한 특징 조합을 놓칠 위험이 있을 뿐만 아니라 래퍼의 많은 이점을 무효화할 수 있는 차원 축소도 필요하다.

비효율성으로 인해 장점을 활용하지 못하게 하는 대신 휴리스틱을 사용해 모든 특징 조합을 검색하지 않게 할 수도 있다. 특히 5장에서 설명한, 트리를 효율적으로 성장시키는 데 도움이 된 '그리디^{greedy}' 접근 방식을 여기에도 사용할 수 있다. 그리디 알고리듬의 아이디어는 데이터를 선착순으로 사용하고 예측 가능성이 가장 높은 특징을 먼저 사용하는 것임을 기억할 것이다. 이 기술이 최적의

해를 찾도록 보장하지는 않지만 테스트해야 하는 조합의 수를 대폭 줄인다.

그리디 특징 선택을 위해 래퍼 기법을 조정하는 2가지 기본 접근 방식이 있다. 둘 다 한 번에 하나의 변수를 변경해 학습 알고리듬을 조사하는 것이다. 순방향 선택forward selection 기술은 각 특징을 모델에 하나씩 공급해 그중 어느 것이 최상의 단일 예측자 모델을 생성하는지 결정하는 것으로 시작한다. 순방향 선택의 다음 반복에서는 모델의 첫 번째 최상의 예측 변수를 유지하고 나머지 특징을 테스트해 최상의 두 예측 변수 모델을 만드는 것이 무엇인지 식별한다. 예상할 수 있듯이 이 프로세스는 모든 특징이 선택될 때까지 최상의 3-예측 모델, 4-예측 모델 등을 계속 선택할 수 있다. 그러나 특징 선택의 요점은 특히 전체 특징 집합을 선택하는 것이 아니므로 추가 특징을 더해도 더 이상 모델의 성능이 특정 임곗값 이상으로 향상되지 않을 때 순방향 선택 프로세스가 조기에 종료된다. 역방향 제거라는 유사한 기술은 동일한 방식으로 작동하지만 그 역이다. 모든 특징을 포함하는 모델부터 시작해 반복적으로 매번 예측 가능성이 가장 낮은 특징을 제거하며, 특징을 제거할 때 모델의 성능이 임곗값보다 더 낮아진다면 그때 중단한다.

임베딩 기법embedded methods으로 알려진 학습 알고리듬은 순방향 선택과 매우 유사한 내장 래퍼 형태가 있다. 이러한 기법은 모델 학습 프로세스 중에 최상의 특징을 자동으로 선택한다. 여러분은 이미 그러한 방법 중 하나에 이미 익숙한데, 바로 최고의 특징 부분집합을 결정하고자 그리디하게 순방향 선택을 사용하는 의사결정 트리가 그것이다. 대부분의 머신러닝 기술에는 임베딩 특징 선택이 없다. 차원은 미리 줄여야 한다. 다음 절에서는 6장에서 소개한 머신러닝 알고리듬의 변형을 통해 R에서 이러한 방법을 어떻게 적용할 수 있는지 보여준다.

예제: 특징 선택에 단계적 회귀 사용

래퍼 기법의 널리 알려진 구현 중 하나는 회귀 모델의 특징 집합을 식별하고자 순방향 또는 역방향 선택을 사용하는 단계적 회귀stepwise regression다. 이 기법을 시

694

연하고자 이전 2개의 장에서 사용된 타이타닉 승객 데이터 세트를 다시 사용하고 각 승객이 불행한 항해에서 살아남았는지 여부를 예측하는 로지스틱 회귀 모델을 구축한다. 먼저 **tidyverse**를 사용해 데이터를 읽고 몇 가지 간단한 데이터 준비 단계를 적용한다. 다음 명령 시퀀스는 **Age**에 대한 결측값 표시자를 생성하고 누락된 **Age** 값에 평균 연령을 할당하고, 누락된 **Cabin** 및 **Embarked** 값에 X를 설정하고, **Sex**를 팩터factor 형식으로 변환한다.

```
> library(tidyverse)
> titanic_train <- read_csv("titanic_train.csv") |>
    mutate(
      Age_MVI = if_else(is.na(Age), 1, 0),
      Age = if_else(is.na(Age), mean(Age, na.rm = TRUE), Age),
      Cabin = if_else(is.na(Cabin), "X", Cabin),
      Embarked = factor(if_else(is.na(Embarked), "X", Embarked)),
      Sex = factor(Sex)
    )
```

단계별 프로세스는 특징 선택을 위한 시작 및 종료 조건 또는 포함될 수 있는 변수의 최소 및 최대 집합을 알아야 한다. 여기서는 가장 간단한 가능한 모델을 변수가 전혀 없는 모델, 즉 상수 절편 항만 있는 모델로 정의할 것이다.

R에서 이 모델을 정의하고자 **glm()** 함수를 사용해 **Survived ~ 1** 공식을 사용해 상수 절편의 함수로 생존을 모델링한다.

family 파라미터를 **binomial**로 설정하면 로지스틱 회귀 모델이 정의된다.

```
> simple_model <- glm(Survived ~ 1, family = binomial,
                      data = titanic_train)
```

전체 모델은 여전히 로지스틱 회귀를 사용하지만 더 많은 예측자를 포함한다.

```
> full_model <- glm(Survived ~ Age + Age_MVI + Embarked +
                                Sex + Pclass + SibSp + Fare,
                    family = binomial, data = titanic_train)
```

순방향 선택은 단순 모델부터 시작해 전체 모델 중 어떤 특징이 최종 모델에 포함될 가치가 있는지 결정한다. 기본 R stats 패키지의 step() 함수는 이 기능을 제공한다. 그러나 다른 패키지에도 step() 함수가 있으므로 stats::step() 으로 지정하면 올바른 함수가 사용되는 것을 보장해준다. 첫 번째 함수 인수는 시작 모델을 제공하고 scope 파라미터에는 전체 모델의 formula()가 필요하며 방향은 forward 단계별 회귀로 설정된다.

```
> sw_forward <- stats::step(simple_model,
                            scope = formula(full_model),
                            direction = "forward")
```

이 명령은 단계적 프로세스의 각 반복에 대한 출력 집합을 생성하지만 편의상 여기서는 첫 번째와 마지막 반복만 포함된다.

TIP

> 많은 수의 변수에서 선택하는 경우 step() 함수에서 trace = 0으로 설정해 각 반복에서 화면 출력을 끈다.

단계적 프로세스의 시작 부분에서는 Survived ~ 1 공식을 사용하는 간단한 모델부터 시작한다. 이 모델은 상수 절편 항만 사용해 생존을 모델링한다. 따라서 출력의 첫 번째 블록은 처음의 모델 품질을 표시하고 각각 단일 추가 예측 변수가 추가된 7개의 다른 후보 모델을 평가한 후 표시한다. <none>으로 레이블된 행은 이 반복의 시작 시 모델의 품질과 다른 7개 후보와 비교한 순위를 나타낸다.

```
Start: AIC=1188.66
Survived ~ 1
            Df    Deviance    AIC
+ Sex        1      917.8     921.8
+ Pclass     1     1084.4    1088.4
+ Fare       1     1117.6    1121.6
+ Embarked   3     1157.0    1165.0
+ Age_MVI    1     1178.9    1182.9
+ Age        1     1182.3    1186.3
<none>              1186.7    1188.7
+ SibSp      1     1185.5    1189.5
```

사용된 품질 척도인 AIC는 다른 모델과 비교한 모델의 상대적 품질 척도다. 특히 이는 아케이케 정보 기준^{Akaike information criterion}을 참조한다. AIC의 공식적인 정의는 이 장의 범위를 벗어나지만 이 척도는 모델 복잡성과 모델 적합도의 균형을 맞추기 위한 것이다. AIC 값이 낮을수록 좋다. 따라서 원본 모델뿐만 아니라 다른 6개의 후보 모델 중에서 Sex를 포함하는 모델이 가장 좋다. 최종 반복에서 기본 모델은 Sex, Pclass, Age, SibSp를 사용하며 더 이상 특징을 넣어도 AIC를 추가로 줄이지 않는다. <none> 행은 Embarked, Fare, Age_MVI 특징을 추가하는 후보 모델 위로 순위가 매겨졌다.

```
Step: AIC=800.84
Survived ~ Sex + Pclass + Age + SibSp

            Df Deviance    AIC
<none>            790.84  800.84
+ Embarked   3    785.27  801.27
+ Fare       1    789.65  801.65
+ Age_MVI    1    790.59  802.59
```

이 시점에서 순방향 선택 프로세스가 중지된다. 최종 모델에 대한 공식을 얻을
수 있다.

```
> formula(sw_forward)
```

```
Survived ~ Sex + Pclass + Age + SibSp
```

또한 최종 모델에서 추정된 회귀 계수를 얻을 수 있다.

```
> sw_forward$coefficients
```

```
 (Intercept)        Sexmale         Pclass           Age          SibSp
  5.19197585    -2.73980616    -1.17239094    -0.03979317    -0.35778841
```

역방향 제거는 실행이 훨씬 더 간단하다. 테스트할 전체 특징 집합을 모델에
제공하고 direction = "backward"로 설정하면 모델은 체계적으로 더 나은 AIC
를 생성하는 모든 특징을 반복적으로 제거한다. 예를 들어 첫 번째 단계는 전체
예측 변수 집합으로 시작하지만 Fare, Age_MVI 또는 Embarked 특징을 제거하면
AIC가 낮아진다.

```
> sw_backward <- stats::step(full_model, direction = "backward")
```

```
Start: AIC=803.49
Survived ~ Age + Age_MVI + Embarked + Sex + Pclass + SibSp + Fare

               Df  Deviance      AIC
- Fare          1    783.88   801.88
- Age_MVI       1    784.81   802.81
- Embarked      3    789.42   803.42
<none>               783.49   803.49
```

```
    - SibSp      1     796.34   814.34
    - Age        1     810.97   828.97
    - Pclass     1     844.74   862.74
    - Sex        1    1016.36  1034.36
```

각 반복에서 최악의 특징이 제거되지만 마지막 단계에서 나머지 특징 중 하나를 제거하면 AIC가 높아지므로 기준선보다 품질이 낮은 모델이 된다. 따라서 프로세스는 여기서 중지된다.

```
Step: AIC=800.84
Survived ~ Age + Sex + Pclass + SibSp

             Df  Deviance     AIC
<none>            790.84   800.84
    - SibSp      1    805.33   813.33
    - Age        1    819.32   827.32
    - Pclass     1    901.80   909.80
    - Sex        1   1044.10  1052.10
```

이 경우 순방향 선택과 역방향 제거를 통해 동일한 예측 변수 집합이 생성됐지만 항상 그런 것은 아니다. 특정 특징이 그룹에서 더 잘 작동하거나 다른 방식으로 상호 관련된 경우 차이가 발생할 수 있다.

앞서 언급한 바와 같이 래퍼 기법에서 사용하는 휴리스틱의 단점 중 하나는 가장 최적의 단일 예측 변수 집합을 찾는 것이 보장되지 않는다는 것이다. 그러나 정확히 이 단점 덕분에 특징 선택 프로세스를 계산적으로 실현 가능하게 만들어준다.

예제: Boruta를 사용한 특징 선택

좀 더 강력하면서도 훨씬 더 계산 집약적인 특징 선택 방법을 위해 Boruta 패키지는 14장에서 소개할 랜덤 포레스트 알고리듬 주위에 래퍼를 구현한다. 현재로서는 랜덤 포레스트가 변수 중요도 측정을 제공하는 의사결정 트리의 변형이라는 정도만 아는 것으로 충분하다. 변수의 무작위 부분집합을 체계적으로 반복 테스트하면 통계적 가설 검정 기술을 사용해 어느 한 특징이 다른 특징보다 훨씬 더 중요한지 여부를 알아낼 수 있다.

NOTE

> 이 기술이 랜덤 포레스트에 크게 의존하기 때문에 늪과 숲에 거주하는 것으로 생각되는 신화적 슬라브 생물인 Boruta라는 이름을 사용한 것은 그리 놀라운 일이 아니다. Boruta의 구현 세부 정보에 대한 자세한 내용은 Kursa, M. B.와 Rudnicki, W. R.의 〈Feature Selection with the Boruta Package〉, 2010, Journal of Statistical Software, Vol. 36, Iss. 11을 참고한다.

Boruta 기술은 변수의 중요성 여부를 결정하고자 소위 '그림자 특징shadow features'을 사용하는 영리한 트릭을 사용한다. 이러한 그림자 특징은 데이터 세트에서 원본 특징의 복사본이지만 특징과 타깃 결과 간의 연결이 끊어지도록 값이 무작위로 섞인다. 따라서 이러한 그림자 특징은 정의상 말도 안 되고 중요하지 않으며 우연을 제외하고는 모델에 예측 이점을 제공하지 않아야 한다. 이들은 다른 특징을 판단하는 기준선 역할을 한다.

랜덤 포레스트 모델링 프로세스를 통해 원본 특징과 그림자 특징을 실행한 후 각 원본 특징의 중요도를 가장 중요한 그림자 특징과 비교한다. 그림자 특징보다 훨씬 나은 특징은 중요한 것으로 간주된다. 훨씬 더 나쁜 것은 중요하지 않은 것으로 간주돼 영구적으로 제거된다. 알고리듬은 모든 특징이 중요하거나 혹은 중요하지 않은 것으로 간주되거나 프로세스가 미리 결정된 반복 한계에 도달할 때까지 반복된다.

이를 실제로 확인하고자 Boruta 알고리듬을 이전 절에서 구성한 동일한 Titanic 훈련 데이터 세트에 적용해보자. 알고리듬이 정말로 쓸모없는 특징을 감지할 수 있음을 증명하고자 데모 목적으로 데이터 세트에 특징 하나를 추가할 수 있다. 먼저 랜덤 시드를 임의의 숫자 12345로 설정해 결과가 여기의 것과 일치하게 한다. 그런 다음 891개의 훈련 예제 각각에 1에서 100 사이의 임의의 값을 할당한다.

숫자는 완전히 랜덤이므로 이 특징은 정말 운좋은 경우를 제외하고는 거의 확실히 쓸모가 없다.

```
> set.seed(12345)
> titanic_train$rand_vals <- runif(n = 891, min = 1, max = 100)
```

다음으로 Boruta 패키지를 로드하고 Titanic 데이터 세트에 적용한다. 구문은 머신러닝 모델의 훈련과 유사한다. 여기서는 수식 인터페이스를 사용해 타깃 및 예측 변수를 나열하는 모델을 지정한다.

```
> library(Boruta)
> titanic_boruta <- Boruta(Survived ~ PassengerId + Age +
                          Sex + Pclass + SibSp + random_vals,
                          data = titanic_train, doTrace = 1)
```

doTrace 파라미터는 1로 설정돼 상세 출력을 요청하며 반복 프로세스 중 알고리듬이 핵심 지점에 도달하면 상태를 갱신한다. 여기서는 10회 반복 후의 출력을 볼 수 있다. 이는 rand_vals 특징이 중요하지 않은 것으로 당연하게 거부된 반면 4개의 특징이 중요한 것으로 확인됐고 하나의 특징은 결정되지 않은 상태로 남아 있음을 보여준다.

```
After 10 iterations, +0.51 secs:
 confirmed 4 attributes: Age, Pclass, Sex, SibSp;
 rejected 1 attribute: rand_vals;
 still have 1 attribute left.
```

알고리듬이 완료되면 객체 이름을 입력해 결과를 확인한다.

```
> titanic_boruta

Boruta performed 99 iterations in 4.555043 secs.
 4 attributes confirmed important: Age, Pclass, Sex, SibSp;
 1 attributes confirmed unimportant: rand_vals;
 1 tentative attributes left: PassengerId;
```

Boruta() 함수는 기본적으로 100회 실행 제한으로 설정돼 있으며 약 4.5초 동안 99번 반복한 후 도달했다. 중지하기 전에 4가지 특징이 중요하고 하나는 중요하지 않은 것으로 나타났다. 미정으로 나열된 PassengerId는 중요한지 아닌지 확인할 수 없다. maxRuns 파라미터를 100보다 높은 값으로 설정하면 결론을 내리는 데 도움이 될 수 있다. 이 경우 maxRuns = 500으로 설정하면 PassengerId가 486회 반복 후에 중요하지 않은 것으로 확인된다.

특징의 중요도를 상대적으로 도식화하는 것도 가능하다.

```
> plot(titanic_boruta)
```

결과 시각화는 그림 13.3에 나와 있다. 6개의 각 특징과 최대, 평균, 최소 수행 그림자 특징에 대해 상자그림은 해당 특징에 대한 중요도 척도 분포를 보여준다. 이러한 결과를 사용해 PassengerId가 최대 그림자 특징보다 약간 덜 중요하고 rand_vals는 그보다 훨씬 덜 중요하다는 것을 확인할 수 있다.

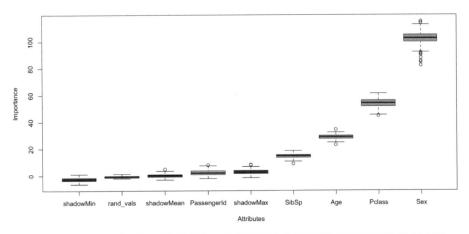

그림 13.3: Boruta 출력을 도식화하면 서로 비교한 특징의 상대적 중요도와 그림자 특징을 보여준다.

11장에서 수행한 Titanic 데이터 세트의 탐색에 기반을 두면 Sex 및 Pclass 특징의 높은 중요도는 놀라운 일이 아니다. 마찬가지로 PassengerId가 무작위로 할당되지 않고 Titanic 생존과 연결되지 않는 한 PassengerId가 중요할 것으로 예상하지 않는다. 즉, 이 특징 선택 프로세스의 결과가 새로운 통찰력을 주지 않더라도 이 기술은 수작업으로 탐색하기 쉽지 않거나 특징의 실제 의미를 알 수 없는 데이터 세트에 훨씬 더 유용할 것이다. 물론 이것은 중요도가 결정되지 않은 많은 특징을 처리하기 위한 하나의 접근 방식일 뿐이다. 다음 절에서는 특히 많은 특징이 상호 연관돼 있는 경우 더 잘 수행할 수 있는 대안을 설명한다.

TIP

Boruta 기술은 매우 계산 집약적일 수 있으며 실제 데이터 세트에서는 일반적으로 Titanic 데이터의 경우처럼 몇 초가 아니라 완료하는 데 몇 분 또는 몇 시간이 걸린다. 패키지 작성자는 최신 컴퓨터에서 백만 개의 특징 예제 조합당 약 1시간이 필요하다고 추정한다. 예를 들어 10,000개의 행과 50개의 특징이 있는 데이터 세트를 완료하는 데 약 30분이 걸린다. 이 데이터 세트의 크기를 100,000행으로 늘리려면 약 5시간의 처리 시간이 필요하다.

특징 추출 수행

특징 선택만이 고차원 데이터 세트의 차원을 줄이는 데 사용할 수 있는 유일한 접근 방식이 아니다. 또 다른 가능성은 더 적은 수의 복합 예측자를 합성하는 것이다. 이것이 기존 특징에서 부분집합을 선택하는 대신 새 특징을 생성해 내는 차원 축소 기술인 **특징 추출**feature extraction의 목표다. 추출된 특징은 최대한 유용한 정보를 유지하면서 중복 정보의 양을 줄이도록 구성된다. 물론 너무 많은 정보와 너무 적은 정보 사이에서 이상적인 균형을 찾는 것은 그 자체로 어려운 일이다.

주성분 분석 이해

특징 추출을 이해하려면 매우 많은 수의 특징이 있는 데이터 세트를 상상하는 것부터 시작한다. 예를 들어 채무 불이행 가능성이 있는 지원자를 예측하기 위한 데이터 세트에는 수백 개의 지원자 속성이 포함될 수 있다. 분명히 일부 특징은 타깃 결과를 예측할 수 있지만 많은 특징이 서로를 예측할 수도 있다. 예를 들어 한 사람의 나이, 교육 수준, 수입, 우편번호, 직업은 모두 대출 상환 가능성을 예측할 수 있지만 다양한 정도로 서로를 예측하기도 한다. 그들의 상호 관련성은 그들 사이에 어느 정도 겹치거나 결합 종속성이 있음을 시사하며, 이는 공분산 및 상관관계에 반영된다.

대출 신청자의 이러한 5가지 특성이 관련된 이유는 이들이 대출 지불 행동의 참 기본 동인인 더 적은 수의 특성 성분이기 때문일 수 있다. 특히 대출 상환 가능성은 신청자의 책임감과 풍요로움에 기반을 둔다고 생각할 수 있지만 이러한 개념은 직접적으로 측정하기 어렵기 때문에 쉽게 사용할 수 있는 여러 대리 척도를 사용한다. 다음 그림은 5가지 특징 각각이 관심 대상인 두 숨겨진 차원의 측면을 어떻게 캡처하는지 보여준다. 특징 중 그 어느 것도 성분 차원을 완전히 캡처하지는 않으며, 각 요소 차원이 여러 특징의 합성물이라는 점에 유의한다.

예를 들어 한 사람의 책임감 수준은 나이와 교육 수준에 의해 파악될 수 있는 반면 풍요는 소득, 직업, 우편번호에 반영될 수 있다.

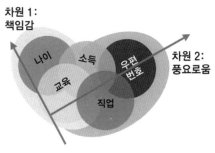

그림 13.4: 대출 신청자의 5가지 가상 속성은 각 속성의 공분산 합성으로 생성된 2차원으로 더 간단하게 표현될 수 있다.

주성분 분석^{PCA, Principal Component Analysis}의 목표는 여러 상관 속성의 공분산을 단일 벡터로 표현해 더 많은 특징에서 더 적은 수의 기본 차원을 추출하는 것이다. 간단히 말해 공분산은 속성이 함께 변화하는 정도를 나타낸다. 하나가 오르거나 내리면 다른 하나도 오르거나 내리는 경향이 있다. 결과 벡터는 주성분으로 알려져 있으며 원래 속성의 가중 조합으로 구성된다. 상관관계를 가진 특징이 많이 들어있는 데이터 세트에 적용할 때 훨씬 적은 수의 주성분으로 고차원 데이터 세트에서 전체 분산의 상당 부분을 표현할 수도 있다. 이는 너무 전문 용어처럼 보이고 PCA를 구현하는 데 필요한 수학은 책의 범위를 벗어나지만 프로세스에 대한 개념적 이해를 위해 노력할 것이다.

NOTE

> 주성분 분석은 그림에 묘사된 것과 같이 관찰된 요인과 관찰되지 않은(잠재적) 요인 사이의 관계를 탐색하기 위한 좀 더 공식적인 접근 방식인 요인 분석(factor analysis)이라는 다른 기술과 밀접하게 관련돼 있다. 실제로 둘 다 유사하게 적용될 수 있지만 PCA는 더 간단하고 공식 모델 구축을 피할 수 있다. PCA는 단순히 최대 변화를 유지하면서 차원 수를 줄일 뿐이다. 좀 더 많은 미묘한 차이점을 자세히 알고 싶다면 웹 사이트(https://stats.stackexchange.com/questions/1576/what-are-the-differences-between-factor-analysis-and-principalcomponent-analysi/)를 참고한다.

그림 13.4를 다시 살펴보면 각 원은 5가지 특징 간의 관계를 나타내기 위한 것이다. 더 많이 겹치는 원은 유사한 기저 개념을 측정할 수 있는 상관된 특징을 나타낸다. 이것은 특징들 간의 상관관계를 계산하는 데 사용되는 개별 데이터 포인트를 나타내는 것이 아닌 매우 단순화된 표현이라는 점을 명심하라. 실제로는 이러한 개별 데이터 포인트는 개별 대출 신청자를 나타내며 각 신청자의 5가지 특징 값에 의해 결정되는 좌표로 5차원 공간에 배치된다. 물론 이것은 2차원인 이 책의 페이지로 묘사하기 어렵고, 이 단순화된 표현의 원은 높은 속성 값을 가진 사람들의 클라우드와 같은 것으로 이해하면 된다. 이 경우 소득과 교육과 같은 2가지 특징의 상관관계가 높으면 한 속성의 값이 높은 사람이 다른 속성의 값도 높은 경향이 있으므로 두 클라우드가 겹친다. 그림 13.5는 이 관계를 나타낸다.

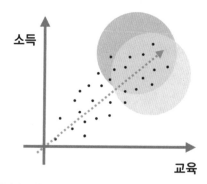

그림 13.5: 두 특징의 상관관계가 높을 때 하나의 값이 높은 포인트는 다른 하나의 값도 높은 경향이 있다.

그림 13.5를 검토할 때 소득과 교육 간의 관계를 나타내는 대각선 화살표는 두 특징 간의 공분산을 반영한다는 점에 주목하라. 포인트가 화살표의 시작 또는 끝에 더 가까운지 알면 소득과 교육 모두에 대한 좋은 추정치를 제공할 수 있다. 따라서 공변량이 높은 특징은 유사한 기본 속성을 표현할 가능성이 높으므로 중복될 수 있다. 이런 식으로 소득과 교육이라는 2가지 차원으로 표현되는 정보는 이 2가지 특징의 주성분인 단일 차원으로 좀 더 간단하게 표현될 수 있다.

이 관계를 3차원 다이어그램에 적용하면 다음 그림에서 이 주성분을 z차원으로 생각할 수 있다.

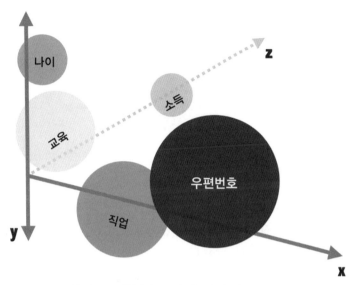

그림 13.6: 3차원에서 공분산 정도가 다양한 5가지 속성

2차원 경우와 마찬가지로 원의 위치는 특징 간의 공분산을 나타내기 위한 것이다. 원 크기는 깊이를 나타내며 클수록 전면에 가깝고 작을수록 뒷 공간에 가깝다. 여기 3차원에서 나이와 교육은 한 차원에서 가깝고 직업과 우편번호는 또 다른 차원에서 가까우며, 소득은 세 번째 차원에서 다르다.

차원 수를 3에서 2로 줄이면서 대부분의 분산을 캡처하고자 하면 다음과 같이 이 3차원 도면을 2차원 도면으로 투영할 수 있다.

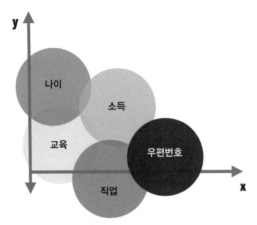

그림 13.7: 주성분 분석은 많은 차원을 더 적은 수의 주요 구성 요소로 축소한다.

이 두 차원을 사용해 데이터 세트의 두 주성분을 구성했으며 그렇게 함으로써 데이터 세트의 차원을 실제 의미가 있는 5차원으로부터 실세계와 바로 연계되지 않은 내재된 2차원 x, y로 줄였다. 대신, 결과인 두 차원은 이제 기저 데이터 포인트의 선형 조합을 반영한다. 이는 기저 데이터의 유용한 요약이지만 쉽게 해석할 수는 없다.

그림 13.8과 같이 데이터 세트를 선에 투영해 단일 주성분을 생성함으로써 차원을 더욱 줄일 수 있다.

그림 13.8: 첫 번째 주성분은 분산이 가장 큰 차원을 캡처한다.

이 예에서 PCA 접근 방식은 데이터 세트의 원래 차원 5개에서 하나의 하이브리드 특징을 추출했다. 나이와 학력은 직업과 소득과 마찬가지로 다소 불필요한 것으로 취급된다.

또한 나이와 교육은 우편번호보다 새로운 특징에 반대 영향을 미친다. 즉, x의 값을 반대 방향으로 당기고 있다. 이 1차원 표현이 원래 5개의 특징에 저장된 정보를 너무 많이 손실하는 경우 2개 또는 3개의 주성분이 있는 이전 접근 방식을 대신 사용할 수 있다. 머신러닝의 여러 기술과 마찬가지로 데이터의 과적합과 과소적합 사이에는 균형이 있다. 곧 실제 사례에서 이것이 반영되는 것을 보게 될 것이다.

PCA를 적용하기 전에 주성분이 결정적 알고리듬으로 식별된다는 것을 아는 것이 중요하다. 즉, 주어진 데이터 세트에서 프로세스가 완료될 때마다 해가 일관성이 있음을 의미한다. 또한 각 성분 벡터는 항상 이전의 모든 성분 벡터에 대해 직교 또는 수직이다. 첫 번째 주성분은 가장 높은 분산의 차원을 캡처하고 다음은 그다음으로 가장 큰 차원을 캡처하는 식으로 원본 데이터 세트에서 각각에 대해 주성분을 구성하거나 혹은 원하는 성분 수에 도달하면 알고리듬이 일찍 중지된다.

예제: PCA를 사용해 고차원 소셜 미디어 데이터 축소

앞서 언급한 바와 같이 PCA는 전체 집합에서 더 작은 특징 집합을 합성해 데이터 세트의 차원을 줄이는 특징 추출 기술이다. 이 기술을 9장에서 처음 설명한 소셜 미디어 데이터에 적용할 것이다. 이 데이터 세트에는 미국에 있는 30,000명의 10대 소셜 미디어 페이지에 나타난 36개의 서로 다른 단어가 포함돼 있다는 것을 기억할 것이다. 이 단어는 스포츠, 음악, 종교, 쇼핑 등 다양한 관심사와 활동을 반영하며, 36은 대부분의 머신러닝 알고리듬이 처리하기에 무리한 숫자는 아니지만 더 많은 특징(아마도 수백 개의 특징)이 있으면 일부 알고리듬이 차원의 저주와 함께 어려움을 겪기 시작할 수 있다.

여기서는 데이터를 읽고 준비하고자 `tidyverse` 함수 모음을 사용할 것이다. 먼저 패키지를 로드하고 `read_csv()` 함수를 사용해 소셜 미디어 데이터를 `tibble` 형식으로 읽는다.

```
> library(tidyverse)
> sns_data <- read_csv("snsdata.csv")
```

다음으로 각 소셜 미디어 프로필에서 36개의 단어가 사용된 횟수를 기록하는 특징에 해당하는 열만 select()한다. 여기서 표기법은 basketball이라는 열에서 drugs라는 열을 통해 선택하고 결과를 sns_terms라는 새 tibble에 저장한다.

```
> sns_terms <- sns_data |> select(basketball:drugs)
```

PCA 기술은 수치 데이터 행렬에서만 작동한다. 그러나 결과로 나오는 36개의 각 열이 개수이므로 더 이상의 데이터를 준비할 필요는 없다. 데이터 세트에 범주형 특징이 포함된 경우 진행 전에 이를 숫자로 변환해야 한다.

기본 R에는 prcomp()라는 내장 PCA 함수가 포함돼 있는데, 이 함수는 데이터 세트가 커질수록 실행 속도가 느려진다. 여기서는 브라이언 루이스[Bryan W. Lewis]의 irlba 패키지의 대체 함수를 사용할 것이다. 이는 전체 잠재적 주성분 집합 중 부분집합만을 반환하고자 조기 종료할 수 있다. 이 잘린 접근법에 더해 일반적으로 더 효율적인 알고리듬을 사용하면 더 큰 데이터 세트에서 irlba_prcomp() 함수를 prcomp()보다 훨씬 빠르게 만드는 동시에 구문과 호환성을 기본 함수와 거의 동일하게 유지한다. 이는 오래된 온라인 자습서를 보는 경우에 유용하다.

NOTE

> irlba 패키지라는 이상한 이름은 짐 바그라마(Jim Baglama)와 로더 라이첼(Lothar Reichel)이 개발한 '암시적으로 재시작된 란초스(Lanczos) 쌍대각화 알고리듬(implicitly restarted Lanczos bidiagonalization algorithm)'이라는 기법의 첫 5 글자에서 유래했다. 이 접근 방식에 대한 자세한 내용은 vignette("irlba") 명령을 써서 vignette 패키지를 참고한다.

시작하기 전에 결과가 책과 일치하게 랜덤 시드를 임의의 값인 2023으로 설정한다. 그런 다음 필수 패키지를 로드한 후 sns_terms 데이터 세트를 PCA 함수로 파이프^{pipe}한다. 3개의 파라미터를 통해 결과를 처음 10개의 주성분으로 제한하는 동시에 각 특징을 0을 중심으로 하고 분산이 1이 되도록 크기를 조정해 데이터를 표준화할 수 있다. 이는 일반적으로 k-최근접 이웃 접근 방식에서와 거의 같은 이유로 바람직하다. 이는 분산이 더 큰 특징이 주성분을 지배하지 못하도록 방지한다. 결과는 sns_pca라는 객체로 저장된다.

```
> set.seed(2023)
> library(irlba)
> sns_pca <- sns_terms |>
      prcomp_irlba(n = 10, center = TRUE, scale = TRUE)
```

TIP

PCA는 결정론적 알고리듬이지만 부호(양수 또는 음수)는 임의적이며 실행마다 다를 수 있으므로 재현성을 보장하고자 사전에 랜덤 시드를 설정해야 한다. 이 현상에 대한 좀 더 자세한 내용은 https://stats.stackexchange.com/questions/88880/을 참고한다.

PCA의 각 성분는 데이터 세트 분산의 감소하는 양을 캡처하고 우리는 가능한 36개 성분 중 10개를 요청했음을 기억하라. 스크리 도면^{Scree Plot}은 절벽 바닥에 형성되는 '스크리^{Scree}' 산사태 패턴의 이름을 딴 것으로, 각 성분에 의해 캡처된 분산의 양을 시각화하는 데 도움이 되므로 사용할 성분의 최적 수를 결정하는 데 도움이 될 수 있다. R의 내장 screeplot() 함수를 결과에 적용하면 이러한 도면을 만들 수 있다. 4개의 파라미터는 PCA 결과를 제공하고, 10개 성분을 모두 도식화하고, 막대 도면 대신 선 그래프를 사용하고, 도면 제목을 적용할 것을 나타낸다.

```
> screeplot(sns_pca, npcs = 10, type = "lines",
      main = "Scree Plot of SNS Data Principal Components")
```

결과 도면은 다음처럼 나타난다.

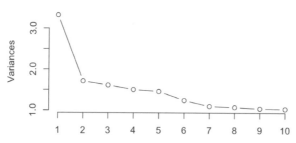

그림 13.9: 소셜 미디어 데이터 세트의 처음 10개 주성분의 분산을 나타내는 스크리 도면

스크리 도면은 1번째 성분과 2번째 성분 사이에 캡처된 분산이 상당히 감소했음을 보여준다. 2번째부터 5번째 성분은 대략 동일한 양의 분산을 캡처한 다음 5번째 성분과 6번째 성분 사이, 6번째 성분과 7번째 성분 사이에 추가로 상당한 하락이 있다. 7번째에서 10번째 성분은 대략 동일한 양의 분산을 캡처한다. 이 결과를 기반으로 축소 차원 데이터 세트로 1개, 5개 또는 6개의 주성분을 사용하기로 결정할 수 있다. PCA 결과 객체에 summary() 함수를 적용하면 이를 수치적으로 확인할 수 있다.

```
> summary(sns_pca)
```

```
Importance of components:
                          PC1       PC2       PC3       PC4       PC5
Standard deviation      1.82375   1.30885   1.27008   1.22642   1.20854
Proportion of Variance  0.09239   0.04759   0.04481   0.04178   0.04057
Cumulative Proportion   0.09239   0.13998   0.18478   0.22657   0.26714

                          PC6       PC7       PC8       PC9       PC10
Standard deviation      1.11506   1.04948   1.03828   1.02163   1.01638
Proportion of Variance  0.03454   0.03059   0.02995   0.02899   0.02869
Cumulative Proportion   0.30167   0.33227   0.36221   0.39121   0.41990
```

출력은 10개 성분(PC1에서 PC10으로 레이블 지정) 각각에 대한 표준 편차, 총 분산의 비율 및 분산의 누적 비율이 표시된다. 표준 편차는 분산의 제곱근이므로 표준 편차를 제곱하면 스크리 도면에 표시된 분산 값이 생성된다. 예를 들어 1.82375^2 = 3.326064는 스크리 도면의 첫 번째 성분에 대해 표시된 값이다. 성분의 분산 비율은 모든 성분(여기에 표시된 10개뿐만 아니라 우리가 만들 수 있었던 나머지 26개)에 대한 합계로부터의 분산이다. 따라서 분산의 누적 비율은 36개 성분 모두로 설명되는 100%가 아니라 41.99%에서 최대가 된다.

PCA를 차원 감소 기술로 사용하려면 사용자가 유지할 성분 수를 결정해야 한다. 이 경우 5개의 성분을 선택하면 분산의 26.7% 또는 원본 데이터의 전체 정보의 1/4을 포착한다. 이것이 충분한지 여부는 나머지 73.3%의 분산이 신호인지 노이즈인지에 따라 달라진다. 이는 유용한 학습 알고리듬을 구축하려고 시도할 때만 결정할 수 있다. 이 프로세스를 더 쉽게 만드는 한 가지는 우리가 궁극적으로 결정하는 성분 수에 관계없이 PCA 프로세스가 완료된다는 것이다. 원한 대로 10개 성분 이하만큼만 사용할 수 있다. 예를 들어 최고 3개 혹은 최고 7개 성분을 얻고자 알고리듬을 다시 실행할 필요가 없다. 처음 7개 성분을 찾는 것은 자연스럽게 이미 가장 좋은 3개를 포함하고 결과는 동일하다. PCA의 실제 애플리케이션에서는 여러 컷 포인트를 테스트하는 것이 현명할 수 있다.

여기에서는 편의상 원래의 36차원 데이터 세트를 5개의 주성분으로 줄인다. 기본적으로 irlba_prcomp() 함수는 저차원 공간으로 변환된 원래 데이터 세트의 버전을 자동으로 저장한다. 이는 이름이 x인 결과 sns_pca 리스트 객체에서 찾을 수 있으며 str() 명령으로 검사할 수 있다.

```
> str(sns_pca$x)
num [1:30000, 1:10] 1.448 -3.492 0.646 1.041 -4.322 ...
- attr(*, "dimnames")=List of 2
..$ : NULL
```

```
..$ : chr [1:10] "PC1" "PC2" "PC3" "PC4" ...
```

변환된 데이터 세트는 원래 데이터 세트와 같이 30,000개의 행이 있지만 PC1에서 PC10까지의 이름을 갖고 36개의 열이 아닌 10개열을 가진 숫자 행렬이다. head() 명령 출력을 사용해 처음 몇 행을 보면 더 명확하게 알 수 있다.

```
> head(sns_pca$x)
              PC1          PC2            PC3          PC4          PC5
  [1,]  -1.4477620   0.07976310     0.3357330   -0.3636082   0.03833596
  [2,]   3.4922144   0.36554520     0.7966735   -0.1871626   0.57126163
  [3,]  -0.6459385  -0.67798166     0.8000251    0.6243070   0.25122261
  [4,]  -1.0405145   0.08118501     0.4099638   -0.2555128  -0.02620989
  [5,]   4.3216304  -1.01754361     3.4112730   -1.9209916  -0.43409869
  [6,]   0.2131225  -0.65882053     1.6215828    0.9372545   1.47217369
              PC6          PC7            PC8          PC9         PC10
  [1,] -0.01559079   0.007278589   -0.004582346   0.19226144   0.08086065
  [2,]  3.02758235  -0.306304037   -1.142422251   0.72992534   0.11203923
  [3,] -0.40751994   0.454614417    0.704544996  -0.43734980  -0.07735574
  [4,]  0.27837411   0.462898314   -0.175251793  -0.08843005   0.26784326
  [5,] -1.11734548  -2.122420077   -2.287638056   2.19992650  -0.26536161
  [6,]  0.04614790  -0.654207687    0.285263646   0.69439745  -0.89649127
```

원래 데이터 세트에서 36개의 각 열은 소셜 미디어 프로필 텍스트에 특정 단어가 나타난 횟수를 나타낸다. 9장에서 수행한 것처럼 데이터의 평균이 0이 되게 표준화했다면 여기에서 주성분에 대해서도 수행한 경우면 양수 및 음수 값은 각각 평균보다 더 높거나 낮은 프로필을 의미한다. 36개의 원래 열 각각에는 명확한 해석이 있는 반면 PCA 결과에는 명확한 의미가 없다.

PCA 적재[loadings] 또는 원본 데이터를 각 주요 성분으로 변환하는 가중치를 시각화해 성분를 이해하려고 시도할 수 있다. 큰 적재는 특정 성분에 더 중요하다.

이러한 적재는 이름이 rotation인 sns_pca 리스트 객체에서 찾을 수 있다.

이것은 데이터 세트의 원래 열에 해당하는 각 36개 행과 주성분에 대한 적재를 나타내는 10개 열을 가진 수치 행렬이다. 시각화를 구성하려면 주성분마다 소셜 미디어 용어당 하나의 행이 있도록 이 데이터를 피벗^{pivot}해야 한다. 즉, 데이터 세트의 더 긴 버전에는 36 × 10 = 360개의 행이 있다.

다음 명령은 두 단계를 사용해 필요한 긴 데이터 세트를 만든다. 첫 번째 단계는 as_tibble()을 사용해 tibble로 변환되는 sns_pca$rotation 행렬뿐만 아니라 36개 용어 각각에 대해 하나의 행이 있는 SNS_Term 열을 포함하는 tibble을 생성한다. 11개의 열과 36개의 행이 있는 결합된 tibble은 표를 넓은 형식에서 긴 형식으로 피벗하는 pivot_longer() 함수로 연결된다. 3개의 파라미터는 PC1에서 PC10으로 10개의 열을 피벗하도록 함수에 지시한다. 이전 열 이름은 이제 PC라는 열의 행이 되고 이전 열값은 이제 Contribution이라는 열의 행값이 된다. 전체 명령은 3개의 열과 360개의 행이 있는 tibble을 생성한다.

```
> sns_pca_long <- tibble(SNS_Term = colnames(sns_terms),
                         as_tibble(sns_pca$rotation)) |>
pivot_longer(PC1:PC10, names_to = "PC", values_to = "Contribution")
```

이제 ggplot() 함수를 사용하면 주어진 주성분에 가장 중요한 기여를 한 용어를 그릴 수 있다. 예를 들어 3번째 주성분을 보려면 행을 PC3으로 제한하게 filter()하고 abs() 절댓값 함수를 사용해 양수 값과 음수 값을 모두 고려해 기여도가 가장 큰 상위 15개 값을 선택하고 변경한다. 기여 금액별로 SNS_Term을 재정렬한다. 궁극적으로 서식에 대한 여러 가지 조정과 함께 ggplot()으로 파이프된다.

```
> sns_pca_long |>
    filter(PC == "PC3") |>
```

```
top_n(15, abs(Contribution)) |>
mutate(SNS_Term = reorder(SNS_Term, Contribution)) |>
ggplot(aes(SNS_Term, Contribution, fill = SNS_Term)) +
  geom_col(show.legend = FALSE, alpha = 0.8) +
  theme(axis.text.x = element_text(angle = 90, hjust = 1,
        vjust = 0.5), axis.ticks.x = element_blank()) +
  labs(x = "Social Media Term",
       y = "Relative Importance to Principal Component",
       title = "Top 15 Contributors to PC3")
```

결과는 다음 그림에 표시된다. 긍정적이고 부정적인 영향을 미치는 용어들이 섹스, 마약, 로큰롤 등 관련된 주제에 따라 분리돼 있는 것처럼 보이므로 누군가는 이 주성분이 10대 정체성의 전형적인 차원을 식별했다고 주장할 수 있다.

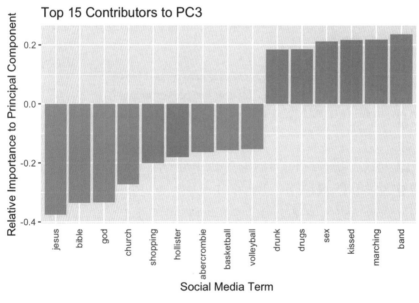

그림 13.10: PC3에 기여하는 상위 15개 용어

앞의 **ggplot** 코드를 처음 5가지 중 다른 4가지 주성분에 대해 반복하면 다음 그림과 같이 유사한 차이점을 관찰할 수 있다.

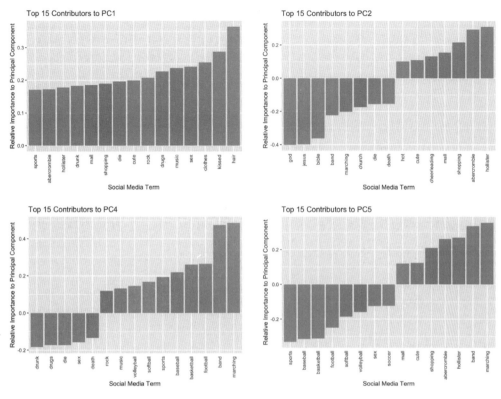

그림 13.11: 다른 4개의 주성분에 기여하는 상위 15개 용어

PC1은 특히 흥미롭다. 모든 용어가 긍정적인 영향을 미치기 때문이다. 이것은 소셜 미디어 프로필에 무엇이든 있는 사람과 아무것도 없는 사람을 구별하는 것일 수 있다. PC2는 쇼핑 관련 용어를 선호하는 것 같고 PC4는 섹스와 마약이 없는 음악과 스포츠의 조합인 것 같다. 마지막으로 PC5는 스포츠와 비스포츠 관련 용어를 구분하는 것 같다. 이러한 방식으로 차트를 검토하면 각 성분이 예측 모델에 미치는 영향을 이해하는 데 도움이 된다.

기술이 머신러닝 모델을 구축하는 데 유용하지 않은 경우 주성분 분석에 대한 이해는 거의 가치가 없다. 앞의 예에서는 소셜 미디어 데이터 세트의 차원을 36개에서 10개 이하의 성분으로 줄였다. 이러한 성분를 원래 데이터 세트에 다시 병합하면 이를 사용해 프로필의 성별이나 친구 수를 예측할 수 있다. 먼저 cbind() 함수를 사용해 원본 데이터 프레임의 처음 4개 열을 PCA 결과의 변환된 프로필 데이터와 결합하는 것으로 시작한다.

```
> sns_data_pca <- cbind(sns_data[1:4], sns_pca$x)
```

다음으로 처음 5가지 주성분의 함수로 소셜 미디어 친구 수를 예측하는 선형 회귀 모델을 구축한다. 이 모델링 접근 방식은 6장에서 소개했다. 결과 출력은 다음과 같다.

```
> m <- lm(friends ~ PC1 + PC2 + PC3 + PC4 + PC5, data = sns_data_pca)
> m
```

```
Call:
lm(formula = friends ~ PC1 + PC2 + PC3 + PC4 + PC5, data = sns_data_pca)

Coefficients:
  (Intercept)          PC1          PC2          PC3          PC4
      30.1795       1.9857       0.9748      -2.5230       1.1160

          PC5
       0.8780
```

절편의 값이 약 30.18이므로 이 데이터 세트의 평균적인 사람은 약 30명의 친구가 있다. PC1, PC2, PC4, PC5 값이 큰 사람은 친구가 더 많을 것으로 예상되는 반면 PC3 값이 클수록 다른 모든 조건이 동일하다고 가정할 때 친구 수가 적다. 예를 들어 PC2가 1단위 증가할 때마다 평균적으로 친구가 한 명 추가될 것으로 예상한다. 성분에 대한 이해를 고려할 때 이러한 결과는 의미가 있다. PC2, PC3 및 PC5의 양의 값은 더 많은 사회적 활동과 관련이 있다. 대조적으로 PC3는 다소 반사회적일 수 있는 섹스, 마약, 로큰롤에 관한 것이었다.

이는 매우 간단한 예지만 PCA는 훨씬 더 큰 데이터 세트와 동일한 방식으로 사용될 수 있다. 차원의 저주를 완화하는 것 외에도 복잡도를 줄이는 이점도 있다. 예를 들어 매우 많은 수의 예측 변수를 가진 데이터 세트는 k-최근접 이웃이나 인공 신경망이 있는 그대로의 데이터를 실행하기에는 계산 비용이 너무 높을 수 있지만 더 적은 수의 주성분만을 선택하면 이러한 기술이 가능할 수 있다.

자유롭게 PCA를 실험하고 이러한 유형의 특징 추출을 필터 및 래퍼와 같은 다른 특징 선택 방법과 대조해보자. 하나의 접근 방식 또는 다른 접근 방식으로 더 나은 운을 갖고 있음을 알 수 있다. 차원 축소를 사용하지 않기로 선택하더라도 다음 절에서 발견할 고차원 데이터에는 또 다른 문제가 있다.

⠿ 희소 데이터 사용

데이터 세트의 차원이 증가함에 따라 일부 속성은 희소할 가능성이 높으며, 이는 대부분의 관찰이 속성 값을 공유하지 않음을 의미한다. 이는 끊임없이 증가하는 세부 사항으로 인해 관찰 결과가 그들의 고유한 속성끼리의 조합으로 인해 이상치로 바뀌는 차원의 저주에서는 자연스러운 결과다. 4장에서의 희소 행렬이나 8장에서의 장바구니 데이터처럼 이런 예가 드문 것은 아니다.

이는 일반적으로 값의 아주 적은 일부분만을 알 수 없는 누락 데이터와는 다르다. 희소 데이터에서는 대부분의 값이 알려져 있지만 흥미롭고 의미 있는 값의 개수는 학습 작업에 거의 가치를 더하지 않는 압도적인 많은 개수의 다른 값으로 인해 왜소해진다. 누락된 데이터로 인해 머신러닝 알고리듬은 무에서 유를 학습하고자 고군분투한다. 희소한 데이터로 머신러닝 알고리듬은 건초더미에서 바늘을 찾고자 고군분투한다.

희소 데이터 식별

희소 데이터는 여러 상호 연관된 형식으로 나타날 수 있다. 가장 많이 접하는 형태는 범주형일 것이다. 범주형에서는 단일 특징에는 매우 많은 수준 또는 범주 값이 있으며 일부는 다른 특징에 비해 매우 적은 수를 가진다. 이와 같은 특징의 경우 카디널리티^{cardinality}가 높다고 하며, 학습 알고리듬에 제공될 때 희소 데이터 문제로 이어질 것이다. 이에 대한 예는 우편번호다. 미국에는 40,000개가 넘는 우편번호가 있으며 일부 지역에는 100,000명 이상이 살지만 다른 일부는 100명 미만이 산다. 결과적으로 희소 우편번호 특징이 모델링 프로젝트에 포함되는 경우 학습 알고리듬은 거주자가 적은 영역을 무시하거나 지나치게 강조하는 것 사이의 균형을 찾는 데 어려움을 겪을 수 있다.

여러 수준을 가진 범주형 특징은 종종 수준당 하나의 특징이 있는 일련의 이진 특징으로 표현된다. 우리는 이진 더미 변수를 수작업으로 구성할 때 이러한 특징을 여러 번 사용했으며 많은 학습 알고리듬이 범주형 데이터에 대해 자동으로 동일한 작업을 수행한다. 이로 인해 1 값이 0 값에 압도돼 이진 특징이 희소한 상황이 발생할 수 있다.

예를 들어 미국의 우편번호 데이터 세트에서 인구 3억 3천만 명의 주민 중 아주 작은 부분이 40,000개의 우편번호 각각에 속하므로 각 이진 우편번호 특징이 매우 희박하고 학습 알고리듬이 사용하기 어렵다.

소위 '빅' 데이터 중 많은 형태는 본질적으로 차원이 높고 희소하다. 희소성은 차원의 저주와 밀접한 관련이 있다. 끊임없이 확장되는 우주가 객체 사이에 더 큰 빈 공간을 만드는 것처럼 모든 데이터 세트는 더 많은 차원이 추가될수록 희소해진다고 주장할 수 있다. 텍스트 데이터는 일반적으로 각 단어가 차원으로 취급될 수 있고 나타날 수 있는 단어가 무수히 많으며 각 단어가 특정 문서에 나타날 확률이 낮기 때문에 희소하다. DNA 데이터, 거래 장바구니 데이터 및 이미지 데이터와 같은 다른 빅데이터 타입도 종종 희소성 문제를 보인다. 데이터 세트의 밀도가 증가하지 않는 한 많은 학습 알고리듬이 풍부하고 큰 데이터 세트를 활용하는 데 어려움을 겪을 것이다.

데이터의 단순한 숫자 범위도 희소할 수 있다. 이는 숫자 값의 분포가 넓은 경우에 발생하며 분포의 일부 범위가 매우 낮은 밀도를 갖게 된다. 소득이 한 가지 예인데, 일반적으로 소득이 높을수록 값이 희소해지기 때문이다. 이는 이상치 문제와 밀접한 관련이 있지만 여기서의 이 이상치는 분명히 모델링하기를 희망할 것이다. 희소 숫자 데이터는 숫자가 지나치게 특정한 정밀도로 저장된 경우에도 찾을 수 있다. 예를 들어 단순히 24와 36이 아닌 24.9167과 36.4167과 같이 정수가 아닌 소수로 연령 값을 저장하면 일부 학습 알고리듬이 무시하기 어려울 수 있는 숫자 사이에 묵시적인 공백이 생긴다. 예를 들어 의사결정 트리는 24.92세와 24.90세인 사람들을 구분할 수 있다. 실세계에서 의미 있는 구분보다 과적합과 관련될 가능성이 더 높을 수 있다.

데이터 세트의 희소성을 수작업으로 줄이면 학습 알고리듬이 중요한 신호를 식별하고 노이즈를 무시하는 데 도움이 될 수 있다. 사용하는 접근 방식은 희소 데이터의 유형 및 정도와 사용되는 모델링 알고리듬에 따라 다르다. 어떤 알고리듬은 특정 유형의 희소 데이터를 처리할 때 다른 알고리듬보다 우수하다. 예를 들어 나이브 베이즈는 희소한 범주형 데이터에서 상대적으로 잘 수행되고, 회귀 방법은 희소한 숫자 데이터에서 상대적으로 잘 수행되며, 의사결정 트리는 일반적으로 범주 수가 많은 특징을 선호하기 때문에 희소한 데이터에서 어려움을 겪는 경향이 있다. 심층 신경망 및 부스팅^{boosting}과 같은 좀 더 정교한 방법이 도움이 될 수 있지만 일반적으로 학습 프로세스 전에 데이터 세트를 더 조밀하게 만들 수 있는 것이 좋다.

예제: 희소 범주형 데이터 재매핑

이전의 장들에서 봤듯이 범주형 특징을 데이터 세트에 추가할 때 일반적으로 더미 또는 원핫 인코딩을 사용해 원래 특징의 수준 수와 동일한 이진 변수 집합으로 변환된다.

예를 들어 미국에 40,000개의 우편번호가 있는 경우 머신러닝 알고리듬에는 이 특징에 대한 40,000개의 이진 예측 변수가 있다. 40,000개의 특징 중 하나만 값이 1이고 나머지는 0의 값을 갖기 때문에(차원 및 희소성이 극도로 증가한 경우) 이를 1 대 n 매핑^{one-of-n mapping}이라고 한다.

1 대 n 매핑의 밀도를 높이고자 m 대 n^{m-of-n} 매핑을 대신 사용할 수 있다. 이 매핑은 n 이진 변수를 더 작은 m 변수 집합으로 줄인다. 예를 들어 우편번호의 경우 우편번호당 하나의 수준이 있는 40,000개 수준 특징을 생성하는 대신 00에서 99까지 우편번호의 처음 두 자리를 사용해 100개 수준으로 매핑하도록 선택할 수 있다. 마찬가지로 전 세계 200개 국가 각각에 대한 이진 특징을 포함하기에는 너무 많은 희소성이 생성되는 경우 유럽, 북미 및 아시아와 같은 더 작은 대륙 집합에 국가를 매핑할 수 있다.

m 대 n 매핑을 생성할 때 그룹화가 공유된 기본 특성을 나타내는 것이 가장 좋지만 다른 접근 방식도 사용할 수 있다. 도메인 지식은 좀 더 세분화된 단위의 공유 특성을 반영하는 재매핑을 생성하는 데 도움이 될 수 있다. 도메인 전문 지식이 없는 경우 다음 방법이 적합할 수 있다.

- 더 큰 범주는 그대로 두고 관찰 수가 적은 범주만 그룹화한다. 예를 들어 밀집된 도시 지역의 우편번호는 직접 포함할 수 있지만 희소한 농촌

우편번호는 더 큰 지리적 영역으로 그룹화할 수 있다.

- 응답 변수에 유사한 영향을 미치는 수준 및 그룹 수준별로 양방향 교차 표를 만들거나 평균 결과를 계산해 범주가 대상 변수에 미치는 영향을 조사한다. 예를 들어 특정 우편번호가 채무 불이행 가능성이 더 높으면 이러한 우편번호로 구성된 새 범주를 만든다.

- 이전 방법의 좀 더 정교한 변형으로 고차원 특징을 사용해 대상을 예측한 다음 대상 또는 다른 예측자와 유사한 관계를 갖는 특징의 그룹 수준을 사용해 대상을 예측하는 간단한 머신러닝 모델을 구축하는 것도 가능할 수 있다. 회귀 및 의사결정 트리와 같은 간단한 방법이 이 접근 방식에 이상적이다.

재매핑 전략이 선택되면 범주형 변수를 다시 코딩하는 데 유용한 함수는 **tidyverse**를 구성하는 기본 패키지의 일부인 **forcats** 패키지(https://forcats.tidyverse.org)에서 찾을 수 있다. 이 패키지에는 희소 수준이 있는 범주형 변수를 자동으로 기록하거나 좀 더 안내된 접근 방식이 필요한 경우 수동으로 기록하는 옵션이 포함돼 있다. 패키지에 대한 자세한 정보는 https://r4ds.hadley.nz/factors.html의 'R for Data Science' 장에서 확인할 수 있다.

12장에서 만든 Titanic 데이터 세트와 승객 이름을 사용해 재매핑을 위한 몇 가지 접근 방식을 살펴보자. forcats 패키지는 기본 tidyverse에 포함돼 있기 때문에 library(forcats) 명령을 사용해 전체 제품군이나 자체적으로 로드할 수 있다. 먼저 tidyverse를 로드하고 Titanic 데이터 세트를 읽은 다음 제목 특징의 수준을 검사한다.

```
> library(tidyverse)
> titanic_train <- read_csv("titanic_train.csv") |>
    mutate(Title = str_extract(Name, ", [A-z]+\\.")) |>
    mutate(Title = str_replace_all(Title, "[, \\.]", ""))
> table(titanic_train$Title, useNA = "ifany")
```

```
        Capt      Col      Don       Dr   Jonkheer      Lady     Major
           1        2        1        7          1         1         2

      Master     Miss     Mlle      Mme         Mr       Mrs        Ms
          40      182        2        1        517       125         1

         Rev      Sir     <NA>
           6        1        1
```

12장에서는 기본 R의 recode() 함수를 사용해 Ms, Mlle, Mme와 같은 Miss의
변형을 하나의 그룹으로 결합했다. forcats 패키지에는 fct_collapse() 함수
가 포함돼 있어 수준 수가 많은 범주형 특징에 사용하기 더 편리하다. 여기에서
이를 사용해 타이틀의 실제 의미에 대한 지식을 기반으로 그룹을 생성하는 m
대 n 매핑을 생성한다. 여러 새 범주는 이전 범주의 일대일 매핑이지만 레이블
벡터를 포함하면 다음과 같이 여러 이전 수준을 단일 새 수준에 매핑할 수 있다.

```
> titanic_train <- titanic_train |>
    mutate(TitleGroup = fct_collapse(Title,
      Mr = "Mr",
      Mrs = "Mrs",
      Master = "Master",
      Miss = c("Miss", "Mlle", "Mme", "Ms"),
      Noble = c("Don", "Sir", "Jonkheer", "Lady"),
      Military = c("Capt", "Col", "Major"),
      Doctor = "Dr",
      Clergy = "Rev",
      other_level = "Other")
    ) |>
    mutate(TitleGroup = fct_na_value_to_level(TitleGroup,
                                              level = "Unknown"))
```

새 분류를 검토하면 17개의 원래 범주가 9개로 축소됐음을 알 수 있다.

```
> table(titanic_train$TitleGroup)

  Military    Noble   Doctor   Master     Miss       Mr      Mrs
         5        4        7       40      186      517      125

    Clergy  Unknown
         6        1
```

훨씬 더 큰 수준 집합이 있거나 범주를 그룹화하는 방법에 대한 지식이 없는 경우 큰 범주를 그대로 두고 몇 가지 예를 사용해 수준을 그룹화할 수 있다. forcats 패키지에는 특징 수준을 검사하기 위한 간단한 특징이 포함돼 있다. 기본 R 함수로도 이 작업을 수행할 수 있지만 fct_count() 함수는 특징 수준의 정렬된 목록과 전체 합계의 비율을 제공한다.

```
> fct_count(titanic_train$Title, sort = TRUE, prop = TRUE)

# A tibble: 17 × 3
     f          n        p
     <fct>   <int>    <dbl>
 1  Mr        517    0.580
 2  Miss      182    0.204
 3  Mrs       125    0.140
 4  Master     40    0.0449
 5  Dr          7    0.00786
 6  Rev         6    0.00673
 7  Col         2    0.00224
 8  Major       2    0.00224
 9  Mlle        2    0.00224
10  Capt        1    0.00112
11  Don         1    0.00112
12  Jonkheer    1    0.00112
13  Lady        1    0.00112
```

```
14  Mme      1  0.00112
15  Ms       1  0.00112
16  Sir      1  0.00112
17  NA       1  0.00112
```

이 출력은 관찰의 최소 수 또는 최소 비율을 기반으로 그룹화를 알릴 수 있다. forcats 패키지에는 팩터 수준을 '기타other' 그룹으로 '모으는lumping' 이 프로세스를 지원하는 일련의 fct_lump() 함수가 있다. 예를 들어 상위 3개 수준을 취하고 나머지는 모두 다른 것으로 취급할 수 있다.

```
> table(fct_lump_n(titanic_train$Title, n = 3))

   Miss     Mr    Mrs   Other
    182    517    125      66
```

또는 관측치의 1% 미만으로 모든 수준을 함께 묶을 수 있다.

```
> table(fct_lump_prop(titanic_train$Title, prop = 0.01))

Master   Miss     Mr    Mrs   Other
    40    182    517    125      26
```

마지막으로 5개 미만의 관측치로 모든 수준을 일괄 처리하도록 선택할 수 있다.

```
> table(fct_lump_min(titanic_train$Title, min = 5))

  Dr  Master   Miss     Mr    Mrs    Rev   Other
   7      40    182    517    125      6      13
```

이 3가지 함수 중 사용할 함수와 적절한 파라미터 값의 선택은 사용된 데이터 세트와 m 대 n 매핑에 대해 원하는 수준 수에 따라 달라진다.

예제: 희소 숫자 데이터 빈 만들기

많은 머신러닝 방법이 어려움 없이 숫자 데이터를 처리하는 반면 의사결정 트리와 같은 일부 접근 방식은 특히 희소 특성 중 일부를 나타내는 경우 숫자 데이터로 어려움을 겪을 가능성이 더 크다. 이 문제에 대한 일반적인 해결책은 이산화^{Discretization}라고 하며, 숫자 범위를 빈^{Bin}이라고 하는 더 적은 수의 이산 범주로 변환한다. 앞서 4장에서 나이브 베이즈 알고리듬과 함께 작동하도록 숫자 데이터를 이산화하면서 이 방법을 접했다. 여기서는 최신 tidyverse 방법을 사용해 유사한 접근 방식을 적용해 숫자 범위의 차원을 줄여 일부 방법이 희소 숫자 데이터에 과적합 또는 과소적합되는 경향을 해결하는 데 도움을 줄 것이다.

많은 머신러닝 접근 방식의 경우와 마찬가지로 이상적으로는 주제-전문 지식을 적용해 수치 범위를 이산화하기 위한 컷 포인트를 결정하는 것이 좋다. 예를 들어 다양한 연령 값에서는 실세계에서 이러한 연령 값의 영향을 반영하고자 잘 확립된 아동기, 성인기, 노인 연령 그룹 사이에 의미 있는 중단점이 발생할 수 있다. 마찬가지로 하급, 중급, 상급과 같은 급여 수준에 대해 구간 차원을 만들 수 있다.

중요한 범주에 대한 실제 지식이 없는 경우 데이터의 자연 백분위수 또는 직관적인 값 증분을 반영하는 절단점을 사용하는 것이 좋다. 이는 다음과 같은 전략을 사용해 숫자 범위를 나누는 것을 의미할 수 있다.

- 동일한 비율의 예제(33%, 25%, 20%, 10% 또는 1%)를 포함하는 3분위수, 4분위수, 5분위수, 10분위수 또는 백분위수를 기반으로 그룹을 만든다.

- 시간 값을 1시간, 30분 또는 15분 단위로 그룹화하는 것과 같이 기본 값 범위에 대해 친숙한 컷 포인트를 사용한다(0-100 척도 값을 5, 10 또는 25로 그룹화한다).

또는 소득과 같은 큰 숫자 범위를 10 또는 25의 큰 배수로 버킷에 담는다.

- 기울어진 데이터에 로그 스케일링의 개념을 적용해 값이 희박한 데이터의 기울어진 부분에 대해 빈이 비례적으로 더 넓어진다. 예를 들어 소득은 0-10,000, 10,000-100,000, 100,0001,000,000, 1,000,000 또는 그 이상으로 그룹화될 수 있다.

이러한 접근 방식을 설명하고자 이전에 사용된 Titanic 데이터 세트의 운임 값에 이산화 기술을 적용한다. head() 및 summary() 함수는 값이 심각한 오른쪽 편향으로 인해 상단부분에서 매우 세분화되고 희박함을 보여준다.

```
> head(titanic_train$Fare)

[1] 7.2500 71.2833 7.9250 53.1000 8.0500 8.4583

> summary(titanic_train$Fare)
   Min. 1st Qu. Median  Mean 3rd Qu.   Max.
   0.00    7.91  14.45 32.20   31.00 512.33
```

우리가 일등석과 다른 승객의 차이에 가장 관심이 있고 운임의 상위 25%가 1등석 티켓을 반영한다고 가정하자. 다음과 같이 tidyverse if_else() 함수를 사용해 이진 특징을 쉽게 만들 수 있다. 운임의 값이 적어도 £31(3사분위수 값)인 경우 1등석 운임이라고 가정하고 이진 코딩된 fare_firstclass 특징에 값 1을 할당한다. 그렇지 않으면 0 값을 받는다. missing 파라미터는 1등석 요금을 알지 못할 가능성이 매우 낮다는 가정하에 요금이 누락된 경우 값 0을 할당하도록 함수에 지시한다.

```
> titanic_train <- titanic_train |> mutate(
    fare_firstclass = if_else(Fare >= 31, 1, 0, missing = 0)
  )
```

이렇게 하면 거의 250개의 개별 값이 있는 특징이 다음 2개만 있는 새 특징으로 줄어든다.

```
> table(titanic_train$fare_firstclass)

    0     1
  666   225
```

이것은 매우 간단한 예였지만 더 복잡한 빈 만들기 전략을 향한 첫 번째 단계다. if_else() 함수는 여기에서는 간단하지만 3개 이상의 수준으로 새 특징을 만드는 데 사용하기에는 다루기 어렵다. 이렇게 하려면 if_else() 함수를 서로 중첩해야 하므로 유지 관리가 급속히 어려워진다. 대신 case_when()이라는 tidyverse 함수를 사용하면 더 복잡한 일련의 검사를 구성해 결과를 결정할 수 있다.

다음 코드에서 요금 데이터는 대략 1등석, 2등석, 3등석 요금 수준에 해당하는 3가지 수준으로 분류된다. case_when()문은 일련의 순서가 있는 if-else문으로 평가된다. 첫 번째 문은 운임이 31 이상인지 확인하고 이러한 예제는 1등석 범주에 할당한다. 두 번째는 else-if문으로 생각할 수 있다. 즉, 첫 번째 진술이 참이 아닌 경우(else) 운임이 최소 15인 경우 if를 확인하고 참이면 2등석 수준을 할당한다. 마지막 문은 TRUE가 항상 참으로 평가되므로 첫 번째와 두 번째 줄로 분류되지 않은 모든 레코드에 세 번째 클래스 수준이 할당되므로 궁극적인 else다.

```
> titanic_train <- titanic_train |>
    mutate(
      fare_class = case_when(
        Fare >= 31 ~ "1st Class",
        Fare >= 15 ~ "2nd Class",
        TRUE ~ "3rd Class"
```

```
        )
    )
```

결과 특징에는 예상대로 3가지 수준이 있다.

```
> table(titanic_train$fare_class)

  1st Class   2nd Class   3rd Class
        225         209         457
```

1등석, 2등석, 3등석 운임에 대한 지식과 같이 운임의 실제 의미에 대한 이해가
전혀 없는 경우 의미 있는 그룹 대신 값의 자연 백분위수 또는 직관적 절단을
사용하는 앞서 설명한 이산화 휴리스틱을 대신 적용할 수 있다.

cut() 함수는 기본 R에 포함돼 있으며 숫자 벡터에서 요인을 생성하는 간단한
방법을 제공한다. breaks 파라미터는 숫자 범위에 대한 절단점을 지정하며 이
전 이산화와 일치하는 3단계 요인에 대해 다음과 같이 표시된다. right = FALSE
파라미터는 레벨이 가장 오른쪽 또는 가장 높은 값을 포함하지 않아야 함을
나타내고 Inf 중단점은 최종 범주가 31에서 무한대까지의 값 범위에 걸쳐 있을
수 있음을 나타낸다. 결과 범주는 이전 결과와 동일하지만 다른 레이블을 사용
한다.

```
> table(cut(titanic_train$Fare, breaks = c(0, 15, 31, Inf),
        right = FALSE))

   [0,15)   [15,31)   [31,Inf)
      457       209        225
```

기본적으로 cut()은 각 수준에 속하는 값의 범위를 나타내는 요인에 대한 레이

블을 설정한다. 대괄호는 괄호로 묶인 숫자가 수준에 포함됨을 나타내고 괄호는 포함되지 않는 숫자를 나타낸다. 원하는 경우 결과에 대한 요소 레이블의 벡터를 labels 파라미터에 할당할 수 있다.

cut() 함수는 seq() 함수에 의해 생성된 일련의 값과 결합될 때 더욱 유용해진다. 여기서는 0에서 550까지 50씩 증가하는 11개의 값 범위에 대한 수준을 만든다.

```
> table(cut(titanic_train$Fare, right = FALSE,
        breaks = seq(from = 0, to = 550, by = 50)))
```

```
     [0,50)   [50,100)  [100,150)  [150,200)  [200,250)  [250,300)
        730        108         24          9         11          6
  [300,350)  [350,400)  [400,450)  [450,500)  [500,550)
          0          0          0          0          3
```

여기에서 균등하게 넓은 간격을 사용하면 차원이 줄어들지만 희소성 문제는 해결되지 않는다. 처음 두 레벨에는 대부분의 예제가 포함돼 있지만 나머지에는 예제가 거의 없거나 경우에 따라 0이기도 하다.

동일한 크기의 간격을 갖는 대신 동일한 수의 예제로 빈을 구성할 수 있다. 이전 장들에서 quantile() 함수를 사용해 5분위수와 백분위수에 대한 컷 포인트를 식별했지만 여전히 이 값을 cut() 함수와 함께 사용해 요인 수준을 생성해야 한다. 다음 코드는 5분위수에 대해 5개의 구간 차원을 생성하지만 4분위수, 10분위수 또는 백분위수에 맞게 조정할 수 있다.

```
> table(cut(titanic_train$Fare, right = FALSE,
        breaks = quantile(titanic_train$Fare,
                        probs = seq(0, 1, 0.20))))
```

```
   [0,7.85)   [7.85,10.5)   [10.5,21.7)   [21.7,39.7)  [39.7,512)
     166          173           196           174          179
```

동률이 있어 저장소에 정확히 동일한 수의 예제가 포함되지 않는다는 점에 유의하라.

tidyverse에는 분위수 기반 그룹을 생성하는 특징도 포함돼 있어 경우에 따라 사용하기가 더 쉬울 수 있다. 이 ntile() 함수는 데이터를 동일한 크기의 n 그룹으로 나눈다. 예를 들어 다음과 같이 5개의 그룹을 만들 수 있다.

```
> table(ntile(titanic_train$Fare, n = 5))
```

```
    1     2     3     4     5
  179   178   178   178   178
```

이 함수는 그룹에 숫자 레이블을 할당하기 때문에 결과 벡터를 요인으로 변환하는 것이 중요하다. 이것은 mutate()문에서 직접 수행할 수 있다.

```
> titanic_train <- titanic_train |>
    mutate(fare_level = factor(ntile(Fare, n = 11)))
```

결과 특징에는 11개의 균등한 비율 수준이 있다.

```
> table(titanic_train$fare_level)
```

```
 1  2  3  4  5  6  7  8  9 10 11
81 81 81 81 81 81 81 81 81 81 81
```

수준에는 여전히 숫자 레이블이 있지만 특징이 요인으로 코딩됐기 때문에 대부분의 R 함수에서 여전히 범주형으로 처리된다. 물론 너무 적거나 너무 많은 수준 사이에서 올바른 균형을 찾는 것이 여전히 중요하다.

:: 누락된 데이터 처리

이전 장들의 예제에 사용된 훈련용 데이터 세트에는 존재해야 하는 값이 없는 누락된 데이터 문제가 거의 없었다. R 언어는 특수 값 **NA**를 사용해 대부분의 머신러닝 함수에서는 기본적으로 처리할 수 없는 이러한 결측값을 나타낸다. 9장에서 대치imputation라 불리는 프로세스에서는 데이터 세트에서 사용할 수 있는 다른 정보를 기반으로 결측값을 참 값의 추측으로 대체할 수 있었다. 구체적으로 고등학생의 누락된 연령 값은 동일한 졸업 연도를 가진 학생의 평균 연령으로 대치됐다. 이를 통해 알 수 없는 연령 값의 합리적인 추정치를 제공했다.

누락된 데이터는 실제 머신러닝 프로젝트에서 지금까지의 희귀성을 고려할 때 예상되는 것보다 훨씬 더 큰 문제다. 이는 실제 프로젝트가 단순한 교과서 예제보다 더 복잡하고 혼란스럽기 때문만은 아니다. 추가적으로 데이터 세트의 크기가 증가함에 따라(더 많은 행 또는 더 많은 열이 포함됨) 상대적으로 적은 비율의 누락이 더 많은 문제를 야기한다. 주어진 행이나 열에 적어도 하나의 결측값이 포함될 가능성이 높아지기 때문이다. 예를 들어 누락률이 1%에 불과하더라도 100개의 열을 가진 데이터 세트에서는 평균적으로 각 행에 하나의 결측값이 있을 것으로 예상된다. 이 경우 결측값이 있는 모든 행을 단순히 제외하면 데이터 세트의 크기가 무의미할 정도로 크게 줄어든다.

경제학, 생물 통계학 및 사회 과학과 같은 분야에서 누락된 데이터에 대한 표준적 접근 방식은 통계 모델링 또는 머신러닝 기술을 동원해 누락되지 않은 특징 값으로부터 모든 누락된 특성 값을 대체하는 다중 대체multiple imputation다. 이러한 방법은 데이터의 가변성을 감소시키는 경향이 있어 예측의 확실성을 부풀리므로 최신 다중 대치 소프트웨어는 데이터 세트에서 만든 추론의 편향을 방지하고자 대치된 값에 무작위 변동을 추가하는 경향이 있다. R에는 다음과 같이 다중 대치를 수행하기 위한 다음과 같은 많은 패키지가 있다.:

- **mice**: 체인 방정식에 의한 다변량 대치
- **Amelia**: 누락치 프로그램(유명한 조종사 아멜리아 이어하트^Amelia Earhart의 이름을 따서 명명됐다. 아멜리아 이어하트는 1937년 세계 최초의 여성 조종사가 되고자 시도하다가 실종됐다)
- **Simputation**: Tidyverse 호환 특징을 사용해 누락된 데이터 처리를 단순화하려는 단순 대치
- **missForest**: 최신 머신러닝 방법을 사용해 모든 유형의 데이터를 대치하는 패키지인 랜덤 포레스트^Random Forest를 사용한 비모수 결측값 대치

다양한 대치 소프트웨어 도구가 풍부함에도 기존 통계 및 사회 과학 프로젝트와 비교해 머신러닝 프로젝트에서는 누락된 데이터를 처리하는 더 간단한 방법을 적용한다. 목표와 고려 사항이 다르기 때문이다. 머신러닝 프로젝트는 특정 통계적 가정이 위반되더라도 매우 큰 데이터 세트에서 작동하고 미래의 보이지 않는 테스트 집합에 대한 예측을 용이하게 하는 방법에 초점을 맞추는 경향이 있다. 반면에 사회 과학의 좀 더 형식적인 방법은 계산 집약적인 경향이 있지만 추론 및 가설 검정을 위한 편향되지 않은 추정치로 이어지는 전략에 초점을 맞춘다. 다음 절을 읽는 동안 이 구분을 염두에 두라. 다음 절은 누락된 데이터를 처리하기 위한 통상적인 실제 기술을 다루지만 일반적으로 공식적인 과학적 분석에는 권장되지 않는다.

누락된 데이터의 유형 이해

모든 누락된 데이터가 동일하게 생성되는 것은 아니며 일부 유형은 다른 유형보다 문제가 많다. 이러한 이유로 결측값이 있는 데이터를 준비할 때 특정 값이 누락된 근본적인 이유를 고려하면 유용하다. 데이터 세트를 생성한 프로세스 내부의 자신을 상상하면서 특정 값이 비어 있는 이유를 스스로에게 물어보라.

누락된 논리적 이유가 있는가? 아니면 순전히 실수나 우연에 의해 공백으로 남겨진 것인가? 이러한 질문에 답하면 책임 있는 방식으로 결측값을 대체하기 위한 해법을 알아내는 데 도움이 된다. 이러한 질문에 대한 답은 문제가 가장 적은 것부터 가장 심각한 것까지 3가지 다른 유형의 누락 데이터를 구분할 수 있게 한다.

1. **무작위로 완전히 누락된**^{MCAR, Missing Completely At Randomly} 데이터는 다른 특징 및 자체 값과 독립적이다. 즉, 특정 값이 누락됐는지 여부를 예측하지 못할 수 있다. 이 유형은 임의의 데이터 입력 에러 또는 값을 임의로 건너뛰는 다른 프로세스로 인해 누락이 발생할 수 있다. 완전히 무작위로 누락되는 것은 데이터의 최종 행렬을 가져와 삭제할 셀을 무작위로 선택하는 완전히 예측할 수 없는 프로세스로 생각할 수 있다.

2. **무작위로 누락된**^{MAR, Missing At Random} 데이터는 다른 특징에 종속될 수 있지만 기저 값에는 종속될 수 없다. 즉, 예측 가능한 특정 행이 다른 행보다 결측값을 포함할 가능성이 더 높다. 예를 들어 특정 지역의 가구는 가구 소득을 보고하기를 꺼려할 수 있지만 일단 그러한 정보를 공개한다고 가정하면 정직하게 공개한다. 기본적으로 MAR은 결측값이 기본 요인 또는 결측을 유발했던 요인을 통제한 후 무작위로 선택됨을 의미한다.

3. **무작위가 아니게 누락된**^{MNAR, Missing Not At Random} 데이터는 결측값 자체와 관련된 이유로 누락됐다. 이 데이터는 본질적으로 데이터 세트의 다른 특징과 식별할 수 없는 어떤 이유로 인해 데이터 세트에서 검열된다. 예를 들어 가난한 개인은 소득을 알리는 것이 불편할 수 있으므로 그냥 공백으로 둔다. 또 다른 예로는 극도로 높거나 낮은 온도에 대해 결측값을 보고하는 온도 센서가 있다. 일반적으로 누락을 유발하는 측정되지 않은 숨겨진 메커니즘이 있기 때문에 대부분의 실제 결측값은 MNAR일 가능성이 있다. 현실 세계에서 진정으로 무작위적인 것은 거의 없다.

대치 방법은 처음 두 유형의 결측 데이터에 적합하다. MCAR 데이터는 독립성과 예측 불가능성으로 인해 대치하기 가장 어렵다고 믿게 될 수도 있지만 실제로는 처리하기에 이상적인 유형의 누락 데이디다. 누락이 완전히 임의적인 경우에도 임의로 숨겨진 값은 사용 가능한 다른 특징을 통해 예측할 수 있다. 달리 말하면 누락 자체는 예측할 수 없지만 근본적인 결측값은 상당히 예측 가능할 수 있다. 마찬가지로 MAR 데이터도 주어진 특징으로 쉽게 예측할 수 있다. 불행하게도 가장 일반석인 결측 데이터 유형인 NMAR 데이터는 예측할 수 있는 능력이 가장 적을 것이다. 결측값은 알 수 없는 프로세스에 의해 중도 절단됐기 때문에 이 데이터를 기반으로 구축된 모든 모델은 누락된 데이터와 그렇지 않은 데이터 간의 관계에 대한 불완전한 그림을 갖게 되며 결과는 누락되지 않은 데이터에 편향될 가능성이 있다. 예를 들어 채무 불이행 모델을 구축하려고 하는데, 가난한 사람들이 대출 신청에서 소득 필드를 비워둘 가능성이 더 높다고 가정해보자. 누락된 소득을 대치하면 대치된 값은 실제 값보다 높은 경향이 있다. 대치는 사용 가능한 데이터만을 기반으로 했는데, 높은 값보다 낮은 값이 더 많이 누락됐기 때문이다. 저소득 가구가 채무 불이행 가능성이 더 높은 경우 편향된 대치 소득 값을 사용해 대출 결과를 예측하는 모델은 소득을 공백으로 둔 가구의 채무 불이행 확률을 과소 평가한다.

이러한 편향의 가능성으로 인해 엄밀히 말하면 MCAR 및 MAR 데이터만 대치해야 한다. 그러나 데이터가 무작위로 완전히 누락되지 않은 경우 훈련 데이터 세트에서 누락된 데이터가 있는 행을 제외하면 모델이 편향되기 때문에 대치는 두 가지 불완전한 옵션 중 그나마 좀 낫다. 따라서 통계적 가정을 위반함에도 머신러닝 실무자는 종종 데이터 세트에서 누락된 데이터를 제거하는 대신 결측값을 대치한다. 다음 절에서는 이를 위해 사용되는 몇 가지 일반적인 전략을 보여준다.

결측값 대치 수행

NA 값은 많은 R 함수나 대부분의 머신러닝 알고리듬에서 직접 처리할 수 없기 때문에 이상적으로는 모델의 성능을 향상시키는 방식으로 대체해야 한다. 머신 러닝에서 이러한 유형의 결측값 대치는 예측에 대한 장벽이다. 즉, 복잡한 접근 방식이 방법론적으로나 이론적으로 더 타당할지라도 합리적으로 잘 작동하는 더 간단한 접근 방식이 더 복잡한 접근 방식보다 선호된다.

문자-형식의 데이터가 누락된 경우 간단한 해결 방법으로 결측값들을 다른 값과 마찬가지로 취급할 수 있도록 NA(결측값)들을 'Missing', 'Unknown' 또는 원하는 다른 레이블로 재코딩해 표현하는 것이 가능하다. 문자열 자체는 임의적이다. 열 내의 각 결측값에 대해 일관성이 있어야 한다. 예를 들어 Titanic 데이터 세트에는 누락된 데이터가 있는 2가지 범주형 특징인 Cabin과 Embarked가 포함돼 있다. 다음과 같이 누락된 Cabin 값 대신 'X'를, 누락된 Embarked 값 대신 'Unknown'으로 쉽게 대치할 수 있다.

```
> titanic_train <- titanic_train |>
    mutate(
      Cabin = if_else(is.na(Cabin), "X", Cabin),
      Embarked = if_else(is.na(Embarked), "Unknown", Embarked)
    )
```

이 방법은 유효한 문자열로 대체해 NA 값을 제거했지만 더 정교한 접근 방식이 가능할 것처럼 보인다. 결국 머신러닝을 사용해 데이터 세트의 나머지 열을 사용해 결측값을 예측할 수는 없었을까? 곧 배우게 될 것처럼 실제로 이것이 가능하다. 그러나 이러한 고급 접근 방식을 사용하는 것은 실제로 모델의 예측 성능에 불필요하거나 오히려 해로울 수 있다.

결측값 대치imputation를 수행하는 이유는 학문적으로 다양하다. 전통적인 통계학과 사회 과학에서는 모델을 주로 추론과 가설 검정을 위해 사용하는 경우가 많으며 예측에는 그보다는 적용되지 않는 경우가 있다. 추론을 위해 사용될 때 데이터 세트 내의 특징들 사이의 관계를 가능한 한 정확하게 보존하는 것이 매우 중요하다. 통계학자들은 각 특징이 관심 대상의 결과와 어떻게 연결되는지를 주의 깊게 추정하고 이해하고자 노력한다. 누락된 슬롯에 임의의 값을 대치하면 이러한 관계가 왜곡될 수 있다. 특히 값이 완전히 무작위로 누락되지 않은 경우에 그렇다.

오히려 좀 더 정교한 접근 방식은 사용 가능한 다른 정보를 사용해 참 값에 대한 합리적인 추측을 대치하고 가능한 한 많은 데이터 행을 유지하면서 특징 간에 데이터의 중요한 내부 관계가 보존되게 한다. 결국 이는 분석의 통계적 힘을 증가시키며, 이는 패턴을 탐지하고 가설을 검정하는 능력과 관련이 있다. 반면에 머신러닝 전문가들은 종종 데이터 세트 내의 특징들 간의 내부적인 관계에는 관심을 덜 갖고 있으며, 대신 특징들이 외부 목표 결과와 어떤 관계를 갖는지에 더 집중한다. 이 관점에서는 복잡한 대치 전략을 적용할 필요성이 크지 않다. 그러한 방법들은 단지 내부 패턴을 강화시키기만 하기 때문에 대상을 더 잘 예측하는 데에 활용될 수 있는 새로운 정보를 제공하지 않는다. 반면에 데이터가 무작위로 누락되지 않았다는 가정하에 결측값을 대체하는 데 특정 값을 중점적으로 두는 것보다는 결측 자체를 대상의 예측 변수로 활용하려는 노력에 더욱 집중하는 것이 더 유용할 수 있다.

결측값 표시기가 있는 단순 대치

이전 절에서 설명한 방법은 범주형 결측값을 'Missing'이나 'Unknown'과 같은 임의의 문자열로 대체하는 것으로, 간단한 대치의 한 형태다. 수치형 특징의 경우 유사한 접근 방식을 사용할 수 있다. 결측값이 있는 각 특징에 대해 NA 값을 대치할 값을 선택한다. 이는 평균, 중앙값, 최빈값과 같은 요약 통계량일 수도 있고 임의의 숫자일 수도 있다. 특정한 값은 일반적으로 중요하지 않다.

일반적으로 정확한 값은 중요하지 않지만 가장 흔히 사용되는 접근 방식은 평균 대치법(mean imputation)일 수 있다. 이것은 전통적인 통계학 분야에서 이를 흔히 사용하는 관행 때문일 것이다. 대안적인 방법은 데이터에서 실제 값 범위를 벗어난 동일한 크기의 값을 사용하는 것이다. 예를 들어 0에서 100 사이의 범위에 있는 결측된 나이 값을 -1 또는 999와 같은 값으로 보간할 수 있다. 선택한 값에 상관없이 해당 특성에 대해 계산된 모든 요약 통계량은 보간된 값에 의해 왜곡될 수 있음을 염두에 둬야 한다.

NA를 대체하는 값 외에도 특히 중요한 것은 **결측값 지시자**^{MVI, Missing Value Indicator}를 생성하는 것이다. MVI는 이진 변수로, 해당 특성 값이 보간됐는지 여부를 나타낸다. 타이타닉 승객의 나이 결측값을 처리하고자 다음 코드를 사용할 것이다.

```
> titanic_train <- titanic_train |>
    mutate(
      Age_MVI = if_else(is.na(Age), 1, 0),
      Age = if_else(is.na(Age), mean(Age, na.rm = TRUE), Age)
    )
```

보간된 특성과 MVI 모두 머신러닝 모델의 예측 변수로 포함돼야 한다. 값이 누락된 사실은 종종 타깃의 중요한 예측 변수이며, 놀랍게도 종종 대상의 가장 강력한 예측 변수 중 하나가 된다. 이는 실세계에서는 거의 아무 것도 무작위로 일어나지 않는다는 간단한 믿음에 따라 예상 가능하지 않을 수도 있다. 값이 누락된 경우에는 그에 대한 설명이 있을 가능성이 크다. 예를 들어 타이타닉 데이터 세트에서 나이가 누락된 경우 해당 승객의 사회적 지위나 가족 배경과 관련된 정보를 의미할 수 있다. 마찬가지로 대출 신청서에서 소득이나 직업을 보고하지 않는 사람은 아주 적은 금액의 돈을 벌고 있을 수 있으며, 이는 대출 채무 불이행의 강력한 예측 변수일 수 있다. 결측값이 흥미로운 예측 변수임을 발견하는 것은 더 많은 양의 결측 데이터에 대해서도 마찬가지다. 더 많은 결측 값은 더 흥미로운 예측 변수로 이어질 수 있다.

결측값 패턴

결측값이 매우 유용한 예측 변수가 될 수 있다는 믿음을 더욱 더 확장하면 추가적인 결측값은 특정 결과를 예측하는 능력에 기여할 수 있다. 대출 신청 데이터의 경우 특정 특성에 결측 데이터가 있는 사람은 의도적으로 답변을 숨기고 있거나 아니면 신청서에서 해당 질문을 실수로 빠트렸을 수 있다. 하지만 여러 특징에 결측 데이터가 있는 사람은 후자의 변명이 더 이상 적용되지 않을 수 있으며 신청서를 서둘러 작성했거나 책임감이 부족할 수도 있다. 더 많은 결측 데이터를 가진 사람이 채무 불이행 가능성이 더 높다고 가정할 수도 있지만 물론 모델을 훈련시켜봐야만 알 수 있다. 더 많은 결측 데이터를 가진 사람이 사실은 채무 불이행 가능성이 더 낮을 수도 있다. 이는 어떤 대출 신청서의 질문이 그들의 상황에 적용되지 않기 때문일 수 있다.

가정해보면 실제로는 결측값이 많은 레코드 사이에 찾을 수 있는 패턴이 존재할 수 있지만 이는 단순히 결측값의 수에만 의존하는 것이 아니라 특정 특성들이 누락되는 것에 기반을 둔다. 예를 들어 소득이 너무 낮아 보고하기를 꺼려하는 사람은 대출 신청서의 관련 질문을 건너뛸 수 있으며, 한편 소규모 사업자는 자영업자에게 해당하지 않는 다른 부분의 고용 기록 질문을 건너뛸 수 있다. 두 경우 모두 결측값의 수는 거의 동일할 수 있지만 그들의 패턴은 크게 다를 수 있다.

결측값 패턴^{MVP, Missing Value Pattern}은 이러한 행동들을 포착해 머신러닝에 사용하고자 구축될 수 있다. 결측값 패턴은 사실상 MVI의 연속으로 구성된 문자열로, 문자열의 각 문자는 결측값이 있는 특성을 나타낸다. 그림 13.12는 단순화된 대출 신청서 데이터 세트에서 이 과정이 어떻게 작동하는지를 보여준다. 8가지 특징 각각에 대해 해당 셀이 결측값인지를 나타내는 결측값 지시자를 구축한다.

결혼 유무	나이	성별	국가	emp_len	소득	우편번호	신용 점수
NA	*NA*	*NA*	USA	10	$54,000	90210	670
Yes	48	M	USA	6	$99,000	46656	780
Yes	37	F	USA	5	*NA*	*NA*	*NA*
No	*NA*	M	*NA*	*NA*	*NA*	32817	*NA*

x1_mvi	x2_mvi	x3_mvi	x4_mvi	x5_mvi	x6_mvi	x7_mvi	x8_mvi
1	1	1	0	0	0	0	0
0	0	0	0	0	0	0	0
0	0	0	0	0	1	1	1
0	1	0	1	1	1	0	1

그림 13.12: 결측값 패턴을 구축하는 것은 누락된 데이터가 있는 각 특성에 대해 결측값 지시자를 만드는 것으로 시작한다.

이러한 이진 형태의 결측값 지시자들은 하나의 문자열로 연결된다. 예를 들어 첫 번째 행은 '11100000'으로 표현될 것이며, 이는 이 대출 신청자의 처음 3가지 특징이 결측값이었음을 나타낸다. 두 번째 신청자는 결측 데이터가 없으므로 '00000000'으로 표현될 것이며, 세 번째와 네 번째는 각각 '00000111'과 '01011101'로 표현될 것이다. 이렇게 만들어진 mvp R 문자 벡터는 요소별 인자로 변환돼 학습 알고리듬이 예측에 사용할 수 있게 된다. 인자의 각 수준은 특정한 결측값 패턴을 나타낸다. 동일한 패턴을 가진 대출 신청자들은 유사한 결과를 가질 가능성이 있다.

결측값 패턴은 매우 강력한 예측 변수일 수 있지만 일부 어려움도 있다. 가장 중요한 것은 데이터 세트에 k개의 특징이 있다면 결측값 패턴의 잠재적인 값은 2^k개가 있다는 점이다. 10개의 특징을 포함하는 데이터 세트는 MVP 예측 변수의 1,024개 이상의 수준을 가질 수 있으며, 25개의 특징을 가진 데이터 세트는 3,300만 개 이상의 잠재적인 수준을 가질 수 있다. 50개의 특징을 가진 상대적으로 작은 데이터 세트는 거의 셀 수 없을 정도로 많은 잠재적인 MVP 수준을 갖게 되며, 이는 이 예측 변수를 모델링에서 쓸모없게 만들 수 있다.

이러한 잠재적인 문제에도 MVP 접근 방식은 결측값의 패턴이 균일하거나 무작위가 아닌 경우 차원의 저주를 피할 수 있기를 기대한다. 다시 말해 MVP 접근 방식은 무작위로 누락되지 않은 데이터에 강하게 의존한다. 우리는 결측값이 강력한 기저 패턴에 따라 결측값 패턴에 반영될 것을 기대한다. 결측값이 다양성을 덜 갖고 있다면 특정 결측값 패턴이 데이터에서 자주 나타날 가능성이 더 높다. 하지만 유감스럽게도 하나의 특징이 완전히 무작위로 누락된 경우에도 거의 모든 이진 결측값 지시자에서 행들이 유사해도 하나의 지시자만 다르면 완전히 다른 결측값 패턴으로 간주돼 MVP 접근 방식의 유효성이 감소한다. 이 문제를 해결하기 위한 대안으로 k-평균 알고리듬과 같은 비지도 군집화 알고리듬을 사용해 결측값 패턴이 유사한 사람들의 클러스터를 만들 수 있다. k-평균 알고리듬은 9장에서 다뤘다.

⠿ 불균형 데이터 문제

가장 어려운 데이터 문제 중 하나는 불균형 데이터^{imbalanced data}다. 이는 하나 이상의 클래스 수준이 다른 수준보다 훨씬 더 일반적인 경우에 발생한다. 많은 머신러닝 알고리듬은 불균형 데이터 세트를 학습하는 데 어려움을 겪으며, 특히 데이터 세트가 심각하게 불균형한 경우에는 문제가 더 심각해진다. 데이터 세트가 얼마나 불균형한지를 결정하는 구체적인 임곗값은 없지만 균형이 더욱 깨진다면 불균형으로 인한 문제는 더욱 심각해진다.

클래스 불균형의 초기 단계에서는 작은 문제가 발생한다. 예를 들어 정확도와 같은 간단한 성능 측정은 관련성을 잃기 시작하며 10장에서 설명한 것과 같이 더 정교한 성능 측정이 필요해진다. 불균형이 더 심해지면 더 큰 문제가 발생한다. 예를 들어 극도로 불균형한 데이터 세트의 경우 일부 머신러닝 알고리듬은 소수 그룹을 전혀 예측하기 어려울 수 있다. 이를 염두에 두고 불균형 데이터에 대해 걱정하기 시작하는 것은 분할이 80 대 20보다 나쁠 때부터, 더 걱정하기 시작하는 것은 90 대 10보다 나쁠 때부터 그리고 최악은 분할이 99 대 1보다 더 심각할 때로 가정하는 것이 현명할 수 있다.

> **TIP**
>
> 클래스 불균형은 실세계에서의 잘못된 분류 비용이 다른 클래스 수준보다 현저하게 높거나 낮을 때도 발생할 수 있다.

불균형한 데이터는 흔히 발생하는 동시에 중요한 도전이다. 우리가 예측하고자 하는 실세계의 결과 중 많은 것은 흔치 않지만 비용이 매우 크기 때문이다. 이는 다음과 같은 결과를 식별하는 예측 작업을 포함한다.

- 심각한 질병
- 기상 이변과 자연 재해
- 사기 행위
- 채무 불이행
- 하드웨어 또는 기계적 에러
- 부자 또는 소위 '고래' 고객

곧 알게 되겠지만 이러한 불균형한 분류 문제를 처리하는 단일한 최상의 방법은 없으며 더 발전된 기술들도 문제점이 없지 않다. 가장 중요한 접근 방법은 불균형 데이터의 문제를 인식하면서도 모든 해결책이 불완전하다는 것을 인지하는 것이다.

데이터 균형 조정을 위한 간단한 전략

데이터 세트에 심각한 불균형이 있을 경우, 예컨대 일부 클래스에는 너무 많거나 너무 적은 예제가 있을 경우 이 문제에 대한 간단한 해결책은 주 클래스 수준의 예제를 줄이거나 소수 클래스의 예제를 늘리는 것이다. 전자의 전략은 언더샘플링^{undersampling}이라 하며, 가장 간단한 경우에는 다수 클래스에서 무작위로 레코드를 제거하는 것이다. 후자의 접근 방식은 **오버샘플링**^{oversampling}이라 한다. 이상적으로는 더 많은 데이터 행을 수집하는 것이 좋겠지만 이는 보통 불가능하다. 대신 소수 클래스의 예제들을 무작위로 복제해 원하는 클래스 균형이 달성될 때까지 증가시킨다.

언더샘플링과 오버샘플링은 각각 중요한 단점이 있지만 특정 상황에서 효과적일 수 있다. 언더샘플링의 주요 위험은 데이터에서 작지만 중요한 패턴을 표현하는 예제를 제거할 수 있는 위험이다. 따라서 언더샘플링은 데이터 세트가 충분히 큰 경우에 가장 잘 작동하며 대다수 클래스의 상당 부분을 제거해 주요 학습 예제를 완전히 배제하는 위험을 줄일 수 있다. 또한 빅데이터 시대에서 의도적으로 정보를 포기하는 것은 항상 실패감을 불러일으킬 수 있다.

오버샘플링은 소수 클래스의 추가적인 예제를 생성함으로써 이러한 실망감을 피하면서 소수 클래스의 중요하지 않은 패턴이나 노이즈로 과적합될 위험을 갖고 있다. 언더샘플링과 오버샘플링 모두 그룹 간의 결정 경계를 최대화하는 레코드를 선호하고자 단순한 무작위 샘플링을 피하는 고급 **집중 샘플링**^{focused sampling} 접근 방식에 포함됐다.

이러한 기술은 계산 비효율성과 실세계에서의 효과가 제한적이기 때문에 실제로는 거의 사용되지 않는다.

NOTE

> 불균형 데이터를 처리하기 위한 전략에 대한 심층적 검토는 Maimon, O.와 Rokach. L.의 『Data Mining for Imbalanced Datasets: An Overview, Chawla, N., 2010, in Data Mining and Knowledge Discovery Handbook, 2nd Edition』(Springer, 2010)을 참고한다.

리샘플링 기법을 설명하고자 이 장의 앞에서 사용한 10대 소셜 미디어 데이터 세트로 돌아가고, 몇 가지 `tidyverse` 명령을 사용해 데이터 세트를 로드하고 준비할 것이다. 먼저 `forcats` 패키지의 `fct_` 함수를 사용해 성별 특징을 `Male`과 `Female` 레이블로 다시 인코딩하고 `NA` 값을 `Unknown`으로 다시 인코딩한다. 그런 다음 13세 미만 또는 20세 이상의 이상치 나이는 NA 값으로 대치한다. 다음으로, group_by()와 mutate()를 함께 사용해 졸업 연도별 중간 나이로 결측값을 보완할 수 있다. 마지막으로 데이터를 ungroup()하고 select()를 사용해 관심 있는 특성이 데이터 세트의 처음에 나타나도록 열을 재정렬한다. 전체 명령은 다음과 같다.

```
> snsdata <- read_csv("snsdata.csv") |>
    mutate(
      gender = fct_recode(gender, Female = "F", Male = "M"),
      gender = fct_na_value_to_level(gender, level = "Unknown"),
      age = ifelse(age < 13 | age > 20, NA, age)
    ) |>
    group_by(gradyear) |>
    mutate(age_imp = if_else(is.na(age),
          median(age, na.rm = TRUE), age)) |>
    ungroup() |>
    select(gender, friends, gradyear, age_imp, basketball:drugs)
```

이 데이터 세트에서는 남성과 성별이 알려지지 않은 사람들이 소수이며, 이는 fct_count() 함수를 사용해 확인할 수 있다.

```
> fct_count(snsdata$gender, prop = TRUE)
# A tibble: 3 × 3
  f            n       p
  <fct>    <int>   <dbl>
1 Female   22054   0.735
2 Male      5222   0.174
3 Unknown   2724   0.0908
```

한 가지 접근 방식은 세 그룹 모두 동일한 수의 레코드를 갖도록 여성 그룹과 남성 그룹을 언더샘플링하는 것이다. 10장에서 처음 소개한 caret 패키지에는 이 기법을 수행할 수 있는 downSample() 함수가 포함돼 있다. y 파라미터는 균형을 맞추고자 하는 범주형 특성이며, x 파라미터는 리샘플된 데이터 프레임에 포함할 나머지 열들을 지정한다. 그리고 yname 파라미터는 대상 열의 이름이다.

```
> library(caret)
> sns_undersample <- downSample(x = snsdata[2:40],
                                y = snsdata$gender,
                                yname = "gender")
```

결과 데이터 세트에는 3가지 클래스 각각에 대한 2,724개의 예제가 포함된다.

```
> fct_count(sns_undersample$gender, prop = TRUE)
# A tibble: 3 × 3
  f           n      p
  <fct>   <int>  <dbl>
1 Female   2724  0.333
2 Male     2724  0.333
3 Unknown  2724  0.333
```

caret 패키지의 upSample() 함수는 오버샘플링을 수행해 모든 세 수준이 다수 클래스와 동일한 수의 예제를 갖게 한다.

```
> library(caret)
> sns_oversample <- upSample(x = snsdata[2:40],
                             y = snsdata$gender,
                             yname = "gender")
```

결과 데이터 세트에는 3가지 성별 범주 각각에 대한 22,054개의 예제가 포함된다.

```
> fct_count(sns_oversample$gender, prop = TRUE)
```

```
# A tibble: 3 × 3
  f            n      p
  <fct>     <int>  <dbl>
1 Female    22054  0.333
2 Male      22054  0.333
3 Unknown   22054  0.333
```

오버샘플링 또는 언더샘플링 접근 방식이 더 잘 작동하는지 여부는 사용된 머신러닝 알고리듬뿐만 아니라 데이터 세트에 따라 다르다. 각각의 리샘플링 기술로 생성된 데이터 세트에 대해 훈련된 모델을 구축하고 어느 것이 테스트에서 더 잘 수행되는지 확인하는 것이 현명할 수 있다. 그러나 성능 측정은 불균형 테스트 집합에서 계산돼야 한다는 점을 명심하는 것이 매우 중요하다. 평가는 원래 클래스 불균형을 반영해야 한다. 이것이 실제 배포 시 모델이 수행해야 하는 방식이기 때문이다.

SMOTE를 사용해 합성 균형 데이터 세트 생성

언더샘플링과 오버샘플링 외에도 합성 생성^{synthetic generation}이라 불리는 세 번째 리밸런싱 접근 방식이 있다. 이 방식은 소수 클래스의 새로운 예제를 새롭게 생성해 오버샘플링이 소수 클래스 예제에 과적합되는 경향을 줄이는 것을 목표로 한다. 현재는 많은 합성 생성 리밸런싱 방법이 있지만 가장 먼저 널리 알려진 것 중 하나는 차울라^{Chawla} 등이 2002년에 소개한 SMOTE 알고리듬이다. SMOTE는 합성 소수 클래스 오버샘플링 기술을 사용하는 방식을 가리킨다. 간단히 말해 이 알고리듬은 새로운 레코드를 이전에 관측된 것과 유사하지만 완전히 동일하지 않게 생성하고자 휴리스틱 집합을 사용한다. 유사한 레코드를 구성하고자 SMOTE는 3장에서 설명한 유사성 개념을 사용하며 사실 k-NN 접근 방식의 측면을 직접적으로 사용한다.

NOTE

SMOTE 알고리듬에 대한 자세한 내용은 Chawla, N., Bowyer, K., Hall, L, Kegelmeyer, W.의 'SMOTE: Synthetic Minority Over-Sampling Technique', 2002, Journal of Artificial Intelligence Research, Vol.16, pp. 321-357을 참고한다.

SMOTE의 작동 방식을 이해하고자 결과 데이터 세트에 이 클래스의 예제가 2배로 포함되도록 소수 클래스를 오버샘플링하려고 한다고 가정해보자. 표준 오버샘플링의 경우 각 소수 레코드를 복제해 2번 나타나게 한다. SMOTE와 같은 합성 오버샘플링 기술에서는 각 레코드를 복제하는 대신 새 합성 레코드를 만든다. 더 많거나 적은 오버샘플링이 필요한 경우 원본 레코드당 하나 이상의 새 합성 레코드를 생성하기만 하면 된다.

의문 하나가 생긴다. 합성 레코드는 정확히 어떻게 구성돼 있는가? 여기가 k-최근접 기법이 등장하는 순간이다. 이 알고리듬은 소수 클래스의 각 원래 관측값의 최근접 이웃 k개를 찾는다. 통상 k는 대개 5로 설정되지만 원하는 경우 더 크거나 작게 설정할 수 있다. 생성될 각 합성 레코드에 대해 알고리듬은 원래 관측치의 k개 최근접 이웃 중 하나를 무작위로 선택한다. 예를 들어 소수 클래스를 2배로 늘리려면 원래의 관측값마다 5개의 최근접 이웃 중 하나를 무작위로 선택한다. 원래 데이터를 3배로 늘리려면 각 관측값마다 5개의 최근접 이웃 중 2개를 선택하고 이와 같은 방식으로 계속해 늘릴 수 있다.

최근접 이웃을 무작위로 선택하면 원본 데이터가 복사될 뿐이므로 합성 관찰을 생성하려면 한 단계가 더 필요하다. 이 단계에서 알고리듬은 원래의 각 관측값과 무작위로 선택된 최근접 이웃 사이의 벡터를 식별한다. 이 벡터상의 거리 비율을 반영하고자 0과 1 사이의 임의의 숫자가 선택되며, 이를 사용해 합성 데이터 점을 배치한다. 이 점의 특징 값은 원래 관측치의 특징 값과 100% 동일하고 이웃의 특징 값과 100% 동일하거나 그 사이에 있을 것이다. 이는 다음 그림에 설명돼 있으며, 4개의 원래 데이터 점을 이웃에 연결하는 선에 합성 관측값을 무작위로 배치하는 방법을 보여준다. 6개의 합성 관찰을 추가하면 원과 사각형 클래스의 균형이 훨씬 더 좋아지므로 결정 경계가 강화되고, 잠재적으로 학습 알고리듬이 패턴을 더 쉽게 발견할 수 있다.

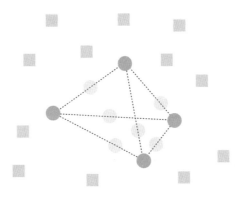

그림 13.13: SMOTE는 4개의 원래 소수 관찰에서 6개의 합성 관찰을 생성할 수 있으며, 이는 두 클래스(원과 사각형) 사이의 결정 경계를 강화한다.

물론 SMOTE 알고리듬이 최근접 이웃과 거리 함수에 의존하기 때문에 k-NN과 동일한 데이터 준비 주의 사항이 적용된다. 먼저 데이터 세트는 완전히 숫자로 구성돼야 한다. 첫째, 데이터 세트는 완전히 숫자여야 한다. 둘째, 반드시 필요하지는 않지만 숫자 특징 값들을 동일한 척도에 놓게 변환하는 것이 좋다. 이렇게 하면 큰 범위가 최근접 이웃 선택에 지배되는 것을 방지할 수 있다. 다음 절에서 이를 실제로 살펴본다.

예제: R에서 SMOTE 알고리듬 적용

SMOTE 알고리듬 구현을 포함하는 여러 R 패키지가 있다. DMwR 패키지에는 많은 튜토리얼의 주제가 되는 SMOTE() 함수가 있지만 현재 최신 버전의 R에서 사용할 수 없다.

smotefamily 패키지는 다양한 SMOTE 특징을 포함하고 잘 문서화돼 있지만 몇 년 동안 갱신되지 않았다. 따라서 여기서는 themis 패키지(https://themis.tidymodels.org)의 smote() 함수를 사용할 것이다. 이 함수는 종종 저울을 들고 있는 것으로 묘사되는 그리스 정의/법률의 여신 테미스^{Themis}의 이름을 따서 명명됐다. 이 패키지는 사용하기 쉽고 tidyverse에 잘 통합돼 있다.

smote() 함수의 기본 구문을 설명하고자 먼저 snsdata 데이터 세트를 연결하고 성별을 균형 특징으로 사용한다.

```
> library(themis)
> sns_balanced <- snsdata |> smote("gender")
```

결과를 확인하면서 데이터 세트에서 table() 함수를 사용한다. 이 함수는 30,000 행에서 66,162행으로 증가했지만 이제 3가지 성별 범주에서 균형을 이룬다.

```
> table(sns_balanced$gender)

  Female    Male   Unknown
   22054   22054     22054
```

이렇게 하면 성별 균형이 조정되지만 SMOTE 알고리듬이 거리 계산에 의해 결정되는 최근접 이웃에 의존하기 때문에 합성 데이터 생성 전에 데이터를 정규화하는 것이 더 나을 수 있다. 예를 들어 friends 특징이 0에서 830까지의 범위를 갖고 있고 football 특징은 0에서 15까지의 범위를 갖고 있다면 최근접 이웃들은 관심사가 비슷한 친구보다 유사한 친구 수를 가진 사람들을 선호하는 경향이 있을 수 있다. 최소-최대 정규화를 적용하면 모든 특징의 크기를 0과 1 사이의 범위로 재조정해 이러한 문제를 완화할 수 있다.

이전에 직접 정규화 함수를 작성했었는데, 이번에도 다시 구현해보자.

```
> normalize <- function(x) {
    return ((x - min(x)) / (max(x) - min(x)))
  }
```

데이터를 원래 크기로 되돌리려면 unnormalize() 함수도 필요하다. 여기에 정의된 대로 이 함수는 2개의 파라미터를 사용한다. 첫 번째는 정규화된 값을 저장하는 벡터 norm_values다. 두 번째는 정규화된 열의 이름이 포함된 문자열이다. snsdata 데이터 세트의 정규화되지 않은 원본 데이터에서 이 열의 최솟값과 최댓값을 얻으려면 열 이름이 필요하다. 결과적으로 얻은 unnormalized_vals 벡터는 이 최솟값과 최댓값을 사용해 정규화를 역으로 되돌린 후 값들은 원래 데이터와 같이 정수로 반올림된다. 단, age_imp 특성은 원래 10진수로 돼 있다.

전체 unnormalize() 함수는 다음과 같다.

```
> unnormalize <- function(norm_vals, col_name) {
    old_vals <- snsdata[col_name]
    unnormalized_vals <- norm_vals *
      (max(old_vals) - min(old_vals)) + min(old_vals)
    rounded_vals <- if(col_name != "age_imp")
      { round(unnormalized_vals) }
      else {unnormalized_vals}
    return (rounded_vals)
  }
```

일련의 파이프를 사용해 smote() 함수를 사용하기 전에 정규화를 적용하고 그 후에 다시 정규화를 해제할 수 있다. 이것은 dplyr across() 함수를 사용해 데이터 유형이 숫자인 열을 정규화 및 비정규화한다. unnormalize() 함수의 경우 람다^{lambda}를 사용해 구문이 약간 복잡해진다. 람다는 틸드(~) 문자로 표시되며

숫자형 데이터인 열들을 대상으로 사용할 함수를 정의한다. `normalize()` 함수
는 하나의 파라미터만 사용하는 반면 `unnormalize()`는 2개를 사용하기 때문에
람다를 사용할 필요가 없다. 여기서 `.x`는 열의 데이터 벡터를 가리키며 첫 번째
파라미터로 전달된다. `cur_column()` 함수는 두 번째 파라미터로 현재 열의 이
름을 전달하는 데 사용된다. 전체 명령은 다음과 같다.

```
> snsdata_balanced <- snsdata |>
    mutate(across(where(is.numeric), normalize)) |>
    smote("gender") |>
    mutate(across(where(is.numeric), ~unnormalize(.x, cur_column())))
```

이전과 마찬가지로 SMOTE 이전과 이후의 성별 균형을 비교해보면 이제 범주
가 동일하다는 것을 알 수 있다.

```
> table(snsdata$gender)

  Female      Male   Unknown
   22054      5222      2724

> table(snsdata_balanced$gender)

  Female      Male   Unknown
   22054     22054     22054
```

이제 남성의 수는 원래의 약 4배, 알 수 없는 성별의 레코드 수는 원래의 약
8배가 됐다. 즉, 원래의 각 남성 레코드 또는 알 수 없는 성별 레코드마다 대략
3개의 합성 남성 레코드와 7개의 합성 알 수 없는 성별 레코드가 추가됐다.
여성 예제의 수는 동일하게 유지됐다. 이 균형 잡힌 데이터 세트는 이제 머신러
닝 알고리듬과 함께 사용할 수 있다. 그러나 이때 주의해야 할 점은 모델이
소수 클래스의 '실제' 예제보다는 주로 합성된 경우에 기반을 둔다는 것이다.

균형 잡힌 데이터 세트는 이제 머신러닝 알고리듬과 함께 사용할 수 있으며, 모델은 소수 클래스의 '실제' 예가 아닌 대부분 합성 사례를 기반으로 한다는 점을 염두에 둬야 한다. 이로 인해 성능이 향상되는지 여부는 프로젝트마다 다를 수 있으며, 이는 다음 절에서 설명하는 이유에 따라 달라질 수 있다.

균형이 항상 더 나은지 고려

심각하게 불균형한 데이터 세트가 학습 알고리듬에 문제를 일으킨다는 사실은 부인할 수 없지만 불균형을 처리하는 최선의 접근 방법은 매우 불명확하다. 어떤 사람은 심지어 아무런 조치를 취하지 않는 것이 최선의 방법이라고 주장하기도 한다. 문제는 데이터 세트의 균형을 인위적으로 맞추는 것이 학습 알고리듬의 전반적인 성능을 개선할 수 있는지, 아니면 특정성^{specificity}의 감소와 민감도^{sensitivity}의 향상을 교환하는 것인지 여부다. 인위적으로 균형 잡힌 데이터 세트에서 훈련된 학습 알고리듬이 언젠가 원래의 불균형한 데이터 세트에서 사용돼야 하기 때문에 균형을 잡는 것은 단지 학습기의 에러 비용 감각을 하나에서 다른 것으로 조정하는 것으로 보인다. 따라서 데이터를 버릴 경우 더 똑똑한 모델, 즉 결과물을 실제로 더 잘 구별할 수 있는 모델이 만들어질 수 있다는 점이 직관적으로는 이해하기 어렵다.

인위적으로 학습 데이터를 균형 있게 조정하는 데 의문을 갖는 사람 중 하나인 유명한 생물 통계학자인 프랭크 하렐$^{Frank\ Harrell}$은 이 주제에 대해 글을 많이 써왔다. 그는 유명한 블로그 글에서 다음과 같이 썼다.

> 머신 분류기 사용자들은 이진 결과 변수 Y에 대해 매우 불균형한 샘플이 이상한 분류기를 만들어낸다는 것을 알고 있다. 이러한 이유로 흔히 양적인 빈도를 균형을 맞추고자 특이하게도 통제군을 하위 샘플링하는 이상한 방법이 사용된다(회귀 모델 사용자들은 답을 얻고자 좋은 데이터를 제외시키지 않는다). 그러

나 .그들은 편향된 샘플링을 보정하고자 어떻게든 분류기를 구성해야 한다.

분명히 하렐은 표본의 균형을 맞추는 것이 일반적으로 현명한 접근 방식이라고 생각하지 않는다.

NOTE

이 주제에 대한 하렐의 글은 http://www.fharrell.com/post/classification/ 및 http://www.fharrell.com/post/class-damage/를 참고한다.

『Practical Data Science with R』(Manning, 2014)의 저자인 니나 주멜Nina Zumel은 데이터 세트를 인위적으로 균형 조정해 분류 성능을 개선했는지 확인하고자 실험을 수행했다. 실험을 수행한 후 그녀는 다음과 같은 결론을 내렸다.

> 클래스가 거의 균형을 이룰 때 분류가 더 쉬워지는 경향이 있다. 하지만 나는 늘 클래스를 인위적으로 균형 잡는 것이 항상 도움이 된다는 주장에 대해 회의적이었다. 모델을 원래 클래스 비율로 실행할 때 클래스를 균형잡거나 일반적으로 풍부하게 하더라도 클래스 레이블을 적용하는 것이 목표인 경우 제한적인 가치가 있다. 로지스틱 회귀 모델에는 좋은 아이디어가 아니다.

프랭크 하렐과 마찬가지로 니나 주멜도 분류 모델을 위해 데이터 세트의 균형을 인위적으로 맞출 필요가 있는지 의심한다. 그러나 두 사람의 관점은 실제로 데이터 세트를 인위적으로 균형 조정하면 모델의 성능이 향상된다는 경험적 및 예비적 증거와는 상반된다.

NOTE

불균형 데이터 분류에 대한 주멜의 실험에 대한 전체 설명은 https://win-vector.com/2015/02/27/does-balancing-classes-improveclassifier-performance/를 참고한다.

이 모순된 결과를 어떻게 설명해야 할까? 아마 도구 선택과 관련이 있을 수 있다. 회귀와 같은 통계적 학습 알고리듬은 잘 조정돼 있을 수 있다. 즉, 희귀한 결과에 대해서도 실제 기반이 되는 확률을 잘 추정할 수 있다. 하지만 의사결정 트리와 나이브 베이즈 등의 많은 머신러닝 알고리듬은 교정돼 있지 않으며, 따라서 합성 균형을 통해 합리적인 확률을 생성하는 데 약간의 도움이 필요할 수 있다.

균형 전략을 사용하는지 여부에 관계없이 배포 중에 예상되는 자연적 불균형을 모델이 반영할 수 있는 평가 접근 방식을 사용하는 것이 중요하다. 이는 10장에서 다룬 것과 같이 카파^{kappa}, 민감도와 특이도, 정밀도와 재현율 같은 비용 감안 접근법을 선호하는 것을 의미한다. 또한 ROC 곡선을 검토해야 한다.

데이터 세트의 인위적인 균형을 회의적으로 보는 것은 좋은 생각이지만 데이터를 다루는 데 있어 가장 까다로운 데이터 문제에 대한 기회가 될 수도 있다.

⋮⋮▶ 요약

13장은 여러 가지 새로운 유형의 까다로운 데이터를 소개하기 위한 것이었다. 이러한 데이터는 간단한 훈련 예제에서는 드물지만 실제 실무에서 자주 마주치게 된다. 일반적인 속담은 "좋은 것은 많을수록 좋다." 또는 "더 많으면 항상 좋다."라고 말하지만 머신러닝 알고리듬에는 항상 해당되지는 않는다. 때로는 관련 없는 데이터로 인해 알고리듬이 혼란스러워지거나 중요하지 않은 세부 사항에 압도돼 '건초더미에서 바늘 찾기'의 어려움을 겪을 수 있다. '빅데이터 시대'라 불리는 시대의 허상적인 모순 중 하나는 더 많은 데이터가 머신러닝을 가능하게 하지만 동시에 어렵게 만든다는 사실이다. 실제로 너무 많은 데이터는 '차원의 저주'라 불리는 문제를 야기할 수도 있다.

빅데이터라는 보물 중 일부를 버리는 것은 아쉬울 수 있지만 학습 알고리듬이 원하는 대로 수행되게 하고자 때로는 필요하다. 이를 데이터 선별 작업으로 생각하는 것이 더 나을 수도 있다. 특징 선택과 특징 추출과 같은 차원 축소 기법은 내장된 선택 방법이 없는 알고리듬에 중요하다. 또한 대용량 데이터 세트의 병목 현상이 될 수 있는 계산 효율성을 향상시키는 이점을 제공한다. 또한 희소 데이터는 이상치 및 누락 데이터 문제와 같이 중요한 세부 정보를 학습 알고리듬에 알리고자 도움의 손길이 필요하다.

이 책에서는 지금까지는 결측 데이터가 작은 문제였지만 많은 실세계 데이터 세트에서는 상당한 도전이다. 머신러닝 전문가들은 종종 문제를 해결하고자 가장 간단한 방법을 선택한다. 즉, 모델이 합리적으로 잘 수행되도록 최소한의 작업을 수행하는 것이다. 그러나 머신러닝 기반의 다중 대체^{multiple imputation}와 같은 접근 방식은 전통적인 통계학, 생물통계학 및 사회 과학 분야에서 완전한 데이터 세트를 생성하는 데 사용되고 있다.

불균형 데이터의 문제는 해결하기 가장 어려운 형태의 도전적인 데이터일 수 있다. 가장 중요한 머신러닝 애플리케이션 중 많은 부분이 불균형 데이터 세트에 대한 예측을 포함하지만 쉬운 해결책은 없으며 항상 타협이 필요하다. 언더샘플링 및 오버샘플링과 같은 기술은 간단하지만 상당한 단점이 있으며, SMOTE와 같이 더 복잡한 기술은 유망하긴 하지만 새로운 문제들을 야기할 수도 있으며, 커뮤니티는 최적의 접근 방법에 대해 의견이 분분하다. 가장 중요한 교훈은 어떤 경우에도 평가 전략이 모델이 배포될 때 마주할 상황을 반영하도록 보장하는 것이다.

예를 들어 모델이 인위적으로 균형 잡힌 데이터 세트로 훈련됐더라도 테스트와 평가는 자연스러운 결과의 균형을 기준으로 수행돼야 한다.

이제 이러한 데이터적 도전들을 뒤로 하고 14장은 다시 모델 구축에 초점을 맞춘다. 데이터 준비는 더 나은 학습 모델을 만드는 데 중요한 구성 요소이기 때문에 결국에는 쓰레기 데이터로부터 쓰레기 결과가 나오게 된다. 그러나 학습 과정 자체를 향상시키고자 더 많은 작업을 할 수 있다. 하지만 이러한 기법들은 기성 알고리듬만으로는 부족하다. 학습 모델의 잠재력을 극대화하려면 창의성과 결단력이 필요할 것이다.

14

더 나은 학습자 구축

스포츠 팀이 목표를 달성하지 못할 때(그것이 올림픽 금메달을 따거나 리그 챔피언십, 혹은 세계 기록 시간을 달성하는 것이더라도) 가능한 개선 방법을 찾아야 한다. 상상해보라, 당신이 그 팀의 코치라면 어떻게 연습 과정을 진행할 것인가? 선수들에게 가능한 한 최대한의 잠재력을 발휘하도록 더 열심히 또는 다른 방식으로 훈련하게 지시할 것이다. 또한 각 선수의 장점과 약점을 더 똑똑하게 활용하고자 팀워크에 집중할 수도 있다. 이제 세계 선수권 대회를 훈련하는 상상의 머신러닝 알고리듬이라고 가정해보자. 머신러닝 대회에 참가하길 희망하거나 비즈니스 경쟁자를 앞서고자 더 우수한 결과를 얻고자 할 것이다. 어디서 시작해야 할까? 다른 문맥이지만 스포츠 팀의 성과를 개선하는 데 사용되는 전략들은 통계적 학습자의 성과를 개선하는 데 사용되는 전략과 유사하다. 코치로서 당신의 임무는 머신러닝 프로젝트가 성과 목표를 달성할 수 있는 훈련 기술과 팀워크 기술의 조합을 찾는 것이다.

14장에서는 이 책 전반에 걸쳐 다룬 내용을 바탕으로 학습 알고리듬의 예측 능력을 향상시키는 기술을 소개한다.

14장에서 다루는 내용은 다음과 같다.

- 최적의 학습 조건을 체계적으로 탐색해 모델 성능 튜닝을 자동화하는 기술
- 힘든 학습 과제를 해결하고자 팀워크를 이용해 모델을 그룹화하는 방법
- 인상적인 성능으로 인해 인기를 얻은 유명한 의사결정 트리의 다양한 변형들을 사용하고 구별하는 방법

모든 문제에 대해 이러한 방법들이 항상 성공적이지는 않다. 그러나 머신러닝 대회의 우승 작품들을 살펴보면 적어도 그중 하나의 방법이 사용된 경우가 많을 것이다. 경쟁력을 갖추려면 여러분도 이러한 기술들을 자신의 레퍼토리에 추가해야 한다.

⫸ 더 나은 성능을 위해 기본 모델 조정

일부 머신러닝 작업은 이전 장들에서 제시된 기본 모델들로 해결하기에 적합하다. 이러한 작업들은 추가적인 노력 없이도 충분히 잘 수행될 수 있으므로 모델을 반복하고 개선하는 데 많은 시간을 할애할 필요가 없을 수도 있다. 그러나 다른 한편으로 많은 실세계 작업은 본질적으로 더 어렵다. 이러한 작업들은 학습해야 할 기본 개념이 매우 복잡하며 많은 미묘한 관계를 이해해야 할 수도 있다. 또는 문제가 상당한 양의 무작위 변동성에 영향을 받을 수 있어 노이즈 내에서 신호를 찾기 어렵게 만들 수 있다.

이러한 어려운 문제 유형에서 극도로 우수한 성능을 발휘하는 모델을 개발하는 것은 과학이자 예술이다. 때로는 성능을 향상시킬 수 있는 영역을 파악하는 데 직관적인 판단이 도움이 될 수 있다. 다른 경우에는 무차별 대입과 시행착오 접근법이 필요할 수도 있다. 물론 기계를 사용해 지치지 않고 지루하지 않는 검색을 수행하는 것이 이러한 문제를 해결하는 데에 강점 중 하나다. 자동화된

프로그램으로 다양한 잠재적 개선 사항을 탐색하는 것이 더 쉬워질 수 있다. 그러나 앞으로 볼 것처럼 인간의 노력과 컴퓨팅 시간은 항상 대체 가능하지 않으며 정교하게 조정된 학습 알고리듬을 만드는 데에는 별도의 비용이 발생할 수 있다.

5장에서 어려운 머신러닝 문제를 시도했다. 분류 문제에서는 채무 불이행에 진입할 가능성이 있는 은행 대출을 예측하려고 했다. 적절한 분류 정확도인 82%를 달성했지만 10장에서 자세히 살펴본 결과 정확도 통계량은 약간 오해의 소지가 있음을 깨달았다. 교차 검증^{CV}을 통해 불균형한 결과에 대한 더 나은 성과 측도인 카파로 측정한 통계량은 0.294에 불과해 모델이 상당히 성능이 나쁘게 동작하는 것으로 보였다. 이번 절에서는 신용 점수 모델을 다시 검토해 결과를 개선할 수 있는지 살펴보자.

TIP

> 예제를 따라 하려면 팩트출판사 웹 사이트에서 credit.csv 파일을 다운로드하고 R 작업 디렉터리에 저장한다. credit <- read.csv("credit.csv") 명령으로 R에 파일을 로드한다.

기억하겠지만 우리는 먼저 기본 C5.0 의사결정 트리를 사용해 신용 데이터의 분류기를 구축하고 나중에 성능을 개선하고자 trials 옵션을 조정해 부스팅 반복 횟수를 늘려봤다.

기본값인 1에서 시작해 10으로 반복 횟수를 변경함으로써 모델의 정확도를 높였다. 11장에서 정의한 것과 같이 이러한 모델 옵션을 하이퍼파라미터라고 하며, 이는 데이터에서 자동으로 학습되지 않고 학습 전에 설정되는 값이다. 따라서 더 나은 모델을 찾고자 여러 하이퍼파라미터 설정을 시험해보는 과정을 하이퍼파라미터 튜닝이라고 하며, 튜닝을 위한 전략은 간단한 적절한 시행착오부터 더 체계적이고 철저한 반복까지 다양하다.

하이퍼파라미터 튜닝은 의사결정 트리에만 국한되지 않는다. 예를 들어 k-NN 모델에서 최상의 k값을 검색할 때 튜닝했다.

또한 신경망과 서포트 벡터 머신을 조정하면서 노드의 수와 은닉 계층의 수를 조절하거나 다른 커널 함수를 선택했다. 대부분의 머신러닝 알고리듬은 적어도 하나의 하이퍼파라미터를 조정할 수 있으며, 가장 정교한 모델들은 모델 적합화를 다양한 방법으로 조정할 수 있다. 이는 모델을 학습 작업에 맞게 조정할 수 있게 해주지만, 많은 옵션의 복잡성은 압도적일 수 있다. 보다 체계적인 접근 방식이 필요하다.

하이퍼파라미터 튜닝의 범위 결정

하이퍼파라미터 튜닝을 수행할 때는 검색이 무한히 진행되는 것을 방지하고자 범위에 한계를 둘 필요가 있다. 컴퓨터는 능력을 제공하지만 어디를 얼마나 오랫동안 봐야 하는지를 결정하는 것은 사람의 몫이다. 컴퓨팅 성능이 향상되고 클라우드 컴퓨팅 비용이 감소함에도 거의 무한한 값의 조합을 살펴보다 보면 검색이 언제까지나 계속될 수 있다. 좁거나 얕은 튜닝 범위는 커피 한잔을 마시는 시간만큼 지속될 수 있으며, 넓거나 깊은 튜닝 범위는 좋은 밤잠을 자는 동안(또는 그 이상의 시간) 소요될 수 있다.

시간과 돈은 종종 상호 대체 가능한데, 추가적인 연산 자원을 구입하거나 추가 팀원을 모집해 모델을 빠르게 또는 병렬로 구축할 수 있기 때문이다. 그럼에도 이러한 사실을 당연시하는 것은 예산 초과나 기한 누락으로 인해 파산할 수 있다. 작업이 계획 없이 무수한 부분과 막다른 골목으로 진행될 때 범위가 빠르게 확대될 수 있기 때문이다. 이러한 함정을 피하고자 미리 튜닝 프로세스의 폭과 깊이에 대해 전략을 세우는 것이 현명하다.

튜닝을 고려할 때 고전적인 보드 게임인 <배틀쉽Battleship>과 유사한 과정으로 생각할 수 있다. 이 게임에서 상대방은 2차원 그리드에 함대를 배치하고, 이는 시야에서 감춰져 있다. 목표는 상대방이 당신보다 먼저 모든 전함의 좌표를 맞추기 전에 상대방의 함대를 모두 파괴하는 것이다. 전함의 크기와 형태가 알려져 있기 때문에 똑똑한 플레이어는 처음에는 체커보드 패턴으로 검색 그리드를 넓게 탐색한 후 한 번 공격에 성공하면 빠르게 특정 타깃에 집중할 것이다.

이는 무작위로 좌표를 추측하거나 체계적으로 각 좌표를 반복하는 것보다 더 나은 전략이다. 두 방법 모두 비효율적이다.

그림 14.1: 최적의 머신러닝 하이퍼파라미터를 찾는 작업은 전통적인 전함 보드 게임을 하는 것과 유사할 수 있다.

마찬가지로 끝없는 값과 값들의 조합을 체계적으로 반복하는 것보다 훨씬 효율적인 튜닝 방법들이 있다. 경험을 바탕으로 진행 방식에 대한 직관력을 키울 수 있겠지만 처음 몇 번의 시도에서는 과정에 대해 의도적으로 생각하는 것이 도움이 될 수 있다. 다음의 일반적인 전략은 단계별로 나열돼 있으며, 머신러닝 프로젝트, 연산 및 인력 자원 그리고 작업 스타일에 맞게 조정할 수 있다.

1. **실세계 평가 기준을 복제하기:** 모델 하이퍼파라미터의 최적 조합을 찾으려면 배포에서 사용될 기준과 동일한 기준으로 모델을 평가하는 것이 중요하다. 이는 최종적인 실세계 측도를 반영하는 평가 지표를 선택하거나 배포 환경을 시뮬레이션하는 함수를 작성하는 것을 의미할 수 있다.

2. **하나의 반복에 대한 자원 사용량 고려하기:** 튜닝은 동일한 알고리듬에 대해 많은 반복을 수행하므로 한 번의 반복에 필요한 시간과 컴퓨팅 자원의 예상치를 추정해야 한다. 한 모델을 훈련하는 데 한 시간이 걸린다면 100번의 반복에는 100시간 이상이 소요될 것이다. 컴퓨터 메모리가 이

미 한계에 도달했다면 튜닝 중에 한계를 초과할 가능성이 높다. 이것이 문제라면 추가적인 계산 성능 투자, 병렬로 실험 실행 또는 무작위 샘플링을 통한 데이터 세트 크기 감소가 필요할 수 있다.

3. **패턴을 탐색하고자 얕은 탐색으로 시작하기:** 초기 튜닝 과정은 상호작용적이고 얕은 것이어야 한다. 이 단계는 어떤 옵션과 값을 중요하게 생각하는지에 대한 자신만의 이해를 개발하는 데 목적이 있다. 단일 하이퍼파라미터를 조사할 때 해당 설정을 합리적인 증분으로 계속 증가 또는 감소시켜서 성능이 개선되지 않을 때(또는 감소하기 시작할 때)까지 진행한다. 옵션에 따라 이는 1, 5 또는 10의 배수 또는 0.1, 0.01, 0.001과 같이 점진적으로 작은 분수의 증분일 수 있다. 2개 이상의 하이퍼파라미터를 튜닝할 때, 한 번에 하나씩 집중하고 다른 값들은 고정시키는 것이 좋을 수 있다. 이는 가능한 모든 설정의 조합을 테스트하는 것보다 효율적인 방법이지만 결국 모든 조합이 테스트됐다면 발견될 수 있었던 중요한 조합을 놓칠 수 있다.

4. **최적의 하이퍼파라미터 값 집합을 좁히기:** 최적 설정을 포함할 것으로 의심되는 값의 범위에 대한 감각이 생겼다면 테스트하는 값들 사이의 증분을 줄이고 더 정밀하게 좁은 범위를 테스트하거나 더 많은 조합의 값들을 테스트할 수 있다. 이전 단계에서 이미 합리적인 하이퍼파라미터 집합을 얻었으므로 이 단계는 모델의 성능을 개선하는 데만 기여하며 결코 성능을 저하시키지 않아야 한다. 언제든지 중단할 수 있다.

5. **합리적인 중단점 결정하기:** 튜닝 프로세스를 멈출 때를 결정하는 것은 말로는 쉽지만 실제로는 어려울 수 있다. 더 나은 모델을 위한 가능성 때문에 고집의 욕구가 생길 수 있다. 때로는 프로젝트 기한이 다가오는 경우에 중단점이 될 수 있다. 다른 경우에는 원하는 성능 수준에 도달할 때까지 작업을 계속해야 할 수 있다. 어떤 경우에도 최적의 하이퍼파라미터 값을 찾으려면 무한한 가능성을 테스트해야 하는데, 목표에 다다르고자 자원을 소진하지 않고도 프로세스를 중단할 수 있는 '충분히 좋

은' 성능 지점을 정의해야 할 것이다.

그림 14.2는 단일 파라미터 튜닝을 위해 하이퍼파라미터 값을 좁히는 과정을 보여준다. 초기 단계에서는 실선 원으로 표시된 5가지 잠재적인 값(1, 2, 3, 4, 5)을 평가하고, 하이퍼파라미터가 3으로 설정됐을 때 정확도가 가장 높았다. 더 나은 하이퍼파라미터 설정이 존재할 수 있는지 확인하고자 2부터 4 사이의 범위에서 추가적인 8가지 값(0.2의 증분으로 2.2에서 3.8까지의 범위, 수직 눈금으로 표시)을 테스트했다. 이렇게 해서 하이퍼파라미터를 3.2로 설정할 때 더 높은 정확도를 발견할 수 있었다. 시간이 허락한다면 이 값을 중심으로 더 좁은 범위에서 더 많은 값을 테스트해 더 나은 설정을 찾을 수도 있다.

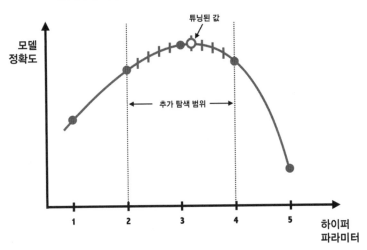

그림 14.2: 광범위하게 검색한 다음 좁게 검색해 최적의 값을 찾는 파라미터 튜닝 전략

2개 이상의 하이퍼파라미터를 튜닝하는 것은 더 복잡하다. 한 파라미터의 최적 값이 다른 파라미터의 값에 따라 달라질 수 있기 때문이다. 그림 14.3에서 보여 주는 것과 같은 시각화를 해보면 최적 파라미터 조합을 찾는 방법을 이해하는 데 도움이 될 수 있다. 모델 성능이 개선되는 특정 값들의 조합이 존재하는 핫 스팟 내에서는 더 많은 값을 좁은 범위에서 테스트할 수 있다.

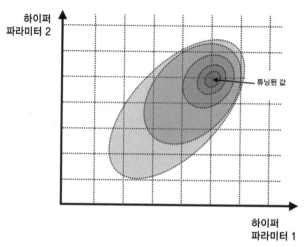

2개의 하이퍼파라미터 튜닝:

하이퍼
파라미터 2

튜닝된 값

하이퍼
파라미터 1

그림 14.3: 더 많은 하이퍼파라미터가 추가될수록 튜닝 전략은 더 어려워지며
모델의 최적 성능은 값들의 조합에 따라 달라진다.

하이퍼파라미터와 하이퍼파라미터 조합을 체계적으로 테스트하는 이러한 전함
게임 스타일의 그리드 탐색^{grid search}은 튜닝의 유일한 접근 방법은 아니지만 가장
널리 사용되는 방법이다. 베이지안 최적화^{Bayesian optimization}라는 좀 더 지능적인 접
근 방법은 모델링을 사용해 튜닝 프로세스를 해결 가능한 학습 문제로 취급한
다. 이 접근 방법은 일부 자동화 머신러닝 소프트웨어에 포함돼 있지만 이 책의
범위를 벗어난다. 대신 이번 절의 나머지 부분에서는 그리드 검색 아이디어를
실제 데이터 세트에 적용하는 데 중점을 둘 것이다.

예제: caret를 사용한 튜닝 자동화

다행히도 R을 사용해 가능한 하이퍼파라미터의 다양한 값과 값들의 조합에 대
한 반복적인 탐색을 수행해 최적의 설정을 찾을 수 있다. 이 접근 방법은 학습
알고리듬의 성능을 최적화하는 상대적으로 쉽지만 때로는 계산 비용이 많이
드는 무차별 대입 방식^{brute-force method}이다.

10장에서 사용된 caret 패키지는 이러한 자동 튜닝을 지원하는 도구를 제공한다. 핵심 튜닝 기능은 train() 함수를 통해 제공되며, 이 함수는 분류 및 수치 예측 작업 모두에 대해 200개 이상의 다른 머신러닝 모델에 대한 표준화된 인터페이스 역할을 한다. 이 함수를 사용해 평가 방법과 측도를 선택해 최적 모델의 자동 탐색이 가능하다.

caret를 사용한 자동 파라미터 튜닝은 다음 3가지 질문을 고려해야 한다.

- 데이터에 어떤 유형의 머신러닝 알고리듬(그리고 이 알고리듬의 특정 R 구현)을 훈련해야 할까?
- 이 알고리듬에 대해 어떤 하이퍼파라미터를 조정할 수 있으며 최적 설정을 찾고자 얼마나 철저히 튜닝해야 할까?
- 후보 모델을 평가하는 데 어떤 기준을 사용해 최적의 튜닝 값들을 식별해야 할까?

첫 번째 질문에 대한 답변은 머신러닝 작업과 caret 패키지에서 사용 가능한 여러 모델 중 하나와의 일치를 찾는 것을 의미한다. 이는 머신러닝 모델의 유형에 대한 일반적인 이해를 필요로 한다. 이 책을 순서대로 읽고 있다면 이미 알고 있을 수 있다. 또한 제거 과정도 도움이 될 수 있다. 분류인지 수치 예측 작업인지에 따라 모델의 절반 이상을 제거할 수 있으며, 훈련 데이터의 형식이나 블랙박스 모델을 피해야 하는 필요에 따라 다른 모델들도 제거할 수 있다. 어떤 경우에도 여러 개의 고도로 튜닝된 모델을 생성하고 그들을 모두 비교하는 것이 가능하다.

두 번째 질문에 대한 대답은 모델 선택에 크게 영향을 받는다. 각 알고리듬은 고유한 하이퍼파라미터 집합을 사용하기 때문이다. 이 책에서 다루는 예측 모델에 대해 사용 가능한 튜닝 옵션은 다음 표에 나열돼 있다. 표에 표시되지 않은 추가 옵션을 가진 모델도 있지만 caret가 자동 튜닝을 지원하는 옵션은 표에 나열된 것들뿐이다.

모델	학습과제	메서드 이름	하이퍼파라미터
k-최근접 이웃	분류	knn	k
나이브 베이즈	분류	nb	fL, usekernel
결정 트리	분류	C5.0	model, trials, winnow
OneR 규칙 학습자	분류	OneR	None
RIPPER 규칙 학습자	분류	JRip	NumOpt
선형 회귀	회귀	lm	None
회귀 트리	회귀	rpart	cp
모델 트리	회귀	M5	pruned, smoothed, rules
신경망	분류 및 회귀	nnet	size, decay
서포트 벡터 머신(선형 커널)	분류 및 회귀	svmLinear	C
서포트 벡터 머신(방사형 기저 커널)	분류 및 회귀	svmRadial	C, sigma
랜덤 포레스트	분류 및 회귀	rf	mtry
그래디언트 부스팅 머신(GBM)	분류 및 회귀	gbm	n.trees, interaction. depth, shrinkage, n.minobsinnode
XG부스트(XGB)	분류 및 회귀	xgboost	eta, max_depth, colsample_bytree, subsample, nrounds, gamma, min_child_weight

TIP

caret가 다루는 모든 모델과 해당 튜닝 옵션의 전체 목록은 패키지 작성자 맥스 쿤(Max Kuhn)이 제공한 표를 확인하면 된다. 해당 테이블은 http://topepo.github.io/caret/available-models.html 에서 확인할 수 있다.

특정 모델에 대한 튜닝 파라미터를 잊어버린 경우 modelLookup() 함수를 사용해 찾을 수 있다. C5.0 모델에 대해 설명된 대로 메서드 이름만 쓰면 된다.

```
> modelLookup("C5.0")

    model parameter                     label forReg  forClass  probModel
1   C5.0     trials  # Boosting Iterations  FALSE     TRUE       TRUE
2   C5.0      model            Model Type  FALSE     TRUE       TRUE
3   C5.0     winnow                Winnow  FALSE     TRUE       TRUE
```

자동 튜닝의 목표는 후보 모델 집합인 잠재적 파라미터 조합의 검색 그리드를 반복하는 것이다. 가능한 모든 조합을 검색하는 것은 현실적으로 불가능하므로 그리드를 구성하는 일부 가능성 있는 부분집합만을 사용한다. 기본적으로 caret은 각 모델의 p개 하이퍼파라미터에 대해 최대 3가지 값을 검색한다. 이는 최대 3^p개의 후보 모델이 테스트됨을 의미한다. 예를 들어 k-최근접 이웃의 자동 튜닝은 디폴트로 k=5, k=7, k=9인 $3^1 = 3$개의 후보 모델을 비교한다. 마찬가지로 의사결정 트리의 튜닝은 model, trials, winnow 설정의 $3^3 = 27$ 조합으로 구성된 최대 27개의 다른 후보 모델을 비교한다. 그러나 실제로는 12개의 모델만 테스트된다. 이는 model과 winnow가 각각 2가지 값만 가질 수 있기 때문에(각각 tree 대 rules 및 TRUE 대 FALSE) 그리드 크기가 3 × 2 × 2 = 12인 것이다.

TIP

> 기본 검색 그리드가 학습 문제에 적합하지 않을 수 있으므로 caret은 간단한 명령으로 정의된 사용자 정의 검색 그리드를 제공하도록 허용한다. 이에 대해서는 나중에 설명한다.

자동 모델 튜닝의 3번째이자 마지막 단계는 후보 모델들 중에서 최적의 모델을 식별하는 것이다. 이 단계에서는 10장에서 다룬 모델 성능 평가 방법을 사용한다. 이는 훈련 및 테스트 데이터 세트를 생성하기 위한 리샘플링 전략의 선택과 예측 정확도를 측정하기 위한 모델 성능 통계 지표 사용을 포함한다. caret은 학습한 리샘플링 전략과 성능 통계 지표로 평가되는 많은 측도를 지원한다.

이에는 분류기를 위한 정확도와 카파, 수치 모델을 위한 R-제곱이나 평균 제곱근 오차^{RMSE, Root-Mean-Square Error}와 같은 지표들이 포함된다. 원한다면 민감도, 특이도, AUC와 같은 비용 감각적인 지표들도 사용할 수 있다.

기본적으로 caret은 원하는 성능 측도의 최상의 값을 가진 후보 모델을 선택한다. 하지만 이러한 접근 방식은 때로는 모델 복잡성이 크게 증가함에도 성능이 약간만 향상된 모델들을 선택할 수 있다. 이런 경우 모델 선택을 위해 대체 함수들이 제공된다. 이러한 대체 함수들을 사용하면 최적 모델과 비슷하지만 더 간단한 모델을 선택할 수 있으며, 이는 계산 효율성 향상을 위해 약간의 예측 성능을 희생할 가치가 있는 경우에 바람직할 수 있다.

caret 튜닝 프로세스에는 다양한 옵션이 있기 때문에 많은 함수의 기본^{default} 설정이 합리적이라는 점이 도움이 된다. 예를 들어 수동으로 지정하지 않으면 caret은 각각 분류 및 수치 예측 모델에 대해 부트스트랩 샘플에서 예측 정확도 또는 RMSE를 사용해 최상의 성능을 가진 모델을 선택한다. 마찬가지로 자동으로 제한된 그리드를 정의해 검색을 수행한다. 이러한 기본 설정은 우리가 간단한 튜닝 프로세스로 시작하고 train() 함수를 조정해 선택한 다양한 실험을 디자인하는 방법을 배우는 데 도움이 된다.

간단히 튜닝된 모델 만들기

모델 튜닝 과정을 설명하고자 caret 패키지의 기본 설정을 사용해 신용 평가 모델을 튜닝하는 과정을 관찰해보자. 가장 간단한 학습 방법은 method 파라미터를 통해 모델 유형을 지정하기만 하면 된다. 앞서 신용 모델에서 C5.0 의사결정 트리를 사용했으므로 이번에도 이 학습자를 학습 모델로 최적화하는 작업을 진행하겠다. 기본 설정으로 C5.0 의사결정 트리를 튜닝하는 기본 train() 명령은 다음과 같다.

```
> library(caret)
> set.seed(300)
> m <- train(default ~ ., data = credit, method = "C5.0")
```

먼저 set.seed() 함수를 사용해 R의 난수 발생기를 미리 정해진 시작 위치로 초기화한다. 이 함수를 앞서 여러 장에서도 사용한 기억이 있을 것이다. seed 파라미터를 설정하면(이 경우에는 임의의 숫자 300으로 설정) 난수는 미리 정의된 순서대로 생성된다. 이는 무작위 샘플링을 사용하는 시뮬레이션을 동일한 결과로 반복할 수 있게 해주는 매우 유용한 기능이며, 코드를 공유하거나 이전 결과를 재현하는 데 도움이 된다.

다음으로 R의 포뮬라formula 인터페이스를 사용해 트리를 default ~ .으로 정의한다. 이는 신용 데이터 세트의 다른 모든 특성을 사용해 대출 기본 상태(yes 또는 no)를 모델링한다. 파라미터 method = "C5.0"은 함수가 C5.0 의사결정 트리 알고리듬을 사용하도록 지시한다.

앞의 명령을 입력한 후에는 컴퓨터의 성능에 따라 튜닝 프로세스가 진행되는 동안 상당한 지연이 발생할 수 있다. 이것이 작은 데이터 세트지만 많은 계산이 필요하다. R은 데이터의 무작위 부트스트랩 샘플을 반복적으로 생성하고, 의사결정 트리를 구축하고, 성능 측도를 계산하며 결과를 평가해야 한다. 평가해야 할 가변 파라미터 값을 가진 12개의 후보 모델이 있으며 평균 성능 측도를 계산하고자 후보 모델당 25개의 부트스트랩 샘플이 있으므로 C5.0을 사용해 25 × 12 = 300개의 의사결정 트리 모델이 구축된다. 게다가 부스팅 시도가 설정된 경우 더 많은 의사결정 트리가 구축되는데, 이는 더 많은 계산량을 의미한다.

train() 실험 결과를 저장하고자 m이라는 이름의 리스트를 사용하며 명령 str(m)은 관련 결과를 표시하지만 내용이 상당할 수 있다. 대신 결과의 간략한 요약을 보려면 객체의 이름만 입력하면 된다. 예를 들어 m을 입력하면 다음과 같은 출력이 나온다(번호 레이블은 명확성을 위해 추가됐다).

```
1000 samples
  16 predictor
   2 classes: 'no', 'yes'
```

```
No pre-processing
Resampling: Bootstrapped (25 reps)
Summary of sample sizes: 1000, 1000, 1000, 1000, 1000, 1000, ...
Resampling results across tuning parameters:
```
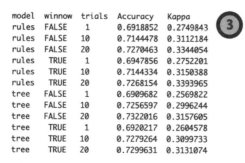

```
model  winnow  trials  Accuracy   Kappa
rules  FALSE     1     0.6918852  0.2749843
rules  FALSE    10     0.7144478  0.3112184
rules  FALSE    20     0.7270463  0.3344054
rules   TRUE     1     0.6947856  0.2752201
rules   TRUE    10     0.7144334  0.3150388
rules   TRUE    20     0.7268154  0.3393965
tree   FALSE     1     0.6909682  0.2569822
tree   FALSE    10     0.7256597  0.2996244
tree   FALSE    20     0.7322016  0.3157605
tree    TRUE     1     0.6920217  0.2604578
tree    TRUE    10     0.7279264  0.3099733
tree    TRUE    20     0.7299631  0.3131074
```

```
Accuracy was used to select the optimal model using the largest value.
The final values used for the model were trials = 20, model = tree and winnow = FALSE.
```

그림 14.4: 이 그림의 주석에 표시된 것처럼 caret 실험의 결과는 4가지 구성 요소로 구분된다.

출력에서 레이블은 다음 4가지 주요 구성 요소를 강조한다.

1. **입력 데이터 세트에 대한 간단한 설명:** 데이터에 익숙하고 train() 함수를 올바르게 적용한 경우 이 정보는 그리 놀라운 것이 없다.

2. **전처리 및 리샘플링 방법에 대한 보고:** 여기에서는 25개의 부트스트랩 샘플이 사용됐으며 각 샘플은 1,000개의 예제를 포함해 모델을 학습하는 데 사용됐다.

3. **평가된 후보 모델의 목록:** 이 절에서는 model, trials, winnow라는 3가지 C5.0 하이퍼파라미터의 조합을 기반으로 12개의 다른 모델이 테스트됐음을 확인할 수 있다. 각 후보 모델의 평균 정확도와 카파 통계치도 표시된다.

4. **최적 모델 선택:** 각 모델의 정확도에 따라(다시 말해 '가장 큰' 정확도를 기준으로) 최적 모델이 선택됐다. 이 경우 winnow = FALSE, trials = 20 설정을 사용하는 C5.0 모델이 선택됐다.

최적 모델을 식별한 후 train() 함수는 조정된 하이퍼파라미터를 사용해 전체 입력 데이터 세트에서 모델을 구축하고, 이를 $finalModel로 m에 저장한다. 대부분의 경우 finalModel 하위 객체와 직접 작업할 필요는 없다. 대신 다음과 같이 m 객체를 사용해 predict() 함수를 사용하면 된다.

```
> p <- predict(m, credit)
```

결과로 얻은 예측 벡터는 예상대로 작동해 예측값과 실제 값을 비교하는 혼동 행렬confusion matrix을 생성할 수 있다.

```
> table(p, credit$default)

p      no  yes
   no 700    2
  yes   0  298
```

최종 모델 훈련에 사용된 1,000개의 예제 중 99.8%의 정확도로, 잘못 분류된 것은 2개뿐이다. 그러나 모델이 훈련 데이터와 테스트 데이터 모두를 기반으로 구축됐기 때문에 이 정확도는 낙관적이며, 따라서 낯선 데이터에 대한 성능을 나타내는 것으로 간주돼서는 안 된다는 점을 유의하는 것이 매우 중요하다. 그림 14.4의 train() 출력에서 3번째 부분 마지막 행에 있는 부트스트랩 정확도 추정치인 72.996%가 훨씬 현실적인 미래 정확도의 추정치다.

caret 패키지의 train() 및 predict() 함수를 사용하면 자동 하이퍼파라미터 튜닝을 수행하는 것 외에도 기본 패키지에 있는 함수에 비해 다른 2가지 이점도 제공된다. 첫째, train() 함수에 의해 적용된 모든 데이터 준비 단계는 예측 생성에 사용되는 데이터에도 유사하게 적용된다. 이는 중심화 및 스케일링과 같은 변환뿐만 아니라 결측값의 보정도 포함한다. caret으로 데이터 준비를 처리하는 것은 최적 모델의 성능에 기여한 단계들이 모델이 배포될 때 그대로 유지될 수 있도록 보장해준다.

둘째, predict() 함수는 예측된 클래스 값과 예측된 클래스 확률을 얻기 위한 표준화된 인터페이스를 제공한다. 이는 일반적으로 이러한 정보를 얻고자 추가적인 단계가 필요한 모델 유형에도 적용된다. 분류 모델의 경우 기본적으로 예측된 클래스가 제공된다.

```
> head(predict(m, credit))
```
```
[1] no yes no no yes no
Levels: no yes
```

각 클래스에 대한 예상 확률을 얻으려면 type = "prob" 파라미터를 사용한다.

```
> head(predict(m, credit, type = "prob"))
```
```
          no         yes
1  0.9606970  0.03930299
2  0.1388444  0.86115560
3  1.0000000  0.00000000
4  0.7720279  0.22797207
5  0.2948061  0.70519387
6  0.8583715  0.14162853
```

심지어 기존 모델이 예측 확률을 다른 문자열로 참조하는 경우에도(예를 들어 naiveBayes 모델의 경우 "raw"와 같이) predict() 함수는 type = "prob"를 적절한 파라미터 설정으로 자동 변환해준다.

맞춤형 튜닝 프로세스

앞서 생성한 의사결정 트리는 caret 패키지의 능력을 보여주며 최소한의 개입으로 최적화된 모델을 생성할 수 있었다. 기본 설정은 최적화된 모델을 쉽게 만들 수 있게 해준다. 그러나 원하는 대로 기본 설정을 변경할 수도 있으며, 이는 성능의 최상위 수준을 발휘하는 데 도움이 될 수 있다. 튜닝 프로세스를 시작하기 전에 **caret** 실험을 설정하는 데 도움이 되는 일련의 질문에 대답하면 좋다.

- 한 번의 반복에 걸리는 시간은 얼마나 되는가? 즉, 튜닝 중인 모델의 단일 인스턴스를 학습하는 데 얼마나 걸리는가?
- 단일 인스턴스를 학습하는 데 걸리는 시간을 고려해 선택한 리샘플링 방법을 사용해 모델 평가를 수행하는 데 얼마나 걸리는가? 예를 들어 10-폴드 CV는 단일 모델 학습 시간의 10배의 시간이 소요된다.
- 하이퍼파라미터 튜닝에 얼마나 많은 시간을 투자할 의향이 있는가? 이 숫자를 기준으로 테스트할 수 있는 총 하이퍼파라미터 값의 개수를 결정할 수 있다. 예를 들어 10-폴드 CV를 사용해 모델을 평가하는 데 1분이 걸린다면 1시간에 60개의 하이퍼파라미터 설정을 테스트할 수 있다.

시간을 핵심 제한 요소로 사용하면 튜닝 프로세스에 한계를 설정하는 데 도움이 되고 더 나은 성능을 끝없이 추구하지 않게 방지할 수 있다.

한 번 시행에 얼마나 많은 시간을 투자할지 결정한 후 이를 자신의 취향에 맞도록 쉽게 사용자 정의할 수 있다. 이 유연성을 보여주고자 우리는 신용 의사결정 트리에 대한 작업을 수정해 10장에서 수행한 모델 성능 평가 방법과 동일하게 만들어보자. 10장에서는 10-폴드 CV를 사용해 카파 통계치를 추정했다. 마찬가지로 여기서도 카파 통계치를 사용해 C5.0 의사결정 트리 알고리듬의 부스팅 **trials**를 튜닝하고 데이터에 최적의 설정을 찾아보자. 참고로 의사결정 트리 부스팅은 처음에 5장에서 다뤘으며 이 장의 후반에도 좀 더 자세히 다룬다.

trainControl() 함수는 제어 객체^{control object}라고 불리는 구성 옵션 집합을 생성하는 데 사용된다. 이 객체는 **train()** 함수를 안내하고 모델 평가 기준을 선택하는 데 사용되는 리샘플링 전략과 최적의 모델을 선택하는 데 사용되는 측정 항목을 지정할 수 있게 해준다. 이 함수는 caret 튜닝 실험의 거의 모든 측면을 수정하는 데 사용할 수 있지만 여기서는 method와 selectionFunction이라는 2가지 중요한 파라미터에 초점을 맞출 것이다.

trainControl() 함수를 사용할 때 method 파라미터는 홀드아웃^{holdout} 샘플링이나 k-폴드 교차 검증과 같은 리샘플링 방법을 설정한다. 다음 표에는 가능한 method 값과 샘플 크기 및 반복 횟수를 조정하는 데 사용되는 추가 파라미터가 나열돼 있다. 이러한 리샘플링 방법의 기본 옵션은 널리 사용되는 규칙을 따르지만 데이터 세트의 크기와 모델의 복잡성에 따라 이를 조정할 수도 있다.

리샘플링 메서드	메서드 이름	추가 옵션과 기본 값
홀드아웃 샘플링	LGOCV	p = 0.75(훈련 데이터 비율)
k-폴드 CV	cv	number = 10(폴드 수)
반복 k-폴드 CV	repeatedcv	number = 10(폴드 수) repeats = 10(반복 횟수)
부트스트랩 샘플링	boot	number = 25(리샘플링 횟수)
0.632 부트스트랩	boot632	number = 25(리샘플링 횟수)
리브-원-아웃 CV	LOOCV	없음

selectionFunction 파라미터는 후보 중에서 최적의 모델을 선택할 함수를 지정하는 데 사용된다. 그러한 함수 3지가 포함돼 있다. best 함수는 지정된 성능 측정 항목에서 최상의 값을 가진 후보를 선택한다. best가 기본 설정 값이다. 다른 두 함수는 최상의 모델 성능의 특정 임곗값 내에 있는 가장 간결하거나

774

가장 단순한 모델을 선택하는 데 사용된다. oneSE 함수는 최상의 성능과 표준 오차 범위 안에 있는 가장 간단한 후보를 선택하고, tolerance 함수는 사용자가 지정한 백분율 내에 있는 가장 간단한 후보를 선택한다.

10-폴드 CV와 oneSE 선택 함수를 사용하는 control 객체인 ctrl을 생성하려면 다음 명령을 사용한다. method = "cv"일 때의 기본값이 원래 10이므로 number = 10은 생략해도 되지만 명확성을 위해 포함했다.

```
> ctrl <- trainControl(method = "cv", number = 10,
                       selectionFunction = "oneSE")
```

이 함수의 결과는 곧 사용하게 될 것이다.

한편 다음 단계는 하이퍼파라미터 튜닝을 위한 검색 그리드를 만드는 것이다. 그리드는 원하는 모델의 각 하이퍼파라미터에 대해 이름이 지정된 열을 포함해야 하며, 이들 하이퍼파라미터의 튜닝과 상관없이 테스트할 값들에 대한 각 행을 포함해야 한다. C5.0 의사결정 트리를 사용하므로 model, trials, winnow라는 3개의 옵션을 튜닝할 열이 필요하다. 다른 머신러닝 모델의 경우에는 이 장의 앞에서 제시된 표를 참조하거나 modelLookup() 함수를 사용해 설명한 대로 하이퍼파라미터를 찾을 수 있다.

가능한 값들의 조합이 많이 있어 셀별로 그리드 데이터 프레임을 채우는 것이 귀찮다면 expand.grid() 함수를 사용해 가능한 모든 값의 조합으로 데이터 프레임을 생성할 수 있다. 예를 들어 model = "tree"와 winnow = FALSE로 고정하고 trials의 8가지 다른 값을 탐색하고 싶다면 다음과 같이 할 수 있다.

```
> grid <- expand.grid(model = "tree",
                      trials = c(1, 5, 10, 15, 20, 25, 30, 35),
                      winnow = FALSE)
```

결과 그리드 데이터 프레임에는 $1 \times 8 \times 1 = 8$개의 행이 포함된다.

```
> grid

  model  trials  winnow
1  tree      1   FALSE
2  tree      5   FALSE
3  tree     10   FALSE
4  tree     15   FALSE
5  tree     20   FALSE
6  tree     25   FALSE
7  tree     30   FALSE
8  tree     35   FALSE
```

train() 함수는 그리드에서 각 행의 모델 파라미터 조합을 사용해 평가할 후보 모델을 구축한다.

이전에 생성한 검색 그리드와 제어 객체를 사용해 완전히 사용자 정의된 train() 실험을 실행할 준비가 됐다. 이전과 마찬가지로 재현 가능한 결과를 보장하고자 임의의 숫자인 300을 랜덤 시드로 설정한다. 하지만 이번에는 제어 객체와 튜닝 그리드를 전달하면서 metric = "Kappa"라는 파라미터를 추가하고 모델 평가 함수에서 사용할 통계량을 지정한다. 이 경우에는 "oneSE"다. 전체 명령은 다음과 같다.

```
> set.seed(300)
> m <- train(default ~ ., data = credit, method = "C5.0",
```

```
            metric = "Kappa",
            trControl = ctrl,
            tuneGrid = grid)
```

그러면 이름을 사용해서 볼 수 있는 객체가 생성된다.

```
> m

C5.0

1000 samples
  16 predictor
   2 classes: 'no', 'yes'

No pre-processing
Resampling: Cross-Validated (10 fold)
Summary of sample sizes: 900, 900, 900, 900, 900, 900, ...
Resampling results across tuning parameters:

  trials   Accuracy    Kappa
    1       0.710       0.2859380
    5       0.726       0.3256082
   10       0.725       0.3054657
   15       0.726       0.3204938
   20       0.733       0.3292403
   25       0.732       0.3308708
   30       0.733       0.3298968
   35       0.738       0.3449912

Tuning parameter 'model' was held constant at a value of tree

Tuning parameter 'winnow' was held constant at a value of FALSE
Kappa was used to select the optimal model using the one SE rule.
The final values used for the model were trials = 5, model = tree
 and winnow = FALSE.
```

출력은 자동 튜닝 모델과 유사하지만 몇 가지 눈에 띄는 차이점이 있다. 10-폴드 CV를 사용했기 때문에 각 후보 모델을 구축하기 위한 샘플 크기가 부트스트랩에서 사용된 1,000개가 아닌 900개로 줄었다. 또한 이전 실험에서 12개 후보 모델이 아닌 8개 후보 모델을 테스트했다. 마지막으로 model과 winnow를 상수로 유지했기 때문에 해당 값이 더 이상 결과에 표시되지 않는다. 대신 각주로 나열된다.

여기에서 가장 좋은 모델은 이전 실험과 상당히 다르다. 이전에는 최고의 모델이 trials = 20을 사용했지만 여기서는 trials = 1을 사용했다. 이러한 변화는 최적의 모델을 선택하고자 best 함수가 아닌 oneSE 함수를 사용했기 때문이다. trials = 35인 모델이 최고의 카파를 얻었지만 단일 시행 모델은 훨씬 간단한 알고리듬으로, 합리적으로 근접한 성능을 제공한다.

TIP

> 많은 수의 구성 파라미터로 인해 처음에는 caret에 다소 압도 당할 수 있다. 그러나 주춤할 필요는 없다. 10-폴드 CV를 사용해 모델의 성능을 테스트하는 더 쉬운 방법은 없다. 대신 이 실험을 두 부분으로 정의한 것으로 생각하라. 첫 번째는 테스트 기준을 결정하는 trainControl() 객체이고, 두 번째는 어떤 모델 파라미터를 평가할지 결정하는 튜닝 그리드다. 이들을 train() 함수에 제공하고 약간의 계산 시간을 가지면 실험은 완료된다.

물론 튜닝은 더 좋은 학습자를 구축하는 데에 가능성 중 하나일 뿐이다. 다음 절에서는 단일 학습자를 강화해 더 강력한 팀을 구성하는 것 외에도 여러 약한 모델을 결합해 더 강력한 모델을 형성할 수 있다는 사실을 발견하게 될 것이다.

⠿ 앙상블을 통한 모델 성능 개선

최고의 스포츠 팀은 겹치지 않고 보완적인 기술을 가진 선수들을 갖추고 있듯이 최고의 머신러닝 알고리듬 중 일부는 상호 보완적인 모델로 구성된 팀을 활용한다. 각각의 모델은 학습 과제에 고유한 편향을 가져오기 때문에 한 부분의 예제를 쉽게 학습할 수 있지만 다른 부분에는 어려움을 겪을 수 있다. 따라서 여러 다양한 팀원의 재능을 지능적으로 사용하면 약한 여러 학습자로 구성된 강력한 팀을 만들 수 있다.

여러 모델의 예측을 결합하고 관리하는 이 기술은 '학습 방법을 학습'하는 기술인 좀 더 광범위한 **메타학습 방법**^{meta-learning methods}에 속한다. 여기에는 디자인 결정을 반복함으로써 점진적으로 성능을 향상시키는 간단한 알고리듬(예를 들어 이 장의 앞부분에서 사용된 자동화된 파라미터 조정)부터 자가 수정이나 학습 과제에 적응하고자 진화 생물학 및 유전학에서 차용한 개념을 사용하는 매우 복잡한 알고리듬에 이르기까지 모든 것이 포함된다.

백만 달러 상금을 얻기 위한 최종 질문에 대답하는 데 도움을 줄 5명의 친구를 선택할 수 있는 텔레비전 퀴즈 쇼 참가자라면 어떤 친구들을 선택할지 생각해 보자. 대부분의 사람은 다양한 분야의 전문가들과 함께 패널을 구성하려고 할 것이다. 최신 대중문화 전문가와 함께 문학, 과학, 역사 및 예술 교수를 포함하는 패널은 든든하고 다재다능할 것이다. 지식의 폭을 감안할 때 질문이 이 그룹을 당황하게 할 것 같지는 않다.

다양한 전문가 팀을 만드는 유사한 원리를 활용하는 메타학습 접근 방식을 **앙상블**^{ensemble}이라 한다. 이 장의 나머지 부분에서는 앙상블에 관련된 메타학습에만 초점을 맞출 것이다. 앙상블은 여러 모델의 예측과 원하는 결과 간의 관계를 모델링하는 작업을 의미한다. 여기서 다루는 팀워크 기반의 방법들은 매우 강력하며 더 효과적인 분류기를 구축하는 데 자주 사용된다.

앙상블 학습의 이해

모든 앙상블 방법은 여러 약한 학습자를 결합해 더 강한 학습자를 만든다는 생각에 기반을 둔다. 앙상블에는 2개 이상의 머신러닝 모델이 포함되며, 이는 여러 개의 의사결정 트리처럼 동일한 유형이거나 의사결정 트리 및 신경망과 같은 다른 유형일 수 있다. 앙상블을 구성하는 방법은 무수히 많지만 일반적으로 몇 가지 일반적인 범주로 분류되는 경향이 있으며, 크게 2가지 질문에 대한 답변으로 구분할 수 있다.

- 앙상블의 모델은 어떻게 선택되고 훈련되는가?
- 단일 최종 예측을 만들고자 모델의 예측을 결합하는 방법은 무엇인가?

이러한 질문에 답할 때 거의 모든 앙상블 접근 방식을 포함하는 다음 프로세스 다이어그램의 관점에서 앙상블을 상상하면 도움이 될 수 있다.

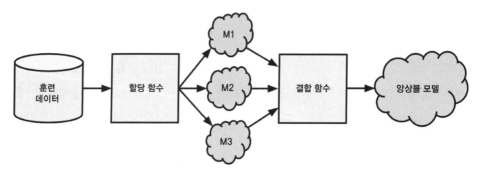

그림 14.5: 앙상블은 여러 약한 모델을 하나의 강력한 모델로 결합한다.

이 디자인 패턴에서는 입력 학습 데이터를 사용해 여러 모델을 구축한다. 할당 함수는 각 모델이 수신하는 교육 데이터의 부분집합과 양을 나타낸다. 각 모델은 전체 훈련 데이터 세트를 받는가? 한 샘플만을 받는가? 각 모델은 모든 특징을 받는가? 부분집합을 받는가? 여기에서 내린 결정은 더 강한 앙상블을 구성하는 약한 학습자의 훈련을 형성할 것이다.

다양한 전문가가 텔레비전 퀴즈 게임 쇼에서 자신의 모습을 조언해주기를 원하는 것처럼 앙상블은 다양한 분류자 집합에 따라 달라진다. 즉, 각 분류기는 독립적인 예측을 해야 하지만 단순히 추측하는 것 이상을 수행해야 한다.

다양성은 앙상블에 다양한 머신러닝 기법을 포함시킴으로써 추가될 수 있다.

예를 들어 의사결정 트리, 신경망, 로지스틱 회귀 모델을 그룹화하는 앙상블을 만들 수 있다.

반면에 할당 함수 자체도 다양성의 원천이 될 수 있다. 할당 함수는 데이터 조작자data manipulator 역할을 하며 결과적으로 학습 알고리듬은 동일하지만 다양한 입력 데이터로 인해 편향되게 함으로써 다양성의 원천이 될 수도 있다. 이후 실습에서 볼 것처럼 할당 및 데이터 조작 프로세스는 앙상블 알고리듬 자체의 일부로 자동화되거나 포함되거나, 데이터 엔지니어링 및 모델 구축 프로세스의 일부로 수동 수행될 수 있다. 전반적으로 앙상블의 다양성을 증가시키는 방법은 다음과 같이 5가지 범주로 나뉜다.

- 다양한 기본 학습 알고리듬을 사용한다.
- 무작위로 다른 샘플을 추출해 훈련 샘플 조작, 종종 부트스트래핑을 사용한다.
- 다양한 하이퍼파라미터 설정을 사용해 단일 학습 알고리듬을 조작한다.
- 결과를 이진, 범주 또는 숫자로 표시하는 것과 같이 타깃 특징이 표시되는 방식을 변경한다.
- 훈련 데이터를 서로 다른 패턴을 나타내는 하위 그룹으로 분할한다. 예를 들어 학습 데이터를 주요 특징별로 계층화하고 앙상블 모델을 학습 데이터의 서로 다른 부분집합에 전문화시킨다.

예를 들어 의사결정 트리의 앙상블에서 할당 함수는 부트스트랩 샘플링을 사용해 각 트리에 대한 고유한 훈련 데이터 세트를 구성하거나 각각 다른 특징 부분집합을 전달할 수 있다. 반면에 앙상블이 이미 다양한 알고리듬(예를 들어 신경망, 의사결정 트리, k-NN 분류기 등)을 포함하고 있다면 할당 함수는 훈련 데이터를 각 알고리듬에 상대적으로 변경 없이 전달할 수도 있다.

앙상블 모델이 훈련된 후 미래 데이터에 대한 예측을 생성하는 데 사용될 수 있지만 이 여러 예측 집합은 단일 최종 예측을 생성하고자 어떻게든 조정돼야 한다. 결합 함수$^{combination\ function}$는 앙상블 프로세스에서 이러한 각 예측을 가져와 집합에 대한 신뢰할 수 있는 예측으로 결합하는 단계다. 물론 일부 모델은 예측값에 대해 동의하지 않을 수 있으므로 함수는 어떻게든 학습자의 정보를 혼합하거나 통합해야 한다. 결합 함수는 최종 예측을 구성하는 작업을 하므로 컴포저^{composer}라고도 한다.

최종 예측을 병합하거나 구성하기 위한 2가지 주요 전략이 있다. 2가지 접근 방식 중 더 간단한 방법은 각 예측에 점수를 할당해 최종 예측에 영향을 미치는 정도를 나타내는 가중 방법을 사용하는 것이다. 여기에는 각 분류기에 균등하게 가중치를 부여하는 단순한 다수결부터 과거 데이터에서 더 신뢰할 수 있는 것으로 입증된 경우 다른 모델보다 일부 모델에 더 많은 권한을 부여하는 더 복잡한 성능 기반 방법에 이르기까지 다양하다.

두 번째 접근 방식은 이 장의 뒷부분에서 자세히 다룰 스태킹^{stacking} 기술과 같은 좀 더 복잡한 메타학습 방법을 사용한다. 이들은 약한 학습자의 초기 예측 집합을 사용해 보조 머신러닝 알고리듬을 훈련해 최종 예측을 수행한다. 이 프로세스는 위원회가 최종 결정을 내리는 리더에게 추천하는 것과 유사한 프로세스다.

앙상블 방법은 하나의 단일 학습 알고리듬만 사용하는 것보다 더 나은 성능을 얻고자 사용된다. 앙상블의 주요 목표는 여러 약한 학습자를 강력하고 통합된 팀으로 만드는 것이다. 여전히 많은 추가 이점이 있으며 그중 일부는 놀라울 수 있다. 이러한 이유들로 인해 비단 머신러닝 경진 대회가 아니더라도 앙상블을 사용하는 추가적인 동기가 된다.

- **독립적인 앙상블은 병렬 작업을 가능하게 한다**: 독립적인 분류기를 따로 훈련시키면 작업을 여러 사람에게 분담할 수 있다. 이는 더 빠른 반복과 창의성을 높일 수 있다. 각 팀원은 최선의 모델을 만들고 결과는 마지막에 쉽게 앙상블로 결합될 수 있다.
- **거대한 또는 아주 작은 데이터 세트에서 향상된 성능**: 많은 알고리듬은 매우 큰 특징 또는 예제 집합을 사용할 때 메모리 또는 복잡성 제한에 부딪힌

다. 독립적인 모델의 앙상블은 특징 또는 예제의 부분집합을 사용해 훈련하는 것이 하나의 완전한 모델보다 계산적으로 효율적이며, 더 중요한 것은 분산 컴퓨팅 방법을 사용해 병렬로 실행할 수 있다. 반대로 앙상블은 보통 다양한 앙상블 디자인의 할당 기능 중 일부로 부트스트래핑과 같은 리샘플링 방법으로 인해 가장 작은 데이터 세트에서도 잘 동작한다.

- **다양한 도메인에서 데이터 합성 능력:** 한 가지로 모든 걸 처리할 수 있는 그런 학습 알고리듬은 없으며, 각 학습 알고리듬은 고유한 편향과 휴리스틱을 갖고 있다. 앙상블이 여러 유형의 학습자들로부터의 증거를 포함할 수 있는 능력은 다양한 도메인에서 추출된 데이터를 기반으로 하는 가장 도전적인 학습 과제를 모델링하는 데 점점 더 중요해지고 있다.

- **어려운 학습 과제에 대한 더 세분화된 이해:** 실세계 현상은 종종 매우 복잡하며 상호작용하는 많은 미묘한 점이 있다. 앙상블과 같은 방법은 작업을 더 작은 모델화된 부분으로 분할하므로 하나의 모델이 놓칠 수 있는 미묘한 패턴을 더 잘 포착할 수 있다. 집합의 일부 학습자는 가장 도전적인 경우의 특정 부분집합을 학습하는 데 더욱 깊고 깊게 진행할 수 있다.

이러한 장점들은 R에서 앙상블 방법을 쉽게 적용할 수 없다면 그다지 유용하지 않을 것이다. 다행히도 앙상블 방법을 적용하는 데 사용할 수 있는 많은 패키지가 있다. 이제 우리가 작업하던 신용 모델의 성능을 향상시키고자 가장 인기 있는 앙상블 방법 중 몇 가지를 살펴보자.

인기 있는 앙상블 기반 알고리듬

다행히도 예측 성능을 향상시키고자 머신러닝 팀을 사용한다고 해서 각 앙상블 구성원을 따로 수동으로 훈련해야 한다는 의미는 아니다. 물론 이번 장에서 다루겠지만 그런 옵션도 존재한다. 대신 앙상블 기반 알고리듬은 할당 함수를 조작해 한 번에 매우 많은 수의 단순 모델을 자동으로 훈련시킨다. 이렇게 하면

100개 이상의 학습자를 포함하는 앙상블을 훈련하는 데 1개의 학습자를 훈련하는 데 드는 인적 자원과 시간 이상의 비용이 들지 않는다. 단일 의사결정 트리 모델을 구축하는 것만큼 쉽게 수백 개의 트리로 구성된 앙상블을 구축하고 팀 워크의 힘을 활용할 수 있다. 이러한 힘은 마법 같을 수 있지만 해석 가능성이 손실되고 선택 가능한 다양한 기본 알고리듬의 집합이 덜 다양하다는 단점이 있다. 이는 20년 동안 인기 있는 앙상블 알고리듬의 진화를 다루는 다음 절에서 분명해질 것이다. 모두 의사결정 트리를 기반으로 한다.

배깅

처음으로 광범위하게 수용된 앙상블 방법 중 하나는 **부트스트랩 집계**^{bootstrap} aggregating 또는 짧게 **배깅**^{bagging}으로 불리는 기법을 사용했다. 1994년에 레오 브레이만^{Leo Breiman}이 설명한 것처럼 배깅은 원래 훈련 데이터를 부트스트랩 샘플링해 여러 훈련 데이터 세트를 생성한다. 그런 다음 이 데이터 세트는 단일 학습 알고리듬을 사용하는 여러 모델을 생성하는 데 사용된다. 모델의 예측은 (분류를 위한) 투표와 또는 (수치 예측을 위한) 평균화를 이용해서 결합된다.

NOTE

> 배깅에 대한 추가 정보는 "Bagging predictors, Breiman, L, Machine Learning", 1996, Vol. 24, pp. 123-140를 참고한다.

배깅은 비교적 간단한 앙상블이지만 상대적으로 불안정한^{unstable} 학습자, 즉 입력 데이터가 아주 조금 변경될 때 많이 변화하는 경향을 가진 모델을 생성하는 학습자와 같이 사용되는 동안은 매우 잘 수행된다. 부트스트랩 훈련 데이터 세트 간에 작은 변화에도 앙상블의 다양성을 보장하려면 불안정한 모델은 필수적이다.

이런 이유로 배깅은 입력 데이터에 사소한 변화가 있을 때 매우 극적으로 변화하는 경향을 가진 의사결정 트리와 자주 같이 사용된다.

ipred 패키지는 배깅 의사결정 트리의 전형적인 구현을 제공한다. 모델을 훈련하고자 bagging() 함수는 이전에 사용된 많은 모델과 비슷하게 작동한다. nbagg 파라미터는 앙상블에서 투표할 수 있는 의사결정 트리 수를 제어하는 데 사용한다(디폴트 값은 25). 학습 작업의 난이도와 훈련 데이터의 양에 따라 이 숫자를 증가시키면 모델의 성능을 한계점까지 향상시킬 수 있다. 단점은 트리가 많은 경우 훈련에 어느 정도 시간이 소요되기 때문에 추가적인 계산 비용을 감수해야 한다는 점이다.

ipred 패키지를 설치한 후에 다음과 같이 앙상블을 생성할 수 있다. 디폴트 값인 25개 의사결정 트리를 그대로 사용할 것이다.

```
> library(ipred)
> credit <- read.csv("credit.csv", stringsAsFactors = TRUE)
> set.seed(123)
> mybag <- bagging(default ~ ., data = credit, nbagg = 25)
```

만들어진 모델은 predict() 함수와 함께 예상대로 작동한다.

```
> credit_pred <- predict(mybag, credit)
> table(credit_pred, credit$default)

credit_pred   no   yes
        no   699     4
        yes    1   296
```

이전 결과를 감안하면 모델은 훈련 데이터에 매우 잘 맞는 것처럼 보인다. 이것이 미래 성능으로 어떻게 변환되는지 보려면 caret 패키지의 train() 함수를 이용해서 10-폴드 교차 검증과 같이 배깅 트리를 사용할 수 있다. ipred 배깅 트리 함수의 메서드 이름이 treebag이라는 것을 주목하라.

```
> library(caret)
> credit <- read.csv("credit.csv")
> set.seed(300)
> ctrl <- trainControl(method = "cv", number = 10)
> train(default ~ ., data = credit, method = "treebag",
        trControl = ctrl)
```

```
Bagged CART

 1000  samples
   16  predictor
    2  classes: 'no', 'yes'

No pre-processing
Resampling: Cross-Validated (10 fold)
Summary of sample sizes: 900, 900, 900, 900, 900, 900, ...
Resampling results:

  Accuracy  Kappa
  0.732     0.3319334
```

이 모델의 카파 통계량이 0.33인 것으로 봐서 이 배깅 의사결정 트리 모델은 13장에서 조정한 C5.0 의사결정 트리와 거의 동일한 성능을 보인다. 이 C5.0 의사결정 트리는 튜닝 파라미터에 따라 0.32에서 0.34 사이의 카파 통계량을 갖고 있었다. 이 성능을 기억하며 다음 절을 읽을 때 단순한 배깅 기법과 이를 기반으로 한 더 복잡한 방법 사이의 차이를 고려해보기 바란다.

부스팅

또 다른 일반적인 앙상블 기반의 방법은 부스팅boosting이라 하는데, 약한 학습자의 성능을 올려서boost 강한 학습자의 성능을 얻기 때문이다. 이 방법은 주로 이 주제에 대해 널리 발표한 로버트 샤파이어Robert Schapire와 요아프 프로인트Yoav

^{Freund}의 연구를 기반으로 한다.

NOTE

> 부스팅에 대한 추가 정보를 얻으려면 , Schapire, RE, Freund, Y의 『Boosting: Foundations and Algorithms』(Cambridge, MA: The MIT Press, 2012)를 참고한다.

배깅과 유사하게 부스팅은 리샘플링된 데이터에 대해 훈련된 모델의 앙상블과 최종 예측을 결정하고자 투표를 사용한다. 2가지 주요 차이점이 있다. 첫 번째로 부스팅에서 리샘플링된 데이터 세트는 상호 보완적인 학습자를 생성하게 특별히 구성돼야 한다. 두 번째로 부스팅은 각 학습자에게 동일한 표를 주는 대신 표에 과거 성능을 기반으로 하는 가중치를 부여한다. 따라서 성능이 좋은 모델은 앙상블의 최종 예측에 더 큰 영향을 미친다.

부스팅은 앙상블의 최고 모델보다 보통 좋거나 적어도 더 나쁘지 않은 성능을 보인다. 앙상블의 모델은 상호 보완적으로 구축되기 때문에 추가된 각 분류기가 우연보다 잘 수행한다는 가정하에 단순히 그룹에 분류기를 추가함으로써 앙상블의 성능을 임의의 임계치까지 올릴 수 있다. 이 발견의 분명한 유용성을 고려하면 부스팅은 머신러닝에서 가장 중요한 발견 중 하나로 생각된다.

TIP

> 부스팅은 임의의 낮은 에러율을 가진 모델을 만들 수 있지만, 이것이 항상 현실적인 것은 아닐 수 있다. 이유 중 하나는 추가적인 학습자를 획득할수록 성능 향상이 점차적으로 작아지기 때문에 일부 기준은 사실상 실행 불가능할 수 있다. 또한 순수한 정확도를 추구하는 것은 모델이 훈련 데이터에 과적합돼 낯선 데이터에 일반화되지 않을 수 있다.

에이다부스트^{AdaBoost} 또는 적응형 부스팅^{adaptive boosting}으로 불리는 부스팅 알고리듬은 1997년에 프로인트와 샤파이어가 제안했다. 이 알고리듬은 자주 오분류되는 예제에 좀 더 집중함으로써(즉, 가중치를 더 주어) 분류하기 힘든 예제의 대부분을 반복적으로 학습하는 약한 학습자를 만든다는 아이디어를 기반으로 한다.

가중치가 없는 데이터 세트부터 시작해 첫 번째 분류기는 결과를 모델링하려고 시도한다. 분류기가 올바르게 예측한 예제들은 다음 분류기의 훈련 데이터 세트에 덜 나타나게 될 것이며, 반대로 분류가 어려운 예제들은 더 자주 나타나게 된다. 추가적인 약한 학습자들이 더해지면 그들은 점차 어려운 예제들로 훈련된다. 이러한 과정은 전체적인 에러율이 원하는 수준에 도달하거나 성능이 더 이상 향상되지 않을 때까지 계속된다. 그 시점에서 각 분류기의 투표는 해당 분류기가 구축된 훈련 데이터에 대한 정확도에 따라 가중치가 결정된다.

부스팅의 원리는 어떤 종류의 모델에도 거의 적용될 수 있지만 가장 일반적으로 의사결정 트리와 함께 사용된다. 부스팅을 C5.0 의사결정 트리의 성능을 개선하는 방법으로 5장에서 이런 방식으로 이미 사용했다.

AdaBoost.M1 알고리듬은 분류를 위한 에이다부스트 트리 기반의 다른 구현을 제공한다. 이 알고리듬은 adabag 패키지에서 찾을 수 있다.

NOTE

> 추가적인 정보는 adabag 패키지에 대한 Alfaro, E., Gamez, M., Garcia, N.의 〈adabag: An R Package for Classification with Boosting and Bagging〉, Journal of Statistical Software, 2013, Vol. 54, pp. 1-35를 참고한다.

신용 데이터에 대해 AdaBoost.M1 분류기를 생성해보자. 알고리듬에 대한 일반적인 구문은 다른 모델링 기법과 비슷하다.

```
> library(adabag)
> credit <- read.csv("credit.csv", stringsAsFactors = TRUE)
> set.seed(300)
> m_adaboost <- boosting(default ~ ., data = credit)
```

평소와 같이 예측을 수행하고자 결과 객체에 predict() 함수가 적용된다.

```
> p_adaboost <- predict(m_adaboost, credit)
```

관례에서 벗어나 예측 벡터를 반환하는 대신 모델에 대한 정보가 있는 객체를 반환한다. 예측은 class라는 하위 객체에 저장된다.

```
> head(p_adaboost$class)
```

```
[1] "no" "yes" "no" "no" "yes" "no"
```

혼동 행렬은 confusion 하위 객체에서 찾을 수 있다.

```
> p_adaboost$confusion
              Observed Class
```

```
   Predicted Class   no   yes
               no   700    0
              yes     0  300
```

완벽한 정확도에 대한 희망을 갖기 전에 앞의 혼동 행렬은 훈련 데이터에 대한 모델의 성능을 기반으로 한다는 점에 유의하라. 부스팅을 사용하면 에러율을 임의로 낮은 수준으로 줄일 수 있으므로 학습자는 에러가 더 이상 발생하지 않을 때까지 계속했다. 이로 인해 훈련 데이터 세트에 과적합이 발생했을 수 있다.

낯선 데이터에 대한 좀 더 정확한 성능 평가를 하려면 다른 평가 방법을 사용할 필요가 있다. adabag 패키지는 10-폴드 교차 검증을 사용하는 간단한 함수를 제공한다.

```
> set.seed(300)
> adaboost_cv <- boosting.cv(default ~ ., data = credit)
```

컴퓨터의 용량에 따라 실행하는 데 약간의 시간이 필요할 수 있으며, 반복할 때마다 화면에 로그를 남긴다. 최신 맥북의 경우 약 1분이 소요됐다. 완료된 후에 좀 더 합리적인 혼동 행렬을 볼 수 있다.

```
> adaboost_cv$confusion
                 Observed Class
Predicted Class   no   yes
            no   598   160
           yes   102   140
```

10장에서 설명한 것과 같이 vcd 패키지를 사용해서 카파 통계량을 발견할 수 있다.

```
> library(vcd)
> Kappa(adaboost_cv$confusion)
               value       ASE      z   Pr(>|z|)
Unweighted    0.3397   0.03255  10.44  1.676e-25
Weighted      0.3397   0.03255  10.44  1.676e-25
```

카파가 0.3397인 부스트 모델은 카파가 약 0.3319인 배깅된 의사결정 트리보다 성능이 약간 뛰어나다. 부스팅이 다른 앙상블 방법과 어떻게 비교되는지 보자.

랜덤 포레스트

랜덤 포레스트^{Random Forest}라고 하는 또 다른 트리 기반 앙상블 기반 방법은 배깅 원칙을 기반으로 하지만 분할을 시도할 때마다 알고리듬이 무작위로 선택된 기능 부분집합에서만 선택할 수 있게 함으로써 의사결정 트리에 추가적인 다양성을 추가한다. 랜덤 포레스트 알고리듬은 루트 노드에서 시작해 전체 예측 변수 집합에서 무작위로 선택된 소수의 특성만 사용할 수 있다. 각 후속 분할에서도 다른 무작위 부분집합이 제공된다. 배깅의 경우와 마찬가지로 트리(포레스트)의 앙상블이 생성되면 알고리듬은 최종 예측을 위해 간단한 투표를 수행한다.

NOTE

랜덤 포레스트의 작동 방식에 대한 자세한 내용은 「Random Forests」 논문(Breiman, L, Machine Learning, 2001, Vol. 45, pp. 5-32)을 참고한다. '랜덤 포레스트'라는 표현은 브라이만(Breiman)과 커틀러(Cutler)에 의해 상표 등록돼 있지만 통상적으로 어떤 종류의 의사결정 트리 앙상블을 가리키는 데 사용된다. 엄격한 의미로서는 '의사결정 트리 포레스트'라는 용어를 사용해야 하며, 특정 구현을 지칭할 때에만 '랜덤 포레스트'라는 표현을 사용해야 한다.

각 트리가 서로 다른 무작위로 선택된 특징 집합을 기반으로 구축되는 것은 앙상블 내의 각 트리가 고유하다는 것을 보장한다. 심지어 랜덤 포레스트 내의 두 트리가 완전히 다른 특징 집합으로부터 구축됐을 수도 있다. 랜덤한 특징 선택은 의사결정 트리의 그리디 휴리스틱이 트리를 성장시킬 때마다 동일한 낮은 수준의 규칙만 선택하는 것을 제한하며, 이로 인해 알고리듬이 표준 트리 성장 방법에서 놓칠 수 있는 미묘한 패턴을 발견하는 데 도움이 될 수 있다.

반면에 각 트리가 포레스트 내에서 다수의 투표 중 하나에 불과하기 때문에 과적합 가능성은 제한된다.

이러한 장점을 고려하면 랜덤 포레스트 알고리듬이 빠르게 가장 인기 있는 학습 알고리듬 중 하나가 됐다는 것은 그다지 놀랍지 않다. 최근에야 최신 앙상블 방법에 의해 그 인기가 능가됐다. 랜덤 포레스트는 다양성과 강력함을 하나로 결합한 머신러닝 접근 방식으로, 특히 과적합 또는 과소적합에 쉽게 빠지지 않는다. 트리 생성 알고리듬이 전체 특징 집합의 작고 무작위로 선택된 부분만 사용하므로 랜덤 포레스트는 다른 모델이 실패할 수 있는 매우 큰 데이터 세트를 처리할 수 있다. 동시에 대부분의 학습 작업에서 랜덤 포레스트의 예측 성능은 가장 정교한 방법을 제외하고는 모두 우수하거나 그보다 뛰어나다. 다음 표는 랜덤 포레스트 모델의 장단점을 요약한 것이다.

장점	단점
• 모든 문제에 대해 잘 수행되는 다목적 모델이다. • 범주형 또는 연속 특징뿐 아니라 노이즈가 있는 데이터나 누락 데이터를 다룰 수 있다. • 가장 중요한 특징만을 선택한다. • 극도로 큰 개수의 특징이나 예제가 있는 데이터에 사용될 수 있다.	• 의사결정 트리와 달리 모델은 해석하기 어렵다. • 매우 많은 수준을 가진 범주형 특성과 어려움이 있을 수 있다. • 원하는 경우 더 높은 성능을 위해 랜덤 포레스트를 크게 튜닝할 수 없다.

높은 성능과 사용 편의성으로 인해 랜덤 포레스트는 실제 머신러닝 프로젝트를 시작하는 데에 탁월한 선택지다. 이 알고리듬은 높게 튜닝된 모델과 다른 복잡한 접근법과의 비교를 위한 견고한 기준을 제공한다. 이후에 배울 다른 접근법과 함께 랜덤 포레스트는 다양한 머신러닝 문제에 적용할 수 있다.

랜덤 포레스트의 실습을 위해 이번 장에서 사용한 신용 점수 데이터를 적용해 보겠다. R에서는 랜덤 포레스트 구현을 위해 여러 패키지가 제공되는데, 이름 그대로 간단한 사용법을 제공하는 randomForest 패키지와 큰 데이터 세트에 더 나은 성능을 제공하는 ranger 패키지가 있다. 두 패키지 모두 caret 패키지를 통해 실험과 자동 파라미터 튜닝이 가능하다. randomForest를 사용해 모델을 훈련하는 구문은 다음과 같다.

랜덤 포레스트 구문

randomForest 패키지의 randomForest() 함수 사용

분류기 구축:

```
m <- randomForest(train, class, ntree = 500, mtry = sqrt(p))
```

- train은 훈련 데이터를 포함하는 데이터 프레임
- class는 훈련 데이터의 각 행에 대한 클래스를 갖는 팩터 벡터
- ntree는 성장시킬 트리 개수를 지정하는 정수
- mtry는 각 분할 시점에 임의로 선택되는 특징 개수를 지정하는 정수 옵션(디폴트로 sqrt(p)를 사용하며, p는 데이터의 특징 개수)

이 함수는 예측을 위해 사용되는 랜덤 포레스트 객체를 반환한다.

예측:

```
p <- predict(m, test, type = "response")
```

- m은 randomForest() 함수로 훈련된 모델
- test는 분류기를 구축하는 데 사용된 훈련 데이터와 같은 특징을 갖는 테스트 데이터를 포함하는 데이터 프레임
- type은 "response", "prob", "votes", 예측 벡터가 각각 예측 클래스, 예측 확률, 투표 수 행렬을 갖는지를 표시하는 데 사용된다.

이 함수는 type 파라미터에 값에 따라 예측을 반환한다.

예제:

```
credit_model <- randomForest(credit_train, loan_default)
credit_prediction <- predict(credit_model, credit_test)
```

그림 14.6: 랜덤 포레스트 구문

기본 설정으로 randomForest() 함수는 각 분할 시 sqrt(p)개(여기서 p는 훈련 데이터 세트의 특성 개수를 의미하며, sqrt()는 R의 제곱근 함수다)의 랜덤한 특징을 고려하는 500개의 의사결정 트리 앙상블을 생성한다. 예를 들어 신용 데이터는 16개의 특징을 가지므로 각 500개의 의사결정 트리는 분할 시에 sqrt(16) = 4개의 예측 변수만 고려할 수 있다.

이러한 기본 ntree 및 mtry 파라미터가 적절한지 여부는 학습 작업과 훈련 데이터의 특성에 따라 다르다. 일반적으로 더 복잡한 학습 문제와 더 큰 데이터

세트(특징 및 샘플 개수가 더 많은 경우)는 더 많은 트리를 필요로 한다. 그러나 이는 더 많은 트리를 훈련하는 계산 비용과 균형을 이뤄야 한다. ntree 파라미터를 충분히 큰 값으로 설정한 후 mtry 파라미터를 조정해 최적의 설정을 결정할 수 있지만 기본 설정이 실전에서 잘 작동하는 경우가 많다. 충분히 큰 수의 트리를 가정하면 무작위로 선택된 특징의 개수는 예상보다 적을 수 있다. 그러나 몇 가지 값들을 시도하는 것은 여전히 좋은 실천 방법이다. 이상적으로 각 특징이 여러 모델에서 나타날 수 있는 기회가 있는 정도로 트리의 수를 충분히 크게 설정해야 한다.

기본 randomForest() 파라미터가 신용 데이터에 어떻게 작동하는지 확인해보자. 다른 학습자들과 마찬가지로 모델을 훈련한다. 평소처럼, set.seed() 함수를 사용해 결과를 재현할 수 있게 한다.

```
> library(randomForest)
> set.seed(300)
> rf <- randomForest(default ~ ., data = credit)
```

모델 성능 요약을 위해 결과 객체의 이름을 간단히 입력할 수 있다.

```
> rf

Call:
 randomForest(formula = default ~ ., data = credit)
               Type of random forest: classification
                     Number of trees: 500
No. of variables tried at each split: 4

        OOB estimate of error rate: 23.3%
Confusion matrix:
      no   yes  class.error
no   638   62   0.08857143
```

```
yes     171     129     0.57000000
```

출력 결과에서는 랜덤 포레스트가 500개의 트리를 포함하고 각 분기에서 4개의 변수를 시도했다는 것을 보여준다. 첫 번째로 혼동 행렬에 따르면 에러율이 23.3%로 보이기 때문에 성능이 매우 나쁜 것처럼 보일 수 있다. 그러나 이 혼동 행렬은 재훈련 에러^{resubstitution error}가 아닌 OOB^{Out-Of-Bag} 에러율을 반영한다. OOB 에러율은 테스트 집합 에러의 편향되지 않은 추정치며 미래 성능의 공정한 예측치로 사용된다

OOB 추정치는 랜덤 포레스트 구축 중에 똑똑한 기법을 사용해 계산된다. 기본적으로 어떤 트리의 부트스트랩 샘플에도 선택되지 않은 모든 예제는 낯선 데이터에 의한 모델 성능 테스트에 사용될 수 있다. 포레스트 구축이 끝나면 데이터 세트의 1,000개의 예제 각각에 대해 해당 예제를 훈련에 사용하지 않은 트리들이 예측을 수행할 수 있다. 이러한 예측들이 합산되고 투표를 통해 해당 예제의 최종 예측이 결정된다. 1,000개의 모든 예제에 대한 이러한 예측의 총 에러율이 OOB 에러율이 된다. 각 예측은 포레스트의 일부분만 사용하므로 실제 검증 또는 테스트 집합 측정과 동등하지는 않지만 합리적인 대안이다.

NOTE

> 10장에서 주어진 모든 예제는 부트스트랩 샘플에 포함될 확률이 63.2%라고 명시했다. 이는 랜덤 포레스트에 있는 500개의 트리 중 평균 36.8%가 OOB 추정치에서 1,000개의 예제 각각에 대해 투표했음을 의미한다.

OOB 예측에 대한 카파 통계량을 계산하고자 vcd 패키지의 함수를 다음과 같이 사용할 수 있다. 다음 코드는 Kappa() 함수를 confusion 객체의 첫 두 행과 열에 적용하는 것이며, 이 객체는 rf 랜덤 포레스트 모델의 OOB 예측의 혼동 행렬을 저장한다.

```
> library(vcd)
> Kappa(rf$confusion[1:2,1:2])
```

```
              value      ASE      z     Pr(>|z|)
Unweighted    0.381    0.03215  11.85   2.197e-32
Weighted      0.381    0.03215  11.85   2.197e-32
```

카파 통계량이 0.381인 랜덤 포레스트 모델은 현재까지 가장 성능이 우수한 모델이다. 이 성능은 카파 값이 약 0.332인 bagged 의사결정 트리 앙상블보다 더 우수하며, 약 0.340의 카파 값을 갖는 AdaBoost.M1 모델보다도 더 좋다.

앞서 언급한 것처럼 ranger 패키지는 랜덤 포레스트 알고리듬을 훨씬 더 빠르게 구현한 것이다. 신용 데이터 세트와 같은 작은 데이터 세트의 경우 계산 효율성을 최적화하는 것이 편의성보다는 덜 중요할 수 있으며 기본적으로 ranger는 일부 편의성을 희생해 속도를 높이고 메모리 공간을 줄인다. 따라서 구문 측면에서 ranger 함수는 randomForest()와 거의 동일하지만 실제로는 기존 코드를 망가뜨리거나 도움말 페이지를 좀 더 꼼꼼히 살펴봐야 할 수도 있다.

ranger를 사용해 이전 모델을 다시 만들려면 함수 이름을 변경하기만 하면 된다.

```
> library(ranger)
> set.seed(300)
> m_ranger <- ranger(default ~ ., data = credit)
```

결과 모델에는 매우 유사한 OOB 예측 에러가 있다.

```
> m_ranger
```

```
Ranger result
```

```
Call:
 ranger(default ~ ., data = credit)

Type:                             Classification
Number of trees:                  500
Sample size:                      1000
Number of independent variables: 16
Mtry:                             4
Target node size:                 1
Variable importance mode:         none
Splitrule:                        gini
OOB prediction error:             23.10 %
```

이전과 유사하게 카파를 계산할 수 있다. 단지 모델의 혼동 행렬 하위 객체 이름이 조금 다르다는 점을 주목하면 된다.

```
> Kappa(m_ranger$confusion.matrix)
```

	value	ASF	z	Pr(>|z|)
Unweighted	0.381	0.0321	11.87	1.676e-32
Weighted	0.381	0.0321	11.87	1.676e-32

카파 값은 0.381로, 이전 랜덤 포레스트 모델의 결과와 동일하다. 두 알고리듬이 동일한 결과를 생성한다고 보장할 수 없으므로 이는 우연의 일치다.

TIP

에이다부스트와 마찬가지로 이전 결과는 윈도우 PC에서 R 버전 4.2.3을 사용해 얻었고 리눅스에서 검증했다. 이 글을 작성할 당시에는 최신 맥북 Pro에서 애플 실리콘용 R 4.2.3을 사용해 약간 다른 결과를 얻었다.

그래디언트 부스팅

그래디언트 부스팅^{Gradient boosting}은 부스팅 알고리듬의 진화로, 부스팅 프로세스를 그래디언트 하강법을 사용해 최적화 문제로 취급할 수 있다는 발견에 기반을 둔다. 그래디언트 하강법을 처음으로 7장에서 접했다. 그때 신경망에서 가중치를 최적화하는 해결책으로 소개했다. 예측 오차에 해당하는 비용 함수가 입력 값과 타깃을 연결한다. 그런 다음 가중치를 변경하는 것이 비용에 어떤 영향을 미치는지 체계적으로 분석해 비용을 최소화하는 가중치 집합을 찾을 수 있다. 그래디언트 부스팅은 앙상블의 약한 학습자를 최적화해야 하는 파라미터로 취급하며, 이 기법을 사용하는 모델은 그래디언트 부스팅 머신^{gradientboosting machines} 또는 일반화 부스팅 모델^{generalized boosting models}로 불린다. 이 둘은 GBM으로 약칭할 수 있다.

NOTE

> GBM에 대한 자세한 내용은 Friedman JH,의 'Greedy Function Approximation: A Gradient Boosting Machine', 2001, Annals of Statistics 29(5):1189–1232를 참고한다.

다음 표는 GBM의 장단점을 요약한 것이다. 요컨대 그래디언트 부스팅은 매우 강력하고 가장 정확한 모델 중 일부를 생성할 수 있지만 과적합과 과소적합 사이의 균형을 찾고자 조정이 필요할 수 있다.

장점	단점
• 분류 및 수치 예측 모두에서 매우 우수한 성능을 발휘하는 범용 분류기다. • 랜덤 포레스트보다 더 좋은 성능을 얻을 수 있다. • 대규모 데이터 세트에서도 우수한 성능을 발휘한다.	• 랜덤 포레스트 알고리듬과 성능을 맞추고자 튜닝이 필요할 수 있으며, 그 성능을 능가하려면 더 많은 튜닝이 필요할 수 있다. • 여러 하이퍼파라미터를 튜닝해야 하므로 최적의 조합을 찾으려면 많은 반복과 더 많은 컴퓨팅 자원이 필요하다.

분류 및 수치 예측을 위한 GBM을 생성하고자 **gbm** 패키지의 **gbm( )** 함수를 사용

할 것이다. 아직 설치돼 있지 않다면 R 세션에 이 패키지를 설치하고 로드해야 한다. 다음 표에 표시된 것처럼 구문은 이전에 사용한 머신러닝 함수와 유사하지만 튜닝해야 할 새로운 파라미터가 몇 가지 있다. 이러한 파라미터들은 모델의 복잡성 및 과적합과 과소적합 사이의 균형을 조절한다. 튜닝하지 않은 상태에서는 GBM이 간단한 방법보다 성능이 떨어질 수 있지만 파라미터 값을 최적화한 후에는 대부분의 다른 방법보다 성능을 능가할 수 있다.

그래디언트 부스팅 머신(GBM) 구문

gbm 패키지에서 gbm() 함수 사용

분류기 구축:

```
m <- gbm(target ~ predictors, data = mydata,
    distribution = "bernoulli", n.trees = 100, interaction.depth = 1,
    n.minobsinnode = 10, shrinkage = 0.1)
```

- target은 모델링하고자 하는 mydata 데이터 프레임의 결과다.
- predictors는 예측에 사용될 mydata 데이터 프레임의 특징을 지정하는 R 공식이다.
- data는 target과 predictors 변수를 가진 데이터 프레임을 지정한다.
- distribution은 타깃 변수 형식이다. gbm()이 자동으로 작동하도록 하고자 생략할 수 있다.
- n.trees는 부스팅 반복 횟수다(적합화하려는 전체 트리 개수).
- interaction.depth는 각 의사결정 트리의 최대 깊이를 지정하는 정수다. 트리가 깊을수록 예측자 간의 상호작용이 많아진다.
- n.minobsinnode는 트리의 말단 노드에서의 최소 관측 수다. 너무 작거나 너무 크면 과적합 또는 과소적합된다.
- shinkage는 학습률이다. 대개 0.001에서 0.1 사이에 있다. 값이 작으면 더 많은 트리가 필요하게 되지만 더 나은 결과를 얻을 수 있다.

함수는 예측을 할 수 있는 gbm 객체를 반환한다.

예측 수행:

```
p <- predict(m, test, type = "link")
```

- m은 gbm() 함수로 훈련되는 모델이다.
- test는 분류기 구축에 사용되는 훈련 데이터와 동일한 특징을 가진 테스트 데이터를 가진 데이터 프레임이다.
- type은 "link" 혹은 "response"며 분류에서는 각각 모델이 예측자 벡터가 예측된 부류를 가질 것인지 혹은 예측된 확률을 가질 것인지 결정한다. 수치 예측에서는 이 값이 불필요하다.

함수는 type 파라미터에 따라 예측을 반환한다.

예제:

```
credit_model <- gbm(default ~ ., data = credit_train)
credit_prediction <- predict(credit_model, credit_test,
                        type = "response")
```

그림 14.7: 그래디언트 부스팅 머신(GBM) 구문

다음과 같이 신용 데이터 세트에서 채무 불이행을 예측하게 간단한 GBM을 훈련할 수 있다. 편의상 stringsAsFactors = TRUE로 설정해 예측 변수를 다시 코딩하지 않게 하지만 gbm() 함수가 이진 분류에 필요하므로 타깃의 기본 특징을 이진 결과로 다시 변환해야 한다. 훈련과 테스트를 위한 무작위 샘플을 생성한 다음 gbm() 함수를 교육 데이터에 적용하고 파라미터는 기본값으로 설정한다.

```
> credit <- read.csv("credit.csv", stringsAsFactors = TRUE)
> credit$default <- ifelse(credit$default == "yes", 1, 0)
> set.seed(123)
> train_sample <- sample(1000, 900)
> credit_train <- credit[train_sample, ]
> credit_test <- credit[-train_sample, ]
> library(gbm)
> set.seed(300)
> m_gbm <- gbm(default ~ ., data = credit_train)
```

모델 이름을 입력하면 GBM 프로세스에 대한 몇 가지 기본 정보가 제공된다.

```
> m_gbm

gbm(formula = default ~ ., data = credit_train)
A gradient boosted model with 59 bernoulli loss function.
100 iterations were performed.
There were 16 predictors of which 14 had non-zero influence.
```

더 중요한 것은 테스트 집합에서 모델을 평가할 수 있다는 것이다. 예측은 확률로 제공되므로 예측을 이진법으로 변환해야 한다. 대출 채무 불이행 확률이 50%보다 크면 채무 불이행을 예측하고, 그렇지 않으면 채무 불이행이 아닌 것으로 예측한다. 표는 예측값과 실제 값 사이의 일치를 보여준다.

```
> p_gbm <- predict(m_gbm, credit_test, type = "response")
> p_gbm_c <- ifelse(p_gbm > 0.50, 1, 0)
> table(credit_test$default, p_gbm_c)
```

```
   p_gbm_c
1
   0 60  5
   1 21 14
```

성능을 측정하고자 Kappa() 함수를 이 표에 적용한다.

```
> library(vcd)
> Kappa(table(credit_test$default, p_gbm_c))
```

```
             value     ASE     z  Pr(>|z|)
Unweighted  0.3612  0.09529  3.79  0.0001504
Weighted    0.3612  0.09529  3.79  0.0001504
```

약 0.361이라는 결과 카파 값은 부스팅된 의사결정 트리로 얻은 것보다 낮지만 랜덤 포레스트 모델보다 나쁘다. 약간의 튜닝으로 이 값을 더 높일 수 있을 것 같다.

GBM 모델을 튜닝하고 더 견고한 성능 측정을 얻고자 caret 패키지를 사용할 것이다. 튜닝에는 검색 그리드가 필요하며 GBM의 경우 다음과 같이 정의할 수 있다. 이렇게 하면 gbm() 함수 파라미터 중 3가지에 대해 각각 3개의 값과 나머지 파라미터에 대해 하나의 값이 테스트돼 총 3 × 3 × 3 × 1 = 27개의 모델을 평가하게 된다.

```
> grid_gbm <- expand.grid(
    n.trees = c(100, 150, 200),
```

```
      interaction.depth = c(1, 2, 3),
      shrinkage = c(0.01, 0.1, 0.3),
      n.minobsinnode = 10
   )
```

다음으로는 **trainControl** 객체를 설정해 10-폴드 CV 실험에서 최상의 모델을 선택한다.

```
> library(caret)
> ctrl <- trainControl(method = "cv", number = 10,
                       selectionFunction = "best")
```

마지막으로 신용 데이터 세트를 읽고 필요한 객체를 **caret()** 함수에 제공하면서 **gbm** 메서드와 카파 성능 측도를 지정한다. 컴퓨터 성능에 따라 실행에 몇 분 정도 걸릴 수 있다.

```
> credit <- read.csv("credit.csv", stringsAsFactors = TRUE)
> set.seed(300)
> m_gbm_c <- train(default ~ ., data = credit, method = "gbm",
                   trControl = ctrl, tuneGrid = grid_gbm,
                   metric = "Kappa",
                   verbose = FALSE)
```

객체의 이름을 입력하면 실험 결과가 표시된다. 편의상 일부 출력 라인이 생략됐지만 전체 출력에는 평가된 각 모델에 대해 하나씩 27개의 행이 있다.

```
> m_gbm_c
```

Stochastic Gradient Boosting

```
   1000 samples
    16 predictor
     2 classes: 'no', 'yes'

No pre-processing
Resampling: Cross-Validated (10 fold)
Summary of sample sizes: 900, 900, 900, 900, 900, 900, ...
Resampling results across tuning parameters:

shrinkage  interaction.depth  n.trees  Accuracy  Kappa
0.10       1                  100      0.737     0.269966697
0.10       1                  150      0.738     0.295886773
0.10       1                  200      0.742     0.320157816
0.10       2                  100      0.747     0.327928587
0.10       2                  150      0.750     0.347848347
0.10       2                  200      0.759     0.380641164
0.10       3                  100      0.747     0.342691964
0.10       3                  150      0.748     0.356836684
0.10       3                  200      0.764     0.394578005

Tuning parameter 'n.minobsinnode' was held constant at a value of 10
Kappa was used to select the optimal model using the largest value.
The final values used for the model were n.trees = 200,
interaction.depth = 3, shrinkage = 0.1 and n.minobsinnode = 10.
```

출력에서 최상의 GBM 모델의 카파가 0.394로 이전에 훈련된 랜덤 포레스트를 능가함을 알 수 있다. 추가 튜닝을 통해 카파를 더 높일 수 있다. 또는 다음 절에서 볼 수 있듯이 더 나은 성능을 추구하고자 더 집중적인 형태의 부스팅을 사용할 수 있다.

XGBoost를 사용한 익스트림 그래디언트 부스팅

2014년에 소개된 XGBoost 알고리듬(https://xgboost.ai)은 최신 그래디언트 부스팅 기법을 사용하는 혁신적인 구현으로, 알고리듬의 효율성과 성능을 향상시킨 '극단적인extreme' 부스팅을 사용한다. XGBoost는 소개 이후 많은 머신러닝 대회의 순위표에서 상위를 차지하고 있다. 실제로 XGBoost 알고리듬을 사용한 해결 방법이 캐글의 2015년 대회에서 29개의 우승 해법 중 17개를 차지했다. 또한 2015년 KDD Cup(11장에서 설명)에서 상위 10개의 우승자 모두 XGBoost를 사용했다. 현재까지도 XGBoost 알고리듬은 전통적인 분류와 수치 예측을 포함한 머신러닝 문제에서 챔피언이며, 가장 가까운 경쟁자인 심층 신경망은 이미지, 음성, 텍스트 처리와 같은 비구조적 데이터에서만 우승하는 경향이 있다.

NOTE

XGBoost에 대한 자세한 내용은 Chen T와 Guestrin C의 'XGBoost: A Scalable Tree Boosting System', 2016(https://arxiv.org/abs/1603.02754)을 참고한다.

XGBoost 알고리듬의 강력함은 다른 방법들과 비교해 사용하기가 다소 어렵고 조정이 더 많이 필요하다는 단점과 함께 나타난다. 반면에 그 성능은 다른 접근 방식보다 높은 경향을 가진다. XGBoost의 장단점은 다음 표에서 확인할 수 있다.

장점	단점
• 분류 및 수치 예측 모두에서 매우 우수한 성능을 발휘하는 다재다능한 분류기다. • 현재까지 거의 모든 구조적 데이터 기반 머신러닝 대회에서 우승한 성능면에서도 논란의 여지가 없는 챔피언이다. • 대규모 데이터 세트에서 뛰어난 확장성을 가지며 분산 컴퓨팅 플랫폼에서 병렬로 실행할 수 있다.	• 다른 함수들보다 사용이 어려운 편이며, 기본 R 데이터 구조를 사용하지 않고 외부 프레임워크에 의존한다. • 강력한 수학적 배경 없이는 이해하기 어려운 많은 하이퍼파라미터의 철저한 튜닝이 필요하다. • 많은 튜닝 파라미터가 있어 최적의 조합을 찾고자 많은 반복과 컴퓨팅 파워가 필요하다. • 설명 가능성 도구 없이 해석하기 거의 불가능한 '블랙박스' 모델을 생성한다.

XGBoost(XGB) 구문

xgboost 패키지의 xgboost() 함수 사용

모델 파라미터 설정:

```
params.xgb = list(objective = "binary:logistic",
  max_depth = 6, eta = 0.3, gammma = 0, colsample_bytree = 1,
  min_child_weight = 1, subsample = 1)
```

- objective는 모델링할 대상에 의해 결정된다. "binary:logistic"는 이진 분류에 사용되며 범주형 결과에는 "multi:softprob"을, 회귀에는 "reg:squarederror"를, 개수 데이터에는 "count:poisson"을 사용한다.
- max_depth는 0과 무한대 사이의 값을 가지며, 모든 트리의 최대 깊이를 정의한다. 더 큰 값은 더 구체적인 패턴을 찾을 수 있지만 과적합의 위험이 있다.
- eta는 0과 1 사이의 값을 가지며 학습률에 영향을 미친다. 낮은 값은 과적합을 제한하지만 훈련 시간을 증가시키며 더 많은 부스팅 반복(nrounds)이 필요하다.
- gamma는 0과 1 사이의 값을 가지며 알고리듬이 계속해서 분할할지를 결정한다. 낮은 값은 더 구체적인 패턴을 찾을 수 있지만 과적합의 위험이 있다.
- colsample_bytree는 0과 1 사이의 값을 가지며 각 트리에 무작위로 선택되는 특징의 비율을 정의한다. 대신 각 분할에서 무작위로 특징을 선택하려면 colsample_bynode를 사용한다.
- min_child_weight는 0과 무한대 사이의 값을 가지며 분할을 위해 필요한 최소한의 예시에 해당한다. 작은 값은 더 구체적인 패턴을 찾을 수 있지만 과적합의 위험이 있다.
- subsample은 0과 1 사이의 값을 가지며 각 반복에서 무작위로 선택되는 예시의 비율을 정의한다. 작은 값은 과적합을 방지할 수 있지만 더 많은 반복이 필요하다.

위에 제시된 내용은 파라미터와 하이퍼파라미터의 일부만을 포함하고 있다. 전체 목록은 ?xgboost 또는 https://xgboost.readthedocs.io/en/latest/parameter.html을 참고한다.

분류기 구축:

```
m <- xgboost(params, data = mydata, label = mylabels, rounds = n)
```

- params는 XGBoost 하이퍼파라미터의 리스트다(위에서 정의된 것).
- data는 훈련에 사용될 특징들을 포함하는 행렬 또는 희소 행이다.
- label은 훈련에 사용될 목표 값들을 포함하는 벡터다.
- rounds는 부스팅 반복의 최대 수다.

이 함수는 예측을 수행하고자 사용될 수 있는 xgb 객체를 반환한다.

예측하기:

```
p <- predict(m, test)
```

- m은 xgboost() 함수로 훈련된 모델이다.
- test는 훈련 데이터와 동일한 형식으로 된 테스트 데이터를 포함하는 데이터 프레임이다.

이 함수는 분류기의 경우 예측된 확률, 숫자 모델의 경우 예측값을 반환한다.

그림 14.8: XGBoost(XGB) 구문

이 알고리듬을 적용하고자 xgboost 패키지의 **xgboost()** 함수를 사용한다. 이 함수는 XGBoost 프레임워크와 R의 인터페이스를 제공한다. 이 프레임워크는 많은 유형의 머신러닝 작업에 대한 기능을 포함하고 있으며 매우 확장 가능하고 다양한 고성능 컴퓨팅 환경에 적용할 수 있다. XGBoost 프레임워크에 대한 더 자세한 정보는 웹에서 제공되는 훌륭한 문서인 https://xgboost.readthedocs.io를 참고하기 바란다. 여기서의 작업은 이 프레임워크의 일부 기능에 초점을 맞출 것이다. 그림 14.8의 구문 상자에 표시된 것처럼 다른 알고리듬보다 훨씬 밀집하며 복잡성과 튜닝 가능한 하이퍼파라미터가 크게 증가했다.

R에서 XGBoost를 사용하는 데 있어서 어려움 중 하나는 R에서 선호되는 형식인 티블이나 데이터 프레임보다는 행렬 형식으로 데이터를 사용해야 한다는 점이다. XGBoost는 극히 큰 데이터 세트를 위해 설계됐기 때문에 이전의 장들에서 다룬 희소 행렬도 사용할 수 있다. 희소 행렬은 0이 아닌 값만 저장하므로 많은 특징 값이 0인 경우에는 기존 행렬보다 더 효율적으로 메모리를 사용할 수 있다.

행렬 형식의 데이터는 일반적으로 희소하다. 이는 요소^{factor}가 일반적으로 데이터 프레임과 행렬 사이의 전환 과정에서 원핫$^{one-hot}$ 또는 더미 코딩$^{dummy\ coding}$되기 때문이다. 이러한 코딩은 요소의 추가 수준마다 추가 열을 생성하며, 해당 예제의 수준을 나타내는 하나의 '핫^{hot}' 값만 1로 설정되고 나머지 열은 모두 0으로 설정된다. 더미 코딩의 경우 변환 과정에서 한 가지 특징 수준을 빼먹기 때문에 원핫보다 한 열이 적게 생성된다. 빠진 수준은 모든 $n - 1$열에 0이 있음으로 표시할 수 있다.

먼저 credit.csv 파일을 읽고 신용 데이터 프레임에서 데이터의 희소 행렬을 생성해보자. Matrix 패키지는 R 수식 인터페이스를 사용해 행렬에 포함할 열을 결정하는 이 작업을 수행할 함수를 제공한다.

여기서 식 ~ . -default는 default를 제외한 모든 특징을 사용하도록 함수에 지시한다. 이들은 예측을 위한 목표 특징이기 때문에 행렬에 포함시키지 않는다.

```
> credit <- read.csv("credit.csv", stringsAsFactors = TRUE)
> library(Matrix)
> credit_matrix <- sparse.model.matrix(~ . -default, data = credit)
```

작업을 확인하고자 행렬의 크기를 확인해보자.

```
> dim(credit_matrix)
```

```
[1] 1000 36
```

여전히 1,000개의 행이 있지만 원본 데이터 프레임의 16개 특징에서 희소 행렬의 36개로 열이 증가했다. 이는 행렬 형태로 변환할 때 자동으로 적용된 더미코딩 때문이다. print() 함수를 사용해 희소 행렬의 처음 5개 행과 15개 열을 검사하면 이를 확인할 수 있다.

```
> print(credit_matrix[1:5, 1:15])
```

```
5 x 15 sparse Matrix of class "dgCMatrix"
  [[ suppressing 15 column names '(Intercept)', 'checking_balance> 200
DM', 'checking_balance1 - 200 DM' ... ]]

1 1 . . . 6 . . . . . . . . 1 . 1169
2 1 . 1 . 48 1 . . . . . 1 . 5951
3 1 . . 1 12 . . . . . 1 . . 2096
4 1 . . . 42 1 . . . . . 1 . 7882
5 1 . . . 24 . . 1 . 1 . . . 4870
```

이 행렬에서 점(.) 문자는 0값을 나타낸다. 첫 번째 열(1, 2, 3, 4, 5)은 행 번호이며 두 번째 열(1, 1, 1, 1, 1)은 R의 포뮬러^{formula} 인터페이스에 의해 자동으로 추가된 절편 항목을 위한 열이다. 2개의 열은 months_loan_duration과 amount 특징의 숫자 값에 해당하는 (6, 48, ...)과 (1169, 5951, ...)이다. 다른 모든 열은 요소 ^{factor} 변수의 더미 코딩 버전이다. 예를 들어 3번째, 4번째, 5번째 열은 checking_ balance 특징을 반영하며, 3번째 열의 1은 '> 200 DM' 값, 4번째 열의 1은 '1 - 200 DM' 값을, 5번째 열의 1은 'unknown' 특징 값을 나타낸다. 3번째, 4번째, 5번째 열에서 ...으로 표시된 행들은 참조 범주에 속하는 것으로, 이는 '< 0 DM' 특징 수준이었다.

회귀 모델을 구축하지 않기 때문에 1값으로 가득 찬 절편 열은 이 분석에 쓸모가 없으며 행렬에서 제거할 수 있다.

```
> credit_matrix <credit_matrix[, -1]
```

다음으로 앞서 수행한 것처럼 90-10 분할을 사용해 무작위로 행렬을 훈련 및 테스트 집합으로 분할한다.

```
> set.seed(12345)
> train_ids <- sample(1000, 900)
> credit_train <- credit_matrix[train_ids, ]
> credit_test <- credit_matrix[-train_ids, ]
```

작업이 올바르게 완료됐는지 확인하고자 이 행렬의 크기를 확인한다.

```
> dim(credit_train)

[1] 900 35

> dim(credit_test)
```

```
[1] 100 35
```

예상대로 훈련 집합에는 900개의 행과 35개의 열이 있고 테스트 집합에는 100개의 행과 일치하는 열 집합이 있다.

마지막으로 예측 대상인 기본값에 대한 레이블의 훈련과 테스트 벡터를 생성한다. 이들은 각각 XGBoost 모델을 훈련하고 평가하는 데 사용할 수 있게 **ifelse()** 함수를 사용한다.

```
> credit_train_labels <-
    ifelse(credit[train_ids, c("default")] == "yes", 1, 0)
> credit_test_labels <-
    ifelse(credit[-train_ids, c("default")] == "yes", 1, 0)
```

이제 모델 구축을 시작할 준비가 됐다. **xgboost** 패키지를 설치한 후 라이브러리를 로드하고 훈련용 하이퍼파라미터 정의를 시작한다. 어디에서 시작해야 할지 모른 채 값들은 기본값으로 설정한다.

```
> library(xgboost)
> params.xgb <- list(objective      = "binary:logistic",
                     max_depth      = 6,
                     eta            = 0.3,
                     gamma          = 0,
                     colsample_bytree = 1,
                     min_child_weight = 1,
                     subsample = 1)
```

다음으로 임의의 시드를 설정한 후 학습 데이터의 행렬과 대상 레이블뿐만 아니라 파라미터 객체를 제공해 모델을 학습한다. nrounds 파라미터는 부스팅 반복 횟수를 결정한다. 더 나은 추정치가 없으므로 이 값을 100으로 설정한다.

이는 결과가 이 값 이상으로 거의 향상되지 않는 경향이 있음을 시사하는 경험적 증거로 인해 일반적인 시작점이다. 마지막으로 verbose 및 print_every_n 옵션을 사용해 진단 출력을 활성화하고 10회 부스팅 반복마다 진행 상황을 표시한다.

```r
> set.seed(555)
> xgb_credit <- xgboost(params      = params.xgb,
                        data        = credit_train,
                        label       = credit_train_labels,
                        nrounds     = 100,
                        verbose     = 1,
                        print_every_n = 10)
```

출력은 훈련이 완료될 때 나타날 것이며 모두 100번의 반복이 발생하고 훈련 에러(train-logloss)가 추가적인 부스팅 반복과 함께 계속해서 감소하는 것을 보여준다.

```
[1] train-logloss:0.586271
[11] train-logloss:0.317767
[21] train-logloss:0.223844
[31] train-logloss:0.179252
[41] train-logloss:0.135629
[51] train-logloss:0.108353
[61] train-logloss:0.090580
[71] train-logloss:0.077314
[81] train-logloss:0.065995
[91] train-logloss:0.057018
[100] train-logloss:0.050837
```

추가적인 반복이 모델 성능을 향상시키거나 과적합을 초래할지 여부를 결정하는 것은 나중에 튜닝을 통해 확인할 수 있다. 앞서 보류한 테스트 집합에 대해 훈련된 이 모델의 성능을 확인해보자. 먼저 predict() 함수를 사용해 테스트 데이터의 각 행에 대한 대출 디폴트 확률을 얻을 수 있다.

```
> prob_default <- predict(xgb_credit, credit_test)
```

그런 다음 ifelse() 함수를 사용해 디폴트의 확률이 0.50 이상이면 디폴트로 예측(값 1), 그렇지 않으면 디폴트-아님^{non-default} 예측(값 0)한다.

그런 다음 ifelse() 함수를 사용해 디폴트의 확률이 0.50 이상이면 디폴트로 예측(값 1), 그렇지 않으면 디폴트-아님(non-default) 예측(값 0)한다.

```
> pred_default <- ifelse(prob_default > 0.50, 1, 0)
```

예측값과 실제 값을 비교하면 (62 + 14) / 100 = 76%의 정확도를 알 수 있다.

```
> table(pred_default, credit_test_labels)
         credit_test_labels
```

```
pred_default  0   1
           0  62  13
           1  11  14
```

반면에 카파 통계량은 여전히 개선할 여지가 있음을 시사한다.

```
> library(vcd)
> Kappa(table(pred_default, credit_test_labels))
```

```
             value    ASE      z      Pr(>|z|)
Unweighted  0.3766  0.1041  3.618   0.0002967
Weighted    0.3766  0.1041  3.618   0.0002967
```

0.3766이라는 값은 GBM 모델에서 얻은 0.394보다 약간 낮으므로 약간의 하이

퍼파라미터 튜닝이 도움이 될 수 있다. 이를 위해 **caret**을 사용해 각 하이퍼파라미터에 대한 다양한 옵션으로 구성된 튜닝 그리드로 시작한다.

```
> grid_xgb <- expand.grid(
    eta = c(0.3, 0.4),
    max_depth = c(1, 2, 3),
    colsample_bytree = c(0.6, 0.8),
    subsample = c(0.50, 0.75, 1.00),
    nrounds = c(50, 100, 150),
    gamma = c(0, 1),
    min_child_weight = 1
  )
```

결과 그리드에는 $2 \times 3 \times 2 \times 3 \times 3 \times 2 \times 1 = 216$인 **xgboost** 하이퍼파라미터 값의 216가지 조합이 포함된다. 다른 모델에 대해 수행한 것처럼 10-폴드 CV를 사용해 **caret**에서 이러한 각 잠재적 모델을 평가할 것이다. 여러 반복에서 **xgboost()** 함수가 별도로 출력을 생성하지 않도록 **verbosity** 파라미터가 0으로 설정돼 있다.

```
> library(caret)
> ctrl <- trainControl(method = "cv", number = 10,
                       selectionFunction = "best")
> credit <- read.csv("credit.csv", stringsAsFactors = TRUE)
> set.seed(300)
> m_xgb <- train(default ~ ., data = credit, method = "xgbTree",
                 trControl = ctrl, tuneGrid = grid_xgb,
                 metric = "Kappa", verbosity = 0)
```

컴퓨터의 성능에 따라 실험을 완료하는 데 몇 분 정도 걸릴 수 있지만 완료될 경우 **m_xgb**를 입력하면 테스트한 216개 모델 모두의 결과가 제공된다. 다음과 같이 최상의 모델을 직접 얻을 수도 있다.

```
> m_xgb$bestTune

  nrounds max_depth  eta gamma  colsample_bytree
       50         3  0.4     1               0.6
  min_child_weight subsample
1
```

이 모델의 카파 값은 max() 함수를 사용해 다음과 같이 가장 높은 값을 찾을
수 있다.

```
> max(m_xgb$results["Kappa"])

[1] 0.4062946
```

카파 값이 0.406으로서 현재까지 최상의 성과를 보이는 모델이다. 이는 GBM
모델의 0.394나 랜덤 포레스트의 0.381을 능가한다. XGBoost가 훈련에 매우
적은 노력만으로도 다른 강력한 기법을 뛰어넘는다는 사실은 머신러닝 대회에
서 항상 우승하는 이유를 보여준다. 그러나 더 세밀한 튜닝을 통해 더 높은
결과를 얻을 수도 있을 것이다. 이 부분은 연습 과제로 남겨두고, 이제는 왜
이 인기 있는 모든 앙상블이 의사결정 트리 기반의 방법에만 중점을 두는지에
대한 문제로 주의를 돌려보자.

트리 기반 앙상블이 인기 있는 이유

앞 절을 읽은 후 앙상블 알고리듬이 늘 의사결정 트리를 기반으로 구축되는
것처럼 보이는 이유를 처음으로 궁금해 하는 사람은 없을 것이다. 앙상블을
구축하는 데 트리가 필요한 것은 아니지만 이 프로세스에 특히 트리가 적합한
몇 가지 이유가 있다. 그중 일부는 여러분도 이미 눈치 챘을 것이다.

- 앙상블은 다양성이 있을 때 가장 잘 작동하며 의사결정 트리는 데이터의 작은 변화에 대해 강건하지 않기 때문에 동일한 학습 데이터에 대해 무작위 샘플링을 하면 쉽게 다양한 트리 기반 모델 세트를 만들 수 있다.
- 그리디 '분할 및 정복' 기반 알고리듬 덕분에 의사결정 트리는 계산적으로 효율적이며 이러한 사실에도 비교적 잘 수행된다.
- 의사결정 트리는 고도로 크거나 작게 성상해 필요에 따라 과적합과 과소적합을 할 수 있다.
- 의사결정 트리는 자동으로 무의미한 특징을 무시할 수 있으며, 이는 '차원의 저주'의 부정적인 영향을 줄여준다.
- 의사결정 트리는 분류뿐만 아니라 수치 예측에도 사용할 수 있다.

이러한 특징을 바탕으로 왜 우리가 배깅, 부스팅, 랜덤 포레스트와 같은 다양한 트리 기반 앙상블 접근법을 갖게 됐는지는 어렵지 않게 이해할 수 있다. 이들 사이의 차이는 미묘하지만 중요하다.

다음 표는 이 장에서 다루는 트리 기반 앙상블 알고리듬을 비교하고 있다.

앙상블 알고리듬	할당 함수	결합 함수	비고
배깅	각 학습자에게 훈련 데이터의 부트스트랩 샘플을 제공한다.	학습자들은 분류에 대해 투표하거나 수치적 예측에서는 가중 평균을 사용한다.	독립적 앙상블을 사용한다 (학습자는 병렬로 수행 가능).
부스팅	첫 학습자는 랜덤 샘플을 제공하고 그다음부터는 예측이 어려운 것에 가중치를 줘서 제공한다.	배깅처럼 하지만 훈련데이터의 성능에 따라 가중치를 부여한다.	시퀀스상으로 종속적 앙상블을 사용한다(각 트리는 이전 트리에서 찾은 까다로운 데이터를 수신한다).

(이어짐)

앙상블 알고리듬	할당 함수	결합 함수	비고
랜덤 포레스트	배깅처럼 각 트리는 훈련 데이터의 부트스트랩 샘플을 제공한다. 그러나 특징도 각 트리에서 랜덤으로 선택한다.	배깅과 유사하다.	배깅과 유사하지만 랜덤 특징 선택을 통해 다양성을 추가했으며, 이를 통해 더 큰 앙상블에서 추가적 이점을 볼 수 있다.
그래디언트 부스팅 머신(GBM)	개념적으로 부스팅과 유사하다.	부스팅과 유사하지만 훨씬 많은 학습자가 있고 학습자들은 복잡한 수학적 함수를 형성한다.	그래디언트 하강을 사용해 모두 효율적 부스팅 알고리듬을 구현한다. 트리는 일반적으로 그리 깊지 않지만 (결정 트리 그루터기) 매우 많다. 튜닝이 더 요구된다.
극단 그래디언트 부스팅(XGB)	GBM과 유사하다.	GBM과 유사하다.	GBM과 유사하다. 최적화된 데이터 구조, 병렬 처리, 휴리스틱을 사용해 대단히 성능이 좋은 부스팅 알고리듬을 생성한다. 튜닝이 절대적으로 필요하다.

이러한 접근법들을 구별할 수 있다는 것은 앙상블의 여러 측면을 깊이 이해한다는 것을 보여준다. 게다가 랜덤 포레스트와 그래디언트 부스팅과 같은 최신기법은 최고의 성능을 발휘하는 학습 알고리듬 중 하나로, 가장 어려운 비즈니스 문제를 해결하고자 기성 해법으로 제공되고 있다. 이것이 데이터 과학자와 머신러닝 엔지니어를 채용하는 회사들이 종종 인터뷰 과정에서 이러한 알고리듬을 설명하거나 비교하도록 요청하는 이유일 수도 있다. 따라서 트리 기반의 앙상블 알고리듬은 머신러닝의 유일한 접근법은 아니지만 그들의 잠재적인 사용 방법을 인식하는 것이 중요하다. 그러나 다음 절에서 설명할 것처럼 트리가 다양한 앙상블을 구축하는 유일한 접근법인 것은 아니다.

⁝⁝ 메타학습을 위한 모델 쌓기

배깅, 부스팅 또는 랜덤 포레스트와 같은 미리 정의된 앙상블 방법 대신에 맞춤형 앙상블 방법이 필요한 상황이 있다. 이러한 트리 기반 앙상블링 기술은 수백개 또는 수천 개의 학습자를 하나의 더 강력한 학습자로 결합하지만 이 과정은 전통적인 머신러닝 알고리듬을 훈련하는 것과 크게 다르지 않으며, 정도는 덜하지만 일부 한계를 가질 수 있다. 약하게 훈련되고 최소한으로 튜닝된 의사결정 트리를 기반으로 하므로 경우에 따라서는 인간 지능의 도움을 받아 철저히 튜닝된 더 다양한 학습 알고리듬으로 구성된 앙상블과 비교해 앙상블의 성능이 한계에 도달할 수 있다. 또한 랜덤 포레스트 및 XGBoost와 같은 트리 기반 앙상블을 병렬화하는 것은 컴퓨터의 노력만을 병렬화하고 모델 구축에 대한 인간의 노력은 병렬화되지 않는다.

실제로 앙상블의 다양성을 증가시키고자 또 다른 학습 알고리듬을 추가하는 것뿐만 아니라 모델 구축 작업을 병렬로 진행하는 다른 인간 팀에게 분배해 앙상블을 구성하는 것이 가능하다. 사실 세계적인 대회에서 우승한 모델들은 다른 팀의 최고 모델들을 가져와 함께 앙상블하는 방식으로 구축됐다.

이러한 유형의 앙상블은 개념적으로는 매우 간단하지만 그것을 효과적으로 실현하기는 실제로 복잡할 수 있다. 구현 세부 사항을 올바르게 처리하는 것은 재앙적인 수준의 과적합을 피할 때 중요하다. 올바르게 수행되면 앙상블은 앙상블 내의 가장 강력한 모델과 적어도 동등한 성능을 발휘하며 종종 훨씬 더 나은 성과를 낼 수 있다.

10장에서 소개한 ROC 곡선을 조사함으로써 2개 이상의 모델이 앙상블링을 통해 혜택을 얻을 수 있는지 판단할 수 있는 간단한 방법을 알아보자. 두 모델이 교차하는 ROC 곡선을 갖고 있다면 이들 곡선 주위에 상상의 고무줄을 둘러싸는 것으로 얻을 수 있는 가장 바깥쪽 경계인 볼록 헐^{convex hull}은 이러한 모델의 예측을 보간하거나 결합해 얻을 수 있는 가상 모델을 나타낸다. 그림 14.9에 표시된 것처럼 AUC 값이 0.70인 2개의 ROC 곡선이 앙상블로 결합될 때 AUC가

0.72인 새로운 모델을 만들 수 있다.

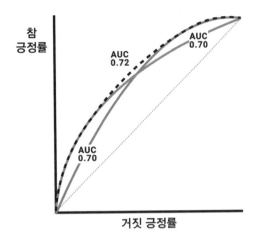

그림 14.9: 둘 이상의 ROC 곡선이 교차할 때 볼록 헐은 앙상블에서 예측을 결합해 생성할 수 있는 잠재적으로 더 나은 분류기를 나타낸다.

이 유형의 앙상블은 대부분 수작업으로 수행되므로 사람이 앙상블 내의 모델에 대한 할당 및 결합 기능을 제공해야 한다. 가장 간단한 형태로도 이러한 기능들은 상당히 실용적으로 구현될 수 있다. 예를 들어 동일한 훈련 데이터 세트가 3개의 다른 팀에게 주어진다고 가정해보자. 이것이 할당 함수다. 이 팀들은 이 데이터 세트를 자유롭게 사용해 자신이 선택한 평가 기준을 사용해 가장 좋은 모델을 만들 수 있다.

다음으로 각 팀에게 테스트 집합이 주어지고 그들의 모델을 사용해 예측을 수행하며, 이 예측을 하나의 최종 예측으로 결합해야 한다. 결합 함수는 다양한 형태를 취할 수 있다. 그룹이 투표할 수도 있고 예측값을 평균할 수도 있으며, 과거에 각 그룹이 얼마나 잘 수행했는지에 따라 예측값을 가중시킬 수도 있다. 심지어 간단한 방식으로 무작위로 하나의 그룹을 선택하는 것도 유효한 전략이다. 적어도 각 그룹이 한 번씩은 다른 그룹보다 더 잘 수행한다고 가정할 경우에 해당한다. 물론 더 똑똑한 방법들도 가능하며 곧 배우게 될 것이다.

모델 쌓기와 혼합 이해

가장 정교한 맞춤형 앙상블 중 일부는 머신러닝을 적용해 최종 예측을 위한 결합 함수를 학습한다. 본질적으로 이는 어떤 모델들이 신뢰할 수 있는지 여부를 학습하려는 것이다. 이 결정자 학습자는 앙상블의 한 모델이 성능이 낮아서 신뢰하지 않아야 함을 인지할 수 있으며 다른 모델에 더 많은 가중치를 부여해야 할 수도 있다. 또한 결정자 함수는 더 복잡한 패턴을 학습할 수도 있다. 예를 들어 모델 M1과 M2가 결과에 서로 동의할 때는 예측이 거의 항상 정확하지만 둘이 동의하지 않은 경우에는 일반적으로 M3가 두 모델 중 어느 것보다 더 정확하다고 가정해보자. 이 경우 추가적인 결정자 모델은 M1과 M2가 서로 동의한 경우를 제외하고는 그들의 의견을 무시하도록 학습할 수 있다. 이러한 여러 모델의 예측을 사용해 최종 모델을 학습하는 프로세스를 스태킹^{staking}이라 한다.

그림 14.10: 스태킹은 결정자 학습 알고리듬을 사용해 일련의 학습자들의 예측을 결합하고 최종 예측을 수행하는 정교한 앙상블이다.

더 넓게 말하면 스태킹은 스택된 일반화^{stacked generalization}라는 방법론에 속한다. 형식적으로 정의하면 스택은 CV를 통해 훈련된 첫 번째 수준의 모델들로 구성되며, 두 번째 수준의 모델 또는 메타모델은 CV 과정에서 보지 않는 예제들인 아웃오브폴드^{out-of-fold} 샘플의 예측을 사용해 훈련된다. 즉, 메타모델은 훈련 중에 보는 것이 아니라 CV 과정에서 테스트된다. 예를 들어 3개의 1단계 모델이 스택에 포함되고 각각이 10-폴드 교차 검증을 사용해 훈련되는 경우를 가정해보자.

훈련 데이터 세트에는 1,000개의 행이 포함돼 있으며 각각 3개의 1단계 모델은 900개의 행으로 훈련되고 100개의 행으로 10번 테스트된다. 이 100개의 행으로 이뤄진 테스트 집합들은 결합돼 전체 훈련 데이터 세트를 구성한다.

3개의 모든 모델이 훈련 데이터의 모든 행에 대해 예측을 수행했기 때문에 1,000개의 행과 4개의 열로 구성된 새로운 테이블을 구성할 수 있다. 첫 3개 열은 각 모델의 예측을 나타내며, 4번째 열은 타깃의 실제 값이다. 이때 이 100개의 행에 대한 예측은 나머지 900개의 행을 기반으로 하기 때문에 전체 1,000개의 행은 낯선 데이터에 대한 예측이다. 이는 2단계 메타모델(일반적으로 회귀 또는 로지스틱 회귀 모델)이 1단계에서 예측된 값을 참 값의 예측자로 사용해 훈련함으로써 어떤 1단계 모델이 더 우수한지 찾도록 학습할 수 있다. 이런 식으로 학습기들의 최적 조합을 찾는 과정을 때때로 슈퍼러닝super learning이라 하며, 그 결과 얻어진 모델을 슈퍼학습자super learner라고도 할 수 있다. 이러한 과정은 종종 머신러닝 소프트웨어나 패키지에서 자동으로 여러 학습 알고리듬을 병렬로 훈련하고 스택으로 자동 쌓아주는 방식으로 수행된다.

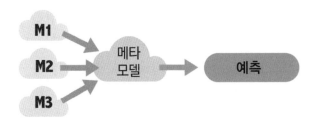

그림 14.11: 스택된 앙상블에서, 2번째 단계 메타모델 또는 '슈퍼학습자'는 폴드 외의 샘플에 대한 1단계 모델의 예측을 사용해 학습한다.

좀 더 실제적인 접근 방식으로는 스택드 일반화의 특수한 경우인 블렌딩blending 또는 홀드아웃 스태킹holdout stacking이라는 방법이 있다. 이 방법은 CV를 홀드아웃 샘플로 대체해 스태킹을 구현하는 더 간단한 방법을 제공한다. 이를 통해 훈련 데이터를 1단계 모델의 훈련 집합으로 나누고 2단계 메타학습기에는 홀드아웃 집합을 사용함으로써 팀 간의 작업 분배가 더 쉽게 이뤄질 수 있다. 이로 인해

CV '정보 누출'에 빠져 과적합하는 가능성도 줄어들 수 있다(이에 대해서는 11장에서 설명했다). 따라서 블렌딩은 간단한 방법이지만 상당히 효과적일 수 있으며, 경쟁에서 우승한 팀이 다른 모델들을 가져와서 더 나은 결과를 위해 앙상블로 묶을 때 일반적으로 사용하는 방법이다.

TIP

스태킹, 블렌딩 및 슈 러닝 등의 용어는 다소 모호하며 이 용어는 여러 의미로 혼용된다.

R에서의 블렌딩 및 스태킹을 위한 실용적인 방법

R에서 블렌딩을 수행하려면 신중한 로드맵이 필요하다. 세부 사항을 잘못 파악하면 극단적인 과적합과 무작위 추측보다도 못한 모델이 발생할 수 있기 때문이다. 다음 그림은 프로세스를 보여준다. 첫째, 채무 불이행을 예측하는 데에 백만 개 행을 가진 과거 데이터에 접근할 수 있다고 상상해보자. 즉시 데이터 세트를 훈련 집합과 테스트 집합으로 분할해야 한다. 물론 테스트 집합은 나중에 앙상블을 평가하고자 별도로 보관해야 한다. 훈련 집합은 750,000개 행이고 테스트 집합은 250,000개 행이라고 가정해보자. 그런 다음 훈련 집합을 다시 나눠 레벨 1 모델과 레벨 2 메타학습기를 훈련하는 데이터 세트를 만들어야 한다. 정확한 비율은 다소 임의적이지만 2번째 단계 모델에는 보통 더 작은 집합을 사용하는 것이 일반적이다(때로는 10% 정도로 낮을 수도 있다). 그림 14.12에서 보여주는 것처럼 레벨 1에는 500,000개 행을 사용하고 레벨 2에는 250,000개 행을 사용할 수 있다.

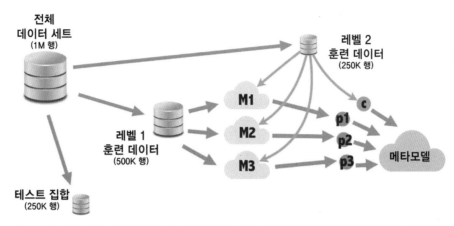

그림 14.12: 전체 훈련 데이터 세트는 1단계 및 2단계 모델을 훈련하고자 별도의 부분집합으로 나눠야 한다.

500,000개 행으로 이뤄진 레벨 1 훈련 데이터 세트는 책에서 여러 차례 수행한 것과 같이 첫 번째 단계 모델을 훈련하는 데 사용된다. M1, M2, M3 모델은 모든 학습 알고리듬을 사용할 수 있으며, 이러한 모델을 구축하는 작업은 독립적으로 작업하는 여러 팀으로 분산될 수도 있다.

나중에 앙상블을 배포할 때 각 팀의 특징 공학 파이프라인을 복제하거나 자동화할 수 있다고 가정하면 모델이나 팀이 훈련 데이터에서 동일한 특징 집합 또는 동일한 특징 공학 형태를 사용할 필요는 없다. 중요한 것은 M1, M2, M3이 동일한 특징을 가진 데이터 세트를 가져와 각 행에 대한 예측을 생성할 수 있어야 한다는 것이다.

그런 다음 250,000개 행으로 이뤄진 레벨 2 훈련 데이터 세트는 각 팀의 특징 공학 파이프라인으로 처리한 후 M1, M2, M3 모델에 입력된다. 이 결과로 250,000개의 예측 벡터 $p1$, $p2$, $p3$이 얻어진다. 이 예측 벡터들은 레벨 2 훈련 데이터 세트에서 얻은 250,000개의 실제 목푯값 c와 결합해 그림 14.13에 나와 있는 것과 같이 4열 데이터 프레임이 생성된다.

M₁ 예측	M₂ 예측	M₃ 예측	실제 값
Yes	Yes	Yes	Yes
No	No	Yes	Yes
No	Yes	Yes	Yes
Yes	No	No	No

그림 14.13: 메타모델 훈련에 사용되는 데이터 세트는 첫 번째 수준 모델의 예측과
두 번째 수준 훈련 데이터의 실제 타깃 값으로 구성된다.

이러한 유형의 데이터 프레임은 보통 회귀 또는 로지스틱 회귀를 사용해 메타모델을 생성하는 데 사용된다. 메타모델은 M1, M2, M3의 예측(그림14.12에서의 p1, p2, p3)을 예측 변수로 사용해 실제 목푯값(그림14.12에서의 c)을 예측한다. R의 공식에서는 이를 c ~ p1 + p2 + p3와 같은 형식으로 지정할 수 있으며, 이렇게 하면 3가지 다른 예측의 입력을 가중치를 두고 자체적인 최종 예측을 만드는 모델이 생성된다.

이 최종 메타모델의 향후 성능을 추정하려면 250,000개의 행으로 구성된 테스트 집합을 사용해야 한다. 이 테스트 집합은 그림 14.12에서 설명한 대로 훈련 과정 동안 보류됐다. 그림 14.14에서 보여주는 것과 같이 테스트 데이터 세트는 M1, M2, M3 모델과 그에 따른 특징 공학 파이프라인에 입력되며, 이전 단계와 유사하게 250,000개의 예측 벡터(p1, p2, p3)가 얻어진다. 그러나 이번에는 p1, p2, p3가 메타모델을 훈련시키는 데 사용되는 대신 이들은 이전에 생성된 메타모델의 예측 변수로 사용돼 각 250,000개의 테스트 사례에 대한 최종 예측(p4)을 얻는다. 이 벡터는 테스트 집합의 250,000개의 실제 타깃 값과 비교해 성능 평가를 수행하고 앙상블의 미래 성능에 대한 비편향 추정치를 얻을 수 있다.

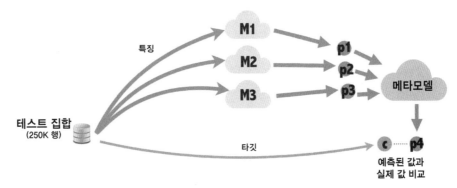

그림 14.14: 앙상블의 미래 성능에 대한 비편향 추정치를 얻고자 테스트 집합을 사용해 레벨 1 모델에 대한 예측을 생성한 다음 메타모델의 최종 예측을 얻는 데 사용한다.

잎의 방법론은 다른 흥미로운 유형의 앙상블을 만들기에 유연하다. 그림 14.15는 완전히 다른 특징 부분집합에서 훈련된 모델을 결합하는 블렌드 앙상블을 보여준다. 구체적으로 이는 트위터^{Twitter} 프로필 데이터를 사용해 사용자에 대한 예측을 수행하는 학습 과제를 구상한다(아마도 사용자의 성별이나 특정 제품을 구매하고 싶어 할지 여부와 같은 예측일 것이다).

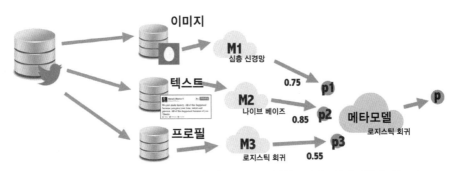

그림 14.15: 스택의 첫 번째 수준 모델은 훈련 집합의 다양한 특징에 대해 훈련할 수 있으며 두 번째 수준 모델은 해당 예측에 대해 훈련된다.

첫 번째 모델은 프로필 사진을 받아 이미지 데이터로 딥러닝 신경망을 훈련해 결과를 예측한다. 두 번째 모델은 사용자의 트윗 집합을 받아 나이브 베이즈와 같은 텍스트 기반 모델을 사용해 결과를 예측한다. 마지막으로 세 번째 모델은 위치, 총 트윗 수, 마지막 로그인 날짜 등과 같은 인구 통계 데이터의 전통적인 데이터 프레임을 사용해 예측하는 좀 더 일반적인 모델이다.

이 세 모델을 결합하면 메타모델은 이미지, 텍스트 또는 프로필 데이터 중 어느 것이 성별이나 구매 행동을 예측하는 데 가장 유용한지를 학습할 수 있다. 또는 메타모델은 M3과 같은 로지스틱 회귀 모델이므로 프로필 데이터를 직접 두 번째 단계 모델에 제공해 M3의 구성을 생략할 수도 있다.

이와 같이 수동으로 블렌딩 앙상블을 구성하는 것 외에도 이러한 프로세스를 도와주는 다양한 R 패키지가 있다. caretEnsemble 패키지는 caret 패키지로 훈련된 앙상블 모델을 지원하며 스택의 샘플링이 스택 또는 블렌딩을 위해 올바르게 처리되게 한다. SuperLearner 패키지는 슈퍼학습자super learner를 쉽게 만들 수 있는 방법을 제공한다. 이 패키지는 수십 개의 기본 알고리듬을 동일한 데이터 세트에 적용하고 자동으로 이들을 스택한다. 바로 사용 가능한 알고리듬으로, 더 적은 노력으로 강력한 앙상블을 구축하는 데 유용할 수 있다.

⠿ 요약

14장을 읽고 나면 데이터 마이닝과 머신러닝 대회에서 사용되는 접근 방식을 알게 됐을 것이다. 자동 튜닝 방법을 사용하면 단일 모델에서 가능한 한 최대의 성능을 끌어내는 데 도움이 될 수 있다. 반면에 앙상블이라고 불리는 머신러닝 모델 그룹을 만들어 함께 작동함으로써 단일 모델만으로 얻을 수 있는 성능보다 훨씬 큰 성능 향상이 가능하다. 랜덤 포레스트와 그래디언트 부스팅 등 다양한 트리 기반 알고리듬은 앙상블의 장점을 제공하지만 단일 모델처럼 쉽게 훈련할 수 있다. 반면에 학습기를 스택이나 블렌드로 수작업으로 합치는 것도 가능하며, 이렇게 하면 학습 문제에 맞게 조심스럽게 맞춤화된 접근 방식이 가능해진다.

모델의 성능을 향상시키기 위한 다양한 옵션들이 있는데, 어디서부터 시작해야 할까? 최상의 단일 접근 방식은 없지만 실무자들은 일반적으로 3가지 유형으로 나뉜다. 첫째, 일부는 랜덤 포레스트나 XGBoost와 같은 더 정교한 앙상블 중 하나로 시작하고, 이 모델의 성능을 최대한 높이고자 주로 튜닝과 특징 공학에 시간을 투자한다. 둘째, 다양한 접근 방식을 시도한 후 이러한 모델들을 단일 스택 또는 블렌딩 앙상블로 수집해 더 강력한 학습기를 만들어낸다. 셋째, '컴퓨터에 가능한 많은 데이터를 빠르게 넣고 결과를 확인하는 것'으로 설명할 수 있다. 이는 학습 알고리듬에 가능한 한 많은 데이터를 가능한 한 빨리 공급하려고 시도하며 때로는 이전 장들에서 설명한 것과 같은 자동화된 특징 공학이나 차원 감소 기술과 결합된다. 연습을 통해 이러한 아이디어 중에서 어떤 것이 다른 것들보다 더 매력적인지를 느낄 수 있으며, 따라서 가장 잘맞는 방법을 선택하면 된다.

14장은 경쟁에 대비한 모델을 준비하는 데 도움이 되도록 설계됐지만 당신의 동료 경쟁자도 동일한 기술에 접근할 수 있다. 움츠러들기만 하면 안 되기 때문에 독자적인 방법들을 계속해서 습득해야 한다. 독특한 전문 지식을 가져오거나 데이터 준비 단계에서의 디테일한 시각을 가진 것이 당신의 장점일 수도 있다. 어떤 경우에도 연습이 완벽하게 만드는 것이기 때문에 경진 대회를 이용해 머신러닝 기술을 시험하고 평가하며 개선하는 데 활용해보라. 15장은 이 책의 마지막 장으로, R을 사용해 매우 특수하고 어려운 데이터 작업에 현대적 '빅데이터' 기술을 적용하는 방법을 살펴본다.

15

빅데이터 활용

오늘날 가장 흥미로운 머신러닝 연구는 컴퓨터 비전, 자연어 처리, 자율주행차량 등 빅데이터 영역에서 발견되지만 대부분의 비즈니스 애플리케이션은 기껏해야 '중간' 데이터라고 할 수 있는 것을 사용해 훨씬 더 작은 규모다. 12장에서 언급한 것처럼 진정한 빅데이티 작업에는 일반적으로 대규모 기술 회사나 대학 연구소에서만 볼 수 있는 데이터 세트와 컴퓨팅 시설에 대한 접근이 필요하다. 그럼에도 이러한 자원을 사용하는 실제 작업은 주로 데이터 공학의 위업인 경우가 많으며, 이는 기존 비즈니스 응용에서 데이터를 사용하기 전에 데이터를 크게 단순화한다.

희소식은 주로 큰 데이터 회사에서 수행되던 주목받는 연구를 결국 비교적 더 전통적인 머신러닝 작업에 간단한 형태로 적용할 수 있다는 것이다. 15장에서는 이러한 큰 데이터 방법을 R에서 활용하는 다양한 접근 방법을 다룬다. 15장에서는 다루는 내용은 다음과 같다.

- 대용량 데이터 회사에서 개발된 딥러닝 모델에서 영감을 얻어 이를 전통적인 모델링 작업에 적용하는 방법

- 텍스트나 이미지와 같은 크고 구조화되지 않은 큰 데이터 타입의 복잡도를 줄이는 전략으로 예측에 사용하는 방법
- 메모리에 맞지 않을 수도 있는 대용량 데이터 세트에 접근하고 모델링하는 최첨단 패키지와 방법

R은 대용량 데이터 프로젝트에 적합하지 않다는 평판에도 R 커뮤니티의 노력으로 점차적으로 다양한 고급 작업을 수행할 수 있는 도구로 변모됐다. 이 장의 목표는 R이 딥러닝과 대용량 데이터 시대에도 여전히 유효하다는 것을 보여주는 것이다. R이 가장 큰 대용량 데이터 프로젝트의 핵심은 아닐 수 있고 파이썬과 클라우드 기반 도구들과의 경쟁이 높아지고 있지만 R의 장점으로 인해 많은 데이터 과학자가 여전히 R을 사용하고 있다.

딥러닝의 실제 적용

최근 딥러닝은 기존 방법으로는 해결하기 어려웠던 머신러닝 작업들을 성공적으로 해결함으로써 큰 관심을 받고 있다. 딥러닝은 정교한 인공 신경망을 사용해 컴퓨터가 인간처럼 사고하게 가르치는 것으로, 인간이 한때는 극복하기 어려웠던 많은 작업에서 기계가 인간의 성능을 따라잡거나 심지어 뛰어넘을 수 있게 했다. 심지어 인간이 여전히 특정 작업에서 더 뛰어나다 하더라도 머신러닝의 이점으로 인해 지치지 않고 지루해하지 않으며 급여를 요구하지 않는 노동자로서 불완전한 기계조차도 많은 작업에 유용한 도구로 바꿔준다.

유감스럽게도 대규모 기술 회사나 연구 기관 외부에서 일하는 우리에게는 딥러닝 방법을 활용하기가 항상 쉬운 것은 아니다. 딥러닝 모델을 훈련하는 것은 일반적으로 최첨단 컴퓨팅 하드웨어뿐만 아니라 대량의 훈련 데이터가 필요하다. 사실 12장에서 언급한 것처럼 비즈니스 환경에서 대부분의 실용적인 머신러닝 애플리케이션은 소위 '소규모' 또는 '중규모' 데이터 범위에 해당하며, 이러한 경우 딥러닝 방법이 회귀나 의사결정 트리와 같은 기존 머신러닝 접근 방식

보다 더 나은 성능을 내지 못하거나 오히려 더 안 좋은 결과를 낼 수도 있다. 따라서 많은 기업이 딥러닝에 많은 투자를 하는 것은 진정한 필요보다는 과대 선전에 휩쓸린 결과일 수 있다.

물론 딥러닝에 대한 부분적인 관심은 그 참신함과 함께 비용이 많이 드는 인력을 대체할 인공지능의 비전으로부터 비롯될 수 있다. 그러나 사실 딥러닝 기법은 기존의 머신러닝 방법을 대체하는 것보다는 함께 사용하는 데 실용적인 응용 사례가 있다. 이 장의 목적은 딥러닝의 성공 사례가 대규모 데이터 영역 외에도 기존 머신러닝 프로젝트에 통합될 수 있는 방법을 보여주는 것이다. 따라서 이 장에서는 심층 신경망을 처음부터 끝까지 만드는 튜토리얼을 제공하는 것이 아니라 딥러닝의 성과를 기존의 머신러닝 프로젝트에 어떻게 통합할 수 있는지를 보여준다.

NOTE

> 팩트출판사에는 포우루스(M. Pawlus)와 데빈(R. Devine)의 『Hands-On Deep Learning with R: A practical guide to designing, building, and improving neural network models using R』 (2020), 라이(B. Rai)의 『Advanced Deep Learning with R』(2019), 굽타(S. Gupta), 안사리(R. A. Ansari), 사카르(D. Sarkar)의 『Deep Learning with R Cookbook』(2020)과 같은 여러 딥러닝 책이 있다.

딥러닝으로 시작하기

최근 몇 년 동안 딥러닝 시대에 교육받은 새로운 데이터 과학 실무자들이 등장하면서 머신러닝 커뮤니티에서 '세대차'가 형성되고 있다. 딥러닝 개발 이전에는 통계학이나 컴퓨터 과학으로 훈련받은 사람들이 주로 머신러닝 분야를 주도했다. 특히 초기에 머신러닝 실무자들은 이전 도메인의 은유적인 개념을 함께 지니고 있었고 사용하는 소프트웨어와 알고리듬은 당시의 트렌드와 노선에 따라 분류됐다. 통계학자들은 주로 R과 같은 회귀 기반 기법과 소프트웨어를 선호하고, 컴퓨터 과학자들은 파이썬이나 자바와 같은 언어로 구현된 반복적이고 발견적인 알고리듬인 의사결정 트리를 선호했다. 그러나 딥러닝은 이러한 구분 선을 흐리게 만들었으며, 다음 세대의 데이터 과학자들은 이전 세대와 이질석 으로 보일 수 있다.

이 갈등은 당시에는 어디서 나온 것인지 명확하게 볼 수 없었지만 후에 돌이켜 보면 기원을 뚜렷하게 알 수 있다. 유명한 작가 헤밍웨이가 한 번 썼듯이 이 일은 '서서히 그리고 갑자기' 일어났다. 머신러닝 자체가 컴퓨팅 파워, 통계적 방법 그리고 사용 가능한 데이터의 동시 진화로만 가능했던 것처럼 다음의 큰 진화적 도약은 각각의 3가지 구성 요소에서 일어난 일련의 작은 진화로 인해 발생한다는 것이 이치에 맞다. 1장에서 소개한 유사한 이미지를 떠올려보면 오늘날 최첨단 머신러닝 주기를 나타내는 개선된 진화 주기 다이어그램은 딥러 닝이 개발된 환경을 보여준다.

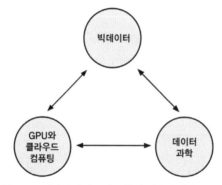

그림 15.1: 발전 주기의 요인 조합이 딥러닝 개발로 이어짐

딥러닝이 빅데이터 시대에서 발전한 것은 놀랍지 않으며, 그와 동시에 필요한 컴퓨팅 하드웨어인 **그래픽 처리 장치**^{GPU, Graphics Processing Units}와 클라우드 기반 병렬 처리 도구들이 제공됐다. 이러한 도구들은 이 장에서 나중에 다룬다. 이러한 환경은 매우 긴 데이터 세트와 넓은 데이터 세트를 처리할 때 필수적이다. 그러 나 덜 명확하고 때로는 당연시되기 쉬운 것은 학문적이고 연구적인 환경이다. 통계와 컴퓨터 과학 모두에 걸친 연구자들과 크고 복잡한 실세계 데이터 세트 에서 실용적인 비즈니스 문제를 해결하려는 응용 데이터 과학자들로 구성된

강력한 데이터 과학 커뮤니티가 없었다면 딥러닝이 현재와 같이 발전하는 것은 불가능했을 것이다. 달리 말하면 데이터 과학이 이제 집중된 학문 분야로 존재한다는 사실은 의심할 여지없이 발전의 주기를 가속화했다. 공상과학 소설에서 비유를 빌리자면 이 시스템은 지금 '학습하는 법'을 배우면서 훨씬 더 빨리 자기 자체를 인식하고 배우는 로봇과 같다는 것이다.

딥러닝의 빠른 발전은 앞서 언급한 세대차에 영향을 미쳤지만 그것만이 유일한 요인은 아니다. 곧 알게 되겠지만 딥러닝은 빅데이터 작업에서 인상적인 성능을 제공할 뿐만 아니라 소규모 작업에서도 기존 학습 방법과 유사하게 수행할 수 있다. 이로 인해 일부 사람은 이 기술에 거의 전적으로 집중하게 됐다. 마치 이전 세대의 머신러닝 연구자들이 회귀 또는 의사결정 트리에 전적으로 초점을 맞춘 것과 유사하다. 딥러닝이 특정 작업을 수행하고자 특수화된 소프트웨어 도구와 수학적 용어를 사용한다는 사실은, 때로는 같은 일련의 단계를 설명하고자 실제로 다른 언어로 얘기하고 있다는 것을 의미한다. 머신러닝 분야에서 "세상에 공짜 점심은 없다"라는 말처럼 머신러닝 여정을 계속 진행하는 동안 이것을 유일한 도구가 아닌 여러 유용한 도구 중 하나로 보는 것이 가장 좋다.

TIP

> 심지어 딥러닝 연구자들이 선형 회귀와 같은 더 간단한 방법을 위해 사용하는 용어에는 '비용 함수(cost function)', '그래디언트 하강법(gradient descent)' 그리고 '최적화(optimization)'와 같은 구문이 포함돼 있다. 이는 딥러닝이 회귀와 다른 머신러닝 방법을 근사화할 수는 있지만 해결 방법은 완전히 다르다는 것을 상기시켜준다.

딥러닝을 위한 적절한 과제 선택

7장에서 언급한 것처럼 최소한 하나의 은닉 계층을 갖는 신경망은 범용 함수 근사자 역할을 할 수 있다. 이 원리를 더 자세히 설명하면 충분한 훈련 데이터가 주어진다면 잘 설계된 신경망은 다른 모든 함수의 출력을 모방하는 방법을 학습할 수 있다고 할 수 있다.

이는 이 책에서 다룬 전통적인 학습 방법들도 잘 설계된 신경망에 의해 근사될 수 있다는 것을 의미한다. 사실 선형 회귀나 로지스틱 회귀를 거의 정확하게 모방하는 신경망을 설계하는 것은 매우 간단하며, 좀 더 노력을 기울이면 k-최 근접 이웃과 나이브 베이즈와 같은 기법을 근사할 수도 있다. 충분한 데이터가 주어진다면 신경망은 랜덤 포레스트나 그래디언트 부스팅 머신과 같은 최고 수준의 트리 기반 알고리듬과 거의 비슷한 성능에 다가갈 수 있다.

그렇다면 왜 모든 문제에 딥러닝을 적용하지 않을까? 사실 신경망이 다른 모든 학습 접근 방식을 모방할 수 있는 능력은 "세상에 공짜 점심은 없다."는 정리를 어겼다는 것처럼 보인다. 이 정리는 간단히 말해 가능한 모든 모델링 작업에서 최상의 성능을 발휘할 수 있는 머신러닝 알고리듬이 없다는 것을 의미한다. 이러한 정리는 딥러닝의 마법에도 여전히 옳은 이유가 있다. 첫째, 신경망이 함수를 근사화하는 능력은 훈련 데이터의 양과 관련이 있다. 작은 데이터 범위에서는 전통적인 기법이 더 나은 성능을 발휘할 수 있으며, 특히 신중한 특징 공학과 결합될 때 더욱 그렇다. 둘째, 신경망이 훈련에 필요한 데이터양을 줄이려면 네트워크가 기저 함수를 학습하기 쉬운 구조를 가져야 한다. 물론 모델을 구축하는 사람이 어떤 구조를 사용해야 하는지 알고 있다면 처음부터 더 간단한 전통적인 모델을 사용하는 것이 더 좋을 수도 있다.

딥러닝을 전통적인 학습 작업에 사용하는 사람은 일반적으로 큰 데이터 영역에서 작동하는 블랙박스 접근 방식을 선호할 것이다. 그러나 대용량 데이터는 단순히 많은 데이터 행의 존재뿐만 아니라 많은 특징도 포함하는 것을 의미한다. 대부분의 전통적인 학습 작업, 심지어 수백만 개의 데이터 행이 있는 작업도 중간 데이터 영역에 속하며, 여기서 전통적인 학습 알고리듬들은 여전히 잘 수행된다. 이 경우 신경망이 더 나은 성능을 발휘하는지는 결국 과적합과 과소적합의 균형에 달려있으며 이 균형을 찾는 것은 때로는 어려울 수 있다. 신경망은 훈련 데이터를 다소 쉽게 과적합하는 경향이 있기 때문이다.

아마도 이러한 이유로 딥러닝은 머신러닝 대회에서 승리를 거두기에는 적합하지 않을 것이다. 캐글 그랜드마스터에게 물어보면 신경망은 표준적인 실제 문제에는 잘 작동하지 않으며 기존 지도학습 작업에서는 그래디언트 부스팅이 승리할 것이라 말할 것이다. 실제로 리더보드를 살펴보면 딥러닝의 부재를 확인할 수 있다. 아마도 잘 구성된 팀은 딥러닝을 특징 공학에 사용하고 이를 다른 모델과 앙상블에 통합해 성능을 향상시킬 수 있지만 심지어 그런 경우도 드물다. 딥러닝의 강점은 다른 곳에 있다. 규칙을 따지자면 트리 기반 앙상블 방법은 구조화된 탭 형식의 데이터에서 승리하고 신경망은 이미지, 음성, 텍스트와 같은 비구조화된 데이터에서 승리한다.

최근의 연구 성과와 기술 스타트업 회사에 관한 최신 뉴스를 읽으면 딥러닝의 독특한 능력을 활용해 비전통적인 작업을 해결하는 애플리케이션을 발견할 수 있다. 일반적으로 이러한 비전통적인 학습 작업은 3가지 범주, 즉 컴퓨터 비전, 자연어 처리 또는 시간에 따라 반복 측정 또는 매우 큰 수의 상호 관련 예측 변수가 있는 데이터 타입과 관련된 것 중 하나에 해당한다. 각 카테고리별로 구체적인 성공 사례는 다음 표에 나열돼 있다.

어려운 머신러닝 과제	딥러닝 성공 사례
정지 이미지나 비디오 데이터에서 발견되는 이미지를 분류하는 컴퓨터 비전 작업	• 보안 카메라 영상에서 얼굴 식별 • 생태 모니터링을 위한 식물이나 동물 분류 • X-ray, MRI 또는 CT 스캔과 같은 의료 이미지 진단 • 스포츠 경기장에서 선수들의 활동 측정 • 자율주행차량
맥락에서 단어의 의미를 이해하는 데 필요한 자연어 응용	• 소셜 미디어 게시물 처리해 가짜 뉴스나 혐오 발언 걸러내기 • 트위터나 고객 지원 이메일 모니터링으로 소비자 감성이나 다른 마케팅 통찰력 확인하기 • 음성 음반 기록을 통해 위험한 결과에 처한 환자나 새로운 치료 대상자 확인하기
많은 반복 측정 또는 매우 많은 예측 변수를 포함하는 예측 분석	• 공개 시장에서 상품 또는 주식의 가격 예측하기 • 에너지, 자원 또는 의료 서비스 이용량 추정하기 • 보험 청구 코드를 사용해 생존 또는 기타 의료 결과 예측하기

일부 사람은 분명히 기존 학습 문제에 대해 딥러닝을 사용하지만 이 장은 기존의 통 모델링 기법으로 해결할 수 없는 과제에만 초점을 맞춘다. 딥러닝은 빅데이터 시대를 특징짓는 이미지와 텍스트 같은 비정형 데이터 유형에 높은 능력을 갖추고 있으며, 이러한 데이터는 전통적인 접근 방식으로 모델링하기가 극도로 어렵다. 이러한 기능을 잠금 해제하려면 특수 소프트웨어와 특수 데이터 구조를 사용해야 하며, 이에 대해서는 다음 절에서 다룬다.

텐서플로와 케라스 딥러닝 프레임워크

고급 머신러닝 학습을 위해 구글에서 개발한 오픈소스 수학 라이브러리인 텐서플로^{TensorFlow}(https://www.tensorflow.org)만큼 딥러닝의 급속한 성장에 크게 기여한 소프트웨어 도구는 없을 것이다. 텐서플로는 일련의 수학적 연산을 통해 데이터 구조를 '흐르는' 방향성 그래프를 사용해 컴퓨팅 인터페이스를 제공한다.

NOTE

> 팩트출판사는 텐서플로에 관한 많은 책들을 제공한다. 현재 제공되는 책들을 검색하려면 https://subscription.packtpub.com/search?query=tensorflow를 방문한다.

가장 기본적인 텐서플로 데이터 구조는 당연히 텐서^{tensor}로 알려져 있으며, 이는 영 또는 그 이상 차원의 배열이다. 가장 간단한 0D와 1D 텐서를 기반으로 해 추가적인 차원을 추가함으로써 더 복잡한 데이터 구조를 표현할 수 있다. 우리는 일반적으로 구조체 집합을 분석하기 때문에 첫 번째 차원은 일반적으로 여러 객체를 쌓을 수 있게 예약되며, 이때 첫 번째 차원은 각 구조체의 배치 또는 샘플 번호를 나타낸다. 예를 들면 다음과 같다.

- 한 사람의 특성 값들을 수집하는 1D 텐서들의 집합은 R의 데이터 프레임과 유사한 2D 텐서([person_id, feature_values])다.
- 시간에 따라 반복되는 측정값들은 2D 텐서들을 3D 텐서([person_id, time_sequence, feature_values])로 쌓아 표현할 수 있다.

- 2D 이미지는 각 픽셀의 색상 값을 저장하는 4D 텐서([image_id, row, column, color_values])로 표현된다.
- 동영상이나 애니메이션 이미지는 추가적인 시간 차원을 가진 5D 텐서([image_id, time_sequence, row, column, color_values])로 표현된다. 그런 다음 첫 번째 차원은 각 구조의 배치 또는 샘플 번호를 나타낸다.

대부분의 텐서는 숫자 데이터로 완전히 채워진 직사각형 행렬이지만 비정형 텐서 및 희소 텐서와 같은 더 복잡한 구조는 텍스트 데이터와 함께 사용할 수 있다.

NOTE

> 텐서플로의 텐서 객체에 대한 자세한 내용은 https://www.tensorflow.org/guide/tensor를 참고한다.

텐서플로의 그래프는 더 정확히 데이터플로 그래프^{dataflow graph}라고 할 수 있으며, 노드와 방향성 화살표로 연결된 선분을 사용해 데이터 구조 간의 종속성, 데이터 구조에 대한 수학적 연산 그리고 출력을 나타낸다. 노드는 수학적 연산을 나타내고 선분은 연산 간에 흐르는 텐서를 나타낸다. 그래프는 작업의 병렬화에 도움이 되며, 어떤 단계가 순서대로 완료돼야 하는지와 동시에 완료할 수 있는 단계가 무엇인지를 명확하게 보여준다.

원하는 경우 데이터플로 그래프를 시각화할 수 있으며 그림 15.2에 표시된 이상적인 그래프와 비슷한 결과물이 생성된다. 이는 매우 단순화된 표현이며 실제 텐서플로 그래프는 훨씬 복잡한 경우가 많다. 여기의 다이어그램은 1번째 연산이 완료된 후 2번째와 4번째 연산이 병렬로 시작될 수 있음을 보여준다.

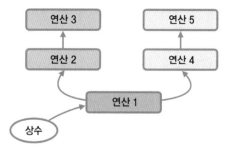

그림 15.2: 텐서플로 그래프의 단순화된 표현

텐서가 그래프를 통해 흐를 때 노드로 표시된 연산에 의해 변형된다. 그림을 만드는 사람에 의해 정의된 단계는 각각이 어떤 종류의 수학적 작업을 수행하는 최종 목표에 한 걸음씩 가까워지게끔 설계된다. 플로 그래프의 일부 단계는 데이터에 정규화^{normalization}, 평활화^{smoothing} 또는 버킷팅^{bucketing}과 같은 간단한 수학적 변환을 적용할 수 있다. 다른 단계는 모델을 학습하려고 할 때 반복적으로 실행하면서 손실 함수를 모니터링해 모델의 예측값과 실제 값 사이의 적합도를 측정할 수 있다.

RStudio 팀에서는 텐서플로와의 R 인터페이스를 개발했다. `tensorflow` 패키지는 핵심 API에 대한 액세스를 제공하고, `tfestimators` 패키지는 더 높은 수준의 머신러닝 기능에 접근할 수 있게 해준다. 텐서플로의 방향성 그래프 접근 방식은 이 책에서 다루는 많은 다른 머신러닝 모델들을 구현하는 데 사용될 수 있다. 하지만 각 모델을 정의하는 행렬 수학에 대한 깊은 이해가 필요하며, 이는 이 책의 범위를 벗어난다. 이러한 패키지들과 RStudio의 텐서플로 인터페이스에 대한 자세한 정보는 https://tensorflow.rstudio.com을 방문해 확인할 수 있다.

텐서플로는 수작업으로 신중하게 프로그래밍해야 하는 복잡한 수학적 연산에 크게 의존하기 때문에 케라스^{Keras} 라이브러리(https://keras.io)가 개발됐다. 케라스는 텐서플로와 함께 사용되며, 더 높은 수준의 인터페이스를 제공해 심층 신경망을 더 쉽게 구축할 수 있게 해준다. 케라스는 파이썬으로 개발됐으며 일반적으로 텐서플로를 백엔드 계산 엔진으로 사용한다. 케라스를 사용하면 몇 줄의 코드로 딥러닝을 수행할 수 있으며, 이번 장의 예제에서처럼 이미지 분류와 같이 어려운 애플리케이션도 가능하다.

> **NOTE**
>
> Packt Publishing offers numerous books and videos to learn Keras. To search current offerings, visit https://subscription.packtpub.com/search?query=keras.

RStudio의 창립자인 알레르[J. J. Allaire]가 개발한 keras 패키지를 사용하면 R에서 케라스와 상호작용할 수 있다. 이 패키지를 사용하는 데 필요한 코드는 매우 적지만 처음부터 유용한 딥러닝 모델을 개발하려면 신경망에 대한 광범위한 지식과 텐서플로 및 케라스 API에 대한 이해가 필요하다. 이러한 이유로 이 책의 범위를 벗어나는 튜토리얼은 제공하지 않는다. 대신 RStudio 텐서플로 문서나 2018년에 프랑수아 콜레[Francois Chollet]와 알레르가 공동 저술한 책 『Deep Learning with R』을 참고하기 바란다. 해당 책은 케라스와 keras 패키지를 개발한 작성자들이 집필했기 때문에 이 도구에 대해 배우기에 더 나은 자료가 없을 것이다.

> **NOTE**
>
> 케라스와 텐서플로의 조합이 현재 가장 인기 있는 딥러닝 툴킷이라고 할 수 있지만 이 작업을 수행하는 유일한 도구는 아니다. 페이스북에서 개발된 파이토치(PyTorch) 프레임워크는 특히 학술 연구 커뮤니티에서 쉽게 사용할 수 있는 대안으로 빠르게 인기를 얻고 있다. 더 많은 정보는 https://pytorch.org를 참고한다.

텐서플로는 복잡한 수학 함수를 간단한 그래프 추상화를 사용해 표현하는 혁신적인 아이디어와 네트워크 토폴로지를 더 쉽게 지정할 수 있게 도와주는 케라스 프레임워크의 결합으로 다음 절에서 설명하는 것과 같이 더 깊고 복잡한 신경망을 구축할 수 있게 됐다. 케라스는 사전에 구축된 신경망을 새로운 작업에 쉽게 적용할 수 있도록 몇 줄의 코드로도 가능하게 한다.

컨볼루션 신경망의 이해

신경망은 60년 이상 연구돼 왔으며 최근에야 광범위하게 사용되는 '딥러닝'이 됐다. 그러나 심층 신경망의 개념은 수십 년 동안 알려져 있었다. 7장에서 처음으로 소개된 **심층 신경망**^{DNN, Deep Neural Network}은 단순히 하나 이상의 은닉 계층을 가진 신경망을 의미한다.

이는 실제로 심층 학습의 본질을 과소평가한 것으로 전통적인 DNN은 이전에 구축한 신경망과 비교해 상당히 복잡하다. 몇 개의 추가 노드를 새로운 은닉 계층에 추가하는 것만으로 '심층 학습'이라고 부르는 것으로는 충분하지 않다. 대신 전형적인 DNN은 매우 복잡하지만 목적에 맞게 설계된 토폴로지를 사용해 대용량 데이터에서 학습을 원활하게 진행하며, 이를 통해 어려운 학습 과제에서 인간과 유사한 성능을 발휘할 수 있다.

딥러닝에 대한 전환점은 2012년 SuperVision 팀이 ImageNet 대규모 시각 인식 대회에서 딥러닝을 사용해 우승한 것에서 왔다. 이 연례 대회는 10,000개의 객체 범주로 10백만 개의 손으로 레이블링된 이미지 부분집합을 분류하는 능력을 시험한다. 대회 초기에는 인간이 컴퓨터보다 월등히 뛰어났지만 SuperVision 모델의 성능으로 인해 격차가 크게 줄어들었다. 오늘날 컴퓨터는 시각적 분류에서 인간과 거의 동등한 성능을 발휘하며 특정 경우에는 더 뛰어날 수도 있다. 인간은 작고 얇거나 왜곡된 항목을 식별하는 데 더 뛰어나지만 컴퓨터는 강아지 품종과 같은 특정 유형의 항목을 구별하는 능력이 더 뛰어나다. 곧 컴퓨터가 시각적 작업의 두 유형 모두에서 인간보다 우수한 성능을 발휘할 가능성이 높다.

성능 급상승의 원인은 이미지 인식을 위해 특별히 설계된 혁신적인 네트워크 토폴로지다. **컨볼루션 신경망**^{CNN, Convolutional Neural Network}은 시각적 작업에 사용되는 심층 피드포워드 네트워크로, 사전에 특징 공학이 필요하지 않고 독립적으로 중요한 이미지 특징을 학습한다. 예를 들어 '정지' 또는 '양보'와 같은 도로 표지판을 분류하려면 전통적인 학습 알고리듬이 사전에 모양 및 색상과 같은 특징을 엔지니어링해야 한다. 이에 반해 CNN은 각 이미지 픽셀의 원시 데이터만 필요로 하며 네트워크 자체가 모양 및 색상과 같은 중요한 특징을 학습한다.

이러한 특징을 학습하는 것은 원시 이미지 데이터를 사용할 때 차원이 크게 증가함으로써 가능해진다. 전통적인 학습 알고리듬은 하나의 행에 하나의 이미지를 사용하며, 예를 들어 (정지 표지판, 빨강, 팔각형)과 같은 형식일 것이다. 반면 CNN은 데이터를 (정지 표지판, x, y, 색상)과 같은 형태로 사용한다. 여기서 x와 y는 픽셀 좌표이고 색상은 해당 픽셀의 색상 데이터다. 이는 차원이 단한 개만 증가한 것처럼 보일 수 있지만 매우 작은 이미지조차도 많은 (x, y) 조합으로 이뤄지며, 색상은 종종 RGB(빨강, 녹색, 파랑) 값의 조합으로 지정된다. 따라서 하나의 훈련 데이터 행의 더 정확한 표현은 다음과 같다.

(정지 표지판, x_1y_1r, x_1x_1g, x_1y_1b, x_2y_1r, x_2y_1g, x_2y_1b, ..., x_ny_nr, x_nx_ng, x_ny_nb)

각각의 예측 변수는 지정된 (x, y) 조합에서 빨강, 녹색 또는 파랑의 수준을 나타낸다. 따라서 차원이 크게 증가하고 이미지가 커질수록 데이터 세트는 매우 넓어진다.

작은 100 × 100 픽셀 이미지는 100 × 100 × 3 = 30,000개의 예측 변수를 가진다. 이것조차도 2012년에 시각 인식 경연에서 우승한 SuperVision 팀이 사용한 6천만 개의 파라미터와 비교하면 작다.

12장에서는 파라미터가 지나치게 많은 경우 모델이 모든 학습 샘플을 기억하고 완벽하게 분류하는 보간 임곗값에 도달한다고 언급했다. ImageNet Challenge 데이터 세트는 1000만 개의 이미지를 포함하는데, 이는 우승 팀이 사용한 6천만 개의 파라미터보다 훨씬 작다. 이는 직관적으로 이해가 된다. 데이터베이스에 완전히 동일한 이미지가 없다고 가정한다면 적어도 하나의 픽셀은 모든 이미지마다 다를 것이다. 따라서 알고리듬은 간단히 모든 이미지를 기억해 학습 데이터의 완벽한 분류를 달성할 수 있다. 문제는 이 모델이 낯선 데이터 세트에서 평가되며, 따라서 학습 데이터에 대한 심한 과적합이 막대한 일반화 에러로 이어질 수 있다는 점이다.

CNN의 토폴로지는 이러한 문제를 방지한다. 여기서는 CNN의 블랙박스에 대해 너무 깊게 파지는 않겠지만 다음과 같은 카테고리의 계층으로 이해할 수 있다.

- **컨볼루션 계층**Convolutional layers은 네트워크 초기에 배치되며 일반적으로 네트워크에서 가장 계산량이 많은 단계다. 이 계층은 원시 이미지 데이터를 직접 처리하는 유일한 계층이며 컨볼루션은 원시 데이터를 필터를 통과시키는 것으로 이해할 수 있으며, 전체 영역의 작은 중첩 부분을 나타내는 타일 집합을 만든다.
- **풀링 계층**Pooling layers 또는 **다운샘플링**downsampling 또는 서브샘플링 계층subsampling layers은 하나의 계층에서 여러 뉴런의 출력 신호를 모아 다음 계층의 하나의 뉴런으로 요약한다. 보통 그중 최댓값 또는 평균값을 취해 요약한다.
- **완전 연결 계층**Fully connected layers은 전통적인 다층 퍼셉트론MLP, MultiLayer Perceptron의 계층과 매우 유사하며, CNN의 끝부분에 사용돼 예측을 수행하는 모델을 구축한다.

네트워크의 컨볼루션과 풀링 계층은 이미지의 중요한 특징을 파악하고, 예측을 수행하기 전에 데이터 세트의 차원을 줄이는 데 관련된 목적을 수행한다. 다시 말해 네트워크의 초기 단계에서는 특징 공학을 수행하고 후반 단계에서는 생성된 특징을 사용해 예측을 수행한다.

NOTE

> CNN 계층을 더 잘 이해하려면 Adam W. Harley의 'An Interactive Node—Link Visualization of Convolutional Neural Networks'(https://adamharley.com/nn_vis/)을 참고한다. 이 인터랙티브 도구를 쓰면 사용자에게 0부터 9까지의 숫자를 그리게 한 다음 이를 신경망으로 분류한다. 2D 및 3D 컨볼루션 신경망의 시각화는 명확하게 보여준다. 그린 숫자가 컨볼루션, 다운샘플링 그리고 완전 연결 계층을 거쳐 출력 계층에 도달하며 거기서 예측이 이뤄진다. 일반적인 이미지 분류를 위한 신경망도 이와 같은 방식으로 동작하지만 훨씬 더 크고 복잡한 네트워크를 사용한다.

전이 학습과 미세 튜닝

CNN을 처음부터 구축하려면 많은 양의 데이터, 전문적인 지식 그리고 컴퓨팅 파워가 필요하다. 다행히도 데이터와 컴퓨팅 자원에 접근할 수 있는 많은 대규모 조직이 이미지, 텍스트, 오디오 분류 모델을 구축하고 이를 데이터 과학 커뮤니티와 공유하고 있다. 전이 학습^{transfer learning} 과정을 통해 이러한 딥러닝 모델은 다른 문맥에서 적용될 수 있다. 이 저장된 모델을 원래 학습된 유사한 유형의 문제에 적용하는 것은 물론 원래 도메인 외의 문제에도 유용할 수 있다. 예를 들어 인공위성 사진에서 멸종 위기종의 코끼리를 인식하는 데에 학습된 신경망은 전쟁 지역 위를 비행하는 적외선 드론 이미지에서 탱크의 위치를 식별하는 데에도 유용할 수 있다.

지식이 새로운 작업으로 직접 전달되지 않는다면 세밀한 조정 프로세스인 미세 튜닝^{fine tuning}을 통해 사전에 학습된 신경망을 더욱 향상시킬 수 있다. 예를 들어 10,000개의 클래스로 구성된 일반적인 이미지 분류 모델을 가져와 특정 유형의 객체를 식별하는 데에 능하도록 세밀하게 튜닝하면 학습 데이터와 컴퓨팅 파워를 절감할 수 있을 뿐만 아니라 하나의 클래스 이미지로 학습된 모델보다 개선된 일반화를 얻을 수 있다.

케라스는 사전 훈련된 가중치를 가진 신경망을 다운로드해 전이 학습 및 미세 튜닝에 모두 사용할 수 있다. 사용 가능한 사전 훈련된 모델 목록은 https://keras.io/api/applications/에서 확인할 수 있으며 고양이와 개를 더 잘 예측하고자 이미지 처리 모델을 미세 튜닝하는 예제는 https://tensorflow.rstudio.com/guides/keras/transfer_learning에서 찾을 수 있다. 다음 절에서는 사전 훈련된 이미지 모델을 실제 이미지에 적용해본다.

예제: R에서 사전 훈련된 CNN을 사용한 이미지 분류

R은 가장 무거운 딥러닝 작업에 적합하지 않을 수 있지만 적절한 패키지 세트를

사용하면 사전 훈련된 CNN을 적용해 이미지 인식과 같은 기존 머신러닝 알고리듬이 해결하기 어려운 작업을 수행할 수 있다. R 코드로 생성된 예측은 외설적인 프로필 사진을 필터링하고 이미지가 고양이인지 개인지 판단하거나, 간단한 자율주행차량 내의 정지 신호를 식별하는 이미지 인식 작업에 직접 사용될 수 있다. 더 흔한 경우에는 이러한 예측을 구조화된 이미지 데이터를 사용하는 기존 머신러닝 모델과 함께 비정형 이미지 데이터를 처리하는 딥러닝 신경망을 포함한 앙상블의 예측 변수로 사용할 수 있다. 14장에서 이미지, 텍스트 및 전통적인 머신러닝 모델을 결합해 트위터 사용자의 미래 행동 요소를 예측하는 잠재적인 스태킹 앙상블도 소개한 것을 기억할 것이다. 다음 사진은 가상의 트위터 프로필 사진으로, 곧 심층 신경망을 사용해 분류할 것이다.

그림 15.3: R에서 미리 훈련된 신경망을 사용해 다음과 같은 이미지의 주인공이 무엇인지 식별할 수 있다.

먼저 사전 훈련된 모델을 사용하기 전에 신경망을 훈련하는 데 사용된 데이터 세트를 고려하는 것이 중요하다. 대부분의 공개적으로 사용 가능한 이미지 네트워크는 자동차, 개, 집, 다양한 도구 등 다양한 일상적인 사물과 동물로 구성된 거대한 이미지 데이터베이스에서 훈련됐다. 이는 일상적인 사물을 구분하는 것이 원하는 작업이라면 적절하겠지만 더 구체적인 작업을 원하면 거기에 맞는 더 구체적인 훈련 데이터 세트를 필요로 할 수 있다. 예를 들어 얼굴 인식 도구나 정지 신호를 식별하는 알고리듬은 각각 얼굴과 도로 표지판의 데이터 세트에서 더 효과적으로 훈련될 수 있다. 전이 학습을 사용하면 다양한 이미지로 훈련된 심층 신경망을 더 구체적인 작업에 더 잘 맞게 세밀하게 튜닝할 수 있다. 예를 들어 고양이 사진을 잘 식별하는 능력을 가진 네트워크로 미세 튜닝할 수 있지만 얼굴이나 도로 표지판으로 훈련된 네트워크가 고양이를 잘 식별하는 것은 추가적인 튜닝으로도 어렵다고 할 수 있다.

이 연습에서는 ResNet-50이라는 CNN을 사용해 작은 이미지 집합을 분류할 것이다. ResNet-50은 크고 포괄적인 다양한 레이블이 지정된 이미지에 대해 훈련된 50계층의 심층 네트워크다.

이 모델은 2015년에 연구진들에 의해 최첨단이자 경진대회 우승 컴퓨터 비전 알고리듬으로 소개됐으며, 그 후에 더 정교한 접근 방식이 이 방식을 능가했지만 여전히 매우 인기가 있으며 R과 케라스와의 편리한 사용과 통합 덕분에 매우 효과적이다.

NOTE

> ResNet-50에 대한 자세한 내용은 He, K., Zhang, X., Ren, S., Sun, J.의 'Deep Residual Learning for Image Recognition', 2015, https://arxiv.org/abs/1512.03385v1을 참고한다.

ResNet-50 모델을 훈련하는 데 사용된 ImageNet 데이터베이스(https://www.image-net.org)는 이미지넷 시각인 경진대회ImageNet Visual Recognition Challenge에 사용된 동일한 데이터베이스로서 2010년에 소개된 이후 컴퓨터 비전 부분에 크게 기여했다. 이 데이터베이스는 1,400만 개 이상의 수작업 레이블이 달린 이미지로 구성돼 있으며 수 기가바이트의 저장 공간을 사용한다(또는 전체 학술 버전의 경우 테라바이트 수준까지도 된다). 이 리소스를 다운로드하고 모델을 처음부터 훈련할 필요가 없다는 것은 다행스러운 일이다. 우리는 단지 ResNet-50 모델로 연구원들이 전체 데이터베이스에 대해 훈련한 신경망 가중치를 다운로드하기만 하면 되므로 컴퓨팅 비용을 상당히 절감할 수 있다.

프로세스를 시작하려면 tensorflow 및 keras 패키지와 다양한 종속성을 R에 추가해야 한다. 이 단계 중 대부분은 한 번만 수행해야 한다. devtools 패키지는 R 패키지를 개발하고 활성 개발 중인 패키지를 사용하기 위한 도구를 추가하므로 평소와 같이 설치하고 로드하는 것부터 시작하자.

```
> install.packages("devtools")
> library(devtools)
```

다음으로 devtools 패키지를 사용해 깃허브에서 최신 버전의 tensorflow 패키지를 얻는다. 일반적으로 CRAN에서 패키지를 설치하지만 현재 개발 중인 패키지의 경우 최신 소스코드에서 직접 설치하는 것이 더 좋을 수 있다. tensorflow 패키지를 깃허브 경로에서 설치하는 명령은 다음과 같다.

```
> devtools::install_github("rstudio/tensorflow")
```

이는 R이 패키지의 소스코드를 저장하는 RStudio 깃허브 계정을 가리킨다. 설명서를 읽고 웹에서 직접 코드를 보려면 웹 브라우저에서 https://github.com/rstudio/tensorflow를 방문하라.

tensorflow 패키지를 설치한 후에는 텐서플로를 R에서 사용하기 위한 몇 가지 종속성이 필요하다. 특히 tensorflow 패키지는 R과 텐서플로 간의 인터페이스일 뿐이므로 먼저 텐서플로 자체를 설치해야 한다. 아이러니하게도 이를 위해 파이썬과 여러 패키지가 필요하다. 따라서 R에서 파이썬과의 인터페이스를 관리하는 reticulate 패키지(https://rstudio.github.io/reticulate/)를 사용한다. 다소 혼란스러워 보이지만 tensorflow 패키지의 단일 명령으로 다음과 같이 전체 설치 과정을 진행할 수 있다.

```
> library(tensorflow)
> install_tensorflow()
```

명령이 실행되는 동안 대규모 파이썬 도구와 패키지 모음을 설치하고자 R이

작동하는 것을 볼 수 있다. 모두 잘 진행되면 깃허브에서 케라스 패키지 설치를
진행할 수 있다.

```
> devtools::install_github("rstudio/keras")
```

문제가 발생한다면 이 예제 코드가 여러 플랫폼과 R 버전에서 테스트됐지만
R이 파이썬 및 텐서플로와 인터페이스하려면 많은 종속성이 필요하므로 에러
가 발생할 수 있다는 점을 상기하라. 특정 에러 메시지를 검색하거나 이 장의
갱신된 R 코드를 팩트출판사의 깃허브 저장소에서 확인하는 것이 좋다. 문제를
겪을 때 두려워하지 마라.

필요한 패키지가 설치돼 있으면 케라스는 ImageNet 데이터베이스에서 훈련된
가중치로 ResNet-50 모델을 로드하는 데 도움이 될 수 있다.

```
> library(keras)
> model <- application_resnet50(weights = 'imagenet')
```

수백만 개의 일상 이미지로 훈련된 50-layer deep 이미지 분류 모델이 이제 예
측을 시작할 준비가 됐다. 그러나 모델을 로드하는 데 간편함이 실제 작업을
가려준다.

사전에 훈련된 모델을 사용하는 데 있어 더 큰 문제는 원하는 분류를 위해 비정
형 이미지 데이터를 훈련 중에 봤던 동일한 구조화된 형식으로 변환하는 것이
다. ResNet-50은 224 × 224 픽셀의 정사각형 이미지를 사용하며 각 픽셀은 빨간
색, 녹색, 파란색의 3개 채널을 가지며 각 채널은 255단계의 밝기를 갖는다.
분류하려는 모든 이미지는 PNG, GIF, 또는 JPEG와 같은 원래 형식에서 이러한
표현을 사용하는 3D 텐서로 변환돼야 한다. 이를 이 장의 R 코드 폴더에서 찾을
수 있는 cat.jpg, ice_cream.jpg, pizza.jpg 파일을 사용해 확인해볼 수 있지만
이 과정은 모든 이미지에 대해 비슷하게 작동한다.

keras 패키지의 image_load() 함수로 프로세스를 시작한다. 다음과 같이 파일 이름과 원하는 대상 크기를 제공하기만 하면 된다.

```
> img <- image_load("ice_cream.jpg", target_size = c(224,224))
```

이렇게 하면 이미지 객체가 생성되지만 이를 3D 텐서로 변환하려면 명령이 하나 더 필요하다.

```
> img <- image_load("ice_cream.jpg", target_size = c(224,224))
```

이를 증명하고자 다음과 같이 객체의 크기와 구조를 검토할 수 있다. 예상대로 객체는 크기가 224 × 224 × 3인 숫자 행렬이다.

```
> dim(x)

[1] 224 224    3
```

행렬의 처음 몇 개 값은 모두 255이며 그다지 의미가 없다.

```
> str(x)

 num [1:224, 1:224, 1:3] 255 255 255 255 255 255 255 255 255 255 ...
```

이러한 데이터 구조를 더 잘 이해하고자 조사를 진행해보자. R의 행, 열 행렬 형식 때문에 행렬 좌표는 (y, x)로 나타내며 $(1, 1)$은 이미지의 왼쪽 상단 픽셀을 나타내고 $(1, 224)$는 오른쪽 상단 픽셀을 나타낸다. 이를 설명하고자 아이스크림 이미지의 일부 픽셀에 대해 3가지 색상 채널을 얻는다.

```
> x[1, 224, 1:3]
```

```
[1] 253 253 255
```

```
> x[40, 145, 1:3]
```

```
[1] 149  23  34
```

(1, 224) 위치의 픽셀은 (r, g, b) 색상이 (253, 253, 255)로 가장 밝은 흰색에 해당하며 (40, 145) 위치의 픽셀은 색상 값이 (149, 23, 34)로 어두운 빨간색에 해당한다. 이는 아이스크림 안에 있는 딸기 조각을 나타낸다. 이러한 좌표들은 다음 그림에 있다.

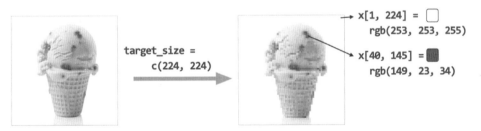

그림 15.4: 아이스크림 사진이 1,000 × 1,000픽셀의 행렬에서 224 × 224픽셀로 축소됐다. 이미지의 각 픽셀에는 3가지 색상 채널이 있다.

한 가지 추가적인 복잡성은 ResNet-50 모델은 4차원을 가진 텐서를 기대한다는 것이다. 4번째 차원은 배치를 나타내는 것으로, 우리가 분류할 이미지는 하나뿐이기 때문에 이 파라미터가 필요하지 않다. 따라서 1 × 224 × 224 × 3의 행렬을 만들고자 간단하게 1이라는 상수를 할당한다. 명령 c(1, dim(x))는 새로운 행렬을 이 형식으로 정의하며, 그런 다음 array_reshape() 함수를 사용해 텐서플로가 사용하는 파이썬 스타일의 행별 채우기 방식을 사용해 x의 내용으로 이 행렬을 채운다. 전체 명령은 다음과 같다.

```
> x <- array_reshape(x, c(1, dim(x)))
```

x의 차원이 올바른지 확인하려면 dim() 명령을 사용할 수 있다.

```
> dim(x)
```

```
[1]   1 224 224    3
```

마지막으로 imagenet_preprocess_input() 함수를 실행해 ImageNet 데이터베이스와 일치하도록 색상 값을 정규화한다.

```
> x <- imagenet_preprocess_input(x)
```

이 변환의 주요 기능은 각 색상을 데이터베이스의 평균을 기준으로 제로 센터링하는 것이다. 이렇게 하면 각 색상 값이 해당 색상에 대한 ImageNet 이미지의 평균보다 큰지 작은지로 취급된다. 예를 들어 아이스크림의 빨간색 픽셀인 (40, 145)의 색상 값은 이전에는 149, 23, 34였지만 지금은 매우 다른 값으로 바뀌었다.

```
> x[1, 40, 145, 1:3]
```

```
[1] -69.939 -93.779   25.320
```

음수 값은 해당 색상에 대한 ImageNet의 평균보다 색상 레벨이 낮음을 나타내며 양수 값은 더 높음을 나타낸다. 또한 전처리 단계는 빨강-녹색-파랑 형식을 뒤집어 파랑-녹색-빨강 형식으로 변경하는데, 이로 인해 빨강 채널만 평균 ImageNet 수준보다 높게 나타난다. 이는 딸기가 꽤 빨간색이기 때문에 그리 놀랍지는 않다.

이제 ResNet-50 네트워크가 각 이미지를 무엇이라 생각하는지 확인해보자. 먼저 predict() 함수를 모델 객체와 이미지 행렬에 사용한 다음 keras 함수 imagenet_decode_predictions()를 사용해 네트워크가 예측한 확률을 텍스트 기반 레이블로 변환한다. ImageNet 데이터베이스에는 1,000개의 이미지 카테고리가 있으므로 preds 객체에는 1,000개의 예측된 확률이 들어 있다. 디코딩 함수를 사용해 상위 N개의 가장 높은 가능성으로 출력을 제한할 수 있다(이 경우에는 10개이다).

```
> p_resnet50 <- predict(m_resnet50, x)
> c_resnet50 <- imagenet_decode_predictions(p_resnet50, top = 10)
```

c_resnet50 객체는 단일 이미지에 대한 상위 10개의 예측을 담고 있는 리스트다. 예측 결과를 확인하려면 리스트의 이름을 입력하면 된다. 이를 통해 네트워크가 이미지를 아이스크림으로 약 99.6%의 확률로 정확하게 식별했음을 알 수 있다.

```
> c_resnet50

[[1]]
   class_name class_description          score
1   n07614500          ice_cream  0.99612110853
2   n07836838    chocolate_sauce  0.00257453066
3   n07613480             trifle  0.00017260048
4   n07932039             eggnog  0.00011857488
5   n07930864                cup  0.00011558698
6   n07745940         strawberry  0.00010969469
7   n15075141      toilet_tissue  0.00006556125
8   n03314780        face_powder  0.00005355201
9   n03482405             hamper  0.00004582879
10  n04423845            thimble  0.00004054611
```

다른 분류 중 어떤 것은 예측된 확률이 거의 0에 가까워서 대부분의 경우 가능성이 없다는 것을 알 수 있지만 다른 상위 예측 목록은 어느 정도 이해가 될 수도 있다. 에그노그^{eggnog} 술은 음식 카테고리 안에 있으며, 아이스크림콘은 컵이나 골무와 약간 닮았다.

이 모델은 심지어 6번째로 확률이 높게 딸기를 언급했는데, 이는 정확한 아이스크림의 맛이다.

연습으로 다른 2개의 이미지에도 동일한 과정을 수행해보자. 다음의 단계들은 lapply() 함수를 사용해 이미지 처리 단계를 2개의 이미지에 적용하고 각 이미지에 대한 새로운 리스트를 생성한다. 마지막 단계에서는 2개의 처리된 이미지 배열을 포함하는 리스트를 lapply() 함수에 제공해 각 이미지에 predict() 명령을 적용한다.

```
> img_list <- list("cat.jpg", "pizza.jpg")
> img_data <- lapply(img_list, image_load, target_size = c(224,224))
> img_arrs <- lapply(img_data, image_to_array)
> img_resh <- lapply(img_arrs, array_reshape, c(1, 224, 224, 3))
> img_prep <- lapply(img_resh, imagenet_preprocess_input)
> img_prob <- lapply(img_prep, predict, object = m_resnet50)
```

마지막으로 sapply() 함수를 사용해 2개의 예측 결과에 디코딩 함수를 적용하면서 결과를 단순화한다. lapply() 함수도 여기서 작동하지만 imagenet_decode_predictions() 함수가 리스트를 반환하기 때문에 결과는 리스트 내에서 길이가 하나인 하위 리스트가 된다. sapply()는 이것이 중복되고 불필요하다는 것을 인식해 추가적인 계층을 제거할 것이다.

```
> img_classes <- sapply(img_prob, imagenet_decode_predictions, top = 3)
```

결과 객체의 이름을 입력하면 두 이미지 각각에 대한 상위 3개의 예측이 표시된다.

```
> img_classes
```

```
[[1]]
    class_name   class_description        score
1   n02123045                tabby   0.63457680
2   n02124075         Egyptian_cat   0.08966244
3   n02123159            tiger_cat   0.06287414

[[2]]
    class_name   class_description        score
1   n07873807                pizza   0.9890466332
2   n07684084          French_loaf   0.0083064679
3   n07747607               orange   0.0002433858
```

ResNet-50 알고리듬은 이미지를 올바르게 분류할 뿐만 아니라 고양이가 얼룩무늬라고 정확히 식별했다. 이는 신경망이 특정 작업에서 인간의 구체성을 능가하는 능력을 보여준다. 많은 사람이 그냥 고양이로 이미지를 레이블링할 수 있지만 컴퓨터는 특정 유형의 고양이를 판별할 수 있다. 반면에 인간들은 여전히 최적의 조건이 아닌 상황에서 객체를 식별하는 데 더 능하다. 예를 들어 어둠이나 잡초에 가려진 고양이는 대부분의 경우 컴퓨터에게 인간보다 더 큰 도전 과제가 될 것이다. 그럼에도 컴퓨터의 지칠 줄 모르는 작업 능력은 인공지능 작업을 자동화하는 데 큰 장점을 제공한다. 앞서 말한 바와 같이 트위터 프로필 이미지와 같은 대규모 데이터 세트에 이러한 유형의 컴퓨터 비전 모델의 예측 결과를 사용해 무수히 많은 사용자 행동을 예측하는 앙상블 모델에 적용할 수 있다.

⁂ 비지도학습과 빅데이터

앞 절에서는 심층 신경망이 일상적인 생물이나 사물의 대량 입력 이미지를 분류하는 방법을 보여줬다. 또 다른 관점에서는 이를 다른 관점에서 볼 때 이미지 픽셀 데이터의 고차원 입력을 가져와 저차원 이미지 레이블 집합으로 줄이는 머신러닝 작업으로 이해할 수도 있다. 그러나 딥러닝 신경망은 지도학습 기술이라는 점에 유의해야 한다. 즉, 기계는 인간이 학습하라고 말한 것만 학습할 수 있다. 즉, 이전에 레이블이 지정된 것만을 학습할 수 있다.

이 절의 목적은 비지도학습 기술의 유용한 응용 사례를 대용량 데이터의 맥락에서 제시하는 것이다. 이러한 응용 사례는 여러 면에서 9장에서 다뤘던 k-평균 군집화와 유사하다. 그러나 이전의 비지도학습 기술은 결과를 해석하는 데 사람에게 많이 의존했지만 대용량 데이터의 맥락에서는 기계가 더 나아가서 알고리듬이 발견한 연결의 깊고 풍부한 이해와 데이터의 의미를 제공할 수 있다.

쉬운 말로 하자면 고양이가 무엇인지 미리 알려주지 않아도 고양이를 인식할 수 있는 심층 신경망을 상상해보라. 물론 미리 레이블을 받지 않은 상태에서 컴퓨터가 그것을 명시적으로 '고양이'로 레이블하지는 않을 수 있지만 컴퓨터는 사진에 나타난 고양이와 관련된 특정한 관계들을 이해할 수 있다. 예를 들어 사진에 고양이와 함께 나타나는 사물인 사람, 모래 통, 쥐, 줄무늬 공 등과 관계가 있음을 알 수 있으며 개와는 드물거나 전혀 관계가 없는 것으로 이해할 수도 있다. 이러한 연관성은 고양이에 대한 개념화를 형성하는 데 도움이 된다. 즉, 고양이는 사람, 모래 통 그리고 실과 밀접하게 관련된 존재지만 다른 4개의 다리와 꼬리를 가진 무언가와는 상반된 존재로 이해될 수 있다. 충분한 사진이 주어진다면 신경망은 결국 고양이 먹이가 담긴 봉지 근처나 인터넷의 수많은 고양이 기반 밈meme에서 고양이를 식별해 고양이에 대한 인상을 영어 단어 'cat'과 연관시킬 수 있다.

이러한 정교한 고양이 모델을 개발하려면 대부분의 머신러닝 전문가가 접근할 수 있는 데이터와 컴퓨팅 자원보다 더 많은 데이터와 컴퓨팅 자원이 필요하다. 하지만 더 단순한 모델을 개발하거나 이와 같은 자원을 가진 빅데이터 기업으로부터 모델을 빌려와 활용하는 것은 가능하다. 이러한 기술은 기계가 빅데이터의 복잡도를 훨씬 더 이해하기 쉬운 것으로 줄일 수 있으므로 구조화되지 않은 데이터 소스를 좀 더 전통적인 학습 과제에 통합하는 또 다른 방법을 제공한다.

고차원적 개념을 임베딩으로 표현

일상생활에서 마주치는 사물들은 무한한 속성으로 설명할 수 있다. 더욱이 각 사물을 설명하는 데 사용할 수 있는 데이터 포인트가 무수히 많을 뿐만 아니라 인간의 주관적 특성상 두 사람이 동일한 방식으로 사물을 설명할 가능성은 적다. 예를 들어 몇 명의 사람에게 전형적인 공포 영화를 묻는다면 한 명은 피와 살육이 등장하는 슬래셔^{slasher} 영화를 상상할 수 있고, 다른 한 명은 좀비나 뱀파이어 영화를 떠올릴 수 있으며, 또 다른 한 명은 오싹하고 으스스한 유령 얘기와 저주받은 집을 떠올릴 수 있다. 이러한 설명은 다음과 같이 나타낼 수 있다.

- 공포 = 킬러 + 피 + 살육
- 공포 = 오싹 + 좀비 + 뱀파이어
- 공포 = 으스스함 + 유령 + 저주받은

이러한 정의를 컴퓨터로 프로그래밍한다면 컴퓨터는 공포와 관련된 어떤 표현을 다른 것으로 대체하고 '살육', '으스스함', '유령'과 같은 더 구체적인 특징 대신에 '공포'라는 좀 더 일반적인 개념을 사용해 예측을 할 수 있을 것이다. 예를 들어 학습 알고리듬은 소셜 미디어 사용자가 이러한 공포와 관련된 용어를 사용할 경우 새로운 공포 영화에 대한 광고를 클릭할 가능성이 높다는 것을 발견할 수 있을 것이다.

불행하게도 사용자가 "무서운 영화가 너무 좋아요!" 또는 "할로윈 시즌이 내가 가장 좋아하는 시기야!"와 같은 문구를 게시한다면 알고리듬은 이 텍스트를 이전의 공포와 관련된 개념과 연관시키지 못하며, 따라서 공포 영화 광고를 표시해야 함을 인식하지 못할 것이다. 이는 수백 개의 공포와 관련된 키워드에도 동일하게 적용되며, 이는 기계가 이전에 정확하게 보지 못한 키워드가 많이 포함된다. 이것은 마녀, 악마, 묘지, 거미, 해골 등과 같이 인간 관찰자에게 명백해 보이는 많은 것을 포함해 컴퓨터가 이전에 그대로 보지 못한 수백 개의 공포 관련 키워드에 대해서도 마찬가지다. 이러한 텍스트들을 처리하고자 공포라는 개념을 거의 무한한 방식으로 일반화할 수 있는 방법이 필요하다.

임베딩^{embedding}은 수학적인 개념으로, 높은 차원의 벡터를 적은 차원으로 표현하는 능력을 말한다. 머신러닝에서 임베딩은 고차원 공간에서 상관관계가 있는 차원이 저차원 공간에 더 가깝게 배치되도록 의도적으로 구성된다.

잘 구성된 임베딩인 경우 낮은 차원 공간은 높은 차원의 의미 또는 의미를 보존하면서 더 간단한 표현으로서 분류 작업에 사용될 수 있다. 임베딩을 생성하는 핵심적인 과제는 높은 차원의 비구조적 또는 반구조적 데이터 세트에 내재된 문맥적 의미를 모델링하는 비지도학습 작업이다.

인간은 개념을 저차원 표현으로 구축하는 데 상당히 능숙하며, 이는 넓은 틀에서는 유사하지만 세부 사항에서는 다를 수 있는 객체나 현상에 레이블을 지정할 때 직관적으로 수행하는 작업이다. 코미디, 공상 과학, 또는 공포와 같은 영화를 분류할 때, 힙합이나 팝 또는 록앤롤과 같은 음악 카테고리에 대해 얘기할 때, 음식이나 동물 또는 질병의 분류법을 만들 때 이를 수행한다. 9장에서는 머신러닝 군집화 프로세스가 이러한 인간의 분류 과정을 모방해 '비지도 분류' 프로세스를 통해 다양하지만 유사한 항목들을 그룹화한다는 것을 봤다. 그러나 이 접근 방식은 데이터 세트의 차원을 감소시키더라도 각 예제에 대해 동일한 구체적인 특징이 요구되는 구조적인 데이터 세트가 필요하다. 영화에 대한 텍스트 설명과 같은 비구조적인 데이터에는 군집화하기에는 특징이 너무 많고 희소하다.

대신 연상을 통해 학습하는 인간의 능력을 모방하면 어떨까? 사람은 여러 영화를 보고나서 구체적인 측정 가능한 특징 없이도 각 영화를 유사한 것끼리 연관시킬 수 있다. 우리는 어떤 영화들을 공포 영화로 분류할 수 있다. 이를 위해 뻔한 스토리 라인을 살피거나 각 영화에서 나오는 비명의 수를 세지 않아도 된다. 중요한 점은 사람에게는 '공포'라는 구체적인 정의가 필요하지 않다는 것이다. 우리는 집합에서 다른 것들과의 상대적인 개념을 직관적으로 이해하기 때문이다. 코미디 영화에서 고양이가 갑자기 등장하는 것은 슬랩스틱 유머로 사용될 수 있지만, 긴장감 넘치는 음악과 함께 사용되면 으스스한 장면으로 사용될 수 있다. 공포의 의미는 항상 그 문맥에 따라 결정된다.

마찬가지로 학습 알고리듬은 문맥을 통해 임베딩을 구축할 수 있다. 할리우드가 제작한 수천 개의 영화는 다른 영화들과 비교해 이해될 수 있으며, 두 공포 영화가 공통적으로 갖고 있는 특징이 정확히 무엇인지 연구하지 않아도 알고리듬은 이들이 유사한 문맥에서 나타나고 다른 문맥에서 서로 대체 가능하다는 것을 관찰할 수 있다. 이 대체 가능성의 개념은 대부분의 임베딩 알고리듬의 기반이며, 실제로 영화 추천 알고리듬 및 기타 영역에 사용하고자 임베딩을 구축하는 데 사용됐다. 다음 절에서는 인기 있는 언어 임베딩 알고리듬이 단어의 의미를 발견하는 데 대체 가능성을 어떻게 사용하는지 살펴본다.

단어 임베딩 이해

영어에 대략 백만 개의 단어가 있는 경우 언어 기반 모델의 특징 공간은 구와 단어 순서를 고려하기 전에도 대략 백만 차원이 된다. 이는 대부분의 통상적인 학습 알고리듬이 의미 있는 신호를 찾기에는 분명히 너무 크고 희소할 것이다. 4장에서 설명한 대로 단어주머니^{bag-of-words} 접근 방식은 충분한 컴퓨팅 성능에서는 작동할 수 있지만 원하는 결과와 단어를 연결하려면 엄청난 양의 훈련 데이터가 필요하다. 대신 빅데이터에 대해 사전 훈련된 언어 임베딩을 사용할 수 있다면 어떨까?

이 대체적인 접근 방식의 장점을 설명하고자 소셜 미디어 웹 사이트에 게시하는 사용자에게 점심시간 카페 광고를 보여줄지 결정하는 머신러닝 과제를 상상해보자. 가상의 사용자가 작성한 다음과 같은 게시물을 고려해보자.

- 오늘 아침 가장 중요한 아침식사로 베이컨과 계란을 먹었다.
- 오늘 오후 체육관에 가기 전에 빨리 샌드위치를 먹으려고 한다.
- 오늘 저녁 데이트를 위해 음식점을 추천해 줄 사람 있나요?

나이브 베이즈 접근 방식의 경우 먼저 이러한 유형의 문장이 많이 필요하다. 하지만 알고리듬이 지도학습 모델이기 때문에 게시글을 작성한 사용자가 카페에서 점심을 구매할지 여부를 나타내는 타깃 특징이 필요하다. 그런 다음 모델을 훈련해 어떤 단어가 점심을 구매하는 것과 관련성이 있는지 인식하게 할 수 있다.

비교해보면 사람의 경우에는 이러한 문장들을 읽고 나면 3명의 사용자 중에서 오늘 점심을 사려고 할 가능성이 가장 높은 사용자를 쉽게 합리적으로 추측할 수 있다. 사람의 추측은 특별히 점심 구매 행동을 예측하게 훈련된 것이 아니라 각 문장의 단어에 내재된 의미의 이해를 기반으로 하기 때문이다. 다시 말해 사람은 사용자들이 언급한 단어의 의미를 이해하기 때문에 그들의 행동을 추측하는 것은 불필요해지며, 대신 그들이 무엇을 계획하고 있는지 듣기만 하면 된다.

TIP

> 가장 효과적인 언어 모델은 단순히 단어의 의미를 보는 것 이상으로 단어 간의 관계에서도 의미를 파악한다. 문법과 구문을 사용하면 문장의 함축적 의미를 완전히 바꿀 수 있다. 예를 들어 "오늘 아침 식사를 건너뛰었기 때문에 점심 때 실컷 먹을 수 있겠다."라는 문장은 거의 정확히 같은 단어를 포함하고 있음에도 "오늘 아침 식사를 과도하게 먹어서 점심을 건너뛰어야 해요."라는 문장과 매우 다르다.

일단 이것을 어떻게 구성할지는 무시하고 모든 영어 단어의 의미를 2차원으로 포착하는 매우 간단한 언어 임베딩이 있다고 가정하자. 하나는 '점심^{lunch}'과 관련된 정도를 나타내는 차원이고 다른 하나는 '음식^{food}'과 관련된 것인지를 나타내는 차원이다. 이 모델에서는 원래 '수프^{soup}'와 '샐러드^{salad}' 같은 독특하고 구체적인 용어로 전달되던 의미가 이제는 2차원 공간에서의 '개념들의 위치'로 나타난다. 그림 15.5에 표시된 몇 개의 단어를 예로 설명하면 다음과 같다.

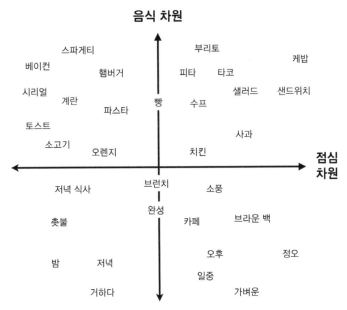

그림 15.5: 매우 간단한 임베딩은 다양한 단어의 고차원적 의미를 기계가 '음식'과 '점심'의 주관적 개념을 이해하는 데 사용할 수 있는 2차원으로 축소한다.

이 임베딩 자체는 단어를 저차원 공간의 좌표로 매핑하는 것이다. 따라서 특정 단어의 값을 알려주는 룩업^{lookup} 함수를 제공할 수 있다. 예를 들어 위의 2차원 단어 임베딩을 사용해 소셜 미디어 게시물에 나타날 만한 용어의 좌표를 얻을 수 있다.

- f(샌드위치) = (0.97, 0.54)
- f(베이컨) = (−0.88, 0.75)
- f(사과) = (0.63, 0.25)

- $f(오렌지) = (-0.38, 0.13)$

첫 번째 차원의 값이 높은 용어들은 더 구체적으로 점심과 (점심과 관련된) 관련이 더 많으며, 값이 낮은 경우에는 점심과 특별한 관련이 없는 용어들을 나타낸다. 예를 들어 '샌드위치'라는 단어는 점심 값이 높고 '베이컨'은 점심 값이 낮다. 샌드위치는 점심, 베이컨은 아침과 밀접한 관련이 있기 때문이다. 유사하게, 두 번째 차원의 값이 높거나 낮은 용어들은 음식일 가능성이 더 크거나 작음을 나타낸다. '오렌지'와 '사과'는 둘 다 음식이 될 수 있지만 '오렌지'는 색상을 나타낼 수도 있고 '사과(애플)'는 컴퓨터를 나타낼 수도 있으므로 음식 차원에서는 중간쯤에 위치한다. 한편 '베이컨'과 '샌드위치'는 이 차원에서 높은 값이지만 '부리또'나 '스파게티'보다는 낮은 값인데, 이는 베이컨과 샌드위치가 음식과는 관련이 없는 다른 의미도 갖고 있기 때문이다. 예를 들어 "돈을 번다bring home the bacon"라는 영어 표현에 사용된 베이컨은 음식과 무관하며, 물건이 "다른 물건들 사이에 끼어있다sandwiched between other items"라는 표현에서의 샌드위치는 음식과 무관하다.

이러한 유형의 임베딩에서 흥미롭고 유용한 특성은 단어들이 간단한 수학과 최근접 이웃 스타일의 거리 계산을 통해 서로 관련될 수 있다는 것이다. 2차원 그래프에서는 가로 또는 세로축을 기준으로 대칭인 용어들이나 가까운 이웃들을 살펴봄으로써 이러한 특성을 관찰할 수 있다. 이로 인해 다음과 같은 관찰이 가능하다.

- 사과는 오렌지의 더 점심에 관련된 버전이다.
- 소고기는 닭고기와 비슷하지만 점심과 연관성이 덜한 것 같다.
- 피타와 타코는 약간 유사하며, 케밥과 샌드위치도 마찬가지다.
- 수프와 샐러드는 밀접한 관련이 있으며, 계란과 파스타의 점심에 관련된 버전이다.
- 무거운 것과 가벼운 것은 점심에 있어서 반대이며, 오후와 저녁도 마찬가지다.

858

- '브라운 백'이라는 용어는 '사과'와 같이 점심에 관련되지만 덜 음식스러운 특징을 갖고 있다.

이것이 간단하고 꾸며낸 예제이지만 빅데이터를 사용해 개발된 단어 임베딩은 비슷한 수학적 특성을 갖고 있다. 다만 이러한 임베딩은 훨씬 더 많은 차원을 갖고 있다. 곧 알게 되겠지만 이러한 추가적 차원은 단어 의미의 다른 측면들을 모델링할 수 있게 하며, 지금까지 설명한 '점심'과 '음식' 차원을 뛰어넘어 임베딩을 더욱 풍부하게 만든다.

예제: R에서 텍스트를 이해하기 위한 word2vec 사용

이전 절들에서는 임베딩을 고차원 개념을 저차원 공간에 인코딩하는 수단으로 소개했다. 또한 개념적으로 이 과정은 컴퓨터에게 다양한 용어의 대체 가능성에 대해 학습시키는 것으로, 인간과 유사한 연관 학습 프로세스를 적용한 학습 과정을 다뤘다. 그러나 지금까지 이런 기능을 수행하는 알고리듬을 자세히 탐구하지는 않았다. 이러한 방법은 빅데이터 회사나 대학 연구원들에 의해 개발됐으며, 이들은 이러한 방법을 대중과 공유했다.

가장 널리 사용되는 단어 임베딩 기법 중 하나는 word2vec일 것이다. 이는 구글의 연구자들에 의해 2013년에 공개됐으며, 이름에서 알 수 있듯이 단어를 벡터로 변환한다. 작성자들에 따르면 이는 단일 알고리듬이 아니라 자연어 처리 작업에 사용할 수 있는 여러 방법의 모음이다. word2vec이 공개된 이후 많은 새로운 방법이 등장했지만 여전히 인기가 있으며 오늘날까지 꾸준히 연구되고 있다. word2vec의 전체 범위를 이해하는 것은 이 장의 범위를 벗어나지만 몇 가지 주요 구성 요소를 이해한다면 다른 많은 자연어 처리 기술을 이해할 수 있는 토대가 될 것이다.

word2vec 접근 방식을 깊이 탐구하려면 Mikolov, T., Chen, K., Corrado, G., Dean, J.의 「Efficient Estimation of Word Representations in Vector Space」(2013) 논문을 참고한다. 해당 논문은 https://arxiv.org/abs/1301.3781에서 확인할 수 있다. 또 다른 초기에 널리 사용되는 단어 임베딩 접근 방식으로는 GloVe 알고리듬이 있다. 이는 스탠포드 대학교 팀에 의해 2014년에 발행됐으며, 유사한 방법의 집합을 사용한다. GloVe에 대한 자세한 정보는 https://nlp.stanford.edu/projects/glove/를 참고한다.

컴퓨터가 웹 페이지나 교과서와 같은 큰 말뭉치의 텍스트를 읽으면서 학습하려는 경우 어떤 단어들이 서로 연관돼 있고 서로 대체될 수 있는지를 학습하고자 '문맥context'에 대한 공식적인 정의가 필요하다. 특히 텍스트가 큰 경우 전체 텍스트를 대상으로 하지 않고 학습 범위를 더 합리적인 범위로 제한해야 한다. 이를 위해 word2vec 기법은 윈도우 크기window size 파라미터를 정의한다. 이 파라미터는 하나의 단어를 이해하는 데 사용되는 문맥 단어의 개수를 지정한다. 윈도우 크기가 작으면 문맥 안의 단어들 사이에 긴밀한 연관성이 생기지만 관련된 단어들이 문장의 훨씬 앞이나 혹은 더 나중에 나타날 수 있으므로 윈도우 크기를 너무 작게 설정하면 단어와 아이디어 사이의 중요한 관계를 누락하는 문제가 발생할 수 있다. 따라서 균형이 필요하다. 윈도우 크기를 너무 크게 설정하면 관련 없는 아이디어들이 텍스트의 더 일찍 또는 더 나중에 포함될 수 있다. 일반적으로 윈도우 크기는 대략 한 문장의 길이나 약 5~10개의 단어로 설정되며 'and', 'but', 'the'와 같은 쓸모없는 불용어stop-word는 제외된다.

대략 문장 길이의 단어 집합으로 이뤄진 문맥을 고려하고자, word2vec 과정은 2가지 방법론 중 하나를 사용한다. 첫 번째 방법인 연속 단어주머니CBOW, Continuous Bag-Of-Words 방법은 모델을 학습해 해당 문맥으로부터 각 단어를 예측한다. 반면에 두 번째 방법인 스킵-그램skip-gram 방법은 반대로 단일 입력 단어가 주어지면 주변 문맥 단어를 추측하려고 시도한다. 이 두 방법 모두 기본적인 과정은 거의 동일하지만 수학적으로 미묘한 차이가 있어 사용하는 방법에 따라 다른 결과를 얻을 수 있다.

여기서는 단지 개념적으로 설명하고 있으므로 간단히 말해 CBOW 방법론은 서로 거의 동일한 대체어나 동의어에 대한 임베딩을 만들어내는 경향이 있다고 말할 수 있다. 예를 들어 'apple'과 'apples' 또는 'burger'와 'hamburger' 같이 서로 거의 동일한 대체어에 대한 임베딩을 생성하는 경향이 있다. 한편 스킵-그램 방법은 개념적으로 유사한 용어에 대한 임베딩을 선호한다. 예를 들어 'apple'과 'fruit' 또는 'burger'와 'fries' 같이 개념적으로 유사한 용어에 대한 임베딩을 선호한다.

CBOW와 스킵-그램 양쪽 모두 임베딩을 개발하는 과정은 유사하며 다음과 같이 이해할 수 있다. "an apple is a fruit I eat for lunch"와 같은 문장에서 출발해 'apple'과 같은 단어를 'fruit', 'eat', 'lunch'와 같은 문맥과 연계하려 시도하는 모델이 구축된다. "a banana is a fruit people eat for breakfast" 또는 "an orange is both a fruit and a color"와 같은 수많은 문장을 반복함으로써 임베딩의 값이 결정된다. 이렇게 함으로써 임베딩은 단어와 그 문맥 사이의 예측 오차를 최소화하도록 설계된다. 따라서 비슷한 문맥에서 일관되게 나타나는 단어들은 유사한 임베딩 값을 갖게 되며, 따라서 비슷하거나 대체 가능한 개념으로 처리될 수 있다.

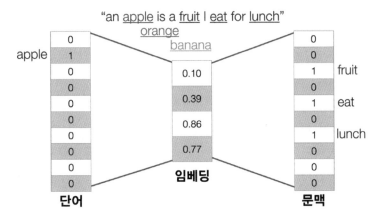

그림 15.6: word2vec 프로세스는 각 용어를 해당 문맥에 연결하는 임베딩을 생성한다.

기술적으로 보자면 word2vec 접근 방식은 여러 면에서 딥러닝과 유사하지만 '딥러닝'으로 간주되지 않는다. 다음 그림에서처럼 임베딩 자체는 4개의 노드로 표현된 신경망의 은닉 계층으로 생각할 수 있다. CBOW 방법에서 입력 계층은 입력 단어의 원핫 인코딩으로 표현되며 어휘 사전에 있는 각 단어마다 하나의 노드가 있지만 실제 단어는 1로, 나머지 노드는 0으로 설정된다. 출력 계층에도 어휘 사전에 있는 각 단어마다 하나의 노드가 있지만 입력 단어의 문맥에서 등장하는 단어를 나타내는 여러 개의 '1' 값을 가질 수 있다. 스킵-그램 접근 방식의 경우 이 정렬이 반대로 된다는 점에 유의하자.

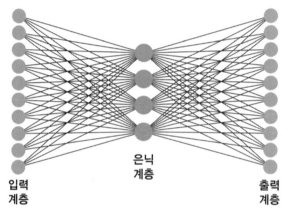

그림 15.7: 임베딩 개발은 딥러닝과 유사한 프로세스로 모델이 훈련된다.

은닉 계층의 노드 수를 다양하게 변경하면 네트워크의 복잡성과 각 단어에 대한 모델의 의미적 이해의 깊이에 영향을 미친다. 노드 수가 많을수록 문맥에서 각 용어를 더 잘 이해할 수 있지만 훈련에 계산 비용이 훨씬 더 많이 들고 훨씬 더 많은 훈련 데이터가 필요하다. 각 추가 노드는 각 단어를 구별할 수 있는 추가적인 차원을 증가시킨다. 노드 수가 너무 적으면 모델이 각 단어의 다양한 사용 방법의 뉘앙스를 충분히 포착하지 못할 수 있다. 예를 들어 'orange'라는 단어는 색깔로서의 의미와 음식으로서의 의미 등으로 사용될 수 있다. 그러나 너무 많은 차원을 사용하면 모델이 노이즈에 섞이거나 더 나쁜 경우에는 임베딩의 초기 의도였던 차원 축소의 목적에 도달하지 못할 수 있다. 앞서 간단히 설명하고자 몇 개의 차원만 사용한 임베딩이 제시됐지만 실전에서 사용되는 단어 임베딩은 일반적으로 수백 개의 차원을 가지며 엄청난 양의 훈련 데이터와 계산 능력이 필요하다.

R에서 잔 와이지펄즈^{Jan Wijffels}의 word2vec 패키지를 설치하면 word2vec 알고리듬의 C++ 구현을 래핑하는 함수가 제공된다. 원하는 경우 해당 패키지를 사용해 텍스트 데이터의 말뭉치를 주면 단어 임베딩을 학습할 수 있지만 보통 웹에서 다운로드할 수 있는 미리 학습된 임베딩을 사용하는 것이 선호된다. 여기에서는 구글 뉴스 아카이브로부터 1000억 개의 문장으로 이뤄진 임베딩을 사용할 것이다.

결과적으로 생성된 임베딩은 3백만 개의 단어와 간단한 구문에 대한 300차원 벡터이며 다음의 구글 word2vec 프로젝트 페이지(https://code.google.com/archive/p/word2vec/)에서 다운로드할 수 있다. 예제를 따라하려면 GoogleNews-vectors-negative300.bin.gz 파일에 대한 링크를 찾아 다운로드하고 압축을 해제한 후 R 프로젝트 폴더에 파일을 저장한 다음 진행한다.

TIP

> 주의할 점은, Google News 임베딩은 압축된 상태로 약 1.5GB 크기이며(압축 해제 후 약 3.4GB) 불행히도 이 장의 코드와 함께 배포할 수 없다. 또한 프로젝트 웹 사이트에서 파일을 찾기 다소 어려울 수 있다. 필요한 경우 웹 브라우저에서 찾기 명령(Ctrl + F 또는 Command + F)을 사용해 파일 이름으로 페이지를 검색해보라. 플랫폼에 따라 Gzip 압축 알고리듬(.gz 파일 확장자)으로 압축된 파일을 해제하는 데 추가적인 프로그램이 필요할 수 있다.

다음 코드처럼 Google News 임베딩을 R에 읽어오고자 여기서는 word2vec 패키지를 로드하고 read.word2vec() 함수를 사용할 것이다. 이 단계를 시도하기 전에 word2vec 패키지와 Google News 임베딩을 다운로드하고 설치했는지 확인한다.

```
> library(word2vec)
> m_w2v <- read.word2vec(file = "GoogleNews-vectors-negative300.bin",
                         normalize = TRUE)
```

임베딩이 올바르게 로드된 경우 str() 명령은 이 사전 훈련된 모델에 대한 세부 정보를 표시한다.

```
> str(m_w2v)
```

```
List of 4
 $ model       :<externalptr>
 $ model_path  : chr "GoogleNews-vectors-negative300.bin"
 $ dim         : int 300
 $ vocabulary  : num 3e+06
 - attr(*, "class")= chr "word2vec"
```

예상대로 이 임베딩은 3백만 개의 각 용어마다 300개의 차원을 갖고 있다. 여기서는 이러한 차원을 모델 객체에 대해 룩업^{lookup} 함수로서 predict()를 사용해 용어(또는 여러 용어)의 임베딩을 얻을 수 있다. type = "embedding" 파라미터는 용어의 임베딩 벡터를 요청하며 곧 설명할 '가장 유사한 용어'와는 구분된다.

여기에서는 아침, 점심, 저녁과 관련된 몇 가지 용어에 대한 단어 벡터를 요청한다.

```
> foods <- predict(m_w2v, c("cereal", "bacon", "eggs",
                   "sandwich", "salad", "steak", "spaghetti"),
                   type = "embedding")

> meals <- predict(m_w2v, c("breakfast", "lunch", "dinner"),
                   type = "embedding")
```

앞의 명령들은 foods와 meals라는 행렬을 생성했다. 행은 용어를 반영하고 열은 임베딩의 300차원을 나타낸다. 다음과 같이 단일 단어 벡터인 cereal에 대한 처음 몇 개의 값을 살펴볼 수 있다.

```
> foods[, 1:5]
                 [,1]       [,2]       [,3]      [,4]       [,5]
cereal     -1.1961552  0.7056815 -0.4154012  3.383267  0.1438890
bacon      -0.4791541 -0.8049789  0.5749849  2.278036  1.2266345
eggs       -1.0626601  0.3271616  0.3689792  1.456238 -0.3345411
sandwich   -0.7829969 -0.3914984  0.7379323  2.996794 -0.2267311
salad      -0.6817439  0.9336928  0.6224619  2.647933  0.6866841
steak      -1.5433296  0.4492917  0.2944511  2.030697 -0.5102126
spaghetti  -0.2083995 -0.6843739 -0.4476731  3.828377 -1.3121454
```

우리는 각각의 5차원이 무엇을 나타내는지 모른다(그리고 보여주지 않은 나머지 295차원도 마찬가지다). 그러나 우리는 비슷하고 서로 대체 가능한 음식과 개념들이 300차원 공간에서 더 가까운 이웃이 될 것으로 기대할 수 있다. 이를 이용해 word2vec_similarity() 함수로 하루의 세 끼 식사와 관련된 음식들 사이의 관련성을 측정할 수 있다.

```
> word2vec_similarity(foods, meals)
           breakfast    lunch     dinner
cereal     0.6042315  0.5326227  0.3473523
bacon      0.6586656  0.5594635  0.5982034
eggs       0.4939182  0.4477274  0.4690089
sandwich   0.6928092  0.7046211  0.5999536
salad      0.6797127  0.6867730  0.6821324
steak      0.6580227  0.6383550  0.7106042
spaghetti  0.6301417  0.6122567  0.6742931
```

이 출력 결과에서 높은 값은 음식들과 세 끼 식사 시간과의 더 큰 유사성을 나타낸다. 300차원 단어 임베딩에 따르면 아침 식사 음식인 시리얼, 베이컨, 계란 등은 점심 식사나 저녁 식사보다 아침 식사와 더 가깝다. 샌드위치와 샐러드는 점심 식사와 가장 가깝고 스테이크와 스파게티는 저녁 식사와 가장 가깝다.

TIP

이전 예제에서는 사용되지 않았지만 코사인 유사도 측정 방법을 사용하는 것이 일반적이다. 이 방법은 방향과 크기를 모두 고려하는 기본 유클리드 거리와 같은 측정값과 달리 비교되는 벡터의 방향만 고려한다. 코사인 유사도는 word2vec_similarity() 함수를 호출할 때 type = "cosine"으로 지정하면 얻을 수 있다. 여기에서는 Google News 벡터가 R에 로드될 때 정규화됐으므로 결과에 큰 영향을 미치지 않을 것이다.

word2vec 개념을 좀 더 실용적으로 적용해 보고자 이전에 제시된 가상의 소셜 미디어 게시물을 다시 살펴보고 사용자에게 아침, 점심 또는 저녁 광고를 보여줄지 결정해보자. 먼저 사용자 게시물을 저장하는 user_posts 문자열 벡터를 생성한다. 각 게시물의 원시 텍스트가 이 벡터에 저장된다.

```
> user_posts = c(
    "I eat bacon and eggs in the morning for the most important meal of
the day!",
    "I am going to grab a quick sandwich this afternoon before hitting the
gym.",
    "Can anyone provide restaurant recommendations for my date tonight?"
)
```

중요한 점은 각 사용자 게시물에 word2vec을 적용하기 전에 상당한 장애물이 있다는 것이다. 구체적으로 각 게시물은 여러 용어로 구성된 문장이며 word2vec은 단일 단어에 대한 벡터만 반환하도록 설계됐다. 불행히도 이 문제에 완벽한 해결책은 없으며 올바른 해결책을 선택하는 것은 원하는 사용 사례에 따라 다를 수 있다. 예를 들어 어떤 주제에 대해 게시하는 사람을 식별하는 데만 응용이 사용될 경우 각 게시물의 단어를 반복하고 단어 중 어떤 것이 유사성 임곗값을 만족하는지를 확인하는 것으로 충분할 수 있다.

더 긴 텍스트 문자열에 word2vec를 적용하는 문제를 해결하기 위한 더 복잡한 대체 해법이 있다. 흔하지만 다소 조잡한 해결책은 문장의 모든 단어에서 word2vec 벡터를 평균화하는 것이다. 그러나 너무 많은 색상을 혼합하면 보기 흉한 갈색 음영이 나타나는 것과 거의 같은 이유로 결과가 좋지 않은 경우가 많다. 문장이 길어짐에 따라 일부 단어는 불가피하게 반대 방향의 벡터를 가지며 그 결과 평균은 무의미하다는 사실로 인해 모든 단어에 대한 평균을 구하면 엉망진창이 된다. 더욱이 문장이 복잡해짐에 따라 어순과 문법이 문장의 단어 의미에 영향을 미칠 가능성이 더 커진다.

doc2vec라는 접근 방식은 word2vec의 훈련을 더 긴 텍스트 블록인 문서에 적응시킴으로써 이 문제를 해결하려고 한다. 이 문서는 전체 문서일 필요는 없지만 단락이나 문장이 될 수 있다. doc2vec의 가정은 문서 내에 나타나는 단어를 기반으로 각 문서에 대한 임베딩을 생성하는 것이다. 그런 다음 문서 벡터를 비교해 두 문서 간의 전체적인 유사성을 판단할 수 있다. 우리의 경우 목표는 두 문서(즉, 문장)가 비슷한 생각을 전달하는지를 비교하는 것이다. 예를 들어 사용자의 게시물이 아침, 점심 또는 저녁과 관련된 다른 문장과 비슷한지를 확인하는 것이다.

불행히도 우리에겐 더 정교한 접근 방식인 doc2vec 모델을 사용할 수 있는 환경이 없다. 그러나 **word2vec** 패키지의 **doc2vec()** 함수를 적용해 각 사용자 게시물에 대한 문서 벡터를 생성하고 문서 벡터를 단일 단어처럼 취급할 수 있다. 앞서 말한 대로 더 긴 문장에 대해서는 모호한 벡터가 만들어질 수 있지만 소셜미디어 게시물은 보통 짧고 간결하기 때문에 이 문제는 완화될 수 있다.

여기서는 텍스트 데이터를 처리하기 위한 도구 모음으로 4장에서 소개된 **tm** 패키지를 불러올 것이다. 이 패키지는 텍스트 데이터에서 도움이 되지 않는 용어를 제거하고자 stopwords() 함수를 제공한다. 그리고 removeWords() 함수와 함께 사용해 소셜 미디어 게시물에서 불필요한 용어를 제거할 수 있다. 그런 다음 txt_clean_word2vec() 함수를 사용해 게시물을 doc2vec와 함께 사용할 준비를 한다.

```
> library(tm)
> user_posts_clean <- removeWords(user_posts, stopwords())
> user_posts_clean <- txt_clean_word2vec(user_posts_clean)
```

이 처리 결과를 보고자 정리된 첫 번째 사용자 게시물을 살펴보자.

```
> user_posts_clean[1] # 정리된 첫 번째 사용자 게시물 보기
```

```
[1] "i eat bacon eggs morning important meal day"
```

예상대로 텍스트는 표준화됐고 도움이 되지 않는 단어는 모두 제거됐다. 그런 후 다음과 같이 사전 학습된 Google News word2vec 모델과 함께 게시물을 doc2vec() 함수에 제공할 수 있다.

```
> post_vectors <- doc2vec(m_w2v, user_posts_clean)
```

이 연산의 결과는 3개의 행(각각 하나의 문서에 해당)과 300개의 열(임베딩의 각 차원에 해당)로 구성된 행렬이다. str() 명령은 이 행렬의 처음 몇 개의 값을 보여준다.

```
> str(post_vectors)
```

```
num [1:3, 1:300] -1.541 0.48 -0.825 -0.198 0.955 ...
```

우리는 이 의사 문서^{pseudo-document} 벡터들을 아침, 점심, 저녁의 단어 벡터들과 비교해야 한다. 이 벡터들은 이전에 predict() 함수와 word2vec 모델을 사용해 생성됐지만 명확성을 위해 여기에 다시 코드를 기술한다.

```
> meals <- predict(m_w2v, c("breakfast", "lunch", "dinner"),
                    type = "embedding")
```

마지막으로 두 벡터 간의 유사성을 계산할 수 있다. 각 행은 사용자의 게시물을 나타내며 열값은 해당 게시물의 문서 벡터와 해당 용어 간의 유사성을 나타낸다.

```
> word2vec_similarity(post_vectors, meals)

       breakfast    lunch      dinner
[1,]   0.7811638  0.7695733  0.7151590
[2,]   0.6262028  0.6700359  0.5391957
[3,]   0.5475215  0.5308735  0.5646606
```

예상대로 베이컨과 계란에 대한 사용자 게시물은 아침 식사와 가장 유사하며, 샌드위치에 대한 게시물은 점심 식사와 가장 유사하고, 저녁 약속에 대한 게시물은 저녁 식사와 가장 관련이 있다. 각 사용자에게 아침, 점심 또는 저녁 광고를 보여줄지 결정하고자 각 행별 최대 유사도를 사용할 수 있다.

문서 벡터는 지도학습 작업에서 직접적으로 예측 변수로 사용될 수도 있다. 예를 들어 14장에서는 트위터 사용자의 성별이나 미래 구매 행동을 사용자의 기본 프로필 데이터, 프로필 사진 및 소셜 미디어 게시물 텍스트를 기반으로 예측하는 이론적인 모델을 설명했다.

해당 장에서는 이미지 데이터에 대해 전통적인 머신러닝 모델과 텍스트 데이터에 대해 나이브 베이즈 텍스트 모델을 앙상블해 사용자 프로필 데이터, 프로필 사진 및 소셜 미디어 게시물 텍스트를 기반으로 성별을 예측하는 방법을 제안했다. 또 다른 방법으로는 문서 벡터를 사용하는 것도 가능하다. 이때 문서 벡터의 300개 차원을 300개의 개별적인 예측 변수로 취급해 지도학습 알고리듬이 사용자의 성별 예측과 관련 있는 변수들을 결정할 수 있다.

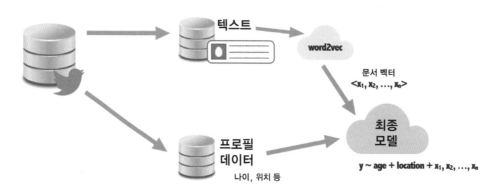

그림 15.8: 비정형 텍스트 데이터에서 얻은 문서 벡터의 값은 더 전통적인 예측 변수들과 함께 예측 모델에 나란히 사용될 수 있다.

비정형 텍스트 블록에 대한 문서 벡터를 생성하고 이를 예측 변수로 사용해 지도학습의 성능을 향상시키는 이러한 전략은 전통적인 머신러닝 접근 방식의 성능을 향상시키는 데에 매우 유용하다. 많은 데이터 세트에는 복잡성이나 언어 모델을 훈련시키는 데 어려움 때문에 전통적인 모델에서 사용되지 않는 비정형 텍스트 필드가 있다. 그러나 사전 훈련된 단어 임베딩으로 가능해진 비교적 간단한 변환을 통해 텍스트 데이터를 다른 예측 변수와 함께 모델에서 사용할 수 있다. 따라서 다음에 이러한 유형의 머신러닝 작업을 접할 때 이 접근 방식을 통합하고 학습 알고리듬에 빅데이터 주입을 망설일 여지가 별로 없다.

고차원 데이터 시각화

데이터 탐색은 머신러닝 프로젝트의 5가지 주요 단계 중 하나이며, 따라서 이는 차원이 증가함에 따라 프로젝트는 점점 더 어려워지는 소위 '차원의 저주'라고 불리는 현상으로부터 자유롭지 않다. 단순한 데이터 세트에서 작동하는 시각화 기법은 차원의 수가 관리하기 힘들 정도로 커지면 무용지물이 될 수 있다. 예를 들어 산점도 행렬은 12개 정도의 특징에 대한 관계를 확인하는 데 도움이 될 수 있겠지만 특징의 수가 수십 개나 수백 개로 늘어나면 한때 유용한 시각화가 금방 정보 과부하로 변할 수 있다.

마찬가지로 2차원 또는 3차원 도면은 비교적 쉽게 해석할 수 있지만 4개 이상의 차원 사이의 관계를 이해하려면 완전히 다른 접근 방식이 필요하다.

물리학은 우주의 차원이 10 또는 11차원이라고 주장하지만 우리는 오직 4개의 차원만을 경험하며, 그중에서도 3개만이 직접적으로 상호작용한다. 이러한 이유 때문에 우리의 뇌는 최대 3차원 이내의 시각적인 것들을 이해하는 데 적응돼 있는 듯하다. 또한 대부분의 지적 활동이 검은색 칠판, 화이트보드, 종이 또는 컴퓨터 화면과 같은 2차원 표면에서 이뤄지기 때문에 데이터를 최대 2차원으로 표현하는 것에 익숙하다. 어느날 가상 혹은 증강현실 컴퓨터 인터페이스가 더 보편화되면 3차원 시각화 분야에서 혁신적인 발전을 볼 수 있을 수 있지만 그 날이 오기 전까지는 최대 2차원을 넘어선 고차원 관계를 표현하는 데 도움이 되는 도구가 필요하다.

고차원의 시각화를 단지 2개 차원으로 축소하는 것은 불가능하다고 생각할 수 있지만 이 과정을 이끄는 가설은 놀랍게 간단하다. 즉, 높은 차원 공간에서 서로 가깝게 위치한 점들은 2차원 공간에서도 서로 가깝게 위치해야 한다. 이 아이디어가 익숙하게 들리는 것 같다고 생각하면 틀리지 않다. 이것은 이 장의 초반에 설명한 임베딩의 기본 생각과 동일한 개념이다. 그러나 핵심적인 차이점은 word2vec 같은 임베딩 기법은 높은 차원의 데이터를 몇 백 차원으로 축소하지만 시각화를 위한 임베딩은 차원을 더욱 더 단순화해 단지 2차원으로만 축소해야 한다는 것이다.

빅데이터 시각화를 위한 PCA 사용의 한계

주성분 분석^{PCA, Principal Component Analysis}은 13장에서 소개된 기법으로, 높은 차원의 데이터 세트를 2차원으로 축소하는 데 사용할 수 있다. PCA는 여러 상관관계가 있는 속성들의 공분산을 단일 벡터로 표현해 작동했음을 기억할 것이다. 이렇게 함으로써 더 큰 특징 집합으로부터 새로운 특징인 주성분들이 합성될 수 있다. 주성분의 개수를 2개로 설정하면 고차원의 데이터 세트를 간단한 산점도로 시각화할 수 있다.

이 시각화 기법을 36차원 소셜 미디어 프로필 데이터 세트에 적용해보자. 이 데이터 세트는 9장에서 소개한 것이다. 먼저 **tidyverse**를 사용해 데이터를 읽고 관심 있는 36개의 열을 선택하고 결과가 책과 일치하도록 난수 시드를 123456으로 설정한 다음 **irlba** 패키지의 **prcomp_irlba()** 함수를 사용해 데이터 세트의 두 주성분을 찾는다.

```
> library(tidyverse)
> sns_terms <- read_csv("snsdata.csv") |> select(basketball:drugs)
> library(irlba)
> set.seed(123456)
> sns_pca <- sns_terms |>
    prcomp_irlba(n = 2, center = TRUE, scale = TRUE)
```

sns_pca$x 객체에는 원래의 데이터 세트를 변형한 것이 포함돼 있으며 36개의 원래 차원이 2개로 축소됐다. 이는 행렬로 저장되므로 먼저 데이터 프레임으로 변환한 다음 **ggplot()** 함수로 파이프해 산점도를 생성한다.

```
> library(ggplot2)
> as.data.frame(sns_pca$x) |>
    ggplot(aes(PC1, PC2)) + geom_point(size = 1, shape = 1)
```

그 결과 시각화는 다음과 같이 나타난다.

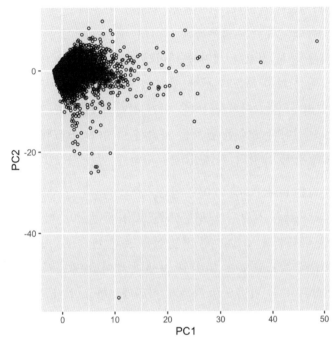

그림 15.9: 주성분 분석(PCA)을 사용해 고차원 데이터 세트의 2차원 시각화를 생성할 수 있지만 결과가 항상 특별히 유용한 것은 아니다.

유감스럽게도 이 산점도는 데이터 탐색을 위해 PCA를 사용하는 데 한계가 있음을 보여준다. 주성분들이 2차원 공간에서 점들 사이에 거의 시각적인 구분을 만들지 못하는 경우가 종종 발생한다. 9장에서 수행한 작업에 따르면 소셜 미디어 사용자 중에는 소셜 미디어 프로필에서 유사한 키워드를 사용하는 클러스터가 존재한다. 이러한 클러스터들은 산점도에서 뚜렷한 그룹으로 보여야 하지만 그렇지 않고 하나의 큰 그룹과 주변에 흩어진 이상치들을 볼 수 있다. 이 실망스러운 결과는 여기에서 사용된 데이터 세트에 국한된 것이 아니며, 이러한 방식으로 PCA를 사용할 때 얻을 수 있는 일반적인 결과다. 다행히도 데이터 탐색에 더 적합한 다른 알고리듬이 있으며, 다음 절에서 소개한다.

t-SNE 알고리듬 이해

PCA 기법의 기본 수학적 원리는 공분산 행렬을 이용해 선형 차원 축소를 수행하고 이로 인해 얻어지는 주성분들은 데이터 세트의 전체 분산을 포착하는 것이다. 이 효과는 중복 정보를 제거해 데이터 세트의 차원을 압축하는 알고리듬과 유사하다. 이는 차원 축소 기법에 있어 중요하고 유용한 속성이지만 데이터 시각화에는 그리 도움이 되지 않는다. 이전 절에서 관찰한 것처럼 PCA의 차원 '압축' 경향은 데이터의 중요한 관계를 가려서 빅데이터 탐색을 수행할 때 발견하고자 하는 정확한 유형의 관계를 불분명하게 만들 수 있다.

t-SNE라고 불리는 t-분산 확률적 이웃 임베딩^{t-Distributed Stochastic Neighbor Embedding} 기법은 고차원 데이터 세트의 시각화를 위한 도구로 설계됐으며, 따라서 앞서 언급한 PCA의 한계를 극복한다. t-SNE 접근 방식은 로렌 판 데르 마텐^{Laurens van der Maaten}에 의해 2008년에 발표됐으며, 고차원 실세계 데이터 세트의 빅데이터 시각화를 위한 사실상의 표준 기법으로 빠르게 자리매김하고 있다. 마텐과 다른 연구자들은 PCA와 t-SNE를 비교하고 후자의 강점을 설명하는 다양한 사례 연구를 발표하고 제시했다. 그러나 t-SNE를 구동하는 기저 수학은 매우 복잡하므로 개념적으로만 이해하고 이전에 다룬 관련 기법들과 비교하는 데에 중점을 둘 것이다.

NOTE

t-SNE에 대해 좀 더 자세히 알고 싶다면 van der Maaten, L.과 Hinton, G.의 「Visualizing Data using t-SNE」, 「Journal of Machine Learning Research 9, 2008, pp. 2579–2606」을 참고한다.

t-SNE와 같이 고차원 데이터 세트를 시각화하는 기법에서도 목표는 높은 차원 공간에서 가까운 점 또는 '이웃'들이 저차원^(2차원 또는 3차원) 공간에서도 가깝게 위치하도록 보장하는 것이다.

t-SNE의 이름에 있는 임베딩^{embedding}이라든 단어는 이전 절에서 설명한 것과 같이 임베딩을 구축하는 일반적인 작업과의 밀접한 관련성을 강조한다. 그러나

곧 알게 될 것처럼 t-SNE은 단어 임베딩을 생성하는 데 사용되는 딥러닝과는 다른 접근 방식을 사용한다. 먼저 t-SNE의 이름에 포함된 'stochastic'은 알고리듬의 비결정적인 성격을 나타내며, 이는 출력물에 상대적으로 큰 무작위성이 있다는 것을 의미한다. 그러나 더 근본적인 차이점도 있다.

t-SNE 알고리듬을 이해하고자 일단 3차원에서 2차원으로 축소하는 작업이라고 가정해보자. 이 경우 데이터 포인트들을 3차원 공간에서 공중에 떠있는 작은 공들로 나타낸다면 동일한 수의 데이터 포인트가 2차원 공간에서 무작위로 평면 디스크들로 배치된다고 상상해보자. 그리고 사람은 각각의 3차원 공간에 있는 공을 관찰하고 이웃들의 집합을 식별한 다음 2차원 공간에서 디스크들을 주의 깊게 움직여 이웃들을 가깝게 배치할 수 있을 것이다. 물론 이것이 듣기보다는 더 어렵다. 평면 공간에서 디스크들을 서로 가깝게 또는 멀리 움직이다보면 실수로 3차원 공간과 관련해 그룹을 만들거나 제거할 수도 있기 때문이다. 예를 들어 점 A를 이웃인 점 B에 가깝게 이동시키다보면 고차원 공간에서는 A와 떨어져 있어야 할 점 C에 가까이 이동시킬 수도 있다. 이러한 이유로 각 3차원 점의 이웃을 관찰하고 2차원 이웃들을 조정해 전체적인 2차원 표현이 상대적으로 안정적인지 반복하는 것이 중요하다.

이러한 기본적인 과정은 일련의 수학적 단계를 사용해 훨씬 더 높은 차원에서 알고리듬적으로 수행될 수 있다. 먼저 고차원 공간에서 각 점의 유사도를 계산한다. 이전 장들에서의 k-평균과 k-최근접 이웃과 마찬가지로 일반적으로 유클리드 거리와 같은 친숙한 측도를 사용한다. 이 유사도 측도는 유사한 점이 고차원 공간에서 이웃이 될 가능성이 비례적으로 더 높게 되도록 조건부 확률 분포를 정의하는 데 사용된다. 마찬가지로 저차원 공간에 대해서도 유사한 거리 측도와 조건부 확률 분포가 정의된다. 이 두 측도가 정의되면 알고리듬은 고차원 및 저차원 확률 분포의 전체적인 에러를 최소화하고자 전체 시스템을 최적화해야 한다. 이 두 측도는 동일한 예제 집합에 의해 끊임없이 연결돼 있으므로 고차원 공간의 좌표가 알려져 있기 때문에 가능한 한 유사도를 보존하면서 고차원 좌표를 저차원 공간으로 변환하는 방법을 찾아내는 것과 같은 문제를 해결하게 된다. 이 둘은 불가분하게 연결돼 있으며, 이는 둘 다 동일한 예제 집합에 종속되기 때문이다. 고차원 공간의 좌표는 알려져 있으므로 실질적으로는 가능한 한 유사도를 최대한 보존하면서 고차원 좌표를 저차원 공간으로 변환하는 방법을 찾는 것이다.

t-SNE 알고리듬이 PCA와 너무 다르기 때문에 두 알고리듬의 성능에는 많은 차이가 있는 것이 당연하다. 두 접근 방식의 전반적인 비교는 다음 표에 있다.

PCA	t-SNE
• 시각화를 압축하는 경향이 있다. • 전체적인 분산이 나타난다. • 결정론적인 알고리듬이기 때문에 실행마다 동일한 결과를 생성한다. • 설정해야 할 하이퍼파라미터가 없다. • 상대적으로 빠르다(메모리에 적재 가능한 데이터 세트에 적합). • 선형 변환을 포함한다. • 추가적인 주성분을 생성해 일반적인 차원 감소 기술로 유용하다.	• 시각화를 군집화하는 경향이 있다. • 지역적인 분산이 더 뚜렷하게 나타난다. • 확률적인 알고리듬이기 때문에 결과에 무작위성을 도입한다. • 결과는 하이퍼파라미터에 민감할 수 있다. • 상대적으로 느리다(하지만 더 빠른 근사 방법이 존재). • 비선형 변환을 포함한다. • 주로 데이터 시각화 기술로 사용되며(2개 또는 3개의 차원) 데이터의 군집화를 잘 보여주는 데 유용하다.

일반적으로 t-SNE가 빅데이터 시각화에 더 적합한 도구지만 특정 상황에서는 약점이 되거나 문제가 될 수 있는 측면이 있다는 것에 주목할 필요가 있다. 첫째, PCA는 데이터의 자연적인 군집을 잘 나타내지 못할 수 있지만 t-SNE는 군집을 아주 잘 표현해 때로는 이러한 자연적인 구분이 없는 데도 데이터 세트 내에서 군집을 형성할 수 있다. 이러한 결함은 t-SNE가 결정론적이지 않은 알고리듬이며 하이퍼파라미터 값에 매우 민감하다는 사실과 함께 더 심화될 수 있다. 이러한 파라미터를 잘못 설정하면 가짜 클러스터를 만들거나 실제 클러스터를 가려버릴 수 있다. 마지막으로 t-SNE 알고리듬은 상대적으로 느린 과정

을 반복하는데, 너무 일찍 중단하면 결과가 좋지 않거나 데이터 세트의 구조를 잘못 이해하는 결과를 만들 수 있다. 불행하게도 너무 많이 반복해도 같은 문제를 유발할 수 있다.

이러한 도전적인 측면은 t-SNE가 시도해볼 가치가 별로 없는 작업이라는 의미로 기술된 것이 아니다. 오히려 결과를 충분히 탐색하기 전까지는 결과를 회의적으로 살펴볼 것을 의미하는데, 이는 다양한 하이퍼파라미터 조합을 테스트하라는 의미할 수도 있고 식별된 클러스터를 수작업으로 조사해 이웃에 공통적인 특징이 무엇인지 확인하는 것과 같이 시각화의 정성적 검사일 수도 있다. 다음 절에서는 t-SNE를 친숙한 실제 데이터 세트에 적용해 이러한 잠재적인 문제점들을 실제로 확인해본다.

예제: t-SNE로 데이터의 자연적 클러스터 시각화

t-SNE가 데이터 세트의 자연적 클러스터를 잘 나타내는 능력을 설명하고자 이전에 PCA와 함께 사용했던 36차원 소셜 미디어 프로필 데이터 세트에 t-SNE를 적용해본다. 앞서와 마찬가지로 **tidyverse**를 사용해 원시 데이터를 R로 읽어들이지만 t-SNE는 계산량이 다소 많기 때문에 **slice_sample()** 명령을 사용해 데이터 세트를 무작위 샘플 5,000명으로 제한한다. 이는 엄밀히 말해 필수적인 조치는 아니지만 실행 시간을 단축시키고 시각화를 덜 밀집해 더 읽기 쉽게 만든다. 결과를 일치시키고자 **set.seed(123)** 명령을 사용하는 것을 잊지 말자.

```
> library(tidyverse)
> set.seed(123)
> sns_sample <- read_csv("snsdata.csv") |>
    slice_sample(n = 5000)
```

비교적 작은 샘플조차도 일반적인 t-SNE 구현은 여전히 다소 느릴 수 있다. 그 대신 더 빠른 버전인 **바른스-허트 구현**Barnes-Hut implementation을 사용하자. 바른스-

허트 알고리듬은 원래 'n체n-body' 문제를 시뮬레이션하고자 개발된 것으로, 이는 n개의 천체 사이에서 발생하는 복잡한 중력 관계 시스템이다. 모든 물체는 다른 물체에 힘을 가하므로 각 물체의 알짜 힘net force을 정확히 계산하려면 $n \times n = n^2$ 계산이 필요하다. 우주의 범위와 거의 무한한 수의 물체로 인해 천문학적 규모에서는 계산이 현실적으로 불가능하다. 바른스-허트는 이러한 문제를 단순화하고자 좀 더 먼 물체들을 그 중심 질량으로 정의된 하나의 그룹으로 취급하고 θ보다 가까운 물체들에 대해서만 정확한 계산을 수행하는 휴리스틱을 사용했다. θ값을 크게 설정하면 시뮬레이션을 수행하는 데 필요한 계산 횟수가 급격히 줄어들며 θ를 0으로 설정하면 원래의 정확한 계산이 수행된다.

t-SNE의 역할은 공간 내에서 점들의 위치를 결정하는 n체 문제로 상상할 수 있으며 각 점은 2차원 공간에서 다른 점들과의 유사성에 따라 얼마나 유사한지에 따라 다른 점들에 대해 끌어당기는 힘을 갖게 된다. 이러한 2차원 공간에서의 힘은 고차원 공간에서 동일한 점들과의 유사성을 기반으로 한다. 바른스-허트 간소화는 시스템의 중력과 같은 힘을 계산하는 것을 단순화하고자 적용될 수 있다. 이를 통해 큰 데이터 세트에서 훨씬 더 빠르고 확장성이 높은 t-SNE 구현을 얻을 수 있다.

Rtsne 패키지(아직 설치하지 않았다면 설치해야 함)는 C++로 구현된 바른스-허트 t-SNE의 래퍼를 제공한다. 이 패키지는 매우 큰 차원의 데이터 세트에 사용하기 위한 다른 최적화 함수도 포함하고 있다. 이 최적화 중 하나는 초기 PCA 단계인데, 기본적으로 데이터 세트를 처음 50개의 주성분으로 축소한다.

사실 t-SNE 프로세스의 일부로 PCA를 사용하는 것은 이상해보일 수 있지만 두 기법은 상호 보완적인 강점과 약점을 갖고 있다. t-SNE는 차원의 저주에 어려움을 겪을 수 있지만 PCA는 차원 축소에 강하다. 반대로 PCA는 지역적인 분산을 흐릴 수 있지만 t-SNE는 데이터의 자연 구조를 강조한다. PCA를 사용해 차원을 축소한 후 t-SNE 프로세스를 따르면 두 기법의 강점을 모두 활용할 수 있다. 여기 36차원의 데이터 세트에서 PCA 단계는 결과에 별다른 영향을 미치지 않는다.

우선 기본 파라미터 설정을 사용해 t-SNE 프로세스를 실행한다. 임의의 시드를 설정한 후 5,000행 샘플은 각 사용자 프로필에서 사용된 다양한 용어의 수를 측정하는 36개의 열만 선택하고자 select() 명령으로 파이프된다. 그런 다음 Rtsne() 함수로 파이프할 때 check_duplicates = FALSE로 설정해 중복 행이 있는 경우 발생하는 에러 메시지를 방지한다. 소셜 미디어 데이터 세트에서 중복 행이 발견되는 주된 이유는 36개 용어 모두에 대해 개수가 0인 사용자가 많기 때문이다. t-SNE 메서드가 이러한 중복을 처리하지 못할 이유는 없지만 이러한 중복을 포함하면 알고리듬이 밀접하게 클러스터링된 점집합을 정렬하려고 시도할 때 시각화 중에서 예기치 않거나 보기 흉한 결과가 발생할 수 있다. 소셜 미디어 사용자 데이터의 경우 이 클러스터를 보는 것이 도움이 되므로 다음과 같이 Rtsne() 함수의 기본값을 재정의한다.

```
> library(Rtsne)
> set.seed(123)
> sns_tsne <- sns_sample |>
    select(basketball:drugs) |>
    Rtsne(check_duplicates = FALSE)
```

TIP

데이터 세트를 distinct() 함수로 파이프하면 중복 행이 제거되므로 Rtsne() 명령 이전에 사용할 수 있다.

36차원 데이터 세트의 2차원 표현은 Rtsne() 함수에 의해 생성된 sns_tsne 리스트 객체에 Y라는 행렬로 저장된다. 이 행렬은 5,000개의 행으로 이뤄져 있으며 각 사용자의 (x, y) 좌표를 나타내는 2개의 열로 구성된다. 이 행렬을 데이터 프레임으로 변환한 후 ggplot() 함수에 파이프로 이동해 t-SNE 결과를 다음과 같이 시각화할 수 있다.

```
> library(ggplot2)
> data.frame(sns_tsne$Y) |>
    ggplot(aes(X1, X2)) + geom_point(size = 2, shape = 1)
```

이전 PCA 시가화와 나란히 표시하면 t-SNE 기법이 시각적으로 선명하게 향상
됐음을 눈으로 확인할 수 있다. 36차원 공간에서 유사성을 나타내는 사용자들
의 구분된 클러스터가 관찰된다.

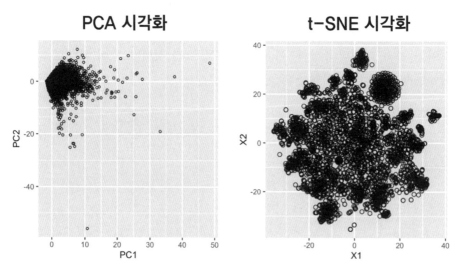

그림 15.10: PCA와 비교해 t-SNE 기술은 데이터의 자연 클러스터를 나타내는
좀 더 유용한 시각화를 생성하는 경향이 있다.

물론 첫 번째 시도에서 이런 식으로 t-SNE 시각화가 잘 작동하는 것은 이례적
이다. 결과가 실망스러울 경우 단순히 다른 랜덤 시드를 설정하면 t-SNE의 무
작위화에 의해 더 나은 결과를 얻을 수 있다. 또한 Rtsne() 함수의 perplexity
와 max_iter 파라미터를 조정해 결과 도면의 크기와 밀도를 조절할 수 있다.
perplexity는 고차원에서 저차원으로의 조정 중 고려할 최근접 이웃의 수를
제어하며, 최대 반복 횟수(max_iter)를 늘리거나 줄이면 알고리듬이 완전히 다른
해답을 도출할 수 있다.

불행히도 이러한 파라미터를 조정하는 경험 규칙이 거의 없어 대개 몇 차례 시도하고 시행착오를 거쳐 적절한 결과를 얻어야 한다. t-SNE의 창시자인 로렌스 판 데르 마텐^{Laurens van der Maaten}은 다음과 같이 조언한다.

> 클러스터가 더 많고 밀집된 데이터 세트가 더 큰 perplexity 값이 요구된다고
> 할 수 있다. 혼란 값의 일반적인 범위는 5에서 50 사이다. (균등하게 분포된
> 점들로 이뤄진 '볼'을 보게 되면) perplexity 값을 너무 높게 설정한 것이다.
> (파라미터를 조정한 후에도 여전히 나쁜 결과가 보인다면) 아마도 데이터에 좋
> 은 구조가 별로 없을 수도 있다.
>
> 출처: https://lvdmaaten.github.io/tsne/

Rtsne() 함수의 파라미터인 perplexity와 max_iter는 t-SNE 알고리듬이 수렴하는 데 걸리는 시간에 큰 영향을 미칠 수 있음을 주의해야 한다. 조심하지 않으면 끝이 없이 기다리는 대신 작업을 중지시켜야 할 수도 있다. Rtsne() 함수 호출에서 verbose = TRUE를 설정하면 작업이 진행되는 상황을 파악하는 데 도움이 될 수 있다.

NOTE

> t-SNE의 파라미터와 하이퍼파라미터에 대한 훌륭한 설명과 각각의 튜닝이 미치는 영향을 보여주
> 는 대화형 시각화를 원하면 Wattenberg, M., Viégas, F.와 Johnson, I.의 〈How to Use t-SNE
> Effectively〉, 2016(https://distill.pub/2016/misread-tsne/)을 참고한다.

t-SNE는 비지도학습 방법이기 때문에 시각화에서 왼쪽 상단에 크고 둥근 클러스터를 제외하고는 다른 클러스터가 무엇을 나타내는지 알 수 없다. 이 클러스터는 유사한 프로필을 가진 사용자들로 구성돼 있다고 가정할 수 있다. 하지만 이를 제외하고는 다른 클러스터들이 무엇을 나타내는지 알 수 없다. 그러나 이러한 군집들을 탐색하고자 데이터를 조사해 군집별로 포인트를 다른 색상이나 모양으로 레이블링하는 방법을 사용할 수 있다. 이렇게 하면 군집을 더 잘

이해할 수 있을 수 있다.

예를 들어 각 사용자의 페이지에 사용된 키워드의 수를 범주형 측정값으로 만들어 앞에서 언급한 상단 오른쪽^{top-right} 군집에 대한 가설을 확인할 수 있다. 다음은 tidyverse 코드로 시작해 bind_cols() 함수를 사용해 t-SNE 좌표를 원래 데이터 세트에 추가한다. 그런 다음 rowwise() 함수를 사용해 dplyr의 동작을 열이 아닌 행에 적용하도록 변경한다. 이렇게 하면 sum() 함수를 사용해 각 사용자의 프로필에서 키워드의 수를 세어볼 수 있으며 c_across() 함수를 사용해 단어 수가 포함된 열을 선택할 수 있다. rowwise 동작을 제거하고자 ungroup() 함수를 사용한 후 if_else() 함수를 사용해 이 count 값을 2가지 결과로 나눠진 범주형 변수로 변환한다.

```
> sns_sample_tsne <- sns_sample |>
    bind_cols(data.frame(sns_tsne$Y)) |> # add the t-SNE data
    rowwise() |>
    mutate(n_terms = sum(c_across(basketball:drugs))) |>
    ungroup() |>
    mutate(`Terms Used` = if_else(n_terms > 0, "1+", "0"))
```

이러한 단계들의 결과를 사용해 t-SNE 데이터를 다시 그리지만 점들의 모양과 색상을 사용된 단어의 수에 따라 변경해보자.

```
> sns_sample_tsne |>
    ggplot(aes(X1, X2, shape = `Terms Used`, color = `Terms Used`)) +
    geom_point(size = 2) +
    scale_shape(solid = FALSE)
```

결과적으로 사용자 프로필에서 사용된 용어가 없는 사용자(원으로 표시됨)들이 그림의 오른쪽 상단에 있는 밀집된 클러스터를 구성하는 것을 확인할 수 있다. 한편 사용자 프로필에서 1개 이상의 용어를 사용한 사용자들(삼각형으로 표시됨)은 그림의 다른 곳에 흩어져 있다.

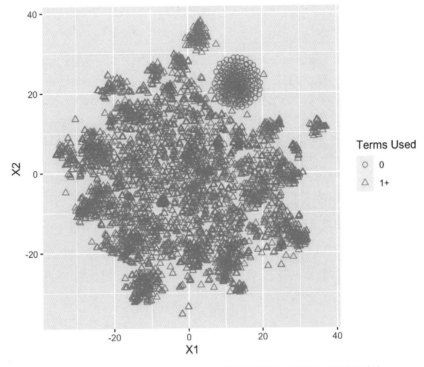

그림 15.11: 색상을 추가하거나 점 스타일을 변경하면 t–SNE 시각화에 묘사된 클러스터를 이해하는 데 도움이 될 수 있다.

t-SNE 기법은 멋진 그림을 그리는 도구에 불과한 것만은 아니다. 물론 이를 통해 멋진 그림을 만들 수도 있다. 하지만 더 중요한 점은 예를 들어 k-평균 군집화에 사용될 k값을 결정하는 데 도움이 될 수 있다. 또한 군집화가 수행된 후에도 t-SNE 기법을 사용해 점을 클러스터 할당에 따라 색상화해 클러스터를 시각적으로 표현할 수 있다. 이렇게 하면 이해관계자들이 프레젠테이션에 포함된 결과에 더 신뢰를 가질 가능성이 높아진다. 마찬가지로 t-SNE는 word2vec과 같은 임베딩의 성능을 질적으로 평가하는 데에도 사용될 수 있다. 임베딩이 의미 있는 정보를 포함하고 있다면 2차원 공간에서 300차원 벡터를 시각화하면 의미적으로 관련된 단어들의 클러스터가 드러날 것이다. t-SNE의 이러한 여러

유용한 응용 사례로 인해 이 기법은 데이터 과학 도구상에서 인기 있는 도구가 됐다.

NOTE

재미있는 응용 사례로 word2vec과 t-SNE을 함께 사용해 컴퓨터가 이모티콘의 의미를 학습하는 과정을 살펴볼 수 있는 논문인 「emoji2vec: Learning Emoji Representations from their Description」을 추천한다. 이 논문은 Eisner, B., Rocktäschel, T., Augenstein, I., Bošnjak, M., Riedel, S.에 의해 2016년에 발행된 EMNLP 2016에서 개최한 Natural Language Processing for Social Media 국제 워크숍의 논문이다. 이 논문에서는 이모티콘의 의미를 자연어로 기술한 텍스트 데이터를 사용해 이모티콘의 임베딩을 학습하고 t-SNE을 사용해 그 결과를 시각화하는 흥미로운 내용이 소개되고 있다.

word2vec 및 t-SNE과 같은 도구들은 큰 데이터를 이해하는 수단을 제공하지만 R이 작업 부하를 견디지 못하면 아무런 도움이 되지 않는다. 이 장의 나머지 부분에서는 빅데이터 소스를 로드, 처리, 모델링하는 데 필요한 추가적인 도구들을 소개한다.

☷ 대규모 데이터 세트 처리에 R 적용

'빅데이터'라는 표현은 행의 수나 데이터 세트가 소비하는 메모리양 그 이상을 의미하지만 때로는 대량의 데이터를 다루는 것 자체만으로도 어려울 수 있다. 대용량 데이터 세트는 시스템 메모리가 고갈되면 컴퓨터가 멈추거나 느려질 수 있으며, 모델을 합리적인 시간 내에 구축할 수 없을 수도 있다. 실세계의 많은 데이터 세트가 '빅데이터'는 아니지만 매우 크기 때문에 향후 프로젝트에서 이러한 문제에 직면할 가능성이 높다. 이러한 경우 데이터를 행동으로 전환하는 작업이 보기보다는 더 어려울 수 있다.

다행히도 R 환경에서도 큰 데이터 세트를 처리하는 것을 더 쉽게 할 수 있도록 도와주는 패키지들이 있다. 여기서는 R이 데이터베이스에 연결해 사용 가능한 시스템 메모리를 초과하는 데이터 세트를 처리하는 기능을 살펴보고 R을 병렬로 처리할 수 있게 해주는 패키지들 그리고 현대적인 머신러닝 프레임워크를 클라우드에서 활용하는 패키지들도 살펴볼 것이다.

SQL 데이터베이스에서 데이터 쿼리

대용량 데이터 세트는 종종 오라클^{Oracle}, MySQL, PostgreSQL, 마이크로소프트 SQL 또는 SQLite와 같은 데이터베이스 관리 시스템^{DBMS, DataBase Management System}에 저장된다. 이러한 시스템은 데이터 세트에 SQL^{Structured Query Language}이라는 프로그래밍 언어를 사용해 접근할 수 있게 해준다. SQL은 데이터베이스에서 데이터를 추출하는 데 특화된 프로그래밍 언어다.

데이터베이스 연결 관리를 위한 정돈된 접근 방식

2017년에 출시된 RStudio 버전 1.1에서는 데이터베이스에 연결하는 데 그래픽 방식을 도입했다. 인터페이스의 오른쪽 상단에 있는 Connections 탭을 사용해 시스템에서 데이터베이스 연결을 관리할 수 있다. 이 인터페이스 탭 내에서 New Connection 버튼을 클릭하면 사용 가능한 연결 옵션을 볼 수 있는 창이 표시된다. 다음 스크린샷은 일부 연결 유형을 보여주지만 사용자의 시스템에서는 여기에 표시된 것과 다른 선택지가 있을 수 있다.

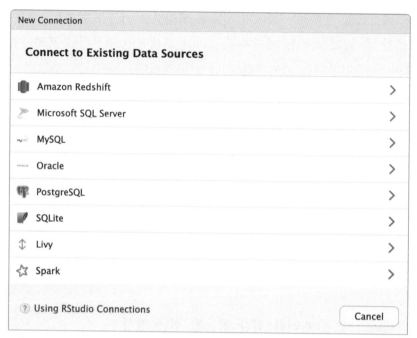

그림 15.12: RStudio v1.1에서 'New Connection' 버튼은 미리 정의된 데이터 소스에 연결하는 데 도움이 되는 인터페이스를 연다.

이러한 연결은 일반적으로 데이터베이스 관리자가 수행하며, 데이터베이스 유형 및 운영체제에 따라 다르다. 예를 들어 마이크로소프트 윈도우에서는 적절한 데이터베이스 드라이버를 설치하고 ODBC 데이터 원본 관리자 애플리케이션을 사용해야 할 수 있다. 맥OS 및 유닉스/리눅스에서는 드라이버를 설치하고 odbc.ini 파일을 편집해야 할 수 있다. 가능한 연결 유형 및 설치 지침에 대한 자세한 문서는 https://solutions.posit.co/connections/db/에서 확인할 수 있다.

배후에서 그래픽 인터페이스는 다양한 R 패키지를 사용해 이러한 데이터 소스에 대한 연결을 관리한다. 이 기능의 핵심은 DBI 패키지로, 데이터베이스에 대한 tidyverse 호환 프론트엔드 인터페이스를 제공한다. 또한 DBI 패키지는 백엔드 데이터베이스 드라이버를 관리한다. 이 드라이버는 다른 R 패키지가 제공해야 한다. 이러한 패키지를 사용하면 R은 오라클(ROracle), MySQL(RMySQL), PostgreSQL

(RPostgreSQL), SQLite(RSQLite) 등에 연결할 수 있다.

이 기능을 설명하고자 DBI와 RSQLite 패키지를 사용해 이전에 사용한 신용 데이터 세트가 포함된 SQLite 데이터베이스에 연결해보자. SQLite는 서버를 실행할 필요가 없는 간단한 데이터베이스로, 컴퓨터에 있는 데이터베이스 파일에 연결한다. 여기에서는 credit.sqlite3라는 이름의 데이터베이스 파일을 R 작업 디렉터리에 저장하고 필요한 두 패키지를 설치한 후 다음 명령을 사용해 데이터베이스에 연결할 수 있다.

```
> con <- dbConnect(RSQLite::SQLite(), "credit.sqlite3")
```

연결이 성공했음을 증명하고자 데이터베이스 테이블을 나열해 신용 테이블이 예상대로 존재하는지 확인할 수 있다.

```
> dbListTables(con)

[1] "credit"
```

여기서는 데이터베이스에 SQL 쿼리 명령을 보내고 레코드를 R 데이터 프레임으로 반환할 수 있다. 예를 들어 45세 이상의 대출 신청자를 반환하려면 다음과 같이 데이터베이스에 쿼리한다.

```
> res <- dbSendQuery(con, "SELECT * FROM credit WHERE age >= 45")
```

다음 명령을 사용해 전체 결과 집합을 데이터 프레임으로 가져올 수 있다.

```
> credit_age45 <dbFetch(res)
```

작업이 제대로 수행됐는지 확인하고자 요약 통계를 살펴보자. 이를 통해 나이가 45세 이상부터 시작됨을 확인할 수 있다.

```
> summary(credit_age45$age)
```

```
   Min. 1st Qu. Median  Mean 3rd Qu.  Max.
  45.00   48.00  52.00 53.98   60.00 75.00
```

작업이 완료되면 쿼리 결과 세트를 삭제하고 데이터베이스 연결을 닫는 것이 좋다. 이렇게 하면 자원이 해제된다.

```
> dbClearResult(res)
> dbDisconnect(con)
```

SQLite와 데이터베이스별 R 패키지 외에도 odbc 패키지를 사용해 R은 다양한 유형의 데이터베이스에 연결할 수 있다. 이를 가능하게 하는 프로토콜은 ODBC^{Open DataBase Connectivity} 표준이다. ODBC 표준은 운영체제나 DBMS와 상관없이 사용할 수 있다. 이전에 ODBC 데이터베이스에 연결한 적이 있다면 데이터 소스 이름^{DSN, Data Source Name}을 통해 그에 접근한 적이 있을 것이다. DSN을 사용해 한 줄의 R 코드로 데이터베이스 연결을 생성할 수 있다.

```
> con <- dbConnect(odbc:odbc(), "my_data_source_name")
```

더 복잡한 설정이나 연결 속성을 수동으로 지정하려면 다음과 같이 DBI 패키지의 dbConnect() 함수에 전체 연결 문자열을 인수로 지정할 수 있다.

```
> library(DBI)
> con <- dbConnect(odbc::odbc(),
```

```
                  database = "my_database",
                  uid = "my_username",
                  pwd = "my_password",
                  host = "my.server.address",
                  port = 1234)
```

일단 연결되면 ODBC 데이터베이스로 쿼리를 보낼 수 있으며, 동일한 함수들을
사용해 테이블을 데이터 프레임으로 반환할 수 있다. 이는 이전에 SQLite 예제
에서 사용된 것과 동일한 방법이다.

TIP

> 보안 및 방화벽 설정 때문에 ODBC 네트워크 연결 구성에 대한 지침은 각 상황에 매우 구체적이다.
> 연결 설정에 문제가 있을 경우 데이터베이스 관리자와 상담하기 바란다. Posit 팀(이전에 RStudio
> 로 알려진)은 https://solutions.posit.co/connections/db/best-practices/drivers/에서 유용한 정
> 보를 제공하고 있다.

dbplyr와 함께 dplyr용 데이터베이스 백엔드 사용

tidyverse의 dplyr 함수를 외부 데이터베이스와 함께 사용하는 것은 기존 데이
터 프레임을 사용하는 것과 크게 다르지 않다. dbplyr 패키지(데이터베이스 plyr의 약자)
는 DBI 패키지가 지원하는 모든 데이터베이스를 dplyr의 백엔드로 투명하게
사용할 수 있게 한다. 연결을 통해 tibble 객체를 데이터베이스에서 불러올 수
있다. 일반적으로 dbplyr 패키지를 설치하기만 하면 dplyr은 그 기능을 활용할
수 있다. 예를 들어 이전에 사용한 SQLite의 credit.sqlite3 데이터베이스에
연결하고 tbl() 함수를 사용해 그 데이터베이스의 credit 테이블을 tibble 객
체로 저장할 수 있다.

```
> library(DBI)
```

```
> library(dplyr)
> con <- dbConnect(RSQLite::SQLite(), "credit.sqlite3")
> credit_tbl <- con |> tbl("credit")
```

dplyr가 데이터베이스를 통해 라우팅됐기 때문에 여기서의 credit_tbl 객체는 로컬 R 객체로 저장되는 것이 아니라 데이터베이스 내의 테이블이다. 그럼에도 credit_tbl은 일반적인 tibble과 완전히 동일하게 작동하며 dplyr 패키지의 다른 모든 기능을 사용할 수 있다. 다른 점은 계산 작업이 R에서가 아니라 데이터베이스 내에서 수행된다는 것이다. 이는 SQLite 데이터베이스를 더 전통적인 SQL 서버로 교체한다면 작업을 로컬 컴퓨터에서 수행하는 대신 더 많은 계산 성능을 갖춘 컴퓨터로 작업을 옮길 수 있다는 의미다.

예를 들어 45세 이상인 대출 신청자의 나이에 대한 요약 통계량을 쿼리하고 표시하고자 tibble을 다음과 같은 함수의 연속적인 파이프라인을 통해 사용할 수 있다.

```
> library(dplyr)
> credit_tbl |>
    filter(age >= 45) |>
    select(age) |>
    collect() |>
    summary()
```

결과는 다음과 같다.

```
      age
 Min.   :45.00
 1st Qu.:48.00
 Median :52.00
```

```
Mean    :53.98
3rd Qu. :60.00
Max.    :75.00
```

dbplyr 함수는 '지연lazy' 방식이라는 점을 유의해야 한다. 이는 필요할 때까지 데이터베이스에서 작업이 수행되지 않음을 의미한다. 따라서 collect() 함수를 사용하면 dplyr가 '서버'(이 경우 SQLite 인스턴스지만 일반적으로 강력한 데이터베이스 서버)에서 결과를 검색해 요약 통계를 계산할 수 있게 된다. collect()문이 생략되면 summary() 함수가 데이터베이스 연결 객체와 직접 작동하지 않기 때문에 코드가 실패할 것이다.

데이터베이스가 연결되면 대부분의 dplyr 명령은 SQL로 원활하게 변환될 것이다. 이를 확인하고자 dbplyr에게 생성된 SQL 코드를 보여주라고 요청할 수 있다. 45세 이상인 대출 신청자를 필터링하고 대출 상환 여부에 따라 그룹화한 후 대출 금액의 평균을 표시하는 다소 복잡한 명령 시퀀스를 만들어보자.

```
> credit_tbl |>
    filter(age >= 45) |>
    group_by(default) |>
    summarize(mean_amount = avg(amount))
```

결과는 채무 불이행자가 평균적으로 더 많은 대출 금액을 요청하는 경향이 있음을 보여준다.

```
# Source: SQL [2 x 2]
# Database: sqlite 3.41.2 [/MLwR/Chapter 15/credit.sqlite3]
  default mean_amount
  <chr>         <dbl>
1 no            2709.
```

```
2 yes          4956.
```

주목해야 할 점은 일반적인 **dplyr** 출력과 다르며 R이 아닌 데이터베이스에서 작업이 수행됐기 때문에 사용된 데이터베이스에 대한 정보가 포함돼 있다는 것이다. 이 분석을 수행하는 데 생성된 SQL 코드를 확인하려면 단순히 show_query() 함수로 단계를 파이프할 수 있다.

```
> credit_tbl |>
    filter(age >= 45) |>
    group_by(default) |>
    summarize(mean_amount = avg(amount)) |>
    show_query()
```

출력에는 SQLite 데이터베이스에서 실행된 SQL 쿼리가 표시된다.

```
<SQL>
SELECT `default`, avg(`amount`) AS `mean_amount`
FROM `credit`
WHERE (`age` >= 45.0)
GROUP BY `default`
```

dbplyr 기능을 사용하면 작은 데이터 프레임에서 사용하는 것과 동일한 R 코드를 SQL 데이터베이스에 저장된 대규모 데이터 세트를 준비하는 데에도 사용할 수 있으며, 무거운 작업은 로컬 노트북이나 데스크톱보다 원격 서버에서 수행된다. 이렇게 하면 **tidyverse** 패키지 스위트를 배우면 코드가 작은 프로젝트부터 대규모 프로젝트까지 모두에 적용될 수 있다. 물론 R이 대규모 데이터 세트와 함께 작동하게 하는 방법은 더 많으며, 다음 절에서 살펴본다.

병렬 처리로 더 빠르게 작업 수행

컴퓨팅 초기에는 컴퓨터 프로세서가 항상 순차적으로 명령을 실행했다. 이는 한 번에 하나의 작업만 수행할 수 있음을 의미한다. 순차적 컴퓨팅에서는 다음 명령은 이전 명령이 완료될 때까지 시작할 수 없다.

순차적 컴퓨팅:

문제 → 작업 1 → 작업 2 → 작업 3 → 응답

그림 15.13: 순차적 컴퓨팅에서는 이전 작업이 완료될 때까지 작업을 시작할 수 없다.

많은 작업이 동시에 수행되면 효율적으로 완료될 수 있다는 사실은 널리 알려져 있었지만 기술적으로 그러한 방식을 실현하는 것은 불가능했다. 이러한 문제를 해결하고자 병렬 컴퓨팅 방법이 개발됐다. 병렬 컴퓨팅은 2개 이상의 프로세서나 컴퓨터를 사용해 작업을 동시에 수행하는 방식이다.

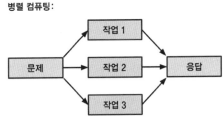

그림 15.14: 병렬 컴퓨팅은 여러 작업이 동시에 발생하도록 허용해 처리 속도를 높일 수 있지만 결과는 마지막에 결합돼야 한다.

현대의 많은 컴퓨터는 병렬 컴퓨팅을 위해 설계돼 있다. 하나의 프로세서를 갖더라도 보통 2개 이상의 코어가 병렬로 작동한다. 코어는 사실상 하나의 프로세서 안에 있는 프로세서로, 다른 코어가 다른 작업을 처리하더라도 계산을 동시에 수행할 수 있다.

병렬 컴퓨팅은 **클러스터**cluster라 불리는 여러 컴퓨터의 네트워크에서도 사용될 수 있다. 큰 클러스터는 다양한 하드웨어로 구성돼 있으며 멀리 떨어진 위치에 분산돼 있을 수 있다. 이리한 경우 클러스터는 그리드^{Grid}라고도 불린다. 수백 또는 수천 대의 컴퓨터가 상용 하드웨어로 구성된 클러스터나 그리드는 매우 강력한 시스템이 될 수 있다. 아마존 웹 서비스^{AWS, Amazon Web Services}나 마이크로소프트 애저^{Microsoft Azure}와 같은 클라우드 컴퓨팅 시스템은 데이터 과학 프로젝트에서 클러스터를 사용하는 것을 더욱 쉽게 만들어준다.

하지만 모든 문제가 병렬화될 수 있는 것은 아니다. 특정 문제는 다른 문제에 비해 병렬 실행에 더 적합하다. 100개의 프로세서를 추가하면 같은 시간 안에 작업량이 100배 증가할 것으로 기대할 수 있다(즉, 전체 실행 시간이 1/100이 될 것으로 기대됨). 하지만 일반적으로는 그렇지 않다. 이는 작업군을 관리하는 데 노력이 필요하기 때문이다. 작업은 동등하고 겹치지 않는 작업 블록으로 분할돼야 하며, 각 작업군의 결과는 하나의 최종 답으로 결합돼야 한다.

무척 단순한 병렬 문제들은 이상적이다. 이러한 작업들은 겹치지 않는 작업 블록으로 쉽게 줄일 수 있으며 결과를 다시 결합하는 것도 간단하다. 예를 들어 10-폴드 교차 검증^{10-fold cross-validation}은 병렬화하기에 아주 적합한 머신러닝 작업의 예다. 10개의 샘플로 나눈 후 10개의 작업 블록은 서로 독립적이며, 다른 블록에 영향을 미치지 않는다. 곧 알게 되겠지만 이러한 작업은 병렬 컴퓨팅을 사용해 상당히 빠르게 처리할 수 있다.

R의 실행 시간 측정

얼마나 많은 시간이 절약됐는지 체계적으로 측정할 수 없다면 R의 속도를 높이려는 노력은 헛수고가 될 것이다. 스톱워치를 사용하는 것도 하나의 옵션이지만 더 쉬운 해결책은 코드를 `system.time()` 함수로 래핑하는 것이다.

예를 들어 내 노트북에서 `system.time()` 함수는 백만 개의 난수를 생성하는데 약 0.026초가 걸린다고 기록돼 있다.

```
> system.time(rnorm(1000000))
```

```
   user  system elapsed
  0.025   0.001   0.026
```

같은 함수를 사용해 방금 설명한 방법 또는 R 함수로 얻은 성능 향상을 평가할 수 있다.

NOTE

> 그만큼 값어치가 있을지는 모르지만 이 책의 1판이 출판될 당시에는 백만 개의 난수를 생성하는 데 0.130초가 걸렸다. 2판에선 약 0.093초, 3판에선 0.067초가 걸렸다. 그리고 현재는 0.026초가 걸린다. 물론 각 판마다 약간 더 강력한 컴퓨터를 사용했지만 10년 동안 약 80%의 처리 시간이 감소한 것은 컴퓨터 하드웨어와 소프트웨어가 얼마나 빠르게 발전하는지를 보여준다.

R에서 병렬 처리 활성화

parallel 패키지는 R 버전 2.14.0 이후에 포함돼 있으며 병렬 알고리듬을 배포하는 데 필요한 진입 장벽을 낮춰준다. 이를 위해 **multicore**와 **snow** 패키지의 구성 요소를 포함해 각각 다른 방식으로 다중 작업을 처리한다.

컴퓨터가 최근 모델이라면 병렬 처리를 사용할 수 있을 가능성이 높다. 먼저 detectCores() 함수를 사용해 컴퓨터의 코어 수를 확인할 수 있다. 하지만 하드웨어 사양에 따라 출력이 다를 수 있다.

```
> library(parallel)
> detectCores()
```

```
[1] 10
```

multicore 패키지는 사이몬 우르바네크[Simon Urbanek]에 의해 개발됐으며 여러 개의

프로세서 또는 프로세서 코어를 가진 단일 컴퓨터에서 병렬 처리를 가능하게
한다. 이는 컴퓨터의 운영체제에서 멀티태스킹 기능을 활용해 추가적인 R 세션
을 생성하거나 복사해 같은 메모리를 공유하는 방식으로 작동한다. R에서 병렬
처리를 시작하는 가장 간단한 방법 중 하나다.

multicore 기능을 쉽게 시작하는 방법은 mclapply() 함수를 사용하는 것이다.
이 함수는 lapply()의 멀티코어 버전이다. 예를 들어 다음 코드 블록은 1000만
개의 난수를 생성하는 작업을 1, 2, 4, 8개의 코어로 분할하는 방법을 보여준다.
unlist() 함수는 각 코어가 작업 덩어리를 완료한 후에 병렬 결과(리스트)를 하나
의 벡터로 결합하는 데 사용된다.

```
> system.time(l1 <- unlist(mclapply(1:10, function(x) {
    rnorm(10000000)}, mc.cores = 1)))

   user  system elapsed
  2.840   0.183   3.027

> system.time(l2 <- unlist(mclapply(1:10, function(x) {
    rnorm(10000000)}, mc.cores = 2)))

   user  system elapsed
  2.876   0.840   2.361

> system.time(l4 <- unlist(mclapply(1:10, function(x) {
    rnorm(10000000) }, mc.cores = 4)))
```

```
   user   system  elapsed
  2.901    0.824    1.459
```

```
> system.time(l8 <- unlist(mclapply(1:10, function(x) {
    rnorm(10000000) }, mc.cores = 8)))
```

```
   user   system  elapsed
  2.975    1.146    1.481
```

코어의 수가 증가함에 따라 경과 시간이 감소하는 것을 주목하라. 그러나 이득은 언젠가는 감소하며 코어가 너무 많이 추가되면 오히려 불리할 수도 있다. 이는 간단한 예지만 다른 많은 작업에 쉽게 적용할 수 있다.

루크 티어니^{Luke Tierney}, 로시니^{A. J. Rossini}, 나 리^{Na Li}, 세브치코바^{H. Sevcikova}가 개발한 snow 패키지(Simple Network of Workstations)는 멀티코어 또는 멀티프로세서 컴퓨터뿐만 아니라 여러 컴퓨터로 구성된 네트워크에서 병렬 컴퓨팅을 가능하게 한다. 약간 더 어렵게 사용할 수 있지만 더 많은 기능과 유연성을 제공한다. snow 기능은 parallel 패키지에 포함돼 있으므로 단일 컴퓨터에서 클러스터를 설정하려면 makeCluster() 함수를 사용하고 사용할 코어의 수를 지정한다.

```
> cl1 <- makeCluster(4)
```

snow는 네트워크 트래픽을 통해 통신하기 때문에 운영체제에 따라 방화벽을 통해 액세스 승인 메시지를 받을 수 있다. 클러스터가 작동 중인지 확인하려면 각 노드가 호스트 이름을 보고하도록 요청할 수 있다. clusterCall() 함수는 클러스터의 각 컴퓨터에서 함수를 실행한다. 이 경우에는 Sys.info() 함수를 호출하고 nodename 파라미터를 반환하는 함수를 정의해보자.

```
> clusterCall(cl1, function() { Sys.info()["nodename"] } )
```

```
[[1]]
                          nodename
"Bretts-Macbook-Pro.local"

[[2]]
                          nodename
"Bretts-Macbook-Pro.local"

[[3]]
                          nodename
"Bretts-Macbook-Pro.local"

[[4]]
                          nodename
"Bretts-Macbook-Pro.local"
```

역시 4개의 노드가 모두 한 컴퓨터에서 실행되기 때문에 같은 호스트 이름을 보고
한다. 각 노드에 다른 명령을 실행하려면 clusterApply() 함수를 사용해 각 노드
에 고유한 파라미터를 제공하면 된다. 여기서는 각 노드에 다른 문자를 제공한다.
그런 다음 각 노드는 해당 문자에 대해 병렬로 간단한 함수를 수행할 것이다.

```
> clusterApply(cl1, c('A', 'B', 'C', 'D'),
              function(x) { paste("Cluster", x, "ready!") })
```

```
[[1]]
[1] "Cluster A ready!"

[[2]]
[1] "Cluster B ready!"

[[3]]
[1] "Cluster C ready!"
```

```
[[4]]
[1] "Cluster D ready!"
```

클러스터 작업을 마치면 생성된 프로세스를 종료하는 것이 중요하다. 이렇게 하면 각 노드에서 사용 중인 리소스가 해제된다.

```
> stopCluster(cl1)
```

이러한 간단한 명령을 사용해 많은 머신러닝 작업을 가속화할 수 있다. 가장 큰 빅데이터 문제에는 훨씬 더 복잡한 snow 구성이 가능하다. 예를 들어 여러 개의 일반 사용자용 컴퓨터로 구성된 Beowulf 클러스터를 설정할 수 있다. 학계 및 산업 연구 환경에서는 전용 컴퓨팅 클러스터를 사용해 Rmpi 패키지를 통해 이러한 고성능 메시지 패싱 인터페이스[MPI, Message-Passing Interface] 서버에 액세스할 수 있다. 이러한 클러스터를 사용하는 것은 네트워크 구성과 컴퓨팅 하드웨어에 대한 지식이 필요하며 이 책의 범위를 벗어난다.

NOTE

다음은 루크 티어니가 제공하는 snow에 대한 상세한 소개다. 이 강의에는 네트워크를 통해 여러 컴퓨터에서 병렬 컴퓨팅을 구성하는 방법에 대한 정보도 포함돼 있다. 강의 링크는 http://homepage.stat.uiowa.edu/~luke/classes/295-hpc/notes/snow.pdf다.

foreach와 doParallel을 통한 병렬 활용

리치 캘러웨이[Rich Calaway]와 스티브 웨스턴[Steve Weston]이 제공하는 foreach 패키지는 특히 윈도우 운영체제에서 R을 실행하는 경우에는 가장 쉬운 병렬 컴퓨팅을 시작하는 방법일 수 있다. 다른 패키지들은 플랫폼에 따라 다를 수 있기 때문이다.

이 패키지의 핵심은 foreach 루프 구조다. 다른 프로그래밍 언어를 사용해 본 적이 있다면 비슷할 것이다. 기본적으로 항목 집합을 순환하며 항목의 수를 명시적으로 계산하지 않고 각 항목^{for each}에 대해 무언가를 수행^{do}할 수 있다.

R에서 이미 apply 함수 집합(예, apply(), lapply(), sapply() 등)을 사용해 항목 집합을 순환하는 방법을 제공하는 것 같다고 생각한다면 그 생각이 맞다. 그러나 foreach 루프에는 추가적인 이점이 있다. 루프의 반복은 매우 간단한 구문을 사용해 병렬로 완료될 수 있다. 이것이 어떻게 동작하는지 살펴보자.

이전에 수백만 개의 난수를 생성하는 데 사용했던 명령을 기억하자. 이를 더 도전적으로 하고자 1억 개로 늘려보자. 그러면 약 2.5초 정도 걸린다.

```
> system.time(l1 <- rnorm(100000000))

    user   system elapsed
   2.466    0.080   2.546
```

foreach 패키지를 설치한 후에는 동일한 작업을 25,000,000개의 난수를 생성하는 4개의 집합을 결합하는 반복문으로 표현할 수 있다. .combine 파라미터는 각 반복에서 생성된 최종 결과를 결합할 때 사용할 함수를 foreach에 알려주는 선택적 설정이다. 이 경우 각 반복이 난수 집합을 생성하므로 간단히 c() 연결 함수를 사용해 단일로 결합된 벡터를 만든다.

```
> system.time(l4 <- foreach(i = 1:4, .combine = 'c')
             %do% rnorm(25000000))

    user   system elapsed
   2.603    0.106   2.709
```

이 함수가 속도 향상을 가져오지 않았다고 느꼈다면 잘 캐치했다. 사실 이 과정은 더 느려졌다. foreach 패키지가 기본적으로 각 반복을 직렬로 실행하며 이 함수가 프로세스에 약간의 계산 오버헤드를 추가하기 때문이다. doParallel이 라는 자매 패키지는 이 장의 앞부분에서 설명한 R과 함께 제공되는 parallel 패키지를 이용하는 foreach를 위한 병렬 백엔드를 제공한다. 이 작업을 병렬화 하기 전에 시스템에서 사용 가능한 코어 수를 확인하는 것이 좋다.

```
> detectCores()

[1] 10
```

결과는 시스템 성능에 따라 달라진다.

그런 다음으로 doParallel 패키지를 설치하고 로드한 후에는 원하는 코어 수를 등록^{register}하고 %do% 명령을 %dopar% 연산자로 교체하기만 하면 된다. 여기서는 최대 4개의 코어만 필요하며, 이는 결국 4개의 무작위 숫자 그룹을 결합해야 하기 때문이다.

```
> library(doParallel)
> registerDoParallel(cores = 4)
> system.time(l4p <- foreach(i = 1:4, .combine = 'c')
              %dopar% rnorm(25000000))

   user  system elapsed
  2.868   1.041   1.571
```

결과에서 볼 수 있듯이 성능이 향상돼 실행 시간이 약 40% 단축된다.

> 경고: cores 파라미터가 시스템에서 사용 가능한 코어보다 큰 숫자로 설정되거나 결합된 작업이
> 컴퓨터의 여유 메모리를 초과하는 경우 R이 충돌할 수 있다. 이 경우 랜덤 숫자 벡터는 거의 1기가
> 바이트의 데이터이므로 RAM이 적은 시스템에서는 이 부분에서 특히 충돌이 발생할 수 있다.

doParallel 클러스터를 닫으려면 다음과 같이 입력한다.

```
> stopImplicitCluster()
```

R 세션이 끝나면 클러스터가 자동으로 닫히지만 명시적으로 닫는 것이 더 좋다.

caret을 사용해 병렬로 모델 훈련과 평가

caret 패키지는 맥스 쿤^{Max Kuhn}이 만든 것으로(10장에서 다룸), R에서 foreach 패키지를 사용해 등록된 병렬 백엔드를 자동으로 활용한다.

간단한 예제로 신용 데이터 세트에서 랜덤 포레스트 모델을 학습하는 시도를 해보자. 병렬화없이 모델을 학습하면 약 65초가 소요된다.

```
> library(caret)
> credit <- read.csv("credit.csv")
> system.time(train(default ~ ., data = credit, method = "rf",
                     trControl = trainControl(allowParallel = FALSE)))
```

```
   user system elapsed
 64.009  0.870  64.855
```

반면에 doParallel 패키지를 사용해 8개의 코어를 병렬로 등록한다면(8개보다 적은 코어를 갖고 있다면 이 숫자를 낮춰야 한다) 모델을 구축하는 데 약 10초가 소요된다. 이는 원래

시간의 약 1/6에 불과하며 나머지 caret 코드를 변경할 필요가 없다.

```
> library(doParallel)
> registerDoParallel(cores = 8)
> system.time(train(default ~ ., data = credit, method = "rf"))

   user system elapsed
 68.396  1.692  10.569
```

모델 훈련 및 평가에 관련된 많은 작업은 잘 나눠질 수 있는 병렬 작업이며, 예를 들어 랜덤 샘플을 생성하고 10-폴드 교차 검증을 위해 반복적으로 예측을 테스트하는 것들이 그렇다. 이런 이유로 caret 프로젝트를 시작하기 전에 항상 여러 코어를 등록하는 것이 좋다.

NOTE

> caret에서 병렬 처리를 활성화해 성능을 향상시키는 구성 지침과 사례 연구는 프로젝트 웹 사이트 (https://topepo.github.io/caret/parallel-processing.html)에서 확인할 수 있다.

특수 하드웨어와 알고리듬 활용

기본 R은 느리고 메모리 사용 효율이 떨어지는 것으로 알려져 있으며, 이 평판은 어느 정도는 맞는 것으로 여겨진다. 수천 개의 레코드로 이뤄진 데이터 세트의 경우에는 최신 PC에서 이러한 문제들이 크게 눈에 띄지 않을 수 있다. 그러나 수백만 개 이상의 레코드를 포함하는 데이터 세트거나 많은 특징을 가진 데이터 세트거나 복잡한 학습 알고리듬을 사용하는 경우 소비자용 하드웨어의 한계를 초과할 수 있다.

R을 기본 패키지의 능력을 넘어서도록 확장하는 패키지들이 빠르게 개발되고 있다. 이러한 패키지들은 R이 빠르게 작동하게 하거나 추가 컴퓨터 또는 프로세서에 작업을 분산시키거나, 특수한 컴퓨터 하드웨어를 활용하거나, 빅데이터 문제에 최적화된 머신러닝을 제공함으로써 가능하다.

아파치 스파크를 통한 맵리듀스 개념의 병렬 컴퓨팅

맵리듀스[MapReduce] 프로그래밍 모델은 구글에서 자체 데이터를 대규모 클러스터로 처리하고자 개발됐다. 맵리듀스는 병렬 프로그래밍을 2단계로 나눠 처리한다.

- **맵[Map] 단계:** 문제가 작은 작업으로 나눠지고 클러스터의 컴퓨터에 분산된다.
- **리듀스[Reduce] 단계:** 작은 작업의 결과가 수집되고 원래의 문제에 대한 해결책으로 합성된다.

인기 있는 상용 맵리듀스 프레임워크의 대안으로 오픈소스인 아파치 하둡[Apache Hadoop]이 있다. 하둡 소프트웨어는 맵리듀스 개념과 대용량 데이터를 클러스터의 컴퓨터에 분산해 저장할 수 있는 분산 파일 시스템을 포함하고 있다. 하둡은 그 기능을 최대한 활용하고 기본적인 머신러닝 작업을 수행하고자 어느 정도 특수한 프로그래밍 기술이 필요하다. 또한 하둡은 매우 큰 양의 데이터 처리에 우수하지만 모든 데이터를 디스크에 저장하므로 사용 가능한 메모리를 활용하지 않아 항상 가장 빠른 옵션이 아닐 수 있다.

아파치 스파크[Apache Spark]는 빅데이터용 클러스터 컴퓨팅 프레임워크로 하둡의 이러한 문제에 대한 해법을 제공한다. 하둡과 비교해 데이터 처리 속도를 약 100배 더 빠르게 처리할 수 있다. 또한 많은 일반적인 데이터 처리, 분석, 모델링 작업에 대한 쉬운 라이브러리를 제공한다. 이에는 SparkSQL 데이터 쿼리 언어, MLlib 머신러닝 라이브러리, 그래프와 네트워크 분석을 위한 GraphX 그리고 실시간 데이터 스트림 처리를 위한 스파크 스트리밍^{Spark Streaming} 라이브러리가 포함된다. 이러한 이유로 스파크는 현재 오픈소스 대용량 데이터 처리의 표준으로 간주된다.

아파치 스파크는 종종 가상 머신의 클라우드 호스팅 클러스터에서 원격으로 실행되지만 자체 하드웨어에서 실행되는 이점도 볼 수 있다. 두 경우 모두 sparklyr 패키지는 클러스터에 연결하고 스파크를 사용해 데이터를 분석하기 위한 dplyr 인터페이스를 제공한다.

더 자세한 스파크와 R의 사용법에 대한 설명은 https://spark.rstudio.com에서 찾을 수 있지만 기본적인 실행 방법은 간단하다.

기본 개념을 설명하고자 여기서는 신용 데이터 세트에서 대출 연체를 예측하는 랜덤 포레스트 모델을 만들어본다. 먼저 sparklyr 패키지를 설치하고 로드해야 한다. 그런 다음 스파크를 처음 사용할 때는 spark_install() 함수를 실행해 컴퓨터에 스파크를 다운로드해야 한다. 이는 약 220메가바이트로 상당한 다운로드다. 전체 스파크 환경이 포함돼 있기 때문이다.

```
> library(sparklyr)
> spark_install()
```

또한 스파크 자체에는 자바 설치가 필요하며 아직 설치하지 않은 경우 http://www.java.com에서 다운로드할 수 있다. 스파크 및 자바가 설치되면 다음 명령을 사용해 로컬 시스템에서 스파크 클러스터를 인스턴스화할 수 있다.

```
> spark_cluster <- spark_connect(master = "local")
```

다음으로 로컬 시스템의 credit.csv 파일에서 스파크 인스턴스로 대출 데이터 세트를 로드한 다음 스파크 함수 **sdf_random_split()**을 사용해 데이터의 75% 와 25%를 훈련 및 테스트 집합에 각각 무작위로 할당한다. **seed** 파라미터는 이 코드가 실행될 때마다 결과가 동일하게 하기 위한 무작위 시드다.

```
> splits <- sdf_random_split(credit_spark,
                             train = 0.75, test = 0.25,
                             seed = 123)
```

마지막으로 훈련 데이터를 랜덤 포레스트 모델 함수로 파이프해 예측하고 분류 평가기를 사용해 테스트 집합에서 AUC를 계산한다.

```
> credit_rf <- splits$train |>
      ml_random_forest(default ~ .)
> pred <- ml_predict(credit_rf, splits$test)
> ml_binary_classification_evaluator(pred,
      metric_name = "areaUnderROC")
```
```
[1] 0.7824574
```

그런 다음 클러스터에서 연결을 끊는다.

```
> spark_disconnect(spark_cluster)
```

단 몇 줄의 R 코드만으로 스파크를 사용해 수백만 개의 레코드를 모델링할 수 있는 랜덤 포레스트 모델을 만들었다. 더 많은 컴퓨팅 파워가 필요하다면 해당 코드를 사용해 매우 병렬적인 스파크 클러스터를 클라우드상에서 실행할 수 있다. 이는 spark_connect() 함수를 올바른 호스트 이름으로 설정하면 된다. 또한 https://spark.rstudio.com/mlib/에 나열된 스파크 머신러닝 라이브러리 (MLlib)의 지도학습 함수 중 하나를 사용해 다른 모델링 접근법으로 쉽게 적용할 수 있다.

NOTE

> 스파크를 사용해 시작하는 가장 쉬운 방법은 Databricks를 이용하는 것이다. Databricks는 스파크를 만든 개발자들이 개발한 클라우드 플랫폼으로, 웹 기반 인터페이스를 통해 클러스터를 쉽게 관리하고 확장할 수 있다. 무료 'Community Edition'은 튜토리얼을 시도하거나 자신의 데이터로 실험해볼 수 있는 작은 클러스터를 제공한다. https://databricks.com에서 확인해보라.

H2O로 분산되고 확장 가능한 알고리듬으로 학습

H2O 프로젝트(https://h2o.ai)는 머신러닝 알고리듬의 빠른 인메모리 구현과 클러스터 컴퓨팅 환경에서도 작동할 수 있는 빅데이터 프레임워크다. 이 프로젝트에는 이 책에서 다루는 다양한 메서드가 포함돼 있으며, 그중에는 나이브 베이즈, 회귀, 심층 신경망, k-평균 군집화, 앙상블 방법, 랜덤 포레스트 등이 있다.

H2O는 작은 데이터 청크chunks를 반복해 머신러닝 문제의 근사해를 찾고자 휴리스틱을 사용한다. 이는 학습자가 어느 정도 거대한 데이터 세트를 사용해야 하는지를 사용자가 정확히 결정할 수 있게 해준다. 어떤 문제의 경우 빠른 해도 수용 가능할 수 있지만 다른 경우에는 전체 데이터 세트가 필요하며, 이는 추가적인 학습 시간이 필요하다.

H2O는 일반적으로 기본 R보다 이미 훨씬 빠른 스파크의 머신러닝 기능에 비해서도 매우 방대한 데이터 세트에서 훨씬 더 빠르고 더 나은 성능을 제공한다. H2O는 보통 스파크의 머신러닝 기능에 비해 상당히 빠르고 매우 거대한 데이터 세트에서 더 나은 성능을 제공한다. 그러나 아파치 스파크는 일반적으로

사용되는 클러스터 컴퓨팅 및 빅데이터 준비 환경이므로, 스파클링 워터^{Sparkling Water} 소프트웨어를 사용해 아파치 스파크에서 H2O를 실행할 수 있다. 스파클링 워터를 사용하면 데이터 과학자들은 데이터 준비를 위한 스파크의 장점과 머신 러닝을 위한 H2O의 장점을 모두 활용할 수 있다.

h2o 패키지는 R 환경 내에서 H2O 인스턴스에 액세스하기 위한 기능을 제공한다. H2O에 대한 자세한 튜토리얼은 이 책의 범위를 벗어나며 문서는 http://docs.h2o.ai에서 확인할 수 있지만 기본적인 사용법은 간단하다.

시작하려면 컴퓨터(http://www.java.com)에 자바가 설치돼 있고 R에 h2o 패키지를 설치해야 한다. 그런 후 다음 코드를 사용해 로컬 H2O 인스턴스를 초기화한다.

```
> library(h2o)
> h2o_instance <- h2o.init()
```

이렇게 하면 컴퓨터에서 H2O 서버가 시작되며 http://localhost:54321에서 H2O 플로^{Flow}를 통해 볼 수 있다. H2O 플로 웹 애플리케이션을 사용하면 H2O 서버에 명령을 관리 및 전송하거나 간단한 브라우저 기반 인터페이스를 사용해 모델을 구축하고 평가할 수 있다.

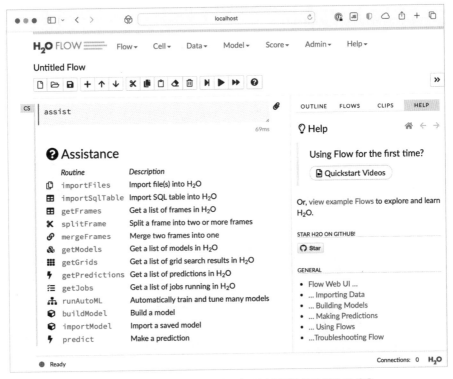

그림 15.15: H2O 플로는 H2O 인스턴스와 상호작용하기 위한 웹 응용

이 인터페이스에서도 분석을 완료할 수 있지만 R로 돌아가서 이전에 검토했던 대출 기본 데이터에 H2O를 사용해보자. 먼저 다음 명령을 사용해 credit.csv 데이터 세트를 이 인스턴스에 업로드해야 한다.

```
> credit.hex <- h2o.uploadFile("credit.csv")
```

.hex 확장자는 H2O 데이터 프레임 형식을 나타내는 데 사용된다는 점에 주목하자.

그리고 다음 명령을 사용해 H2O의 랜덤 포레스트 구현을 이 데이터 세트에 적용한다.

```
> h2o.randomForest(y = "default",
                   training_frame = credit.hex,
                   ntrees = 500,
                   seed = 123)
```

이 명령의 출력에는 모델 성능의 OOB 추정치에 대한 정보가 포함된다.

```
** Reported on training data. **
** Metrics reported on Out-Of-Bag training samples **
MSE: 0.1637001
RMSE: 0.4045987
LogLoss: 0.4956604
Mean Per-Class Error: 0.2835714
AUC: 0.7844833
AUCPR: 0.6195022
Gini: 0.5689667
R^2: 0.2204758
```

여기에 사용된 신용 데이터 세트는 그다지 크지 않지만 여기의 H2O 코드는 거의 모든 크기의 데이터 세트로 확장된다. 또한 코드는 클라우드에서 실행되는 경우 거의 변경되지 않는다. 단순히 h2o.init() 함수를 원격 호스트로 지정하기만 하면 된다.

GPU 컴퓨팅

병렬 처리의 대안은 컴퓨터의 그래픽 처리 장치^{GPU, Graphics Processing Unit}를 사용해 수학적 계산 속도를 높이는 것이다. GPU는 컴퓨터 화면에 이미지를 빠르게 표시하도록 최적화된 특수 프로세서다. 컴퓨터는 복잡한 3D 그래픽(특히 비디오 게임)을 표시해야 하는 경우가 많기 때문에 많은 GPU는 병렬 처리와 매우 효율적인 행렬 및 벡터 계산을 위해 설계된 하드웨어를 사용한다.

GPU의 부수적인 이점은 특정 유형의 수학 문제를 효율적으로 해결하는 데 사용할 수 있다는 것이다. 다음 그림에서 볼 수 있듯이 일반적인 노트북이나 데스크톱 컴퓨터 프로세서에는 대략 16개의 코어가 있을 수 있으며 일반적인 GPU에는 수천 또는 수만 개의 코어가 있을 수 있다.

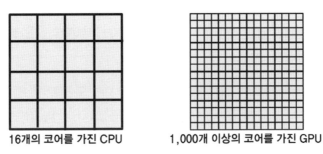

16개의 코어를 가진 CPU   1,000개 이상의 코어를 가진 GPU

그림 15.16: 그래픽 처리 장치(GPU)에는 일반적인 중앙 처리 장치(CPU)보다 훨씬 많은 코어가 있다.

GPU 컴퓨팅의 단점은 일반 컴퓨터에는 없는 특정 하드웨어가 필요하다는 것이다. 대부분의 경우 엔비디아[NVIDIA]사의 GPU가 필요하다. 엔비디아는 C++와 같은 공통 언어를 사용해 GPU를 프로그래밍할 수 있게 하는 CUDA[Complete Unified Device Architecture]라는 독점 프레임워크를 제공하기 때문이다.

> **NOTE**
>
> GPU 컴퓨팅에서 엔비디아의 역할에 대한 자세한 내용은 https://www.nvidia.com/en-us/deep-learning-ai/solutions/machine-learning/을 참고한다.

gputools 패키지는 죠슈 부크너[Josh Buckner], 마크 세리그만[Mark Seligman], 저스틴 윌슨[Justin Wilson]에 의해 개발됐고 엔비디아 CUDA 툴킷을 사용해 행렬 연산, 클러스터링, 회귀 모델링 등의 여러 R 함수를 구현한다. 이 패키지는 CUDA 1.3 이상의 GPU와 엔비디아 CUDA 툴킷의 설치를 요구한다. 이 패키지는 예전에 R에서 GPU 컴퓨팅을 위한 표준 접근 방법이었지만 2017년 이후로 업데이트되지 않아 CRAN 리포지터리에서 제거됐다. 대신 GPU 작업은 텐서플로 수학 라이브러리로 이전된 것으로 보인다. RStudio 팀은 다음 페이지에서 로컬 또는 클라우드

GPU를 사용하는 방법에 대한 정보를 제공하고 있다.

- https://tensorflow.rstudio.com/install/local_gpu
- https://tensorflow.rstudio.com/install/cloud_server_gpu

책의 출간 시점에서 딥러닝용 일반적인 GPU는 입문용 모델로 수백 달러의 가격이며, 성능이 높은 중간 가격대의 모델은 1,000~3,000달러 정도다. 고급 모델은 수천 달러 이상의 비용이 들 수 있다.

이렇게 많은 비용을 처음에 지출하는 대신 많은 사람이 AWS와 마이크로소프트 애저와 같은 클라우드 제공업체에서 서버 시간을 시간당 1달러 정도의 비용으로 빌려 사용한다. 최소한의 GPU 인스턴스를 사용할 수 있으며 작업이 완료되면 반드시 종료하지 않을 경우 비용이 금방 올라갈 수 있으므로 잊지 말아야 한다.

⁂ 요약

현재는 머신러닝을 공부하기에 확실히 흥미로운 시기다. 병렬과 분산 컴퓨팅의 상대적으로 미개척된 전선에서의 지속적인 연구는 빅데이터의 지식을 활용하는 데 큰 잠재력을 제공한다. 또한 증가하는 데이터 과학 커뮤니티는 무료이며 오픈소스인 R 프로그래밍 언어를 통해 지원되고 진입 장벽이 매우 낮다. 배우고자 하는 의지만 있으면 된다.

15장과 이전 장들에서 배운 주제들은 고급 머신러닝 방법을 이해하는 데 기초가 된다. 이제 당신의 책임은 계속해서 학습하고 도구들을 강화하는 것이다. 그 과정에서 항상 "세상에 공짜 점심은 없다."라는 이론을 기억하자. 어떤 학습 알고리듬도 모든 상황에서 완벽하게 작동하지 않으며 각각 강점과 약점이 있다. 이러한 이유로 머신러닝에는 항상 인간적인 요소가 있으며, 과제에 적합한 알고리듬을 선택하고 주제별 지식을 더할 필요가 있다.

앞으로 몇 년 동안 머신러닝과 인간적 학습 사이의 경계가 흐려지면서 인간적인 면이 어떻게 변화하는지 흥미롭게 지켜볼 것이다. 아마존의 Mechanical Turk와 같은 서비스는 크라우드 소싱 지능^{crowd-sourced intelligence}을 제공하며, 순간의 지시에 따라 간단한 작업을 수행하는 인간의 두뇌 클러스터를 제공한다. 어쩌면 언젠가 우리가 컴퓨터를 사용해 인간이 쉽게 할 수 없는 작업을 수행한 것처럼 컴퓨터가 인간을 사용해 그 반대를 할 수도 있을지도 모른다. 매우 흥미로운 고찰이다.

| 찾아보기 |

숫자

1R 분류 규칙 구문 268
1R 알고리듬 256
1R 알고리듬의 장단점 257

ㄱ

가상 비서 서비스 39
가설 검정 280
가설 집합 52
가용성 휴리스틱 53
가우시안 465
가우시안 RBF 커널 400
가중 카파 518
가중 투표 144
가지치기 229
가짜 뉴스 44
값을 추출 90
강한 규칙 421
강화학습 63
개인정보 보호 기대치 44
개인정보 이후 시대 43
거리 함수 141
거짓 긍정 160, 507
거짓 긍정률 529
거짓 부정 160, 507
검증 데이터 세트 545
게놈 데이터 51
게으른 학습 61, 148
결론부 251
결정 계수 318
결정 노드 218, 335
결측값 대치 737
결측값 지시자 739

결측값 패턴 740
결측치 55, 479
결측치 대체 483
결측치 더미 코딩 481
결합 확률 171, 173
경험 규칙 52
계리적 추정 326
계열 296
계층적 군집화 462
계층적 방법 462
고객 이탈 37
고객 행동 세분화 37
골드만삭스 42
공분산 함수 286
과도한 파라미터 상태 636
과소적합 143
과적합 143
과적합 문제 55
관계 관찰 128
관계 시각화 126
관계형 다이어그램 50
관측 단위 57
광학 문자 인식 401
교집합 173
교차 검증 548
구글 어시스턴스 39
구글 트렌드 587
구분자 99
구조화된 데이터 58
군집화 62, 457
규칙 객체 440
규칙 집합 422
규칙 학습 알고리듬 253, 258
규칙 학습자 217
규칙 흥미 측정 420
균등 분포 118

그래디언트 부스팅 798
그래디언트 부스팅 머신(GBM) 구문 799
그래디언트 하강법 374
그래픽 처리 장치 830
그래픽의 문법 605
그리드 탐색 764
그리디 학습 휴리스틱 263
그리디 학습자 262
그리디 휴리스틱 791
그리스 문자 283
그림자 특징 700
극값 110
근사 52
글리프 401
긍정 클래스 507
기계의 지식 표현 49
기계적 암기법 47
기계적 인프라 46
기울기-절편 형식 278
기저 데이터 50
기후 변화 예측 37

ㄴ

나이브 베이즈 분류 구문 211
나이브 베이즈 알고리듬 167, 177
난수 생성기 235
내장 행렬 연산 292
내적 399
널 값 55
네트워크 토폴로지 362, 366
넷플릭스 비디오 스트리밍 서비스 563
노이즈 55
논리적 if/else 규칙 50
누락된 데이터 처리 733
뉴런 358
뉴튼 태블릿 38

ㄷ

다변량 관계 125
다봉 125

다섯 숫자 요약 111
다양성 630
다운샘플링 840
다중 R-제곱 값 318
다중 선형 회귀 280, 289
다중 회귀 280
다중 회귀 분석 모델링 구문 313
다층 네트워크 367
다층 퍼셉트론 371, 840
다항 로지스틱 회귀 280
다항 커널 400
단계적 회귀 694
단기 기억 47
단기 메모리 370
단순 선형 회귀 280, 281
단어 구름 203
단어 빈도 패턴 187
단어 임베딩 855
단어주머니 855
단위 계단 활성 함수 363
단층 네트워크 367
담배 파이프 48
대괄호 [] 80
대리 지표 640
대시 연산자 236
대입 연산자 79
대체 값 테스트 163
더미 코딩 146
데이터 과학 46, 587
데이터 관리 96
데이터 구조 78
데이터 그룹 50
데이터 누수 646
데이터 드리프트 580
데이터 마이닝 32
데이터 사전 105
데이터 세트 31
데이터 수집 56
데이터 재매핑 722
데이터 저장소 45, 47
데이터 조작자 781
데이터 추출 방법 156

데이터 탐색 56, 104
데이터 탐색 로드맵 597
데이터 품질 문제 55
데이터 프레임 78, 89
데이터베이스 34
데이터베이스 관리 시스템 885
데이터플로 그래프 835
덴드로그램 462
독립 변수 278
독립 사건 173
독버섯 식별 264
동질 그룹 62
딥러닝 368, 828
딥블루 34

ㄹ

라플라스 추정량 181
람다 751
래퍼 기법 693
랜덤 샘플 235
랜덤 샘플링 156
랜덤 포레스트 791
랜덤 포레스트 구문 793
랜덤 프로세스 235
레벨 60
레코드 링크 655
로그 스케일링 643
로그 승산 299, 332
로에스 곡선 312
로지스틱 시그모이드 363
로지스틱 회귀 280, 297, 299
로지스틱 회귀 구문 330
로짓 연결 함수 299
루트 노드 218
르네 마그리트 48
리더 함수 190
리스트 85
리스트 구성 요소 88
리퍼 알고리듬 258

ㅁ

마인드 맵 640
마지막 마일 문제 637
마크다운 591
매튜의 상관 계수 519
맵리듀스 904
머신 학습자 500
머신러닝 31
머신러닝과 차별화 42
머신러닝의 공식적인 정의 45
머신러닝의 한계 37
멀티모달 124
메시지 패싱 인터페이스 899
메타학습 63
메타학습 방법 779
명목 59
명목 특징 82, 148
모델 감소 580
모델 개선 57
모델 드리프트 580
모델 또는 밀도 기반 방법 462
모델 성능 개선 214
모델 성능 평가 159, 212
모델 트리 336
모델 트리 구문 352
모델 평가 56
모델 해석 가능성 585
모델 훈련 56
모델의 정확도 57
모집단 분산 121
무차별 대입 방식 764
문서-용어 행렬 198
문자 벡터 83
문자 클래스 403
문장 예측 기능 39
미드저니 48
미세 튜닝 841
민감도 522
밀도 기반 공간 군집화 466

ㅂ

바이모달 124
반복 k-폴드 교차 검증 553
반복 홀드아웃 548
반지도학습 62
발사 ID 번호 294
방사 기저 함수 365
배깅 784
배너 광고 38
배열 78, 96
백분위수 112
버섯 데이터 세트 265
범용 함수 근사 372
범위 114
범죄 경력증명 41
범주 59
범주 특징 122
베이즈 기법 168
베이즈 정리 174
베이지안 분류기 169
베이지안 최적화 764
베일 타입 벡터 266
벡터 78, 79
벤 다이어그램 172
변환 153
변환 계산 결과 93
병렬 처리 활성화 895
병렬 컴퓨팅 893
병합 군집화 463
병합 함수 462
보간 임계점 635
보로노이 다이어그램 472
보험 계리학 302
보험 통계적 추정 37
복원 샘플링 554
볼륨 630
부스팅 786
부정 클래스 507
부트스트래핑 554
부트스트랩 554
부트스트랩 샘플링 554

부트스트랩 집계 784
분기 218
분류 60
분류 규칙 251
분류기 60
분류와 회귀 트리 336
분리 정복 252
분산 120
분산의 제곱근 120
분위수 112
분할 군집화 464
분할 기반 군집화 464
분할 기반 방법 462
분할 정복 220
불균형 데이터 742
불용어 194
브레인스토밍 639
블라인드 테스팅 138
블랙박스 357
블랙박스 머신러닝 방법 358
블러드하운드 35
블렌딩 819
블로바이 282
비공개 소프트웨어 357
비구조화된 데이터 58
비닝 183
비모수 학습 148
비선형 커널 399
비선형 패턴 625
비용 행렬 249
비정형 텍스트 블록 870
비지도 분류 459
비지도학습 61
빅데이터 31, 852
빈도 117
빈도표 175

ㅅ

사분 범위 601
사분위수 110
사분위수 범위 112

사소한 규칙 445
사이킷런 머신러닝 프레임워크 73
사전 가지치기 229
사전 확률 175
사후 가지치기 229
사후 확률 175
산술 평균 108
산포도 126
산포도 행렬 309
상관 타원 312
상관관계 127, 287
상관관계 행렬 308
상업용 스팸 필터 176
상자 수염 그림 597
상자그림 114
상자수염그림 114
상호작용 320
서술 모델 61
서열 59
서포트 벡터 머신 63, 358, 391
선거 개입 44
선거 결과의 예측 37
선순환 고리 31
선입 선처리 262
선형 응답 모델링 297
선형 커널 400
선형 회귀 61
선형 회귀 모델 280
설정 파라미터 집합 85
성능 측도 57, 511
성능 측정 508
성능 트레이드오프 시각화 528
세분화 분석 62
세포체 360
센서 31
소프트플러스 386
속도 630
손상 횟수 293
손익분기점 307
수상돌기 360
수신기 운영 특성 곡선 529
수정 R-제곱 값 318

수치 데이터 정규화 153
수치 범위 변환 643
수치 벡터 80, 87
수치 변수 시각화 116
수치 예측 61
수학 방정식 50
순도 226
순방향 단계 374
순방향 선택 694
순서 집합 79
순서 팩터 84
순위 데이터 84
순차적 컴퓨팅 893
순환망 369
슈퍼러닝 819
슈퍼학습자 819
스마트 홈 36
스코빌 척도 145
스크리 도면 712
스킵-그램 860
스태킹 782
스토리텔링 기술 586
스트리밍 서비스 647
스파크 스트리밍 905
스파클링 워터 908
스팸 메시지 37
스팸 분류기 201, 507
스팸 이메일 필터링 169
스프레드시트 58
스프레드시트 데이터 99
스플라인 625
슬라이드 덱 583
슬랙 변수 396
승산비 299
시계열 데이터 567
시계열 분해 648
시그모이드 커널 400
시그모이드 활성 함수 363
시냅스 360
시리 39
신경망 63
신경망 구문 380

신뢰도 421
심각도 데이터 84
심층 신경망 368, 838
심층 피드포워드 네트워크 838

ㅇ

아마존 메카니컬 터크 654
아마존 웹 서비스 894
아웃오브폴드 818
아이작 뉴튼 51
아케이케 정보 기준 697
아프리오리 속성 419
아프리오리 알고리듬 418
아프리오리 연관 규칙 학습 구문 437
암기 학습 148
압축 함수 365
앙상블 63, 779
앙상블 기반 알고리듬 783
애플 신용카드 42
앨런 튜링 359
양방향 교차표 176
양의 관계 127
어근 197
언더샘플링 743
얼굴 인식 소프트웨어 41
에너지 효율 최적화 37
에러율 509
에이다부스트 787
엔트로피 226
엘보 포인트 475
엘보법 475
여집합 170
역방향 단계 374
역전파 373
역행렬 293
연결 함수 297
연관 규칙 66, 416
연관성 61
연산 능력 31
연속 단어주머니 860
열 우선 순 94

예제 58
예측 모델 60, 219
예측 와인 품질 354
예측 정확도 508
오링 손상 이벤트 284
오버샘플링 744
오차 제곱합 284, 382
온라인 광고 41
완전 연결 계층 840
왓슨 34
왜도 114
외삽 279
요약 통계 107, 162
용어 벡터 197
용어–문서 행렬 199
우도 169
우도표 176, 178
워드의 방법 464
원시 데이터 49
원핫 인코딩 147
유니모달 124
유방암 진단 데이터 세트 150
유사도 측정 141, 462
유사성 458
유의 수준 318
유전자 서열 37
유클리드 거리 141
유클리드 놈 396
은닉 계층 367
음성 인식 39
음의 관계 127
의사 난수 생성기 235
의사결정 트리 217
의사결정 트리 시각화 346
이미지 분류 841
이미지의 배반 48
이변량 관계 125
이산화 183, 727
이상치 110
이스케이프 672
이원교차표 128
이중 괄호 표기 88, 192

이중 등호 206
이진 지시 변수 129
이차 최적화 394
이탈 가능성 643
익스트림 그래디언트 부스팅 803
인공 두뇌 360
인공 신경망 358
인공지능 32
인스턴스 기반 학습 148
일러스트레이션 34
일런 머스크 35
일반 개인 데이터 보호 규정 44
일반 최소 제곱 추정 284
일반화 46, 51
일반화 선형 모델 296
일반화된 선형 모델 280
일변량 통계 125
일원배치표 122
임계치 활성 함수 362
임베딩 854
임베딩 기법 694
입력 노드 366
잎 노드 219

ㅈ

자기 상관 569
자기 지도학습 63
자동 보정 실패 39
자바 개발 키트 271
자바 기반 Weka 소프트웨어 애플리케이션 271
자유도 131
잔차 284
장기 기억 47
장기 단기 기억 370
장바구니 분석 62, 415
재구성 오차 543
재귀 분할 220
재치환 에러 543
재현율 525
적대적 공격 44
적응형 부스팅 245, 787

전이 학습 841
전체 추출 92
전치행렬 293
절단점 113, 183
절대 최소 지지도 횟수 440
절편 278
접미사 196
정규 분포 114, 118, 119
정규화 154
정류기 활성 함수 385
정밀도 525
정보 획득량 228, 260
정크 메시지 186
제퍼디 34
조건부 251
조건부 확률 174
조기 종료 229
조작화 46
조찬 클럽 493
조화 평균 527
종 모양 119
종속 변수 278, 649
종속 사건 173
종속성 69
주변 우도 175
주성분 분석 704, 872
준지도학습 461
중심 경향 측정 108, 124
중심점 472
중앙값 108, 109
중첩 교차 검증 553, 574
지도학습 60
지수 계열 296
지시자 특징 207
지식 표현 48
지역 최적 해 468
지연 변수 649
지지도 내림차순 434
직관적 기억 47
진실성 630
집중 샘플링 744

ㅊ

차이 함수 111
참 긍정 160, 507
참 긍정률 529
참 부정 160, 507
채무 불이행 233
최근접 이웃 61
최근접 이웃 분류기 136
최대 마진 초평면 393
최대 우도 추정 301
최댓값 111
최빈값 124, 267
최소 제곱 오차 286
최소-최대 정규화 145
최솟값 111
추상화 46, 48
축-평행 분할 223, 461
축삭 종말 360
출력 노드 366
층별 랜덤 샘플링 547

ㅋ

카디널리티 720
카이제곱 검정 132
카이제곱 통계량 131
카파 통계량 513
캐글 대회 627
커버리지 지표 442
커버링 알고리듬 255
컨벡스 헐 394
컨볼루션 계층 840
컨볼루션 신경망 369, 838
컴포저 782
케임브리지 애널리티카 40
코드 편집기 72
코르테즈의 연구 341
코타나 39
코퍼스 190
코헨의 카파 계수 514
콘텐츠 중립적 41

큐비스트 알고리듬 351
크로스 플랫폼 애플리케이션 271
클래스 60
클래스 불균형 문제 501
클래스-조건부 독립 179
클러스터 50, 458, 893
클러스터 시각화 877

ㅌ

타깃 광고 37
타깃 누설 567
타깃 클래스 179
탐색 데이터 분석 596
테스트 데이터 세트 54
텍스트 검색 패턴 671
텍스트 데이터 시각화 203
텍스트 데이터 정리 189
텐서플로 834
토큰화 198
톰 미첼 45
통계적 가설 검정 279
통제 그룹 578
통합 개발 환경 72
투자 수익 575
투키 이상치 601
튜링 테스트 359
트롤 41
트리 구조 218
트리 기반 앙상블 813
트리 성장 알고리듬 335
트위터 챗봇 41
특이도 522
특징 58
특징 공학 622
특징 추출 704
팅커러 588

ㅍ

파이프 연산자 662
판독 값 81

패키지 68
패턴 발견 61
팩터 78, 82
페르소나 493
편향 53
편향 분산 트레이드오프 143, 635
편향 항 381
평가 46, 54
평균 108
평균 절대 오차 350
평균 제곱근 오차 768
포아송 회귀 297
폴드 548
표 형식 99
표 형태 93
표본 분산 121
표준 편차 120
표준 편차 축소 337
푸아송 회귀 280
풀링 계층 840
품질 평가 340
프로모션용 쿠폰 40
피드백 네트워크 369
피드백 메커니즘 46
피드포워드 네트워크 369
피어슨 상관 계수 287, 520
피어슨 카이제곱 검정 131
필터 기법 691

ㅎ

하위 트리 대체 230
하위 트리 올리기 230
하이퍼파라미터 571
하이퍼파라미터 튜닝 760
학습 50
학습 과정의 4단계 46
학습 알고리듬 34
학습자 45
합성 생성 747
항등 연결 함수 298
해들리 위컴 656

행과 열 추출 91
행동 관찰 644
행렬 78, 93
행렬 로드 방식 95
행렬 표기 291
헤더 라인 99
형태소 분석 196
혼동 행렬 241, 383, 506
혼합 모델링 465
홀드아웃 방법 544
홀드아웃 스태킹 819
홀드아웃 테스트 집합 570
확률 법칙 516
확률적 방법 167
활성 함수 361, 362
회귀 278
회귀 방정식 287
회귀 분석 67
회귀 트리 67, 336
회귀 트리 구문 345
훈련 50
훈련 데이터 세트 54
훈련 알고리듬 362
휘발성 코퍼스 190
휴대폰 스팸 필터링 185
휴리스틱 52
희소 데이터 720
희소 행렬 199, 427
희소 행렬 도표화 434
히스토그램 116
히포크라테스의 서약 40

A

absolute minimum support count 440
Abstraction 46
accuracy 57
activation function 361
adabag 패키지 788
AdaBoost 787
AdaBoost.M1 알고리듬 788
adaptive boosting 245, 787

adjusted R-squared value 318
agglomeration function 462
agglomerative clustering 463
AI 32
Akaike information criterion 697
Alan Turing 359
Amazon Mechanical Turk 654
Amazon Web Services 894
ANN 358
antecedent 251
approximation 52
Apriori property 419
Apriori 알고리듬 418
apriori() 452
Area Under the Curve 537
array 78, 96
artificial brain 360
Artificial Intelligence 32
Artificial Neural Network 358
association 61
association rule 66, 416
AUC 537
autocorrect fail 39
autocorrelation 569
availability heuristic 53
average 108
AWS 894
axis-parallel split 223, 461
axon terminal 360

B

backpropagation 373
backward phase 374
bag-of-words 855
bagging 784
Bayes' theorem 174
Bayesian methods 168
Bayesian optimization 764
bell-shaped 119
bias 53
bias terms 381

bias-variance tradeoff 143
Big Data 31
bimodal 124
binary indicator variable 129
binning 183
bivariate 관계 125
blending 819
blind tasting 138
bloodhound 35
blowby 282
BMI 단위 315
boosting 786
bootstrap 554
bootstrap aggregating 784
bootstrap sampling 554
bootstrapping 554
Boruta 패키지 699
box-and-whiskers plot 114, 597
boxplot 114
branches 218
brute-force method 764

C

C5.0 의사결정 트리 224
C5.0 의사결정 트리 구문 238
Cambridge Analytica 40
cardinality 720
caret 패키지 765
CART 336
categorical 59
CBOW 860
cell body 360
central tendency 108
centroid 472
ChatGPT 359
chi-square 통계량 131
churn likelihood 643
class 60
class imbalance problem 501
class-conditional independence 179
classification 60

Classification And Regression Tree 336
classification rules 251
classifier 60
closed—source software 357
cluster 50, 458, 893
clustering 62, 457
CNN 369, 838
coefficient of determination 318
Cohen's kappa coefficient 514
column—major order 94
Comma—Separated Values 99
Complete Unified Device Architecture 911
composer 782
Comprehensive R Archive Network 68
conditional probability 174
confidence 421
confusion matrix 241, 383, 506
consequent 251
content—neutral 41
Continuous Bag—Of—Words 860
convex hull 394
Convolutional layers 840
Convolutional Neural Network 369, 838
corpus 190
correlation 127, 287
correlation ellipse 312
Cortana 39
cost matrix 249
covariance 함수 286
coverage 지표 442
covering algorithms 255
CRAN 68
Cross—Validation 548
CSV 파일 99
Cubist 알고리듬 351
CUDA 911
cut point 113, 183
CV 548

dash 연산자 236
data dictionary 105
data frame 78, 89
data manipulator 781
data mining 32
data science 46
Data Storage 45
DataBase Management System 885
dataflow graph 835
dataset 31
DBMS 885
dbplyr 패키지 889
DBSCAN 466
decision node 218, 335
decision tree 217
Deep Blue 34
deep learning 368
Deep Neural Network 368, 838
default 벡터 233
degree of freedom 131
delimiter 99
dendrites 360
dendrogram 462
dependencies 69
dependent events 173
Dependent Variable 278, 649
descriptive model 61
difference 함수 111
Discretization 727
discretize 183
distance function 141
divide and conquer 220
divisive clustering 464
DNN 368, 838
Document Term Matrix 198
doParallel 패키지 901
dot product 399
downsampling 840
dplyr 패키지 661
DTM 198
DTM 희소 행렬 199
dummy coding 146

D

DALL · E 2 34

E

early stopping 229
Eclat 알고리듬 451
EDA 596
elbow method 475
elbow point 475
Elon Musk 35
embedded methods 694
embedding 854
ensemble 63, 779
entropy 226
error rate 509
escape 672
Euclidean distance 141
Euclidean norm 396
evaluate 54
Evaluation 46
Examples 58
Exploratory Data Analysis 596
exponential family 296
extreme value 110
extrpolation 279

F

F-측도 527
factor 78
factor() 83
False Negative 160, 507
False Positive 160, 507
false positive rate 529
family 296
FAQ 문서 583
FCFS 262
feature engineering 622
feature extraction 704
Features 58
feedback network 369
feedforward networks 369
filter methods 691
fine tuning 841

First-Come, First-Served 262
five-number summary 111
FN 507
focused sampling 744
folds 548
for 루프 164
foreach 패키지 899
forward phase 374
forward selection 694
FP 507
frequency 117
frequency table 175
Fully connected layers 840

G

Gaussian RBF kernel 400
GBM 798
GDPR 44
General Data Protection Regulation 44
Generalization 46, 52
Generalized Linear Models 280, 296
ggplot2 패키지 605
GLM 280, 296
glyph 401
gmodels 패키지 69, 128, 509
Google Trends 587
GPT-3 34
GPU 830
GPU 컴퓨팅 910
gputools 패키지 911
Gradient boosting 798
gradient descent 374
grammar of graphics 605
Graphics Processing Units 830
greedy learners 262
grid search 764
Gzip 압축 알고리듬 863

H

H2O 프로젝트 907

Hadley Wickham 656

harmonic mean 527

hclust() 464

header 라인 99

heuristics 52

hidden layer 367

Hierarchical methods 462

histogram 116

holdout method 544

holdout stacking 819

holdout 테스트 집합 570

homogeneous group 62

hyperparameters 571

hypothetical set 52

I

ID 변수 152

ID3 알고리듬 224

IDE 72

if-else문 251

ImageNet 데이터베이스 843

imbalanced data 742

Incremental Reduced Error Pruning 258

independent events 173

independent variables 278

information gain 228, 260

input node 366

inspect() 453

instance-based learning 148

Integrated Development Environment 72

interaction 320

intercept 278

interpolation threshold 635

InterQuartile Range 112, 601

IQR 112, 601

IQR() 112

IREP 알고리듬 258

irlba 패키지 710

Isaac Newton 51

Iterative Dichotomiser 3 알고리듬 225

J

Java Development Kit 271

JDK 271

Jeopardy 34

joint probability 173

JRip() 270

K

k-means algorithm 467

k-Nearest Neighbors 알고리듬 137

k-NN 알고리듬 137

k-NN 알고리듬 응용 분야 136

k-최근접 이웃 137

k-평균 군집화 구문 486

k-평균 알고리듬 467

k-평균++ 470

kappa statistic 513

Kappa() 517

kmeans() 486

kNN 분류 구문 158

knn() 158

knowledge representation 48

L

lagged variables 649

lambda 751

Laplace estimator 182

last mile problem 637

launch ID number 294

Lazy Learning 61

lazy learning 148

leaf nodes 219

learner 45

learning 50

letter class 403

level 60

library() 70

likelihood 169

likelihood table 176

linear kernel 400

linear regression 61

link function 297

list 85

Llong Short-Term Memory 370

lme4 패키지 653

load() 97

locally optimal 해 468

loess curve 312

log odds 299

logistic regression 280, 299

logistic sigmoid 363

LSTM 370

LSTM 신경망 370

lubridate 패키지 676

M

M5 알고리듬 352

machine learners 500

Machine Learning 31

MAE 350

MapReduce 904

marginal likelihood 175

market basket analysis 62, 415

Matplotlib 플로팅 73

matrix 78, 93

matrix notation 291

Matthews correlation coefficient 519

Maximum 111

Maximum Likelihood Estimation 301

Maximum Margin Hyperplane 393

MCC 519

Mean Absolute Error 350

mean() 109

median() 109

Message-Passing Interface 899

meta-learning 63

meta-learning methods 779

Midjourney 48

min-max normalization 145

mind map 640

Minimum 111

minimum squared error 286

missing value 479

Missing Value Indicator 739

Missing Value Pattern 740

mixture modeling 465

MLE 301

MLP 371, 840

MLP 토폴로지 371

mltools 패키지 521

MMH 393

mode 124

mode() 124

Model or density-based methods 462

model tree 336

MPI 899

multilayer network 367

Multilayer Perceptron 371, 840

multimodal 124, 125

multinomial logistic regression 280

multiple linear regression 280, 289

multiple R-squared value 318

multiple regression 280

multivariate 관계 125

MVI 739

MVP 740

N

NA 값 79

Naive Bayes 알고리듬 167, 177

naivebayes 패키지 210

nearest neighbor 분류기 136

negative association 127

negative 클래스 507

nested cross-validation 553

network topology 362

Neural Networks 63

neuralnet 패키지 379

neurons 358

Newton tablet 38

noise 55

nominal 59

non-parametric 148

normal distribution 119

normal 분포 114

NULL 값 79

null 값 55

numeric prediction 61

O

OCR 소프트웨어 401

ODBC 888

odds ratios 300

OLS 284

one-hot encoding 147

one-way table 122

OneR 규칙 학습 알고리듬 578

OneR() 268

OOB 에러율 795

Open Database Connectivity 888

OpenAI 연구 그룹 34

operationalization 46

Optical Character Recognition 401

ordered set 79

ordinal 59

Ordinary Least Squares 284

Out-Of-Bag 에러율 795

out-of-fold 샘플 818

outliers 110

output node 366

overfitting 143

overfitting 문제 55

oversampling 744

P

package 68

Partition-based methods 462

Partition-based 군집화 464

partykit 패키지 243

pattern discovery 61

PCA 705, 872

PCA 적재 714

Pearson 상관 계수 520

Pearson's Chi-squared test for independence 131

Pearson's correlation coefficient 287

performance measures 57

personas 493

pipe operator 662

plot() 126

Poisson regression 280

polynomial kernel 400

Pooling layers 840

positive association 127

positive 클래스 507

post-privacy era 43

post-pruning 229

posterior probability 175

pre-pruning 229

precision 525

predict() 407

prediction accuracy 508

predictive model 60

Principal Component Analysis 705, 872

prior probability 175

probability rules 516

proxy measure 640

pruning 229

pseudorandom number generator 235

purity 226

Q

quadratic optimization 394

quantiles 112

R

R 공식 인터페이스 237

R 노트북 592

R 데이터 구조 82

R 마크다운 591

R 함수 모음 68

Radial Basis Function 365

Random Forest 791

random number generator 235

random sample 235

range 114

RBF 365

read.csv() 100

reader 함수 190

readxl 패키지 102

recall 525

Receiver Operating Characteristic 곡선 529

record linkage 655

rectifier 활성 함수 385

recurrent network 369

recursive partitioning 220

regression 278

regression analysis 67

regression trees 67, 336

reinforcement learning 63

relevel() 316

René Magritte 48

repeated holdout 548

Repeated Incremental Pruning to Produce Error
    Reduction 259

residuals 284

ResNet-50 843

resubstitution error 543

reticulate 패키지 844

Return On Investment 575

RFM 569

RFM 분석 327

RIPPER 분류 규칙 구문 272

RIPPER 알고리듬 259

rJava 패키지 271

RMSE 768

ROC 곡선 528, 529

ROC 곡선하 영역 537

ROI 575

root node 218

Root-Mean-Square Error 768

rote learning 148

rpart 패키지 344

RSNNS 패키지 379

RStudio 71

rule learner 217

rules object 440

rules of thumb 52

RWeka 패키지 225, 271

S

sampling with replacement 554

save() 97

saveRDS() 97

scatterplot 126

scatterplot matrix 309

scikit-learn 머신러닝 프레임워크 73

Scoville scale 145

SDR 337

segmentation analysis 62

Self-supervised learning 63

Semi-supervised learning 62, 461

sensitivity 522

separate and conquer 252

shadow features 700

SHAP 585

Shapley Additive Explanations 585

short-term memory 370

sigmoid activation function 363

sigmoid kernel 400

significance level 318

similarity 458

similarity metric 462

simple linear regression 280

single-layer network 367

Siri 39

skew 114

skip-gram 860

slack variable 396

slope-intercept form 278

SMOTE 747

smotefamily 패키지 750

SMS 스팸 185

SMS 스팸 분류 모델 521

SMS 코퍼스 198
SnowballC 패키지 197
SNS 프로필 478
softplus 386
Spark Streaming 905
Sparkling Water 908
sparklyr 패키지 905
sparse matrix 199, 427
specificity 522
spline 625
SQL 885
squashing functions 365
SSE 382
stacking 782
standard deviation 120
Standard Deviation Reduction 337
statistical hypothesis testing 279
stats 패키지 464
stemming 196
stepwise regression 694
stop words 194
str() 105, 188, 305
stratified random sampling 547
stringr 패키지 668
strong rules 421
Structured Query Language 885
subtree raising 230
subtree replacement 230
suffix 196
Sum of Squared Errors 382
sum of the squared errors 284
summary statistics 107
summary() 239
super learner 819
super learning 819
supervised learning 60
Support Vector Machine 63, 358, 391
SVM 391
SVM 커널 함수 410
SVMlight 알고리듬 405
synapse 360
synthetic generation 747

T

t-Distributed Stochastic Neighbor Embedding 874
t-SNE 알고리듬 874
t-분산 확률적 이웃 임베딩 874
table() 188
tabular 99
target leakage 567
TDM 199
TensorFlow 834
Term Document Matrix 199
tfestimators 패키지 836
The Breakfast Club 493
The Treachery of Images 48
themis 패키지 750
threshold activation function 362
tibble 패키지 657
tidyverse 패키지 656
time series data 567
tinkerer 588
tm 코퍼스 199
tm 패키지 189
tm_map() 193
TN 507
tokenization 198
Tom M. Mitchell 45
TP 507
training 50
training algorithm 362
transfer learning 841
tree structure 218
tree-growing algorithm 335
trivial rules 445
trolls 41
True Negative 160, 507
True Positive 160, 507
true positive rate 529
Tukey outlier 601
Turing test 359
two-way cross-tabulation 128

U

UCI 머신러닝 데이터 저장소 231
underfitting 143
underlying data 50
undersampling 743
unimodal 124
unit of observation 57
unit step activation function 363
univariate 통계 125
universal function approximator 372
unsupervised classification 459
unsupervised learning 61

V

validation dataset 545
variance 120
Variety 630
VCD 517
vector 78
Velocity 630
Venn diagram 172
Veracity 630
virtual concierge service 39
Visualizing Categorical Data 517
volatile 코퍼스 190
Volume 630
Voronoi diagram 472

W

Ward's method 464
Watson 34
weighted voting 144
word cloud 203
word2vec 859
wrapper methods 693

X

XGBoost 803
XGBoost(XGB) 구문 805

Z

z-score 146
z-score standardization 146
z-점수 표준화 146, 161, 487
ZeroR 256

R을 활용한 머신러닝 4/e

데이터 준비부터 모델 조정, 평가, 빅데이터 작업까지

발 행 | 2024년 1월 24일

옮긴이 | 이 병 욱
지은이 | 브레트 란츠

펴낸이 | 권 성 준
편집장 | 황 영 주
편 집 | 김 진 아
　　　　임 지 원
디자인 | 윤 서 빈

에이콘출판주식회사
서울특별시 양천구 국회대로 287 (목동)
전화 02-2653-7600, 팩스 02-2653-0433
www.acornpub.co.kr / editor@acornpub.co.kr

한국어판 ⓒ 에이콘출판주식회사, 2024, Printed in Korea.
ISBN 979-11-6175-814-5
http://www.acornpub.co.kr/book/machine-learning-r-4

책값은 뒤표지에 있습니다.